U0664592

來新夏文集

第二册

历史学卷（下）

中国近代史
北洋军阀史

来新夏 著

南方传媒
广东人民出版社
·广州·

我学中国近代史

1949年，我正在北平华北大学二部史地系学习。8月下旬的某一天，系主任尚钺同志约我到办公室谈话，主要内容是副校长范老（人们对范文澜同志的惯称）主持的历史研究室准备从学员中挑选几位旧大学历史系毕业的本科生去读研究生，研习中国近代史，享受供给制待遇，他征求我的意见，是否愿意去。范老是当时名满天下的著名历史学家，无论学识、人品，都是我极为崇敬的，所以很爽快地答应服从组织安排。于是我和傅耕野、刘明逵、高大为、王涛等7个人经范老亲自调阅档案后被选中。9月初，我们就到设在东厂胡同的研究室去报到。

一、“二冷”精神

历史研究室是华北大学所属的一个研究机构，由范老兼任主任，有二十几个人，编制很简单。研究人员只分研究员与研究生两级：一些从老区来的长者都是研究员，我们先后调进来的年轻人都是研究生。范老亲自主持全室的研究工作，指定刘桂五同志管思想和生活，荣孟源同志管业务学习。除范老一人享受小灶待遇外，大家都是吃大灶，集体住，只有周六可以回家，周日必须回来开生活检讨会，管理制度相当严格。

在我们报到的第二天，范老召集全室人员开会，除了讲研究室的传统和规章外，他以很大一部分时间讲“坐冷板凳”和“吃冷猪肉”的道理。他要求我们以这种“二冷精神”去做学问。他可能从我们的眼光里看出我们对“吃冷猪肉”困惑不解，所以又操着绍兴官话比较详细地阐释了“吃冷猪肉”的含意。原来过去只有大学问家才能有资格在孔庙中的廊庑间占一席之地，分享祭孔的冷猪肉，而要成为大学问家的第一步，是能“坐冷板凳”去苦读。至今想来，范老这次“二冷精神”的教导，对我一生的读书学习，一直起着重要的影响。的确，以往许多大学问家都是“坐冷板凳”坐出来的，汉朝的董仲舒成为大学问家，就在于他“三年不窥园”。范老没有止于“二冷精神”的言教，更重要的乃在于身教。在从师范门时，我们都集体住在东厂胡同1号的后院厢房，范老自居前院，终日坐在大玻璃窗下攻读，似乎是有意监督学生们，不让乱上街，以渐渐养成“下帷苦读”的习惯，真是用心良苦。每当我们想偷偷溜出去从他窗前经过时，范老总是手不释卷，笔不停挥，时不时抬头望一下窗外，我们只好惭愧地退回去，不久也就没有人再做这种试探了。范老还规定，工会分发影剧票，研究生一律不参加，以免分心。我们开始总是坐不住，或是坐在椅子上胡思乱想，久之也就不再心猿意马，而习惯于坐冷板凳，书也读得进去了。这就为自己一生从事学术工作奠定了硬件的基本功。

二、专攻一经

我在大学读历史专业时，重点放在汉唐这一段，没有听过有关中国近代史的课程，对近代史可谓知之甚少。如今安排我转攻中国近代史，真不知从何入手。看了一些陈恭禄、贾逸君等人写的旧中国近代史著作，仍然找不到门径。乘一次给范老送资料的机会，我贸然向他请教入门途径的问题，范老很温和地让我坐在对面，说：“你是援庵（陈垣）先生的学生，应该懂得‘专攻一经’的道理。”我惭愧地回答：“我的近代史知识很浅薄，不知选哪部书去读。”范老想了一想对我说：“你就从读三朝《筹办夷务始末》入手，要随读随写笔记，以便日后使用时翻检。笔记可以不太追求文字的严整。”当时我根本不知三朝《筹办夷务始末》是何书，但又拘谨得不敢再问，唯唯而退。后来我向荣孟源同志请教，才从资料室借到此书。为了谨慎从事，我没用公家发的黄草纸订本，而是特地买了一册较正规的笔记本来写读书笔记。三朝《筹办夷务始末》前后一共读了一年多，写了足足三册笔记，每朝一册，可惜在“文革”时期，被愚昧的“勇士们”扔到书堆里烧毁，只剩下压在满地堆积的杂物堆下的第一册，至今有时抚读，犹感黯然，一面怀念师恩，一面惋惜我当年的辛勤。从残留的这册笔记中可以想见当年的治学痕迹，笔记的第一页记着全书的概况：

清代筹办夷务始末　　道光八十卷

中华民国十八年故宫博物院用抄本影印

大学士文庆等纂辑　　杜受田是始受命者

咸丰六年九月进呈

范围：

进呈表：“自道光十六年议禁鸦片烟始，至二十九年英夷不进粤城通商受抚止。先后十四年间，恭奉上谕、廷寄以及中外臣工之折奏，下至华夷往来之照会、书札，凡有涉于夷务而未尽载入实录者，编年纪月，按日详载，期于无冗无遗。”

凡例：

“谕旨谕内阁者十之二三，谕军机大臣者十之七八。”

“谕旨标明谕内阁字样，廷寄谕旨标明谕军机大臣等字样，同日连奉谕旨数道标明又谕字样。”

“疆吏奏章准驳均经胪载，其奉旨交军机大臣会同该部议奏者，覆奏亦经详载。惟仅交该部议奏者，多系照例之事，该部俱有册档，覆奏概未载入。”

“各省钦差大臣及沿海督抚照会、夷酋公文有关筹办机宜者，一并附载。……择其稍有关系者，照原文附录于各折之后，以存其实。”

“宣宗成皇帝庙讳概以宁字恭代。”

“凡原当标题某日者一律改书甲子。”

我在笔记本首页记这些内容是为便于了解和阅读全书，因为这些就是全书的序（进呈表）和凡例。这就养成我以后每读一书时，必先读序跋、前言和凡例的习惯。

这八十卷读书笔记的每条记录，有多有少，后半部分由于逐渐熟练，写得比较简要，兹举例如次：

卷一

（1）道光十六年丙申四月己卯，太常寺少卿许乃济奏：请弛鸦片烟禁。

（p.1—4）

……

（5）十月甲寅，江南道御史袁玉麟奏：反对弛禁，提出弛禁之害有戾于是非者三，暗于利害者六。要求皇帝“察其是非，究其利害，立斥弛禁之议，仍请敕下在廷诸臣，悉心妥议，于烟入银出有可永远禁绝之方各陈所见”。（p.1—4）

这些条前的号码是文件编次的顺序，年后的干支是甲子纪年，月后的干支是日期，最后的括号内号码是书中的页次，提要中是要点，如系原文则加引号。经过如此认真细读后，我不仅初步掌握了鸦片战争以来重要史实的脉络，而且熟悉了重要的历史人物、有关事物的联系、清朝文书制度等等。有些似懂非懂的内容就别纸记录，留待从他书中去追查，如文件中常见的“廷寄”字样，虽然从凡例中约摸知道，这是皇帝不经过内阁的文书程序，而是经由军机大臣直发受文件者，具有一定的机密性，但知其然，不知其所以然，后来读到《枢垣纪略》一书时，有一条有关廷寄的材料说：

上谕亦有二：巡幸、上陵、经筵、蠲赈及内臣自侍郎以上，外臣自总兵、知府以上黜陟、调补及晓谕中外，谓之“明发”；告诫臣工、指授方略、查核政事、责问刑罚之不当者，谓之“廷寄”。“明发”交内阁，依次交于部科；“廷寄”交兵部用马递，或三百里，或四、五、六百至八百里以行。

于是对廷寄有了较详的了解，后来也对学生做过解说。

经过一年多的时间，我把三朝《筹办夷务始末》粗粗地通读了一遍，写了三册笔记，颇有所得。虽然后两册和我的其他手札笔记等均被烧毁，但仅此劫余一册在日后仍获益滋多。后来我又读了《清季外交史料》，上下贯串，近代史事脉络，大体清楚，再读其他成著，就深感便捷。有时并能由此触类旁通，知道许多近代的重要历史人物及其观点论述，引发我进而读更多的书，掌握近代史事，中国近代史遂成为我终身学术工作的核心。抚念及此，深感范老的师恩难忘。看来专攻一经不仅有奠定基础之效，且能由此伸延博览，令人有可能迈入学术殿堂。可惜这种看似繁难实为捷径的方法，并不为一般学子所接受。

三、从根做起

我们到研究室最早分配的工作是整理入城后移送和收缴来的北洋军阀档案。成立了一个档案整理组，有贾岩、唐彪、傅耕野、王涛、陈振藩、房鸿机和我等人，贾岩和唐彪任组长。整理地点在黎元洪花园的八角亭里。这批档案是从未整理过的原始档案，杂乱无章，尘土飞扬，又没有很好的卫生措施。一天下来连眼镜片都被灰尘蒙得模糊不清，但当时革命热情很高，只知道服从工作需要，从无一人抱怨。彼此看到对方的花脸也只相视一笑。大约经过4个月的光景，袋装档案文件已按形式分为私人信札、公文批件、电报、电稿、密报、图片和杂类等扎成无数捆上了架。继而将对档案进行史料分类整理，人员有所增加，地点也搬到干面胡同一所宽敞的院落中，工作条件也大为改善。就在工作程序转换之际，室里集中了几天学习理论和有关北洋军阀这段历史的书籍。范老也在这时与大家座谈过一次，他对大家的辛劳表示慰问，讲了档案与研究工作的关系等等，其中有一段话，我印象深刻而且终身受益。范老讲话的大意是，从档案中搜求资料如披沙拣金，确实很艰难，但这是研究工作“从根做起”的重要一步。只有这样，才能基础广泛而扎实。从此“从根做起”的教诲就深植于我的头脑之中。

整理档案工作开始之后，我们将档案分为政治、经济、军事、文化等四大类，下面还有一些二级类。每个人把一捆捆档案放在面前，认真仔细阅读后，在特制卡片上，写上文件名称、成件时间、编号和内容摘要，并签上整理者的名字，然后按类上架。这次因为经过第一次的去污整理，工作室环境也较好，大家心情舒畅，常在工间休息时和宿舍里交流阅档所得，相互介绍一些珍稀有趣的资料。有时我认为很有用的内容，还在第二天去追踪查原档，随手抄录下来，日积月累，我渐渐地积累了两册黄草纸本的资料。同时为了查对档案中的事实和加深拓宽这方面的知识，我又读了大量有关北洋军阀的著作，眼界逐渐开阔，钻研问题的信心也日益增强。并了解到这方面的研究还没有很好地展开，以往一些著作多半过于陈旧，而且数量也不甚多；而新著又几乎没有，有关论文也只是零星短篇。因此，这确是一块颇有开发价值的用武之地。

经过近一年的努力，整理档案工作已接近尾声。我对北洋军阀这一近代的政治军事集团从兴起到覆灭的了解，已有了一个大致轮廓，对错综复杂的派系关系也掌握了基本脉络，奠定了我将以一生绝大部分精力致力于北洋军阀史研究的基础。半年多的整理档案工作虽然比较辛劳，但收获是很大的。这一专题性的整档阅档工作，不知不觉地把我带进了从未完全涉及过的学术领域，极大地影响了我一生的学术道路。不久这批档案南迁至南京中国第二历史档案馆（当时名为史料整理处），唐彪、王涛等人随同南下，另一部分人另行分配任务，我则应南开大学之聘到天津工作。

1951年春，我到南开大学历史系任教后不久，主讲中国近代史的吴廷璆教授奉派赴朝慰问，就把课程交给我，幸亏我有前此那段“专攻一经”的功底，竟能不负所托地承当此任，而在吴先生回国后，因见我已有承担的能力，便明确由我主讲中国近代史，一直延续下来，于是中国近代史就成为我在教坛上的主讲课程之一。与此同时，我并未放弃我对北洋军阀史的研究工作。到津的第二年，我在《历史教学》杂志上连续发表题为《北洋军阀统治时期》的讲课记录，虽然还不很成熟，但却是我第一篇北洋军阀史方面的专文。从此正式进入北洋军阀史研究的程序。与此同时，我还受荣孟源等同志的委托，在津为《中国近代史资料丛刊·北洋军阀》收集有关图书，这项工作后虽因人事变动而中辍，但我却意外地接触了不少有关北洋军阀的资料，为我日后撰写《北洋军阀史略》做了必要的准备。

1957年，我完成了《北洋军阀史略》一书的编写。这是经荣孟源同志推荐，由湖北人民出版社邀约，我在《北洋军阀统治时期》一文的基础上，加以扩大、改订和充实，历时年余而完成的。我在撰写过程中力图以历史唯物主义的观点和方法，将北洋军阀集团的兴衰变化作为一个历史整体进行考查，探求其成败兴亡的内在联系。这部著作虽然篇幅不大，但它是我的第一部专著。我很自信它为北洋军阀史的研究开拓了新领域，也为后来学术界研究这段历史做了点基础工作。这部书也引起海内外学者的注意，日本先后有两家出版社出版日译本，成为一些有关学者案头的参考书。

在《北洋军阀史略》出版后的二十多年中，由于种种众所周知的原因，这项工作几近中断。上世纪80年代以来，学术氛围大为改观，许多新知旧雨频加关注敦促，希望我重整旗鼓，增订《北洋军阀史略》。我也深感时代的支持和鼓动，燃起了重理旧业的热火，于是搜集资料，选用助手，拟定方案，重新撰写，并对研究对象、编写范围、分期问题、特点地位进行进一步研究，着手增订，终于在1983年完成了36万余字的《北洋军阀史稿》。这部新著不仅比《北洋军阀史略》在篇幅上增加3倍，条理较前清楚，论证较前缜密，而且论述范围也有所扩展。

我充分自信，《北洋军阀史稿》在当时确是这一领域惟一的一部专著，对军阀史和民国史研究的深入开展起到了推动和促进作用。

《北洋军阀史稿》完成后，很自然地引起我三十年前参与编纂《中国近代史资料丛刊·北洋军阀》的情思，而上海人民出版社也希望丛刊成为完璧。我接受了这项任务，从1986年开始，组织人力，搜集资料，整理标点，特别是不忘情于挖掘档案。经过七年的努力，至1993年全书告成。这套资料共分5册，第1至4册系按北洋军阀的兴亡历程分4个阶段，并围绕各阶段中的几个重要问题，选编六七十万字资料，各成1册。第5册则包括军阀人物传志、大事记、书目提要、论文摘要与附表等。总字数达300余万，补足了全套丛刊资料，也了却我三十多年的愿望。

一套资料，一部史稿，应该说这一领域的研究已基本完备结题；但我隐隐感到，这项“从根做起”的研究工作，似乎还留有微憾。于是我决心重新改写《北洋军阀史稿》，使之成为真正意义上的通史性著作——《北洋军阀史》。从1994年起步，我在我的几位学生和两位日本学者的共同参与和研讨下，拟定章节，撰写要点，搜集资料，分头撰写初稿，然后统一体例，损益增删，润色文字，六易寒暑，终于在2000年完成了这部百余万字的世纪之书——《北洋军阀史》，并交付出版。这部新著较之《北洋军阀史稿》显有改观，篇幅约增3倍，内容颇多更新充实，虽尚难称尽善，但已尽我心力。

我对北洋军阀史的研究经历了半个世纪的漫长路途，堪以自慰的是感到此生没有虚耗，因为我做了一件有益于他人的事。但我更不能忘怀的是，当我初涉学术门径时，范老要我以实际行动从事“从根做起”的磨练，在漫无边际的档案海洋中，摸索寻求题目、方向，甚至是一生的学术事业。

“从根做起”确实艰难烦劳，不易“立竿见影”地获得效应；但我极其真诚地希望：有志于学术的后来的学者们，能在将要步入学术殿堂之际，不妨“泡”在档案之海中，“从根做起”，去寻求自己的学术未来！

我没有系统的治学经验，只是应编者之约，零散地谈些在学术道路上感受最深的两三点，但这些确是我一生受用无穷的两三点。

原载于《近代史研究》2003年第3期

关于中国近代史的划阶段问题

一、略论中国近代史的开端年代①

近年来许多讨论中国近代史“划阶段”问题的论文，对于中国近代史的开端年代都认为是1840年，其中有的同志虽然在论文中有似乎承认以1839年为开端年代的意思，然而没有明标出来。②我从以下几个方面主张应以1839年作为中国近代史的开端年代。

（一）从反侵略的意义上看

中国社会在将进入近代的前夕，虽然已届封建社会后期，但在社会经济生活中，基本上还是以自然经济占主要地位，不甚需要外来商品；而英国当时已是一个有相当发展的资本主义国家，它需要向外扩展，首先是开辟市场和原料产地以倾销商品和掠取原料。但是它的对华贸易却总处在入超地位。因此，更需要有能

① 1956年10月27日，我曾发表《读〈我们对中国近代史分期问题的初步意见〉一文的笔记》，我把中国近代史的开端年代定为1839年，当时因篇幅所限，没有具体说明。后来，有同志曾向我口头提出意见，认为这只是一年之差，关系不大。最近，《史学月刊》1957年第一期中，毛健予同志的《关于中国近代史分期问题讨论的介绍》一文中，对我以1839年为第一段的开始，也提出了“理由未见说明”的意见。因此，我特草此文来说明我的主张。

② 例如孙守任同志在论文中曾说：“1839—1860年间连续发动的三次战争及其强迫清政府签订的一系列不平等条约，为资本主义国家的商品推销和原料掠夺开放了整个中国。”（《历史研究》1954年第6期第7页）他在叙述中国近代社会走向半封建半殖民地的整个过程时又说：“1839—1864年，资本主义国家侵略势力发动了三次侵略战争。”（同上第8页）

改变这种局面的输出品。十八世纪中叶后，它找到了“鸦片”，于是便用各种非法手段，大量输出。十九世纪三十年代，英国终于达到其侵略目的，使自己居于对华的出超地位了。

随着鸦片输入量的增加，中国的财政金融和国民经济生活遭到严重的破坏，加之毒品的残害身体和贿赂的腐蚀官僚机构，引起了整个社会反对那表现在“鸦片”形式上的外国侵略。广州人民在1838年底和1839年初曾两次进行反对鸦片和英国破坏中国禁烟的斗争，而后一次有八千到一万的群众参加了反对侵略的示威队伍①。地主阶级中的官僚和知识分子如包世臣、朱樽、许球、袁玉麟、黄爵滋、林则徐等都讨论到这个问题，指出鸦片对中国社会的危害。清政府虽从雍正以来，即曾颁布过若干禁烟法令；但到这时，才把禁烟问题看成政治上的大事，在政府内部展开“弛禁”和“严禁”的争论；最后，更由于全社会的要求和政府本身感到“银荒兵弱”的威胁而决定采取“严禁”政策。道光十八至十九年间，它进行了各项禁烟活动；道光十九年（1839年）颁布的“钦定严禁鸦片烟条例”39条，本身固有很大缺点，但毕竟是集清朝前此百余年来禁烟法规的大成；同年，林则徐奉命到广州，正式展开了以反对外国利用鸦片进行侵略为主旨的“禁烟运动”，与侵略者展开正面的斗争。侵略与反侵略的矛盾关系至此发展到了高潮。必须指出，“禁烟运动”决不能理解为单纯的反对鸦片。因为一则英国“向中国进行鸦片走私是经过大不列颠的国会准许的”，鸦片贸易的本身，也是经英国的“最高当局准许的”，再则“鸦片……是大不列颠对印度与中国进行国际贸易的手段，用来换取中国的茶叶与蚕丝，并且使这贸易均衡，有利于英国”②。因而，“禁烟运动”实质上就是反对外国侵略的一种斗争，这也就是英国为什么要破坏中国“禁烟运动”的道理所在。由此可见，中国近代史应该是以1839年的“禁烟运动”作为开端的。

（二）从英国发动战争的事实来看

当中国一开始“禁烟运动”时，英国就坚持不放弃鸦片贸易的立场，进行各种挑衅。

在林则徐到广州积极推行“严禁”政策的具体步骤——缴烟、销烟、具结时，英国驻华商务监督义律便千方百计从中阻挠反对、制造纠纷，积极准备挑

① 亨德：《广州番鬼录》，《中国近代史资料丛刊·鸦片战争》Ⅰ，页261—262。

② 英国蓝皮书，译文据《中国近代史资料丛刊·鸦片战争》Ⅱ，页643、645。

起侵略战争。1839年7月7日，他制造了“林维喜事件”，作破坏中国主权的挑衅性试探。同年8、9月间英国开来兵船“窝拉疑”号和“海阿新”号。这样，便增强了义律的侵略野心，积极图谋实现武装侵略。9月4日，义律竟然带领兵船等以索食为名，进攻我九龙口岸来挑动战争。11月3日，英国新派来的这两只兵船又在穿鼻洋向中国保护正当贸易的水师进攻。接着，从11月4日到11日，中英又在官涌一带接仗六次。这些次都是中国获胜[①]。这种进攻事实已是明显得无可辩解了。因此以1839年作为英国发动战争的正式开端，似乎也没有什么不可以，恐怕更能切合历史的实际一些。至于有人说，英国是在1840年才正式出兵；我则认为，1840年英国大量派遣侵略军只不过是1839年军事进攻的继续和扩大。如果一定要从1840年才作为侵略战争的开端，那么无形中替英国侵略者把自1839年即已开始发动的侵略战争的事实从历史上轻轻地抹掉了。

（三）从英国资产阶级和政府决定侵华政策的时间看

侵略中国是英国资产阶级久已感到极大兴趣的事情，因此当义律破坏“禁烟运动”和进行武装挑衅等侵略活动时，他们都非常活跃，欢呼机会的来临，并且表示了积极支持这种侵略活动的态度。从1839年9月以后，英国各地资产阶级纷纷给政府上书，他们用种种理由来论证对中国应该采取的态度：曼彻斯特、伦敦、李滋、利物浦、卜赖克卜恩、布列斯特各地商人都要求英国政府对中国采取“迅速的、强有力的、明确的对策”“希望政府采取有效方法”。伦敦商人在当地“东印度与中国协会”应巴麦尊请求而写的意见书中，全面而具体地反映了英国资产阶级主张对华侵略的凶狠面目。意见书用了很大的篇幅论证侵华的必要性，他们主张“应当用武力强迫中国方面让步”，他们提出一些对中国的要求，而且认为“这些要求，只有表现充分的武力，才能有希望得到”。他们又提出与中国订约的七项具体内容，如开放口岸、废除洋行、协议关税、割让岛屿等，这些内容实际上在日后的“江宁条约”中都明文规定出来了。在附件中，这些资产阶级更“热心”地为政府规划了一个军事装备和进军方略的草案。所有这些主张都是1839年9月至11月间所发表的，因此英国资产阶级的态度是在1839年就完整而具体地表露出来了[②]。

---

① 《道光朝筹办夷务始末》卷八；又在马士的《中华帝国对外关系史》中也不能不承认穿鼻海战是“战争的爆发”。

② 《中国近代史资料丛刊·鸦片战争》Ⅵ，页252。

至于英国政府的决策时间，在丁名楠等同志的《第一次鸦片战争——外国资本主义侵略中国的开端》一文中曾指出，1839年10月18日，英国外交大臣巴麦尊曾以密函通知义律说："英政府已决定派遣海军'远征'中国，届时将封锁广州与白河，占据舟山，并拘捕中国的船只。"[①]由此可见，英国政府早在1839年10月就已确定了对华侵略政策。至于到1840年4月方在议会宣布和讨论，那正如上引之丁文中所指出的，是"充分表现了英国资产阶级民主制度的虚伪性"。有人认为应以英国通过决议案后发兵才算战争的正式开始，那么，恰恰是上了这种资产阶级民主制度虚伪性的大当，而忽视了对英国政府实际决策时间的考察。

（四）从清政府对外态度的变化来看

清政府自穿鼻、官涌等战役连获胜仗后，即于1839年12月13日下令停止中英贸易。道光皇帝的这个措置虽然含有对敌情缺乏正确认识和虚骄的成分，但清政府反对英国的基本态度和那时全社会反对侵略、反对鸦片的要求仍是一致的。从这时起，英国方面在积极准备扩大这次侵略战争，而清政府方面除林则徐等在闽、粤一带有所准备外，其他各地则均未设防。这时，清政府依然抱着拒外的基本态度。1840年6月间，英国侵略军进犯闽、粤沿海不逞，乃又继续北攻浙江，7月6日攻陷定海，清政府立即表现了张皇失措的态度。8月11日，英船至天津，清政府态度有了显著的变化，命令投降派直隶总督琦善负责交涉。琦善在其向清政府的各次报告中，一力主张投降。他认为反对英国侵略有种种困难，况且"本年即经击退，明岁仍可复来，边衅一开，兵结莫释"。他把英国的侵略解释为"意在乞恩求请各款"，即如侵占定海"亦缘先被轰击，始行回手"，并向英国侵略者保证对林则徐等"重治其罪"，只要求他们立即"返棹南还"，来解除皇帝的紧张[②]。从此，清政府就开始改变过去"严禁"和拒外的态度而走上妥协和投降的道路。刘曾騄《和夷纪略》中曾说明这种变化道："道光二十年七月（1840年8月）命伊里布为钦差大臣赴浙江，且饬沿海督抚收洋人书驰奏……诏以琦善为钦差大臣，赴广东，革林则徐、邓廷桢职……"[③]清政府为使英船离津返粤时，免于在沿途遭到意外，而特谕沿海督抚："如有该夷船只经过或停泊外洋，不必

① 中国科学院历史研究所第三所集刊第一集。

② 《道光朝筹办夷务始末》卷十二、十四、十五。

③ 《中国近代史资料丛刊·鸦片战争》Ⅵ，页252。

开放枪炮，但以守御为重，勿以攻击为先。”[①]清政府对外态度的变化，我认为也是一个值得考虑的因素。

如上所述，我认为把中国近代史的开端年代定为1839年，似乎较确切一些。当然，我所陈述的只是个人一点不成熟的粗浅意见，提出来向同志们请教。

原载于1957年3月22日《天津日报》学术专刊

二、对中国近代史划阶段问题的几点看法[②]

“中国近代史分期问题”是当前史学界业已展开讨论的一个问题[③]。从1954年初起，有胡绳、孙守任、范文澜、金冲及、戴逸、荣孟源和李新等同志陆续发表了自己的见解，提出了各种不同的分期主张，有七期、五期、四期、三期等意见。天津师范学院历史系中国近代现代史教研组同志们所写的《我们对中国近代史分期问题的初步意见》（以下简称《初步意见》）一文是最近发表的一篇，主张分为三期。我由于业务关系，曾经学习了这些论文，也随手写了点笔记。这里只把有关《初步意见》的一点笔记摘录出来就教。

（一）关于划阶段的“标准”问题

过去所有的论文对于这个问题，大致可以归纳为以下三种不同的意见：

（1）“按照中国近代史的具体特征，我们可以在基本上用阶级斗争的表现来做划分时期的标志”，而“以三次革命运动高涨来做划时期的标准”。

（2）“以中国近代社会的主要矛盾的发展及其质的某些变化为标准。”

（3）“以社会经济的表征与阶级斗争的表征相结合作为分期标准。以阶级

① 《道光朝筹办夷务始末》卷七四。

② 本文原题是“读《我们对中国近代史分期问题的初步意见》一文的笔记”。

③ 过去所有论文都把这个讨论称作是“中国近代史分期问题”的讨论。我认为“中国近代史分期问题”是在连续性历史时期中划分阶段的问题，不能像古代史那样称为分期问题，而应称作“划阶段问题”。苏联《历史问题》杂志编辑部在《关于苏维埃社会史的分期》一文中说：“应当确定‘时期’（период）、‘阶段’（этап）、‘时代’（эпоха）等名词的含义，在所讨论的论文中对这些名词的使用，显然是有缺点的。”（《史学译丛》1956年第1期）因此，我认为用“划阶段”来代替“分期”一词是较为确切的。

斗争的重大事件作为分期的界标。”

第一种意见是胡绳同志首先提出来的。过去有许多同志赞同这个主张，《初步意见》也表示“同意胡绳同志提出的以阶级斗争的主要表现作为划分时期的标准”，并提出了理由。同时，也有一些同志提出了不同的意见。但是，无论赞同与否，我感到有些论文中只是截取了胡绳同志一句概括性的话，而忽略了他的其他更多的叙述。胡绳同志在论文中的“中国近代史中划分时期的标准”一段里，对于中国近代社会的特征作了比较全面的论述，最后才提出要在“基本上用阶级斗争的表现来做划分时期的标志”（着重点是我加的，下同）。胡绳同志着眼于阶级斗争的松弛或紧张方面，从而，他便正面地提出了以三次革命运动高涨来做划分时期的“标准”。胡绳同志所提出的“用阶级斗争的表现来做划分时期的标志”的基本论点是完全正确而可以被赞同的。只是因为他强调了阶级斗争表现的一个方面，所以就引起了一些不同意见的争论。

第二种意见是孙守任同志提出来的。这个意见有它一定的理由。因为中国近代社会与过去不同，它有着两个主要矛盾，所以主要矛盾的发展和质的变化是需要考虑的。然而，若从主要矛盾应该是阶级斗争的角度来理解，那么，这个意见与胡绳同志的基本论点似乎也没有什么太大的分歧，而只是补充了阶级斗争表现的另一个方面。

第三种意见是金冲及同志提出来的。这个意见把“标准”和“界标”两个概念区分开，是有助于讨论的。但是，提出两种“标准”却表现了对于阶级斗争的内涵意义的了解似乎还有所限制，因为“阶级斗争就其本身性质言之，是和基础及上层建筑有其不断联系”的；金冲及同志在其论文中也承认这种联系，他说：“阶级斗争的阶段，正是当时社会经济变革最深刻的反映，也是当时整个社会生产力和生产关系的实际发展情况最显明的标志。”他在人民大学讨论会的发言中更强调指出：“一定社会经济条件下引起一定的阶级斗争，阶级斗争又反转来影响或推动社会经济的发展，二者是统一的。”因此，金冲及同志只是把阶级斗争这一统一体中的另一个重要内容标举出来并列为似乎是两个标准而已。这个意见曾经引起过同志们二者如何结合如何运用的疑问。当然，金冲及同志提出的在进行具体分析时应该到社会经济中去探求的意见是完全可以被同意的。

这三种不同意见的争论，如何会产生的呢？我想可能由于对“标准”的概念和阶级斗争所表现的各个方面的理解有所不同，以及企图制定一个概括性很强的“标准”的公式所致。

基于对上面这些问题的理解，我想在下面试述个人对这个问题的一点意见。

第一，在讨论中集中的问题是“怎样”和何时的问题，也即根据什么原则划阶段和在什么时候划阶段的问题。苏联史学家恩·姆·德鲁任林在对俄国资本主义关系史的划分中，就把这两个问题进行了明确的区分，他指出：“应该拿那作为生产方式发展之结果和指标及作为历史事变之动力的阶级斗争来做基础。应该拿那在生活过程上发生重大影响的革命的阶级斗争之极端重要的表现来作为各个时期彼此间的分界线。”①因此，我建议应该既有能依据它以划阶段的“原则”（或称“标准”），同时也需再确立一个把各阶段划分开的“界标”（或称“分界线”）。

第二，划阶段的“界标”，应该是阶级斗争的重大事件。因为它是阶级矛盾激化的必然结果，因而也是生产方式发展上一定变化的结果。

第三，划阶段的目的就是为了把历史发展过程中的阶段性显现出来，因而也就不能脱离中国近代历史中的具体特点来谈划阶段的“原则”。中国近代社会像每一阶级社会形态一样，具有“阶级斗争”的基本特点，因而阶级斗争是可以作为划阶段的一种主要标志；但是它却正如《苏联历史分期问题讨论总结》中所说那样：“要拿一种单纯的、普遍的标志来严格划分历史，其不能得到肯定的结果是不言而喻的。”②事实上，有些同志在承认以“阶级斗争作为分期标准”的同时，又常常附加一些需要考虑的因素。因此，我建议根据中国近代社会的特点，划阶段的“原则”应该是对从人们的政治、经济、文化生活各方面现象所表现出来的矛盾形式的变化（中国近代社会里有两个主要矛盾，而不同的矛盾形式则在不同阶段内交替地起着最主要的作用）、阶级关系的变化（“这正是中国近代社会经济结构的发展过程中的各个不同阶段的集中反映”）、阶级斗争的发展趋势（中国近代社会里的阶级斗争包含有对内的反封建斗争和对外的反侵略反帝斗争的两个内容，阶级斗争的主要锋芒在不同阶段内有不同的趋势）各方面进行全面考察。同时也必须注意外来因素的影响和反响。

第四，“原则”和“界标”应是统一而密切相关的，那就是说，一方面必须在确定“界标”时，同时规定各历史阶段的具体特点；另一方面也必须用根据“原则”所确定的各历史阶段的具体特点来检验所确定的“界标”是不是这一阶段各方面发展的必然结果的重大事件。这样互相校正，或能求得一个恰当的意见

① 《苏联历史分期问题讨论》，页115。

② 《苏联历史分期问题讨论》，页10。

而把各个历史阶段确定下来。

（二）关于中国近代史含义问题

中国近代史习惯上是指1840—1919年的一段历史。1956年6月，林敦奎同志在中国人民大学科学讨论会上指出，把中国近代史的下限延至1949年，理由是这一段时期的社会性质和革命性质都没有变化；但是，由于五四运动后，革命领导力量的改变，所以又主张应以1919年区分为旧民主主义和新民主主义两个革命时期。戴逸同志更建议把这段历史叫做半殖民地半封建的中国史。7月间，在综合大学文史教学大纲审订会上，又把这段历史定名为“中国史——半殖民地半封建社会时代”。我赞同这个意见，因此我认为在论及1840—1919年这一段历史的划阶段问题时，不论用什么形式把这个新意见体现出来都是必要的，因为这样似乎可以更确切一些。

（三）关于 1901—1919 年划阶段的问题

《初步意见》中的第三期是1901—1919年。这种分法有一定理由。不过，我觉得如果在1912年再树一“界标”，把1901—1919年分为两个阶段，即1901—1912年和1912—1919年，也未为不可。我的理由择要简述如下：

第一，1911—1912年的“辛亥革命”是资产阶级民主革命发展的顶峰。它在推翻君主专制制度，建立民主共和国，为新民主主义革命创造必要前提的问题上，具有绝大的功绩。但是，它失败了。这个失败标志着资产阶级民主革命派已经失去了它的政治指导者的地位，与辛亥革命前（即1901—1912年）居于革命领导力量的情况不相同了。辛亥革命无疑地应该认作是阶级斗争的重大事件，似可选做“界标”。

第二，辛亥革命前后的阶级关系不同。辛亥革命以后阶级关系有了新的变化。

（1）大地主大买办阶级与帝国主义共同掌握政权。帝国主义感到有新的、“强”的工具可利用而高兴。地主阶级的军阀、官僚主张根除革命，如1912年2月黎元洪主张“共和国立，革命军消”。

（2）资产阶级在“共和”以后有发展民族资本主义的要求。纷纷成立各种实业团体。有一个叫作“中华民国工业建设会”的团体，在成立宣言中对“共和政体成立”抱有希望，欢呼“产业革命，此其时矣”。

（3）代表资产阶级上层利益的政派——立宪派，在辛亥革命前，积极进行立宪活动。它是既向清政府要求权力，又维护清朝统治的。武昌起义爆发，它仍然大声疾呼要求清政府立即宣布立宪，企图挽回“危局”，清政府拒绝，立宪派表示无限感叹。但是，革命形势发展甚快。立宪派终究与封建地主阶级有别，它要维护自己的经济权益，于是很快地钻入革命行列，表示“拥护革命，改国体为民主”，讲了很多口头拥护革命的道理，并且下手夺取权力，当时有九个省是由立宪派宣布独立的。但是，它与革命终究有分歧，所以又很快地与帝国主义、大地主、大买办阶级组成反革命战线。袁世凯出来进攻革命时，立宪派表示竭诚拥护。1912年1月立宪派首脑张謇更致书黄兴要求孙中山等宣布解散革命党，来为袁世凯谋统一局面。它又在经济上与革命派为难。立宪派与军阀政权之间和过去与清朝政权之间的关系显然不同了。这是当时在阶级关系上应当注意的一个重大变化。立宪派在辛亥革命以后成为军阀政权内时起时落、宦海浮沉的一个反动政客的政派了。

（4）代表资产阶级下层利益的民主革命派，在辛亥革命后已经失去它过去作为革命领导力量的光辉地位。领导革命的政党——同盟会内部在分裂瓦解：有些人宣传“革命军起，革命党消”来否定同盟会的继续存在；有些人反对孙中山先生的革命方略和主张；有些人脱离组织消沉下去；有些人参加了立宪派组织去追求名位；有些人想推行“政党政治”，忽略了实际斗争。只剩下很小部分的真正革命者。1912年8月，索性连同盟会的名义都取消而改称国民党了。

（5）农民阶级虽然在辛亥革命后仍然继续进行自发斗争，但是经过辛亥革命的洗礼，它却有所不同了。有些涂上了一层反抗现统治暴政的民主主义色彩，有组织、有口号。例如从1912年夏至1914年秋的白朗大起义，转战于豫、皖、鄂、陕、甘五省。自称“公民讨贼军”，颁发声讨袁世凯的文告，拟定“打富济贫”的口号。白朗自称起义的原因是“余欲为官吏，奈余不善于钻营；余欲为议员，奈余不善于运动”，表露其对现政治的不满。这次起义，袁世凯用二十万兵员才镇压下去。当时连年发生的兵变也应属于这一类。

（6）工人阶级在这一时期壮大了。人数和斗争次数都增多，并在由经济斗争向政治斗争发展。过去历史证明：农民阶级失败了，资产阶级中的立宪派反动堕落了，革命派也失败了，革命领导职责必不可免地要落到新兴的工人阶级身上。革命领导力量的这种变化，正显示着历史在由旧民主主义革命时期向新民主主义革命时期过渡了。

（7）小资产阶级知识分子从辛亥革命后种种现实中逐渐觉悟，以他们为主开始了新文化运动。这个运动在十月革命影响下迅速发展成为具有初步共产主义思想的先进知识分子。五四运动是在这种新思想指导下发生的。

总之，这一时期的阶级关系是有变化的。

以上只就辛亥革命的意义和阶级关系的变化两点作了些说明。当然在其他方面也有显著的不同，如：矛盾形式有变化（前者以反封建为最主要，后者以反帝为最主要）；社会经济有变化（中国民族资本主义在辛亥革命以后，由于资产阶级本身的要求和第一次世界大战的影响而获得迅速的发展）；思想潮流有变化（新文化运动）；等等。历史内容的不同的具体特点正可以依之划分不同的历史阶段。因此，在辛亥革命前后似可分成两个阶段。

（四）我对于中国近代史（旧民主主义革命时期）划阶段问题的意见

我大致同意《初步意见》中前两段的意见（在内容说明和解释上还有些不同），感到可以把第三段从辛亥革命前后分成两段。我的具体意见是分为四段，即：（1）1839—1864年；（2）1864—1901年；（3）1901—1912年；（4）1912—1919年。至于每一历史阶段的具体说明，则因篇幅所限而从略了[①]。

原载于1956年10月27日《天津日报》学术专刊

三、中国近代史分期问题讨论综述

中国近代史分期问题是中国近代史领域中最早展开学术性讨论的课题之一。它从1954年胡绳提出《中国近代历史的分期问题》（《历史研究》1954年第1期）一文后，就有孙守任、范文澜、金冲及、戴逸、李新、荣孟源等同志陆续发表论文，提出了三、四、五、七、八期等不同的主张。六十年代以来，讨论渐趋于沉寂；直至近年，始重见兴起。不论是过去或现在，讨论主要集中在分期标准、上下限和划阶段等问题上。

① 关于以1839年为中国近代史开端的理由，请参阅上文《略论中国近代史的开端年代》。

（一）标准问题

五十年代对分期标准的讨论主要有三种不同的意见：

（1）“基本上用阶级斗争的表现来做划分时期的标志”，而“以三次革命运动高涨来做划分时期的标准”。这是胡绳首先提出并从而引发这次讨论的。戴逸表示基本上同意而又有所补益，他提出还“应该考察阶级斗争表现的各个方面，既要考察其高涨低落，又要考察其主要矛盾在各发展阶段中的转换，也要考察革命动力方面的变化而不能有所偏废”（《中国近代史的分期问题》，《历史研究》1956年第6期）。有些文章忽略了胡绳文章中所运用的“标志”与“标准”这两个概念，因而在一定程度上产生了不同的理解。

（2）“以中国近代社会的主要矛盾的发展及其质的某些变化为标准”。这是孙守任继胡绳之后而自成一说的主张（《中国近代史的分期问题的商榷》，《历史研究》1954年第6期）。这个意见如从主要矛盾应是阶级斗争这个角度来理解，则与胡绳的基本论点无大分歧，而只是补入了阶级斗争表现的又一个方面而已，所以戴逸在评论这两种意见时曾说：“在我们看来，他们两个都主张以阶级斗争和民族斗争的发展来划分近代历史的。”后来，范文澜则更明确地提出要把近代社会的主要矛盾作为划阶段的“可靠的依据”（《略谈中国近代史的分期问题》，《光明日报》1956年10月11日；《中国近代史的分期问题》，《光明日报》1956年10月25日；《中国近代史的分期问题》，《光明日报》1956年10月25日；《中国近代史的分期问题》，《中国科学院历史研究所第三所集刊》1955年第7期）。

（3）“以社会经济的表征与阶级斗争的表征相结合作为分期标准，以阶级斗争的重大事件作为分期的界标”。这是金冲及的主张（《对于中国近代历史分期问题的意见》，《历史研究》1955年第2期）。金冲及明确地区分界标与标准的概念是有助于讨论的；但他究竟与胡绳的意见有多大分歧则值得研究。因为金冲及自己就说：“一定社会经济条件下引起一定的阶级斗争，阶级斗争又反过来影响或推动社会经济的发展，二者是统一的。”所以，他的这个标准只是把阶级斗争这一统一体中的另一个重要内容标举出来并列为两个标准而已。

这三种意见似乎不存在绝对对立的根本性分歧，而只是对“标准”概念和阶级斗争所表现诸方面的理解有所不同。

八十年代重新讨论这一问题时，刘跃曾提出了以阶级力量——政治指导者对历史的推动来划分阶段。他具体地举出由于洋务派、资产阶级改良派和革命派三种力量的推动，而使中国近代史上出现了三次不同程度的资产阶级性质的运动，并即以此来划分阶段（《中国近代史研究中的几个问题》，《社会科学战线》1980年第2期）。王庆祥则提出了更明确的主张。他认为划阶段的目的必须达到三个显示，即显示中国人民反帝反封建革命斗争的阶段性，显示半殖民地半封建社会在政治、经济和文化思想方面发展的阶段性，显示近代中国主要矛盾发展的阶段性。而要达到这种显示，“只有用近代中国社会中处于革命指导者地位的阶级之成败作为划阶段的标准，才能兼顾上述原则，而最本质地反映中国近代历史的发展规律”（《中国近代史分期问题应当继续讨论》，《史学月刊》1980年第2期）。杨策不同意这种观点，他认为“革命领导者的转换，不能作为划分历史时代的界标”。如“在确定中国近代史的开端问题时，是以中国社会性质的改变作为标志的，并没有以革命领导者的转换为标志”（《中国近代史的时限问题刍议》，《宁夏大学学报》1982年第1期）。

胡绳对这个问题继续坚持他原有的观点，仍然按照三次革命高潮为线索来组织他的新著《从鸦片战争到五四运动》，并明确表示不同意那种以“洋务运动—戊戌维新—辛亥革命”做线索来叙述历史。他明确表示由七个时期改成四个时期（本书序言）。但有些人不同意三次高潮的说法而主张“依据反对帝国主义和发展资本主义这两条原则才能确定中国近代史的基本线索而划分阶段”（《文史哲》1983年第3期胡滨等笔谈）。李时岳虽然表示“赞成基本上用阶级斗争的表现为线索”，不过却提出“必须紧密地联系社会经济的变动进行考察，找出那些能够集中反映历史趋向的标志”（《中国近代史主要线索及其标志之我见》，《历史研究》1984年第2期）。

关于“标准”的讨论，尚有待于进一步探讨与论述。

（二）上限问题

中国近代史以鸦片战争为上限是人们所公认而毋庸置疑的；但问题在于这个开端年代究竟是1840年，还是1839年？绝大多数同志主张以1840年为开端，但也有个别持异议者，如孙守任虽然没有明标1839年为开端年代，但在行文中却不止一次地以1839年作为开端年代。来新夏的《略论中国近代史的开端年代》一文从反侵略的意义、英国发动战争的事实、英国资产阶级和政府决定侵华政策的时间、清政府对外态度变化等四个方面看，主张“应以1839年作为中国近代史的开端年代”（《天津日报》1957年3月22日）。另外尚钺还“一度反对以1840年外国资本主义侵入的时间为近代史开端”，而“把上限划在16世纪中叶或稍后的明清之际，因为当时已有资本主义萌芽”（《明清社会经济形态的研究》序）。这与中国近代史的现实不尽符合，所以刘大年说：“如果可以从萌芽区分历史，那就再也无法区分奴隶制、封建制和资本主义。”（《中国近代史研究中的几个问题》，《历史研究》1959年第10期）黎澍也为此写了《中国近代始于何时？》，专门论证中国近代始于鸦片战争，并认为如果否认这点，“这在实际上是完全否认了鸦片战争以后中国历史的特点，否认了马克思主义关于中国历史，特别是关于中国近代历史的根本看法”（《历史研究》1959年第3期）。近年以来，李侃在《中国近代“终”于何时》一文中说：“现在，对于把1840年的鸦片战争作为中国近代史的开端，已经没有什么分歧了。”（《光明日报》1982年11月17日）但，与此前后仍然有人表示异议，如来新夏又进一步阐述自己50年代的观点，提出了“1839年的‘禁烟运动’开始揭开了中国近代史的帷幕”的主张（《林则徐与禁烟运动》，《福建论坛》1982年第6期）。而《鸦片战争》一书的作者牟安世更不惮其烦地明确宣布自己的观点。他始而在该书的前言中注称：“鸦片战争爆发的年代，在目前的历史书籍中有1839年和1840年两种提法；本稿根据1839年在广东已经爆发中英九龙之战、穿鼻之战及官涌之战等事实，采用前一种提法。”继而在第三章的开头又明确提出：“鸦片战争爆发于1839年9月4日（道光十九年七月二十七日）的九龙之战。”

这两个不同的开端年代虽然只是一年之差，似乎无关宏旨，但前者则表明中国人民是以英勇抗击侵略者为自己近代历史的开端。它标明中国近代史的光荣开始。

（三）下限问题

下限问题的争论焦点在于是断于1919年，还是1949年呢？开始，人们都按照传统习惯，以1919年为下限，似乎1919年为下限已成定论；但在1956年6月，林敦奎在中国人民大学科学讨论会上提出：1840年至1949年间的社会性质与革命性质无变化，主张应以1949年为下限，而以1919年五四运动划分新旧民主主义革命时期。戴逸在会上建议把这段历史命名为“半殖民地半封建的中国史”（《历史研究》1956年第7期）。7月间，在综合大学文史教材审订会上便正式定名为“中国史——半殖民地半封建社会时代”（《历史研究》1956年第9期）。李新也认为1840年到1949年的社会性质“基本上没有改变”，因此无需划分近、现代，“而应该把它写成一部完整的包括整个半殖民地半封建社会时代的通史”。他同意以1919年为界限，把这一时期划分为上下两部分（《教学与研究》1956年第8—9期）。后来陈旭麓也同意以1949年为下限，并进行了较详细的论证（《学术月刊》1959年第11期）。至于以1919年作为划分新旧民主主义革命时期的断限大多无异议，只有荣孟源主张定在1921年6月中国共产党成立以前（《科学通报》1956年第8期）。

在近年的讨论中，有的同志又着重强调了以1949年为下限的问题。如王庆祥认为这样断限“就囊括了半殖民地半封建社会的全过程，而中断这一过程的任何划分都将影响有关的研究工作，都是不科学的”（《中国近代史分期问题应当继续讨论》，《史学月刊》1980年第2期）；杨策也提出了同样的见解，并进而指出：“如果割裂为两个不同的历史时代，就不能认为是符合经济基础决定上层建筑这个马克思主义的基本原则的。”（《中国近代史的时限问题刍议》）这些理由基本上重述了50年代的内容；而提出新意的则是李侃的《中国近代“终”于何时》一文。他一方面分析了形成以1919年为近代史下限的客观原因：

> 一是因为建国之初开始，就一直把五四运动以后的历史作为中国现代史或新民主主义革命史，从近代史中划分出来；再是因为新民主主义革命时期的历史与中国共产党的历史密不可分，既然已有中国现代史和中共党史这样的独立学科，中国近代史也就只好讲到五四运动以前为止了。

另一方面，又指出不以1949年为下限是“弊多利少，甚至是有弊无利的”，并举出了三条弊端：一是“不利于研究者和教学工作者了解和把握中国近代历史的全部过程，从而也不利于从分析综合整个中国近代社会的矛盾斗争及其发展变化中，揭示和认识中国近代历史发展的客观规律”。二是“不利于中国近代史和现代史（中华人民共和国史）研究、教学的繁荣和发展”，“使得本来意义上的中国现代史（中华人民共和国成立以来的历史）反而显得很不景气，甚至有时竟被排除在历史学领域之外了”。三是“不利于史学人才的培养和提高的”。（《光明日报》1982年11月17日）

李侃的这些见解主要是以历史科学重在应用为出发点的，是值得引起重视的。

在下限问题上仅仅只是“19”与“49”之争。从现实情况了解，人们并不坚持非以1919年为下限不可。以1949年为下限的意见，从发展趋势估测当日益为教学和研究工作者所接受。

（四）划阶段问题

分期问题的讨论归根结底是要落脚到如何划分阶段的问题上，50年代的讨论出现了几种分歧较大或大同小异的分段法，主要的有：

分 法	具体阶段	主张者
三 分	1840—1873 1873—1901 1901—1919	戴 逸
四 分	1840—1864 1864—1894 1894—1905 1905—1919	孙守任 范文澜*
	1840—1864 1864—1901 1901—1913 1913—1921	荣孟源
	1839—1864 1864—1901 1901—1912 1912—1919	来新夏
五 分	1840—1864 1864—1894 1895—1900 1901—1914 1914—1919	金冲及
七 分	1840—1850 1851—1864 1864—1895	胡 绳

（续表）

分　法	具体阶段	主张者
七　分	1895—1900 1901—1905 1905—1912 1912—1919	胡　绳

* 范文澜基本上与孙说一致，所异者只是：①第二、三段的交界是 1895 年；②范说在大段下又分小段。

这些是以1919年为下限的分段法。当时只有李新是以1949年为下限而分为二大部八阶段，其旧民主主义部分的四段与范文澜的分法相同。各种分段的主要争论点在毛健予所写的《关于中国近代史分期问题讨论的介绍》一文（《史学月刊》1957年第1期）中已经作了重点概述，可供参阅，这里就不再赘述了。

在这次讨论中，曾有人触及到正名问题，认为这一讨论是“在连续性历史时期中划分阶段的问题，不能像古代史那样称为分期问题，而应称做‘划阶段问题’”（来新夏：《读〈我们对中国近代史分期问题的初步意见〉一文的笔记》注，《天津日报》1956年10月27日）。但没有引起应有的反响。

近年来的讨论，在划阶段问题上，一些在50年代参加讨论的同志，其基本分法是移步而不变形。一是胡绳的由多并少，即由50年代的七段改为80年代的四段，其合并的理由是：“如果把每次革命高潮时期和在它以前的准备时期合并起来，那就成为四个时期了。”合并的四段是1840—1864年，1864—1901年，1901—1912年，1912—1919年。这四段和50年代主张四分的某些同志的分法基本类似。二是李新的由少增多，即由原来的二部八段增为十二段（《历史研究》1983年第4期）。李新的这一具体划分法作为一书主编指导全书编写是有裨于掌握要点，易于见功的；但作为一种学术上划阶段的建议，则不免失之于琐细，而难于抓住规律要领，其第六、七段与第八、九段不得不有一点时间交错，正由于此。

与胡绳从不同标准出发而提出建议的有刘跃、王庆祥等。刘跃依据“中国近代历史上出现了三次不同程度的资产阶级性质的运动”而把近代划分为以1919年为下限的四段，即：（1）1840—1864年，半殖民地半封建社会开始的旧式农民战争时期；（2）1864—1895年，半殖民地半封建社会形成，地主阶级改革派推行带有资本主义倾向的洋务运动；（3）1895—1905年，资产阶级改良主义形成高潮，发生了戊戌变法运动；（4）1905—1919年，中国民族资产阶级领导中国革命的时期（《中国近代史研究中的几个问题》）。有的同志更明确地提出“依据反对帝国主义和发展资本主义这两条原则”所确定的“中国近代史的基本线索”而把中国近代史划分为：1. 鸦片战争—太平天国；2. 洋务运动—中日甲午战争；3. 戊戌变法—义和团运动—辛亥革命这三个连续递进的阶段（《文史哲》1983年第3期笔谈）。这实际上是前面四段法中的三、四两段合为一段的分法。李时岳进一步明确这种划阶段的主张。他认为叙述中国近代史，“不仅要说明外国帝国主义怎样侵略、怎样扩张其势力，更重要的是要说明中国社会内部在生产力方面、生产关系方面、政治文化思想方面发生了怎样的变化，怎样向前发展，从而最后战胜了帝国主义和封建主义”。据此他提出了“四个阶段”论，即农民战争、洋务运动、维新运动和资产阶级革命四个阶段（《中国近代史主要线索及其标志之我见》）。王庆祥则以政治指导者的变换为依据，以1949年为下限而划为三段即：（1）1840—1864年，“农民阶级是处于革命指导者地位的阶级”，“是中国由封建社会开始走上半殖民地半封建道路的时期，也是农民反封建革命高涨时期”；（2）1864—1919年，“资产阶级是处于革命指导者地位的阶级”，“是中国半殖民地半封建社会的形成和确立时期，也是民族资产阶级发生、发展及其政治活动时期”；（3）1919—1949年，“无产阶级是处于革命指导者地位的阶级”，“是中国半殖民地半封建社会走向崩溃时期，也是无产阶级及其政党领导的新民主主义革命走向胜利的时期”（《中国近代史分期问题应当继续讨论》）。这一分段方法似乎未能明确体现中国近代社会的主要矛盾及反帝斗争的重大表现。

（五）结语

近代史分期（划阶段）问题的讨论，足足进行了三十年，提出了若干论点与论据，对推动中国近代史的研究与教学起到了应有的作用，体现了我国学术争鸣的良好风气。有些问题随着各个专题领域研究的深入展开而将有所解决；有些问题仍待再提出论据，阐述论点。希望在今后的岁月中能更热烈地展开有成效的讨论，以获取学术上的成就。

原载于《文史知识》1984年第9期

要多研究和编写转型期历史

历来对中国史的研究大多不外通史和断代史，对于社会转型期的历史一般很少作专门性的研究。这里所谓“转型期”的含义，我认为是指朝代与朝代间、社会形态与社会形态间的转换所发生的各种变化，如宋元之际、明清之际、封建社会转变成半封建半殖民地社会等。在这种转型期往往发生许多足以引起人们注意的变化，甚至是巨变。但我们研究通史时常常一掠而过，研究断代史时则多用力于主朝，较少涉及易代鼎革的变化，甚至出现空白。因而，研究转型期历史的专著就比较少见。

过去我曾读过唐德刚教授的《晚清七十年》，这是专门论述中国近代前期七十年历史的转型期历史著作，是我第一次读到的这方面专著。由于匆匆读过，对书中的论述尚未深入思考，所以还不能提出任何商榷性意见；但作者对转型期的诠释是颇具启示性的，而勇于实践自己想法的精神更值得钦佩。唐教授说：“在历史的潮流里，转型期是个瓶颈，是个三峡。”在历史长期发展过程中，瓶颈会发生淤塞现象，历史本身就要求冲破淤塞而发展。唐教授俯瞰从鸦片战争到辛亥革命这七十年的近代历史转型期，沿着太平天国、甲午战争、戊戌变法、义和团、八国联军一直到辛亥革命诸重大政治事件的脉络，讲述了中华民族所面临的历史巨变。把这种巨变放到转型期历史的视野下审视，就显得这七十年历史的跌宕起伏，引人入胜。比一般的平铺直叙，挖掘得要深入些，开拓得要广阔得多。

最近我又读到张贵祥先生所撰《大三国演记》，这是以文艺笔墨论述中国史上宋元间转型期历史的一部百余万字的巨著，作者自称“本书所叙是公元十世纪起，辽、宋、西夏、金时期的历史。开始是辽、北宋、西夏，三足鼎立；然后是金朝、南宋、西夏，依次对峙；最后是元朝灭夏，灭金，灭宋，三国归元”。作者把中国通史中这三百多年的历史画为两个三角形，作了全方位的论述。这两个三角形比魏蜀吴时期的三国多了一个三角。而延续的年代又比魏蜀吴多了两倍。所以完全可以无愧地称为“大三国”。这个“大三国”时期是中国史上头绪纷繁的一个历史时段，不仅不为一般人所熟知，即使历史专业人员也有不少人理不清脉络，甚至还有人对此回避绕道。但是作者却能严格按照治史规则，正确运用史料，以编年为纲，以纪事本末为纬，以事系人，传其生平，构成一幅立体的历史图卷，令人一读即能把握这三百多年的史事。这部书既写了朝代的转型，也写了政治、经济、军事、社会、文化、外交诸方面的转型，更值得注意的是，它摆脱了以汉族为中心的写史方法，平等地写汉、契丹、女真、羌、蒙古等中华民族的几个组成部分，写了不同民族统治的转型。它既突破了断代史的拘束，也为通史创造了新的写史方法，堪称一部写转型期历史的佳作。

我在读这两部书的过程中，时感愧恧。唐德刚教授是美籍华人，久居海外；张贵祥先生是史学圈外的一位机械工程师、业余史学爱好者。他们写了这样两部颇有创意的转型期历史，而国内却很少见到史学专业工作者去写这类著作。我很希望能读到一些出自史学工作者之手的这方面著述，让我们的史学研究和编纂事业也转转型。

原载于《光明日报》2004年9月21日

要多研究转型期的历史

——专论中国近代历史转型期的某些变化

历来对中国史的研究大多不外通史与断代史，而于社会转型期的历史则很少专门性研究。所谓转型期的含义，我认为是指朝代与朝代间、社会形态与社会形态间的转换所发生的各种变化。如宋元之际、明清之际、封建社会转变成半封建半殖民地社会等等。在这种转型期往往发生许多足以引起人们注视的变化，甚至是巨变。但我们研究通史时常常一掠而过，研究断代史时则多用力于主朝，较少涉及易代鼎革的变化，甚至出现空白。至于研究转型期历史的专著则极为罕见。

最近读到唐德刚教授所著《晚清七十年》，这是专门论述中国近代前期七十年历史的转型期历史著作，是我第一次读到的这方面专著。由于匆匆读过，对书中的论述尚未深入思考，所以还不能提出任何商榷性意见；但作者对转型期的诠释是颇具启示性的，而勇于实践自己想法的精神更是值得钦佩的。唐教授说："在历史的潮流里，转型期是个瓶颈，是个三峡。"在历史长期发展过程中，瓶颈会发生淤塞现象，历史本身就要求冲破淤塞而发展，唐教授解释这种冲出瓶颈的程序"在哲学上叫做'突破'，在史学和社会学上则叫'转型'——由某种社会模式转入另一种社会模式，以图继续向前发展"。唐教授俯瞰从鸦片战争到辛亥革命这七十年的近代历史转型期，沿着太平天国、甲午战争、戊戌变法、义和团、八国联军，一直到辛亥革命诸重大政治事件这一脉络，讲述了中华民族所面临的历史巨变。本文则专论十九世纪四五十年代刚进入近代转型期时社会经济方面所呈现的种种变化，以证明多研究转型期历史的必要性。

一

十九世纪四十年代是中国二千多年封建社会积淀物堵塞的瓶颈被第一次鸦片战争所冲开而进入中国近代历史转型期的开端，外国侵略者悍然侵入，中国社会呈现社会危机，开始变成半封建半殖民地社会。

以英国为主的外国侵略者们胁迫清朝政府订立《江宁条约》等等不平等条约之后，随即放手掠夺各种权力与权利，从而发生了异常兴奋的情绪。英国的资产阶级和它的政府广泛而动听地宣传中国这个新市场的美景，他们痴迷地认为这次可以“一举而要为全世界三分之一人口的需要效劳了”！甚至幻想“只消中国人每人每年需用一顶棉织睡帽……那英格兰现有的工厂就已经供给不上了”。[①]他们完全沉醉在广阔市场和巨大利润之中了。1842—1845年英国对华输出工业品的数额一直处于涨势，从下表可以看到[②]：

1842 年	969381 镑
1843 年	1456180 镑
1844 年	2305617 镑
1845 年	2394827 镑

这种增长一方面固然表明了“鸦片战争替英国商业开辟了中国市场”[③]的事实；但在另一方面它却与中国市场的消费实际并不相合，1846年以后这种不相合的状况日益明显，当年英国对华输出总额降到1836年1326388镑[④]的水平之下，以后未见起色。1852年，港督府秘书密切尔在一份报告书中曾哀叹贸易十年的结果：这个人口大国对英国商品的消费还不及荷兰一半，赶不上法国和巴西，只比比利时、葡萄牙稍微多一点[⑤]。这种输入与消费不相称现象的形成，主要是当时

① 1847年12月2日，香港中国邮报社论（严中平：《英国资产阶级纺织利益集团与两次鸦片战争史料》下，见《经济研究》1955年第2期）。

② 严中平：《中国棉纺织史稿》，页62，附表。

③ 马克思：《对华商业》，见《马克思恩格斯论中国》，页185。

④ 马克思：《中英条约》第一篇，见《马克思恩格斯论中国》，页104—105。

⑤ 1852年3月密切尔报告书（严中平：《英国资产阶级纺织利益集团与两次鸦片战争史料》下，见《经济研究》1955年第2期）。

"中国社会底基本核心是小农和家庭手工业"，所以"还谈不到什么外货的大宗输入"[①]。英国人也承认这一事实说："中国人久已利用他们自己的资源，花费很便宜的成本，掌握了一切生活必需品和绝大部分的奢侈品。"[②]

这种不相称的另一原因是鸦片的大量输入。鸦片在第一次鸦片战争后成为一种既非明令禁止，又无税则规定的"合法走私品"，所以鸦片输入量增长很快，如1842年为33508箱，到1850年激增至52925箱。外国侵略者在输入大量工业品和鸦片的同时，还从中掠取以茶丝为主的原料，据统计，茶在1843年由广州一口输出量是17727750磅，1844年由广州、上海两口共输出70476500磅，1849年两口共输出达82980500磅；丝在1843年由广州一口输出量是1787包，1845年广州、上海两口共输出达13220包，1850年两口共输出达21548包。[③]侵略者更利用条约中的优惠条件，廉价掠取原料，甚至甩开中国商人的中介而亲自到产地采购，如上海所产木棉，原由闽、粤商人转手，后来"即由西人自为采售"[④]。

输入工业品、鸦片和掠取原料是外国侵略者在十九世纪四五十年代所采取的主要侵略方式，这些侵略活动直接和间接地影响了中国社会的变化。虽然外国工业品当时尚不能畅销，但不能认为对中国社会毫无任何作用。外国经济势力的冲击在某种程度上打击和初步瓦解了五口附近地区的自然经济，如厦门在开埠后的1845年，即因洋布的输入而使"江浙之棉布不复畅销，商人多不贩运，而闽浙之土布、土棉，遂亦因之壅滞不能出口"[⑤]。在战前一直是棉布业中心的苏松一带也感到了严重的威胁。1845年，著名经世学家包世臣在致前大司马许太常的信中说："今则洋布盛行，价当梭布而宽则三倍，是以布市消减，蚕棉得丰岁而皆不偿本。商贾不行，生计路绌。"[⑥]广东的织工也感到"棉花输入的增加，剥夺其妻子们绩棉纺纱所得的利益"[⑦]。这种影响也延伸到内地省份，如湖北的棉布原行销于滇、黔、秦、蜀、晋、豫诸省，甚至到东南吴、皖地区。但是，自通商互

---

① 马克思：《中英条约》第一篇，见《马克思恩格斯论中国》，页112。

② 史当登：《中国杂记》1850年增订第二版，页10—11（严中平：《英国资产阶级纺织利益集团与两次鸦片战争史料》下，见《经济研究》1955年第2期）。

③ H.B.Morse：The International Relations of the Chinese Empire. V.I 页556附表。

④ 王韬：《瀛壖杂志》，见《小方壶斋舆地丛钞》第九帙。

⑤ 1845年春福州将军兼管闽海关敬奏，见《历史研究》1954年第3号。

⑥ 包世臣：《安吴四种》卷二七。

⑦ P. Amber，*China An outline of its goverment & police.*

市以后，洋布盛行，各布销场乃为之大减[①]。“独立手工业也遭到一定的破坏，如广东佛山的铁工业，战前相当兴盛，铁钉、土针等业都是工人多至数千规模的作坊，战后则都呈现凋敝，铁钉业因洋钉输入而制造日少，土针业也以洋针输入而销路渐减。”[②]对家庭和独立手工业的这种破坏，虽然对某些地区的自然经济有一些初步瓦解作用，但主要的是阻止了中国手工业向工业正常发展的可能，更严重的是制造了一大批失业的手工业劳动者，加深了中国社会的动荡危机。

失业者远远不止这些。战前清政府一直执行广州一口贸易的限制政策。在广州附近和从广州到内地去的湘粤大道上，有不下十万的运输劳动者，以及依附运输业的有关服务行业人员，总数在百万人左右；五口通商以后，由于“广州商利遂散于四方”[③]，致使这百万失业大军中的大部分人生计维艰，被迫走进流浪者队伍中去。又如福建之漳州、泉州、兴化、福宁和浙江之宁波、台州、温州等府，“地多滨海，民鲜恒业，沿海编氓，非求食于网捕，即受雇于商船”，但是，“自外夷通商以来，商船大半歇业，前之受雇于该商者，多以衣食无资流而为匪”[④]。

失业的手工业劳动者、湘粤大道上失业的运输工人、沿海的失业船户和居民，再加上从土地上被赶出来的农民，这些人中的大部分将组成一支威胁封建社会稳定、安宁的流浪者队伍，给整个社会带来了动荡。

和工业品同时大量输入的鸦片，其毒害不仅使中国的财政金融陷于厉害的破坏状态，更严重的是戕害人体，扰乱社会。当时闽浙总督刘韵珂在致金陵三帅书中描写浙江黄岩遭受烟毒的惨状说：“黄岩一县，无不吸烟，昼眠夜起，杲杲日出，阒其无人。月白灯红，乃成鬼市。通商之后，烟禁大开，鬼市将盛。”[⑤]

工业品和鸦片的大量输入，纵使有日渐增长的茶丝输出品，也难抵补逆差，由此导致大量白银外流，加上战费和赔款，终于造成“银贵钱贱”的严重社会现象。1842年银一两可兑钱1572.2文，到1849年银一两已可兑钱2355文了[⑥]。银钱比价差额的增大，必然严重影响财政金融和国民经济。

---

① 《湖北通志》卷二十四，物产三。

② 《民国佛山忠义乡志》卷六，《实业志·工业》。

③ 彭玉麟：《会奏广东团练捐输事宜折》，见《彭刚直公奏稿》卷四。

④ 闽浙总督刘韵珂片，见《史料旬刊》第36期，地319、320。

⑤ 《广东夷务事宜》，见《中国近代史资料丛刊·鸦片战争》第3册，页361。

⑥ 严中平等编：《中国近代经济史统计资料选辑》，页37。

外国侵略者从1843年开始在五口谋求立足，在港口与地方官吏接洽，租屋居住或划定一定地区作为“租借地”。如上海自1843年11月27日正式开港后，英国首任领事巴富尔即不满足于租赁中国官方指定的栈房暂居，而是积极图谋攫取一块土地作据点。经与清政府苏松太道宫慕久商洽，最后通过“永租”方式，于1845年11月29日订立《土地章程》（23条），划定洋泾浜以北李家庄以南之地，租与英人建筑房舍并居住。次年9月24日又确定了四至，即：东至黄浦江，南至洋泾浜，西至界路，北至李家庄。全部面积约830亩，作为“租界”，1848年又扩大为2820亩。[①]这些“租界”不仅作为经济侵略据点，还建立一套独立于中国行政系统和法律制度以外的殖民地制度，进行种种犯罪活动，成为中外罪犯的逋逃薮。大批侵略分子在口岸和附近地区为非作歹。当时英国驻上海领事阿利国也无法否认这一事实说：“来自各国的这群外国人，生性卑贱，无有效之管束，为全中国所诟病，也为全中国的祸患。”这些人是“欧洲各国人的渣滓”[②]，他们最堪痛恨的罪恶活动是掠夺和贩卖人口。其残酷悲惨不忍卒闻，清政府大吏李东沅曾著《论招工》一文描述称：

> 频年粤东、澳门，有拐诱华人贩出外洋为人奴仆。名其馆曰招工，核其实为图利，粤人称之为买猪仔。夫曰猪等人于畜类，仔者微贱之称，豢其身而货之，惟利是视，予取予携。……且粤省拐匪先与洋人串通，散诸四方，投人所好，或炫以赀财，或诱以阑赌，一吞其饵，即入牢笼，遂被拘出外洋，不能自立。又或于滨海埔头，通衢歧路，突出不意，指为负欠，牵扯落船。官既置若罔闻，绅亦不敢申述，每年被拐，累万盈千。其中途病亡及自寻短见者不知凡几。即使抵埠，悉充极劳苦之工，少惰则鞭挞立加，偶病亦告假不许，置诸死地，难望生还。[③]

外国侵略者还在各口岸地区豢养和扶植一批原来称为通事的“买办”，这些买办的前身就是战前给外国人做中介人并兼管其商业事务的人。过去人数不多，经济力量亦较薄弱，在社会上还起不了大作用。战后，他们继续被选用做各口岸的商务代理，推销商品，搜购原料，靠外国经济侵略活动而发“百无一失”的大

① 严中平等编：《中国近代经济史统计资料选辑》，页49。

② 严中平：《五口通商时代疯狂残害中国人民的英美“领事”和“商人”》，见1952年6月20日《进步日报·史学周刊》76期。

③ 葛士濬：《皇朝经世文续编》卷八六，刑政三。

财，当时人已称他们是“顷刻间千金赤手可致”[①]。这些买办商人随着外国侵略势力的日益强化而日益扩大，由商业买办扩大到金融买办、矿山买办、工厂买办等等；由经济买办扩大到政治买办、文化买办而最终形成中国近代转型期中的买办阶级。

外国侵略者在中国近代历史转型期的开端年代里也试探着进行资本输出。如1843年，英国资本在上海经营墨海书馆；1845年，美国在宁波经营美华书馆等印刷出版业；1845年，英国大英轮船公司职员柯拜在广州建立柯拜船坞的船舶修造业；1850年，英国在上海经营字林报馆的新闻业[②]。这些企业虽然规模不大，但它们都是转型期变化的产物。尤其让侵略者意想不到的是，这些企业中吸引了一部分中国劳动者，这就是中国近代无产阶级的开始。

二

十九世纪四五十年代，中国社会内部也由于近代历史的转型而发生巨变。中国早期资产阶级史学家梁启超比较敏锐地惊呼过这种巨变。

这种巨变首先表现在土地集中的情况日益严重，有人曾经引证各种资料，历举冀、苏、浙、晋、鄂、陕、鲁、赣、闽、粤、桂以及满洲等十四省土地集中情形，证明在第一次鸦片战争后，全国土地有40%—80%集中在30%—40%的少数人手里，60%—90%的多数人没有土地[③]。这种严重情形究竟如何形成？它仍然是战争所带来的负面影响，可从下面三点来分析。

（一）战火的蔓延，不仅致使直接接触地区如江苏、浙江沿海州县“转徙流离，耕耘失业”[④]，就是内地省份如湖北也因“粤东不靖，大兵自北而南；军书旁午，露布星驰无旦夕；官吏征民夫递送；军装、钱漕、力役，三政并行，追呼日迫，卖儿鬻女，枵腹当差，道殣相望，流离之状，令人恻然”[⑤]！道光二十二年湖广道监察御史吕贤基在其指陈时弊的奏折中更揭示官吏乘战争之机勒索搜刮

① 王韬：《瀛壖杂志》，见《小方壶斋舆地丛钞》第九帙。

② 孙敏棠：《中日甲午战争前外国资本在中国经营的近代工业》，上海人民出版社。

③ 王瑛：《太平天国革命前夕的土地问题》，见《中山文化教育馆季刊》3卷1期。

④ 《东华续录》道光四六。

⑤ 邓文滨：《苦雨》，见《醒睡录·初集》卷二，申报馆本。

的恶行说：

> 比年以来，地方官不能上体圣意，每于近海之区，借防堵以派费；于征兵之境，借征调以索财，以及道路所经，辄以护送兵差，供给夫马为名，科敛无度。近闻湖北、湖南、安徽等处，皆有加派勒捐之弊。又闻直隶、山东亦然。[①]

战败的赔款也转嫁到农民身上，农民无力承受沉重的负担，丧失经营农业生产的能力，只能离开土地，穿州过县去求生计。

（二）各种浮勒的加重。战前的农民负担本已很重，能维持最低生活标准的为数不多。经世学者章谦在其《备荒通论》一文中曾根据农民生产的必需支出、缴纳地租、春耕时的高利借债，秋收时的减价卖谷等项目折算后得出一个结论，即农民“得以暖不号寒，丰不啼饥，而可以卒岁者，十室之中无二三焉”[②]。战后，情形尤为严重，农民除了沉重的赋税和由于银钱比价差额所造成的暗增之赋外，还要遭受种种浮勒，如江苏就利用“催科之术”，“以帮费为名，捐款为词，假手书役，任意浮收。甚至每米一石，收米至三石内外，折钱至十千上下；每银一两收钱至四五千文”[③]。浙江又有“截串之法”，即“上忙而预征下忙之税，今年而预截明年之串”[④]。

必须指明，这种浮勒，一般绅富不仅不受影响，还可从中取利，如江苏，“向来完漕，绅富谓之大户，庶民谓之小户。以大户之短交，取偿于小户。于是刁劣绅衿，挟制官吏，索取白规。大户包揽小户，小户附托大户，又有包户之名。以致畸轻畸重，众怨沸腾”[⑤]。相反的情况是，农民如果不接受这种浮勒，就要遭到官吏的迫害。道光二十三年，耆英曾叙述过江苏勒征的情形说：“设有不遵浮勒之人，书役则以惩一儆百为词，怂恿本官，或指为包揽，或指为交□；甚或捏造事端，勾串棍徒，凭空讦告，将不遵浮勒之人，横加摧辱。”[⑥]咸丰元年曾国藩陈述了更多一些地方的惨状说：“州县竭全力以催科犹恐不给，往往

① 《道光朝筹办夷务始末》卷四五，页十七。

② 贺长龄：《皇朝经世文编》卷三九，户政。

③ 道光二十三年耆英折，见《史料旬刊》第35期，地291—293。

④ 曾国藩：《备陈民间疾苦疏》，见《曾文正公奏稿》卷一。

⑤ 《东华续录》道光五四。

⑥ 道光二十三年耆英折，见《史料旬刊》第35期，地291—293。

委员佐之，吏役四出，昼夜追比，鞭扑满堂，血肉狼藉。”[①]严刑之下浮勒可能满足，正税往往积欠，在《石渠余纪》中记载道光二十一、二十二、二十五、二十九各年各省地丁实征数都不足额征数。正税与浮勒像两条鞭子一样，交替抽打着农民，迫使其离开土地，即使富庶如苏松，也“竟有以所得不敷完纳钱漕，弃田不顾者”[②]。

（三）人祸不已，天灾频仍。十九世纪四五十年代，国内遇到极大的灾荒，灾区面广，灾情严重，灾种也多。据《东华续录》的记载，1841—1849年，几乎每年都有灾情，灾区几遍全国，种类包括水、旱、雹、蝗、风、疫、地震、歉收。其中道光二十七年河南的两次水灾和一次旱灾，二十九年浙江、安徽、湖北等省的大水灾，都是灾区宽广，灾情异常，灾民颠沛流离的大灾，农民生计无存。

由于上述几点原因，大批农民被剥夺了土地，沦为流浪者。他们或则涌进城镇去讨生活，一些中小城市也未能免，如福建的延、建、邵三府，本不是什么大城市，到了四十年代末也出现了“外乡游民麇集，佣趁工作”的现实；或则参加反抗行列去求生路。各地普遍发生的抗粮斗争在一定程度上反映了这个问题。农民的大批离乡，当时商品经济的某些发展和货币地租的流行，为土地兼并提供了可能。

其次，十九世纪四五十年代，由于外国经济势力冲击了中国的自然经济状态，使农产品的商品化日趋明显。它意味着农民已经不只为自己一家人生产生活必需品，而是把自己的生产和市场逐渐联系起来，为市场交换而生产，把农产品卷入到商品经济的潮流中去。这种现象在沿海地区表现得较为明显，如棉茶丝等经济作物在战后更加商品化，福建农民在种植一般农作物之外，还生产一定数量的蔗糖，春天时，农民“把糖运到最近一个海口去卖给商人，商人则在东南季候风的时节，把糖运到天津或其他北部港口去。至于拖欠农民的糖价，一部分用货币支付，一部分则用带来的北方棉花来归还”[③]。这个记载表明农民已经划出一定土地种植甘蔗，并利用甘蔗原料进行为供应市场交换的手工劳动，制成商品——糖。商人则通过两种农产品把两个遥远地区联结起来。近代思想家王韬曾

① 曾国藩：《备陈民间疾苦疏》，见《曾文正公奏稿》卷一。

② 道光二十三年耆英折，见《史料旬刊》第35期，地291—293。

③ 1852年3月密切尔报告书（严中平：《英国资产阶级纺织利益集团与两次鸦片战争史料》下，见《经济研究》1955年第2期）。

在其所著《瀛壖杂志》中记载上海、闽、粤的木棉交易情形说：

沪人生计在木棉，贩输远及数省，且至泰西各国矣。在沪业农者罕见种稻。自散种以及成布，男播女织，其辛勤倍于禾稼而利亦赢。

粤则从汕头，闽则从台湾，运糖至沪，所售动以数百万金，于沪则收买木棉载回。

葛元煦的《沪游杂记》中也有这类记载说：

松沪土产以棉花为大宗，村庄妇女咸织小布为养赡计。每日黎明，乡人担花挈布，入市投行，售卖者踵相接也。交冬棉花尤盛，行栈收买，堆积如山。[①]

王、葛二人所述开港后上海地区将农产品、手工业品和商品接连成链的发展情况正说明上海附近的木棉植区相当大，产品大部分上市，市场交换频繁，交换量亦大，并且有行栈一类的商业性机构收买。不仅沿海如此，内地也有类似情况，如道光二十二年左宗棠在《上贺蔗农先生书》中曾描述了安化农产品与商业资本的不可分的关系说：

安化土货之通商者，棕、桐、梅、竹而外，惟茶叶行销最钜，每年所入将及百万，一旦江湖道梗，则山西行商裹足不前，此间顿失岁计。有地之家不能交易以为生，待雇之人不能通工以觅食。今年崇阳小警，行商到此稍迟而此间已望之如岁矣。苟其一岁不至此，十数万人者能忍饥以待乎？[②]

由于经济作物的面积日增，粮食作物的面积自然日减，当时已有人做出估计，认为桑、棉、蔬、果、烟草、杂植等非粮食作物要占全部农田的“四之一”[③]，产量面积相应缩小，因此有些地方需要从外地采购粮食，如前述的湖南安化“民食半资宝庆、益阳”，湘阴地方“丰年犹需买谷接荒”[④]。随着商品化程度的日益加深，货币的作用日强，3000万两左右的地丁需用货币缴纳，额外勒收的帮费需要折银，商品的诱惑刺激了地主绅富对货币地租的贪欲，然而农民力

---

① 《小方壶斋舆地丛钞》第九帙。

② 左宗棠：《上贺蔗农先生》，见《左文襄公书牍》卷一。

③ 汤纪尚：《食货盈缩论》，见《中国近代史资料丛刊·鸦片战争》第4册，页689。

④ 左宗棠：《上贺蔗农先生》，见《左文襄公书牍》卷一。

田所得是米，所以要持米售钱，但又遇到“银贵钱贱”的厄运，而陷入米价苦贱，银价苦昂的困境。曾国藩在一篇奏疏中难以掩盖地陈述了这种困境说：

昔日两银换钱一千，则石米得银三两；今日两银换钱二千，则石米仅得银一两五钱；昔日卖米三斗输一亩之课而有余，今日卖米六斗输一亩之课而不足。①

从这段文字的背后可以看到，劳苦农民将肩挑更多米粮拖着沉重的步子到市场求售的悲惨图画。

第三，手工业生产日渐走向独立性劳动，主要表现在农业与家庭手工业的主副关系正起变化，如福建农民虽然仍是自己一家人来完成“自清、自纺、自织”的全部织工工序；但是他们已“很少光为自己家庭需要而生产”，他们已经能“为供给邻近城市与水上人口生产一定量的布匹”。他们已把织布当做季节活动的主要劳作，而且已经不止动员自己的妻子儿女，乃至雇工在家从事纺织。②农民已不仅为交换而进行简单的商品生产，而且还和商业的关联日益密切。他们不仅把自己的手工制品当做商品卖给商人，还为商肆进行手工加工，王韬的《瀛壖杂志》中曾记称：

沪上袜肆甚多，而制袜独工，贫家子女多以缝袜为生活，敏者日可得百钱，每夕向肆中还筹取值，较之吾里擘坊，劳逸迥殊，女红自纺织以外专精刺绣。……所织之布则有小布、稀布，以丈尺之短长为别，其行远者为标布，关陕、齐鲁诸地，设局邑中广收之，贩运北方。③

这说明商业资本已在直接组织手工业生产了。在这种发展情况下，具备手工工厂规模的手工业也在恢复，以采矿业为例，战前虽已开始，并有较多数量矿工，容留了不少外来劳动者，但却受到种种限制，甚至被命令停闭。战后情况有较大变化，道光二十四年四月和六月先后两次谕令开矿，表示了官为经理、任民自为开采的态度，劝谕商民试行采办，并严厉禁止种种阻力。当年五月间开采了

① 曾国藩：《备陈民间疾苦疏》，见《曾文正公奏稿》卷一。

② 1852年3月密切尔报告书（严中平：《英国资产阶级纺织利益集团与两次鸦片战争史料》下，见《经济研究》1955年第2期）。

③ 《小方壶斋舆地丛钞》第九帙。

广西北流县铁矿，七月间又开采了广西恭城县铅矿[①]。手工业生产向独立性劳动途径迈进，对于自然经济的瓦解起了一定的冲击作用。

第四，商业活动的日趋频繁和发达。战前的商业已相当发达，曾出现所谓“四聚”的商业中心。战后原有的商业城市更加繁荣，如所谓“四聚”之一的北京，据道光二十五年刻印的《都门杂记》中所记称：

> 京师最尚繁华，市廛铺户装饰，富甲天下，如大栅栏、珠宝市、西河沿、琉璃厂之银楼缎号，以及茶叶铺、靴铺，皆雕梁画栋，金碧辉煌，令人目迷五色。至肉市、酒楼、饭馆，张灯列烛，猜拳行令，夜夜行宵，非他处所可及也。

《都门杂记》是当时专为商人服务而刻印的一种书，作者在例言中称：“是书之作原为远省客商而设，暂时来京，耳目难以周知。故上自风俗下至饮食服用，以及游眺之所，必详细注明，以资采访。”[②]从这里也反映出当时北京商业活动的频繁，所以才有为商人导游刻印专书的必要。

在旧商业城市更加繁荣的同时，新的商业城市也出现了。如上海，由于“道光间，中外互市”，而成为“通商总集”[③]，成为“南北转输，利溥中外”[④]的新型商业城市，而且还随之兴起了一批与商人有关的服务性行业，如客栈、饭馆、舞榭、歌台、秦楼、楚馆等等，供商人生活必需及游乐挥霍。城市居民也复杂起来了，不仅有“南闽、粤，北燕台、天津”，也有“出外洋，往各国”的商旅，因之，“轮船到埠，各栈友登舟接客，纷纷扰扰，同寓之人，亦五方杂处”。除了商人以外，上海还有许多粤东、宁波之人，靠在“船厂、货栈、轮舟、码头、洋商住宅……计工度日”。一批游手好闲的游民也到这里来讨生活，他们或则“遇事生风”来讹诈，或则“串诈乡民孤客，或乘局骗，或无债取偿”以取财[⑤]。随着城市居民成分的变化，城市风气亦有所变化，一般是趋向于奢靡。所谓“风俗日趋华靡，衣服僭侈，上下无别”，而“负贩之子，猝有所获，即御貂炫耀过市”，“衙署隶役，不着黑衣。近直与缙绅交际酒食，游戏征

① 《东华续录》道光四九、五二。
② 杨静亭：《都门杂记》风俗、例言。
③ 葛元煦：《沪游杂记》。
④ 王韬：《瀛壖杂志》，见《小方壶斋舆地丛钞》第九帙。
⑤ 葛元煦：《沪游杂记》。

逐”，而缙绅先生也竟然肯纡尊降贵和负贩之子与衙署隶役来往，而“恬不为怪”[①]，更不为一般人所习惯。但是这一变化却表明，旧的上下有别的封建等级关系，已在开始破坏。

商业活动的范围也日益宽广了。道光二十三年耆英在奏折中说：“查闽、粤、江、浙等省商民，每多出入海口，贩运土产，上至盛京，下至广州，往来贸易，其所运货物除茶叶、湖丝、绸缎外，均非西洋各国所需。”[②]沿海地区通过贸迁有无似乎已经形成一个全海岸线进行商业活动的市场，甚至扩大到内地，如湖北的棉花原来只销本省和川滇等省，自开埠以后洋商争来采购而与沿海发生联系[③]。

市场范围的扩大推动了商业的进一步发展，使人们与商业的关系也进一步密切起来，人们价值观的变化更为明显。有些人已经靠商业发家致富，如沪之巨富不以积粟为富，最豪者一家有海舶大小数十艘，驶至关东，贩油、酒、豆饼等货，每岁往返三四次[④]。有些人已单纯依靠商业或为商业服务为生，道光二十一年浙江沿海封港三月，就“商贾不通”，停止了商业活动，于是“本省之货物，日久停滞，朽蠹堪虞。他省之货物，日渐缺乏，腾贵滋甚，商民已属交困”，至于沿海那些原“以起运客货为业，全赖商贩往来，方获微资糊口”的“挑抬货物之脚夫”以及一些舵工、水手、渔夫等不下数万人，也因封港而“悉皆失业，数月之后，坐食山空，饥寒交迫”[⑤]。由于商业活动频繁，风险变化也很大，黄式权的《淞南梦影录》记载了上海商人发财与破产的变化说：

> 海上为通商口岸第一区，花天酒地，比户笙箫，不数二十四桥月明如水也。其间白手起家者固属不少，而挟厚资，开钜号，金银珠玉，视等泥沙，不转瞬而百结鹑衣，呼号风雪中，被街子呵斥者亦复良多。[⑥]

商业的这种发展，对当时社会经济的作用是使生产愈益从属于交换价值。这就是说，商业的发展，既吸收了农民更多地进行手工业生产，而使农业与手工业

① 王韬：《瀛壖杂志》，见《小方壶斋舆地丛钞》第九帙。

② 《道光朝筹办夷务始末》卷六七，页四四、四五。

③ 《湖北通志》卷二四，物产三。

④ 王韬：《瀛壖杂志》，见《小方壶斋舆地丛钞》第九帙。

⑤ 《道光朝筹办夷务始末》卷四〇，页三三、三四。

⑥ 黄式权：《淞南梦影录》，见《小方壶斋舆地丛钞》第九帙。

相结合的关系有渐渐分离的变化；同时，也刺激了土地所有者对工业品的贪欲，而向农民榨取更多的货币地租。归根结底，二者得到同一结果，即自然经济在日益瓦解，新的经济因素在日益增长，从而给封建社会带来了撼动的危机。

三

当然，近代历史转型期所发生的巨变，不止是上面论述的社会经济方面，他如在政权体制上酝酿建立适应中外关系机构，终于在六十年代初正式建立总理各国事务衙门和同文馆等；在社会思潮方面由于鸦片战争的炮声惊醒了以林则徐、魏源为代表的知识者对现实要求改革的朦胧想法已经渐渐清晰起来。对外开放，要求改变封闭落后的思想形成为一股强而有力的社会思潮，于是人们开始探求新知，著书立说，林则徐的《四洲志》和魏源的《海国图志》是两部开端著作。这两部书都是为了了解西方的政治经济情况，尤其是为了了解和学习西方的先进科学技术，以便采取对策而编写的。接着，姚莹的《康輶纪行》、梁廷枏的《海国四说》、徐继畬的《瀛寰志略》等书，相继问世。这些著作都对西方资本主义国家的技艺和民主政治等方面，进行了较为深刻的阐述和探讨，以求外御强寇，内事改革，改变国家的落后状态。在阶级关系上也出现了新的形势，那就是官民夷关系的变化，当时的形势是："民犯夷则唯恐纵民以怒夷，夷犯民则又将报民以媚夷，地方官员知有夷不知有民。"①他们之间的矛盾突出地表现在反知府斗争、反进城斗争等大规模抗争上。与此同时，以反抗剥削与压迫为目的的抗争也在全国各地普遍爆发，根据《东华续录》的记载，十九世纪四五十年代，几乎连年都有这种性质的反抗活动。这些方方面面的反响决非一篇文章所能包容，本文只是选择社会经济变化的这个侧面来论证在中国近代史研究中应该跳出原来的构架，多深入研究些转型期的各方面问题，以扩大中国近代史的研究视野。

原载于《福建论坛》（人文社会科学版）2001年第5期

① 《广东夷务事宜》，见《中国近代史资料丛刊·鸦片战争》第3册，页361。

关于转型期历史研究的思考

——兼与唐德刚、耿云志先生商榷

历来研究中国历史大抵分为通史和断代史两大块。研究通史主要着眼于历史发展线索和分期分阶段以及重大历史事件与人物；研究断代史也多用力于本朝的兴衰治乱，但对于统治权更替或社会巨变等转型期的历史则注意较少，其实转型期的历史是历史发展全过程中最富内容，最值得着眼的重点。

什么是转型期？这是近年来在讨论转型期历史时，为较多人所关注的一个问题。曾有各种大同小异的说法，这里仅举二例：一位是美籍华人学者唐德刚教授，他在论述中国近代前期70年转型期历史的专著——《晚清七十年》一书中，曾有所界定。他认为，“在历史的潮流里，转型期是个‘瓶颈’，是个三峡”。既是“瓶颈”，那么在历史潮流夹泥带水顺流而下时，必然会发生淤塞现象，历史本身就要求冲破淤塞而发展。唐教授解释这种冲出“瓶颈”的程序是，“在哲学上叫做‘突破’，在史学和社会学上则叫‘转型’——由某种社会模式转入另一种社会模式，以图继续发展”，并将转型限定于政治社会的转型。另一位是中国社会科学院近代史研究所的耿云志研究员，他在《史学月刊》主办的“20世纪中国社会转型问题笔谈”上，曾经作过如下的界定：“所谓转型，无非是指由农业社会转入工业社会，乃至信息社会；由以乡村为主体的社会转入以城市为主体的社会；由以家族与宗族为基本结构的社会，转入现代的以个人及由个人的种种组合职业的、团体的、社区的等等为基本结构的社会；由封建专制的社会转入现代的民主社会；如此等等。”

对于这两位学者的说法，我认为尚需对转型期的限度作进一步的探讨。唐先生曾说：“政治社会的转型，是一转百转的——各项相关事务和制度的转型，例如日常家庭生活、婚丧制度、财产制度……都是激烈的，痛苦的。转变程序要历时数百年才能回复安定。”唐先生把中国政治社会制度的第一次转型定在秦始皇的“废封建，立郡县，废井田，开阡陌”的大举动上，而这种从封建制转到郡县制的转型模式一直延续到鸦片战争，因为只有在这个时候，才“在西方文明挑战下，我们的传统制度被迫作有史以来第二次政治社会制度大转型”。而这次惊涛骇浪的大转型被唐先生名之曰“历史三峡”，于是他接着说，“我们要通过这个可怕的‘三峡’，大致也要历时两百年，自1840年开始，我们能在2040年通过三峡，享受点风平浪静的清福，就算是很幸运的了。如果历史出了偏差，政治军事走火入魔，则这条‘历史三峡’还会无限期地延长下去”。耿云志先生在他的笔谈中也认为：“要实现这种转变是一个非常长期的曲折的复杂的历史过程”，并认为中国近代转型期“已走过160多年历程”。

我反复思考了两位先生的论述后，不由得产生一些疑问。是否只有社会政治制度的变化才是转型？转型期是否有一定的时间段落？是否历史总是一个转型接着另一个转型地延续着？如果按唐先生的说法，中国几千年的历史仅只有两次转型，是不是太大而化之了？而转型期的延续动辄千百年，岂不又太长了些？如此说来，一部中国历史岂不成为一个转型接续另一个转型的转型史了吗？如果按耿先生的说法，中国近代社会的转型已经“走过160多年的历程”，那么1949年那次社会制度天翻地覆的转变，算不算转型？由此，我对转型问题也产生了一些想法。

我以为，所谓转型期的含义，不仅只是社会形态、政治制度和社会结构的转换所发生的各种历史性变化，即使是同一社会形态下的政权转移，即朝代与朝代间的更替，也应是一种转型。如在唐先生所举的两次大转型期的二千多年间的宋元间的300年，亦应是经历了一个转型期。这300年间有4个朝代交错更替，整个社会无论是政治、经济、军事、文化、风俗、民情，都发生了明显的变化。前有辽、北宋、西夏的三足鼎立，后有金、南宋、西夏的依次对峙，这两个大三角所发生的不停转型，其产生的变化，正如唐先生所说那样，是激烈而痛苦的历程，终于以元的统一而冲破了这个“历史的三峡”，走向一种正常运行的历史轨道。难道说这300年不是转型史吗？至于中国近代史开端的那次大转型所显示的各方面变化，更为突出。我在《专论中国近代历史转型期的某些变化》[①]一文中曾有

① 来新夏：《专论中国近代历史转型期的某些变化》，《福建论坛》（人文社科版），2001（5）。

所论及，这里不再赘述。我以为，只要有许多方面发生值得注视的明显变化或突变，甚至巨变，那就应视其为转型。这样，转型期历史的研究自然有其重要意义。

对于转型期是否有段落，我赞成唐先生的“瓶颈”说法，就是从淤积阻塞到被冲破顺流而下这一过程就是转型期，而不同意一个转型接连下一个转型地连续不断。唐先生在这方面的论述似有自相矛盾之处，他提出自秦始皇以来中国政治社会制度出现了“第一次大转型”，一直到鸦片战争才被迫做了有史以来的“第二次政治社会制度大转型”，这样一来，这个转型期岂不长达两千余年。但在同一页中他又说：第一次大转型从“商鞅变法”开始，一直到汉武帝与昭帝之间，才大致安定下来，“前后转了二三百年之久”，似乎转型又是有期限的。他对第二次转型，也设置了一定的期限，认为在正常情况下，“自1840年开始，我们能在2040年通过三峡，享受点风平浪静的清福，就算是很幸福的了”，意思是“大致也要历时两百年”。但是唐先生的《晚清七十年》一书，专门写的是转型史，写到辛亥革命就戛然而止，显然又把辛亥革命视作另一转型的开端。辛亥革命结束二千多年封建专制体制，开启了民主共和的新局面，的确有其转型的价值，如此看来，转型期似乎应有段落。因此，耿先生的“160多年的历程”，是否在1949年亦可增划为另一转型期？

如果转型期历史脱离了通史和断代史的传统轨道，那么应该怎样写这段历史呢？转型期的历史往往比较纷杂，有的还是长期遭到漠视的。如10世纪至13世纪的中国，是辽、宋、西夏、金四个政权纵横交错，并不停地转，而且一转百转——政治、经济、文化、军事、民族、风情，无不发生变化，真是头绪杂乱，色彩缤纷，一般史家也多以其有难度而不愿过多地涉及，特别是对西夏史事，更少论述。然而，近读一位史学圈外的工程师张贵祥先生以十年之功，把这300年的转型史理得清清楚楚，写成近百万字的《大三国演记》[①]。作者的写法是以编年为经，以纪事本末为纬，以事系人，传其生平，构成一幅立体的历史图卷，于事于人，各有论赞，并多有新见，令人一读即能把握这300年转型历史的全貌。唐德刚先生的《晚清七十年》虽有些问题尚可商榷，但他以转型史的眼光，俯瞰从鸦片战争到辛亥革命这70年的近代历史，沿着太平天国、甲午战争、戊戌变法、义和团、八国联军，一直到辛亥革命诸重大事件为脉络，论述了中华民族所

---

① 张贵祥：《大三国演记》，河北人民出版社，2003。

面临的历史巨变，并把这种种巨变放到转型期历史的视野下来审视，就比过去以阶级斗争为纲，按几个高潮来论述，显得更为跌宕起伏，引人入胜，挖掘得更深入些，开拓得更广阔些。另外，也有人有意无意地在转型期历史中选择某一专门领域的转型变化，来进行微观的研究和著述。如对明清间转型期中的文人结社问题的研究与编写，早的如史学家谢国桢先生所著《明清之际党社考》，把文人结社与明清之间政治转型等联系起来。近年有何宗美先生所著《明末清初文人结社研究》一书，比谢先生更明确地体现出人们的目光已在注重研讨历史转型期所发生的大大小小问题。何先生在该书的《绪论》中曾申说其研究思路："将明末清初文人结社置于易代之际特殊的历史时空和社会背景下加以观照和考察，力求同当时的政治变革、思想流变和文学发展等复杂因素联系起来，宏观地、多维地探讨它的兴衰变化和运作特点，并进而揭示文人结社对这一时期政治、思想、文学等方面产生的应有影响。"

作者虽然没有提出转型期历史这一概念，但他实际上把历史长河曲折转弯处隐没在水下的冰山探测了一角。他的导师陈洪教授特为此书所写的序言，便以"探测水下的冰山"为题，肯定其研究的价值。这种研究和编写对转型期历史的深入研究与编写有着启发和借鉴的意义。研究和编写转型期历史，的确为史学研究与编写开辟了一条新的通衢大道，它让史学研究与编写有可能摆脱已传承千百年的陈规，也来转转型，让史学家们更善于观察隐匿在历史长河下的奇观珍景，编写更多的转型史，以丰富中华民族的历史内涵。

原载于《探索与争鸣》2005年第7期

中国近代史上的两个重要标识

辛亥革命百年，中国共产党建党九十年，是中国近代史上值得纪念的两个重要标识。尽管当时没有那么惊天动地，但其影响却关乎中华民族的命运。

清朝在近代以前实行闭关政策，自我封闭，拒绝开放，以致妄自尊大，不求新知。鸦片战争是英国以炮舰叩开中国大门，形成屈辱性的开放，中华大地被虎狼般的侵略者闯入，尽兴地吞噬中国的权利与资源，猎取财富。君主专制的帝国在撼动，无辜的生民遭涂炭，中国陷于水深火热之中，但也使部分知识分子开始朦胧地觉醒。主持反鸦片战争的林则徐便是这些觉醒者中的一位代表人物，成为史家赞誉的“开眼看世界的第一人”。

至十九世纪后期，清朝的国力内经发捻的“肘腋之患”，外历中英、中法的纠缠和战争的“肢体之难”，特别是中日甲午战争的惨败，使清政府的威势一落千丈。革新变法、兴学练兵的呼声，纷至沓来，朝野之间，议论纷纷，较多的知识分子如洪仁玕、冯桂芬、王韬、郑观应等人，从各个角度，探求新知，介绍西方的具体先进措施，其影响所及是办了两件大事：一是袁世凯的“小站练兵”，它改革中国陈旧的军制，练成一支北洋新军，成为支撑清朝后十几年政局的主力，也是把清朝贬入后宫的操盘手。二是康梁主持的“戊戌变法”，仅仅百日，即被清廷扼杀，使民众进一步认识改良难以有效，连曾上书策反李鸿章的孙中山亦失望而转向革命道路。但二十世纪初，外国侵略者乘机疯狂地在华划分势力范围，各地反洋教衍生的民众起义和会党群众的纷起，终于汇集成义和团反帝运动。义和团运动有其一定的缺点，如盲目排外，愚昧无知，累及无辜等等，但以血肉之躯，奋不顾身对抗侵略者的精神，还是值得纪念的。各国侵略者借此出兵组织所谓“八国联军”，以更加野蛮残酷的行为，荼毒中华。在这一暴行的压力下，清政府只得屈从。慈禧的“宁赠友邦，勿与家奴”的治国方略，证明清朝已经真正的死亡。

清朝政府最后名存实亡的十年，是二十世纪的最初十年，也是中国社会酝酿着大变革的十年。中国的政治舞台上有各种政治势力在较量。清朝政府这具政治僵尸，妄想借尸还魂，以求一逞。它废科举、兴学堂、整军备、行宪政种种挣扎，是想捞救命的稻草，不能把这些行事都视之为“伪”。只是其结局是“竹篮打水一场空”而已。此时的袁世凯以所练的北洋新军为基石——这是人才、军械、财政、民望具备的一支劲旅，逐渐发展为掌握重要政府部门的八大臣。袁世凯既是清廷依靠的重臣，又是一种威慑力量，虽中经贬损，但实力依然，互通信息，遥控四方。朝廷中的隆裕、宣统的才干终不如慈禧、光绪，江河日下，只得听命于袁世凯。各国侵略者又改定在华物色代理人的策略。于是以袁世凯为中心，结合各国侵略者的实力，成为这个舞台上的一股政治势力。另一股政治势力是以民主主义者孙中山为中心。孙中山经过十几年海内外奔走的历练，认识到不革命不得了的道理，1905年在日本东京成立同盟会，组织革命队伍，在国内依靠新军先进分子和会党群众发动起义，规模大小不一，但对清政权都起到撼动的作用。这些革命党人重视舆论的作用，创办了革命机关刊物《民报》，国内各地也创办《苏报》、《浙江潮》等报刊，作为革命的喉舌，确立了“驱逐鞑虏，恢复中华，创立民国，平均地权”的政纲，关注民族、民生问题，深得民心。这股势力在舞台上作了充分的表演，成长为跃跃欲试地等待做旧政权的掘墓人。这股势力日渐壮大，成为与袁世凯那股势力的对抗者。两股力量的较劲，促使政权转移瓜熟蒂落。辛亥革命是中国近代史发展历程中的一个瓶颈，终于被晚清七十年的积存物冲决。辛亥革命的风雨终于来到人间，成为中国近代史上值得纪念的第一个重要标识。

辛亥革命的突破口是武昌起义，习惯说是新军工兵营的熊秉坤的一枪所引发，这是孙中山在东京一次集会上的即兴语词，不一定准确。近年有些人在考证谁发的第一枪。谁发的第一枪并不重要，但这一枪冲破迷雾，革命烽火遍地点燃，纷纷响应，大部分是旧瓶装了新酒。这时远在海外筹款的孙中山匆促回国，在南京就任中华民国临时大总统。孤儿寡母的清朝帝后，茫然无措，只能依附袁世凯卵翼之下，听任摆布。袁世凯认清局势发展的态势，以其装备精良、训练有素的北洋新军为基础，运用纵横捭阖的手段，打打停停，进进退退，寻求其个人利益的平衡。最后，清朝帝后得到优待条件，退居皇宫后院，又过了十二年舒适享乐的生活，赢得了历来末代皇帝最好的下场。袁世凯玩双方于股掌之上，在缝隙中获利益，终于从革命党方面，换得中华民国大总统的宝座。辛亥革命在走向失败，有人认为这是资产阶级软弱性所致，也有人说这是孙中山的退让，更有人说这是袁世凯的窃取。实则为当时社会大背景的各种因素所造成。

辛亥革命的最大功绩是铲除了君主专制制度，帝制在中华大地上永远绝迹。其次是没有造成遍地兵燹，过多地荼毒生灵，却完成了一次大变革。孙中山用以钳制袁世凯的二大法宝：一是《中华民国约法》，后被袁世凯所篡改，面目全非。二是迁都南京，迎袁世凯南下，使之脱离北洋巢穴，却被袁世凯制造京保津兵变和诱服南方代表，迫使孙中山迁就。袁世凯正大位后，尽力利用西方民主形式。他多建政党，操纵国会，同时增强其北洋军的实力，杀害和镇压革命党，完成了脆弱而扭曲的中华民国统一。

随着袁世凯个人私欲的膨胀和复辟势力的喧嚣，袁世凯逐渐走向帝制的梦幻，在群小的怂恿和帝国主义国家的默许下，妄图实现“洪宪帝制”，由于“帝制”逆潮流而动的不得民心，八十三天的袁皇帝，终于在一片喊打声中逝去。几年后“张勋复辟”的失败，都证明民主理念的深入人心。袁世凯自毙后，手下诸大将不甘再臣服于袁氏后裔，纷纷自立山头，主要有直、皖、奉三大系统，互不服气，只求独大。连年战乱，人民生活在北洋军阀的黑暗统治下，军阀们以直皖和两次直奉战争为代表的大小混战，在不断削弱自己的实力，经历着分裂与混战的马鞍型的历史走向。

辛亥革命有成功的一面，也有不足的一面，于是有些知识分子觉醒，要完成辛亥革命未完成的事业，特别是陈独秀、李大钊、毛泽东等，在五四运动中脱颖而出，成为最先进的部分，支持革命，打倒军阀，并在一定理论基础、实践经历和十月革命影响下，于1921年7月建立中国共产党组织。

中共建党是中国近代史上另一重要标识。从此帮助孙中山制定三大政策，进行土地革命，更广泛地发动农民，抗日战争的全民抗战和三年解放战争，经历了二十八年艰苦卓绝的奋斗，终于夺得政权，实现中国真正的统一，建立中华人民共和国。又经历了恢复、奋发、跃进、动乱、自纠、开放、崛起的六十二年更为艰辛坎坷的道路。在它九十华诞之际，共和国已经是国际舞台上举足轻重的角色。但是古语说得好：“行百里路半九十”，九十只是一百的半数。未来的十年，我们的国家将以人所难测的魄力，增强国力，改善民生，加强军备，富国强兵的态势，以维护世界的发展和谐为己任，成为世界上掌握充分话语权的强国。

辛亥百年和建党九十年，是前后相关相承的两大标识。对此，中国共产党和毛泽东都有过明确的阐述，早在1941年10月中共中央曾在庆祝双十节的决定中表示“我们共产党人和全国一切真诚的革命志士，都是辛亥革命最忠实的继承者”。1947年2月，毛泽东在中央政治局会议上曾说：“革命高潮快要到来。这种高潮在近半个世纪的中国历史上有过三次：第一次就是辛亥革命，第二次是北伐战争，第三次是抗日战争。这三次都是全国规模的”。1956年11月，毛泽东为纪念孙中山九十周年诞辰时所撰《纪念孙中山先生》一文中曾说：“纪念他在辛亥革命时期领导人民推翻帝制，建立共和国的丰功伟绩……现代中国人，除了一小撮反动分子以外，都是孙先生革命事业的继承者”，重申二者之间的继承关系，足见中国共产党人尊重历史和胸怀宽广的风范，亦可以帮助我们深入理解为什么在今年把二者作为共贺的话题，并理解二者的历史意义。

（年高体弱，难以检书，仅凭记忆，草成一文，以贺辛亥百年及中国共产党建党九十年。所述毛泽东等论说，转引自《百年潮》2011年第6期卢毅所撰文。）

二〇一一年七月一日撰成于南开大学邃谷，时年八十九岁

原载于《学术评论》2012年第1期

漫说海外中国近代史研究方法

近二十年来，中国近代史的研究，确有着某些显著变化。于是有人认为，这与海外史学理论及方法越来越受到中国研究者的重视并被广泛应用有关，甚至有积极作用。我不完全同意这种以偏概全的看法。我没有读过几本海外史学理论的书，可以说不懂海外的史学理论，因此，我只就所读过的为数不多的海外中国近代史的著作和论文而理解到的一些研究方法，简略地谈一点个人的看法。

任何事物没有绝对的纯，既有积极作用，也必然带有负面影响。有些当时看好，但过段时间也许发现其不足与弱点；有些一时似乎难以理解和接受，但逐渐感到有足堪回味的内涵，例如对海外的中国近代史方面的著作，八十年代国门初开时，对一切新鲜的东西，包括没有看到过的海外中国近代史著作都以羡慕仰望的态度来接受，而忽略了选择；但是到了九十年代就不同了，有了批判精神，对海外的东西不是一味接受，而是懂得寸有所长、尺有所短的道理，善于取长补短，这就是一种进步。我对待海外中国近代史研究方法的态度和出发点，就是如此。

我国从改革开放以来，由于学术交往日多，比较容易接触到海外学者和资料，看到过去不可能看到或很少看到的美、日、加和欧洲等国的中国近代史著作和论文，遂使中国近代史学者打开眼界。这是能够了解海外中国近代史研究方法的必然前提，从而才有可能让我们从他们的研究成果中了解其方法，并逐渐能选择对我们有所启示和值得吸取的地方。因为这个论题比较大，难以进行全面完整的论述，我只想举几个例证来说明我的粗浅看法。

史源是研究历史者必须随时注意发掘和开拓的重要方面，中国的史学传统是重视文源的。清代乾嘉史家在利用官书、正史之外，还用六经、诗文集、金石碑版和谱牒等作为新史源；近代的史学家梁启超、陈垣等都很注重新史源的探求与

开发，梁启超在其名著《中国历史研究法》正续编中，都很看重扩大史源的问题。陈垣先生甚至明确标举“史源学”这一学科专称，并以之教授学生，使学生能得到研究历史的“金针”。但是，近几十年，这一优良传统被破坏，由于屡屡地批判“唯史料论”，随意乱贴正确理论的标签，好做放言高论，“出思想”成为某些人不亲自动手做学问的时髦流行语汇。于是奉行者照方抓药，随意抓几条现成的史料，填充成文，几已成为习惯性动作，致使史学研究领域飘荡着一股空疏学风，史源开拓很少有人问津。而海外若干学术机构却建立了有关中国学术的这样那样的研究中心、研究所和协会等等来搜集资料，开辟新史源。九十年代前后，我在国外看到这一现象，颇多感触，如斯坦福大学的胡佛研究所所搜集、收藏的“红卫兵”小报，比较丰富完备，应当说这是研究“文革”历史的重要史源库；哥伦比亚大学图书馆的口述资料库，我曾去查阅过北洋人物的口述资料，虽然有些需要甄选考订，但终不失为研究近现代人物的重要史料，《顾维钧回忆录》就是根据其所藏顾氏口述资料翻译而来的，唐德刚教授撰写李宗仁、胡适的传记也曾以此为重要史源之一。纽约州有个规模不大的大学图书馆集中全力收藏了越战资料，成为研究越战的一大史源。有些海外学者为了研究中国近代史的某一专题，不惜远涉重洋，到中国来寻求史源，美国宾州大学讲座教授林蔚为了研究北洋军阀时期的直奉战争，几次来中国访求口碑与文字资料，与中国研究北洋军阀史的学者交谈商榷。另有一位一时想不起名字的美国学者，为了研究罗隆基的一生，辗转托人向中国政协机构、民盟组织和有关人士挖掘史源，也要求我为他提供史源线索。日本有位年轻的近代地方史学者贵志俊彦专门研究近代天津史，他曾多次来津查档案，经常泡档案馆搜求史源，并与有关人士接触，尽量扩大史源线索，天津有许多近代史学者接待过他。海外学术机构和学者的这种研究方法对中国近代史学者曾产生一种无形的影响。我在美国曾遇到著名中国近代史学者章开沅教授，他当时仆仆于普林斯顿、耶鲁、哈佛等大学之间，积极搜求他所研究的“在华教会学校”课题的史源。海外学者的这种重视史源的研究方法对中国近代史的研究虽有所影响，但不能不说中国确实有过这样一种传统，只不过中断或淡化了一段时间，所以这种影响正如民间所说是一种“出口转内销”而已。

海外的中国近代史学者很注重前人的研究成果。他们在启动某一研究课题的时候，首先要搜集有关此课题的大量资料以了解当时该课题已达到的水平，然后在此基础上，潜研于档案馆之类的原始史料，集中地以一二年的时间广泛搜集与考订，加以诠释而采用入文，将这一课题向更高层次推进，有所新发现，提出新论点。有一位加拿大学者陈志让在研究军阀的定义时，曾经征引了薛立敦、费正清、陶希圣、王造时、梁漱溟、戴季陶、蒋介石、胡汉民、林伯克和章有义等中外军人、政客和学者的说法。另有一本《剑桥中华民国史》，全书1033页，其中引用书目达154页，占全书总页数的约15%；又如《剑桥中华人民共和国史》，全书707页，引用书目达110页，也占了15%强。这样，研究者自然掌握了该课题的既有水平，而对史料的运用也就游刃有余了。其实，过去中国的学者也都采用这一方法。我们读过乾嘉史学家的一些著作中往往也概括前人的成果。甚至某些著名的札记、小录对极细微的问题也追本溯源；在本世纪的五十年代，许多论文在起首处也常有“问题的提出”或“缘起”之类的题目，介绍前人的成果，以引发下文。六十年代以后，这种著述方式才逐渐消失，于是，一些作者并不认真查阅文献，便放言无稽，即使重复了前人的论点，也可以用“暗合”之词自解而泰然处之。随手从他人水桶中倒水而敷衍成文，颇有伤于良好的学风，因此，海外学者那种重视前人成果和深入搜集资料的研究方法是应当加以重新吸取的。最近中国史学界似乎对此有所醒悟，它表现在中国七种史学方面的代表性刊物的编辑部正式发出《关于遵守学术规范的联合声明》三条，开宗明义第一条作了如下的规定：

> 学术研究必须尊重前人研究成果，凡专题研究论文，应就主要的研究内容，概略说明或介绍前人研究的主要成果或研究状况；此种说明或介绍，可以列入正文，亦可采用注释的方式；完全没有此种说明或介绍的来稿，我们七刊将不予受理。

义正词严，话说得很硬，但很好。不如此，不足以振聋发聩。也许他们是针砭时弊，也许他们受海外研究方法的启示，我看他们的大声疾呼是在唤醒我们的史学研究要好好地继承传统的实证态度和马列主义要求详细占有材料的信条。

近年来，海外的中国近代史研究颇受青睐，近代史方面的著作有相当数量被翻译介绍进来，他们在中国近代史的研究方面多喜由近及远，如中华人民共和国的研究成果比中华民国多，中华民国史的研究比研究晚清史热。这种详今略古的研究趋势正在越来越强。最近，著名学者戴逸教授在应《中华读书报》记者就“文史哲：‘跨世纪的回顾与展望’”一题采访时说了四点意见，其中第三条说得很好，他说：“新中国历史学的研究重点应该放在研究中华人民共和国，也就是新中国史上。”戴逸教授的预测决非只是单一的由于海外的影响，因为他在四点意见的第一条就申明，他认为新世纪的历史学“必须吸收中国传统和外国史学中间的优良部分，作为营养，作为借鉴”。他所说的应是努力的方向。

海外中国史的研究比较喜欢做个案研究，往往以小题目做大文章，偏重于专题性论著。八十年代风行一时的陈志让所著《军绅政权》一书，分析了1912—1918年间“军绅政权”的性质以及这一政权对当时中国政治、军事、经济和社会各方面的影响；但它却是一本有关北洋军阀统治时期史的论纲性著作。他如齐锡生的《1916—1918年中国的军阀政治》，在两年的时空范围内讨论了北洋军阀的实质、南北对峙局面的出现和各派军阀的作风等问题。日本学者渡边淳的《袁世凯政权的经济基础》、水野明的《东北军阀政权史的研究》，研究了阶段和地区的情况。有些学者以单一人物作为研究对象来辐射全面，如薛立敦的《中国军阀——冯玉祥的一生事业》。有些学者常常光着眼于一个具体问题，并在占有大量资料的基础上，开展研究工作。华盛顿大学的郝瑞教授为研究中国近代人口的迁徙、流量、生息等问题，就选择浙江萧山作为研究的切入点，于是集中力量读了150余种萧山的宗谱，然后带着助手，并邀我这个萧山人参加，亲自到萧山实地考察，并就地扩大资料量。这种深入实际，解剖麻雀的小题大做的研究方法，所得到的成果，一定是接近真实的，也是一种值得吸取的方法。这种方法不是我们不做、不会做和不懂，只不过是我们没有这样充足的研究经费而已！

关于如何正确对待海外史学研究方法，问题的牵涉面较为广泛，我只就史源学、接受前人成果、由近及远的着眼点以及个案研究等几个例证来证实我如下的观点：既对中国传统史学的研究方法要有选择的继承，也对海外史学的研究方法能吸收融合，进而创建中国新史学的研究方法。至于说改革开放以来中国近代史研究的显著变化，不能认为只是由于海外史学理论及研究方法受到重视并被广泛应用的结果。

原载于《中华读书报》2000年7月19日

能用“善”和“恶”来划分历史学吗?

无论是论文还是专著，问世后总不希望如泥牛入海，无声无息，而企盼着种种反馈：鼓励和批评，甚至苛求和挑剔，都是对写作者的一种关注和安慰。最近，我参与撰写的《北洋军阀史》正式出版后，不断从报端或函件往来中见到对这本书的评论和介绍，给我的帮助很大。

日前，有位朋友给我寄来一篇评论《北洋军阀史》的文章，题目是《关于“恶”的历史学》[①]。感谢作者的赐教，可惜文章所指只限于我所撰写的那部分，致使其他章节的撰写人向隅。这篇文章有若干新意给我以很大的启发，但也引发一些疑义，并联想到陶渊明“奇文共欣赏，疑义相与析”（《移居》）的诗句。既有疑义，何不相与析?

用善和恶来划分历史学，合适吗?

文章的题目是《关于“恶”的历史学》。用善和恶来划分历史学，是对历史学研究前所未见的一种“新见”，其简单程度正如小孩子看戏把舞台人物划分为好人坏人一样。钟文所谓“恶”的历史学，显然是指对北洋军阀史的研究。因为钟文中说：“在人们的记忆中，北洋军阀是中国近现代社会的大毒瘤。”大毒瘤无疑是一种“恶”，研究大毒瘤的历史，当然就是一种“恶”的历史学。其实，历史是一种十分错综复杂的现象，尤其是转型期的历史（也即钟文中所说的过渡期），更是变化多端，难以用所谓绝对的“善”和“恶”来区分，而应深入观

① 钟一兵：《关于“恶”的历史学》，《中国图书商报·书评周刊》2001年8月30日。

察，详细分析，是其所是，非其所非，做出比较全面客观的评述。我在《北洋军阀史》第一章《绪论》的开头就明确地论其指归，说明研究北洋军阀史的意义所在，如果只把北洋军阀史视作大毒瘤般的“恶”的历史，那只需砉然一刀，便可弃置不顾，又何必劳心费力浪费百余万字去论述呢？在《绪论》中还单设“北洋军阀集团历史作用的估计”专节（第32—34页），比较详细地作了以下的分析：“北洋军阀集团在清末是维系晚清十余年统治的一大支柱”，“也是辛亥革命时期转移政权的主要力量”，“还是中华民国统一政权的实际控制者”，“是由统一走向再统一的一个过渡”，而“在改革军制上是起了重要作用的”。之所以有这些评论就是为显示这一军阀集团的过渡特性，并没有把这段历史只是作为“恶”的历史，所以也难以说这种研究是“恶”的历史学。

我的一位朋友看了钟文后，向我提出了两个问题：一是关于丁文江先生的《北洋军阀史话》，二是什么是“剑桥派”？关于第一个问题我很奇怪，我自以为读过不少有关北洋军阀的书，包括读过丁文江先生的《民国军事近纪》，这本书是1925年由商务印书馆出版，是一部条理清晰，脉络分明，史料价值颇高的专著，是研究北洋军阀史的必备参考书。我也记得曾读过一部名为《北洋军阀史话》的书，但作者是丁中江，1964年由台湾远景出版社出版，1992年由中国友谊出版社在大陆出版。该书引用大量奏疏、令文、电稿等原始史料，但因未注出处，有些已难查考，内容也带有明显的演绎成分，而不多为人所征引。二书的出版时间相距近40年，出版地又不同，作者是此丁而非彼丁，未免有张冠李戴之失。

关于第二个问题我则很难回答。因为就我所知那点西方史学史的知识，我真不知西方史学流派中有个“剑桥派”，无奈之下，只好求助于《辞海》，果然查到“剑桥学派”这一词条。释词说，这是“现代英国资产阶级庸俗经济学派之一”，由于他的几位主要代表人物都在剑桥大学执教故名，而并未言及历史学。也许钟一兵用以引来批评我对袁世凯评价的那段话是出自剑桥大学出版社出版的《剑桥中华民国史》，于是套用来称这是历史学的“剑桥派”。如果一个学术流派可以如此定名的话，那么由南开大学出版社出版的《北洋军阀史》一书中的观点，是否也可称为“南开派”呢？

我没给袁世凯戴这三顶帽子！

钟文对《北洋军阀史》的总评是："用革命动员框架描述历史，与其说是史书写作，毋宁说是放大的政论，或者说是拉长的政治批判。"这对我来说应算是一种拔高，因为我几十年来学史写史工作中最大的弱项便是缺乏理论根底，只知道尽量详细占有史料，从中得出人物和事件的近似值，从不敢奢望能写出百余万字的政论或政治批判，这不是批评而是一种鼓励。钟文之所以提出这一批评的根据，或许就是他在其文中所说："《北洋军阀史》对袁世凯的描述和分析，可以用三个词概括，即'野心家'、'投机家'和'阴谋家'。"我没有给袁世凯戴这三顶帽子，是钟一兵的提炼概括。《北洋军阀史》中确实写了不少有关袁世凯的人和事，在书中可以找到多处的论述，如第112页至120页详尽地论述袁世凯对新建陆军的苦心经营，增添了旧军所没有的内容，使这支军队具有重选募、厚薪饷、育将校、精装备、严训练等前所未有的特色，第152页至158页对袁世凯兴办各类军事学堂的成绩也有所论述，这些论述是以详细占有的史料为依据和出发点，没有什么空论，更没有追随时尚，不顾事实地随意夸大他们的功德或掩饰他们的罪责，一味地要"扬袁抑孙"，甚至把徐世昌这样的政客也推崇为"推翻旧时代的先行者"等等。这种治史写史的办法和过去极左年代所盛行的对人物全盘否定一棍打死的学风一样，也是对历史的不负责任的扭曲。早已有人对这类时尚做过批评，兹不赘述。《北洋军阀史》则是努力在大量史料基础上对人物作出恰如其分的评论，而不作任何蹈虚空论。

钟文为了给袁世凯的罪状辩护而提出一种论点说："实际上袁世凯的许多罪状被放到从晚清到国民党政府的整个历史时期去看，并不为袁世凯所独有，比如独裁"。并说"这并不与民族主义必然相悖"，而且又一次引用所谓"剑桥派"的说法来作出解释说："袁世凯感到，议会和省自治削弱了民族国家。他相信，在帝国主义时代，民族国家应该是中央集权的、强大的"。由此袁世凯的种种独裁行为，在这里得到合理的解释——袁世凯成为民族国家的捍卫者。即使说独裁不好，那么从段祺瑞、张作霖、吴佩孚到蒋介石也无不有此类独裁行为，并非袁世凯所独有。此有，彼有，大家有，于是法不责众，也就难以追究袁世凯的罪责了。这是对袁世凯罪状那一面的最巧妙开脱。

能用这样的方法来梳理历史吗？

钟文在文章的最后又提出一种我从未接触过的“创见”，作者“认为可以从民族国家这一概念中，划分出‘主权的形式边界’与‘主权的实质边界’这两个东西”，并对这两个概念写了一大段解释说：“主权的形式边界主要表现在历次爱国运动所主张的那些东西，或者说那些爱国者在批判‘卖国贼’时所持的正面尺度。而主权的实质边界，主要是指执政者在具体的主权管理实施过程中，面临众多的历史给定性（即来自内外的各种实力派），对主权采取选择性的态度，根据不同的条件和所选择的主权目标，坚持一些主权，出卖一些主权，发展一些主权。这些选择，在具体的实力消长和具体的社会整合分化中构成主权实质边界演进的表征。”

意思很清楚，凡是维护主权独立完整的爱国者，都属于“主权的形式边界”者；而凡是随心所欲地改变主权的完整，则是通权达变，实施“主权的实质边界”的执政者。那就是说，对历史可以不加是非褒贬，把维护主权完整独立的行为加以“形式边界”的诬词，置诸不论。相反地，作者却主张“我们的历史分析就是要把这种实质的演进梳理出来，而不是停留在对‘卖国贼’的批判上”。换言之，即不要批判卖国贼，而是要梳理那些割地卖权丧权辱国的人和事，都梳理到“主权的实质边界”这个合理位置上去。从而使独裁与民主，爱国与卖国，都将泯无界限。我固然没有这种梳理能力，也困惑于这种梳理法，更令人担心的是这种历史分析方法将会使历史成为一片混沌，难分是非！

原载于《北京日报》2001年12月3日

关于中国近代秘密社会史的研究

一、深入进行中国近代秘密社会史的个案研究

中国近代秘密社会中有无数的结社名目。鸦片战争前，黄爵滋在其所上《敬陈六事疏》中，曾列举过一些名目说：

> 以臣所闻，直隶、山东、山西之教匪；河南之捻匪；四川之蝈匪；江北之盐枭；江西、福建之担匪、刀匪及随地所有不著名目之棍匪、窃匪。[①]

随着历史的进入近代，内外交困的社会向秘密社会驱赶着更多的群众，会党名目日益繁多，特别是沿海省份更为明显，咸丰三年任闽浙总督的王懿德曾概述福建一地的各种会党说：

> 闽省上下游会匪有红钱会、闹公会、小刀会、江湖会、红会、花会、烧纸、坐台、铁板令、草鞋令、过江龙各色名目，名异实同，纠连江西、福建诸匪，自道光二十一年以来，上下朦饰，遂成厝火积薪之势。[②]

及至光绪晚期，会党组织遍布全国，官方文献，屡有记载，如湖南之“会匪充斥”，湖北之“会匪开立山堂……纠结伙党，多者竟至数万”，安徽之“会匪啸聚成群”。聚众结盟的记载已俯拾皆是。蔡少卿教授曾统计：清末秘密结社的名目有二百多种。中国第一历史档案馆所藏秘密结社档案就有156个名目。实际

---

① 见《黄少司寇奏议》卷五。

② 王家勤：《王靖公年谱》。

上，中国近代秘密社会中秘密结社的名目远不止此。所有秘密结社在近代社会中都或多或少，或明或暗地留下了自己的踪迹。秘密结社的组织及其活动构成了中国近代秘密社会史的主要内容，但是，过去除了对个别影响大，声势广，啧啧人口的组织曾有一些专门著述和资料汇编外，对秘密社会中更多的组织及其活动却缺乏足够的个案研究。

我所说的个案研究包括两方面的内容：

一是对秘密结社本身的个案研究。从已有的成果看，研究者多侧重于对白莲教、天地会、哥老会等著名的大型结社，而对较小的地方性组织和某些著名结社的支脉派别则较少展开，即使对白莲教、天地会、哥老会等也偏于宏观性地概括，而对若干具体情节的分析评论和对其本身文献的准确理解与诠释则尚嫌不足。如白莲教是流传于黄河以北地区，凭借宗教信仰，组织群众，进行反清斗争的一个有较长历史的秘密结社，对它的活动方式、教义教旨、会众成分都已有所研究，但对它如何从湖北开始活动，逐渐伸张势力于河南，形成白莲教聚会中心，然后向皖北、淮北、山东、直隶、山西各地发展的轨迹及社会背景的联系等方面，则有待深入探讨，而对其支派闻香教、八卦教（天理教）、神拳教、在礼教以及其他种种名目的支脉更少见专论。天地会是研究成果较多，问题探讨较深的一个秘密结社；但对它的创立年代，说法尚有不一；对其内部的教义、教规、仪式、组织成分等的解释与论述，虽取得一定成绩，但也尚存异说；有些文献尚待诠释考证，如《海底》一书所收天地会隐语的解释，这些隐语是否收全，它与江湖黑话和行业春点有无关系等等都值得加以探讨。

二是对一定地域一定时期的横向个案研究。近代秘密社会的重要特点是名目多、覆盖面广，而且往往随着社会的重大变动而有所消长。福建、广东、湖北、四川、山东等地秘密结社的名目众多，活动声势浩大。它们既具有全国共有的共性，也由于地域和时期的较大差异而各具特色，因而对于这种个案研究应是一个重要方面。四川的主要秘密结社哥老会很具地方特性，据《汉留史》（民国二十四年排印本）的作者刘师亮统计，从清嘉庆十五年（1810）到宣统三年（1911）的百余年间，哥老会共开山头36个，四川即占16个，全省所设“公口”（接待站）达数百个，声势浩大，承担着近代社会反帝反封建的双重任务（1898年大足余栋臣的反洋教斗争即为哥老会所发动），过去有些学者对同盟会与会党的关系进行过有效的研究。这方面的个案研究经验颇可借鉴。五口通商打破了广州一口贸易的局面，原在粤湘大道上依靠对外贸易为生的失业劳动者“不下十万人”[1]。大部分输送进会党队伍，因此对通埠后的湖广地区的秘密结社应进行具体的个案研究。又在几省交错处，一般形成几省不管的三角地区，如川、楚、陕交界的棚民组织的活动，早已引起清朝一位政论家严如熤的注意。他在所著《三省边防备览》和《三省山内风土杂识》中就专以“抚辑流民”立言，记述三省老林棚民的生活状况，其中就涉及哥老会的活动。这些易于孳生秘密结社的省际交错区是很值得进行个案研究的对象。

二、开展秘密结社与近代革命运动关系的主体性研究

中国近代的秘密结社主要分为教与会。二者与近代革命运动的关系，会重于教。从近代历次革命运动考察，可以说无一不与天地会系统各派秘密结社有关。刚刚进入近代的道光二十一年湖北崇阳的钟人杰起义、道光二十四年台湾嘉义的洪协起义和湖南耒阳的阳大鹏起义都是对历史进入近代所出现的畸形变动的重大反响。在太平天国革命前夕，道光二十七年湖南新宁的雷再浩起义、二十九年的李沅发起义都与天地会有关。他们和零星不断的大小起义都是太平天国革命爆发的社会条件之一，也是太平天国革命迅速发展和推进的一个重要因素之一。太平天国革命时期上海刘丽川的小刀会起义、佛山陈开李文茂起义也都对太平天国政权起到声援革命，牵制敌人的作用。十九世纪末，秘密结社进入了新的历史时期，各地反洋教斗争迭起，南有大足余栋臣起义、北有义和拳抗洋，都证明秘密结社在新的历史时期丰富了自己的战斗内容，与近代革命运动发挥了同步作用。关于这些活动都有一定的研究成果，但有些活动则还未能全面地有所论述，如钟人杰起义是近代之始的一件大事，但对整个事件的全貌尚为缺项。估计还有一些声名不显的秘密结社的本身事迹及其与革命运动的关系方面尚待发掘研究。有些问题开始并没有确切的认识，在问题的研究中发现秘密结社对革命运动的重要作用，如十九世纪末二十世纪初的广西人民大起义，在中国近代史教学中列有条目，而未能展开。经过我的研究，这次大起义前后经过几近十年，以广西为中心而影响及于云、贵、湘、粤四省，清政府用兵数十万，糜款近四百万两。这次起义鼓舞了资产阶级民主革命的勃兴，预示着清政府的行将崩溃。从所搜集到的史

---

① 容闳：《西学东渐记》，页54。

料中发现这次起义是一次以会党为组织核心，以农民士兵为中心的一次大起义。这不仅看到近代秘密结社的声势和威力，也了解到若干有关会党的细节，如名称、成员、仪式、隐语等等，进而寻求到民主革命派孙中山、章太炎等对这次起义的评论，以及这次起义与华兴会起义、1907年防城与镇南关起义、1908年河口之役的密切关系，尤其是后两次举兵活动，广西大起义中的领袖之一王和顺直接参与了策划和行动。这就比较完整地说明了秘密结社与近代革命运动的关系。会党与辛亥革命的关系，研究较多，成果亦丰；但是，所有这方面的研究大都是从革命运动这一侧面立论而旁及于秘密结社，秘密结社并未能处于主体而详尽地论述其与革命运动的关系。从研究中国近代秘密社会史角度着眼，我认为应考虑四点：

（1）以秘密结社为主体，从秘密结社的诸种活动为出发点，论述一时期、一地域、一流派的全部完整情况，并以此为基础来完成秘密社会史总体结构的研究。

（2）对已知的秘密结社的不完整部分，深入搜求，达到基本反映全貌。

（3）对未知的秘密结社，应从已有线索，顺藤摸瓜，尽量发掘史料，填补空白缺项。

（4）对秘密结社与革命运动的关系应从描述秘密结社对革命运动的声援、支持等宏观评论基础上，作出二者在教旨与政纲的关系、成员占有的比重、秘密结社在革命运动中的具体作用以及革命运动对秘密结社本身发展的反弹作用等方面的微观性研究。

三、近代秘密社会史的史源开发

从已有的近代秘密社会史的研究成果分析，其史源大致可划分为秘密结社本身文献、当时的文献记述资料和有关研究性专著。

（1）本身文献：如白莲教的宝卷资料，宝卷系唐、五代寺院中俗讲“讲唱经文”及演唱佛经故事的变文，中经宋代的“说经”，杂糅进摩尼教经典，并受鼓词、诸宫调、散曲、杂剧形式影响而成者。明清以来即被白莲教、红阳教等用作经典。这些文献曾被嘉道时人黄育楩所著《破邪详辩》所挞伐。黄氏采用摘引语句，逐条批驳的形式，历时七年，先后四次续写，为后世保留了可资研究秘密教门的本身文献资料。关于天地会的本身文献资料多参用《海底》一书。《海底》载天地会历史、宗旨、仪式、口号、隐语等。萧一山的《近代秘密社会史料》纂集了与天地会有关的文献。1983年由中国第一历史档案馆与人民大学清史研究所合编的《天地会》四册百余万字的档案资料为这方面的研究提供了丰富的史源。

（2）当时的文献记述：一种是官方记载，如实录和东华录等等，虽有全国性的宏观概括，但记载不甚详备。官方档案是这类文献的重要源头，仅中国第一历史档案馆所藏军机处档案中就立有秘密结社专项，共收156种教与会的档案，而数量较多的则为白莲教、八卦教、天地会。其他如宫中档案的谕旨中有涉及镇压会党的文献。二是私人文录，凡参与过镇压秘密结社的人物，其文集与政书中多有这类记述，如曾国藩、丁宝桢、张之洞等人的奏议中都有所涉及。

（3）研究性专著：秘密社会史的专门性研究著作不是很多，但一直是中外学者所关注的领域，经常被人征引的有：刘师亮的《汉留史》、陶成章的《教会源流考》、萧一山的《天地会起源考》和日人平山周的《中国秘密社会史》等。另外还有一些个人的回忆录及专门性论文等。近十年来，出版了一些更高质量的专著，如蔡少卿教授所著《中国近代会党史研究》和《中国秘密社会》；中年学者周育民、邵雍二同志合著的《中国帮会史》。另外还有一些研究性的专门论文和个人回忆录。

过去研究工作的史料依据和基本参考大体不出上述范围。有些重要史源虽有开始使用者，但尚不普遍，有待进一步开发。开发史源是史学研究者应随时随地加以重视的问题。以旧有史料进行论述固然需要，但终究缺乏新鲜感觉。随着问题点面研究的深入和拓展，有些问题已非习见的旧有材料所能论证解决，因而史源的探求与发掘更日见其重要与迫切。在近代秘密社会史的研究中，我认为至少有两种史源尚有较大的开发余地，即地方志与年谱。

地方志是我国一座丰富的信息库。旧志将近万种，约占古籍的十分之一，新编地方志问世者已近千种。过去曾被一些论著所采摘，但相对来说远远不足。我曾翻检过近百种广西地方志，基本上获知光绪二十三年至三十一年间广西会党活动的全貌，在湖南的若干种县志中都记有雷再浩、李沅发的事迹。其他各省志书也有大量蕴藏，设能如《湖南地方志中的太平天国史料》一书那样，分省纂集专题汇编，迟以数年，汇合成全国性专题类编，不仅宝藏得以开发，研究者有所获益，而中国近代秘密社会史之撰著将更有坚实基础。

另一重要史源是年谱，据所知见，近代年谱数量几近千种。过去少为人所注意，实则凡曾任地方官员及参与镇压活动者的年谱中，有的有记事可据，有的有线索可寻，如周之琦、裕泰、王懿德等人的年谱均记有秘密结社的活动。特别如秘密结社活动家李光炘（1808—1885）的《李龙川年谱》（北京图书馆藏抄本），除记谱主的秘密结社活动外，还涉及太谷学派和黄崖教案等。

清人文集、杂著、笔记中也有一些可资参证的资料，可备采择。

广事搜寻、多辟史源对中国近代秘密社会史的研究与撰述专著实有裨益。

原载于《漳州师院学报》1995年第1期

中英第一次鸦片战争

（1840—1842年的战争经过）

一、英国侵略者的挑衅

当林则徐在广东进行禁烟运动时，中英双方的关系，仍然处在往返交涉的状态下。战争的发生，是由于英国侵略者的挑衅行为。

1839年7月7日（道光十九年五月二十七日），有英国水兵在九龙附近的尖沙咀村酗酒，棍杀村民林维喜。中英关系进一步恶化。当时林则徐闻讯后，即派官令查理・义律（Charles Elliot）交出凶手，查理・义律拒不交凶，坚持照英国法律审办，作破坏中国司法权的试探。8月12日（七月初四日），查理・义律自行开庭审理，将五个水手处轻罚金及监禁了事，仍告中国不交凶。15日（初七日）林则徐、邓廷桢即命令禁绝蔬菜食物运入澳门；并以澳门寓居之英人既不进口贸易，即不应逗留澳门为理由，驱逐查理・义律等出澳。自8月17日（七月初九日）到8月27日（七月十九日），一旬之间，查理・义律及在澳英人等五十七家，全部迁避出澳[①]。

1839年8月31日（道光十九年七月廿三日），英国新到广东兵船一艘（H.M.S. Volage），增加了查理・义律的侵略野心。次日即要求入澳。9月4日（七月廿七日），他更带领兵船二艘、货船三艘到九龙口岸，以索食为名，向我

① 《道光朝筹办夷务始末》卷八，页五。

进攻，岸上炮台也还击，双方互有死伤，英国双桅船一艘被击沉。[①]这一次胜利的消息，增加了道光皇帝的虚骄心，他在对九龙战报的朱批中说："朕不虑卿等孟浪，但诫卿等不可畏葸，先威后德，控制之良法也。"[②]

当时，有英船三十二艘载货霉烂，为查理·义律禁止入口。及九龙败后，查理·义律被迫又开始交涉，并托葡萄牙官居间调停，希准英商入澳居住，允具"如有鸦片货尽没官"之结，而不接受"人即正法"字样，因此，中英双方依然坚持不下。

1839年10月11日（道光十九年九月初五日）英国船Thomas Coutts装棉花、胡椒等到澳门请求入口，10月14日（九月初八日），该船出具下列甘结：

> ……远商等并不敢夹带鸦片。若查验出有一小点鸦片在远商船上，远商即甘愿交出夹带之犯，必依天朝正法治死，连远商之船货物，亦皆充公。[③]

次日即进入黄埔，此为英商违反义律拘束之先声。11月2日（九月廿七日），另一艘英船Royal Saxon亦拟具结进口，次日正报关入口时，英国兵船二艘Volage与Hyacinth到穿鼻洋（Chuenpe）阻止。林则徐也派师船保护，英船先开炮，当时清朝的水师提督关天培指挥还击，击退了英船。从11月4日（九月廿九日）到13日（十月初八日）之间，中英双方在官涌一带又接仗六次，英军均被击败。这前后七次胜利，更加助长了道光的虚骄，他在12月13日（十一月初八日）下令停止中英贸易，命令中说："……即将英吉利国贸易停止，所有该国船只，尽行驱逐出口，不必取具甘结。其殴毙华民凶犯，亦不值令其交出。"[④]林则徐当即遵旨封港。

道光的这一种对敌情缺乏正确认识的贸然措置，促使查理·义律将鸦片商与合法商团结一致，电请英政府出兵，英政府既看到目前损害与未来利益，又接到查理·义律的报告，于是便决心为开拓世界市场而战争[⑤]。

---

① 《道光朝筹办夷务始末》卷八，页十四至十五。

② 《道光朝筹办夷务始末》卷八，页十七。

③ 《信及录》第135页，神州国光社。

④ 《道光朝筹办夷务始末》卷八，页三六至三七。

⑤ 范文澜：《中国近代史》第一分册，第29页。

二、英国侵略者的进侵

1840年2月（道光二十年正月），英国任命印度水师提督乔治·义律（George Elliot）为对华谈判全权大臣，查理·义律为副。并由英国外交大臣巴麦尊（Palmerston，一译巴摩斯吞）发交致清朝宰相的抗议书。要求通商、割地、赔烟价、待遇平等，后在天津所投者即此书[①]。同时又对乔治·义律作了一些指示，即对清交涉的准备条件，包括居住贸易自由、领事裁判权、私货可没收人不得伤、税则等项。

3月（二月），英陆军大臣罗塞尔（Lord John Russell）在答复临时议会质问出兵原因时，曾提出三点理由：（1）报复中国政府对英国领事及商民的侮辱；（2）赔偿英商的损失；（3）保障英商身体财产的安全。而于鸦片问题则避而不谈。

4月（三月），英国国会开会辩论：议员中如格兰斯顿（Gladstone）发表了比较公正的言论说："英国如坚持不停止此种卑鄙无法之贸易，中国自有权利逐出沿海之外……居中国领土而拒绝服从中国之法律，则中国拒绝粮食，何得谓为罪恶"。巴麦尊竟反对这种议论说："中国禁烟乃为防银输出，企图奖励内地种烟，仅英自禁，中国不自禁，则中国所必需者，必由另一处输入，于中国既无利，独英受损。"格拉哈姆（Sir James Graham）更说："印度岁入二千万镑之十分之一乃由中国得来。如阻止之，则印度岁入十之一无着。主张应禁止鸦片之走私使成合法贸易"。

英国国会对此问题进行了三天辩论，结果以九票多数通过军事预算案，正式派遣对华侵略军。动员了印度及好望角的屯兵一万五千人，由乔治·义律统陆军，伯麦（Bremer）统海军，乘军舰十六艘、武装汽船四艘、运兵船一艘、输送船二十七艘，于六月间陆续到达广州口外，企图封锁口岸。但因林则徐已有准备，防守甚严，英企图不遂，形成坐困。

英军在粤既一时不得逞，乃于七月初，分舰队三十一艘北驶，五艘攻厦门，为防军击沉一艘退去。二十六艘攻定海，7月3日（六月初五日），英军以二船来投书，不受。6日（初八日），攻陷定海，守将总兵张朝发受伤，知县姚怀祥投

① 全文由琦善上奏者见《道光朝筹办夷务始末》卷十二，页三〇至三八；《史料旬刊》第39期亦载。

水死，典史全福自杀，居民大都内迁。

英军攻入定海后，尽兴地发泄了极其残暴的兽性。有一个英国军官愤激于自己所目睹的罪行曾写道：

> ……军队登陆了，英国国旗竖起来了，但也就从这瞬间起，可怕的抢掠在眼前展开了。闯进到每个人家去，打开每个箱笼，书画、桌椅、家具器皿、粮食抛得满街都是……所有这一切都被席卷一空，剩下来的只有死尸和伤员，那都是被我们无情炮火击毙和击伤的。这一些缺少了一只腿，那一些两条腿都没有了，好多人是被榴霰弹所伤，缺胳臂少腿凄惨得可怕。直到再没有任何东西可拿走的时候，抢掠才停止下来。我们都充分给自己亲友准备下赠礼，几乎连房子都为他们搬了去；战利品真是丰富之至，但不是从战斗中，不是在战地上缴获的，而是从无抵抗力的居民那里抢劫来的。[①]

英军自攻陷定海后，又至宁波投书，浙江巡抚乌尔恭额在宁波，不敢上闻。然而当时清政府却已因定海之陷而大起恐慌，决定采取投降政策，命令沿海督抚，遇洋船投书，即收受驰奏。8月11日（七月十四日），英船至天津，由琦善出面负责办理，接受投书，馈赠礼物。

英船在津所投之书即巴麦尊致清朝宰相书，其要点有五：（1）偿货价（鸦片烟之价）；（2）割让一岛或数岛；（3）两国文书平等往来；（4）赔偿军费；（5）废止洋行商人把持勒索，还商欠。

英船在琦善提出了投降媚外的具体办法保证后，于9月15日（八月二十日）离津赴粤，沿途受到清政府地方官吏的款待。

三、清政府的投降政策

清政府的统治者——道光自定海失陷，英人北上投书后，即转向于投降政策。这具体表现于以琦善出面而办理的一些媚外措置上。

琦善在天津答复乔治·义律的来函中曾先英人而提出治林邓之罪的保证，他说：“上年钦差大臣林等查禁烟土……措置失当，必当逐细查明，重治其罪，惟

---

① 叶尔玛朔夫：《亚洲曙光》，第108页。

其事全在广东，贵统帅等应即就返棹南还，听候钦派大臣驰往广东，秉公查办，定能代伸冤抑。”[①]

此时，投降派的势力已经抬头，便对抵抗派进行沉重的打击。8月21日（七月二十四日），道光在对林则徐关于拿获鸦片烟犯折的朱批中斥责林则徐说：“外而断绝通商，并未断绝，内而查拿犯法，亦不能净，无非空言搪塞。不但终无实济，反生出许多波澜。思之曷胜愤懑，看汝以何词对朕也。”[②]九月，林则徐派副将陈连升率船五艘在磨刀洋击败英舰五艘的捷报至京，又被道光训斥为“贪功启衅，杀人灭口”；不久，更加予林邓“误国病民，办理不善”的罪名。接着便是处罚的命令。10月3日（九月初八日）林则徐被革职，继任的是向侵略者保证重治林邓之罪的投降派琦善。林则徐被革职后，仍向统治者作了最后的痴心请求，要去夺还定海，图功报效，并在其奏折中指出了侵略者的侵略野心说：“抑知夷性无厌，得一步又进一步，若使威不能克，即恐患无已时，且他国效尤，更不可不虑。”[③]道光则蛮横地加以朱批训斥道：“汝云英夷试其恫吓，是汝亦效英夷恫吓于朕也，无理，可恶！”[④]实际上近代外国侵略者得寸进尺的道路，正被林则徐所测中。道光甚至对林则徐制利炮、造坚船的主张，也给予“一片胡言”的批谕。这些都说明以道光为首的清朝统治集团的一意投降，所以竭力恫吓抵抗派，使他们不敢再有所争论。林则徐的革职，标志着这一轰轰烈烈的禁烟运动从此结束。

1840年11月29日（十一月初六日），琦善奉令到粤后，即“一反前任所为，谓可得外洋欢心”。自动撤除林则徐原设之防御，听任英军活动，以致使英国小船得以探测内河水道，甚至诘问磨刀洋驭逐英人的将领，“责备副将不应在炮台上施放号炮，惊动洋人，致令生气”[⑤]。而欲加副将陈连升以罪，结果因众人反对而不得施。又解散水勇，拒绝外情，专任汉奸鲍鹏[⑥]，对虎门要塞也拒不增防。

① 《道光朝筹办夷务始末》卷十二，页三八。

② 《道光朝筹办夷务始末》卷十三，页四。

③ 《道光朝筹办夷务始末》卷十六，页二一。

④ 《道光朝筹办夷务始末》卷十六，页二一。

⑤ 夏燮：《中西纪事》卷五“英人窥边请抚”，页十。

⑥ 鲍鹏是第一次鸦片战争期间的一个汉奸，曾充西馆买办，与查理·义律相识，又以贩卖烟土而获取重利，查禁鸦片时，畏罪潜逃山东。及琦善奉命赴粤，路经山东，由潍县知县招子庸以其善西语而推荐于琦善。后入粤，数与义律往还，给香港之事，即鲍鹏所居间。

乔治·义律见兵勇渐撤，虎门空虚，便在会商时令琦善承任在天津所提之条件，并索香港及烟价六百万元，琦只口头承认，不愿出具文件，对于香港，英人主张明割，琦善主张暗割。1841年1月6日（道光二十年十二月十四日），英国提出实行要求的最后通牒；限次晨八时答复。次日，英即乘琦善尽撤防守之机，“不候回文，突破沙角大角炮台”，此即鸦片战争中的“二角之役”，琦善坐不赴援，制造失败，为自己的投降政策找根据，守将陈连升父子因无援而战死。英人又有进攻虎门之势，乃致书虎门守将关天培，限三日答复。琦善仍一本其投降政策，与英会商。1月18日（十二月二十六日），琦善派鲍鹏与乔治·义律在穿鼻洋签订草约，即“穿鼻草约”，其内容要点是：

（1）以香港全岛割让英国，惟商业上正当诸税，仍须纳税中国政府，如在黄埔时。

（2）偿金六百万元于英政府，当即交一百万元，其余分年于1846年止交清。

（3）两国公文对等往来。

（4）广东通商于阴历新年十日后即恢复。

此约定后，英军即退出沙角，并交还定海，正式进占香港。

四、清政府在广州的失败

穿鼻草约，中英双方均未承认。道光原来认为罢免林邓即可弭事，及知赔款割地，怒不可遏，认为草约是“一片梦呓”。1841年1月27日（道光二十一年正月初五日），二角之役的战报到京，道光即以英人“既思索偿烟价，又复请给码头”为理由，向英宣战。1月30日（正月初八日），琦善许割香港的奏报到京，道光即派御前侍卫内大臣奕山为靖逆将军，湖南提督杨芳、户部尚书隆文为参赞大臣，调派湘、鄂、川、滇、黔等省绿营兵一万七千余人，赴粤会同琦善作战，又令伊里布进兵收复定海。二月十日因伊里布畏葸不前，与两江总督裕谦对调。

1841年2月25日（道光二十一年二月初五日），英军已得悉清政府宣战的消息，于是先开始攻虎门炮台，琦善仍然坚持投降政策，不加援助，结果虎门失守，提督关天培、游击麦廷章及所部四百余人均殉难，英舰闯入黄埔，林则徐所创之海军舰队，江防炮台，全部被英军毁坏。当日琦善亦以出卖香港事被怡良揭发而奉旨拿问。3月3日（二月十一日），广州知府余保纯向英要求休战三日。5日（十三日），杨芳到粤，军事即由杨主持。4月14日（三月二十三日），奕山、隆文到广州主持军事。奕山是一个荒淫腐败的王公，到广州后，纵兵杀掠，仇视人民，英国侵略者于此时又增派陆军少将卧乌古（Hugh Gough），海军提督巴尔克（William Parker）来援，并将定海英军集中广州，准备发动新的战争。

1841年5月21日（道光二十一年四月初一日），英军全部驶入虎门，先泊城外十三洋行。奕山也正选定于是日分三路攻击英军，希图侥幸一试，其目的是“利一战为得功地，且非此则军饷将无以开销也”，简言之，就是“保举功赏，报销军费”。但是，出兵的消息又被英军在事前得悉，所以便先行撤退，结果，奕山只是错烧了一些民船。次日，英军以火轮二只，分袭省城西泥城炮台，泥城炮台是广州通佛山镇的要路，也是广州北门之要冲，广东水师船舶有六十余只被英军烧尽，并且还回劫十三洋行，击毁了这个标志封建经济特权的垄断者，又连向城内开炮。23日（四月初三日），英军“分股登岸，水陆交攻，防兵皆溃，焚毁城外民房，火光烛天”[①]。25日（四月初五日），英人攻省城后山之四方炮台，当时省城有自闽中新到之水勇，可以赴援，但被满清将军阿精阿所阻，因而四方炮台遂陷敌手，英军得据炮台，俯瞰全城，向城内开炮。27日（四月初七日），英拟攻城，奕山即竖白旗求降，派知府余保纯出城向卧乌古行三跪九叩首礼求降。广东地方的这次所谓中英战争，前后只经过七天而结束。求降的当日，便订立了停战协定。协定的内容是：

（1）奕山等及外省官兵于六日内撤离广州城六十里以外之地。

（2）赔偿英方六百万元，一周付清，即日日落前交一百万元。

（3）赔款交清后，英军退出虎门，并归还所占各炮台，在两国一切交涉未终结前，不得设防。

（4）赔偿英商馆损失八万镑，及西班牙船舶误烧损失者二万五千元。

（5）广州知府须由奕山等给予全权。

5月28日（四月初八），广州解严。30日（四月初十日）英军始退出四方炮台。

英军退出后，奕山又谎称胜利来掩饰其失败，据《中西纪事》卷六载称：

靖逆（指奕山）虑伤国体，乃捏称初八日焚击痛剿大挫其锋，续奏称义

① 夏燮：《中西纪事》卷六“粤东要抚”，页八。

律穷蹙乞抚，求准照旧通商，并出具永不售卖鸦片烟土甘结，将所付六百万作为追交商欠完案，其六百万之款由粤海及藩运两库给之。

奕山之所以如此捏称，“不过为在事员弁虚级冒功张本”。清朝皇帝虽然明知此事之伪，也“不复深诘”[①]。

这一次的六百万元，奕山是以商欠名义付英，英方却并不认作是穿鼻草约中之所谓“赔款”，而名之为“赎城费”（Ransom）。其意即英军虽未占领广州，而要以此款报偿英陆海军作为战利品赏金（Price money），来代替侵略军入城之掠夺。这一点，也足以见到侵略者凡入城必掠夺的真情了。六百万元虽付，但只了粤东之局，并不能禁止英军不再进犯闽浙，因此，六百万元的作用对英军来说，是“供其入闽入浙之资”而已[②]。

6月4日（四月十五日），奕山与隆文退驻城外六十里三水县之小金山。杨芳因曾反对5月21日（四月初一日）之出兵，获得义律谅解而留驻城内。6月7日（四月十八日），英军退出广州集中香港。

中英第一次鸦片战争的第一期战事以清朝的失败、英军的掠取而结束。不久即发生英军再度入侵的战事。

五、英军的再度入侵

英国政府对于穿鼻草约的内容甚表不满，1841年4月21日，更申斥乔治·义律擅作主张，违背训令。指斥草约中不满各点如：烟价索取不足，偿付期太长，不下保障英人生命财产之训令，兵费商欠一文未得，舟山不应擅在未付清赔款前退出，香港治权不定，北部口岸未开等等。4月30日，内阁会议否决了乔治·义律1月20日关于缔结穿鼻草约经过之报告，并罢免乔治·义律。5月间改派曾在印度任职的璞鼎查（Sir Henry Pottinger）为全权大臣兼贸易监督，又命在华之卧乌古、巴尔克助璞进行交涉。

1841年6月5日，璞鼎查东来，8月10日到澳门。24日，乔治·义律离华。璞鼎查到华后，一切均依二年前英外交大臣巴麦尊训令而行。

---

① 夏燮：《中西纪事》卷六“粤东要抚”，页九。

② 夏燮：《中西纪事》卷六“粤东要抚”，页十七。

但是，满清政府方面，却在奕山等蒙蔽下，认为广州停战协定缔结后，大事已定。7月28日（六月十一日），道光即通令沿海撤兵，次日还谕奕山等饬谕英人“仍须出具切实甘结，不得夹带鸦片……不得妄生他念，另求码头，至贸易纳税……亦毋庸轻议核减”[①]。这充分说明，他完全不知英方的企图。

1841年8月12日，璞鼎查通知在粤英人商业利益应服从国家利益，准备战争，不容为贸易而碍大方针。并照会奕山，一切按去年白河投书条件办理，广东不能，则北上与宰相商议。实际上此次英方已决定与清政府直接办理，奕山派余保纯交涉亦不得要领，璞未待奕山答复即于8月15日北驶。8月25日，进袭厦门，当时闽浙总督颜伯焘原是一个排外主义者，曾造战舰五十余艘，募新兵数千，水勇八千，筑炮台三重，铸新炮千尊，拟与英战，但因受道光撤防令的影响，兵散器废，仅鼓浪屿进行抵抗，厦门在26日陷落，颜伯焘退归同安，不久，英军往攻定海而自动撤离厦门。9月26日，英军进攻定海。10月1日，定海陷，守将葛云飞、郑国鸿、王锡朋三总兵率部血战六昼夜而殉难。英军续攻镇海，守将总兵余步云不战而退，两江总督裕谦是满人中坚决主战的唯一人物，亲自率部抵抗。10日，镇海失陷，裕谦自杀而死。当时沿海各地完全孤立作战，在英军攻定海时，裕谦曾请道光饬奕山进攻香港，为奕山所拒。因而未收互为牵制之效。13日，宁波失陷。12月末至1842年间，余姚、慈谿、奉化相继失守，清军退守绍兴。

道光自裕谦自杀后，即大起恐慌，1841年10月31日（道光二十一年九月十六日），命大学士吏部尚书奕经为扬威将军，侍郎文蔚、副都统特伊顺为参赞大臣，调派各地新兵，筹划浙江防务。奕经像奕山一样沿途骚扰，“所至索供应、征歌舞、纵樗蒲、揽威福”[②]，并因“供帐之隆，声色之悦”[③]而驻扎于距前线颇远的繁华都会——苏州。1842年1月25日（道光二十一年十二月十五日），奕经与文蔚同梦洋人登船出海，而侦探又有运械归船之事，因而就定期进剿，荒诞地要进攻三城。3月10日（道光二十二年一月廿九日），奕经分三路进攻，结果大败，于是奕经便以夸大敌人的声势来掩饰自己的错误，如：“镇海之役，刘天保军仅伤七人，而奏言全军覆没，仅脱回四人，大宝山之战，我军仅死百余而奏言死者千余，慈谿英兵登岸仅二千余，而奏言万有七千，无非张贼势而逭己罪。”[④]

---

① 《道光朝筹办夷务始末》卷三，页十五。

② 魏源：《圣武记》卷十，页六四。

③ 夏燮：《中西纪事》卷七“闽浙再犯”，页六六。

④ 魏源：《圣武记》卷十，页六六。

闽浙的战争就这样结束了。

从1842年5月4日（道光二十二年三月二十四日）英军离开宁波起，到7月15日（六月初八）攻占镇江止，英军曾先后攻占了乍浦、吴淞、上海、镇江。英军在这些地方对中国人民进行了极为残暴的屠杀，中国士兵和人民也进行了一定的抵抗，英勇的战将陈化成在坚守吴淞口时战死。战争中道光皇帝和牛鉴、伊里布这些满洲贵族和将军们，则是投降者和逃跑者。

1842年7月16日（六月初九日），道光知道浙沪已失的消息，觉得战无把握，于是便密令投降派耆英："如果能将各船全数退回广东，即刻罢兵。我必奏明大皇帝，将香港一处，赏给尔国，堆积货物，与中国照常贸易，此外沿海省份，如福建浙江海口，或每年约定时候，将货船驶至口岸，我国必派官员代汝照料，不得在此二处羁留"；并且还嘱咐耆英"断不准走漏消息，致懈军心"[①]。7月26日（六月十九日），镇江被围奏报到京，道光除重申前意外，又答允双方用平行礼，并予耆英、伊里布以全权。次日，镇江失陷消息到京，道光再谕耆英"便宜行事，专意议抚"，表示其彻底投降的态度。

8月6日（七月初一日）英军大小兵船八十余艘到下关。8日，伊里布命家人张喜偕扬州商伙颜崇礼与璞鼎查、马礼逊商求和事，英方用书面提出要求。10日，英军准备攻城；11日，耆英到宁与伊里布、牛鉴等主持投降；12日，璞鼎查提出和议条件，开列清单，要求一字不易地接受，并以战争为要挟。13日，道光命伊里布等议和。14日，耆英、伊里布、牛鉴命侍卫咸龄、藩司黄恩彤、宁绍台道鹿泽长偕张喜同至下关英船，通知已将条款入告。20日，耆英等三人到英舰康华利（H.M.S. Cornwallis）亲访璞鼎查。24日，璞鼎查答拜于仪凤门外静海寺。29日，未经一次讨论，在英舰康华利号上签订中英《江宁条约》。

1840—1842年的中英第一次鸦片战争终于以订立可耻的"城下之盟"——《江宁条约》而结束。

原载于《历史教学》1954年7月号

① 《道光朝筹办夷务始末》卷五，页一、页二。

第一次鸦片战争对中国社会的影响

第一次鸦片战争是中国近代史的开端，从此，中国开始进入了半殖民地半封建社会。

战后，中国的社会经济、人民经济生活、社会阶级结构和关系以及思想意识，都受到一定的影响而有所变化。

本文拟就战后十余年，即十九世纪四五十年代中国社会中某些变化现象，对这些影响作一粗略的说明。

一

第一次鸦片战争后，英、美、法各侵略国家，胁迫清政府订立了一连串不平等条约，它包括有：中英《江宁条约》、中英《五口通商章程》、中英《五口通商善后条约》、中美《望厦条约》和中法《黄埔条约》等。外国侵略者根据这些不平等条约，破坏了中国的关税自主权，获取了领事裁判权和片面最惠国待遇；他们不仅侵占了香港，而且还可以在上海、宁波、福州、厦门、广州等港口居留和贸易；他们的船只可以在中国的口岸停泊和巡查；他们也获得了对中国进行宗教性渗入的可能条件。这些便奠定了使中国沦为半殖民地的础石，并为外国资本主义的侵入创造了便利条件。外国侵略者借助这些便利条件，开始向中国大量地输入工业品和鸦片，同时也掠夺走他们所需要的原料。

在《江宁条约》订立后，外国资产阶级，特别是英国资产阶级，曾产生了异常兴奋的情绪，他们广泛而动听地宣传中国这个新市场的美景，认为这次可以“一举而要为全世界三分之一人口的需要效劳了”，他们幻想：“只消中国人每人每年需用一顶棉织睡帽……那英格兰现有的工厂就已经供给不上了。”[①]他们完全沉醉在广阔市场和巨大利润的幻想之中了。于是，大量工业品源源地输入进来。其1842至1845年英国对华输出的增长情况如下：[②]

1842年　969381镑

1843年　1456180镑

1844年　2303617镑

1845年　2394827镑

这种增长一方面固然表明了“鸦片战争替英国商业开辟了中国市场”[③]，但另一方面，它却与中国市场的实际销售并不相符。当时，江苏、浙江、福建、广东沿海的重要官吏也都向清政府报告了中外贸易不兴盛的状况。所谓“商情不无观望”、“民间并无前向贸易之人”[④]。这种不相符的情形在1846年以后就很明显地表露出来。1846年英国对华输出的总额降到了1836年的水平之下，而1836年的对华输出额是1326388镑[⑤]。这种情形以后也没有太大的改变。1852年英香港总督府秘书密切尔（Mitchell）在其报告书中说：“1850年末，我们出口到中国来的制造品几乎比1844年末减少75万镑。”在同一报告书中更生动地描述了他们的失望情绪说：“经过和这么一个大国家开放贸易十年之久，并且双方都已经废除了一切独占制度，而拥有如此庞大人口的中国，其消费我们的制造品竟不及荷兰的一半，也不及我们那人口稀少的北美或澳大利亚殖民地的一半，赶不上法国或巴西，赶不上我们自己，不在西印度之上，只比欧洲大陆上某些小王国如比利时、葡萄牙或那不勒斯稍微多一点点。”[⑥]

因此，这一时期，外货输入的增多，确切地说只是由于“贩运太多所致，而非出于需要”[⑦]。这一点也正好说明，当时外国侵略者对华伸展经济势力尚在开

① 1847年12月2日香港中国邮报社论，见严中平：《英国资产阶级纺织利益集团与两次鸦片战争史料》，《鸦片战争史论文专集》页63，三联书店1958年版。

② 严中平：《中国棉纺织史稿》，页62附表。

③ 《马克思恩格斯论中国》，页145，人民出版社1957年版。

④ 《道光朝筹办夷务始末》卷七十，页23；卷七三，页39—40；卷七四，页7—8。

⑤ 《马克思恩格斯论中国》，页88—89，人民出版社1957年版。

⑥ 1852年3月密切尔报告书，见严中平：《英国资产阶级纺织利益集团与两次鸦片战争史料》，《鸦片战争史论文专集》页70—71。

⑦ 1847年12月2日香港中国邮报社论，见严中平：《英国资产阶级纺织利益集团与两次鸦片战争史料》，《鸦片战争史论文专集》页64。

始阶段。

这种输入量与实际销售不相符的情形主要是由下面三点因素造成：

第一，当时的中国，“生产方式的广阔基础，是由小农业和家内手工业的统一形成的”①。因而还谈不到什么外货的大宗输入，在一个英国人的著作中记载这种事实说：“中国人久已利用他们自己的资源，花费很便宜的成本，掌握了一切生活必需品和绝大部分的奢侈品。”②英国调查中国市场洋布消费的情况是：只有“沿海城市里一部分富裕阶级穿用我们的洋布……商行的账房先生和店员穿我们洋布也相当普遍”，而“没有见过一个靠劳作生活的中国人穿过一件用我们布料做的衣服”③。因为这些“靠劳作生活的中国人”的经济力量十分薄弱，他们不仅只能穿用自己织成的土布，甚至一代两代还无力更换；那些能穿用洋布的所谓“富裕阶级”，本来依靠剥削过着“自给自足”生活，在洋货输入后，他们虽然有经济力量去穿用，但是人数终究不多，销售无法增大。

第二，当时外国侵略者在中国还“没有直接的政治权力加进来帮助”④。这种所谓“直接的政治权力”可以从两方面来理解：一方面是中国封建的政治权力，战后，虽然订立了一些不平等条约，丧失了许多主权，允许外国工业品的输入，但在政治上仍然拒绝外使驻京，对于因战争失败而有损“天朝威严”这一点，犹有余憾。在经济上港口尚限于东南沿海，北方沿海和广大内地尚未开放。封建统治者与侵略者之间还没有构成像第二次鸦片战争后那种“契然无间”的关系，所以清朝统治者还未能作为帮助外国侵略者的直接政治权力。另一方面是外国侵略者在华的直接政治权力尚未建立起来，各种特权刚在初步利用，虽然在口岸陆续划定“租界”，但还没有建立起一套政治制度，各种政治力量只在开始伸张，所以也不能有什么大帮助。这样外国资本主义侵略势力就无力把中国的农业与家内手工业相结合的小的经济共同体打碎，而这种由“农业与制造业直接结合引起的巨大经济和时间节省……对于大工业的生产物，提出了极顽强的反抗”⑤。

① 马克思：《资本论》第三卷，页412，人民出版社1953年版。

② 史当登：《中国杂记》1850年增订第二版，页10—11，见严中平：《英国资产阶级纺织利益集团与两次鸦片战争史料》，《鸦片战争史论文专集》页68。

③ 1852年3月密切尔报告书，见严中平：《英国资产阶级纺织利益集团与两次鸦片战争史料》，《鸦片战争史论文专集》页72—73。

④ 马克思：《资本论》第三卷，页413。

⑤ 马克思：《资本论》第三卷，页413。

第三，当时与工业品同时输入的鸦片的输入额增加很多。吸食鸦片的大多是剥削阶级中的人物，而能购买“洋货”的也大多是这些人。他们纵使加紧榨取，但是总还不能追及其烟瘾和对工业品贪欲的增大，这正是“不能同时购买商品又购买毒药”的实际情况。“鸦片贸易底扩大与合法贸易底发展”的“两不相容”，势必相对地削弱了对工业品的购买力。[①]

这样便造成了工业品的输入与实际销售不相符的结果。

外国侵略者在输入工业品的同时，又大量地输入鸦片。“鸦片”本是十八、十九世纪以来外国资本主义进行经济侵略的主要手段，第一次鸦片战争也是由于中国拒销毒品而爆发，但在战败后的《江宁条约》中，却没有明确规定今后如何处理的办法。因此，鸦片在战后，既非明令禁止，又无税则规定，形成一种无人过问的“输入品”，而条约中关于口岸、税则等规定却有助于它的输入。因此，战后鸦片的输入量反而增加，如1842年输入量是33508箱，到1850年则已增至52925箱了[②]。

外国侵略者在输入大量工业品和鸦片的同时，又从中国掠取原料——主要是茶、丝。马克思在评论这个问题时曾说：“……自从根据1842年条约而将中国市场开放以来，中国丝茶向英国的输出额日益增长。”[③]根据一种统计，茶在1843年由广州一口输出量是17727750磅，1844年由广州、上海两口共输出70476500磅，1849年两口输出共达82980500磅；丝在1843年由广州一口输出1787包，1845年广州、上海两口共输出13220包，1850年两口输出共增达21548包。[④]其中各年虽间有增落，但基本趋势是上涨的。

这种数字反映了掠取原料的增长情况。外国侵略者又为使其所掠取的原料更廉价，还曾要求清政府给予免税和减税的优待，原来清政府自五口通商以后，鉴于“内地商贩，自必各趋近便”，而“恐内地各关税额，致有短绌”，因此曾规定，除“大宗茶叶一项已加增税银至倍半有余，大黄一项已加增税银至两倍有余，足资挹注，勿庸再议，以免借口外……嗣后凡内地客商贩运湖丝前往福州、

① 《马克思恩格斯论中国》，页81。

② H.B.Morse. *The International Relations of the Chinese Empire*，V.I P.556附表（中译本，页626，三联书店）。

③ 《马克思恩格斯论中国》，页91。

④ H.B.Morse. *The International Relations of the Chinese Empire*，V.I P.369（中译本，页413）。

厦门、宁波、上海四口与西洋各国交易者，均查明赴粤路程，少过一关即在卸货关口补纳一关税数，再准贸易”[①]。1843年英国领事曾为此事向清政府地方官吏“求免补纳”。这种要求虽经地方官吏告以“定章不能更改”[②]，但实质上表明了为更进一步满足其掠取原料的欲望。同年，英国侵略者又根据《江宁条约》中确定了的协定关税原则，与中国订立了中国历史上第一个协定税则。这个税则所载主要进口货物的税率，较以前粤海关实征的税率，降低了58%到79%。下表即1843年中英协定关税前后几种主要进口货物的新旧税率水准（从价%）：[③]

货　物	单　位	1843 年前旧税率	1843 年新税率	新税率较旧税率减少百分数
棉花	担	24.19	5.56	77.02%
棉纱	担	13.38	5.56	58.45%
头等白洋布	匹	29.93	6.95	76.78%
二等白洋布	匹	32.53	6.95	78.64%
本色洋布	匹	20.74	5.56	73.19%
斜纹布	匹	14.92	5.56	62.73%

除此以外，外国侵略者还亲自来采售原料，如上海所产木棉，原由“闽粤诸商贱价售之而运往外地”，后来即由“西人自为采售”，而使“花市更为繁盛”。[④]

输入工业品、鸦片和掠取原料是外国侵略者在十九世纪四五十年代主要采取的经济侵略方式。

这种侵略，对于中国发生了如下的影响：

首先，工业品的输入虽然遭到如前所述的三点原因的影响而不能畅销，但绝不能认为它毫无任何作用。这种经济势力的侵入使中国固有的小商品经济既受到摧残，又获得发展。前者表现了中国落后的手工业产品抵挡不住先进的机器产品的实际情况。这种情况，五口及其附近地区最早显露出来，例如厦门地区在开埠后的年余，即1845年，即因洋布的输入而使“江浙之棉布不复畅销，商人

① 道光二十三年七月丁巳耆英奏，《道光朝筹办夷务始末》卷六七，页43—44。

② 道光二十三年十一月丁丑上谕，《东华续录》道光四八。

③ 严中平等：《中国近代经济史统计资料选辑》，页59，科学出版社1955年版。

④ 王韬：《瀛壖杂志》，《小方壶斋舆地丛钞》第九帙。

多不贩运，而闽浙之土布、土棉，遂亦因之壅滞不能出口”[①]。台湾原销泉州、福州、宁波各地布匹，但自“海通以后，洋布大销，呢羽之类，其来无穷，而花布尤盛，色样翻新，妇女多喜用之”。而原来在台行销的“泉州之白布、福州之绿布、宁波之紫花布”，则被排挤到只能“销行于乡村”。[②]台糖、台米原销大陆，但自“开口互市，暹罗安南之米，爪哇吕宋之糖，配入中国，以与台湾争利”[③]，而在市场上遭受排挤。苏松原是棉布业中心，至是也出现“布市销减，蚕棉得丰岁而皆不偿本，商贾不行，生计路绌”[④]的情况。这种影响也逐渐波及内地省份，例如湖北的棉布原来行销于滇、黔、秦、蜀、晋、豫诸省，甚至还销于棉布区的“东南吴皖”，但是“自通商互市以后，洋布盛行，各布销场乃为之大减”。[⑤]至于独立手工业也遭到一定的破坏，如广东佛山镇的铁器手工业，在鸦片战争前本已相当兴盛，其铁钉、土针业的作坊已具有“工人多至数千”的规模，从事这种生产的家数也很多，但是在战后，却呈现凋敝，铁钉业因“洋铁输入……故制造日少”，土针业因“洋针输入，销路渐减”[⑥]。这种摧残的结果，阻碍了中国社会经济的发展，同时，也使大批农民和手工业者遭遇经济困难以至于破产。但这是问题的一方面。另一方面，外国资本主义却又促进了中国商品经济在原来基础上的进一步发展。由于大量外国工业品在中国市场上的活跃，很自然地刺激了地主阶级为满足个人需要和享受而购用“洋货”的贪欲，他们为填满无穷无尽的欲壑，便向农民增收租谷，然后送上市场去换取更多货币；或者直接改用货币地租形式榨取农民。不论形式如何，其结果都是使地主的自然经济日益破坏。农民阶级则为缴付地主阶级日增不已的“勒索”，被迫要把更大部分的产品送上市场，而他自己又由于家庭手工业被摧残需要向市场购用某些日用的“洋货”，于是农民的自然经济也在日益破坏。这样，原来在某种程度上处于自然状态的农民经济和地主经济就更多更普遍地被商品经济的浪潮卷入进去。与手工业品的命运相反，原料却由于外国侵略者的劫夺而兴盛起来，如台茶就因“自开口以后，外商云集”而盛[⑦]，上海的棉花也因“西人自为采售”而繁盛。农产品被

① 1845年春福州将军兼闽海关敬敫奏，《历史研究》1954年第3号。
② 连横：《台湾通史》卷二三，页411。
③ 参连横：《台湾通史》卷二七，页444。
④ 包世臣：《安吴四种》卷二七。
⑤ 《湖北通志》卷二四物产三。
⑥ 《民国佛山忠义乡志》卷六实业志，工业。
⑦ 连横：《台湾通史》卷二七，页444。

大量地送上市场而趋于商品化是有利于商品经济发展的；商品经济的日益发展意味着自然经济的日益瓦解和破坏，客观上又为资本主义造成了商品市场。而那些遭受摧残而破产的大批农民和手工业者，则给资本主义造成了劳动力市场。因此，外国资本主义的侵入，正如毛泽东所说："不仅对封建经济的基础起了解体作用，同时又给中国资本主义生产的发展造成了某些客观的条件和可能。"[①]

这里，必须指出，商品经济对自然经济所能起的作用，仅仅如此，它还不能完全"根除"封建经济。要完全替代这种旧有经济，那只有在大机器生产出现时才有可能，正如马克思所说："大工业才用机器给予资本主义农业以不变基础，才彻底把可惊的多数农民剥夺，才完成农业与农村家庭工业的分离，把农村家庭工业的根底——纺纱业与织布业——根除。"[②]然而，在当时中国却因外国资本主义的侵入而不能兴起自己的大工业，使中国资本主义获得独立正常的发展，相反地造成了与外国资本主义相联系的半殖民地经济。外国资本主义侵入中国的目的，正在于此。

其次，鸦片的大量输入也造成极有害的影响。鸦片不仅"使得其财政与货币流通情况极为混乱"[③]，而且也直接危害社会，刘韵珂在致金陵三帅书中描写浙江黄岩遭受烟毒的情况说："黄岩一县，无不吸烟，昼眠夜起，杲杲日出，阒其无人，月白灯红，乃成鬼市。通商之后，烟禁大开，鬼市将盛。"[④]实则不仅一地如此，其他亦可想见。

工业品和鸦片的大量输入，纵使中国有日益增长着的茶、丝等合法的输出品，也未能抵补逆差，因此必然有大量白银外流，就造成了中国社会上"银贵钱贱"的严重现象。在鸦片战争刚结束的1842年，银一两可兑钱1572.2文，以后连年上增，到1849年一两已可兑2355文了[⑤]。银钱比价差额的增大，严重地影响了中国的财政金融和国民经济。道光二十五年清户部在"奏议银钱出纳章程"中指出，由于银价过昂，而使"关税"、"盐课"、"捐输"都发生困难，甚至还因加征而激起对抗，"如湖南湖北之耒阳、崇阳及近日福建之台湾，浙江之奉

① 毛泽东：《中国革命和中国共产党》，《毛泽东选集》第二卷，页596—597。

② 马克思：《资本论》第一卷，页946。

③ 《马克思恩格斯论中国》，页93。

④ 《刘玉坡中丞致伊耆牛大人书稿》，《鸦片战争》（中国近代史资料丛刊）Ⅲ，页362。

⑤ 严中平等编：《中国近代经济史统计资料选辑》，页37。

化，百姓滋事，皆因州县征收加重所致”[①]，并提出解决这一问题的建议。咸丰元年曾国藩奏折中也说：“昔日两银换钱一千，则石米得银三两，今日两银换钱二千，则石米仅得银一两五钱，昔日卖米三斗输一亩之课而有余，今日卖米六斗输一亩之课而不足。”[②]这些资料证明，“银贵钱贱”不仅给封建政权造成财政金融的困难，而且也造成农民生活的日益穷困。农民在穷困生活中再分担战争中的军费和战后的赔款，便迫使他们不得不在最后走上破产的道路，增加了封建社会危机的一些因素。

二

马克思在《对华贸易》一文中说：“五大商埠的开放及香港之占有，结果只是使商业中心从广州移至上海，其他的‘通商’口岸不能上算。”[③]这是指英国对华贸易发展情况而言。五口通商对于中国社会仍有其一定影响。

在《江宁条约》第二款中规定英人可在五口有居住通商，设置领事之权；《中英通商章程善后条约》第六、七款中又载明英商可在五口“议定界址”，租赁房地居住。这样，外国侵略者便可据此来扩大他们的侵略范围。五口之中，除广州系战前原设之通商口岸外，其余四口在1843年至1844年都相继开港，并与地方官吏交涉，要求划定区域作为“租界”。如以上海一地为例：上海自1843年11月27日正式开港后，其首任领事巴富尔（G. Balfour）即不满足于租赁中国官方指定的栈房暂居，而是积极图谋攫取一块据点，经与清苏松太道宫幕久商洽，最后于1845年11月29日订立了《土地章程》23条，划定洋泾浜以北李家庄以南之地，租与英人建筑房舍和居住；次年9月24日又确定了四界即：东至黄浦江，南至洋泾浜，西至界路，北至李家庄，全部面积约830亩；这个章程的内容规定了许多于英人有利的条款，充分体现了英国的侵略意图。1848年11月27日，又议定将“租界”面积扩大为2820亩[④]。美、法等国在上海也相继划定“租界”。“租界”一方面由于工业品、鸦片与原料的集散，市面也逐渐繁盛起来而成为外国侵

① 户部奏议银钱出纳章程（公文类钞），《鸦片战争》（中国近代史资料丛刊）Ⅵ，页304。

② 曾国藩：《备陈民间疾苦疏》（咸丰元年十二月十八日），《曾文正公奏稿》卷一。

③ 《马克思恩格斯论中国》，页146。

④ 参阅徐公肃、丘瑾璋：《上海公共租界制度》。

略者的“经济中心”。葛元煦《沪游杂记》曾记载三国租界繁盛的情形说：“三国租界英居中，地广人繁，洋行货栈，十居七八，其气象尤为繁盛，法附城东北隅，人烟凑密，惟街道稍觉狭小，迤东为闽广帮聚市处，美只沿江数里，皆船厂货栈轮船码头洋商住宅。”[1]这段资料虽然时间稍晚，但也反映了作为经济侵略中心的“租界”的日益发展的趋势。另一方面，“租界”又成为外国侵略者在华的“直接政治权力”。他们在“租界”内开始时就拒绝中国势力进入，继而便建立起一套独立于中国行政系统和法律制度以外的殖民地制度，特别是五十年代开始，他们乘太平天国革命运动之机，显然发挥了“租界”的政治权力。1853年他们曾在上海与清政府勾结，共同镇压了小刀会起义，继又抵制，甚至进攻太平军，并乘机攫得海关收税权和在“租界”设立行政、财务、司法、警察各种政治机构的权利。这些政治权力反过来又直接帮助了经济侵略，并凭借这些权力为非作歹，恃强逞凶[2]。因此，“租界”的划定不仅是单纯地为外国人划定一块居留地范围，而且是破坏中国主权的一种政治与经济相结合的侵略。这种侵略具体地体现了中国近代社会所谓“半殖民地”的涵义。

外国侵略者又利用口岸进行各种犯罪活动，大批的侵略分子在口岸和附近地区为非作歹，当时英国驻上海领事阿礼国（R. Alcock）也不得不承认这种事实说：“来自各国的这群外国人，生性卑贱，无有效之管束，为全中国所诟病，亦为全中国的祸患，他们……放纵强暴，乃是欧洲各国人的渣滓”[3]。其最堪痛恨的是掠夺人口的罪恶活动。这种活动在战前已经开始。道光十九年八月间林则徐的一份奏折中曾较详细地揭露过这种罪行[4]。战后，外国侵略者把这套对待殖民地早已惯用的野蛮办法进一步在中国扩大使用，他们在上海掠捕乡民，凡“乡人卖布粜米，独行夷场（租界）者，辄被掠去，积数月竟失数百人”[5]，并在厦门公然设立掠夺人口的“公司”，掠夺人口去为他们进行非人的劳动以创造供他们剥削的财富。其残酷悲惨的情状，不忍卒闻。李东沅在《论招工》一文中描述说：“频年粤东、澳门，有拐诱华人贩出外洋为人奴仆，名其馆曰招工，核

① 葛元煦：《沪游杂记》，《小方壶斋舆地丛钞》第九帙。

② 姚文枬：《民国上海县志》卷十四，外交。

③ 严中平：《五口通商时代疯狂残害中国人民的英美“领事”和“商人”》，1952年6月20日《进步日报》史学周刊第76期。

④ 《鸦片战争》（中国近代史资料丛刊）Ⅳ，页169。

⑤ 黄钧宰：《金壶遁墨》卷四。

其实为图利，粤人称之为买猪仔。夫曰猪等人于畜类，仔者微贱之称，豢其身而货之，惟利是视，予取予携……且粤省拐匪先与洋人串通，散诸四方，投人所好，或炫以赀财，或诱以阚赌，一吞其饵，即入牢笼，遂被拘出外洋，不能自立，又或于滨海埔头，通衢歧路，突出不意，指为负欠，牵扯落船。官既置若罔闻，绅亦不敢申述，每年被拐，累万盈千，其中途病亡及自寻短见者不知凡几，即使抵埠，悉充极劳苦之工，少惰则鞭挞立加，偶病亦告假不许，置诸死地，难望生还。”[①]容闳于1855年在澳门也曾看到“无数华工以辫相连，结成一串牵往囚室，其一种奴隶牛马之惨状，及今思之，犹为酸鼻”[②]的惨景。外国侵略者掠夺人口的这种暴行，是与资本主义的剥削、侵略本质相联系的。马克思曾说过：“没有劳动者（即没有奴隶制度），资本是定然会消灭的。”他又分析说：“资本主义生产的特点，是在这里：它不但把工资劳动者当做工资劳动者不断再生产出来，并且比例于资本的积累，不断生产出工资劳动者的相对的过剩人口。”因为只要有这种“过剩人口”，那么“劳动的需要和供给法则，由此得以保持正常的轨道；工资的变动，由此得以被拘束在利于资本主义剥削的限界内；最后，一个这样不可缺少的条件，劳动者对于资本家的社会从属性，也由此而确保了”。这个问题，在殖民地的开拓上尤具有特别意义。在殖民地上，虽然多数劳动者都是成人，绝对人口的增加比母国远为急速，“但劳动市场还是常常感到供给不足，劳动供求法则破坏了”[③]。资本虽然能不从旧世界投进来，但劳动者却不容易。因此资本主义侵略者就要到世界上“落后”地区，包括中国在内，去掠取人口，以保持他们的劳动供求法则，延续其血腥的资本主义历史的发展。

五口开埠以后，也影响了有关地区的人民生活。战前，对外贸易，一直在广州进行，因之在广州附近和在从广东通往内地去的粤湘大道上有许多依靠对外贸易为生的劳动者，这些人的数目据容闳估计“不下十万人”[④]。如果再加上与它有关的行业和依附他们为生的人数在内，当不下百万人。五口通商以后，由于“广州商利遂散于四方”[⑤]，而使这些人中的大部分生计维艰，而不得不走进流浪者的队伍中去。又如“福建之漳州、泉州、兴化、福宁与浙江之宁波、台州、

① 葛士濬：《皇朝经世文续编》卷八六刑政三。

② 容闳：《西学东渐记》，页115。

③ 本段引文据马克思：《资本论》第一卷，页970—972。

④ 容闳：《西学东渐记》，页54。

⑤ 彭玉麟：会奏广东团练捐输事宜奏，《彭刚直公奏稿》卷四。

温州等府，地多滨海，民鲜恒业，沿海编氓，非求食于网捕，即受雇于商船”；但是“自外夷通商以来，商船大半歇业，前之受雇于该商者，多以衣食无资流而为匪”。[①]厦门贩海之船，原来有“透北、过台、出洋、广拨四项货船”，但“自五口通商以后，洋船所贩之货，即系出洋、广拨两项船只所贩之货，以致出洋、广拨二船，收帆歇业”[②]，船户因而失业。

失业的手工业劳动者、湘潭与广州间失业的运输工人、沿海的失业居民和船户，再加上那些从土地上被赶出来的更多数的农民，形成了一大群失业的劳动者。这些人一方面“给资本主义造成了劳动力市场”[③]；同时，其中的一部分将逐渐组成为一支威胁封建统治的流浪者队伍，有些人将来还参加了革命运动。

外国侵略者在各通商口岸又物色了一些战前和他们曾发生过一些关系的人做“买办”，当时称为“通事”。这些买办商人的前身就是原来给外国人做交易中介人并兼管他们商业事务的人[④]，过去人数不多，经济力量也很薄弱，在社会上还不起什么作用。战后，外国侵略者继续选择他们代理各口岸的商务，推销商品，搜购原料。他们是资本主义侵略中国的产物，是为侵略者服务并受侵略者豢养的一些人。他们靠着外国的经济侵略而发“百无一失”的大财，所谓“顷刻间千金赤手可致”[⑤]。这些买办商人后来有一部分向新式企业进行投资而成为中国资产阶级的一个组成部分。这些买办商人随着外国侵略势力的日益加深而日益扩大，最后由商业买办扩大到金融买办、矿山买办、工业买办，由经济买办扩大到政治买办、文化买办而形成为中国近代社会里的一个反动阶级——买办阶级。

外国侵略者为了大量地输入工业品和鸦片、输出原料，就在战后造成通商口岸“每岁番舶云集”的盛况，外船来华数字有了显著增加，如1833年外国商船在广州进口的有189艘，1845年即增达302艘。这些船只经常需要修理，同时，他们为要扩大输出入并图谋攫取中国的航运权，又需要添造些船舶，因此便在口岸附近开始设立外国资本经营的船舶修造业，其中最早的是1845年英国大英轮船公司职员柯拜在广州所建立的柯拜船坞（Couper Dock）。另外英国资本还在1843年于

① 闽浙总督刘韵珂片，《史料旬刊》第36期，地页319—320。

② 道光二十七年二月丙子上谕引刘韵珂奏，《东华续录》道光五五。

③ 毛泽东：《中国革命和中国共产党》，《毛泽东选集》第二卷，页621。

④ 买办商人的来源可参阅道光二十八年两广总督徐广缙等奏中所述的内容，《道光朝筹办夷务始末》卷七九，页28—29。

⑤ 王韬：《瀛壖杂志》，《小方壶斋舆地丛钞》第九帙。

上海经营了墨海书馆（London mission society press）、1850年于上海经营了字林报馆（North China Herald ofrice），美国资本也在1845年于宁波经营了美华书馆（Mai Hwa printing office）等印刷业[①]。这些企业规模虽然不太大，但它是战前所没有的。这些企业吸引了一部分中国的劳动者，这就是中国近代无产阶级产生的开始。这正如毛泽东所说："中国无产阶级的很大一部分较之中国资产阶级的年龄和资格更老些，因而它的社会力量和社会基础也更广大些。"[②]

五口开埠后，使某些口岸跃兴，成为新的商业中心。战前，内地商业有"四聚"之盛，对外贸易则广州独擅其利；战后，上海由于"道光间，中外互市"成为"通商总集"[③]。它不仅是一个"南北转输，利溥中外"[④]的商业城市，而且还具备了各种与商人有关的行业，如客栈、饭馆、舞榭歌台、秦楼楚馆等的兴起，供给商人生活必需和游兴挥霍。城市中的居民也复杂起来了，不仅有"南闽粤，北燕台天津"的商旅，也有"出外洋，往各国"的商旅，因之"轮船到埠，各栈友登舟接客，纷纷扰扰，同寓之人，亦五方杂处"[⑤]，各地区的人都涌到这个城市中来进行活动。除了商人以外，上海有很多粤东、宁波之人，靠在"船厂、货栈、轮舟、码头、洋商住宅……计工度日"[⑥]。一批破产的游民涌进来了，绝大多数没有一定职业，在城市中流荡，或则"遇事生风"，或则"串诈乡民孤客，或乘局骗，或无债取偿"[⑦]，靠此维持生活。城市中的风气也有所改变，一般的趋向于奢靡，所谓"风俗日趋华靡，衣服僭侈，上下无别"，而"负贩之子，猝有厚获，即御貂，炫耀过市"，"衙署隶役，不着黑衣，近直与缙绅交际酒食，游戏征逐"，更不为一般人所习惯；但它却表明了旧的封建的上下有别的等级关系已经开始破坏，负贩之子既可以炫耀过市，衙署隶役也可以脱掉标志自己身份的服装，穿上华服与上层的缙绅先生交往，而缙绅先生们也肯纡尊降贵和他们来往而"恬不为怪"[⑧]，正表明了这个新的商业中心的一种新变化。

---

① 参阅孙毓棠：《中日甲午战争前外国资本在中国经营的近代工业》，上海人民出版社1955年版。

② 毛泽东：《中国革命和中国共产党》，《毛泽东选集》第二卷，页597。

③ 葛元煦：《沪游杂记》，《小方壶斋舆地丛钞》第九帙。

④ 王韬：《瀛壖杂志》，《小方壶斋舆地丛钞》第九帙。

⑤ 葛元煦：《沪游杂记》，《小方壶斋舆地丛钞》第九帙。

⑥ 葛元煦：《沪游杂记》，《小方壶斋舆地丛钞》第九帙。

⑦ 葛元煦：《沪游杂记》，《小方壶斋舆地丛钞》第九帙。

⑧ 王韬：《瀛壖杂志》，《小方壶斋舆地丛钞》第九帙。

三

战后，由于战争的直接或间接影响，封建剥削乃日益加重，从而，促使土地日益集中。

首先，这次战争给人们带来了极大的直接祸害。它不仅使战火所及的地区，如江苏、浙江的沿海州县，因进行战争而“转徙流离，耕耘失业”[①]，就是一些非战区也受到波及，例如湖北本是内地省份，但也因“粤东不靖，大兵自北而南，军书旁午，露布星驰无旦夕，官吏征民夫递送，军装、钱漕、力役，三政并行，追呼日迫，卖儿鬻女，枵腹当差，道殣相望，流离之状，令人恻然”[②]。这次战争又耗费了巨额战费，如直隶省，从道光二十年七月至二十一年正月，仅因“海口防堵”所需各费，即用银达“三十六万九千余两”[③]。又如广东省是直接进行战争省份，从道光二十一年正月至二十二年四月即共耗银四百余万两，其逐次呈报数字表列如下：[④]

时　间	用银数
道光二十一年正月二十三日至四月二十四日	1074000 两
道光二十一年四月二十四日至十月十五日	1671000 两
道光二十一年十月十五日至二十二年二月八日	1157879 两
道光二十二年二月九日至四月底	594100 两
共　计	4496979 两

其中从道光二十一年正月二十三日至次年二月八日仅一年零十余日，即共用银3902879两，然而广东省在道光二十一年全年地丁实征数则为1136889两[⑤]。换言之，道光二十一年广东省所耗战费已达本省地丁总数3倍余；更有甚者，许多

① 道光二十二年七月戊申上谕，《东华续录》道光四六。

② 邓文滨：《醒睡录初集》卷二，苦雨（申报馆本）。

③ 道光二十一年三月庚子直隶总督讷尔经额奏，《道光朝筹办夷务始末》卷二五，页28。

④ 资料来源：道光二十一年十一月辛未祁𡎴等又奏，《道光朝筹办夷务始末》卷四〇，页32；道光二十二年三月壬子祁𡎴等又奏，同上卷四五，页33；道光二十二年六月戊寅祁𡎴等又奏，同上卷五二，页36。

⑤ 王庆云：《石渠余纪》卷三。

地方官吏还乘机来加派和勒捐军需，道光二十二年，湖广道监察御史吕贤基在其指陈弊政的奏折中曾揭露官吏乘战争机会进行勒索的情形说："……比年以来，地方官不能上体圣意，每于近海之区，借防堵以派费，于征兵之境，借征调以索财，以及道路所经，辄以护送兵差，供给夫马为名，科敛无度，近闻湖北、湖南、安徽等处，皆有加派勒捐之弊，又闻直隶、山东亦然。"[①]

这些战争所造成的耗费，毫无疑问，主要都要由农民来负担；战后，又把大量的赔款转嫁到农民身上。于是，沉重的负担，就把农民向穷困、破产以及离开土地的道路驱送。

其次，由于外国资本主义的侵入，促进了中国城乡商品经济的发展，"货币"具有了重要的意义，农民遭到更多样的剥削。外国工业品和鸦片的输入，刺激了地主阶级的贪欲，他们要获取和贮藏货币以备购买工业品、鸦片不时之需的心炽烈起来，或者多索农民的剩余产品去换更多的货币，或者直接向农民以货币地租的形式进行剥削，二者都便于地主到市场去购买需用品和奢侈品而使它的经济卷入商品经济之中。农民的生活，在战前能维持最低标准的已不很多，章谦在《备荒通论》一文中曾根据农民的生产必需支出、缴纳地租、春耕时的高利借债、秋收时的贱价卖谷等项目折算后，得出了一个结论，即农民"得以暖不号寒，丰不啼饥而可以卒岁者，十室之中无二三焉"[②]。战后，情形尤为严重。一方面，农民要忍受由于货币地租流行所加以的痛苦，如"地丁"是清政府税收中主要的一项，它的征收数在战后是年有增加，据王庆云《石渠余纪》记载，道光二十一年至二十九年间几个年份全国的地丁征数如下：[③]

道光二十一年（1841年）　29431765两

二十二年（1842年）　29575722两

二十五年（1845年）　30213800两

二十九年（1849年）　32813340两

这是需要用货币来缴纳的，同时官吏在征收税收时所额外勒索的"帮费"也用货币，这就是当时所谓"帮费必须折银，地丁必须纳银"[④]的实际情况，再加

① 《道光朝筹办夷务始末》卷四五，页17。

② 贺长龄：《皇朝经世文编》卷三九，户政。

③ 王庆云：《石渠余纪》卷三。

④ 曾国藩：备陈民间疾苦疏（咸丰元年十二月十三日），《曾文正公奏稿》卷一。

以“田主征租只取折价”[①]情形的普遍，于是农民需要有更多的货币来应付。然而农民“力田所得者米也”，于是便要“持米以售钱”。当农民挑米上市求售之际偏又遇到由于资本主义侵略和封建主义剥削所造成的“银贵钱贱”的不幸，于是出现了“米价苦贱”、“银价苦昂”的两种极端[②]。从这里可以看到终年劳苦的农民将肩负更多的产品（主要是农产品），拖着沉重无力的步伐到市场求售，去接受另一种剥削的悲惨图画。另一方面，农民由于剥削阶级货币贪欲的增长和外国资本主义的搜刮原料，促使其农产品的日益商品化，而至于受商业资本的控制与剥削。战后，农产品与商业资本关系即日见其密切，如福建的农民，已在种植其他作物而外，还生产某种数量的蔗糖，到春天，农民“把糖运到最近的一个海口去卖给商人，商人则在东南季候风的季节，把糖运到天津或其他北部港口去，至于他欠农民的糖价，一部分用现金支付，一部分则用带来的北方的棉花来归还”[③]。王韬在《瀛壖杂志》中记载上海附近木棉贩运的情形说：“沪人生计在木棉，贩输运及数省，且至泰西各国矣。在沪业农者罕见种稻，自散种以及成布，男播女织，其辛勤倍于禾稼而利亦赢。”又说：“粤则从汕头，闽则从台湾运糖至沪，所售动以数百万金，于沪则收买木棉载回。”[④]葛元煦的《沪游杂记》中说：“松沪土产以棉花为大宗……交冬棉花尤盛，行栈收买，堆积如山”[⑤]。内地情形亦然，道光二十二年，左宗棠在《上贺蔗农先生书》中说到湖南安化的情形是：“安化土货之通商者，棕、桐、梅、竹而外，惟茶叶行销最巨，每年所入将及百万，一旦江湖道梗，则山西行商裹足不前，此间顿失岁计，有地之家不能交易以为生，待雇之人不能通工以觅食，今年崇阳小警，行商到此稍迟而此间已望之如岁矣，苟其一岁不来此，十数万人者能忍饥以待乎？”[⑥]湖北的棉花原来只行销本省和川滇等省，自开埠以后，由于“洋商争购”[⑦]，也扩大了销路。这些资料，一方面固然说明当时农产品商品化的发展情况，然而也包含着农民血泪的痛苦，商品更多送上市场，必不可免发生竞争，农民既担心滞

① 王韬：《瀛壖杂志》，《小方壶斋舆地丛钞》第九帙。

② 曾国藩：备陈民间疾苦疏（咸丰元年十二月十三日），《曾文正公奏稿》卷一。

③ 1852年3月密切尔报告书，见严中平：《英国资产阶级纺织利益集团与两次鸦片战争史料》，《鸦片战争史论文专集》页72。

④ 王韬：《瀛壖杂志》，《小方壶斋舆地丛钞》第九帙。

⑤ 葛元煦：《沪游杂记》，《小方壶斋舆地丛钞》第九帙。

⑥ 左宗棠：《上贺蔗农先生书》（道光壬寅1842年），《左文襄公书牍》卷一，页25。

⑦ 《湖北通志》卷二四，物产三。

销，只能无可奈何地忍受商业资本的剥削，于是除了少数生产条件好的渐渐成为农村中的富裕者——富农外，大多数却日渐贫困而破产。

最后，必须指出，在上述的二种剥削以外，农民还要遭受种种浮勒，各地方利用种种名目来加重剥削，如江苏就利用“催科之术”，“以帮费为名，捐款为词，假手书役，任意浮收，甚至每米一石，收米至三石内外，折钱至十千上下，每银一两，收钱至四五千文。……”①浙江又有“截串之法”，所谓“截串之法”，即“上忙而预征下忙之税，今年而预截明年之串”②。但是，这种浮勒，往往只是对待一般农民。绅富不仅不受影响，还可从中取利，如江苏“向来完漕，绅富谓之大户，庶民谓之小户，以大户之短交，取偿于小户，因而刁劣绅衿，挟制官吏，索取白规，大户包揽小户，小户附托大户，又有包户之名，以致畸轻畸重，众怨沸腾”③。农民已经被逼到无法负担的境地，但是如果不接受这种剥削，就要遭到官吏的迫害，道光二十三年耆英叙述江苏勒追的情形说：“设有不遵浮勒之人，书役则以惩一儆百为词，怂恿本官，或指为包揽，或指为桠交，甚或捏造事端，勾串棍徒，凭空讦告，将不遵浮勒之人，横加摧辱。”④咸丰元年曾国藩叙述了更多的一些地方的情形说：“州县竭全力以催科犹恐不给，往往委员佐之，吏役四出，昼夜追比，鞭朴满堂，血肉狼藉。”⑤重税、严刑和额外勒索的结果，浮勒可能满足，正税往往积欠。咸丰初年，任户部侍郎的王庆云在其《石渠余纪》中记载道光二十一、二十二、二十五、二十九各年各省地丁实征数都不足额征数⑥。道光二十八年上谕中也指出自道光二十年至二十八年积欠地丁的正征缓征银已达“二千三百九十万余两”⑦。而更重要的结果是大多数农民被迫丢弃土地而“游离”出去，像苏松一带，素称富庶，但也“竟有以所得不敷完纳钱漕，弃田不雇者”⑧。另一些农民则饮鸩止渴地套上了高利贷铁桶。这种高利贷剥削非常残酷，当时的诗人金和曾以诗描写过南京附近的高利贷剥削情形说：“今日与汝钱十千，明日与我三百钱，三百复三百，如此五十日，累累

① 道光二十三年耆英折，《史料旬刊》第35期，地页291—293。
② 曾国藩：备陈民间疾苦疏（咸丰元年十二月十八日），《曾文正公奏稿》卷一。
③ 道光二十六年八月丙寅上谕，《东华续录》道光五四。
④ 道光二十三年耆英折，《史料旬刊》第35期，地页291—293。
⑤ 曾国藩：备陈民间疾苦疏（咸丰元年十二月十八日），《曾文正公奏稿》卷一。
⑥ 王庆云：《石渠余纪》卷三。
⑦ 道光二十八年十月丙辰谕，《东华续录》道光五八。
⑧ 道光二十三年耆英折，《史料旬刊》第35期，地页291—293。

十五千”，如到期无力偿还，债主就“重者告官府，轻亦毁门户”，于是“借者叩头声隆隆，非我负公我实穷”，于是债主大乐，同意续借，并称“汝宜感我我非虐”[①]。其结局终于迫使债户丧失了他的主要生产资料——土地。总之，更多的农民从土地上离去了。

在上述的重重压榨之下，再加上十九世纪四五十年代，国内普遍发生灾荒[②]，于是成批成批的农民被剥夺了土地。这些被剥夺了土地的农民正如马克思所说那样，成为“像鸟一样无拘无束的无产者”[③]。他们或则涌进城镇去讨生活，如福建的延、建、邵三府，本不是什么大都市，但在道光二十八年也出现了“外乡游民麇集，佣趁工作”的事实[④]；或则参加了反抗的行列去求生路，十九世纪四五十年代普遍发生的抗粮斗争就是在一定程度上反映了这个问题。农民的大批离乡，说明了农民与土地的日渐分离，为土地兼并提供了可能，而当时商品经济的某些发展和货币地租的流行，又增加了土地所有者兼并土地的能力，这样就又进一步地促进了土地的集中。这种土地集中的状况，可从两方面得到反映：一种是由于农民在各种剥削和压迫下，陷于破产，纷纷出卖土地，形成地价低廉。道光末年，广西永淳县每年可收租一斗之田，仅值银八钱至一两三钱，地价低廉反映了集中速度之快[⑤]；另一种是出现大土地所有者，例如广西贵县、桂平、平南等地，均有霸占大量土地的大地主[⑥]。大地主的出现反映了集中程度之严重。这就促使农民与地主阶级的阶级矛盾日益激化，成为战后主要的矛盾形势——农民阶级的斗争锋芒主要指向封建地主阶级。

地主阶级非常注意农民阶级斗争锋芒的指向。作为地主阶级政权的清政府采

---

① 金和：《来云阁诗稿》卷一，《近代史资料》1955年第3期，页145。

② 十九世纪四五十年代，国内遇到了极大的灾荒，灾区波及面甚广，灾情都相当严重，灾荒类别也很多。根据《东华续录》道光二十一年至二十九年的记载，几乎每年都有灾情，灾区几遍全国，种类包括有水、旱、雹、蝗、风、疫、地震、歉收等。其中大灾荒如道光二十七年河南在两次水灾后又遇到旱灾。在上谕中曾反映了灾情的严重情况，所谓“当此苦旱异常，小民颠沛情形，不忍设想”，“该省（河南省）亢旱异常，报灾几及全省”，“河南被灾甚广，亿万赤子，嗷嗷待哺”。二十九年浙江、安徽、湖北等省的大水灾，也是“灾区宽广”，“灾民荡析离居”（参见《东华续录》道光朝）。

③ 马克思：《资本论》第一卷，页928。

④ 道光二十八年五月甲戌上谕引徐继畬奏，《东华续录》道光五七。

⑤ 《永淳县志·永淳治乱纪要》（钞本），转引自梁任葆：《金田起义前广西的土地问题》，见《历史教学》1956年第7期。

⑥ 广西太平天国文史调查团：《太平天国起义调查报告》，页12。

取了严厉镇压的方针，据《东华续录》的记载，几乎连年都有拿“匪”的上谕，并指使地主阶级组织武装与农民为敌。地主阶级组织力量的办法也比过去毒辣得多了，从广西桂平地主阶级制订的一份《安良约》内容看，比过去的保甲制更厉害。《安良约》的序言中反对过去的保甲制，认为：“保甲一法，合一乡之富贵、贫贱、智愚、贤否而一以例之者也。其间品流错出，识见迥殊，骤合之而使之联，是犹驱鸡鹜与鸾鹤同群，编虎狼与犬羊为伍，其不相习而互相猜也，彰彰明矣！”因此，他们主张“必先择其人之相类者，使为之会约，以坚其心”，使“才智之士，殷实之家（都是地主阶级分子），相与联络以为之倡率”。这样做“则愚懦之辈，有所依附而相引来矣；凶顽之徒，有所震慑而不敢逞矣。由是以富恤贫，贫者咸乐为富者助；以善改恶，恶者不能为善者仇”。由此可知，《安良约》的中心思想是要建立单纯的地主阶级核心力量，以之驾驭保甲制度，控制和驱使农民为地主阶级效劳[①]。有一部分掌权的地主阶级则公开他的凶残面貌，如湖南地主阶级代表曾国藩一方面杀气腾腾组织地主武装来镇压农民反抗，一方面连续通过信函批牍鼓动地主阶级杀人，他说：“匪类解到，重则立决，轻则毙之杖下，又轻则鞭之千百，敝处所为，止此三科”，“吾身得武健严酷之名，或有损于阴骘慈祥之说，亦不敢辞”[②]。另一些地主阶级则担心自己的阶级前途，忧心忡忡，如广西地主阶级代表龙启瑞曾担心广西的局势说：“窃念粤西近日势情，如人满身疮毒，脓血所至，随即溃烂，非得良药重剂，内扶元气，外拔毒根，则因循敷衍，断难痊愈，终必有溃败不可收拾之一日。”[③]湖南地主阶级的另一个代表人物左宗棠于道光二十二、二十四年两次给贺蔗农的信中都谈到湖南和浙江局势的阢陧不安，感到了“一旦蠢动，祸在门庭”的危机[④]。地主阶级的这些行动和言论，显示出阶级斗争的异常尖锐化了。

总之，战后中国社会的阶级结构中闯进来一个压迫者——外国侵略势力。但是，阶级矛盾的形成和作为主要矛盾形势是要有一定的过程和条件的。战后的外国侵略势力所到之处仅限五口，并且是需通过清政府以实现其侵略目的的。因之，它的侵入起了使原有的封建性矛盾激化的作用。马克思在《列强与太平革

① 黄体正：《安良约碑纪》，《太平天国起义调查报告》，页99。

② 曾国藩：《与徐玉山太守》，《曾国藩书札》卷一，页39；《复欧阳晓岑》，《曾国藩书札》卷二，页2。

③ 龙启瑞：《上某公书》，《经德堂文集》卷六，页6。

④ 《左文襄公书牍》卷一，页24—25、32。

命》中论述了这一后果说："稳固的中国遇到了社会危机。赋税不复源源而来，国家濒于破产，大批农民变为赤贫。起义、大批杀戮皇帝的官吏和佛爷的和尚之举也开始了。"[①]这一论断指明了战后中国社会的阶级关系是以农民与地主阶级的矛盾为最主要的形式。

四

从上面三节的叙述中，可以看出：

（1）战争以后，由于外国资本主义的侵入，进一步地破坏了中国自给自足的自然经济基础，这种情形固然给中国资本主义生产的发展造成了某些客观的条件和可能。然而，这种新的经济，却由于外国资本主义的摧残和本国封建主义的束缚而发展极其缓慢，势力极其薄弱。不过，社会经济终究是发生了变化。

（2）随着社会经济的变化，阶级结构和阶级关系也复杂起来，旧有的农民阶级和地主阶级间的关系日益恶化；城市平民的数量由于外国资本主义侵入的破坏作用和封建剥削的加重而大为增加；无产阶级开始在外国企业中产生；买办商人在口岸出现；统治集团内部也由于战争危机的刺激而分化为抵抗派和投降派；并且外国资本主义势力也成为中国的新的压迫者。这些阶级和阶层分别组成二种势力：一种是以农民阶级、城市平民、无产阶级等组成为人民大众的新势力；另一种是外国资本主义势力、封建地主阶级和买办商人所组成的旧势力。它们是中国近代历史整个过程中对立斗争的两种根本不同的势力。那些由统治集团中分化出来的抵抗派，在民族危机的时候，倾向于人民大众，主张抵抗，在一定程度上相信和依靠"民力"。然而他们又直接参与镇压人民革命，站在旧势力的一边，它们成为前二种势力以外的一种中间势力。

社会经济和阶级关系的变化，在思想意识上也得到了反映。三种势力，不仅对战争有着不同的反响，同时也都较为鲜明地表露出各自不同的思想体系。

战后，中国人民大众和外国资本主义及本国封建主义的关系出现了一种新形势，即官（封建主义）、民（人民大众）、夷（外国资本主义）之间的新形势。据当时的记载，这种新形势是："民犯夷则惟恐纵民以怒夷，夷犯民则又将报

① 《马克思恩格斯论中国》，页212—213。

民以媚夷，地方官员，知有夷不知有民”[1]。对于侵略者的态度是“官则驭之以术，民则直行其意”[2]。从这里反映出封建统治阶级和人民大众对待外国资本主义侵略者的不同思想和不同态度。

中国人民大众具有一种抵抗外国侵略、反对封建统治者卖国投降的思想。这种思想在1841年广东省人民自发地进行第一次反侵略斗争中就开始表露出来，他们在所发之《广东义民斥告英夷说帖》中，斥责外国侵略者用“鸦片害我百姓，骗我银钱”的罪恶；揭露外国侵略者“所用火箭等物，全不中用”，以反击侵略者“自谓船炮无敌”的威胁；认定只要“我们万民约齐数百乡村，同时奋勇”，只要“数百万之众，志切同仇”，那么依然可以“不用官兵，不用国币，自己出力”[3]以打败侵略者。在这种思想指导下所进行的斗争，不仅使外国侵略者不敢报复，而且也教育人民群众“深知英夷之不足畏”[4]。在说帖中把抵抗侵略的官吏如林则徐称做“林公”、“林大人”，把投降卖国的琦善指做“贪相”。从另外的记载中又看到，为义律解围的广州知府余保纯就被认作是“通洋卖国之尤”，终而由于“粤中清议，尤集矢于太守”而被迫去职[5]。战后，这种思想仍然指导人民群众继续在“社学”领导下进行各种斗争，如1842年的烧夷楼事件[6]，1845年的逐知府斗争[7]，以及1849年声势浩大的反进城斗争[8]等。这些斗

① 《刘玉坡中丞致伊耆牛大人书稿》，《鸦片战争》（中国近代史资料丛刊）Ⅳ，页361。

② 道光二十六年五月戊午两广总督耆英等奏，《道光朝筹办夷务始末》卷七五，页37。

③ 《道光朝筹办夷务始末》卷三一，页19。

④ 道光二十六年二月己亥掌湖广道监察御史曹履泰奏，《道光朝筹办夷务始末》卷七五，页14。

⑤ 夏燮：《中西纪事》卷六，页9。

⑥ 参阅道光二十二年十二月丙戌祁顷等奏，《道光朝筹办夷务始末》卷六四；道光二十三年六月十二祁顷等奏审明民人焚毁夷楼案由，《鸦片战争》（中国近代史资料丛刊）Ⅳ，页193；梁廷枏：《夷氛闻记》卷五。

⑦ 参阅道光二十六年二月丁亥耆英等奏，《道光朝筹办夷务始末》卷七五；梁廷枏：《夷氛闻记》卷五。

⑧ 参阅道光二十九年三月庚寅徐广缙奏，《道光朝筹办夷务始末》卷七九；怡云轩主人：《平夷录》，《鸦片战争》（中国近代史资料丛刊）Ⅳ，页410；梁廷枏：《夷氛闻记》卷五。

争都是人民群众愤于侵略者淫虐和无理要求而发生的[①]，其锋芒主要是指向外国侵略者，但是当地方官吏“但知庇夷而不知爱民”时[②]，那么反抗斗争的锋芒同时扫及这些卖国投降的地方官吏，这样，便使当时的斗争具有了反侵略反封建的性质。

人民群众在斗争中保持一种严明的纪律，如在烧夷楼斗争中，虽然满地都是洋货，但是“尽为百姓堆掷地上，无丝毫夺归己者”，在逐知府斗争中也是“虽贵玩丝毫不取”[③]。他们在斗争中发挥了很大的威力，由于反进城斗争中所表现的浩大的声势，遂使“诸夷结舌不能语。戒馆役黑夷，未黄昏即自闭前后户，市肆暂停交易”，最后还迫使英使文翰不得不送“请自后停止入城议之文”[④]而获胜。由于有这种思想指导的这种斗争，中国才没有灭亡。然而，必须指出，从这些斗争中也反映出，当时人民大众的思想水平还没有达到这样的程度，即认清清政府与地方官吏不可分的关系和他们卖国投降的一致性，因而，他们把反侵略斗争的原因之一说成是“受天朝二百年豢养之恩”[⑤]，而反知府斗争的理由之一也是由于“彼将事夷，不复为大清官宦”[⑥]。但是，人民大众的反对清政府官吏卖国投降的思想却给后人一种启示，那就是中国近代革命必须同时担负反侵略反封建的双重任务。除了侵略者所到地区的这些斗争外，在全国范围内，尚有极广泛的以反抗粮捐为主的斗争存在。这种斗争虽然面对封建官吏，但从其参加者和发生斗争的原因看来，不容否认，它由于鸦片战争的影响而赋有了新的内容。参加这些斗争的有很多是流民无产者，其中大部分与会党有关，咸丰初年广西一个地方官吏严正基在《论粤西贼情兵事始末》一文中说：“自英夷滋事以来，粤东水陆撤勇逸盗，或潜入梧浔江面行劫，或迭出南太边境掳掠。勾结本省土匪及各省游匪，行横陆水，势渐鸱张。至道光二十七八年间，楚匪之雷再浩、李元发，两次阑入粤境，土匪陈亚溃等相继滋事，小之开角打单，大之攻城劫狱，寖成燎原

---

① 道光二十二年十二月丙戌两广总督祁𡊮等奏称：“……夷人词气傲慢，省城十三洋行，原住夷人，各水手亦每每欺侮平民，或乘醉抢取货物，或凌辱过路妇女，均经地方官当时弹压，尚未激成事端，而市民蓄怒已深，争欲得而甘心。”（《道光朝筹办夷务始末》卷六四，页20）

② 史澄：《光绪广州府志》，《鸦片战争》（中国近代史资料丛刊）Ⅳ，页334。

③ 梁廷枏：《夷氛闻记》卷五。

④ 梁廷枏：《夷氛闻记》卷五。

⑤ 《广东义民斥告英夷说帖》，《道光朝筹办夷务始末》卷三一。

⑥ 夏燮：《中西纪事》卷十三，页2。

之势……”[①]

文中所说“水陆撤勇逸盗”、“土匪”、“游匪”，正是在“嘆夷滋事以来”所形成的一些江湖流浪者，他们毫无疑问是属于流民无产者，他们大部分受到外国资本主义势力侵入的直接危害，他们所反对的大部分又是由于战后通过封建统治者所加上来的严重剥削——加粮加捐，同时清政府在对外战争中的庸懦腐朽又增强了反抗者的信心，这对广东人民反侵略反封建斗争的力量不能不有所影响，因而也就不能只把这个斗争视为纯粹的农民反抗，而是反映上述那种思想的一种反抗。这些反抗者，在太平天国起义后，太平军经过他们所在地区时（如广西、湖南），绝大部分参加进去，使太平军势如破竹地胜利进军，担负起反侵略反封建的双重任务。中国人民大众的这种抵抗侵略反对卖国投降的思想，在太平天国革命、义和团反帝运动、辛亥革命各历史时期里，逐步得到丰富充实，成为中国近代历史上人民革命的思想路线。

封建统治阶级中的投降派在战争过程中，在卖国投降的思想支配下，不仅打击抵抗派，更压制人民大众的反抗，直接破坏人民大众的反侵略斗争，甚至故意歪曲和贬低这种斗争的作用。例如当三元里斗争正进行时，清靖逆将军奕山“先使县令往咨询，复着府官为弹压，示以已成和议，无得妄杀夷人”[②]。他在报告中又诬蔑这种斗争是“汉奸土匪在南海县属之三元里等村乘势抢劫”，而把斗争功绩掠称是他所派遣的“义勇绅士”所为[③]。另一个投降派耆英对于三元里斗争也深致怀疑说：“必因三元里一战遽信为夷不足畏，民足御夷，究亦未可深恃”[④]。他又竭力申述“彼兵在船安生，施放炮火，直有不可响迩之势”和“我兵……大炮均已无存，兵械亦复不整”的卖国投降思想，以论证必须向英投降，并且担心如不投降，会“有一二不轨之徒，别萌逆谋，则攻剿更属不易”[⑤]。投降派更认为“粤患未已不在外，而在内也”[⑥]。因而对于战后广东人民的抗英斗争抱着敌对态度。当人民群众在烧夷楼斗争中包围夷馆时，他们“即饬地方文武前往稽查弹压”；在夷楼起火时，“又即亲往督率文武官调集水龙救护”；次

① 葛士濬辑：《皇朝经世文续编》卷八一，兵政二十。

② 《军务记》，《鸦片战争》（中国近代史资料丛刊）Ⅳ，页38。

③ 道光二十一年五月癸亥靖逆将军奕山等奏，《道光朝筹办夷务始末》卷二九，页23。

④ 道光二十六年五月戊午两广总督耆英等奏，《道光朝筹办夷务始末》卷七五，页37。

⑤ 道光二十二年六月己丑耆英等又奏，《道光朝筹办夷务始末》卷五四，页36—37。

⑥ 黄恩彤：《抚远纪略》。

日天明，又令“兵弁放枪，吓击围拿”，诬称人民是“匪犯”，“乘火抢取银物”。[①]耆英更公然奏称：“近年以来，不惟滋扰府署与官为仇者，社学之人，不与其事，即焚毁公司馆与夷构衅者，亦并无社学之人。”[②]诬称烧夷楼事件“皆系无赖游棍及俗名烂崽等辈所为”[③]。这种卖国投降思想，一直由曾国藩、李鸿章、盛宣怀、袁世凯等买办军阀官僚继承下来，形成中国近代历史上反动的思想路线。

封建统治阶级中还有一部分抵抗派。抵抗派以林则徐、魏源等人为代表。他们在战前的思想与行动已具有一种不同于顽固守旧的开明思想，具有某些维新因素和进步倾向。后来，战争的失败，刺激了他们；人民的抵抗活动，又促进了他们的思想。因此他们就发展了主张和同情抵抗的思想，具有一种同情抵抗，在一定程度上相信民力和探求新知的思想内容，并对于外国侵略者有一定的认识，有的还提出对政治、经济进行有限度改革的建议。林则徐开始认为外国侵略者是“紧一分则就绪一分，松一步则越畔一步”[④]。不久又进一步认识到“夷性无厌，得一步又进一步，若使威不能克，即恐患无已时，且他国效尤，更不可不虑”[⑤]。从这种认识出发，他主张必须抵抗，因而进行了种种设防[⑥]。为符合实际，还派专人刺探西事，翻译西书西报，开启了探求西方资本主义世界知识的风气。他在抵抗侵略过程中，总结了抵抗侵略者的要诀是“器良技熟，胆壮心齐”[⑦]，他曾经向清政府要求“制炮必求极利，遣船必求极坚”。他主张动用关税来制造武器，却因此遭到朝廷“一片胡言”[⑧]的训斥。林则徐思想中最为可贵的一点，是他在反对侵略的过程中逐渐在一定程度上能依靠民力，相信“号召民间丁壮，已足制其命而有余”[⑨]。不过，林则徐终究还是封建政权中的一个大官

---

① 道光二十二年十二月丙戌两广总督祁𡊮等奏，《道光朝筹办夷务始末》卷六四，页20—22。

② 道光二十六年二月丁亥耆英奏，《道光朝筹办夷务始末》卷七五，页37。

③ 道光二十三年六月甲申耆英奏，《道光朝筹办夷务始末》卷六六，页41。

④ 道光十九年十月甲申林则徐等奏，《道光朝筹办夷务始末》卷八，页27。

⑤ 道光二十年九月丙辰林则徐又奏，《道光朝筹办夷务始末》卷十六，页21。

⑥ 魏源：《圣武记》卷十《道光洋艘征抚记》上，申报馆本。

⑦ 林少穆制府遣戍伊犁行次兰州致姚春木王冬寿书，《鸦片战争》（中国近代史资料丛刊）Ⅱ，页569。

⑧ 道光二十年九月丙辰林则徐又奏，《道光朝筹办夷务始末》卷十六，页21。

⑨ 《林文忠公政书》使粤奏稿卷一附呈谕夷原稿并夷禀二件。

僚，他不可能与封建统治阶级完全脱辐，因而也就不能坚决地反对投降派，以致使自己的反抗侵略计划遭到失败。然而，他对于抵抗侵略总还是不忘于怀，在获谴被戍途次曾致书友人称："逆焰已若燎原，身虽放逸，安能委诸不闻不见？……"[①]又如魏源在鸦片战争失败的刺激和林则徐的影响下进一步发展了自己原有的有维新倾向的思想，他主张正式向西方学习，实行开矿、铸币、造船、练兵等事，反对清政府禁止开矿的政策，认为开矿有利无害，"将见银之出不可思议，税之人不可胜用，沛乎如泉源，浩乎如江河"，"有矿之地，不惟利足以实边储，且力足以捍外侮"[②]。可见他学习西方的目的之一，是为抵抗外国侵略。魏源又鉴于当时与外国侵略者势力不相敌，因而主张采用"以守为战"的战略，其具体办法有二："一曰守外洋不如守海口，守海口不如守内河；二曰调客兵不如练土兵，调水师不如练水勇"[③]。这种主张一方面可以弥补当时中国没有坚船利炮的缺憾，一方面又在一定程度上反映了他的要求组织民力进行抵抗的思想。他感到要抵抗外国侵略，必须先自求富强，因此提出"以治内为治外论"以求强，主张整顿中国武备，特别是沿海的国防，并建议学习外国技术，使"西洋之长技尽成中国之长技"，因为只有这样，才"虽有狡敌，其敢逞？虽有鸦片，其敢至？虽有谗慝之口，其敢施？"[④]他又主张在造船局、火药局中，除生产武器外，还可以用机器生产一些"有益于民用"的产品，并且反驳了地主阶级顽固派认为机器是"奇巧淫技"、"形器之末"的看法[⑤]；同时又主张增加银和粮的收入[⑥]，以达到求富的目的。1842年，他在缅怀清朝统治者镇压人民起义的"武功"和有感于外国侵略者的"海警沓至"的心情之下而作《圣武记》十四卷，写作的目的是使中国"物耻足以振之，国耻足以兴之"[⑦]。遭受外侮而要求振兴，这是反抗侵略的进步思想，但其憧憬的却系过去统治者镇压人民起义"武功"的盛世，又是维护封建政权的落后思想。在《圣武记》中，他写下了一卷《道光洋艘征抚记》，较为翔实地记载了当时中国反抗英国侵略的鸦片战争的全部经过。

---

① 林少穆制府遣戍伊犁行次兰州致姚春木王冬寿书，《鸦片战争》（中国近代史资料丛刊）Ⅱ，页569。

② 魏源：《圣武记》卷十四。

③ 魏源：《海国图志》卷一。

④ 魏源：《圣武记》卷十。

⑤ 魏源：《海国图志》卷二。

⑥ 魏源：《圣武记》卷十四。

⑦ 魏源：《圣武记》序。

在《军储篇》中又提出自己的思想见解。1846年，他又根据林则徐和他自己所搜集的有关资本主义世界知识的材料写成了《海国图志》六十卷，此书之所以作，据魏源自己说是："为以夷攻夷而作，为以夷款夷而作，为师夷长技以制夷而作"[①]。书中较系统地介绍了外国历史和地理的知识，对于资本主义世界也有一定之了解，即如描述英国是一个"四海之内，其帆樯无所不到，凡有土有人之处，无不睥睨相度，思朘削其精华"[②]的国家，完全道出了这个资本主义国家在世界各地寻求殖民地，进行侵略的本质。他在书中提出了抵抗侵略的计划和许多改革主张。魏源这种抵抗侵略，探求新知的思想，在谋求国家独立富强，鼓吹新的生产力和力图改良旧制度这些问题上是有进步意义的，不过这是一方面；魏源的思想尚有另一方面，他抵抗侵略的目的是使这个封建国家恢复过去的声威，能够成为"一喜四海春"、"一怒四海秋"，"四夷来王"[③]的天朝上国，他主张组织民力的企图是使"沿海少无数之械斗，中原收无数之枭匪……以毒攻毒，毒去而药力亦销"[④]，是企图通过抵抗外国侵略来消灭人民大众的反抗力量。后来，他甚至亲自参与镇压太平天国革命，1853年在他任江苏高邮州知州时，曾"首创团练，视督巡防，设长以稽来往，守隘以遏窜突，添驿以通声气，侦探以窥敌情，重赏以作士气，峻刑以靖内奸，旬日之间，诸务毕集"[⑤]。这种两重性就使他的反侵略计划和改良主张不可能实现。以林、魏等人为主的这种抵抗侵略和探求新知的思想，在六十年代以后由一些具有资本主义思想倾向的思想家如冯桂芬、郑观应、陈炽等继承下来；康有为、梁启超等的维新变法运动也接受了这种思想影响，形成了中国近代史上改良主义思想路线。

这三种不同的思想路线是在鸦片战争后，随着中国社会经济和阶级关系的变化，而在思想意识上反映出来的三种不同反响。

原载于《南开大学学报》（哲学社会科学版）1956年第1期

【附记】本文发表于1956年6月。11月间，收到东北师大赵矢元先生对拙作

① 魏源：《海国图志》序。
② 魏源：《海国图志》卷五二。
③ 魏源：《圣武记》序。
④ 魏源：《海国图志》卷一。
⑤ 魏耆：《邵阳魏府君事略》，《鸦片战争》（中国近代史资料丛刊）Ⅵ，页436。

的意见，当时适因胃溃疡住院治疗，未能及时复文。直至1957年始在学报上作了一个简略的答复。赵先生的意见主要是就两个问题进行商榷：一个是关于社学领导的斗争的性质问题；另一个是战后三条思想路线所涉及的某些问题。我除接受了能理解到的部分外，在复文中还对一些问题作了说明。本文在收入《鸦片战争史论文专集》时曾作了一些必要的修改，特缀数言，以志赵先生帮助之情。我和赵先生的往返商榷文稿两篇发表在《南开大学学报》1957年第1期上。

原载于《中国近代史述丛》　来新夏著　齐鲁书社1983年版

对于《〈第一次鸦片战争对中国社会的影响〉中的两个重要问题》一文的答复

——敬复赵矢元先生

1956年6月，我在南开大学学报上发表了《第一次鸦片战争对中国社会的影响》一文，希望借此获得同志们的帮助。发表后不久，南大学报编辑部即在11月间收到东北师大赵矢元先生的来函和稿件。但当稿子转到我手时，我适因病住院，未能及时作复，直到最近1957年南大学报准备出版时，方使我有机会来奉答赵先生的意见。

赵先生在来稿中提出两个重要问题来商榷，对我颇有教益，使我对许多问题又重新思考，这里谨把我自己的一点理解向赵先生求教。

赵先生所提的第一个问题，是关于社学领导的斗争的性质问题。赵先生认为“升平社学斗争是反侵略反投降斗争，它本身并无反封建性质”这一点，我与赵先生没有什么大的分歧。我在文中虽然是一种概括的叙述，但并没有笼统地把社学斗争都说成是“反封建性质”。我认为社学斗争，“其锋芒主要是指向外国侵略者”，只有在地方官吏“但知庇夷而不知爱民”，人们把“斗争锋芒同时扫及这些卖国投降的地方官吏”时，才使斗争具有反侵略反封建的性质。我完全同意赵先生所说的“反抗斗争的性质除受所处历史条件影响外，主要是由斗争内容所决定”的原则，因此我没有把社学的全部斗争一概而论，而是说在上述那种条件下，才在性质上有了新的内容。这一点可能是赵先生对我原文的误解，也可能是由于我词意不清所造成的错觉。

赵先生是从四个方面来论证社学斗争的性质的。

首先，赵先生从社学的各阶层及领导成分来分析，论断“由于地主士绅参加社学以及士绅在社学中起领导作用，就限定了它的反侵略斗争并不触及反封建的内容。”我觉得赵先生在这里过分强调了士绅在反侵略斗争中的领导作用。士绅的参加社学和居于领导地位是事实，但是真正推动斗争的主力则系以农民为主包括手工业者、工匠、中小商人等的人民大众。农民群众在反侵略斗争中一直发挥着主导作用。道光二十四年护理两广总督程矞采的奏折中说：“其（社学）壮勇也皆土著百姓。”（《鸦片战争》［中国近代史资料丛刊］Ⅳ页200）又创建西湖社学碑记中也称社学群众“无事则负耒力田，闻警则操戈以御侮。”（《近代史资料》1956年第2期页83）至于士绅之参加反侵略斗争是因要保护个人田园室庐而与农民联合在一起；但是，他们在钱江、何大庚揭帖事件后，就“无敢复言夷事”了。（梁廷枏，《夷氛闻记》卷五）因此，士绅在反侵略战争中的领导作用是不宜过分高估的。另外，赵先生可能因士绅是封建统治阶级中的一部分而得出了士绅领导的反侵略斗争并不触及反封建内容的逻辑推论。清政府虽然期望士绅们能“钤束”社学的活动，但是事实上并没有限制了群众斗争的范围。社学群众与清政府的地方官吏仍然进行了斗争，据道光二十六年湖广道监察御史曹履泰奏称：当时广东的官民关系形同“冰炭”，而呈“粤民与哄夷为仇雠，即与地方官为仇雠”的形势。（《道光朝筹办夷务始末》卷七五）当时更有不少直接攻击官僚当局的揭帖出现。由此可见，社学群众的活动没有被士绅所限制。至于反对清朝官吏是否有反对封建的性质这一点，容在下面讨论。

其次，赵先生又“从清政府对升平社学的态度看其性质”。赵先生承认清政府对社学有戒心，但是却根据清政府允许社学存在和社学所在地的抢劫案较少而论断：“这至少也说明社学的反侵略斗争并未触及封建秩序。”我认为清政府当时对社学是百般破坏和竭力防范的，它或则攫社学之功（如奕山），或则诬进行反侵略斗争的社学群众是“无赖游棍、烂崽等辈”（如耆英），或则企图通过士绅“钤束”社学（如清廷）。甚至并不放心社学中的士绅和汉族地方大吏，当广东督抚祁𡎴、梁宝常保举社学士绅时，清政府仍命满人伊里布“妥为管束”，必须这些士绅“始终勤奋”，才能再行“会同该督抚等据实奏保”，后来护督程矞采“并于省城公置房屋一所，存贮所捐器械”，他在检阅各处完竣后，“即令首事将器械收贮省城”（《鸦片战争》［中国近代史资料丛刊］Ⅳ页199—200）。这种从中央到地方的防范社学的戒心就反映了社学对清朝封建政权多少是存在着威胁的。至于清廷允许社学存在则不单是“无力解散”和“它又是反侵略组织”，更重要的则是与清政府巩固本身统治的政策有关。徐广缙曾有一段话完全道破了清政府对社学是利用它来缓和“官”、“民”之间矛盾的秘密。（请参阅《道光朝筹办夷务始末》卷七九页43，徐广缙奏）不过，事实并未完全如理想，人民群众在看到“官”、“夷”站在一起时，仍然起来反对他们。赵先生在这里把抢劫案较少与封建秩序联在一起，但在另一处却认为士子罢考和群众逐知府的行动并不对封建秩序有冲击。如果仅用抢劫案较少的孤证来推论社学的斗争没有触及封建秩序，而忽略了那些在社学领导下的具体反对封建官僚的活动，那是颇难于得出历史的真实的。

第三，赵先生还“从升平社学发布的告示，檄文看其性质”。赵先生认为檄文中有“圣天子英明神武”、“我皇帝以天地为心……”等等词句而论断“可见檄文中并无反清反封建内容”。我认为社学群众的这些提法只能理解为当时的群众思想水平的程度而不能据以认定社学群众的某些斗争绝不含有反对清朝统治者的性质。我们绝不能因为李自成在登极诏里说“君非甚暗，孤立而炀蔽恒多，臣尽行私，比党而公忠绝少”，而否定了这个农民战争的反封建的性质。关于这一点，我在拙文中曾特别指明。（请参阅南大学报1956年第1期第84页第13行到第16行）

最后赵先生“从升平社学领导的历次斗争看其性质”。赵先生认为“反对知府刘浔和余保纯不是因为他们是封建统治者而是因为他们‘与英夷同心同意’”。我认为刘浔、余保纯的“与英夷同心同意”正说明封建统治者和外国侵略者的开始结合。群众反对刘浔的爆发点是因有人在大街上“触其前驺”，刘浔“按而扑之”，于是“百姓大哗”，又结合其平日承办通洋事务，认为刘浔“但知庇夷而不知爱民”。结果知府衙门的住房被焚，刘浔逾墙而走，并被撤职，其后果是“识者知粤民之敢于抗法藐官者始于此矣”。（史澄：光绪《广州府志》）“抗法藐官”难道还不算是打击封建政权吗？至于反对余保纯的事件也使余保纯因而去职，很多文章也公开嘲笑他们因卖国投降而得的功名，对于封建政权的爵衔官职等也给予尽情的嘲笑。这在性质上说，不能说没有一点反对封建的政治制度的意味。

赵先生从上面四点论证了升平社学的斗争是无反封建的性质的（我在文内也没有笼统说升平社学的斗争有反封建的性质），但却承认“对于对外妥协的清朝统治者有打击作用”。既然起了打击封建统治者的作用，但却拒绝承认某些正面打击封建官僚的斗争有反对封建的性质，是很难令人信服的。

赵先生在文中非常严格地批评了我，把“反封建”和“反对地方官投降”两个概念混同的错误，认为“容易模糊对反封建的正确理解”。赵先生在文中没有告诉我如何正确理解“反封建”。因此，我想申述一点个人的理解。我觉得“反封建”不能只抽象地指反对封建制度而言，对于封建地主阶级，封建的经济制度、政治制度，封建政权及其方针政策，封建的思想意识和道德礼教，封建政权的官吏等等的反对，如果在性质上看都具有反封建的性质。即以反地方官吏投降而论，我们不能看为反对的只是某一个知府或将军，首先这些官吏是封建地主阶级的政治代表，他们执行封建政权的各种政策，例如当时的对外投降并不是刘浔、余保纯一两个人的主张，而是清朝从道光皇帝起，下至耆英、伊里布、黄恩彤，以至刘浔、余保纯都是贯彻了“抚外”政策的（即投降政策，当然，我们也承认清政府的投降政策有其发展进程的）。因此，反对地方官投降实质上是反对清政府对外政策的一种具体行动。这里，还必须说明，社学斗争乃是一种自发性的斗争，他们不可能自觉地了解自己进行斗争的性质，而是我们根据史实的分析结果。历史上许多次农民起义，都打击了当时的封建统治者，但是封建的经济制度和政治制度往往依然继续下来，但是我们并不能因而否认这些斗争的反封建性质。那么社学群众的某些反封建官僚的正面打击，对封建政权的政策的反对，又为什么不能说有反封建的性质呢？

赵先生在文中提出：“中外反革命结合以后，反对外国侵略者就是反对中国封建统治者的靠山和主人，而反对中国封建统治者就是反对外国侵略者的奴仆和走狗。”这个道理本身并不错，但是，我在文中始终没有说社学领导的反对外国侵略者的斗争就是反对封建的斗争，而是指明在一定条件下增添了新内容。赵先生可能是把一个斗争同时具有两种性质和某一斗争在不同条件下会赋有另一性质内容的两种情况混为一谈。因此，他又提出“革命斗争同时具有反侵略、反封建两种性质……那是在太平天国革命和第二次鸦片战争以后的事情”。换言之，连太平天国革命也不具有反侵略、反封建的性质，这是很难令人接受的；但是，赵先生本人在文中另一处却承认：“到太平天国革命，反封建与反侵略斗争才有一定的结合。”至于第二次鸦片战争后的各种革命斗争，我们也还要看看它究竟斗争锋芒的趋向主要是对谁的问题，而不是用“就是”来模糊斗争的主要趋向，这样，我们才能把近代两个主要矛盾的变换形式解释得通。

赵先生所提的第二个问题是战后三条思想路线问题。其中提到很多问题，为了节省篇幅我想略作如下一些解释和说明。

赵先生说我论到战后人民大众思想变化时，没有提到洪秀全，但是我在文中提到了太平天国革命，我觉得提太平天国比单独突出洪秀全个人更能完整些。

赵先生认为我把从平英团到辛亥革命的发展看作“丰富充实”是简单化了，因为赵先生认为这个过程在革命性质和革命思想的性质上是有变化的。我认为这个发展过程并没有质的变化，因为社会的性质是半殖民地半封建社会，革命的性质是旧民主主义革命，从平英团到辛亥革命只是不同的发展阶段，因而思想性质也就不可能会有质的变化。因之这个发展只能是“丰富”和“充实”的过程。

赵先生对于我把左宗棠、张之洞等列入到投降卖国反动思想路线的代表人物中，表示异议，并批评我“对有些历史人物及他们的思想没经充分研究，不宜过早下结论”。我很诚挚地接受这种批评；同时，我也愿申明，我在文中却非对每一个人作全面论述而只是就他们的主要部分来论述的。我们当专门评论某一历史人物时确应面面俱到，以论定是非，例如当我们为林则徐作评传时，不仅要推崇其禁烟运动中的功绩，同时也应指出他在云南对回民政策上的态度，但就其主要方面而论，还应该承认他是近代史上的抵抗派。因之如左宗棠固然在新疆问题上客观上起了保全作用，但就其一生来说，他从六十年代以后，即和曾、李一起与外国资本主义在共同镇压中国人民的基础上结合起来，他先后勾结法德等资本主义侵略者。他曾与法国合作镇压了太平军，又在英国汇丰银行借款支持下，使用了德国军火进攻陕甘回民起义军，并在法德支持下举办了福州船政局和兰州织呢局。当然，我们应当承认左宗棠的买办化程度不如李鸿章之深，但却不能因其“在反对英国和帝俄侵略新疆，维获中国领土的斗争中有过重要贡献”而抹煞其更重要方面，从而把他划出洋务派。至于张之洞，赵先生认为“虽然在义和团运动时与帝国主义勾结进行分裂主义活动，但在其他几个重要历史阶段，他是抵抗派人物”，并且特别赞扬了张之洞在“中日战争中他是统治阶级抵抗派的重要首领”。这种提法是值得商榷的，我认为抵抗派和统治阶级内部的反对派是有区别的，即如张之洞在中日战争中只能说是一个反对派而不是抵抗派，我们可以举出一二则资料来说明，1895年2月28日张之洞向清廷提出了一项建议说：“……可与英公使外部商之，即向英外部借二三千万，以台湾作保，台湾既以保借款，英必不肯任日人盘踞，必派兵轮保卫，台防可缓……如照此办法，英尚不肯为我保台湾，则更有一策，除借巨款外，并请英在台开矿一二十年，此乃与英国大有益之事，必肯保台湾矣。”（《清季外交·史料》卷一〇七）甚至当英国已采取不友好态度时，张之洞仍然主张“向英、俄、德诸国力恳切商……恳其实力相助，重谢绝不吝惜”。（《清季外交·史料》卷一〇九）这哪能算是抵抗派呢！他们之间只是企图投靠的对象有所不同而已，至于张之洞在洋务运动上则是依靠德国办厂练军，并与盛宣怀的买办势力结合。中日战后，他又主张联俄亲德，戊戌变法前夜又条陈“借联倭以联英”之策。（张之洞电稿卷二九）义和团运动时更执行了英、美、日各国指使的分裂政策。这些事实是应该予以注意的。因之赵先生所指“左宗棠、张之洞等人，简单地打入投降卖国思想路线的代表人物之列是不合适的”的意见，确是很有进一步来研究的必要的。至于我在文中没有把近代历史上那些顽固守旧的封建思想加以论述，确是一个重要的疏漏，是应该在仔细地进行研究以后来补述的。

赵先生在最后指摘我把“抵抗派”概念简单化了。赵先生认为抵抗派中主要的是守旧的顽固派，并举出裕谦、颜伯焘主张抵抗的例子。这一点我还不能理解。拙文中所说的抵抗派确是没有把裕谦、颜伯焘等人算进去。范文澜同志在《中国近代史》一书中曾在论述抵抗派思想特点时说：“另一种人如颜伯焘、裕谦，他们形式上类似抵抗派，实际上是极端顽固的闭关主义者，这种人所能得到的唯一结果就是失败。”（页63，1953年人民出版社）我认为范文澜同志的这个论断是完全符合实际的。所以愿意提出来供赵先生参考。

以上仅仅是我颇为肤浅的体会和理解，愿意提出来奉答赵先生。最后，必须申明，赵先生文中有益的意见，对我很有帮助，我也愿在此表示感谢。

一九五七年十一月于南开大学

原载于《南开大学学报》（哲学社会科学版）1957年第1期·总第4期

略谈“禁烟运动”对英国的影响 *

“禁烟运动”是中国反鸦片斗争的一个重要开端。它对英国和英国资产阶级曾发生巨大影响。

由于鸦片从十九世纪三十年代以来，便是“大不列颠对印度与中国进行国际贸易的手段，用来换取中国的茶叶与蚕丝，并且使这贸易均衡，有利于英国”[①]。因此，当“禁烟运动”开始的消息一传到英国伦敦，就立即引起震动。1840年初的《澳门新闻纸》上曾有如下的记载：

> 近来钦差围困外国人缴烟之事，在7月31日早上（即六月二十一日），已到兰顿之因底阿好司（译者按：即东印度公司）。都内各衙门及贸易与饭店，俱有扰乱。是日在兰顿天色昏暗愁惨，在耕种之部落米价亦昂贵。英国甚苦于缺银，银价即已增长。[②]

怎样会引起这样的影响呢？我主要从以下三方面来谈谈个人的理解：

第一，“禁烟运动”直接阻止了英国利用鸦片作侵略手段的阴谋。一方面在“禁烟运动”中那些缴销的鸦片烟的本钱已在烟雾中化为灰烬，这笔数字据称：“英商损失六万三千二百六十六磅，约合华币一千零十四万元云（系以平均每箱五百元计算）。”[③]另一方面情况是那些已经准备好而尚未运华的鸦片等物将失去从中国“图利”的良机，1840年第一季度，孟买“要到中国鸦片、棉花，存下未去者，共计亏银六百万磅，真是大有害于利益，若再迟延不理，必倒塌许多贸易，

---

* 本文发表时署名周南。

① 《英国蓝皮书》，见《鸦片战争》（中国近代史资料丛刊，中国史学会编，神州国光社1954年版。下同）Ⅱ，页六四五。

② 《澳门新闻纸》，见《鸦片战争》Ⅱ，页四二四。

③ H. B. Morse. *East India Co. Trading in China*，V. Ⅳ，P.275.

地方穷困”[①]。尤其使英国感到威胁的是：鸦片是英印政府的重要收入，是“英吉利属国中最为赀财之薮”[②]。在澳门新闻纸上有一篇题为“论鸦片包揽贸易”的文章，曾详细记载了英印政府可用各种税收名目从鸦片上获取巨利[③]。如今，随着我国“禁烟运动”的展开将断绝他们这种重要的利益来源。因此，不能不发生震动。

第二，“禁烟运动”粉碎了英国政府和资产阶级榨取中国印度资财的那条连环式的锁链。当时的中国是一个农业与家庭手工业相结合的强固的小经济共同体，正如马克思所指出，这个共同体的巨大经济和时间节省，“对于大工业的生产物，提出了极顽强的反抗”[④]。因此，英国工业品处在一种亏本地位，而不得不感叹“销售英国棉制品的时代还没有到来”！[⑤]后来，它把主要产于印度的鸦片大量输华后，即改变了原来那种不利地位，到鸦片战争前夕，英国对华进口货的总值是二千五百万元，其中鸦片占一千三百七十九万四千六百三十元[⑥]。这样使英国在东方的掠夺取得了一箭双雕的便宜。它把棉纱和棉织品输入到印度，其增长速度非常迅速：“在一八一八年到一八三六年这一时期内，从大不列颠输出到印度去的棉纱上升的比例是一比五二〇〇。在一八二四年输入印度的英国细棉布不过一百万码，而在一八三七年就已超过六千四百万码了。”[⑦]这种增长与鸦片有着密切关联，正如马克思所指出：“印度对英国布匹的很大部分的消费都是靠这种鸦片底生产为转移的。”[⑧]印度的鸦片抵偿了棉织品的代价。于是，英国就用鸦片作为攫取中国丝茶等重要产品的手段，并使自己居于对华输出的有利地位，满足其嗜利者的贪欲。这样，英国就把棉织品、鸦片、丝、茶等构成一种连锁关系。通过这样一条锁链以达到其剥削和奴役中、印两国的目的，这是多么巧妙如意的打算啊！如今，“禁烟运动”要禁绝鸦片的输入，这不仅使它们失去掠夺中国的可能，更重要的乃是将破碎那一条体现其在东方的掠夺政策的锁链，这怎能使它们不震惊呢？

---

① 《澳门月报》，见《鸦片战争》Ⅱ，页五三四。

② 《澳门月报》，见《鸦片战争》Ⅱ，页五三一。

③ 《澳门新闻纸》，见《鸦片战争》Ⅱ，页四三九。

④ 《资本论》Ⅲ，页四一三。

⑤ 严中平：《英国资产阶级纺织利益集团与两次鸦片战争史料》，《鸦片战争史论文专集》页二八。

⑥ 严中平：《英国资产阶级纺织利益集团与两次鸦片战争史料》，《鸦片战争史论文专集》页三六。

⑦ 马克思：《不列颠在印度的统治》，《马克思恩格斯文选》第一卷，页三二五。

⑧ 马克思：《中国的和欧洲的革命》，《马克思恩格斯论中国》页四九。

第三，“禁烟运动”引起了英国市场的某些波动。英国以鸦片到中国换取的茶丝等物，是国内十分需要的东西，甚至如茶曾被英国资产阶级称作“联合王国全部人口必需的日用品之一”[①]。因之，当时中国每年输出茶叶约在四五千万斤之间、湖丝也在百余万斤左右[②]，这些货物主要靠鸦片抵补[③]。“禁烟运动”的开展，使它无法用可耻的鸦片作手段来掠夺中国的原料，从而，它的市场便出现了价格的波动，当时的澳门新闻纸曾详细记述伦敦市场上茶叶的涨价情况[④]。茶丝等进口货的涨价还只是英国市场上的一种现象；另一种现象更使英国及其资产阶级感到威胁的是某些必需货物不得不以白银去购买，因而发生“银根吃紧”的情况。如伦敦即发生高利和转贷的紧张局面，所谓：“银铺利钱，亦长至六分。又有向佛兰西银铺借银四百万镑，又另有向花旗银铺借的”[⑤]。这种局面还使纽约也发生从来未有过的吃紧现象。这种市场上的骚动，不能不使那些资产阶级老爷们感到“天色昏暗愁惨”。

总之，“禁烟运动”将使英国政府及其资产阶级以鸦片谋利和侵略的希望破灭。工业品既不能在中国市场销售，有利可图的鸦片又遭到禁绝；但是，巨额利润又在散发诱人的气息，召唤它们去拼命。马克思曾经揭示这种本质说：“……一有适当的利润，资本就会胆壮起来。……百分之五十的利润会引起积极的大胆；百分之一百会使人不顾一切人的法律；百分之三百就会使人不顾犯罪，甚至不惜冒绞首的危险了。叫嚷和斗争如果会带来利润，它就会鼓励这二者。”[⑥]事实证明英国资产阶级在“禁烟运动”的消息“震动”下，立即“叫嚷和斗争”起来了，它们上书和提供侵略方案，而英国政府也异常恭顺地依照资产阶级的意图，以一种非正义的可耻行动来破坏和反对中国正义的行动。英国政府终于成为挑起这次侵华战争的罪魁祸首。

原载《光明日报·史学专刊》1960年4月28日

---

① 《英国蓝皮书》，见《鸦片战争》Ⅱ，页六四七。

② 邓廷桢奏折，见《道光朝筹办夷务始末》卷四，页三二。

③ 严中平：《英国资产阶级纺织利益集团与两次鸦片战争史料》，《鸦片战争史论文专集》页三六。

④ 《澳门新闻纸》，见《鸦片战争》Ⅱ，页四二五至四二六。

⑤ 《澳门新闻纸》，见《鸦片战争》Ⅱ，页四一八。

⑥ 《资本论》Ⅰ，页九六一。

论第一次鸦片战争时期清朝统治集团的内部斗争*

怎样处理国内外的重大政治事件，是统治集团内部斗争的重要因素之一。鸦片战争是中国几千年来未有之“奇变”，清朝统治集团围绕这个问题展开了激烈的派别斗争：以林则徐为代表的抵抗派从维护清朝统治和中华民族的尊严出发，主张抵抗；以琦善为代表的投降派从个人和本集团的私利出发，要求投降；道光皇帝则介于两者之间。

道光皇帝即位于1821年，伴随着他登上皇帝宝座的是鸦片这个怪物已经浸透了清王朝的官僚机体。随着英国向中国大量倾销鸦片，一方面使清朝很大一部分官僚直至皇帝从中获取大量财富；一方面造成官场腐败，贿赂公行，清朝官僚集团的统治能力极度衰弱。道光皇帝虽然盯着鸦片给他带来的好处——钱，但也注意到了鸦片给他带来的坏处——威胁自己的统治。至于西方资本主义国家的突飞猛进，中国如何奋起直追，他不仅看不到，反而昏睡于“天朝大国”的迷梦之中。一位深知清朝内局的传教士说：“清廷百事泥旧，毫无进步倾向，惟知傲慢自尊，不顾世界大势。”①这种客观现实和道光帝的认识水平，必然导致在鸦片战争中战和不定。然而在封建专制时代，统治集团内部斗争的结局主要取决于皇帝的政治倾向。各个派别集团的政治主张只有迎合了皇帝的心思，才可以取胜实施。所以道光帝的翻云覆雨实际是鸦片战争时期抵抗派和投降派起伏的关键。他的主战，使抵抗派得势；他的主和，又使投降派得逞；他的左右摇摆，使鸦片战争出现了打—谈—打—最后降的局面。分析道光帝态度转变的原因，除了他夜郎自大、盲目无知、对国内国际形势的错误估计这一根本原因外，和投降派与抵抗派的激烈斗争也有十分密切的关系。本文试加剖析。

---

* 本文发表时署名来新夏、李喜所。

① 武堉干：《鸦片战争史·义律小传》。

一

抵抗派和投降派的斗争导源于怎样对待英国的鸦片侵略。在这第一个回合的斗争中，由于道光帝倾向严禁鸦片，抵抗派取得了暂时的胜利，林则徐被派往广州查禁鸦片。

然而，问题并不那么简单。历史刚刚向前推进了一年，1840年10月3日林则徐便受到了革职的严厉处分，道光帝完全将他看成了败坏国事的罪人。是林则徐有罪吗？否。林则徐到广州以后，采取了严厉的禁烟措施和坚决的抵抗方针，取得了禁烟的巨大胜利，并挫败了英军对广州的入侵。他无愧为中国近代史上杰出的爱国主义者。那么，道光皇帝为什么将他革职治罪呢？

其一，道光帝对当时复杂的局势缺乏科学的分析。清政府长期以来闭关锁国，他们对世界的局势几乎一无所知。道光帝派林则徐去广州禁烟，带有很大的盲目性。他一不了解英国当时的政治经济状况；二不明白英国要用鸦片侵略来打开中国这块殖民市场；三不清楚禁烟的复杂性和艰巨性。只臆想鸦片一禁，祸害即除，英国不会也不敢对清廷动用武力。这种虚骄心理和对形势的错误估计使其对突如其来的事变惊慌失措。1840年7月5日英军北上攻陷了定海，消息传来，道光帝立刻慌了手脚，但又找不出定海失陷的真正原因。洋人投递文书，地方官吏历来拒收，道光帝在心惊肉跳之际竟将定海失陷的原因归结到拒绝收书这样的枝节问题上，拿浙抚乌尔恭额问罪。但是，英军迅速北上，陈兵白河口外，这对道光帝无异晴天霹雳，他完全以“恐惧心”取代了“虚骄心”，立即下令：一不许清军对英作战；二和投降派联为一气大斥抵抗派。从9月1日到12日，道光帝曾先后以内容相同的谕令，命邓廷桢、托浑布、耆英、伊里布和琦善等沿海疆吏“设或夷船再至，竟有桀骜情形，断不准在海洋与之接仗”[①]。英船南返时，道光帝“飞示伊里布、宋其源、裕谦、邵甲名、托浑布、邓廷桢、林则徐等，一体遵照，各守要隘，认真防范，如果该夷船只经过，或停泊海洋，不必开放枪炮，但以守御为重，勿以攻击为先”。[②]与此同时，道光帝斥责林则徐等抵抗派：

> 外而断绝通商，并未断绝，内而查拿犯法，亦不能净，无非空言搪塞。

---

① 见《道光朝筹办夷务始末》（以下简称《始末》），卷十三、十四有关上谕。

② 《始末》卷十四，页四〇。

不但终无实济，反生出许多波澜，思之曷胜愤懑，看汝以何词对朕也。[①]

9月28日，道光帝又指责林则徐、邓廷桢“办理终无实际，转致别生事端，误国病民，莫此为甚”[②]。

道光帝将英国发动战争的原因错误地归之于林则徐的禁烟活动，他必然改变支持抵抗派的立场，而变为惩办抵抗派。

其二，投降派在受到挫败后，和抵抗派的斗争便由公开转入暗流，他们利用占据中枢机要地位的有利条件，采取造谣中伤、制造障碍、待机而动的斗争方式，以影响道光皇帝和打击抵抗派。抵抗派对这支暗箭曾有所察觉，如林则徐在赴粤途中复龚自珍的信中即发出了“事势有难言者”的感叹[③]，我们从邓廷桢等人的奏文中也可窥一斑。邓奏中称：“始而风影讹传，继且歌谣远播。以查拿为希旨，以掩捕为贪功，以侦缉为诡谋，以推鞫为酷罚，甚至诬以纳贿，目为营私，讥廷议为急于理财，訾新例为轻于改律。”[④]道光帝在一份上谕中也承认朝廷上下对林则徐的禁烟行动“群言淆惑”[⑤]。可见投降派活动之猖狂。利用谣言来击败政敌是统治集团内争中的惯有现象。这对明察事理的皇帝可能不起或少起作用，但对道光帝这样一个一时明白一时胡涂的最高统治者来说会产生重要影响。投降派的这些谣言使道光皇帝对林则徐的信任产生了动摇。

其三，道光皇帝这时对抵抗派的态度，只是表面上的支持。如在对外关系上，林则徐主张允许那些奉公守法和诚心悔悟的外商继续贸易；道光皇帝却不然，认为林则徐“不应如此，恐失体制”；对林则徐“奉法者来之，抗法者去之”的主张，更指为“自相矛盾”；对林则徐保护具结商人进口的措施则批为“恭顺抗拒，情虽不同，究系一国之人，不应若是办理”[⑥]。在对待抵抗问题上，道光皇帝采取一种阴险暧昧的态度。他对林则徐、邓廷桢的总指示是：“体察情形，相机筹办，务使闻风慑服，亦不致骤开边衅，方为妥善。”[⑦]其用意正如范文澜同志所分析的：“如果海疆有事，林邓该负不妥善的责任，这无异启示

---

① 《始末》卷十三，页四。

② 《始末》卷十五，页十一至十二。

③ 《林则徐复龚自珍函》。

④ 《东华续录》道光四十。

⑤ 《东华续录》道光四十。

⑥ 《始末》卷八，页三五。

⑦ 《东华续录》道光三十九。

义律以开边衅，并预留林邓未来的罪名。”[①]当林则徐把九龙之役的战绩据实呈报后，道光皇帝在战报上朱批称：“朕不虑卿等孟浪，但诫卿等不可畏葸，先威后德，控制之良法也，相机悉心筹度，惧之！勉之！”[②]这些朱批和上谕貌似支持抵抗派，细绎其文义仍含有另一种深意，所谓“先威后德”、“相机悉心筹度”和“惧之！勉之！”等等，都是公文中可供反复之词。在封关禁海的问题上，林则徐并不同意道光皇帝和各国断绝一切贸易的做法。他虽然慑于皇帝的威权而遵照执行了，但后来林则徐仍坚持自己的看法。他在《复奏曾望颜条陈封关禁海事宜折》中说：“鸦片断与不断，转不在乎关之封与不封。”[③]同时在抵抗英国侵略的问题上，他也和道光帝不同，他不仅有坚决抵抗的决心，而且有一系列正确的对策。道光帝与抵抗派的这种不一致，既证明道光帝并非真诚的抵抗，也注定了抵抗派必然遭到政治上最后失败的命运。

其四，投降派在定海失陷后的鼓噪而起对道光皇帝的转变起了推动作用。当英军由广州北上时，林则徐立即“飞咨闽、浙、江苏、山东、直隶各省，饬属严查海口，协力筹防”[④]。但除闽浙总督邓廷桢有所设防外，其他地方未予理会，以至定海很快失陷，于是投降派蜂拥鼓噪，谰言四起，对抵抗派的抵抗活动展开了全面攻击。琦善在给英人的照会中公开声称：“钦差大臣林等所为……措置失当”，必当“重治其罪”[⑤]。他在上道光皇帝的奏折中完全将战争的起因归罪于林则徐，称：

> 缘前督臣林则徐示令缴烟时，节次谕文批文内均有奏请犒赏、奏请奖励等字样，而其所赏何物，计值若干，均未指出。夷人唯利是图，其时颇存奢望，迨后每烟一箱，仅给茶叶五斤，其二万余箱之烟土，据前督臣林则徐节次陈奏，约须资本银一千数百万两，该夷所得不及十分之一，而又欲勒具以后再贩鸦片，船货入官，人即正法之甘结，迄未遵依，此衅之所由起也。[⑥]

琦善这些为敌张目的分析恰好符合道光皇帝当时的心理。这就促使他将林则

① 范文澜：《中国近代史》，人民出版社1953年版，第23页。

② 《始末》卷八，页十七。

③ 《复奏曾望颜条陈封关禁海事宜折》，《林文忠公政书》两广奏稿，卷一。

④ 《林则徐集·奏稿中》，第838页。

⑤ 《始末》卷十二，页三八。

⑥ 《始末》卷十八，页九至十。

徐革职，而起用了琦善和伊里布。

二

历史是曲折的。琦善、伊里布被起用后不到半年，道光皇帝又将他们“革职拿问”。多么矛盾的历史现象：同一个道光皇帝，忽而支持抵抗派，忽而斥责抵抗派；刚刚起用投降派，转眼又将他们革职拿问。我们要把这一矛盾的历史现象实事求是地解释清楚，只需将当时投降派、抵抗派和动摇派道光帝的思想倾向及政治活动加以认真分析研究，就会发现琦善和伊里布的被革职自在情理之中。

第一，从1840年深秋之后道光帝和投降派的政治主张虽有一致性，又有差异性。

他们在对英国侵略者采用以抚代战的方针这点上是一致的。伊里布到浙江时曾向道光帝表示：“浙省更不宜轻于攻击”；道光帝朱批称：“甚合机宜，不负任使，可嘉之至。”他又向道光帝表示：“分饬各员弁，不得辄施枪炮”；道光帝又朱批称：“是极。”[①]君臣之间的水乳交融，反映着他们政治主张的一致。对于琦善的投降活动，道光帝这时也是赏识的。琦善在天津谈判时极尽奴颜婢膝之能事，乞求英军南返成功，道光帝赞许他是“片言片纸，连胜十万之师”[②]，并以此“功”升为钦差大臣。琦善在许多奏折中反对与英军开战，理由是“本年即经击退，明岁仍可复来，边衅一开，兵结莫释”[③]。道光帝对此颇表赞同。甚至对有人揭露和抨击琦善在广州的卖国罪行，道光帝一概充耳不闻，反而嘉奖琦善“实费苦心”[④]。

但是，在究竟用多大代价去换取英人停止战争这点上道光帝和琦善一伙存有分歧。

道光帝当时的指导思想是以小失求太平，希望通过惩办林则徐、邓廷桢博取英人宽恕，以避免与英军接仗，并准备采取“和谈”方式来使英国退兵。但英国侵略者对道光帝的这种媚外举动并不满足，琦善在广州的乞降活动更助长了英军

---

① 《始末》卷十五，页三三。

② 《始末》卷六，页三。

③ 《始末》卷十四，页三二。

④ 《始末》卷二十，页七。

的侵略气焰，他们向琦善提出了各种苛刻的要求，其中包括赔烟价、还商欠、偿兵费、开海口、公文平等和取消公行等内容。这些苛刻的要求对于一个从来妄自尊大的“天朝”皇帝来说是根本不曾想到的，道光帝一向视英国为“蛮夷小邦”，把允许和外国进行一些有限的贸易视为向各国“恩赐”，特别是开海口和赔烟价两项，既有损于天朝威严，又能动其鄙吝心，加以在广东的交涉自不如陈兵白河的威胁为大，所以道光帝一面批驳了这些要求，一面又准备增调湘、黔、川的军队赴粤。同时又向伊里布（江督）、讷尔经额（直督）、耆英（盛京将军）、刘韵珂（浙抚）等分别发出指示，命令他们“倘有夷船驶进口岸，即开放枪炮，痛加剿洗”，“如再来投递夷书，一概拒绝，不准接收”以及“购料集工铸炮”等等[①]。显然，道光帝又趋向了主战。

道光帝的态度虽然逐渐发生了变化，但投降派仍坚持彻底投降。琦善一再上奏，鼓吹不可开战，并提出了“地势之无要可扼也”、“军械之无利可恃也”、“兵力之不固也”以及“民情之不坚也”等四不可战的投降论调[②]。伊里布在浙江与琦善遥相呼应，他竭力强调浙防困难，认为“浙省承平日久，民不知兵，兵不知战，先宜固守疆圉，方可密图攻击”；“且江浙两省之兵柔脆者多，劲勇者少，潜师进剿，非实在精锐之兵不能集事，若勉强遣用，一有挫衄，则敌气愈骄，人心愈沮，必致愈难措手”。[③]如果道光帝在没有趋向主战之时，这些话是深合其意的。现在道光帝已转向主战，琦善、伊里布就难逃被训斥的命运，尤其是大角、沙角战败的消息传到北京后，道光帝在琦善“四不可战”的奏折上怒斥道：

> 朕断不似汝之为逆夷欺侮戏弄，迷而不返，汝被人恐吓，甘为此遗臭万年之举，今又摘举数端，恐吓于朕，朕不惧焉。[④]

随后又发布上谕斥责伊里布“不遵谕旨，惟知顺从琦善”。在浙江“不遵旨剿办，株守数月，观望迁延，甚属畏葸不堪”，着令“交部严加议处”[⑤]。这是投降派与道光帝政治主张日渐分歧的必然结果。

第二，林则徐为代表的抵抗派的继续斗争对投降派的失势起了一定的促进

① 《始末》卷十八有关上谕。
② 《始末》卷二二，页十三至十五。
③ 《始末》卷二一，页三四。
④ 《始末》卷二二，页十七。
⑤ 《始末》卷二二，页三七至三八。

作用。

林则徐被革职后仍进行了力所能及的斗争，他要求道光帝准他去浙江夺回定海，企图用自己的实践说明抵抗即可击退英军。后来他又向道光帝上了《密陈夷务不可歇手片》，一针见血地指出了侵略者的本质是“夷性无厌，得一步又进一步，若使威不能克，即恐患无已时，且他国效尤，更不可不虑”。[①]同时希望道光帝坚持对英作战，夺取胜利。这些正确的主张虽然被道光帝严斥为“无理！可恶！”“一片胡言！”[②]但林则徐仍不放弃自己的主战主张，他在广州带病找琦善提出自己的许多建议，并要琦善修水道、练水勇、修炮台、增军费。可是琦善仍“一切反前任所为”，竟“将兵船水勇概行撤去，甚至责备副将不应在炮台上施放号炮，惊动洋人”[③]。更可甚者，“凡有报缉汉奸者，则诃曰：‘汝即汉奸！’有探报洋情者则拒曰：‘我不似林总督，以天朝大吏，终日刺探外洋情事’。”[④]这使林则徐非常愤慨，他尤其痛心禁烟事业的功败垂成。他斥责琦善是在“懈军心，颓士气，壮敌胆，蔑国威”，并准备拼一死去反击琦善的进攻：

> 如果再为诬枉之言，归咎前事，则只得拼命畅叙一呈，遣人赴都察院呈递，即置之死地，亦要说了明白也。[⑤]

1841年1月25日，琦善口头答应义律提出的“穿鼻草约”，割地赔款，丧权辱国，引起了林则徐等人的极大义愤，他多方给广东巡抚怡良做工作，让怡良上奏皇帝，揭发琦善的罪行。怡良的奏折到京后，使道光帝受到很大的冲击。他痛斥琦善：“辜恩误国，实属丧尽天良，琦善着即革职锁拿……押解来京。……所有琦善家产即行查抄入官。”[⑥]

三

道光帝在惩办琦善的同时正式对英宣战，这标志着他政治态度又趋向主战。

---

① 《始末》卷十六，页二一。
② 魏源：《圣武记》卷十（申报馆小丛书）。
③ 《中西纪事》卷五，页十（申报馆小丛书）。
④ 魏源：《圣武记》卷十（申报馆小丛书）。
⑤ 《林少穆先生家信摘录》，《鸦片战争》（中国近代史资料丛刊）Ⅱ，第565页。
⑥ 《始末》卷二三，页五。

但不久他又一次动摇妥协，最后彻底投降。这种表面十分矛盾的现象又应如何解释呢？

个人政治态度的变化导源于客观形势的逆境发展。用人的失败、战争的败局和国内阶级矛盾的激化，以及投降派的甚嚣尘上是道光帝放弃其主战主张而一意主降的重要因素。

首先，道光帝在问罪琦善后起用的不是真正的抵抗派林则徐等人，而是奕山、奕经这样的无能之辈。

琦善被锁拿进京后道光帝对抵抗派的态度曾有所缓和，具体表现在敕命林则徐以四品卿衔赴浙江听用的问题上。对此林则徐也错认作抵抗派再起的转机，他在五月一日奉到命令后，三日即匆匆就道，离粤赴浙。六月十日到浙后，即赴前线各地察形势、观演炮、设防、铸炮，开展紧张的备战活动。这种积极认真的作战准备曾一度引起了道光帝的重视，广东等地的许多人也纷纷上书要求起用林则徐。但当时投降派虽然失去了在地方上贯彻投降政策的实权，而穆彰阿为代表的中枢势力仍然屹立未动。他们不可能让林则徐再度被起用。同时道光帝也不可能以起用林则徐的举动来否定自己的过去。所以出乎林则徐的预料，道光帝居然将他和琦善等同起来，来了个更严厉的处置。以“办理殊未妥善，深负重任”为由，“革去四品卿衔，（与邓廷桢）均从重发往伊犁效力罚罪”[①]。这种不公正的处罚削弱了士气，涣散了军心。而奕山、奕经的出任更注定了失败的命运。

奕山是一个荒淫腐败的王公，抵广州后，便出示禁止官兵、乡勇、水勇等，“勿得妄生事端，捉拿汉奸。如遇各国夷商上岸，赴行贸易交涉，亦不得妄行拘拿。”[②]随后即胡乱用兵，结果大败，与英人签订《广州和约》。然而他又捏造事实来掩盖其丧权辱国的罪行，据《中西纪事》载称：

> 靖逆（指奕山）虑伤国体，乃捏称初八日焚击痛剿。大挫其锋，续奏称义律穷蹙乞抚，求准照旧通商，并出具永不售卖鸦片烟土甘结，将所付六百万作为追交商欠完案，其六百万之款由粤海及藩运两库给之。

道光帝对奕山的谎报信以为真，不但批准了《广州和约》，而且通令沿海各省撤去防务，仿佛战争已经结束，“天朝”又歌舞升平了。这种盲目无知的举动使英军有机可乘，1842年8月，英军开始由广州北上，迅速攻占定海、镇海。道

① 《始末》卷二九，页二二。

② 《奕山等告示》，《史料旬刊》第39期，第434—435页。

光帝大出所料，惊慌不定，一面调江西、安徽、湖北、河南及四川五省的兵力来筹划浙江防务，一面任命大学士礼部尚书奕经为扬威将军，赴浙作战。

奕经像奕山一样，沿途稽延骚扰，赴浙江后仍然是“日在醉乡”[①]。而且一面胡乱开仗，连连失败；一面又向道光帝大撒其谎。《道光洋艘征抚记》记载：

> 镇海之役，刘天保军仅伤七人，而奏言全军覆没，仅脱回四人。大宝山之战，我军仅死百余而奏言死者千余，慈溪英兵登岸仅二千余而奏言万有七千，无非张贼势而逭己罪。[②]

奕山、奕经的相继失败，对道光帝的抵抗主张是一沉重打击。这时的道光帝已从犹豫动摇逐步向彻底投降转化。

第二，投降派在军事失败后的空前活跃促使道光皇帝放弃了抵抗的主张。

英军在浙东胜利后又继续北上，相继攻陷乍浦和吴淞等地，并拟进一步沿长江而上，这给投降派的活跃创造了绝妙的时机。刚刚被任命为钦差大臣的耆英援引道光帝过去曾表述过的“羁縻”之意，主张对英妥协，并建议派伊里布、咸龄、舒恭受等投降派分子往乍浦“设法羁縻”[③]，对于这种“羁縻”的投降方针，道光帝虽未公开同意，但当时它却几乎成为清朝政治上重大问题的集中点，许多人成为“羁縻”论的宣传者。投降派不仅竭尽全力为“羁縻”政策奔走，而且力图使道光皇帝全盘接受。

早在英军入侵浙江时，耆英就具体提出了“羁縻论”。乍浦的失陷，为耆英补充了事实根据，他分析当时的局势是：“战则士气不振，守则兵数不敷”，“舍羁縻之外，别无他策”。但又威吓说目前“羁縻”，已“无从措手”[④]。道光帝对此深信不疑，很快起用伊里布，命他和耆英共办对英交涉。二人立即致书英方，乞求谈判。结果遭拒绝，这更使投降派丧魂失魄。耆英在奏折中以“不虑丑类之众，第恐汉奸有一二不轨之徒别萌逆谋，则攻剿更属不易”为词劝道光帝速降[⑤]。当时任两江总督的牛鉴也和耆英紧密配合，他上奏道光帝说：“从古制

---

① 范城：《质言》，《近代史资料》1955年第3期。

② 魏源：《圣武记》卷十（申报馆小丛书）。

③ 《始末》卷四七，页四四至四五。

④ 《始末》卷四八，页八至九。

⑤ 《始末》卷四八，页八至九。

夷之道，不外羁縻。”“仁圣与民休息，耀德而不观兵，并无伤是国体。”[①]道光帝在这种“羁縻”论的包围中，后又获悉浙沪相继失守的消息，那种侥幸一试的心理逐渐破灭，于是准备秘密求和，他在密令耆英求和交涉的上谕中称：

> 如果能将各船全数退回广东，即刻罢兵，我必奏明大皇帝将香港一处，赏给尔国，堆积货物，与中国照常贸易。此外沿海省份，如福建、浙江海口，或每年约定时候，将货船驶至口岸，我国必派官员代汝照料。[②]

道光帝在这里已不惜以割地和开放通商口岸的代价来换取英军的退兵了。

第三，国内阶级矛盾的激化对道光帝的彻底投降起了重要作用。

英国发动侵华战争后，民族矛盾上升为当时的主要矛盾，国内的阶级矛盾下降到次要和服从地位，广东人民和江浙沿海居民对清军抗战的大力支持就是最好的证明。但是，道光帝并不认真组织抗战，清军不但接连战败，而且借机骚扰百姓，欺压人民，再加上很多官吏借战争之名向百姓分捐派款，贪污中饱，使农民的负担大大加重。时人记载说：“近海之区，借防堵以派费，于征兵之境，借征调以索财，以及道路所经，辄认以护送兵差、供给伕马为名，苛敛无度。”[③]随着战争的扩大，本来相对缓和的阶级矛盾又日趋激化起来。1842年前后，广东、广西、云南、安徽、福建、山东、浙江、江苏等地都爆发了规模不等的反清武装起义。1842年初，湖北崇阳县爆发了钟人杰领导的一万多人的大起义，使道光帝非常震惊，他急忙调兵，花费二十多万两银子的军费，费时一个多月才将起义剿灭。这时道光帝感到如果不赶快结束战争，将出现“外患未除，内讧又起”的局面，其皇帝的宝座将受到威胁。投降派也借机鼓噪而起，耆英、伊里布一再宣称如不彻底投降，则内患不已。一些中小官吏也疾呼：“此刻贼势浩大，据我腹心，实已不能转动，若不早图和解，其祸变愈久愈大，不知究报……若再因循，天下事将不可为。”[④]曾经一度主战的刘韵珂这时也变了腔调，他上了一个《十可虑》的奏折提醒道光帝说：如果战事延长下去，“安保此外不另有不逞之徒，乘机而起”[⑤]。

---

① 《始末》卷五三，页二五。

② 《始末》卷五四，页一。

③ 《始末》卷四五，页十七。

④ 《始末》卷五五，页十九。

⑤ 《始末》卷四四，页三二。

历来的封建统治者在“内忧”、“外患”同时而起的情况下，总是重内忧而轻外患，不惜以对外投降来集中力量镇压人民的反抗斗争。道光帝在各地起义不断出现的情况下，求和心更切。1842年8月，英军打到南京城外，道光帝立即授与耆英等“便宜行事”的大权，不惜一切代价与英军签订了《南京条约》。

《南京条约》是中国开始沦为半殖民地的标志，同时也是清朝统治集团内部在鸦片战争时期抵抗派彻底失败、投降派最后取胜和道光帝彻底投降的明证。

总起来看，道光帝的“忽战忽和”决定了抵抗派和投降派的归宿，从而决定了鸦片战争的面貌。他作为中国第一个和西方殖民主义者交战的皇帝，既表现出了封建皇帝目空一切的“虚骄心”，也反映出了不了解西方各国的盲目性，他从维护“天朝皇帝”的尊严出发，开始盲目主战（1839年初至1840年7月）；战败后又幻想用议和来以小失求太平（1840年7月至1841年1月）；琦善私割香港，他感到失掉了“大清朝”的威严，又主战（1841年1月至1842年3月）；更大的失败后，惧怕“内匪”和“外夷”结合，清朝江山难保，就彻底投降了。这表明处于封建社会后期的清王朝已无力抗拒西方殖民主义的入侵，在这种政权里做官的林则徐这样的抵抗派也不可能在统治集团内争中取胜。他们只能以慷慨激昂的抗战声出场，以被严厉处置的悲剧告终。

【附记】本文是我在六十年代所写的一篇旧稿，发表时经李喜所同志整理。

原载于《新疆大学学报》（哲学人文社会科学版）1981年第4期

鸦片战争前后银贵钱贱的情况和影响

清朝币制，银钱并行，并有互换比价的规定。康熙时银一两常不足钱一千之数，证明当时还是钱贵。不久，钱价趋落，雍正七年（1729年）上谕规定“每银一两只许换大制钱一千”，证明当时已有超过千文的事实，但却不很明显，并在此后数百年内钱价总不过“一千一百文内外易银一两”[①]。嘉庆三年（1798年），银一两合钱一〇九〇文。嘉庆七年（1802年）到十二年（1807年），钱价又增高至仅九百余文即兑银一两。十三年（1808年），银价复贱，一两可合钱一〇四〇余文。嘉庆末，钱价益贱。二十二年（1817年），需钱一二一六点六文兑银一两。道光元年（1821年），需钱一二六六点五文兑银一两。七年（1827年），银一两合钱一三四〇点八文。十六年（1836年），银一两合钱一四八七点三文。十九年（1839年），银一两合钱一六七八点九文。[②]由此可见，鸦片战争前的“银贵钱贱”问题实始于嘉道之际，至战争发生前夕，其严重情形就已日趋明显了。

这种日趋明显的情形在社会上起了一定的影响，并引起了一些人的重视。嘉庆末年，包世臣曾指出：

> 今法为币者，惟银与钱。小民计工受值皆以钱，而商贾转输百货则以银。其卖于市也，又科银价以定钱数，是故银少则价高，银价高则物值昂。又民户完赋，亦以钱折，银价高则折钱多，小民重困。[③]

但在当时只是作为一个思想家对社会问题的一种议论，尚未正式向社会提

---

① 吴嘉宾：《钱法议》，见《求自得之室文钞》卷四。

② 严中平等编：《中国近代经济史统计资料选辑》。

③ 包世臣：《庚辰杂著》二，见《安吴四种》卷二七。

出，也未引起社会上多数人的重视。

把“银贵钱贱”的问题正式提请政府注意的是道光二年御史黄中模《请严禁纹银偷漏折》。道光十六年许乃济的《弛禁鸦片奏》和十八年黄爵滋的《严禁鸦片奏》中都谈到银贵问题。从此，这一问题成为社会上一个重要问题了。

从道光二年到十八年，有不少人就这一问题发表了许多见解和建议。他们所分析出来的问题根源主要可归纳为两种。一种以黄中模为代表，他认为银价高由于广东洋面的偷漏，而偷漏则由于广东民间喜用洋钱，用纹银买洋钱之故[①]。另一种以黄爵滋为代表，认为银贵由于漏银，漏银由于输入鸦片[②]。后一种是当时多数人的意见。

“银贵钱贱”的问题之被重视，主要是由于它威胁到清政府的财政收支。黄爵滋曾指出这种危机说：“若再三数年间，银价愈贵，奏销如何能办？税课如何能清？设有不测之用，又如何能支？”[③]这种危机，便是清政府当时所关心的“将无可充饷之银”的“银荒”问题。清政府解决这种危机的办法，是把负担转嫁给人民。因之，“银贵钱贱”对人民威胁尤为严重。包世臣曾举出过道光十九年江西新喻县人民受到威胁的具体事实，其结果是造成了“小民完银一两，非粜谷二三石不可”的苦状[④]。这样，“银贵钱贱”使劳动人民的生活日益贫困了。

鸦片战争后，外国侵略者大量地输入工业品和鸦片。1842年英国对华输入工业品的总值是九十六万九千三百八十一镑，1845年即增达二百三十九万四千八百二十七镑。鸦片在1842年的输入额是三万三千五百零八箱，到1850年即已增至五万二千九百二十五箱了。这样，就在中外贸易上形成了大量白银外流的现象，加深了“银贵钱贱”的严重程度。1843年，银一两可兑钱一六五六点二文；1846年兑二二〇八点四文，到1849年即可兑二三五五文了。[⑤]

银钱比价差额的增大，严重地影响了中国的财政金融和国民经济。道光二十五年（1845年），清户部在《奏议银钱出纳章程》中即指出，由于银价过昂，而使“关税”、“盐课”、“捐输”都发生困难，甚至还因加征而激起反抗，“如湖南湖北之耒阳、崇阳及近日福建之台湾，浙江之奉化，百姓滋事，皆

① 《清代外交·史料》道光朝。
② 《道光朝筹办夷务始末》卷二。
③ 《道光朝筹办夷务始末》卷二。
④ 包世臣：《银荒小补说》，见《安吴四种》卷二七。
⑤ 严中平等编：《中国近代经济史统计资料选辑》。

因州县征收加重所致”。并提出解决这一问题的建议。同年，左宗棠在《与贺蔗农先生书》中也说：“……银价日昂，钱复难得，农者以庸钱粪直为苦，田主以办饷折漕为苦，食易货难，金生谷死，未免如亭林先生所云丰岁之荒耳。”[①]咸丰元年（1851年）曾国藩在奏折中也说道：“昔日两银换钱一千，则石米得银三两；今日两银换钱二千，则石米仅得银一两五钱。昔日卖米三斗输一亩之课而有余，今日卖米六斗输一亩之课而不足。”[②]这些资料证明，战后“银贵钱贱”的问题同样地不仅造成封建政权财政金融的困难，而且也造成农民生活的日益贫困。

原载于《历史教学》1956年9月号

① 《左文襄公书牍》卷一。

② 曾国藩：《备陈民间疾苦疏》，《曾文正公全集》奏稿卷一。

一扫蛮烟　清气长留

——近代禁烟诗文选读

引言

鸦片是英文Opium的音译，明代以前，主要用作药物，明代已有吸食者。入清以后，吸食者渐多，至乾隆时，已有一套比较完整的吸食方法。雍正七年（1729）清政府禁止吸食鸦片。嘉庆元年（1796）严禁鸦片输入。但嘉道年间鸦片输入仍大量增加，至道光十八年（1838），以英国为主的输入中国的鸦片达四万余箱，烟害日益显著，成为人们关心的公害。由于鸦片问题发展成严重的社会政治问题，所以它引起许多文人学者的重视，纷纷以诗文的形式揭露鸦片烟的毒害，劝告吸毒者及早醒悟，有些人更亲自参与严禁鸦片主张的宣传和策划。也有一部分人则坚持使鸦片获得合法地位。道光十六年，太常寺卿许乃济提出完整的“弛禁论”主张，目的在使鸦片走私合法化，完全投合了鸦片贩子、鸦片吸食者和侵略者的口味，这是一种与国家民族利益相悖的愚昧谬论。

许乃济的弛禁主张引起了一场争论，持严禁观点的朱嶟和许球等人给予严正的驳斥。道光十八年，鸿胪寺卿黄爵滋提出较全面的“严禁论”主张，各地疆吏多应命发表意见。林则徐是“严禁论”的积极主张者和实践者，他在所上的《筹议严禁鸦片章程折》中，正式宣布自己的严禁主张，提出六项禁烟方案，公开了四种戒烟方法，以推进各省的禁烟活动。同时他还和两湖地方大吏共同商定了“查拿总不可稍懈，收缴也不可稍迟”的方针，积极开展禁烟工作。

鸦片的大量输入毒害了中国人民的健康，引起白银外流，政府财政拮据，为此林则徐又上《钱票无甚关碍宜重禁吃烟以杜弊源片》。这是禁烟运动中一件极为重要的文献，折中具体分析了鸦片烟对社会经济破坏的严重性，指责过去禁烟不彻底，进一步提出禁烟方案。他在折中特别突出地写道："若犹泄泄视之，是使数十年后，中原几无可以御敌之兵，且无可以充饷之银。"这一警句指出了兵源、财源匮乏的严重危机，使道光帝在漏卮日益严重，烟毒日益猖獗的现实面前，深感"银荒兵弱"的威胁，终于接受严禁主张，决定禁烟，从而使原来力量薄弱的严禁派一举掌握了领导禁烟运动的权力。十月中旬，林则徐由湖广总督任上奉召进京，在多次觐见道光帝时，他都阐述了严禁鸦片和反对外国侵略者的主张，终于获得以钦差大臣赴粤查办禁烟事宜的任命。这一任命使一些有识之士欢欣鼓舞，写出若干以赞颂和支持为主要内容的诗文，但也引起弛禁论者的嫉视。林则徐则丝毫不计较个人利害，慨然出都，肩负着禁烟重任赴粤。

道光十九年正月下旬，林则徐抵粤，目睹烟毒的严重危害和人民群众的强烈要求，他力排各种阻力，与时任两广总督邓廷桢通力合作，开展禁烟运动。他立足于禁绝鸦片来源，进行了一系列的有效准备，制定了合乎实际的对策，终于迫使以英国侵略者为主的鸦片贩子缴出鸦片烟二万余箱，取得了前所未有的成绩。四月二十二日（1839年6月3日），在中外人士围观赞叹和欢呼声中，林则徐将收缴到的鸦片烟在虎门海滩销毁净尽。这一震惊中外的正义行动，向全世界宣告中国人民禁烟肃毒的决心，标志着禁烟运动的伟大胜利。

本辑所选诗文都与禁烟运动有关，一部分诗文出于文人学者之手，主要是描写鸦片对社会和人体的危害，劝告吸烟者的醒悟；另一部分诗文出于与禁烟运动有关人士之手，主要是阐述严禁观点，记录禁烟活动以及发抒个人情感。这两类内容的诗文是比较多的，我们从史事翔实、文笔平顺的角度选辑了这些诗文，期望读者既能从中了解中国近代史上的禁烟斗争这一重大历史事件，也能通过诵读这些诗文得到文化的陶冶。

本辑所选诗文的作者都是清嘉庆、道光年间的人。他们的生平在题解和注释中已有简略的介绍与说明，不再列专条详述。各篇诗文均有题解与注释。题解为方便读者了解诗文的写作背景和主旨。注释则力求浅显易懂，不过多地引用原文。有的句子含义比较曲折隐晦，做了一些串讲，以帮助读者了解全句的意思。

江南吟（十首选一）

魏源

阿芙蓉[①]，阿芙蓉，产海西[②]，来海东[③]。不知何国香风过，醉我士女如醇酞[④]。夜不见月与星兮，昼不见白日，自成长夜逍遥国。长夜国，莫愁湖，销金锅里乾坤无[⑤]。溷六合[⑥]，迷九有[⑦]，上朱邸[⑧]，下黔首[⑨]。彼昏自痼何足言，藩决膏殚付谁守[⑩]？语君勿咎阿芙蓉，有形无形瘾则同。边臣之瘾曰养痈[⑪]，枢臣之瘾曰中庸[⑫]，儒臣鹦鹉巧学舌，库臣阳虎能窃弓[⑬]。中朝但断大官瘾[⑭]，阿芙蓉烟可立尽。

【题解】

魏源（1794—1857）是林则徐的挚友，主张严禁鸦片，并在浙东亲身参加抗英斗争。林则徐曾将所搜集的国外史地知识的汇编《四洲志》赠与魏源，魏源据以扩编为《海国图志》，对后世影响甚大。魏源曾针对当时社会弊政与陋俗，写成《江南吟》十首，《阿芙蓉》篇是其中的第八首，现据中华书局版《魏源集》录入。诗中描述吸食鸦片烟者，下自平民百姓，上至枢臣大吏。指出若要尽禁吸食鸦片，先要“断大官瘾”，可谓一语中的。

【注释】

①阿芙蓉——鸦片。 ②海西——指位于中国西方的国家。 ③海东——海以东地带。这里指中国。 ④醇酞（chún nóng纯农）——指酒性浓烈。 ⑤销金锅——指吸鸦片的烟具。乾坤——指天地。 ⑥溷（hùn混）——肮脏，污染。六合——指天地四方。 ⑦九有——九州。 ⑧朱邸——官员宅门用红色，故称。这里泛指上层人物。 ⑨黔首——指一般百姓。 ⑩藩决——《周易·大壮》有“藩决不羸”语。藩，藩篱。决，破坏。后用以喻边防告警。膏殚——脂膏耗尽。 ⑪养痈——谓不治疗肿毒而任其滋长。 ⑫枢臣——宰辅重臣。 ⑬库臣——掌握财政者。阳虎——春秋后期人，季孙氏家臣，曾掌鲁国国政。窃弓——指窃取权力。弓，武器，喻权力。 ⑭中朝——朝廷。

闲居杂诗

陈光绪

海外罂粟膏[①]，色如乌鸦乌。因曰名鸦片，论值非锱铢[②]。初来到闽粤，渐渐及九区[③]。吸食有定候，不可一刻逾。山肩日以耸[④]，冻梨日以癯[⑤]。彼方与友共，人已将鬼呼。疗病或有验，采入医家书。岂知能毒人，毒深形遂枯。人生也实难，尝毒身自痡[⑥]。

【题解】

陈光绪（1788—1855）字子修，号石生，浙江会稽人。官山东同知，有《拜石山巢诗钞》。《闲居杂诗》是他描写烟害的诗篇，形象地勾画出鸦片对吸食者人身健康的危害。此诗录自中华书局版《清诗铎》卷二十六。

【注释】

①罂粟（yīng sù英速）——草本植物，未成熟时破皮取汁，熬炼成膏，有药用价值，过度吸食则中毒，残害身体。　②锱铢（zī zhū资朱）——锱与铢都是古代计量的最小单位。非锱铢，不是少量的钱。　③九区——九州，全国各地。④“山肩”句——意思是吸毒者体瘦，双肩耸起像山的样子。　⑤冻梨——皮肤有黑斑，像冻梨那样。癯（qú渠）——清瘦。　⑥痡（pū扑）——过度疲劳。

洋烟（八首选二）

何春元

肠肥脑满渐摧残，憔悴相逢诧改观[①]。直使鬼装青面目，能令人变黑心肝。孤灯照处留宵伴，冷枕醒时报午餐。银盆分来煤数点[②]，淮南鸡犬舐余丹[③]。

另开利薮恣狼贪[④]，法令空劳禁再三。谁解诘奸从左右[⑤]，独怜流毒遍东南。纸窗痴立蝇俱醉，粉壁潜窥鼠亦酣。牵得丝来身自缚，半床僵卧冷春蚕[⑥]。

【题解】

何春元，字乾生，福建侯官人。道光甲午举人。所写《洋烟》八首，摹写道光时鸦片毒害之泛滥及所造成之严重危害，其诗颇有名于时，为多种著述收录。当时诗歌评论家林昌彝收入所著《射鹰楼诗话》卷一，现据以选入其中二首。

【注释】

①憔悴——面色黄瘦。 ②“银盆”句——意思是烟盆里得到一点鸦片烟膏。煤，喻鸦片。 ③淮南鸡犬——汉淮南王刘安白日升天成仙，临去时，成仙的余药放在地下，鸡犬舐食，也得升天。这里比喻穷烟鬼在刮吸别人抽剩的烟渣以过瘾。 ④利薮（sǒu叟）——利益聚集的地方。恣——放纵。狼贪——指外国侵略者，像狼那样贪求中国的利益。 ⑤“谁解”句——意思是哪想到追查与鸦片有关人员就在大官们的左右。 ⑥“牵得”二句——借用唐人“春蚕到死丝方尽”的诗句，比喻吸毒的人类似春蚕作茧自缚，最后致死，成为僵死的春蚕。

片篇

梁绍壬

窄衾小枕一榻铺[①]，阴房鬼火红模糊[②]。中有鸢肩鹤背客[③]，夜深一口青霞呼[④]。非兰非鲍气若草[⑤]，如胶如饧色则乌。或云鸟粪或花子，运以土化抟泥涂。加之水齐炮制法，文火武火煎为酥。清光大来渣滓去，炼金而液成醍醐[⑥]。此物来自西域地，居奇者谁番贾胡[⑦]。朝廷严禁官晓谕，捆载来若牛腰粗。关津吏胥岂不觉，偷而赂者千青蚨[⑧]。况复此辈尽癖嗜，一见宝若青珊瑚。近闻中国亦能制，其物愈杂毒愈痡。吁嗟黄金买粪土，可为痛哭哀无辜。颇闻此品妙房术，久服亦复成虚无。其气既窒血尽耗，其精随失髓亦枯。积而成瘾屏不止，参苓难起膏肓苏[⑨]。可怜世人溺所好[⑩]，宁食无肉此不疏。典衣质被靡不至[⑪]，那顾屋底炊烟孤[⑫]。噫嘻屋底炊烟孤，床头犹是声呜呜。

【题解】

梁绍壬，字应来，号晋竹，浙江钱塘人。道光辛巳举人。随父梁章钜宦游。著有《两般秋雨庵随笔》。《鸦片篇》对鸦片来源、制作、危害等均有淋漓尽致的刻画，现据中华书局版《清诗铎》卷二十六录入。

【注释】

①衾（qīn亲）——被子。 ②阴房——昏暗的房子。鬼火——喻指烟灯的火。 ③鸢肩——耸肩。鹤背——驼背。 ④青霞——喻吸烟的吞云吐雾。⑤兰——芝兰，味香。鲍——鲍鱼，即盐渍鱼，气味腥臭。 ⑥醍醐（tí hú提胡）——酥酪上聚的油，味甘美。比喻烟土熬成烟膏，对吸烟者来说，觉得非常甘美。 ⑦居奇——奇货可居。番贾胡——外国商人。 ⑧青蚨——传说一种能引钱归来的虫子，后世因称钱为青蚨。 ⑨参苓——人参与茯苓，这里泛指药物。膏肓（huāng荒）——古代医学以心尖脂肪为膏，以心脏与膈膜之间为肓。喻难以救药的病症。 ⑩溺——沉湎。 ⑪典衣质被——典当衣被。靡不——无不。⑫炊烟孤——谓因为吸烟，没有钱财，饭也吃不上，烟囱里也不冒烟了。

高阳台
和嶰筠前辈韵

林则徐

玉粟收余[①]罂粟一名苍玉粟，金丝种后[②]吕宋烟草曰金丝醺，蕃航别有蛮烟[③]。双管横陈[④]，何人对拥无眠？不知呼吸成滋味，爱挑灯[⑤]，夜永如年[⑥]。最堪怜，是一丸泥[⑦]，捐万缗钱[⑧]。　　春雷欻破零丁穴[⑨]，笑蜃楼气尽[⑩]，无复灰然。沙角台高[⑪]，乱帆收向天边[⑫]。浮槎漫许陪霓节[⑬]，看澄波[⑭]，似镜长圆[⑮]。更应传，绝岛重洋[⑯]，取次回舷[⑰]。

【题解】

这是林则徐于道光十九年（1839）夏和邓廷桢的一首词，录自《云左山房诗钞》附卷《诗余》。高阳台，词牌名。和韵是旧体诗词所用术语，是依照对方作品所用韵脚来唱和。当时与林则徐共事的两广总督邓廷桢（号嶰筠）在开始销烟时，写《高阳台》一词作纪念，林则徐即用同一词牌叶（xié协）韵倡和。词内指斥鸦片毒害，表达了禁烟取得成绩后的欣喜。

【注释】

①玉粟——罂粟的别称。 ②金丝——金丝醺烟的简称。吕宋——旧称菲律

宾群岛中最大的一个岛。 ③蕃航——外国侵略者的船。蛮烟——洋烟，走私的鸦片烟。 ④双管——两支烟枪，因有两人对面卧吸，所以说双管。横陈——躺卧。 ⑤挑灯——点鸦片烟灯。 ⑥夜永如年——形容夜很长。 ⑦丸泥——鸦片烟丸。 ⑧万缗（mín民）——一千文为一缗。借指银两。意思是一个小小的烟丸，要损耗中国许多银两。 ⑨欻（xū需）破——突然冲破。零丁穴——广东中山市南珠江口外零丁洋面的小岛，是鸦片走私的巢穴。 ⑩蜃（shèn甚）楼——海市蜃楼。指外国侵略者的野心像海市蜃楼那样一场空。 ⑪沙角——山名，珠江口外军事要隘，设有炮台。 ⑫乱帆——鸦片走私船慌乱地逃走，造成船帆错乱的样子。收向——逃往。天边——远方。 ⑬浮槎（chá查）——神话中指海上与天河间往来的木筏。此指林则徐乘船出海。霓节——古代出使者所持节杖。 ⑭澄波——平静的洋面。 ⑮似镜——像镜面一样。长圆——指永远维持一个平静的情势。 ⑯绝岛——偏远的岛国。重洋——远隔海洋的国家。此指来华贸易各国。 ⑰取次——次第。回舷——返航。

和邓嶰筠前辈廷桢虎门即事原韵

林则徐

五岭峰回东复东[①]，烟深海国四字公舟中额也百蛮通[②]。灵旗一洗招摇焰[③]，画舰双恬舶棹风[④]。弭节总凭心似水[⑤]，联樯都负气如虹[⑥]。牙璋不动琛航肃[⑦]，始信神谟协化工[⑧]。

拜衮人来斗指东[⑨]，女牛招共客槎通[⑩]。销残海气空尘瘴[⑪]，听彻潮声自雨风[⑫]。下濑楼船迟贯月[⑬]，中流木柹亘长虹[⑭]时有排链之制。看公铭勒燕然后[⑮]，磨盾还推觅句工[⑯]。

【题解】

这是道光十九年二月底，在虎门船上，林则徐和邓廷桢《虎门雨泊》诗所作的两首七律。由诗中可见，这时林则徐对禁烟运动的顺利进行和有利的发展前途相当乐观。本诗录自《云左山房诗钞》卷五。

【注释】

①五岭——虎门一带有沙角、大角、横档、大虎、小虎五座山岭相连。

②烟深海国——四字为邓廷桢船上一匾额的题字，意思是烟波浩渺的大海与各国相通。公——谓邓廷桢。百蛮——外国。 ③灵旗——用以致祭的旗幡。一洗——洗刷。招摇焰——飘动着的销烟烟雾。全句意思是祭告神明后，销烟的烟雾洗刷了中华民族的耻辱。 ④画舰——装饰华丽的兵船。为林、邓所坐者。舶棹（bó zhào伯照）风——梅雨后的东南季风。全句意思是，林邓二人双双坐在兵船上，停泊在东南季风吹拂的海港里。 ⑤弭节——驻车。司马相如《子虚赋》："楚王乃弭节徘徊，翱翔容与。"描写楚王率众在云梦泽狩猎成功后踌躇满志的样子。这里借指禁烟取得成就。弭，止。节，行车进退之节。总凭——全靠。心似水——林则徐奉命来粤，邓廷桢函告发誓，"所不同心者，有如海"，表示愿与林全力合作。 ⑥樯（qiáng墙）——桅杆。气如虹——气贯长虹。 ⑦牙璋——古代发兵的一种符信。琛航——指邓廷桢所坐的画船。 ⑧神谟——神机妙算。谟，计谋。协化工——谓与造化相合。协，符合。化工，指自然的造化者。 ⑨拜衮（gǔn滚）人——指林则徐自己。拜衮，拜领三公之职。这里借指拜领钦差大臣之命。斗指东——北斗斗柄指向东方，即春季。林则徐正月下旬到广东。 ⑩女牛招共——民间传说七月初七织女与牛郎在天河相会。这里借指时间，即秋季。客槎——客船。 ⑪"销残"句——意思是销烟的残渣已冲入海，只剩下鸦片毒氛在飘动，这是形容销烟成功。 ⑫"听彻"句——意思是林则徐希望销烟后在天雨海风之下，听潮声的起落。 ⑬下濑（lài赖）——湍急流水。楼船——水军战船。迟——等待。贯月——传说尧时有贯月查（水中木筏）在海上夜明昼灭。全句意思是：邓廷桢坐在急水中的战船上等待夜间偷袭鸦片走私船的小木筏的捷报。 ⑭木秭——指在横档山江面上设置的两排粗大铁链。亘长虹——连通得像长虹。亘，横贯。 ⑮铭勒燕然——《后汉书·窦宪传》载，永元元年，窦宪破北单于，登燕然山，立碑纪功，命班固作铭。燕然山，今蒙古国境内杭爱山。 ⑯磨盾——在盾牌的把手上磨墨写文。《资治通鉴》卷一百六十载，荀济少居江东，博学能文，与梁武帝有布衣之旧，常谓人曰"今于盾鼻上磨墨檄之"，此用其意。觅句——诗人苦思搜寻佳句。工——见长。这句话意思是，在军中磨盾写诗，搜求佳句，是邓廷桢所长。

次韵和嶰筠前辈

林则徐

蛮烟一扫众魔降①，说法凭公树法幢②。域外贪狼犹帖耳③，肯教狂噬纵村龙④！

近闻筹海盛封章⑤，突兀班心字有芒⑥。谁识然犀经慧照⑦，那容李树代桃僵⑧。

【题解】

钦差大臣林则徐在广州查禁鸦片，取得虎门销烟的胜利后，仍然遭到流言蜚语的攻击诽谤。在这种情况下，林则徐写了这两首诗，以表示禁烟的决心和甘于承担禁烟责任的勇气。本诗录自《云左山房诗钞》卷五。

【注释】

①蛮烟——见林则徐《高阳台·和嶰筠前辈韵》注③。　②说法——讲法，讲道，宣讲教义。这里喻指禁烟运动。公——指邓廷桢。法幢（chuáng床）——佛教的经幢。这里喻指虎门销烟。　③贪狼——本性贪婪的狼，指英国等外国鸦片烟贩子。帖耳——耳朵下垂，驯服的样子。　④“肯教”句——谓岂能让村野之狗（指国内不满禁烟的人）肆意乱咬。狂噬（shì示），疯狂地咬噬。龙（máng忙），狗。　⑤筹海——筹划海防。封章——密封的奏章。　⑥“突兀”句——谓朝臣对禁烟运动有所攻击。突兀，高貌。班心，指御史在朝班中所站的位置，这里泛指朝臣。芒，芒刺，指尖锐的批评攻讦。　⑦然犀——即“燃犀”。南朝宋刘敬叔《异苑》卷七：“晋温峤至牛渚矶，闻水底有音乐之声。水深不可测，传言下多怪物，乃燃犀角而照之。须臾，水族覆火，奇形异状，或乘马车着赤衣帻。后世用以指洞察奸邪、烛照幽微等。　⑧李树代桃僵——《乐府诗集·相和歌辞·鸡鸣》：“桃生露井上，李树生桃旁。虫来啮桃根，李树代桃僵。树木身相代，兄弟还相忘！”以桃李能共患难，喻兄弟能同甘苦，后转为以此代彼或代人受过之意。

庚子岁暮杂感

林则徐

病骨悲残岁①，归心落暮潮②。正闻烽火急③，休道海门遥④。蜃市连云幻⑤，鲸涛挟雨骄⑥。旧惭持汉节⑦，才薄负中朝。

此涕谁为设⑧用东坡句，多惭父老情⑨。长红花尽袅⑩，大白酒先倾⑪。早悟鸡虫失⑫，毋劳燕蝠争⑬。君看沧海使⑭，频岁几回更⑮。

幸饮修仁水⑯，曾无陆贾装⑰。通江知蒟酱⑱，掷井忆沉香⑲。魋结终无赖⑳，羁縻或有方㉑。茹荼心事苦㉒，愧尔颂甘棠㉓。

朝汉荒台古㉔，登临百感生㉕。能开三面垒㉖，孰据万人城㉗。杨仆空横海㉘，终军漫请缨㉙。南溟去天远㉚，重镇要威名㉛。

【题解】

道光二十年年底，林则徐革职待罪，写《庚子岁暮杂感》四首，表达对时局的关怀，对“羁縻”政策的不满，发抒壮志难申的愤慨，尤其可贵的是他深感有负众望而有所感叹。本诗据《云左山房诗钞》卷五录入。

【注释】

①病骨——犹病体。残岁——年终。　②归心——归隐之心。落暮潮——形容心情像退潮那样平静坦然。　③烽火——战火。　④休道——不要认为。海门——海口，指虎门。　⑤蜃（shèn甚）市——海市蜃楼，喻变幻无常。　⑥鲸涛——恶鲸兴风作浪，用以喻外国侵略者。挟雨——带着风雨。骄——骄横。　⑦汉节——《汉书》记张骞、苏武出使，持汉朝廷所给的节杖，此喻林则徐所任钦差大臣、两广总督有重权。节，使臣所持的旌旄。　⑧“此涕”句——此为宋苏轼《罢徐州往南京，马上走笔寄子由》中的诗句。苏轼任徐州知州，曾尽力抗洪救灾，保全一城生命财产，临离任时，百姓张彩涕别，苏轼颇受感动而有此句，谦言自己对地方上没做什么事，百姓的涕泪是为谁呢？表示不敢接受这种盛情。林则徐借以表示感谢百姓在自己离任时的欢送。　⑨父老——当地百

姓。 ⑩长红——即长虹，古时送官用花枝挂彩似长虹。袅（niǎo鸟）——柔软的花枝摆动的样子。 ⑪大白——大酒杯。 ⑫鸡虫失——即鸡虫得失，语见杜甫《缚鸡行》。用以喻细微的得失。 ⑬燕蝠争——燕以日出为旦，日没为夕；蝠以日没为旦，日出为夕。二者所见不同，发生争论，实际上是一种无意义的争论。 ⑭沧海使——指两广总督。 ⑮频岁——连年。几回更——林则徐接邓廷桢任两广总督，琦善又接林任，所以说几次更换。 ⑯修仁——广西一县名。林则徐用以借指两广地区，表示有幸到两广来。 ⑰陆贾——汉初人，曾两度使南越。装——行装。此句暗示自己没有像陆贾治装南使那样取得业绩。 ⑱通江——四川东北部一县名，产蒟（jǔ举）酱。蒟酱——一种胡椒科植物所作，味辛而香，曾由产地通江流传到粤，为粤人喜食。汉武时唐蒙使南越，吃到蒟酱，始知由四川到广东的路线。 ⑲沉香——香木，入水即沉，故名。《晋书·吴隐之传》载，广州刺史吴隐之廉洁自持，离任时，妻子带当地名产沉香一斤，被吴隐之发现，取而掷诸水中。这两句指林则徐了解到前人的业绩而自愧不如。 ⑳魋（chuí垂）结——亦作“椎结”，结成椎形的发髻。汉时南越王赵佗曾结着这种发型，很傲慢地接待陆贾，这里用以指喻英国侵略者。 ㉑羁縻——笼络。 ㉒茹——吃。荼（tú图）——苦菜。 ㉓甘棠——即棠梨。典出于《诗经·召南》，有爱民之意。林则徐离任时，百姓送他“甘棠遗爱”的颂牌，他表示惭愧。 ㉔朝汉荒台——即朝汉台，一称朝台，故址在今南海市。相传为南越王赵佗接待陆贾的地方，后于其地筑台，每逢初一、十五，赵佗即在此朝拜汉朝，故称朝汉台。荒，荒废。 ㉕登临——登高望远。百感——各种感慨。 ㉖三面垒——指广州三面临海。 ㉗孰据——谁来把守。万人城——拥有一万人口的城市，指广州。 ㉘杨仆——西汉楼船将军，曾率师经赣水，下横海，进攻南越。空——不再有。横海——古水名，今广东北江的浈水。 ㉙终军——汉武帝时奉命使南越，晓谕南越王内属，留住当地，次年被害，事未成。漫——徒然。请缨——终军请求使南越，要武帝赐与长绳，如南越王不服，就用绳子捆之入朝。后世即以请缨作请战解。缨，绳子，捆人所用。 ㉚南溟——南方的大海。去——离。天——指北京。 ㉛重镇——重要的城镇，指广州。要——保持。威名——声威。

林公少穆以钦差大臣使广东，作此呈送

梅曾亮

禁烟新断阿芙蓉，为遣肤臣急奏功[①]。锁钥全收坤外纪[②]，威仪特进汉元公[③]。三朝细马丝纶重[④]，万里锋车节制通[⑤]。南海尚书方励治[⑥]，朝廷应喜协和衷[⑦]。

【题解】

梅曾亮（1786—1856）字伯言，江苏江宁人。道光元年进士，官户部郎中。辞官后，主讲梅花书院。梅氏为清代著名古文家，著有《柏枧山房集》。此诗据《柏枧山房诗集》卷六录入，为林则徐离京赴粤时的赠行诗，除颂扬林则徐的功业外，期望林则徐能与时任两广总督的邓廷桢很好地合作，取得禁烟的成功。

【注释】

①肤臣——大臣。奏功——取得成功。 ②锁钥全收——指封锁全部海口。坤外——指中国以外，外国。纪——通“记”，记住，知道。 ③元公——三公。全句意思是为了树立林则徐的威仪，特别提升他为像汉朝三公之首地位的钦差大臣。 ④三朝——林则徐生于乾隆，中进士于嘉庆，任钦差大臣于道光，历经三朝。细马——小马，灵巧的马。丝纶——细丝粗绦，形容帝王一句很细微的话也是很重要的，引申为诏书。重——被看重，言道光帝赐林则徐紫禁城骑马，以示看重。 ⑤万里——从北京到广州有万里之遥。锋车——即追锋车，古代一种轻便的驿车，因车行疾速，故名。节制——管理，统率。 ⑥南海尚书——邓廷桢时任两广总督，挂尚书衔，故称南海尚书。 ⑦协——调和，协同。和衷——和衷共济。邓廷桢曾表示与林则徐合作。

有感檄谕外夷诗

姚椿

上公声望慑蛮夷[①]，一檄贤于十万师。会见溟洋恬飓鳄[②]，真成谈笑却熊罴[③]。能兼群策斯为大，欲示天威更以慈[④]。幕府陋儒何术效，只将歌咏答明时[⑤]。林公奉命粤东，经理海口事务，先以檄谕外夷，令其自止烟造，感叹斯意，因赋是诗。

【题解】

姚椿（1777—1853）字子寿，号春木，江苏娄县人。曾入林则徐幕，与林交谊甚厚。道光十九年，林则徐到粤禁烟，于二月初四檄谕鸦片贩子缴烟。姚椿盛赞这种先期“檄谕外夷”的措施，并写此诗记其事。此诗据《通艺阁诗三录》卷六录入。

【注释】

①上公——指林则徐。慑——威服。蛮夷——指外国侵略者。 ②溟洋——大海。恬飓鳄——喻大海风平浪静。恬，安静，平静。飓，飓风。鳄，鳄鱼。 ③熊罴（pí皮）——兽名，罴为大熊，此喻外国侵略者。 ④天威——天子威严，中国的威严。 ⑤歌咏——指写诗。明时——清明时代。

申严例禁以彰国法而除民害折（节录）

朱嶟

窃惟有害必除，法不容废。我国家承平垂二百年，所以为民除害，莅中国而抚四夷者[①]，具有成规。如鸦片烟一项，嘉庆初年立禁，已有专条，迭经议奏，节次增修[②]，载入则例[③]，法制綦严[④]。无如有司奉行不力[⑤]，以致民心胥渐[⑥]，日长月滋，蔓延殆遍天下。办之不早，除之不胜诛，当事者几数束手而无可如何。然夷载送鸦片必不能零星售卖。广东省城有包买户谓之窑口，由银号说价于夷馆，给票单至趸船取土[⑦]，此其显而易查者也。往来护艇曰快蟹，曰扒龙，炮械毕具，运桨如飞，俨同寇攘[⑧]，岂得任其横行沿海而置之不问？前督臣卢曾调派水师副将秦裕昌、香山县知县田溥等[⑨]，拿获梁显业贩卖鸦片船只，起出鸦片烟一万四千余斤，并按治窑口匪犯姚九、区宽等[⑩]。是知封疆大吏诚督率文武员弁实力搜查，认真擒捕，取其正者，置之严刑，原有办法。果到底不懈，有犯必惩，民即顽梗[⑪]，岂其不畏法乎？所望者，勿纵执法不坚耳。或拟法者，胥役棍徒之所借以为利，不知国家立一法必生一弊，法纵有时而停罢，无因噎废食之理。即如娼赌奸盗诸不法事，何尝不为胥役棍徒取利？讹诈栽赃，亦时有之，而随到随惩，岂得以法穷而议废乎？

乃外国纷纷议论，皆云禁而不禁不如不禁之禁。臣夙夜思维[⑫]，诚不知有何善策。或云令其纳税入关，交付洋行，只准以货易货，不准以银购买，此杜银偷漏之说也。惟是英吉利贩卖鸦片，自道光元年经前两广督臣阮查办屯户之后[13]，久驰出零丁洋而不复入澳门[14]。其既已麾之使去，又复招之使来，殊属不成事体。若云兑换茶叶，洋银亦一体禁其出洋，臣恐茶叶不足，将复易之以银也。若能禁洋银之出洋，又岂不能禁鸦片之贩运？若能禁鸦片之贩运，白银外流自必戛然而止，二患立弭。是知更张之不如仍旧之为愈乎！若云收鸦片烟税，其言不顺，其名不美，此其税之不可行者也。或有说，宽内地种罂粟之禁，则夷人之利日减，久之将不禁而自绝。岂知俗情贵耳而贱目[15]，云近而图远，内地虽有，而必以来自外洋者为佳。

今闽、广、浙、东、云、贵，曾经科道各官奏请禁栽罂粟采熬鸦片[16]，然名禁而实未禁也。他省臣不敢知，即如云南一属，种罂粟者漫山遍野，鸦片之出产，总亦必不下数千箱，然而出洋之银，不见减于昔日。

总之，鸦片流毒，妨财害小[17]，殊民害大[18]。民者国之本，财者民所出；民贫尚可变□，民弱无可救药。据《台湾府志》云：鸦片大出咬嵧吧[19]，又云咬嵧吧一作噶喇巴。其初，土人轻捷善斗。红毛制为鸦片烟[20]，诱使食，蜂同争趋若骛[21]，失久遂疲羸受制[22]，竟为所据。

言弛禁仅听民间贩卖吸食，若官弁士子兵丁仍不在此类，是则曲折之词，所谓掩耳盗铃者也。以天下人数计之，官弁士兵不过十分之一，而民居其九。今之食鸦片者，大凡起于官员之幕友家丁，延及于市廛游民[23]，而弁兵士子亦渐染其习。所不食者，乡里之愚民居多耳。若独禁员弁士兵而许民间贩卖吸食，是以食者纵之得食，而未食者导之使食。禁之勿食，犹惧或食，导之使食，有不食乎？至民与吸食，则员弁兵丁又何得而禁？何则？员弁士兵非生而为员、为弁、为士、为兵也，其初大抵平民也。

应请旨饬下各直省督抚[24]，令地方官重申禁令，严切晓谕，旧染漓俗[25]，咸与维新。如仍蹈前辙，不知悛改[26]，定当按律惩治，决不宽贷。其有屯贩鸦片至千斤以上者，置以重典[27]。庶人心肃然而海外亦闻风而化矣。

【题解】

朱嶟与许球的奏折，原稿未见。现收录的是根据当年《京报》手抄本影印件，《京报》原件存伦敦大英博物馆。二件均经复旦大学田汝康教授等校勘对证，作为《禁烟运动的思想前驱》一文的附录，发表于《复旦学报》（社会科学版）1978年第1期。

朱嶟的奏折为道光十六年八月所上，是针对当时许乃济的“弛禁论”而提出的严禁主张。朱嶟时任内阁学士，兼礼部侍郎。

【注释】

①四夷——指当时中国以外的各国，夷是一种鄙称。 ②节次——逐次，逐一。 ③则例——清代指汇集《会典》的新例疑义等编成的行政法典。 ④綦（qí奇）——极，很。 ⑤无如——无奈。 ⑥胥渐（jiān尖）——互相熏染。 ⑦趸（dǔn敦）船——平底匣形而不能自己航行的船，可供海上堆存货物之用。 ⑧寇攘——劫掠。 ⑨督臣卢——两广总督卢坤。 ⑩按治——依法审理。 ⑪顽梗——愚妄而不顺服。 ⑫夙夜——朝夕，日夜。 ⑬道光——清宣宗旻宁的年号，自元年至三十年，相当于1821至1850年。阮——阮元，时任两广总督。 ⑭零丁洋——也有写作“伶仃洋”的，指南海零丁山下海面，在广东中山市南珠江口外，是鸦片走私的集散处。 ⑮贵耳而贱目——谓轻信传闻，却不相信亲眼见到的事实。 ⑯科道各官——主管弹劾纠察的官员。 ⑰妨财——不利于财政收入。 ⑱殊——断绝，引申为有害。 ⑲咬嚁吧——一作噶喇巴，指印度尼西亚的雅加达。 ⑳红毛——明时称荷兰人为红夷，一称红毛。 ㉑争趋若鹜——像鸭子那样争先恐后地跑过去。鹜，鸭子。 ㉒疲羸（léi雷）——无力瘦弱。 ㉓市廛（chán缠）——集市。 ㉔饬——命令。 ㉕漓俗——不好的风俗。漓，浇薄。 ㉖悛（quān圈）改——悔改。 ㉗重典——重法。

洋夷牟利愈奸内地财源日耗敬陈管见折（节录）

许球

臣闻出洋之银，唯售卖鸦片为最甚。嘉庆初年，夷人售卖鸦片至粤不过数百箱，今则多至二万余箱。有乌土、白皮、红皮之分，每箱贵者八九百元，次者亦五百元。在广东售卖者如此，其他省船只在伶仃洋与趸船交易者，尚难悉数，每年约耗银钱数百万。

计自嘉庆年间海氛平靖以来[①]，鸦片渐炽，其始每年不过数百万，近则每年几及二千万两。日积月累，不可胜记，内地之银，安得不日形短绌[②]？

臣以为纹银之出洋，鸦片之入内地，皆有例禁。惟地方官奉行不力，而后入者得出。不责其奉行不力，而欲并例禁而弛之，奸民诚便，地方官诚可卸责矣。惟此禁一开，而纹银出洋之禁果从而加密耶？不能加密，是自撤藩篱也[③]。与其纷更法制[④]，尽撤藩篱，不若谨守旧章，严以整顿。夫内地与外洋至隔绝世，贩卖鸦片之奸民，非能尽与夷船自行交易也。包买则有窑口，说合则有行商[⑤]，收银给单、令往趸船取出则有坐地夷人，往来护送则有快蟹艇。自万山入内洋至金星门，处处皆有水师营汛[⑥]，夷船之来，又有引水人役，本不难于稽查。即有闽、浙、上海、天津船只自就趸船交易者，该处既属内洋，何难侦缉？乃近年来仅有前督臣卢任内香山县田溥，全营缉获鸦片一起，此外并不多见，此兵役得规包放故也。

论者谓办理过严，恐生边衅[⑦]。臣窃每三筹度，彼国不食鸦片，而专欲毒害中华，彼国不来洋银，而专收内地银两，其处心积虑，不堪设想。近者，夷船竟敢潜来各内洋游弋[⑧]，未必非窥探虚实，另有奸谋。倘竟迁就因循，内地财力必至日行消耗，及至民穷财绌，万一有事，何以御之？与其竭蹶于将来[⑨]，不若图维于今日[⑩]。况理直则气壮，该夷不敢存轻视之心，庶无所施其伎俩矣。臣以事关重务，详加采访，既有所觅，理合谨择陈明。

【题解】

许球时任兵科给事中。道光十六年八月与朱嶟分别上疏，驳斥许乃济的“弛禁论”，提出严禁鸦片输入和吸食的主张。

【注释】

①海氛——海上的云气，借指海疆动乱的形势。平靖——稳定平静。 ②短绌（chù处）——缺少不足。 ③藩篱——边界，屏障。 ④纷更——屡次改变。更，变换。 ⑤行商——清政府委托管理对外贸易的商人。当时有“十三行”之说。 ⑥营汛——军队戍防地。 ⑦边衅——边境上的争端。 ⑧游弋——在水上游动。 ⑨竭蹶——力竭而跌倒。比喻资财匮乏。 ⑩图维——谋划，考虑。

严塞漏卮以培国本疏（节录）

黄爵滋

盖自鸦片流入中国，我仁宗睿皇帝知其必有害也[①]，故诰诫谆谆，例有明禁。然当时臣工，亦不料其流毒至于此极，使早知其若此，必有严刑重法，遏于将萌[②]。查例载：凡夷船到广，必先取具洋商保结[③]，保其必无夹带鸦片，然后准其入口。尔时虽有保结，视为具文[④]，夹带断不能免。故道光三年以前，每岁漏银数百万两。其初不过纨绔子弟，习为浮靡[⑤]，尚知敛戢[⑥]。嗣后上自官府缙绅，下至工商优吏，以及妇女僧尼道士，随在吸食，置买烟具，为市日中。盛京等处[⑦]，为我朝根本重地，近亦渐染成风。外洋来烟渐多，另有趸船载烟，不进虎门海口，停泊零丁洋中之老万山、大屿山等处。粤省奸商勾通巡海兵弁，用扒龙、快蟹等船，运银出洋，运烟入口。故自道光三年至十一年，岁漏银一千七八百万两，自十一年至十四年，岁漏银二千余万两，自十四年至今，渐漏至三千万两之多。此外福建、江浙、山东、天津各海口，合之亦数千万两。以中国有用之财，填海外无穷之壑[⑧]，易此害人之物，渐成病国之忧，日复一日，年复一年，臣不知伊于胡底[⑨]！

各省州县地丁漕粮，征钱为多，及办奏销[⑩]，皆以钱易银，折耗太苦，故前此多有盈余，今则无不赔垫。各省盐商卖盐，俱系钱文，交课尽归银两，昔则争为利薮[⑪]，今则视为畏途。若再三数年间，银价愈贵，奏销如何能办？税课如何能清？设有不测之用，又如何能支？臣每念及此，辗转不寐。

今天下皆知漏卮在鸦片[⑫]，所以塞之之法，亦纷纷讲求。或谓严查海口，杜其出入之路，固也。无如稽查员弁，未必悉皆公正，每岁既有数千余万之交易，分润毫厘，亦不下数百万两，利之所在，谁肯认真查办？偶有所获，已属寥寥。况沿海万余里，随在皆可出入。此不能塞漏卮者一也。

或曰禁止通商，拔其贻害之本，似也。不知洋夷载入呢羽、钟表，与所载出茶叶、大黄、湖丝，通计交易，不足千万两，其中沾润利息，不过数百万两，尚系以货易货，较之鸦片之利，不敌数十分之一，故夷人之着意不在彼而在此。今虽割弃粤海关税，不准通商，而烟船本不进口，停泊大洋，居为奇货。内地食烟之人，刻不可缓，自有奸人搬运，故难防者不在夷商而在奸民。此不能塞漏卮者二也。

或曰查拿兴贩，严治烟馆，虽不能清其源，亦庶可遏其流。不知自定例以来，兴贩鸦片者，发边远充军，开设烟馆者，照左道惑人、引诱良家子弟例，罪至绞。今天下兴贩者不知几何，开设烟馆者不知几何，而各省办此案者绝少。盖原粤省总办鸦片之人，据设窑口，自广东以至各省，沿途关口，声势联络。各省贩烟之人，其资本重者，窑口沿途包送，关津胥吏容隐放行[13]，转于往来客商，借查烟为名，恣意留难勒索。其各州府县开设烟馆者，类皆奸滑吏役兵丁，勾结故家大族不肖子弟，素有声势，于重门深巷之中聚众吸食，地方官之幕友家人半溺于此，未有不庇其同好。此不能塞漏卮者三也。

或又曰开种罂粟之禁，听内地熬烟，庶可抵当外夷所入，积之渐久，不致纹银出洋。殊不知内地所熬之烟，食之不能过瘾，不过兴贩之人用以掺和洋烟，希图重利。此虽开种罂粟之禁，亦不能塞漏卮者四也。

然则鸦片之害，其终不能禁乎？臣谓非不能禁，实未知其所以禁也。夫耗银之多，由于贩烟之盛，贩烟之盛，由于食烟之众。无吸食自无兴贩，无兴贩则外夷之烟自不来矣。今欲加重罪名，必先重治吸食。臣请皇上严降谕旨，自今年某日起，至明年某月日止，准给一年期限戒烟，虽至大之瘾，未有不能断绝。若一年以后，仍然吸食，是不奉法之乱民，置之重刑，无不平允。查旧例，吸食鸦片者罪仅枷杖，其不指出兴贩者，罪杖一百，徒三年，然皆系活罪。断瘾之苦，甚于枷杖与徒，故甘犯明刑，不肯断绝。若罪以死论，是临刑之惨急，更苦于断瘾之苟延。臣知其情愿断瘾而死于家，必不愿受刑而死于市。惟皇上明慎用刑之至意，诚恐立法稍严，互相告讦[14]，必至波及无辜。然吸食鸦片者，是否有瘾无瘾，到官熬审[15]，立刻可辨。如非吸食之人，虽大怨深仇，不能诬枉良善，果系吸食，究亦无从掩饰，故虽用重刑，并无流弊。

伏请饬谕各省督抚，严切晓谕，广传戒烟药方，毋得逾限吸食。并一面严饬各府州县，清查保甲，预先晓谕居民，定于一年后，取具五家邻右互结，仍有犯者，准令举发，给与优奖。倘有容隐，一经查出，本犯照新例处死外，互结之人，照例治罪。至如通都大邑，五方杂处，往来客商，去留无定，邻右难于查察[16]，责成铺店，如有容留食烟之人，照窝藏匪类治罪。现在文武大小各官，如有逾限吸食者，是以奉法之人甘为犯法之事，应照常人加等，除本犯官治罪外，其子孙不准考试。地方官于定例一年后，如有实心任事，拿获多起者，照获盗例，请恩议叙[17]，以示鼓励。其地方官署内，官亲、幕友、家丁，仍有吸食被获者，除本犯治罪外，该本管官严加议处。各省满、汉营兵，每伍取结，照地方保甲办理；其管辖失察之人，照地方官衙门办理。庶几军民一体，上下肃清。无论穷乡僻壤，务必布告详明，使天下

晓然于皇上爱惜民财，保全民命之至意。向之吸食鸦片者，自当畏刑感德，革面洗心。如是则漏卮可塞，银价不致再昂，然后讲求理财之方，诚天下万世臣民之福也。

【题解】

这是鸿胪寺卿黄爵滋于道光十八年闰四月所上有关禁烟的奏折。全文主旨主张严禁鸦片输入、吸食、贩卖和种植。这是禁烟运动中很重要的一篇文献。这一奏疏曾发交各地督抚讨论，引起了严禁与弛禁的论争，影响甚大，是禁烟运动的舆论前驱。本文据中华书局版《黄爵滋奏疏许乃济奏议合刊》录入。

【注释】

①仁宗睿皇帝——清嘉庆帝，睿是他的谥号。 ②萌——发生。 ③保结——为他人身份、行为等做担保而写给官府的文书。 ④具文——空文。 ⑤浮靡——浮艳绮靡。 ⑥敛戢（jí集）——收敛。 ⑦盛京——清入关定都于北京后，以沈阳为留都，称盛京。 ⑧壑（hè贺）——沟。 ⑨伊于胡底——谓不堪设想，不知将弄到什么地步。 ⑩奏销——旧制各省每年年底将钱粮、征收、起解、支拨的实数报部转奏核销，谓之奏销。 ⑪利薮——财利的聚集处。 ⑫漏卮——渗漏的酒器，后喻作利权外溢。 ⑬关津——水陆交通要道，多在此设关卡。容隐——包庇隐瞒。 ⑭告讦（jié节）——告发。 ⑮熬审——严刑审问。 ⑯查察——检查。 ⑰议叙——清制，对考绩优异的官员，交部核议，奏请给予加级、记录等奖励，称议叙。

钱票无甚关碍
宜重禁吃烟以杜弊源片（节录）

林则徐

臣窃思人生日用饮食所需，在富侈者固不能定其准数；若以食贫之人，当中熟之岁[1]，大约一人有银四五分即可过一日，若一日有银一钱，则诸凡宽裕矣。吸鸦片者，每日除衣食外，至少亦需另费银一钱，是每人每年即另费银三十六两。以户部历年所奏各直省民数计之，总不止于四万万人，若一百分之中仅有一分之人吸食鸦片，则一年之漏卮即不止于万万两，此可核数而见者。况目下吸食之人，又何止百分中之一分乎！鸿胪寺卿黄爵滋原奏所云“岁漏银数千万两”，尚系举其极少之数而言耳。内地膏脂，年年如此剥丧[2]，岂堪设想？而吸食者，方且呼朋引类，以诱人上瘾为能，陷溺愈深，愈无忌惮。儆玩心而回颓俗，是不得不严其法于吸食之人也。

或谓重办开馆兴贩之徒，鸦片自绝，不妨于吸食者稍从末减，似亦持平之论。而臣前议条款[3]，请将开馆兴贩，一体加重，仍不敢宽吸食之条者，盖以衙门中吸食最多，如幕友、官亲、长随、书办、差役，嗜鸦片者十之八九，皆力能包庇贩卖之人，若不从此严起，彼正欲卖烟者为之源源接济，安肯破获以断来路？是以开馆应拟绞罪，律例早有明条，而历年未闻绞过一人，办过一案，几使例同虚设，其为包庇可知。即此时众议之难齐，亦恐未必不由乎此也。吸食者果论死，则开馆与兴贩即加至斩决枭示[4]，亦不为过。若徒重于彼而轻于此，仍无益耳。譬之人家子弟在外游荡，靡恶不为[5]，徒治引诱之人而不锢其子弟[6]，彼有恃无恐，何在不敢复犯？故欲令行禁止，必以重治吸食为先。且吸食罪名，如未奉旨饬议，虽现在止科徒杖[7]，尚恐将来忽罹重刑。若既议而终不行，或略有加增，无关生死，彼吸食者皆知从此永无重法，孰有戒心？恐嗣后吃食愈多，则卖贩之利愈厚，即冒死犯法，亦必有人为之。是专严开馆兴贩之议，意在持平，而药不中病[8]，依然未效之旧方已耳。谚云：“刖足之市无业屦[9]，僧寮之旁不鬻栉[10]。”果无吸食，更何开馆兴贩之有哉？

或谓罪名重则讹诈多，此论亦似。殊不思轻罪亦可讹诈，惟无罪乃无可讹诈。与其用常法而有名无实，讹诈正无了期，何如执重法而雷厉风行，吸食可以立断，吸食既断，讹诈者又安所施乎？

若恐断不易断，则目前之缴具已是明征；若恐诛不胜诛，岂一年之限期犹难尽改？特视奉行者之果肯认真否耳。诚使中外一心[11]，誓除此害，不惑于姑息，不视为具文，将见人人涤虑洗心，怀刑畏罪，先时虽有论死之法，届期并无处死之人，即使届期竟不能无处死之人，而此后所保全之人，且不可胜计，以视养痈贻患[12]，又孰得而孰失焉？夫《舜典》有怙终贼刑之令[13]，《周书》有群饮拘杀之条[14]，古圣王正惟不乐于用法，乃不能不严于立法。法之轻重，以弊之轻重为衡，故曰刑罚世轻世重，盖因时制宜，非得已也。当鸦片未盛行之时，吸食者不过害及其身，故杖徒已足蔽辜[15]；迨流毒于天下，则为害甚巨，法当从严。若犹泄泄视之[16]，是使数十年后，中原几无可

以御敌之兵，且无可以充饷之银，兴思及此，能无股栗？

夫财者，亿兆养命之原[17]，自当为亿兆惜之。果皆散在内地，何妨损上益下，藏富于民；无如漏向外洋，岂宜借寇资盗[18]，不亟为计？

【题解】

此为林则徐于道光十八年支持黄爵滋严禁论的奏折，阐析严禁鸦片输入、吸食、贩卖之必要，对当时及后世影响甚大。此奏对道光帝决心禁烟有重大作用，轰轰烈烈的禁烟运动自此开始。此文录自中华书局版《林则徐集·奏稿》。

【注释】

①中熟——中等的年成。 ②剥丧——伤亡。 ③前议条款——指林则徐的《筹议严禁鸦片章程折》。 ④斩决枭示——处斩刑，并将头悬挂在杆上示众。 ⑤靡——无。 ⑥锢——监禁，惩治。 ⑦科——处罚。 ⑧药不中病——谓不能对症下药。 ⑨刖（yuè月）——断足，古代的一种酷刑。业——从事这项行业。屦（jù巨）——鞋子。 ⑩僧寮——和尚住的房子。鬻（yù玉）——卖。栉（zhì志）——梳子和篦子的总称。 ⑪诚使——假使。 ⑫养痈贻患——生了毒疮不加医治，给自己酿成痛苦。比喻一味姑息，终受祸害。 ⑬怙（hù户）终贼刑——《尚书·舜典》有此语。意谓如果坚持作恶，不肯悔改，就施以刑罚。贼，借为“则”。 ⑭“周书”句——《尚书·周书·酒诰》：“厥或诰曰：群饮，汝勿佚，尽执拘以归于周，予其杀。”群饮，群聚饮酒。拘杀，拘捕处死。 ⑮蔽辜——抵罪。 ⑯泄（yì义）泄——弛缓，不重视。此句以下五句是全文最警策之句，是促使道光帝倾向严禁鸦片的警告。 ⑰亿兆——百姓，万民。 ⑱借寇资盗——李斯《谏逐客书》：“此所谓借寇兵而赍盗粮者也。”此语后世亦作“借寇兵资盗粮”，谓把兵器借给寇贼，把粮食送给强盗。借寇资盗是此语的简略说法。

虎门销化烟土一律完竣折[1]（节录）

林则徐等

窃臣等钦遵谕旨，将夷船缴到烟土二万余箱在粤销毁，所有核实杜弊，并会督文武大员公同目击情形，已于五月初三日销化及半之时，先行恭折会奏在案[②]。嗣是仍照前法，劈箱过秤，将烟土切碎，抛入石池[③]，泡以盐卤，烂以石灰，统俟戳化成渣[④]，于退潮时送出大海。臣等会督文武员弁，逐日到厂看视稽查[⑤]。其间非无人夫乘机图窃，而执事员弁多人留神侦察，是以当场拿获之犯前后共有十余名，均即立予严行惩治。并有贼匪于贮烟处所，乘夜爬墙，凿箱偷土，亦经内外看守各员弁巡获破案，现在发司严审[⑥]，尤当按律重办。

其远近民人来厂观看者，端节前后愈见其多[⑦]，无不肃然懔畏[⑧]。并有米利坚国之夷商经与别治文、弁逊等[⑨]，携带眷口，由澳门乘坐舢板，向沙角守口之水师提标游击羊英科递禀[⑩]，求许入棚瞻视。臣等先因钦奉谕旨："准令在粤夷人共见共闻，咸知震詟[⑪]。"曾经出示晓谕，是以该夷等遵谕前来。且查夷商经等平素系作正经买卖，不贩鸦片，人所共知。因准派员带赴池旁，使其看明切土、捣烂及撒盐、燃灰诸法，该夷人等咸知，一一点头，且皆时时掩鼻；旋至臣等厂前，摘帽敛手[⑫]，似以表其畏服之诚。当令通事传谕该夷等[⑬]，以"现在天朝禁绝鸦片，新例极严，不但尔等素不贩卖之人，永远不可夹带，更须传谕各国夷人，从此专作正经贸易，获利无穷，万不可冒禁营私，自投法网"。该夷人等倾耳敬听，俯首输诚[⑭]，察其情形，颇知倾心向化。随即公同赏给食物，欢欣祗领而去[⑮]。

现除暂存此八箱外，计已化烟土，凑合前奏之数，共有一万九千一百七十九箱，二千一百一十九袋，其斤两除去箱袋，实共二百三十七万六千二百五十四斤，截至五月十五日，业已销化全完。斯时荡秽涤瑕[⑯]，幸免毒流于四海。此后除奸拯溺[⑰]，尤期约立于三章，庶几仰副我圣主除害保民之至意。

【题解】

此折向道光帝报告全部销烟过程及禁烟战果，是禁烟运动的一篇总结性文献。此件录自中华书局版《林则徐集·奏稿》。

【注释】

①此折是道光十九年五月二十五日林则徐与两广总督邓廷桢、广东巡抚怡良会衔上奏。　②先行恭折会奏——指林则徐于道光十九年五月初四日与两广总督邓廷桢、广东巡抚怡良会衔所上《销化烟土已将及半情形折》。　③石池——为销毁鸦片而修造的池子。长宽各十五丈，底铺石板，周围树桩钉板，前有涵洞

通海，以便将烟渣排入大海，后开一水沟，可以引入清水，把池子冲刷干净。④戳化——将鸦片捣烂，令其迅速化掉。 ⑤厂——一种临时搭的厂栅，以便文武官员查视销烟。 ⑥发司——送交按察使司。 ⑦端节——端午节。 ⑧懔畏——畏惧。 ⑨米利坚国——即美国。经——一作啞，为美国奥立芬洋行股东。别治文——即裨治文，1830年第一个来华的传教士，曾任《中国丛报》总主笔。弁逊——商船“马利逊号”船长。三人都是销烟现场的参观者。 ⑩沙角——广州珠江口的要隘，设有炮台，清军曾在此抗击进犯英军。水师提标——清代水师提督所统辖的水军。游击——清代绿营兵带兵官。 ⑪震詟（zhé哲）——震惊恐惧。 ⑫敛手——缩手，表示恭敬或害怕。 ⑬通事——翻译人员。 ⑭俯首输诚——低头献纳诚心，形容驯服恭顺的样子。 ⑮祗（zhī支）领——敬领。 ⑯荡秽涤瑕——扫荡污秽，洗刷污点。意思是把烟毒扫荡洗刷干净。 ⑰除奸拯溺——清除奸邪，挽救吸食鸦片者。拯溺，原指拯救溺水之人。

原载于《中华活页文选》（成人版）1998年第30期　来新夏选著　中华书局1998年版

林则徐传论

一

林则徐字元抚，一字少穆、石麟，晚号竢村老人、竢村退叟。清乾隆五十年（1785年）七月二十六日（8月30日），出生于福建侯官（今福州市）一个比较贫苦的封建知识分子家庭里。他的祖父林万选是一个“有稻谷三十挑，住屋数间，另有书田十担”的资财和县学生身份的地主阶级知识分子。但死前已下降为“无一尺之地，半亩之田”，而需靠舌耕笔耘维生的破落家庭了[①]。父亲林宾日虽然力学奋发，仍是一个岁贡生，一面从事教读、讲学以维生；一面则倾全部精力培植儿子。母亲陈帙也是一个地主阶级知识分子的女儿，善于经理家庭生计，并用手工劳动来分担家庭的困窘。她经常以“显亲扬名”的封建伦理道德鼓励儿子上进，对林则徐日后的处世、理事有着一定的影响。

林则徐在父亲的精心培植下，较早地读了一般士人需读的儒家经传。嘉庆三年（1798年），他十四岁中秀才后就到福建著名的鳌峰书院读书，受教于具有实学的郑光策和陈寿祺[②]，开始研读《天下郡国利病书》和《读史方舆纪要》等经世致用的著作，为日后的政治实践准备了一部分思想资料。嘉庆九年（1804年），他二十岁时成举人，具备了迈入“仕途”的重要条件。

此后，他一度应厦门海防同知房永清之聘任书记[③]。当时的厦门是一个“通

① 林宾日：道光六年立《析产阄书》钞件（原件藏福州市文管会）。

② 沈瑜庆等：《福建通志》总卷四〇、三八。

③ 林聪彝：《文忠公年谱草稿》（钞本）。

洋正口”，社会风气异常败坏，娼妓、赌徒、盗贼、闯棍、讼师充斥其间，鸦片烟毒尤为严重[①]。这些奇异的社会现象，对于具有初步经世致用学识的林则徐来说，不能不引起他的注意、观察和研究。这些目击的第一手材料对林则徐日后在处理涉外事务、地方施政和严禁鸦片等问题上，无疑都有重要的影响。不久，林则徐又受到新任闽抚张师诚的赏识而被延请入幕。他在张幕中陆续获知了不少清朝的掌故和兵、刑、礼、乐等知识以及官场经验[②]，为日后的“入仕”，准备了某些必要的条件。

嘉庆十六年（1811年），林则徐在二十七岁时成进士，选庶吉士，实现了父和祖毕生向往而未获实现的愿望。从这年起到嘉庆二十四年（1819年）止，林则徐历任编修和江南、云南的正副考官。嘉庆二十四年底曾在北京参加过一些士大夫“雅歌投壶”的文艺团体“宣南诗社”，有过一些诗文酬唱活动[③]。这时，林则徐还没有表现“政治才干”的机会，只在去云南任主考途间写了一些表达思想的诗作。如在一首《病马行》的诗中，借驿马的用非其才，发出了“恨不突阵冲锋裹血创”等要求出路的呼声。在《裕州水发村民舁舆以济感而作歌》一诗中，则呼吁官吏对百姓“毋施箠楚加桁杨”[④]。这些诗篇反映了林则徐早期思想中要求改革和注重民生的因素。

二

嘉庆二十五年（1820年）二月，林则徐任江南道监察御史。当时，由琦善主持的河南仪封南岸水利工程迟迟未能完工。林则徐细查其故在于奸商囤积居奇，于是建议命令地方官吏查封物料，平价收买以济工需。这个建议被采纳而收到实

① 周凯等：《厦门志》卷十五。

② 金安清：《林文忠公传》，见《续碑传集》卷二四。

③ 过去有些著作对“宣南诗社”曾给以较高的不合事实的评价。说它是一种政治性结社，甚至认为它“是当时封建统治阶级中较为进步的知识分子的结合，目的在反对帝国主义”；并以林则徐为诗社的领导人作评价宣南诗社的依据。这些说法都已基本上被否定。目前比较一致地认为“宣南诗社”只是嘉道年间北京一些士大夫进行文酒酬唱活动的一个结社。林则徐参加诗社的时间较晚，而且也不长，活动也不多，根本不是什么领导人。

④ 林则徐：《云左山房诗钞》卷一。

效。这是林则徐与琦善的第一次交锋[①]。七月间，他到杭嘉湖道任所后，就积极甄拔人才[②]，建议兴修海塘水利[③]，颇有作为。不久，他感到宦途中的各种阻力难以应付，而向友人程恩泽吐露出“支左还诎右”，“三叹作吏难”的苦闷[④]。终于在次年七月借口父病卸职回籍。道光二年（1822年）复出，到浙江受任江南淮海道，在未履任前曾署浙江盐运使，整顿浙江盐政，取得了“浙盐至今守其法”的成效[⑤]。

道光三年（1823年）正月，他就淮海道任仅仅十多天便被擢任苏臬。在苏臬任上，他整顿吏治，调查访问，清理十分之九积案，平反了一些冤狱，并把鸦片毒害视作社会弊端的病根所在，把“开设烟馆”者列为“游手好闲之民”，而加以严拿[⑥]。这是林则徐最早的一次禁烟活动。这一年春夏之间，江苏由于长江中下游严重水灾的威胁，加以清廷和地主阶级的逼粮催租，某些地区发生了“聚众告灾，汹汹将变”的危机[⑦]。林则徐一面反对地方大吏武力镇压，一面又采取了劝平粜、禁囤积、养耕牛等等救灾措施来缓和形势。这使处在灾情严重、吏治腐败痛苦下的人民，能暂时有条活路可走，还是有一定意义的。年底，林则徐在入觐归来的时候，奉命署江宁布政使。道光四年（1824年）秋，林则徐先后遭父母丧，在籍守制，直至十年正月方再度出仕。

从道光十年（1830年）六月起到次年七月，林则徐先后任湖北、河南、江宁布政使。他在三省做了一些稳定封建政权的工作，如在赴江苏仕途中，目睹高宝扬州一带“民田庐舍在巨浸之中”，“灾民于沿堤搭棚栖止”[⑧]的惨状，就向江督陶澍提出了解决灾民问题的十二项建议，都得到了实行[⑨]。这些措施都在客观上减轻了人民的一些痛苦，所以也博取了一定的声誉。他的“政绩”被歌谣传播

① 《林则徐传》，见《清史列传》卷三八；《琦善传》，见《清史稿》卷三七。

② 施鸿保：《闽杂记》卷四《文忠遗事》。

③ 林聪彝：《文忠公年谱草稿》（钞本）。

④ 林则徐：《云左山房诗钞》卷一。

⑤ 金安清：《林文忠公传》，见《续碑传集》卷二四。

⑥ 林则徐：《答奉化令杨丹山明府国翰书》，见《云左山房文钞》卷四。

⑦ 金安清：《林文忠公传》，见《续碑传集》卷二四。

⑧ 林则徐：《接任江宁藩司日期并沿途查勘水灾情形片》，见《林则徐集·奏稿二》页6—8，中华书局本。

⑨ 李元度：《林文忠公事略》，见《国朝先正事略》卷二五。

到“荒村野市”[①]。十月，林则徐升任河东河道总督。

河工素为弊端所在，历任河督也多因循敷衍，唯求肥己。林则徐则认为这是关系河道民生的重大问题，“必须明晓工程，胸有把握，始能厘工剔弊，化险为平”[②]。他决心“破除情面”，“力振因循”，以求“弊除帑节，工固澜安”[③]。他对河工中的秸料弊窦，亲加抽验丈量，进行了一次清理[④]。

道光十二年（1832年）二月，林则徐调任苏抚。六月初到苏州接任时，由于他过去在苏做过些有利民生的事，所以“列肆香烟相属，男妇观者填衢，咸欣欣然喜色相告曰：‘林公来矣。’”[⑤]从这年起到十六年间，他在苏抚任上对农业、漕务、水利、救灾、吏治[⑥]各方面都不惮烦劳地作出了成绩，尤其注重提倡新的农耕技术，推广新农具，广泛征询改进农业技术的意见[⑦]。他从这些实践活动中认识到人力、土地、水利和农业间的相互关系。他说：“地力必资人力，土功皆属农功。水道多一分之疏通，即田畴多一分之利赖。”[⑧]这是林则徐进行实际考察所体验到的收获。林则徐的这种农耕思想，不同于历代有些封建政治家为维护封建主义基础的农本思想；他是从改良农业经营，提高生产效率以发展经济，改善民生着眼的一种民本思想，这是林则徐经济思想中的重要组成部分。

林则徐在江苏的若干措施，使当时辗转流离的人民能够暂时得到喘息，有其一定的进步意义。然而，道光帝却斥责林则徐等报荒是“不肯为国任怨，不以国计为亟。……只知博取声誉”。江督陶澍吓得不敢再谈灾情，而林则徐毅然愿“自当独任其咎”[⑨]，继续以个人名义写了《江苏阴雨连绵田稻歉收情形片》。片中详尽地胪陈了严重灾情，并为中小地主阶级大声呼吁缓征漕赋，提出“多宽一分追呼，即多培一分元气”[⑩]的要求。这在客观上对发展生产、苏息民困起了

① 金安清：《林文忠公传》，见《续碑传集》卷二四。

② 林则徐：《补授河督谢恩并陈不谙河务请另简放折》，见《林则徐集·奏稿二》上，页9。

③ 林则徐：《接任河东河道总督日期折》，见《林则徐集·奏稿二》页12。

④ 林则徐：《查验豫东各所料垛完竣折》，见《林则徐集·奏稿三》页26—28。

⑤ 冯桂芬：《林少穆督部师小象题辞》，见《显志堂稿》卷十二。

⑥ 林则徐推行各种措施的具体内容均见《林则徐集·奏稿四至七》有关折内。

⑦ 齐彦槐：《龙尾车歌》，见《清诗铎》卷五。

⑧ 林则徐：《动用刘河节省银两拨挑七浦等河折》，见《林则徐集·奏稿四》页237。

⑨ 林则徐：《答陶云汀宫保书》，见《云左山房文钞》卷四。

⑩ 《林则徐集·奏稿四》页148—152。

有利的作用。这个奏片据说曾盛传一时，争相传抄，“远迩为之纸贵”。但与此同时，林则徐对所谓因灾“抢掠滋闹”者“分投弹压”，“严拿提审”和“照例惩办，以戢刁风”[①]，执行了封建官僚镇压反抗的另一职能。

林则徐在此时还提出了对币制问题的主张和建议。他在一篇复奏中提出了禁私铸、收小钱和定洋钱之价等等主张。他承认银昂钱贱，商民交困的现实；但却反对骤平洋钱之价和骤禁洋钱在市面流通。他第一次提出了一套自铸银币，建立本国银本位货币制度的主张。他建议一面发展正常对外贸易，增加海关洋银收入；一面逐渐抑制洋钱流通，最后将洋钱全行禁止[②]。这是从健全财政、金融和海关制度等方面着眼来保护和发展民族经济，以抵制西方资本主义的经济侵扰。这是一种具有反对外国侵略意义在内的进步主张。

这时，林则徐对烟害的认识比前有所进展。在道光十二年初的“胡夏米事件”（即英船阿美士德号在中国沿海进行侦探活动的事件）中，沿海督抚只有他和陶澍密切注视到鸦片的走私问题，并制定了严密的对策[③]。道光十三年，他在一个奏折中更指出：“鸦片以土易银。直可谓之谋财害命。……自鸦片盛行之后，外洋并不以洋钱易纹银，而直以此物为奇货，其为厉于国计民生，尤堪发指。”[④]这些都表明林则徐的“严禁论”思想在逐步形成。

三

道光十七年（1837年）正月，林则徐任湖广总督，正面临着如何对待鸦片烟害的态度问题。烟害自嘉道以来日益显著，鸦片问题渐渐成为政治性争论问题之一。道光十六年许乃济提出的“弛禁论”，目的在使鸦片走私合法化，完全投合了鸦片贩子和侵略者的口味，是出卖民族利益的谬论。它引起了反对和响应的争论。十八年，黄爵滋提出的“严禁论”把这场争论推向高潮。各地疆吏应命发表意见，在二十九件复奏中，反对严禁者二十一人，赞成的只有八人[⑤]。林则徐

① 《林则徐集·奏稿四》页148—152。
② 《林则徐集·奏稿四》页134—137。
③ 《道光朝外洋通商案》（《史料旬刊》）。
④ 《林则徐集·奏稿四》页134。
⑤ 《道光朝筹办夷务始末》卷二至五。

是“严禁论”的积极主张者和实践者。他在所上的《筹议严禁鸦片章程折》中，正式宣布自己的严禁主张，提出了六项禁烟方案，公开了四种戒烟药方以推动各省的禁烟。同时他和两湖地方大吏共同商定了“查拿总不可稍懈，收缴亦不可稍迟”的方针，积极开展禁烟活动。他又奏上《钱票无甚关碍宜重禁吃烟以杜弊源片》。这是禁烟运动中一件极重要的文献。折中具体分析了鸦片对社会经济破坏的严重性，指责了过去禁烟的不彻底，进一步提出了禁烟方案，而最后的警句“若犹泄泄视之，是使数十年后，中原几无可以御敌之兵，且无可以充饷之银”，使道光帝在经济漏卮日益严重，鸦片流毒日益猖獗的现实面前感到“银荒兵弱”、“借寇资盗”的威胁，被迫接受了严禁主张，决定禁烟，从而使原处于力量薄弱的严禁派一举掌握了领导禁烟运动的权力[①]。十月中旬，林则徐奉召入觐，十一月初十日抵京。他不顾琦善在途中相晤时所加“无启边衅”的危言威胁[②]，在连续八次的召见中，都阐述了反对鸦片和外国侵略的主张。他在第五次进见时获得了钦差大臣赴粤查办禁烟事宜的任命。这一任命引起了投降派的嫉视和朝野的惊讶，各种阻力纷至沓来[③]。但是，他不计较个人利害，慨然出都，肩负着禁烟重任赴粤。

道光十九年（1839年）正月，林则徐抵粤，目睹烟毒的严重危害和人民群众的强烈要求，他力排各种阻力展开禁烟运动。他立足于禁绝来源，进行了一系列的有效准备，制定了合乎实际的对策，终于迫使以英国侵略者为主的鸦片贩子缴出了鸦片，取得了前所未有的禁烟成绩。并于四月二十二日（1839年6月3日）在虎门海滩，将长期毒害中国的鸦片在中外人士围观赞叹和欢呼声中销毁净尽。这一震惊中外的正义行动，标志着禁烟运动的伟大胜利。

这次禁烟运动对于资本主义世界的影响与震动也是很大的。当禁烟消息传到英伦时，市场受到“扰乱”，甚至“兰顿天色昏暗愁惨”[④]。茶丝价格，“尽皆起价”[⑤]，银行利息增长[⑥]，甚至纽约市场的银根也出现了“从来未闻过有如此之紧的现象”[⑦]。这些证明了禁烟运动意义之重大。

---

① 《林则徐集·奏稿八》页598。

② 雷瑨：《蓉城闲话》，《鸦片战争》（中国近代史资料丛刊）Ⅰ，页336。

③ 雷瑨：《蓉城闲话》，《鸦片战争》（中国近代史资料丛刊）Ⅰ，页336。

④ 《澳门新闻纸》，《鸦片战争》（中国近代史资料丛刊）Ⅱ，页424。

⑤ 《澳门新闻纸》，《鸦片战争》（中国近代史资料丛刊）Ⅱ，页425。

⑥ 《澳门新闻纸》，《鸦片战争》（中国近代史资料丛刊）Ⅱ，页418。

⑦ 《澳门新闻纸》，《鸦片战争》（中国近代史资料丛刊）Ⅱ，页450。

与此同时，林则徐还在一定程度上动员群众，依靠民力，组织官兵，修整武备，不断击退侵略者的挑衅，坚决维护民族尊严和国家主权，作出了伟大的历史贡献，为自己写下了爱国者的光荣史传，赢得了“我国民主革命……从林则徐算起”[①]的光辉历史地位。可惜由于清朝统治集团怵于英军北侵的恫吓，投降势力的抬头，林则徐不幸遭到了革职处分。这标志着抵抗派在政治上的失败和禁烟运动的被破坏。消息传出后，“连日铺户居民来攀辕者，填于衢巷”[②]，还有许多人“闻其去任，或至恸哭”[③]。林则徐从群众中得到了当时一般官吏所不能得到的荣誉。

这一时期，值得注意的是，林则徐做了一件在当时极为新颖繁重、对后世极有意义有贡献的工作，就是网罗各种翻译人才，开展对西书西报的翻译。开始，他命人从英商主办的《广州周报》上翻译有关资料，即《澳门新闻纸》。又类辑为《澳门月报》[④]。除供自己参考外，还把某些部分附奏进呈给道光帝。接着，他又命人从西方报刊上摘译材料辑成《华事夷言》[⑤]；从瑞士人滑达尔所著的《国际法·运用在行为和民族主权事务的自然法则的原则》中摘录成《各国律例》[⑥]；摘译了英国僧侣地尔洼的《对华鸦片贸易罪过论》，将英人慕瑞的《世界地理大全》译为《四洲志》[⑦]。这些翻译活动，当时虽然主要为对付英国侵略者，供制定对策、办理交涉的参考，但是，林则徐却从所译资料中发现沙俄对中国的威胁，当时外刊曾报导沙俄进攻南亚和向外扩张的野心，林则徐就根据这些报导译文，亲自复按地图，并在译文后附按指出沙俄向南扩张将会对我国西南边陲的西藏带来威胁[⑧]。这些国际知识有效地促成了林则徐抗英防俄的国防思想，成为近代“防塞论”的先驱，并且推动了从十八世纪开始兴起的研究西北史地的

① 《毛泽东选集》第五卷，页490。

② 《林则徐集·日记》页372。

③ 道光二十年十二月辛未万启心奏，见《道光朝筹办夷务始末》卷十八。

④ 陈原：《林则徐译书》（1961年5月4日《人民日报》）。

⑤ 《鸦片战争书目解题》，见《鸦片战争》（中国近代史资料丛刊）Ⅲ，页506；又陈原：《林则徐译书》一文认为《华事夷言》摘译自德庇时的《中国人》。《华事夷言》译本载《海国图志》卷八三。

⑥ 译文两份见《海国图志》卷八三。

⑦ 《四洲志》中俄国部分后专辑为《俄罗斯国纪要》，光绪十年五湖草庐将此书与姚莹纂辑的《俄罗斯方域》及《记英俄二夷构兵》（林则徐所译西报资料）合刊流传。是近代讲俄国问题的专著。

⑧ 《鸦片战争》（中国近代史资料丛刊）Ⅱ，页494。

学术风气。林则徐以尊贵的“钦差大臣”身份组织翻译西方书刊的活动，努力探求新知，甚至亲自接待“夷人”，征询意见，这在自我闭塞的清朝中叶，确是违反封建体制的勇敢行为。林则徐对当时内外形势的认识水平已远远超出了他的同时代人物。这些不仅对当时制定对外策略上发挥重要作用，而且对近代思想界有启蒙作用，许多封建知识分子纷纷起来探求新知。魏源据《四洲志》而撰的《海国图志》、徐继畬的《瀛寰志略》、汪文泰的《红毛番英吉利考略》和梁廷枏的《海国四说》等等著述活动，都是以林则徐的止足点作为自己的起步处，继承了林则徐探求新知的思想传统。十九世纪末的戊戌变法领导人康有为也推崇林则徐的探求新知“为讲求外国情形之始”[①]。从这些作用和影响看，范文澜同志说林则徐是“清朝开眼看世界的第一人”[②]，确是恰当的历史评价。

林则徐被革职后，幻想挽回败局，写了他在禁烟运动中的最后一个文件《密陈办理禁烟不能歇手片》，历陈自六月份以来粤海防范情形，坚决要求继续推行严禁政策，指出了侵略者“夷性无厌”的本性。他不顾个人得失，表示了“一身之获咎犹小，而国体之攸关甚大”的抵抗派胸襟。一面要求去浙东“图功报效”[③]，一面在广东仍向奕山等提出有益建议，雇勇训练，做好备战工作[④]。

道光二十一年（1841年）四、五月间，林则徐在浙东做了许多有益的工作，但仍然没有逃脱革职遣戍的命运。他在赴戍途经镇江时，晤见好友魏源，二人同宿一室，对榻倾谈。魏源接受了林则徐的委托，决定利用《四洲志》的全部资料纂集《海国图志》。魏源还写了《江口晤林少穆制府》诗二首以纪事。诗中“方术三年艾，河山两戒图”的“两戒”就是指西北和东南两处边界而言[⑤]。这反映了两个具有爱国思想的士大夫，在抗英防俄问题上的共同担忧。正在这时，由于在东河主持河工的协办大学士王鼎的推荐，林则徐到东河效力赎罪。一般来说，工竣是可能得到宽赦的。但是，道光帝为了冲淡琦善等的误国卖国罪行，断绝抵抗派再起的希望，所以工竣时仍将林则徐遣戍新疆。

林则徐已经是一个政治上的失败者，但他在戍途中所写的诗文，依然洋溢着未能遗忘国事的爱国热情。他在临登戍途时写下了“苟利国家生死以，岂因祸

① 《戊戌变法》（中国近代史资料丛刊）Ⅳ，页408。
② 范文澜：《中国近代史》。
③ 《林则徐集·奏稿十》页883。
④ 《林则徐集·日记》页383；林则徐致潘德舆函，见《海山仙馆藏真三刻》卷一。
⑤ 《魏源集》页781，中华书局本。

福避趋之”的充满了爱国热情的名句[①]。行抵兰州时，他在致友人函中又表达了不忘国事的心情：“逆焰已若燎原，身虽放逐，安得委诸不闻不见？”[②]及出玉门，他又在复寄早在戍所的邓廷桢的诗中说：“中原果得销金革，两叟何妨老戍边！”[③]林则徐的这种胸怀，使他在鸦片战争期间成为卓立于清朝统治集团中的优秀人物。

十一月初九日，林则徐抵达伊犁。从此，他开始了在新疆的遣戍生活。

四

林则徐在戍所受到伊犁将军布彦泰的重视。布彦泰经常向林则徐咨询一些事务，并派他掌握粮饷处事[④]。这种优遇给林则徐在新疆有所建树提供了方便。

道光二十三年（1843年）闰七月，邓廷桢被召用。林则徐在送邓东归的诗中写道：“白头到此同休戚，青史凭谁定是非？”[⑤]林则徐坚信自己推行的禁烟事业是正确的。他把事情的功过付之于历史的论断。

道光二十四年（1844年），伊犁将军布彦泰奏请派林则徐承办新疆开垦事宜，得到了清廷的允准。这是将重被召用的一种先兆。于是，林则徐自备旅费，亲历库车、阿克苏、乌什、和田、喀什噶尔、叶尔羌、伊拉里克和塔尔纳沁等处，兴修水利，开荒屯田，改易兵制等等。经过一年的苦心经营，成效大著。他“周历天山南北二万里，东西十八城，浚水源，辟沟渠，教民农作”，计辟各路屯田三万七千余顷，出现了“大漠广野，悉成沃衍，烟户相望，耕作皆满”的景象，取得了“合兵农而一之，岁省国家转输无算”[⑥]的效果。这样不仅为清廷节省一大笔支出，更重要的是进一步巩固了清朝对新疆地区的管理权，加强了西北的边防。与此同时，林则徐还在所历各地积极推广和介绍内地的先进生产工具和

---

① 林则徐：《赴戍登程口占示家人》，见《云左山房诗钞》卷六。

② 林则徐：《遣戍伊犁行次兰州致姚春木王冬寿书》，见《鸦片战争》（中国近代史资料丛刊）Ⅲ，页567。

③ 林则徐：《将出玉关得嶰筠前辈自伊犁来书赋此即寄》，见《云左山房诗钞》卷六。

④ 《林则徐集·日记》页438；刘长华：《鸦片战争史料》，见《鸦片战争》（中国近代史资料丛刊）Ⅲ，页173。

⑤ 林则徐：《送嶰筠赐还东归》，见《云左山房诗钞》卷七。

⑥ 金安清：《林文忠公传》，见《续碑传集》卷二四。

技术，如改进“坎儿井”，使吐鲁番这个“亘古无雨泽”的火州赤地变成了“沃壤”[①]；教民制纺车，学织布，促进了新疆棉纺织业的发展。后来，人们为了纪念他的业绩，称为“林公井”和“林公车”[②]。林则徐为了便于履勘荒地，整顿垦务，搜求了清代管理经营新疆的资料，而以屯田情况为主，并从见到的《京报》中摘录了东南沿海的情况和部分官员异动的消息，辑成了《衙斋杂录》[③]，此书的辑录说明林则徐对新疆的建设和政局的变化相当关心。

林则徐在遣戍期间，通过实地考求，敏锐地觉察到来自西北方面的侵略势力的隐患。道光二十三年七月，他在写给喀什噶尔领队大臣开明阿的诗中，就提醒人们不要为“三载无边烽，华夷悉安堵”的假象所迷惑，而要积极加强边防，迅速补救过去的不足以应突然变故；也只有加强边防，同心协力，才能使敌人慑服，不敢轻举妄动。他在诗中表露自己的这种防塞思想说：

> 嗟哉时事艰，志士力须努。薪火难测，亡羊牢必补。从来户牖谋，彻桑迨未雨。矧当冰檗秋，敢恃干羽舞。蜂虿果慑威，犬羊庶堪抚。将士坚一心，讵不扬我武。[④]

这种大声疾呼，表明林则徐看到了西北边防已面临非引起重视不可的严重地步了。而当时只有像林则徐这样具有政治敏感和卓识远见的人才能看到这一点！

五

道光二十五年（1845年）十一月，林则徐得到了以四五品京堂回京候补的赦令。于是一面结束查勘地亩的工作，准备启程，一面又兴奋地写下了“纪恩述怀”诗四章。他的得赦在士大夫中引起了一定的反响，邓廷桢、姚莹、宗稷辰、方士淦等都写诗赠贺。姚莹诗中的“五年中外同翘首，一夕乌孙报赐还；明诏应收父老泪，花砖仍冠上卿班”[⑤]诗句表达了他们共同的欢愉心情。林则徐也写了

① 《河海昆仑录》卷四，《新疆图志》卷二。

② 《新疆图志》卷二九。

③ 《衙斋杂录》无传刻本，原件旧藏福州林承如先生家。作者藏有抄本。

④ 林则徐：《送伊犁领军开子捷（明阿）》，见《云左山房诗钞》卷七。

⑤ 姚莹：《后湘诗续集》卷四，又见《康輶纪行》卷十五《林制军内召》条。

一些答诗，诗中有感恩、有喜悦，但也感叹自己的垂老弩末[①]。这时他的中心思想是“重来辇毂恋红尘”[②]，“还向春明寻旧侣”[③]。他希望回京觐见道光，会晤旧友，倾诉离情，但是，他未能得到满足！

林则徐赦还入关时，曾有人以英国侵略无所底止一事相询。林则徐对此加以分析说：

> 英夷何足深虑，其志不过以鸦片及奇巧之物劫取中国钱帛已耳。予观俄国势日强大，所规画布置，志实不小。英夷由海道犯中国实难，但善守海口，则无如我何！俄夷则西北包我边境，南可由滇入，陆路相道，防不胜防，将来必为大患，是则重可忧也。[④]

林则徐的防俄思想已经颇为明确了。

途中，他奉命署理陕甘总督，道光二十六年（1846年）七月，接任陕西巡抚。当时，陕西连年灾歉，民生困苦，社会动荡，以致反抗时起，力量很大，“不独兵役避其凶锋，即州县营员亦不免望而却步”，林则徐难以认识其缘由，而把它归之于官吏的“畏累之心”，以致“讳饰因循，渐至养痈贻患”[⑤]。不过，他对灾荒的现实状况仍然采取了一些具体措施，如实行平粜，收养灾民，劝令“有力之户量出钱米，各济各村”[⑥]，并且采取“官为收牛，偿其值，劝富民质牛予以息”[⑦]以保护耕牛，保证来年的农业生产。这些措施对解决由灾荒造成的燃眉之急还是有一定作用的。

道光二十七年（1847年）三月，林则徐任滇督。他采取了不同的手段和对策，镇压少数民族的反抗活动。同时也很注意开发矿藏，提出了自己的见解和主张。他在道光二十九年（1849年）二月间，议复有关云南开矿问题的奏折中，叙述和分析了云南过去开矿的情形，并提出了对勘采、管理等方面的见解。他主张对矿藏资源要仔细认真地勘查；他反对那些认为开矿会聚乱民的封建观点，鼓励

---

① 答诗均见《云左山房诗钞》卷八。

② 林则徐：《纪恩述怀》，见《云左山房诗钞》卷八。

③ 林则徐：《次韵嶰筠喜余入关见寄》，见《云左山房诗钞》卷八。

④ 欧阳昱：《见闻琐录后集》卷九《耆英》。

⑤ 林则徐：《请将渭南县余炳焘量加鼓励折》，见《林则徐集·奏稿十二》。

⑥ 林则徐：《酌筹平粜粮抚亟贫片》，见《林则徐集·奏稿十二》页950—951。

⑦ 李元度：《林文忠公事略》，《国朝先正事略》卷二五。

私人开采，提倡商办为宜等等[①]。这些都反映了他的经济思想包含着一种萌芽中的资本主义思想。这对当时推动社会生产力的发展是有利的。

道光二十九年六月，林则徐由于某些事情遇到掣肘和棘手，更重要的是自从召还以后，虽然不断升迁，但一直不允准他的入觐要求，而且职任愈调愈远，竟使这个久经宦海风波的“良臣”也在诗句中流露出“除书频奏姓名标，自入关来未入朝”[②]的苦闷。他感到不能再在仕途上恋栈下去了，于是便以体弱多病为借口，告归回籍，结束了一生中的政治生涯。

六

道光三十年（1850年）三月，林则徐返抵福州，恰恰道光的讣讯也到闽。他出于对道光的忠诚与感恩，追怀了三十年过程中的知遇、特达、信任、遣戍、召还和起用，不禁“恸哭攀髯”[③]，他感到自己的政治生活将随着道光帝的死而完全结束，准备在家乡度过恬静的晚年生活。但是，英国侵略者违背约言，强居福州城内乌石山的神光、积翠二寺的恶行，引起了他的莫大反感和憎恨。他在致友人函中表述了这种心情。他鄙视那些无所作为的疆吏是不足与谋的，他想再度出山与侵略者抗衡，但又感到无能为力而想逃避，心中交织着种种矛盾[④]。最后，他在当地人民反抗侵略者的激情影响下，毅然联合爱国士绅共谋驱英，终于迫使英人退居城外。他又担心英人利用炮舰从海上干扰和威胁，便亲历海口，认真设防。这些爱国行动触怒了力主对外投降的福建地方督抚。这些人准备弹劾林则徐破坏“抚局”；适逢其会，正遇到咸丰帝即位“登极求贤”的时机，林则徐已在潘世恩、杜受田等重要大臣推荐下准备召用，因而避免了遭受迫害。

林则徐居乡时一直关心时事。当时人们大多集中目光于西方国家从海上来的侵略，而林则徐根据自己多年来在新疆的实地考察，结合当时沙俄胁迫清廷开放伊犁、塔城的现实，独抒己见，指出了沙俄威胁的严重性：

时方以西洋为忧，后进咸就公请方略。公曰：此易与耳！终为中国患

① 林则徐：《查勘矿厂情形试行开采折》，见《林则徐集·奏稿十三》页1145—1151。

② 林则徐：《袁午桥礼部甲三闻余乞疾寄赠依韵答之》，《云左山房诗钞》卷八。

③ 金安清：《林文忠公传》，见《续碑传集》卷二四。

④ 林则徐：《致苏鳌石书》（钞件）。

者，其俄罗斯乎！吾老矣！君等当见之。然是时俄人未交中国数十年。闻者惑焉。[①]

这一卓见反映了林则徐防海、防塞并举而着重防塞的反侵略思想已基本形成。他在人们尚处于“惑焉”的情况下能有此目光，确是难能可贵的。林则徐之所以能如此，一方面由于从鸦片战争以来，他能超脱一般封建士大夫的局限，不闭目塞听，吸收了新的国际知识，另一方面也因在新疆的实践活动而有了坚实的材料依据，所以他才能做出肯定的判断。此后中国近代史上，沙俄对西北地区的侵略扩张，更证明林则徐这一预见的可贵。

这年九月，广西爆发了由洪秀全领导的拜上帝会和其他会党的反抗，清廷惊惶失措，急速起用林则徐，任命他以“钦差大臣”的名义赴桂。林则徐受到时代和阶级的局限，无从认识这次反抗斗争所造成的遍地烽火的伟大气势。他竭诚维护封建地主阶级利益，奉命的次日，立即抱病登程。

道光三十年十月十九日，林则徐在赴桂途中，由于国内外敌对者的暗害[②]，卒于潮州普宁行馆。这位反抗外国侵略者，为中华民族建立业绩的历史人物，却

---

① 李元度：《林文忠公事略》，见《国朝先正事略》卷二五。

② 关于林则徐的死相沿都认为是病卒途中。对林卒前大呼“星斗南”也莫得其解。实际上，林则徐是遇到内外敌人的暗害而死的，根据如次：

一、“星斗南”一词，根据福建厦门大学杨国桢同志见告，“新豆栏”与“星斗南”在福建方言中，语音相同。新豆栏系十三行所在街名。林则徐卒前，对暗害事恐已有所察觉。“星斗南”一词于此亦可得其解。

二、据厦门大学杨国桢同志见告，在当地及林氏后人处采访，均有被暗害之传说。

三、笔记杂著中的资料二则：

A. 张幼珊：《果庵随笔》引林则徐曾孙林兰岑（梵宣）的话说：

“禁烟事起，广州之十三行食夷利者，恨林公则徐刺骨。……后公再起督师粤西，彼辈惧其重来，将大不利，则又预以重金赂其厨人某谋施毒。公次潮阳，厨人进糜，而以巴豆汤投之。巴豆能泄泻，因病泄不已，委顿而卒。或劝其公子穷究其事。清例：凡毒死者，须开棺验视，家人忍而不请。其时疆吏虽微有所闻，亦不欲多事。”

B. 王逸塘：《今传是楼诗话》页304引张之洞族侄张祖继（字飏民，张之洞幕客）诗集《飏民诗草》中《拜林文忠小象》诗及自注说：“飏民以布衣从族祖文襄公游粤游楚，老于记室，以诗自娱，光绪末卒，年八十余矣。所著《飏民诗草》，文襄为选入《思旧集》中。《拜林文忠小象》云：‘为谢金人詈李纲，英姿想见詟重洋，伤心新豆阑犹在，竟死奸民一寸香。’自注：‘新豆阑，广东要地。公临殁连呼之，人讹为星斗南。孝达公莅此，始悟其语，恐世不知，告予记之。此亦可备史料者。’”

据此，林则徐之被暗害似无可疑。

在奔向镇压国内反抗的路途中，结束了自己的一生。

十月二十四日，清廷以林则徐继任广西巡抚，同时发布了贬斥穆彰阿、耆英等投降派的上谕来抚慰林则徐。孰知这位堪供驱使的“良臣”，已在五天前离开了人世。

林则徐的死，引起了地主阶级极大的震悼和惋惜。清朝统治者给他以悼恤，赠谥、赐联、赐祭和赐碑等“哀荣”，地主阶级中的代表人物也都纷纷以诗文抒发他们的哀思，清人的诗文集和笔记杂著中，广泛地记载着林则徐的遗闻轶事。滇、陕、苏各省先后为他立祠。所有这些，都是他尽瘁于封建地主阶级所得到的“荣誉”；但他真正值得纪念的，却是他在反鸦片斗争中的历史贡献，和对中国近代维新思想的启蒙作用。

——为鸦片战争140年，纪念林则徐逝世130年而作

原载于《新疆大学学报》（哲学人文社会科学版）1980年第4期

论林则徐的历史价值

林则徐是中国近代史开端时期中华民族的民族英雄。他以在政事、外交诸活动中所取得的业绩显示其应有的历史价值。

一、揭光荣之史篇

18世纪中叶以后，英国侵略者以“鸦片”作为手段来改变其对华贸易的入超地位，至19世纪30年代果然如愿以偿，达到了对华“贸易”的出超地位；但“鸦片”并不是一般的正当商品，它的输入，不仅严重地破坏中国的财政金融和人民的经济生活，而且还险恶地腐蚀和毒害中华民族的精神和躯体。它理所当然地激起中国人民的正义抵制，甚至在统治集团内部也围绕“鸦片”问题展开了激烈的论战。

在这样的社会剧烈变动中，林则徐毅然站到反对外国侵略者的前列。早在道光十二年的“胡夏米事件”中，他就非常警觉地注意到鸦片走私问题而采取了严厉的对策。次年，他在一份奏折中更非常明确地指斥鸦片输入是一种谋财害命的行为，并且“其为厉于国计民生，尤堪发指”①，表现出他反鸦片输入的鲜明态度。从此以后，林则徐不仅在言论上主张严禁，而且还在湖广等地推行严禁政策。他终于以“若犹泄泄视之，是使数十年后，中原几无可以御敌之兵，且无可以充饷之银”②的警句震动了道光帝的心弦，授予他钦差大臣的职权，到广东去查禁鸦片和抵制外来侵略势力。道光十九年正月二十五日，林则徐抵粤，展开了轰轰烈烈的禁烟运动，迫使英国侵略者交出鸦片19187箱，又2119袋。并从四月

① 《林则徐集·奏稿四》第134页。

② 《林则徐集·奏稿八》第598—601页。

二十二日（6月3日）到五月十一日（6月21日）近二十天内，林则徐亲临虎门，监销毒品。这一壮举宣告中华民族在面临外国侵略者欺辱时，不是俯首帖耳，任人宰割，而是奋然崛起，表现出一个民族应有的巍然气概。禁烟运动使伦敦市场发生“天色愁惨昏暗”的“扰乱”，茶丝和银行利息为之增长，纽约市场的银根出现前所未有的紧张。

英国侵略者不甘心于自己的失败，经过精心谋划，正式指令义律等积极破坏禁烟运动，并调兵遣将进行军事挑衅活动。道光十九年七月二十七日（1839年9月4日），中英之间终于爆发了九龙之战，接着又有穿鼻海战和官涌六役。至于1840年英国大量派遣侵略军只不过是这些军事挑衅的继续和扩大而已。

1839年6月的“禁烟运动”是以反对外国侵略者利用毒品毒害中国，侵略中国为主旨的爱国运动；9月的九龙海战是对英国侵略者军事挑衅进行抗击的英勇行动。它们都是中国近代史开端的重大事件，足以作为划分历史阶段的界标而无愧。因此，1839年，中华民族已以光荣而英勇的步伐迈入了近代，揭开了中国近代史的帷幕[①]。

鸦片战争确切点说，应该是“反鸦片战争”，而“禁烟运动”便是它的第一幕。因此，“禁烟运动”推行之始，实际上当时社会的主要矛盾已开始以封建的中国反对资本主义侵略者——英国的形式出现；并且这一矛盾已经发展到用战争这一解决矛盾的最高形式来解决的程度。当然，这种反对鸦片的斗争不能单纯地理解为反对鸦片，而是反对外国侵略者企图通过鸦片以求达到奴役中国为目的的反鸦片战争。中国近代史以反侵略斗争的业绩为其开端，这是中国近代史的光荣开始，也是中华民族历史上光辉的一页。而林则徐则是这一伟大的爱国抗击斗争中的主将，他因此而赢得“我国民主革命……从林则徐算起”[②]的评价。这充分显示了他揭开中国近代史光荣史篇的光辉历史地位。

二、扬民族之精神

林则徐从禁烟运动到抗击挑衅的一系列活动中，态度坚决，措施确当，无媚

① 关于中国近代开端年代，笔者于50年代就提出以1839年为标界，虽应者寥寥，但笔者至今仍持这一观点。

② 《毛泽东选集》第5卷，第490页。

外惧外之态，有公忠体国之志，有谋有略，指挥若定，他之所以能取得辉煌业绩的主要原因之一是在实践中逐步树立了依靠民力的思想。他的这种依靠民力思想客观上在支持群众的抗英活动而振兴起中华民族固有的无畏精神。林则徐“知西人极藐水师而畏沿海枭徒及渔船蛋户”，而“所有沿海村庄，不但正人端士，衔之刺骨，即渔舟村店，亦俱畏其强梁”[①]。所以他决心号召民间丁壮，发挥他们对英国侵略行为的仇恨，组织火攻；在迫使义律缴销毒品时，原受雇的群众也纷纷离职，使外国侵略者的生活秩序混乱，不得不应命缴烟。虎门销烟时，美国船长弁逊和传教士裨治文等十人，心怀叵测地来窥伺情况，他们经过反复考察销烟过程和结果，只能承认“销化是真”，他们希望禁烟运动以中国官员借题贪污而中途夭折的梦幻彻底破灭，以致不得不向林则徐摘帽敛手“以表其畏服之诚”。

虎门销烟充分表现了中华民族不畏强权的精神，并以此壮举向全世界宣告中国人民的高尚情怀与纯洁意志。这正如范文澜教授所指出那样：

> 这一伟大行动（指禁烟运动）是以林则徐为代表，第一次向世界表示人民的纯洁的道德心和反抗侵略的坚决性，一洗百余年来被贪污卑劣的官吏所给予中国的耻辱。[②]

这种精神在反鸦片战争的整个过程和其后的种种活动中都鼓舞着中国人民进行反对外国侵略和统治者卖国投降的斗争。其震撼中外而表现中华民族无所畏惧的英雄气概的莫过于道光二十一年四月初九日在广州近郊爆发的三元里“平英团”的抗英斗争。

道光二十一年四月初七，英军围攻广州后，即在广州城郊烧杀抢掠，无所不为，甚至挖坟掘墓、劫取财物、暴尸析骸、淫掠妇女，激起了当地居民的极大义愤。英军不仅不有所敛迹，反而变本加厉地肆行残暴，特别是对三元里一带村落更是“恣其淫掠，人人为之发指”，英国侵略者更进而派兵进扰，蓄谋残杀无辜，不意被三元里人民所围歼，遭到了惨重的失败。这次斗争遏止了英军得寸进尺的贪欲，大振了人民的正气，当时的新闻报道曾论其事，认为英军“自破虎门以来，鸱张豕突，玩易中国，未有如此受创者”[③]。在这次斗争中，反抗群众还发布了若干文告，其中《尽忠报国全粤义民申谕英夷告示》一文特别指斥英国侵

① 《道光朝筹办夷务始末》卷八，第6页。

② 范文澜：《中国近代史》。

③ 黄钧宰：《金壶七墨》。

略者："尔既枉称利害，何以不敢在林大人任内攻打广东？"[①]足证林则徐抗英精神的深远影响。

正是由于林则徐在禁烟运动和反鸦片战争中依靠民力，发扬民族精神，遂使广州地区在以后岁月中都能坚持抗敌行动，并且由于有林则徐这面镜子而使群众认清琦善、余保纯等人的卖国，反帝反封建卖国的斗争蓬勃开展。这种反侵略反卖国投降的思想，在以后的太平天国革命、义和团反帝运动和辛亥革命各历史时期里，逐步得到丰富和充实，充分体现中华民族的英勇战斗精神。这不能不推本溯源于近代史开端时期，林则徐对民族精神的提倡发扬。称林则徐以其言行扬民族之精神，洵无愧色。

三、树为政之楷模

林则徐浮沉宦海近四十年间所面临的政局正是清朝吏治腐败，政事颟顸因循之际。林则徐在入仕初期即已目睹官吏残民的恶行而以诗篇记其愤慨说：

> 呜呼利禄徒，宇诋何少恩，所习乃脂韦，所志在饱温。色厉实内荏，骄昼而乞昏，岂其鲜才智，适以资攀援。模棱计滋巧，刀笔文滋繁，峻或过申商，滑乃逾衍髡。牧羊既使虎，吓鼠徒惊鹓，有欲刚则无，此际伏病根。[②]

林则徐在诗中鄙弃和谴责一味阿谀取容、阘茸颟顸、暮夜乞怜、寡廉鲜耻的利禄之徒，只不过是一伙羊群之虎，尖刻刁滑的害民贼而已。所以，他一反颓风，所至之处，关心民瘼，兴利除弊，惠民政绩，难以尽述，兹择例说明。

（一）兴修水利

水利河工是清朝吏治中积弊之一。林则徐早在嘉庆末年任监察御史时即曾清查南河工程拖延的弊端而获声誉，受到重视，先后担任官办江浙水利和督修南河河工重任，终以成绩卓著而提任河东河道总督。他接任之初即决心"破除情面"，"力振因循"，而达到"弊除帑节，工固澜安"的目的。他更超越俗吏的率由旧章，不局限于传统的文字指画，而采取较科学的图表指示，作施工依

① 《鸦片战争》（中国近代史资料丛刊）Ⅳ，第18页。
② 林则徐：《云左山房诗钞》卷二。

据，使全河形势“孰险孰夷，一览可得，群吏公牍，不能以虚词进，风气为之一变”[①]。

林则徐根据多年经办河工水利的实际经验，认识到兴治水利对农业生产的重要，因此他任官东南地区时的疏浚河道，开渠凿井，修塘筑堤无不卓著成绩。道光十九年，他更综括各种资料完成了一部有关农田水利的优秀著作——《畿辅水利议》。这一著作总结了历史上北方农田水利的经验并加以系统化，证明北方可发展水田、栽种高产作物，改善人民生活。这一著作在当时和对后世都有过一定的影响。这一认识，在他遣戍回疆时犹未变初衷，如在赴吐鲁番途中见到当地民间水利设施——“坎井”，便认为有利于改变农田水利条件而加以改进推广。

（二）赈荒救灾

林则徐的政声有不少来自赈荒救灾的成绩。道光三年春夏之间，江苏由于长江中下游严重水灾的威胁，加以清廷和地主阶级的逼粮催租，某些地区发生了“聚众告灾，汹汹将变”的危机。林则徐时任苏臬，一面反对地方大吏的武力镇压，一面又采取了劝平粜、禁囤积、养耕牛等等救灾措施来缓和形势。这对处在灾情严重、吏治腐败痛苦下的人民，能稍有松缓，还是有一定意义的。道光十年，林则徐在赴江苏布政使任途中，目睹“民田庐舍在巨浸之中”，“灾民于沿堤搭棚栖止”的惨状，曾提出救灾十二项建议，并在江督陶澍支持下得到实施。林则徐救灾赈荒诸施政对发展生产、苏息民困、稳定社会等方面客观上起到了有利的作用。

（三）改善漕运

漕运也是清朝弊政之一，林则徐在道光十二年就任苏抚时就较全面地论述漕弊说：“漕务已成痼疾，辗转生奸……不独州县之浮勒，旗丁之刁难，胥吏之侵渔，莠民之挟制，均为法所不宥。即凡漕船经由处所，与一切干涉之衙门，在在皆有把持，几乎无一可恕。……漕额愈大之州县，仓库愈不完善。其致弊之故，人人能言；而救弊之方，人人束手。”

林则徐针对这些痼疾，提出了一条既坚决而又灵活的原则建议，即“当执法者不敢以姑息启玩心；当设法者不敢以拘牵碍大局”[②]。并根据其长期的宦途阅

① 金安清：《林则徐传》，见《续碑传集》卷二四。

② 《林则徐集·奏稿四》第43—44页。

历和经世学识提出四项纠正漕弊办法，即：正本清源、补偏救弊、补救外之补救及本源中之本源。每项下尚有具体解决办法，成为一篇完整的整理漕弊的重要文献。

（四）发展生产

革除弊端是林则徐为政的消极对策，而发展生产则是其积极措施。他很注重农业生产，推广新的农耕方法——“区田法”、龙尾水车和双季稻等等，都取得于民有利的效果。即使在西戍时期，依然奔波回疆，调查研究，开垦荒地，使新疆的“大漠广野，悉成沃衍，烟户相望，耕作皆满”[①]。但林则徐并未局限于以农为本。他在云南时认真地对待开矿问题，反对那些认为开矿会聚集乱民的观点，鼓励私人开采，提倡官督商办，并制定宽铅禁、减浮费、严法令、杜诈伪等四项章程以整顿和发展云南的矿业生产。林则徐为了发展生产，对商品和商人的作用也有所认识，主张给商人以货款、免税和严禁需索等优惠条件以加速商品流程。

此外，在调协官民与民族间的关系，在国防建设上主张塞海两防，在吏治上的清理积案、积牍等等都表现了林则徐的卓异政绩。林则徐在宦海浊浪中，树为政之楷模，允称一代名臣。

四、开一代之风气

林则徐虽然长期接受封建教育，但他由于青年时期曾受教于福建经世学家郑光策和陈寿祺之门，研读过《天下郡国利病书》和《读史方舆纪要》等经世致用的著作，又曾亲至“通洋正口”的厦门观察和研究社会情态，所以并不自我封闭，而在一定程度上能接受外来事物并善加选择。在反鸦片战争中，他根据外交和军事的需要，网罗各种人才，开展对西书西报的翻译，除供自己参考外，还把某些部分附奏进呈给道光皇帝。他将英人慕瑞的《世界地理大会》译为《四洲志》，成为日后魏源撰《海国图志》的主要依据。

这些翻译西书西报的活动，虽然主观上为对付英国侵略者，供制定政策、办

① 金安清：《林则徐传》，见《续碑传集》卷二四。

理交涉的参考，但却开启了对世界情况了解的风气，并从中发现某些值得注意的问题，如从所译资料中发现沙俄对中国的威胁。这些国际知识有效地促成了林则徐抗英防俄的国防思想，成为近代“防塞论”的先驱，并且推动了从18世纪开始兴起的研究西北史地的研究风气。道光十九年十一月十一日，林则徐亲自在广州接见滞留广州的英国遇难船员15人表示慰问，并向他们宣传和咨询下列事务：探询英国本土是否已知中英间发生战争；指出鸦片危害，表达中国的禁烟决心；了解美国和土耳其情况以及邀请人员帮助修改译稿和致英王书等[①]。

林则徐以封建时代最尊贵的钦差大臣身份却公然翻译外书外报，探求海外“奇技淫巧”的新知，更不惜纡尊降贵接待极为平常的英国遇难船员，搜访“洋情”，这在自我闭塞的清代中期，的确是难能可贵的惊人之举。这不能不说是一种违反封建体制的勇敢行为。这种行动证明林则徐的思想认识水平已远远超出了他的同代人。他的这种活动不仅在当时制定抗英策略和对沙俄窥伺野心预见上都发挥了重要作用，而且对近代的思想界起了重要启蒙作用，许多封建知识分子都在新风气影响之下纷纷起来探求新知，介绍西方，为古老的中华增添活力。魏源据《四洲志》而撰的《海国图志》、徐继畬的《瀛寰志略》、汪文泰的《红毛番英吉利考略》和梁廷枏的《海国四说》等等著述活动都是以林则徐的止足点作为自己的起步处，继承了林则徐探求新知的思想传统。19世纪末的戊戌变法领导人康有为推崇林则徐的探求新知“为讲求外国情形之始”，而且在某种意义上说还进行了见诸实践的试验。从这些对当时和后代的重大作用与影响看，范文澜教授说“林则徐是清朝开眼看世界的第一人”，确是恰当的历史评价。林则徐开一代之风的辛劳，实不可没。

五、结语

林则徐在中国近代历史开端时期，以揭光荣之史篇、扬民族之精神、树为政之楷模和开一代之风气等四大功绩，赢得其应有的历史价值，而为后世所讴歌与尊崇。

原载于《鸦片战争博物馆馆刊》1991年第2期

① 宾汉：《英军在华作战记》，见《鸦片战争》（中国近代史资料丛刊）Ⅵ，第321—326页。

林则徐研究与林学研究

历史人物是历史研究中的重要领域之一，研究者可以对某一人物的生平事迹、历史贡献以及学术造诣等进行充分论述和全面评定，但并不是所有的历史人物都能作为专学来研究的。那么，一个历史人物究竟必须具备哪些条件，才能作为一门专学加以研究呢？我认为，至少应具备以下几个条件：1. 这个人物必须有一套完整一贯的主导思想，指导其一生的事功与学行。2. 这个人物的历史贡献与学行的成就，必须有崇高的历史地位，具有划时代的标志性意义。既继承和弘扬民族的优秀传统，又对同时代人有所影响，更为后世树立典范。3. 这个人物本身遗留有大量有关自身的各种形式的原始资料，保存比较完整，足供他人作研究根据。4. 这个人物拥有足够数量的研究者和广阔的研究空间。5. 这个人物对现实社会生活各方面有借鉴与启迪作用。

如果按上述条件来衡量林则徐的一生，他是否具备作为专学来研究的条件呢？这里不妨作一比照：1. 林则徐从小接受中国传统文化优良部分的教育，青少年时代，在鳌峰书院诵习经世之学；入仕前作吏于基层，即关心厦门等地的烟毒害民；入仕后，所至各地，不论官位大小，都全力关注民生，整顿吏治。在抗击外敌时，亦深知民力之可靠，奋力捍卫民族尊严；及至遣戍告归，亦时刻关心民瘼，为民兴利。这些都构成他以爱国精神为核心的民本思想，并以这一思想指导其一生言行。2. 林则徐的一生行事，不是独善其身的个人行为，他还以他的思想行为影响周围人物，造成一代风气。当他任官江苏时，结识和团结了一些中层以上的地方官员和有政治实力的乡绅文士。如陶澍、梁章钜、百龄、潘奕隽、潘曾沂、齐彦槐、姚莹、李彦章和冯桂芬等，在交往中，沟通思想，取得了事业上的合作。在反鸦片斗争中，他以他的爱国情操影响了一大批高级官员，如邓廷桢、关天培、怡良等共同抗击英人的入侵，发扬中华民族不辱的气节。他还以勇敢地接受西方知识的行动影响了梁廷枏、张维屏、魏源等知识分子，摆脱旧有的束缚，努力地探求西方的新知，并形成有清一代注重西北开发问题的风气。3. 林则徐不仅有实践，还有从实践中升华的理论，并有形之于文字的大量文献遗存。内容丰富，体裁多样，如奏疏、公牍、日记、信札、诗文等等，不一而足，并多已经后人加工整理，研究使用，极为方便。除中华书局出版的《林则徐集》（奏稿、日记、公牍）外，尚有陈胜粦教授的《林则徐奏稿·公牍·日记补编》以及各种书信的编辑和注释。1995年，在纪念林则徐学术讨论会上，各地学者们发出重新编纂林则徐全集的呼吁。次年，几经多数专家学者公议，成立全集编委会，历时六年，终于在2002年9月出版了《林则徐全集》，包括奏折、文录、诗词、信札、日记、译编等六部分，另有书法专卷，图文并茂，400余万字，使林则徐研究进入一个更高层次、更深入研究的境界。4. 对林则徐的研究，不仅仅是少数人的研究课题，而是拥有一个数量较多的研究群体。自上世纪五十年代开始特别是八十年代以后出现的林则徐研究热，更是学术界所共睹的事实，得到了前所未有的重视，召开了若干次有关林则徐的纪念会和学术研讨会，成果累累。专著如陈胜粦教授的《林则徐论稿》、杨国桢教授两次增订的《林则徐传》和我三次编订的《林则徐年谱新编》以及萧致治、林庆元教授等的有关传记和撰著，多已为学术界所接受。至于专门论文更是不计其数。近几年，原始资料如日记、书札和金石碑文等也层出不穷。林则徐的主导思想是以爱国主义为核心的民本思想，他以抗击英国侵略的言行，依靠民力，鼓舞民气，成为中国近代为人歌颂的民族英雄。而他在仕宦所经地方，在救灾、整顿吏治、发展农业生产、兴修水利等方面的种种举措，都体现和贯彻执政为民的思想。这对当前我国正在和平崛起和实行以民为本的国策都有借鉴和启迪的重要作用。

根据上述，我认为林则徐的研究已具备作为专学研究的条件，因此我在2003年泰州会议的书面发言中，曾提出开展林学研究的倡议，得到与会专家学者的赞同，但不久传来一些异议，但我至今认为对林则徐的研究可以作为一门专学看待，所以在此愿重申此议，与各方商榷。也许有人认为林则徐研究已经到头，没有太大余地了。实则全集和其他历年的成果积累，只是为林则徐研究奠定了基础，为推动和建立林学研究创造更大的空间。因此很有必要在原有的林则徐研究基础上，与时俱进地发展为林学研究，对一代伟人林则徐的各方面进行更深入、更广泛的研究和宣传，为振兴中华继续不断地发扬林则徐的爱国精神和民本思想，以增强中华民族的凝聚力，激励后人奋发前进。

我之所以如此呼吁，一是从近二十多年的成果看，对林则徐的研究早已不是一般对历史人物的简单介绍和评价，更不是对林则徐的某些事迹重加论述，而是有不少学者已经把这一历史人物引进到学术思想领域中来研究，甚至倾毕生精力去研究和著述；二是林则徐本人确实留下大量的原始资料，近年又有新发掘的史料，有不少足供深入探讨研究的第一手资料，也还有某些有待发掘和征集的资料；三是林则徐一生涉及的方面与地域之广，在整个封建社会中很少有人能和他相比。无论是政治、经济，还是军事、文化，甚至书法艺术，他都有独到的见解和建树。在地域上，他历官十四省，由中层官员直至封疆大吏，开府一方。所至都能竭尽心力，劳绩卓著，政声在民，享誉宇内。他是中华民族有代表性的历史人物，有什么理由不能取得林学研究的共识呢?

我认为林学研究，至少有五个方面可以作为建立研究体系的参考：1. 林则徐是一位具有爱国主义思想的政治家，是中国近代史上第一位反对外国侵略的民族英雄，是凝聚以爱国主义为核心的民族精神的一面光辉旗帜，有许多足以启迪和教化民众的思想资料。2. 林则徐是一位具有重民思想的能员大吏，仕历所经，对于漕运、盐法、水利、农业、制币、吏治、救灾等关系民生的大事，无不力予关注，足以供今人参考。他所关注的各项事业我们至今还涉及不够，甚至尚未涉及。亟待群策群力，深入研究。3. 林则徐是中国近代社会开眼看世界的第一人。具有开拓创新精神，能够接受外来新事物，介绍西方情况，吸收外来文化，开启了中国近代的维新思潮，是中外文化交融的实践者。他培育和影响了一大部分思想先进的知识分子，推动了中国社会的前进。4. 林则徐从反侵略战争和开发西北的实践中所树立的两防思想，即塞防和海防并重的国防思想，纠正了当时国防对策上各持一见的片面性，是中国军事思想史上的重要发展，对保卫国家起着重要指导性作用。5. 林则徐律己持家颇严，对道德规范和防腐倡廉有垂范作用。以上只是大略的勾勒，还应有许多待充实和增补的方面，希望得到方家更多的教益。

原载于《光明日报》2005年11月22日

林则徐与禁烟运动

一、林则徐“严禁论”主张的形成

“鸦片”在明清以前，主要用作药品。入清以后，吸食者较多，至乾嘉之际，已经形成一套比较完整的吸毒方法。据萧令裕《粤东市舶论》载称：

> 镶竹为管，或磁或银，挑烟于盒，如粒如丸，就灯而吸，倚枕侧眠，盖自乾隆末年始，嘉庆初吸食者渐多。①

从此以后，鸦片随着吸食者的加多而输入日增。烟毒贻害于全社会终于造成严重的破坏②。这种破坏情况已经达到迫使统治阶级不能不予重视的地步。因此，鸦片问题从嘉道以后，特别是道光以来，渐渐成为清朝统治阶级内部进行争论的重要问题之一，并在争论中形成了弛禁、缓禁和严禁等等不同派别的意见。林则徐则是“严禁论”的积极主张者和实施者。

林则徐的“严禁论”主张的形成和能在一定时期内付之于实行，主要由于当时社会上烟毒泛滥所造成的各方面的危害对他的客观影响，而林则徐曾比较细心和深入地观察了这些客观情况。林则徐从道光初年即开始观察和注意鸦片流毒的问题，并予以一定的关心，他在道光十八年的一份奏文中曾说：“十余年来，目击鸦片流毒无穷，心焉如捣。”③他曾在苏州的南濠和湖北的汉口等地，进行暗

① 魏源：《海国图志》卷七八，《筹海总论》二。

② 参阅拙作《鸦片战争前清政府的禁烟问题》《鸦片战争史论文专集》。

③ 见《林文忠公政书》乙集《湖广奏稿》卷四。

访密查，通过对行商铺户的查询发现："近来各种货物，销路皆疲，凡二三十年以前，某货约有万金交易者，今只剩得半之数，问其一半售于何货，则一言以蔽之曰：'鸦片烟而已矣！'"[①]现实情况加强了林则徐对"严禁论"的信念。

道光十六年，鸦片问题的争论日趋明显和激烈。是年四月二十七日，太常寺少卿许乃济提出了对鸦片的"弛禁"主张。其基本论点是从牺牲人民生命来增加统治阶级税收着眼，主张容许鸦片"照药材纳税"而"合法"地输入，提倡内地种烟而达到"外洋之来者，自不禁而绝"[②]。这种赤裸裸的反动观点得到某些官吏的赞同，如广东地方官吏还制订了《弛禁章程》九条[③]，对弛禁论加以丰富和具体化；但有更多的人对"弛禁论"表示了激烈的反对，黄爵滋则是"严禁论"的坚决代表人物。但是，他的出发点还是从漏银问题着眼，认为严禁鸦片是挽救漏银的最好办法[④]。

由于黄爵滋的"严禁论"中有若干部分击中了统治阶级必须维护其阶级利益的要害；同时，朝野之间对鸦片问题的态度亦尚不一致。因此，清政府把黄爵滋的意见发交各地方重要官吏讨论。结果是反对者居多而赞成者占少数。当时已任湖广总督的林则徐是少数中最积极支持黄爵滋"严禁论"的一人。

林则徐为支持黄爵滋意见而写的《筹议严禁鸦片章程折》中，正式表达了自己完整的严禁主张。他提出了六项禁烟方案，并公开了自己十数年来悉心搜求、行之有效的戒烟药方四种，作为各省推行禁烟之助[⑤]。

接着，林则徐又连续呈递了两道有关禁烟的重要奏折：

一道是《查拿烟贩收缴烟具情形折》。这道奏折表明了林则徐是一个"严禁论"的实施者。他在禁烟政策尚未定议前，即雷厉风行地推行严禁政策，制定了"查拿总不可稍懈，收缴亦不可稍迟"的方针，配药设局，收缴烟具烟土，帮助烟民服药除瘾，大有成效。地方风气因之丕变，并得到人民的爱戴，据林则徐在折中称：

---

① 林则徐：《钱票无甚关碍宜重禁吃烟以杜弊源片》，《林文忠公政书》乙集《湖广奏稿》卷五。

② 道光十六年四月己卯太常寺少卿许乃济奏，《道光朝筹办夷务始末》卷一，页三至四，以下简称《始末》。

③ 《始末》卷一，页七至一一。

④ 道光十八年闰四月辛巳鸿胪寺卿黄爵滋奏，《始末》卷二，页四至九。

⑤ 见《林文忠公政书》乙集《湖广奏稿》卷四。

> 耆民妇女，在路旁叩头称谢。据云：其夫男久患烟瘾，今幸服药断绝，身体渐强等语，是其父子家人，平日所不能断者，皆恃国法，有以断之。[①]

这表明严禁鸦片是群众的要求，这种要求应被认作是严禁政策得以一度实行的社会基础。

林则徐的另一道奏折是《钱票无甚关碍宜重禁吃烟以杜弊源片》。这是禁烟运动中一件内容丰富的重要文献。首先，林则徐具体地分析了鸦片对社会经济破坏的严重性。其次，他又进一步提出了禁烟办法，不但要严惩开馆兴贩，断绝来路，同时也必须重治吸食，以迫使烟民自拔。第三，林则徐鉴于吸毒者中有大批人是鸦片走私的包庇者而尖锐地指出清政府从明令禁烟以来一直不能奏效的症结所在，他说：

> 衙门中吸食最多，如幕友、官亲、长随、书办、差役，嗜鸦片者十之八九，皆力能包庇贩卖之人，若不从此严起，彼正欲卖烟者，为之源源接济，安肯破获，以断来路，是以开馆应拟绞罪，律例早有明条，而历年未闻绞过一人，办过一案，几使例同虚设，其为包庇可知！[②]

林则徐在奏文最后提出："若犹（对鸦片）泄泄视之，是使数十年后，中原几无可以御敌之兵，且无可以充饷之银，兴思及此，能无股栗！"[③]

这一警句果然引起了道光帝的重视。道光帝预感到这些问题将给自己统治权的巩固带来极大的不利。因之，暂时地倾向于严禁政策，决定展开禁烟运动，并派林则徐到广州去负责禁烟。

林则徐被派赴广州贯彻严禁政策的事件，标志着"严禁论"的主张得到实施和"禁烟运动"的正式开始。

这里，我还要附带提出一点：林则徐的"严禁论"主张可能曾受到其诗侣们的某些思想影响。林则徐于道光十年曾在北京与龚自珍、黄爵滋、魏源及张维屏等人时常互相酬唱。这些人中黄爵滋的严禁鸦片主张自不待言，其余诸人也都有类似主张。如龚自珍在鸦片战争前夕所作的两首杂诗中即说：

> 津梁条约遍南东，谁遣藏春深坞逢，不枉人呼莲幕客，碧纱橱护阿芙蓉。

---

① 见《林文忠公政书》乙集《湖广奏稿》卷五。

② 见《林文忠公政书》乙集《湖广奏稿》卷五。

③ 见《林文忠公政书》乙集《湖广奏稿》卷五。

鬼灯队队散秋萤，落魄参军泪眼荧，何不专城花县去，春眠寒食未曾醒。[①]

当林则徐奉命赴粤时，龚又致函于林再度阐述“鸦片烟则食妖也”的道理，并提出了坚决的处理办法是：

其食者宜环首诛，贩者造者宜刎脰诛，兵士食宜刎脰诛。[②]

又如魏源在《圣武记》的《军储篇》中也指出：

鸦片耗中国之精华岁千亿计，此漏不塞，虽万物为金，阴阳为炭，不能供尾闾之壑。

他们这些主张与林则徐的意见互有影响。由此推断，林则徐的支持黄爵滋也不是没有一点历史渊源的。当然，这种思想影响对于林则徐“严禁论”主张的形成只能说是一种次要的因素。

二、林则徐在“禁烟运动”中的作用

道光十九年正月二十五日（1839年3月10日），林则徐奉命到广州禁烟。不久即饬令洋商转令外商限期三日报告存烟总数，听候查办，并出具永不夹带鸦片的甘结。但是，以英国为首的鸦片贩子采取拖延敷衍的态度，拒不遵守中国法令。于是，林则徐便以“意存观望，殊属违抗”[③]的理由，按例实行封舱，停止贸易，并派兵严密包围洋馆，撤退洋馆中雇用的华人。通过这些具体措施，终于迫使义律于二月十四日（3月28日）报缴鸦片二〇二八三箱[④]。林则徐从二月二十八日（4月11日）至四月初六日（5月18日）间，亲自在虎门主持收烟工作，共收烟一九一八七箱又二一一九袋，比原报应缴数溢收千余袋[⑤]。从四月二十二日（6月3日）到五月十一日（6月21日），又在林则徐等亲临指挥下，把收缴的鸦片烟，在虎门海滩上销毁净尽。这一空前的壮举宣告了“禁烟运动”一开始就

① 龚自珍：《己亥杂诗》，《定盦文集》下，页二四七，商务印书馆。
② 龚自珍：《送钦差大臣侯官林公序》，《定盦文集》下，页三二五，商务印书馆。
③ 林则徐：《论缴烟土未复先行照案封舱稿》，《信及录》，页二五，神州国光社。
④ 《林则徐集·日记》页三三四，中华书局1962年版。
⑤ 《林则徐集·日记》页三四一，中华书局1962年版。

获得了一次伟大的胜利。

“禁烟运动”之所以能获得这样的成就并不是偶然的。一方面由于“禁烟运动”的正义性而取得广大人民的有力支持；另一方面，林则徐在这次运动中也认真地作出了努力和贡献。

林则徐在“禁烟运动”中表现了要彻底推行严禁政策的决心。他未到广州之前，即曾估计到周围环境潜在的暗礁，在复龚自珍函中，表示了一种“如履如临，曷能已已”的警戒态度；对于龚自珍的同赴广州的要求，也表示“弟非敢沮止旌旗之南，而事势有难言者”[①]的低沉感慨。这些都反映出林则徐已感到禁烟前途的困难，环境的恶劣；但是，林则徐还是毅然赴任。

林则徐到广州以后，一面向士商军民人等表示“万无中止之势”[②]，一面又向鸦片贩子表示“若鸦片一日未绝，本大臣一日不回，誓与此事相始终，断无中止之理”[③]。这种坚决态度成为他把“禁烟运动”进行得比较彻底和能够反对英国侵略者挑衅活动的一个重要因素。当然除此之外，林则徐还进一步制订了一些具体的必要措施来推动“禁烟运动”。

林则徐在开始推动“禁烟运动”时，曾积极地作了一些准备工作：

首先，他通过各种方式去探寻新知、了解敌情。“日日使人刺探西事，翻译西书，又购其新闻纸，具知西人极藐水师而畏沿海枭徒及渔船蛋户。”[④]

其次，他访问了熟悉“夷情”和沿海形势的梁廷枏。梁廷枏是当时在史学、地理学、文学以及海防和夷务各方面都具有丰富学识而著述甚富的学者，特别对于广东沿海形势有深邃的研究。他向林则徐提供了很多对海防足资参考的有益

① 《定盦文集》下，页三二七，商务印书馆。

② 林则徐：《晓论粤省士商军民人等速戒鸦片告示稿》，《信及录》页一四，神州国光社。

③ 林则徐：《论各国夷人呈缴烟土稿》，《信及录》页二三，神州国光社。

④ 魏源：《圣武记》卷十（申报馆刊本）。《道光洋艘征抚记》的作者一直为人们认为是魏源，姚薇元先生撰考订时也定为魏源所作。最近，师道刚先生撰《关于〈洋务权舆〉一书》一文，对《征抚记》的作者提出疑问。师文认为：“《征抚记》是以《洋务权舆》为祖本而加以演变增删而成者，绝不会是魏源的著作。”而“这个错误的关键应归咎于申报馆《圣武记》排印本的传播。……申报馆的编书者没有看到《洋务权舆》的刻本，而只见到《夷艘入寇记》一类几经传抄者增删的后期钞本，改题为《道光洋艘征抚记》附于《圣武记》之后。申报馆的排印本流行很广，而《洋务权舆》又湮没无闻，于是这个错误就一直沿袭到今日。”（1959年9月8日《史学》第一六九号）

知识[①]。

此外，林则徐又以“观风试”的形式，从多数士子中广泛搜集情况。“诸生各以所闻，详书于纸，则尽悉屯户姓名及水师贿纵献获献功欺蒙大吏状。”[②]

所有这些准备工作，都使林则徐能在较可靠的基础上制定禁烟和抵抗的计划，采取了切实可行的具体对策，进行了许多战备防守工作。《道光洋艘征抚记》曾概括地说：

> 于虎门之横档屿设铁链木筏，横亘中流，购西洋各国洋炮二百余位，增排两岸。又雇同安米艇、红单船、拖风船共六十，备战船。又备火舟二十、小舟百余，以备攻剿，并购旧洋船为式，使兵士演习攻首尾、跃中舱之法，使务乘晦潮、据上风，为万全必胜之计。林则徐亲赴狮子洋校阅水师，号令严明，声势壮甚。[③]

有了这样严密的海防布置，使“虽百英夷，无能为役”[④]。

林则徐在“禁烟运动”中又比较恰当地应用了一些有利的策略。他反对当时一味排外的“封关禁海”之论[⑤]，主张对外采取不同情况不同对待的策略。这些策略包括如下的具体内容：

其一，把英政府与英国鸦片商人区分开。在致英国维多利亚女王书中称：

> 向闻贵国王存心仁厚，自不肯以己所不欲者施之于人，并闻来粤之船，皆经颁给条约，有不许携带禁物之语，是贵国王政令本属严明，祇因商船众多，前此或未加察，今既行文照会，明知天朝禁令之严，定必使之不敢再犯。[⑥]

这就使英国政府处于碍难插手干涉禁烟运动的尴尬地位。这一策略收到一定的效果，即在经常进行对华敌意宣传的《澳门新闻纸》上也载称：“钦差并非与英国人作对，只是攻敌凡做鸦片贸易之人而已。”[⑦]

---

① 关于梁廷枏的生平和著述可参阅冼玉清：《梁廷枏著述录要》（《岭南学报》第四卷第一期）。

② 梁廷枏：《夷氛闻记》卷一，页一五，商务印书馆。

③ 魏源：《圣武记》卷十，申报馆。

④ 黄钧宰：《金壶七墨》之《烟费》。

⑤ 参见夏燮：《中西纪事》卷三《互市档案》。

⑥ 《始末》卷九，页三五。

⑦ 《鸦片战争》（中国近代史资料丛刊）Ⅱ，页四二六。

其二，区别了正当商人和鸦片贩子。他曾提出许多的具体对策，如："苟知悔悟，尽许回头。""奉法者来之，抗法者去之。"又如对于一些表示肯遵守中国法令的英商船只，或派人"面加慰谕"，或派船"护带进埔"[①]。这种区别对待的策略使英商与义律之间的矛盾日益明显，并争取了个别英船具结进口，对于分化敌人的内部关系起了一定的作用。

其三，区别了英国与其他各国。林则徐认为：

> ……专断一国贸易与概断各国贸易，揆理度势，迥不相同。……将现未犯法之各国夷船与嘆咭唎一同拒绝，未免不分良莠，事出无名。……自英夷贸易断后，他国颇皆欣欣向荣。盖逐利者喜彼绌而此赢，怀念者谓此荣而彼辱。此中控驭之法，似可以夷治夷，使其相间相睽，以彼此之离心，各输忱而内向。若概与之绝，则觖望之后，转易联成一气，勾结图私。[②]

林则徐的这种分析，是初步触及了资本主义国家唯利是趋的争夺矛盾，并在这一认识基础上提出了利用这种矛盾的建议。这是有利于开展"禁烟运动"的策略。

从这些策略看来，林则徐是懂得张弛互用，分清良莠，孤立鸦片贩子和保护合法贸易的道理的。这些策略虽然遭到道光帝的掣肘和投降派的破坏，但是由于林则徐的努力，还曾在一定时期发生过某些有益于"禁烟运动"的作用。

林则徐在"禁烟运动"中能取得某些成就的更重要的原因，是他开始懂得依靠民力的道理。他的依靠民力的思想根据，主要有两个来源：一个是根据对敌情的了解，"知西人极藐水师而畏沿海枭徒及渔船蛋户"。另一个是对国内民情的了解："所有沿海村庄，不但正人端士，衔之刺骨，即渔舟村店，亦俱恨其强梁。"[③]根据对内外情况的了解，他得出了"号召民间丁壮，已足制其命而有余"[④]的结论，树立起"依靠民力"的思想。

林则徐在"依靠民力"的思想指导下，招募丁壮五千名，"每人每月费用银六元，安家银六元"。这些经费则由当地商人负担："内二千名归洋商出银，

① 道光十九年十一月庚子林则徐邓廷桢奏，《始末》卷八，页三五。
② 道光二十年四月乙酉林则徐等奏，《始末》卷十，页二七。
③ 道光十九年八月庚辰林则徐又奏，《始末》卷八，页九。
④ 林则徐：《附呈论夷原稿并夷禀二件》，《林文忠公政书》乙集《使粤奏稿》卷一。

二千名归盐商出银，一千名归潮客商出银。”[①]这些丁壮主要用来对英船进行火攻的。这种乘夜袭击的活动造成敌人的极大恐惧[②]，并且为了鼓励丁壮战斗，订出杀敌赏格和抚恤标准：“若杀得白人一名，将头带回者，即应许赏银一百元，打仗时若壮丁有被杀死者，每人给回其家眷银二百元。”[③]除此以外，林则徐还进一步地普遍鼓励群众去袭击英人，并作了如下的奖励规定：

> 每杀白夷者，赏银二百圆，黑夷半之，斩义律者赏银二万元。其下领兵头目，以次递降。获兵艘者，火药炮械缴官，余皆充赏。[④]

结果迫使英人连洋船上雇佣的华人都不敢留，而尽行遣去。侵略者因之而陷于草木皆兵的困境。

林则徐依靠民力思想所获得的成绩，应该说是由于他比较客观地对待现实的结果。这种思想是当时一般官吏所不可及，遂使他博得了“所管治的人民的爱戴”[⑤]。当他被罪革职的消息传出后，“连日铺户居民来攀辕者，填于衢巷”[⑥]，还有许多人“闻其去任，或至恸哭”[⑦]。

如上所述，林则徐在“禁烟运动”中起了领导和推动的作用。他在依靠民力和坚决抵抗的思想指导下，制定方案、增设战备、组织和发动群众，不仅迫使英国侵略者俯首缴出毒品，而且还击退了侵略者的种种挑衅活动，保障了广东沿海地区的安全。

这里，还必须指出：林则徐在“禁烟运动”中也表现其阶级和认识上的局限性。

在阶级局限上，由于他是一个封建主义者，因而他对封建统治者必然要表现其赤诚和希望，他在被革职后，仍然忠心耿耿地向道光帝分析“夷情”，建议以关税的十分之一，制造枪炮船只，并要求戴罪图功，到浙江去随营效力[⑧]。这种赤诚和希望，对林则徐这样一个历史人物来说，是无可责怪的。何况他在同奏中

---

① 《澳门新闻纸》，《鸦片战争》（中国近代史资料丛刊）Ⅱ，页四八九。
② 魏源：《海国图志》卷八二。
③ 《澳门新闻纸》，《鸦片战争》（中国近代史资料丛刊）Ⅱ，页四八九。
④ 《道光洋艘征抚记》上，见魏源：《圣武记》卷十，申报馆。
⑤ 《英军在华作战记》卷一，见《鸦片战争》（中国近代史资料丛刊）V，页一四六。
⑥ 《林则徐集·日记》页三二。
⑦ 道光二十年十二月辛未户科给事中万启心奏，《始末》卷十八，页四一。
⑧ 林则徐：《密陈夷务不能歇手片》，《林文忠公政书》乙集《两广奏稿》卷四。

还一再表示："一身之获咎犹小，而国体之攸关甚大"和"苟有裨国家，虽顶踵捐糜，亦不敢自惜"的胸襟，这种情操使林则徐又有别于一般的封建官吏了。

认识局限上，由于他是"满清时代开眼看世界的第一人"①，所以对某些外国情形仍然认识不够。如他分析英人可被战胜的理由是：

> 夷兵除枪炮之外，击刺步伐，俱非所娴，而其腿足缠束紧密，屈伸皆所不便，若至岸上，更无能为，是其强非不可制也。②

又如林则徐在"禁烟运动"中一直坚持具结也是由于对侵略者的本质认识不足所致，他认为：

> 夷人最重然诺，即议一事、订一期，从不爽约，其视出结之事，绝无仅有。……彼愈不肯轻易具结，即愈知其结之可靠，也愈不能不向其饬取，是以设法办理，直使该夷计穷心慑。③

这些不确切甚至可笑的看法当是初期探求西方知识时不可避免之事。

不论阶级上还是认识上的这些局限性，应该说都是当时历史条件所赋予。我们不能因为这些局限而贬低和抹煞林则徐在"禁烟运动"中的作用。如果要求林则徐连这些缺点都没有，那是不现实的，因而也将是非历史主义的了！

三、"禁烟运动"的意义

"禁烟运动"是标志着中国近代历史开端的重大事件。它是以反对外国侵略者利用鸦片毒害中国、侵略中国为主旨的一次运动。它构成鸦片战争史的重要部分。

鸦片战争确切点说，应该是"反鸦片战争"④，而"禁烟运动"便是它的第一幕。因此，"禁烟运动"推行之始，实际上当时社会的主要矛盾已开始以封建的中国反对资本主义侵略者——英国的形式出现，并且，这个矛盾已经发展到用

① 范文澜：《中国近代史》。
② 道光十九年八月庚辰林则徐又奏，《始末》卷八，页六。
③ 道光十九年九月乙卯林则徐又奏，《始末》卷八，页二二。
④ 《毛泽东选集》第一卷，页一五八。

战争方法来解决的程度。当然，这种反对鸦片的斗争不能单纯地理解为反对鸦片，而是反对外国侵略者企图通过鸦片以求达到奴役中国为目的的反侵略战争。中国近代史以反侵略斗争的业绩为其开端，这是中国近代史的光荣开始，也是中华民族历史上光辉的一页！

有人认为：鸦片战争应以英国发动战争算起，而不以“禁烟运动”算起。事实上，英国当中国一开始“禁烟运动”时，就采取了坚决不放弃鸦片输华的立场，进行各项破坏活动和军事挑衅。1839年9月的九龙挑衅、11月间的穿鼻海战[①]和官涌六役等等进攻，在历史上已是明显得无可隐讳的了。因此以这时作为英国发动战争的正式开端，似乎更切合历史实际。至于1840年英国大量派遣侵略军只不过是1839年军事进攻的继续和扩大。如果以1840年作为开端，那将无形中替英国侵略者把自1839年即已开始发动侵略战争的事实从历史上轻轻地抹掉了。又有人认为，应以英国政府通过决议案后发兵才算战争的正式开始，这是忽视了对英国政府实际决策时间的考察。因为英国政府早在1839年10月1日就在内阁会议上确定了对华的侵略政策，决定发动对华战争[②]。至于到1840年4月方在议会中宣布和讨论，那正是“充分表现了英国资产阶级民主制度的虚伪性”[③]。因此，应该说，1839年的“禁烟运动”开始揭开了中国近代史的帷幕。

“禁烟运动”对于英国和英国资产阶级也发生了巨大的影响。鸦片从十九世纪三十年代以来，一直是“大不列颠对印度与中国进行国际贸易的手段，用来换取中国的茶叶与蚕丝，并且使这贸易均衡，有利于英国”的[④]。当“禁烟运动”开始的消息传到伦敦，立即引起社会上的波动。1840年初的《澳门新闻纸》上曾有如下的记载：

> 近来钦差围困外国人缴烟之事，在七月三十一日早上(即六月二十一日)，已到兰顿之因底阿好司（译者按：即东印度公司）。都内各衙门及贸易与银店，俱有扰乱。是日在兰顿天色昏暗愁惨，在耕种之部落米价亦昂贵。英国

① 丁名楠等：《帝国主义侵华史》第一卷称：“穿鼻海战，实是鸦片战争的前哨战役。”（页二六）又，马士：《中华帝国对外关系史》也说：“这是战争的爆发。”（中译本页二八）。

② 严中平：《英国资产阶级纺织利益集团与两次鸦片战争史料》，《鸦片战争史论文专集》页四八至四九。

③ 丁名楠等：《帝国主义侵华史》第一卷，页二八。

④ 《英国蓝皮书》，《鸦片战争》（中国近代史资料丛刊）Ⅱ，页六四五。

甚苦于缺银，银价皆已增长。[①]

怎样会引起这样的影响呢？主要可从三方面理解：

第一，“禁烟运动”直接引起的经济影响。一种是在“禁烟运动”中被缴销的鸦片的本钱已在烟雾中化为灰烬，据称：“英商损失六万三千二百六十六磅，约合华币一千零十四万元云（系以平均每箱五百元计算）”[②]。另一种情况是已经准备好而尚未运华的鸦片等物将失去从中国图利的良机。尤其使英国感到威胁的是：鸦片是英印政府的重要收入，是“英吉利属国中最为赀财之薮”[③]。而随着“禁烟运动”的展开，将断绝他们这种重要的利益来源。

第二，“禁烟运动”粉碎了英国政府和资产阶级榨取中印资财的锁链。当时的中国是一个农业与家庭手工业相结合的强固的小经济共同体，正如马克思所指出，这个共同体的巨大经济和时间节省“对于大工业的生产物提出了极顽强的反抗”[④]。因此英国工业品输华是处于一种亏本地位，而不得不感叹：“销售英国棉制品的时代还没有到来！”[⑤]后来，它把主要产自印度的鸦片大量输华以后，即改变了原来的不利地位。到鸦片战争前夕，英国对华进口货的总值是二千五百万元，其中鸦片占一千三百七十九万四千六百三十元。[⑥]这样使英国在东方的掠夺取得了一箭双雕的“胜利”：它把棉纱和棉织品输入印度，其增长速度很快，“在一八一八年到一八三六年这一时期内，从大不列颠输出到印度去的棉纱上升的比例是一比五二〇〇。在一八二四年输入印度的英国细棉布不过一百万码，而在一八三七年就已超过六千四百万码了。”[⑦]这种增长与鸦片有着密切关联，正如马克思所说：“印度对英国布匹的很大部分的浪费却是靠这种鸦片底生产为转移的。”[⑧]印度以鸦片抵偿了棉织品的代价。于是，英国就用鸦片

---

① 《澳门新币和纸》，《鸦片战争》（中国近代史资料丛刊）Ⅱ，页四二四。

② Morso H.B. *The Chronicles of the East India Company Trading to China 1635–1834*，VOL Ⅳ，P275.

③ 《澳门月报》之《论禁烟》，《鸦片战争》（中国近代史资料丛刊）Ⅱ，页五三一。

④ 《资本论》第三卷，页四一三。

⑤ 严中平：《英国资产阶级纺织利益集团与两次鸦片战争史料》，《鸦片战争史论文专集》页二八。

⑥ 严中平：《英国资产阶级纺织利益集团与两次鸦片战争史科》，《鸦片战争史论文专集》页三六。

⑦ 马克思：《不列颠在印度的统治》，《马克思恩格斯文选》页三二五。

⑧ 马克思：《中国的和欧洲的革命》，《马克思恩格斯论中国》页四九。

作为攫取中国丝茶等重要产品的手段，并使自己居于对华输出的有利地位，满足其嗜利者的贪欲。这样，英国就把棉织品、鸦片、丝、茶等构成一种联锁关系，通过这样一条锁链以达到其剥削和奴役中、印两国的目的，这是多么巧妙如意的算盘啊！而“禁烟运动”要禁绝鸦片的输入，这不仅使它们失去掠夺中国的可能，更重要的乃是将破碎那一条体现其在东方的掠夺政策的锁链。这怎能使它们不震惊呢？

第三，“禁烟运动”引起了英国市场的某些波动。英国以鸦片换取的茶丝等物，是它十分需要的，茶叶曾被英国资产阶级称作是“联合王国全部人口必需的日用品之一”[①]。因之，茶丝等物便从中国大宗输出，据当时中国的统计：“每年出洋茶叶，自四千万至五千万斤，湖丝自六七十万至一百余万斤，大黄自十万至十余万不等”[②]。这些输出品主要由鸦片来抵补[③]。“禁烟运动”的开展势必影响其茶丝的输出，这样，英国的市场不能不有所波动，当时的报纸曾报道称：“工夫茶现在每棒（磅）比前贵一边呢至一个半边呢。其余所有别样茶叶，尽皆起价。”[④]

茶丝等进口货的涨价是市场波动表现的一个方面，另一方面则因某些订货实际上将以白银购买而造成“银根吃紧”，如伦敦即出现提高利率和转贷的紧张局面，所谓：“银铺利钱，亦长至六分。又有向佛兰西银铺借银四百万棒（镑），又另有向花旗银铺借的”[⑤]。这种紧张还波及其他资本主义国家的金融界，如纽约当时曾出现“从来所未闻过有如此之紧”的现象[⑥]。货价的增涨和银根的吃紧必然引起市场的不稳定，甚至某种程度的骚动。

总起来说，“禁烟运动”将使英国政府及其资产阶级“唯利是图”的希望破灭。工业品既不能在中国市场倾销，有利可图的鸦片又遭到拒绝，巨额利润在散发浓郁的气息，召唤他们去拼命。

果然，英国资产阶级被禁烟消息所震惊，他们积极支持义律在华的侵略活动。从1839年9月以后，英国各地资产阶级纷纷上书政府，用种种理由论证对中

---

① 《英国蓝皮书》，《鸦片战争》（中国近代史资料丛刊）Ⅱ，页六四七。

② 道光十八年八月庚寅邓廷桢等奏，《始末》卷四，页三二。

③ 严中平：《英国资产阶级纺织利益集团与两次鸦片战争史料》，《鸦片战争史论文专集》页三六，附表八。

④ 《澳门新闻纸》，《鸦片战争》（中国近代史资料丛刊）Ⅱ，页四二五至四二六。

⑤ 《澳门新闻纸》，《鸦片战争》（中国近代史资料丛刊）Ⅱ，页四一八。

⑥ 《澳门新闻纸》，《鸦片战争》（中国近代史资料丛刊）Ⅱ，页四五〇。

国应该采取“迅速的、强有力的、明确的对策”[①]。伦敦“东印度与中国协会”的资产阶级写的意见书，全面而具体地反映了英国资产阶级主张对华侵略的凶狠面目，主张“应当用武力强迫中国方面让步”，提出与中国订约的七项具体内容，如开放口岸、废除洋行、协议关税、割让岛屿等。这些内容在日后的《江宁条约》中都有所表达。在附件中，他们更“热心”地为政府规划了一个军事装备和进军方略的草案[②]。英国政府即根据资产阶级的要求而作出了侵华的决策。“禁烟运动”使自称文明的英国政府和资产阶级比在西方更早地暴露其唯利是图和凶残的丑恶本质。

范文澜同志在《中国近代史》中评述“禁烟运动”时说：“这一伟大行动，是以林则徐为代表，第一次向世界表示中国人民纯洁的道德心和反抗侵略的坚决性，一洗百余年来被贪污卑劣的官吏所给予中国的耻辱。”[③]这一点也应是“禁烟运动”的重要意义之一。原来，历年查办鸦片的禁令往往在最后是随之以贿赂而终结。英国鸦片贩子也曾希望林则徐像其他官吏一样，或者借题贪污而中途撤手，或者虚应故事而草草结束。孰知林则徐并不如此，当时一个侵略军分子曾写道：

> 他（指林则徐）的最大的死敌，也不得不承认，他的手从来没有被贿赂玷污过。[④]

1839年6月3日，虎门滩上展现了一幅声势壮大的销烟图画，美国船长弁逊和传教士裨治文等十人，心怀叵测地来窥测情况。他们经过反复考察销烟过程和结果而直到确定“销化是真”以后，才被迫向这种意想不到的行为致敬，到林则徐的面前“摘帽敛手”，“以表其畏服之诚”[⑤]。这是对中华民族正义行动的畏服，在当时的社会条件下，“禁烟运动”能进行得如此彻底，确是一件有重大意义的伟大行动。

原载于《福建论坛》（社科教育版）1982年第6期

① 《英国蓝皮书》，《鸦片战争》（中国近代史资料丛刊）Ⅱ，页六三四。
② 《英国蓝皮书》，《鸦片战争》（中国近代史资料丛刊）Ⅱ，页六四四至六五七。
③ 范文澜：《中国近代史》。
④ 《英军在华作战记》，《鸦片战争》（中国近代史资料丛刊）Ⅴ，页一四六。
⑤ 道光十九年六月壬午林则徐等奏，《始末》，卷七，页十八至十九。

林则徐禁烟肃毒思想的历史与现实意义

一

林则徐是中国近代史开端时期的重要历史人物，他所领导的禁烟运动是世界禁烟肃毒史上的伟大壮举。他之所以能将禁烟运动如此坚决地付诸行动，主要是由于当时社会上烟毒泛滥所造成的各方面危害引发了他的义愤。

林则徐出生于18世纪末，即烟毒之害已颇明显的乾隆末年。鸦片在明以前主要用作药品，明代已有吸食者。入清以后，吸食者渐多，至乾嘉之际，已经形成一套较完整的吸毒方法。当时萧令裕所著《粤东市舶论》中就记载说："镶竹为管，或磁或银，挑烟于盒，如粒如丸，就灯而吸，倚枕侧眠。盖自乾隆末年始，嘉庆初吸食者渐多。"林则徐比较细心地观察到这种社会现象，注意了这个问题并给予一定的关心。嘉庆十一年（1806），林则徐为解决家庭生活问题，曾就厦门同知房永清之聘担任书记，使他接触到厦门社会上的种种丑恶现象，特别是鸦片走私和烟毒泛滥的情况。《厦门志》卷十五对烟毒就有详细记载，曾总结吸毒的流弊有九，即"丧威仪，失行检，掷光阴，废事业，耗精血，荡家资，亏国课，犯王章，毒子孙"。不少抨击烟毒的诗文也已经出现和流传。这些情况使林则徐的思想打上了对烟毒深恶痛绝的最初烙印。嘉道以来，清朝廷不断发布日益加重处罚的禁令，又增强了林则徐的信心，使他的禁烟肃毒思想日趋形成。

从道光初年林则徐开始出任地方监司，以至逐步晋升至督抚以来，他无时不在考察社会情况，鸦片问题更是他注目的热点。道光三年，他在苏臬任上就把

“开设夷馆”者列为“游手好闲之民”而加以严拿[1]。这是林则徐禁烟肃毒思想的最早的一次实践。道光十二年，英国鸦片贩子在中国走私鸦片时，林则徐又是第一个提出搜查、焚烧鸦片的主张者，可惜为清廷所阻止[2]。道光十三年四月，林则徐在对江浙两省银昂钱贱、商民交困的现状发表政见时说：“（烟毒）为厉于国计民生，尤堪发指。”这是他第一次提出指控烟害的主张，他的禁烟肃毒思想得到具体的体现。道光十五年九月，黄爵滋在所上的《敬陈六事疏》中正式公开表露了严禁鸦片的论点，并在附片中揭露了当时广州的鸦片走私组织。这给林则徐禁烟肃毒思想增添了重要的思想资料。道光十六年，许乃济提出弛禁鸦片的观点，遭到许多人的反对，相继提出明确的不同主张，对林则徐的禁烟肃毒思想从正反两方面提供了启示。道光十八年闰四月，黄爵滋在原有的认识基础上公开提出更为完整的禁烟主张，成为“严禁论”的代表文献；林则徐也从原来的积极响应和拥护者一跃而为“严禁论”的领袖人物。林则徐接连上陈了两道奏折，完整地表达了自己的严禁思想。他说：“十余年来，目击鸦片流毒无穷，心焉如捣。”他回顾了曾到苏州的南濠和湖北的汉口等地明察暗访行商铺户的情况，发现“近来各种货物销路皆疲，凡二三十年以前某货约有万金交易者，今只剩得半之数。问其一半售于何货？则一言以蔽之，曰鸦片烟而已矣！”[3]诸多现实情况不仅加强了林则徐的禁毒信念，也促使他勇敢地承担起禁烟运动领导者的责任。

二

林则徐在其禁毒思想指导下领导了轰轰烈烈的禁烟运动，并取得了反鸦片斗争的伟大胜利。可惜禁烟运动为顽固守旧势力所遏制和破坏，以致功败垂成，留下了无尽的历史遗憾。但是，他的思想影响和历史意义是不容忽视的。

林则徐在受命全权推行禁烟运动之前就把他的禁毒思想付诸实践。道光十八年五月上旬，他在上禁烟六策的时候，就附上戒烟药方四种，形成了禁戒并重的完整的禁毒思想。七月间，他担心清廷迟迟未能决策，则“民间以为久无消息，或且不必查办，此心稍放，即不可以复收”，便不顾个人利害，毅然与湖南巡抚

---

① 《答奉化令杨丹山明府国翰书》，见《云左山房文钞》卷四。

② 《史料旬刊》第15期。

③ 《林则徐集》，中华书局1963年版，第599—600页。

钱宝琛、湖北巡抚张岳崧共同制定了“查拿总不可稍懈，收缴亦不可稍迟”的方针，在湖广地区大力推行严禁政策，取得了很大成绩：搜缴了烟土、烟膏12000两，烟枪1264杆。其结果是：“不特开馆兴贩之徒闻风远窜，并吸食者亦恐性命难保，相率改图”。禁戒并重的政策在社会上得到广泛的反响，得到烟民家属的感戴，有“耆民妇女在路旁叩头称谢，据云：其夫男久患烟瘾，今幸服药断绝，身体渐强等语”，“是其父子家人平日所不能断者，皆恃国法有以断之”。林则徐就用这个实例来论证禁戒并重政策的重大意义。他一面主张用森严的法令以免众心之涣散[①]；一面又在收缴鸦片过程中竭力推行“施药缴枪，劝惩并用”的方针，取得了良好的效果。他在致莲友函中表达了这种喜悦：“现在分举绅耆，广为劝戒，并设局数处，施药缴枪。悔过者宥其愆，怙恶者治以重法。劝惩并用，以期咸与维新。”禁戒结合的功效于此可见。林则徐积极认真推行禁烟肃毒政策，终于取得空前的胜利。他亲自在虎门海滩监督销烟，在不到一个月时间里，共化去烟土19179箱，2119袋，2376254斤[②]。在销烟过程中，林则徐还邀请了外国传教士和商人来参观，这些人“在池上看视化烟，并至厂前，以夷礼摘帽见”[③]，表示极度的钦佩，显示了不可估量的历史意义。

虎门销烟的壮举标志着林则徐领导的禁烟运动已发展到顶峰，并取得了伟大的胜利。它震惊中外，使中外的贩毒者和包庇者为之失色。马克思曾热情地赞扬说：中国历年禁烟措施的顶点“是钦差大臣林则徐到达广州和按照他的命令没收、焚毁走私的鸦片”[④]。

禁烟运动对英国侵略者的打击是相当沉重的。据《澳门新闻纸》报道：六月二十一日（7月31日）晨，当命令缴烟的消息传到伦敦东印度公司时，“都内各衙门及贸易与银店，俱有扰乱”，伦敦“天色昏暗愁惨”，米价、银价均涨价。这次销烟不仅使价值63266英镑的鸦片化为灰烬[⑤]，而且还断绝了准备好运华销售的鸦片的图利良机，英国本来利用棉织品、鸦片和茶丝构成掠夺中国和印度财富的那条锁链也被粉碎了。禁烟运动影响了中国的茶丝出口量，遂迫使英国要用白银订货，这就必然造成英国市场上的茶丝涨价和银根吃紧，无异于挫败了英国的

① 《林则徐集》，第596—598页。

② 《道光朝筹办夷务始末》卷一，第18—20页。

③ 《林则徐日记》，第343页。

④ 《马克思恩格斯选集》第2卷，第28页。

⑤ 《东印度公司对华贸易》第1卷，第275页。

侵略气焰。

在林则徐禁毒思想指导下所开展的禁烟运动，是以反对英国侵略者利用鸦片毒害中国、掠夺中国为主旨的一次伟大的爱国运动。它揭开了中国近代反侵略斗争史的帷幕，第一次向全世界表明中国人民纯洁的道德心和反抗侵略的坚决性。

三

百余年来，中国人民正是在这样一种精神鼓舞下，与形形色色的毒氛不断斗争、在艰难的禁烟肃毒道路上前进的。不同的时代尽管对禁烟肃毒有推行不甚得力和禁令实行不够彻底之处，但都制定过某些法令和措施，并规定以林则徐开始销烟的6月3日为禁烟纪念日。只有日本侵略我国时，在沦陷区设立土药协会之类的机构公开贩毒，毒害民众，掠夺财富。而最能彻底、认真查禁的则是中国共产党领导下的人民政权。早在30年代初，四川农村已是无村不种鸦片，无镇不设烟馆，呈现出市有烟鬼、野有饿殍的社会惨象。1932年，中国工农红军创建川陕苏区后，在进行各项革命建设的同时，禁绝鸦片成为一项突出与迫切的任务，除了实行烟民还粮，以政禁民，以军禁兵，设戒烟所限期戒绝等政策外，还利用当时负责供应军民日用品的卢森堡经济公社，把不供应烟民户食盐作为禁烟的有力武器，公开宣布：凡家中有人抽鸦片的，全家不供应食盐，戒掉鸦片后才恢复供应。食盐是生活必需品，不用食盐会使身体衰弱，以致一家老少不宁。在人人监督之下，禁烟收效甚大，在不长时间内挽救了几百万人民，摆脱了毒害，恢复了健康，家家和睦，努力生产①。

新中国成立后不久，1950年2月，政务院发布了《关于严禁鸦片烟毒的通令》。同年9月，内务部又发布了“关于贯彻严禁烟毒工作的指示”。与此同时，各地区也先后公布了有关法令，如：1950年7月西南军政委员会公布了“关于禁绝鸦片烟毒的实施办法”，12月又公布了“西南区禁绝鸦片烟毒治罪暂行条例”；1951年4月内蒙古自治区人民政府公布了“禁绝鸦片烟毒实施办法”；1952年2月东北人民政府相继公布了《关于严禁鸦片烟毒及其他毒品的命令》和《关于根绝烟毒处理毒贩子的决定》。1952年5月，政务院再次发布《关于严禁

---

① 王定国：《川陕苏区的戒烟斗争》，1996年9月10日《光明日报》。

鸦片烟毒的通令》，在全国各大城市开展大规模的禁烟禁毒运动，封闭烟馆，收缴烟具、烟土，铲除烟田，归田种粮，依法惩办8万多名制毒贩毒犯，处死800多名罪大恶极的罪犯，挽救了2000多万吸毒者，使新中国成为史无前例的“无毒国”而傲立于世界。

时经三十余年，世界上出现毒品泛滥高潮，中国也不可避免地成为国际制毒贩毒罪犯的注目之地，销售、过境给这个无毒国带来了极大的伤害。据统计，1988—1989年查获毒品案共4485起，1995年竟高达57524起，吸毒人数由1988年的7万人急增至1995年的52万人。吸毒者中以青少年为主体，如云南省吸毒总人数中青少年占63.3%，深圳市则占91.7%。这种严重的社会病毒带来了艾滋病的蔓延、刑事犯罪率的迅速增长、家庭的破裂、生命的损害、财产的损失等等擢发难数的社会恶果，以致危及国家社会的方方面面。

四

面对这种毒氛肆虐的险象，重温一百五十多年前林则徐的禁毒思想及其实践更具有重要的现实意义。从他的言论和举措中仍能获得有益的启迪，引作当前禁毒工作的借鉴。

禁毒工作首先需要最大的决心。林则徐之所以能够取得禁烟的胜利就是自始至终以一种坚毅的决心去从事。他一直以一种利国利民的精神指导自己的行动。林则徐在受命赴广东之际就估计到前途荆榛满路，但他毅然不顾祸福，排除阻碍，踏上茫茫莫测的征途。到广州后，林则徐一方面向士商军民人等表示“万无中止之势”，一面又向烟犯表示“若鸦片一日未绝，本大臣一日不回，誓与此事相终始，断无中止之理”[①]。在搜缴和销毁过程中，他都亲临一线，事必躬亲，律己极严，管束无私，终于以一种可昭告天日的坚决态度创造了世界禁烟肃毒史上的光辉业绩。

要保证禁烟肃毒工作顺利进行必须有妥善的措施。林则徐在正式开展禁烟运动前，广泛听取各方面的意见：通过各种渠道，译书译刊，了解敌情；访问当地开明人士，了解广州形势；举办观风试，了解内部弊端。然后义正词严地限期缴

① 《林则徐集》，第58—60页。

烟，迫使洋商、鸦片贩子和侵略分子慑于声威而如期缴烟，使禁烟运动顺利进行。在销烟过程中，他又缜密设防，邀请高层官员及外籍人士亲临现场，既壮声威，又杜绝漏洞，取得了禁烟肃毒的彻底胜利。

惩罚与挽救相结合是肃毒的长治久安之策。林则徐采取禁戒并重的方针，在严禁的同时，还出于仁人爱物之心，配制药物，大力开展戒烟活动。他在上陈禁烟六事时，即提供了忌酸丸、补正丸和四物饮、瓜汁饮的配方。他“久经采访各种医方，配制药料，于禁戒吸烟之时，即施药以疗之”，从而取得了成效[①]。我国当前所采取的强制戒毒与自愿戒毒相结合的方法，迄今已有20多万人获得挽救。

坚定的决心、妥善的措施及禁戒并重的仁心是林则徐禁烟肃毒思想的三大组成部分。国际社会选择林则徐销烟结束、禁烟运动胜利的第二天——6月26日作为世界肃毒日，充分证明林则徐作为世界禁烟肃毒先驱者的地位已为世界所承认。当此全世界毒品泛滥、毒氛弥漫之际，我国继承历来的严禁态度，坚持“全民动员，三禁（禁贩、禁种、禁吸）并举，堵源截流，严格执法，标本兼治”的方针，实行“有毒必肃，贩毒必惩，种毒必究，吸毒必戒”的严厉措施，并已取得巨大的成效。

全世界纯洁而正义的人们理当高举林则徐的禁烟肃毒旗帜，坚持不懈地进行肃毒斗争！

原载于《从虎门销烟到当代中国禁毒》　凌青等主编　四川人民出版社1997年版

---

① 《林则徐集》，第574—575页。

林则徐的筹边思想与实践

在十九世纪四十年代前后的反鸦片斗争中，伟大的爱国者林则徐正竭尽全力抵御外侮，振兴中华之际，不幸却被一股中外默契的强大政治逆流所冲倒，险遭灭顶。爱国者遭受到不公正的待遇——斥责、查问、待罪、革职、降调、效力等一连串的灾难纷至沓来。林则徐当谪降至镇海前线效力时仍以全部赤诚继续“鞠躬尽瘁”，希望挽救民族和自己的挫折命运，但其结果是一切付诸徒劳。道光二十一年五月二十五日（1841年7月13日），他终于遭到“严谴”，从尊贵的钦差大臣一落千丈为“遣戍新疆”的“罪臣”。虽然，中间由于河南地区黄河泛滥成灾，他曾被主持河工的大学士王鼎奏调襄办河工，希望借此缓解林则徐的处境并从而获得宽免。林则徐不负所望，日夜辛劳，建立了治河的功绩，但这并未能改变清朝统治者的成命，在河工庆成时，林则徐依然就道西戍。林则徐在新疆的戍所生活中事事勤劳，以求再起。通过大量艰辛的工作，终于在道光二十五年十一月初六日获悉释回起用的谕旨。这首尾四年半的失势地位除去河工效力和万里行程外，林则徐实际居留新疆的时间不过三年多。三年多在林则徐一生的宦海生涯中只不过是一种短暂的曲折和旋流。但即使时间短、处逆境，他还是以一个政治家的胸怀，利用可能的条件，发挥自己的才干，仍然为祖国的西北边疆做出了许多可以著之竹帛、传之后世的事业。他没有屈服于逆境，在祖国的另一角土地上继续奋斗，为自己瑰丽的一生增添了特殊的色彩。

一、两防思想和塞防建设

反鸦片斗争中，林则徐在东南沿海经受了外国侵略者船坚炮利的炮火洗礼，他深深地了解到加强海防的重要性，制船造炮的海防思想在林则徐的奏议和书札中都有明确的表述，而当他遭到遣戍的命运后，即又开始注意到塞防问题。塞防和海防是清代中期以来国防思想上的两种不同主张，争论者往往各持一端，而只有林则徐等少数人是能塞海兼顾的。道光二十一年五、六月间，林则徐从镇海启程赴戍途经杭州暂停时，友人陈其元曾以《筹边策》与《屯田议》两著向林则徐求教。林则徐赞赏两著并提出了“以海运卫海疆及垦荒土以资战士”的概括性见解①。这是林则徐在筹边问题上第一次明确表示的两防思想。七月初，林则徐行经镇江时曾与至友魏源作过彻夜长谈。他们谈了许多有关国计民生、富国强兵和探求新知的问题，其中很重要的内容之一就是两防思想。魏源曾有诗记录这次倾谈，其中有句说：“方术三年艾，河山两戒图”②，寥寥二语却完整地表达了对外敌要有先事预防的备战思想和对东南、西北两处边界应该海塞并图的两防思想。这种思想反映了近代两位具有爱国主义思想的士大夫不仅关心当时东南沿海抗击英国侵略的海防问题，而且还能预见到西北边界沙俄威胁的塞防问题。不过，这只能认为是林则徐和魏源在两防思想认识上的声应气求。当时，林则徐更多思考的问题仍侧重于海防。道光二十二年二月间，林则徐在河南河工工次奉到“仍由工次发往伊犁效力赎罪”的命令后，曾在复友人吴嘉宾的信中着重发挥了制船造炮的海防思想。他说：“要之，船炮水军断非可已之事，即使逆夷逃归海外，此事亦不可不亟为筹画，以为海疆久远之谋，况目前驱鳄屏鲸，舍此曷济？”③

三月间，林则徐在复苏鳌石的信中驳斥其重船轻炮主张，提出了船炮并重以加强海防的计划④。八月间，他在致姚春木等人信中，总结了抗英的海防经验是“器良技熟，胆壮心齐”⑤。这是林则徐的“剿夷”八字要言，也是他既重物，也重人的比较完整的国防思想。九月间，他在戍途中路经甘肃安西州时，听到江宁签约讯后，异常愤懑，曾致函北京友人江翊云再一次申述“船炮水军之不可缺一”的思想⑥。随着西行入疆，林则徐思想逐渐趋向于塞防的思考。林则徐从离

① 陈其元：《庸闲斋笔记》卷九。

② 魏源：《江口晤林少穆制府》，见《魏源集》页781，中华书局。

③ 《历代名人书札》卷二。

④ 《林则徐书简》页191。

⑤ 《林则徐书简》页197。

⑥ 林则徐手迹，故宫博物院藏原件。

开兰州西行后，非常注意沿途的军事设防，从《日记》中可以不断看到其考察、搜集和记录资料的记载，例如：

（八月初八日，平番县苦水驿）“平番有八驿，在东西路者五，此其一也。”

（八月初九日，平番县红城驿）“平番之第二驿也。行馆小而洁。沿途堡城极多，此堡城尤大，有守备带兵驻扎。”

（八月初十日，古浪城）“系满兵所住，有城守尉等官驻此。”

（八月二十六日，山丹至张掖）“连日所过大路之旁，多依山为墙，闻系明代所筑边墙，与蒙古画界，墙以外六十里仍为汉民游牧之所，六十里外乃蒙古牧地，今犹循此制。”

（九月初八日，嘉峪关）“城内有游击、巡检驻扎。城楼三座，皆三层，巍然拱峙。关内设有号房，登记出入人数。……惠回堡，有城堡，乃乾隆年间官建，驻千总一员，兵一百名。”

（九月初九日，玉门赤金堡）“驻一都司、一把总，设兵二百名，但不在大路旁耳。”

（九月二十三日，哈密）“土城甚小，办事大臣及协办大臣同署，余则一通判、一副将、一巡检，皆住城内。”

（十月初七日，奇台）“此地阛阓甚多……有满兵、汉兵两处土城，相距三里，满城曰孚远城，驻领队大臣一员及协领以下数员，满兵一千名。汉城住游击等员，汉兵四百名。”①

戍途中的这些考察记录证明林则徐已在不间断地进行筹边实践。道光二十二年十一月九日，林则徐抵达伊犁戍所后，与先期到戍的邓廷桢朝夕相处，切磋交流；与新疆地方要员伊犁将军布彦泰等交往频繁，诗酒议论。也正在此时，清政府内部曾发生过是否裁撤伊犁镇总兵的争论。这是关系到西陲边防的重大事件。伊犁将军布彦泰为此力陈利害说：

近来卡外夷情与从前迥不相同，设遇裁官减弁，更必妄生揣测，阑播谣言，似与镇静边防大有关系。该镇兵丁以耕种糊口，俱各安土重迁，势难骤

① 以上均见《林则徐集·日记》页415、419、422、427、430等。

予裁移，不敢迁就目前，致贻后患。[①]

清政府终于接受了布彦泰的意见，保留了伊犁镇总兵的设置。据近人考证，布彦泰这份奏报像出自林则徐之手[②]。此说似可信，那这当是林则徐到戍后所承办的第一件要务，也是他塞防思想的重大实践。

林则徐在戍所通过各种渠道获知和积累边防知识，逐渐加强他的塞防思想——由以往朦胧地或从属地认识塞防的重要性发展到正式提出必须重视塞防的建议。道光二十三年七月，与林则徐比较契合的满族要员伊犁领军开明阿升任喀什噶尔领队大臣时，林则徐特写诗赠行。他用戍途和居疆时所知所见的实际情况，印证了在广州译报时所读到的沙俄为西北边防隐患的资料，而清楚地认识到西北塞防的重要性。他提醒开明阿不要以为“三载无边烽，华夷悉安堵”，而要未雨绸缪，先事预防。他要求边防将士：“嗟哉时事艰，志士力须努”[③]。这是林则徐由于觉察西北边防的严重性而向边防大员发出的大声疾呼。开明阿也深知林则徐关心边防，所以先后赠送了《卡外舆图》和有关说明资料以充实林则徐的塞防思想。

道光二十四年冬以后，林则徐对新疆的边防建设更加关心。他在筹办垦荒工作中加深了塞防思想。他建议将原来单纯种地筹粮的屯兵制改为轮换训练加强战斗力量的操防制，并扩大民屯和回屯，以求合兵农为一。这样，既使屯兵为常驻的训练兵，省内地之换防以加强边陲防卫，又增大屯田范围，对边防提供了雄厚的物质基础。

大约就在这年，林则徐又辑成《衙斋杂录》。这是林则徐研究改进屯田制的历史资料摘钞，如《喀什噶尔巴尔楚克等处屯田原案摘略》、《巴尔楚克等城垦田案略》等篇。屯田问题是历来统治者加强边防，利民足兵的重要措施，林则徐抓住这一关键作为其实现塞防思想的重要组成部分。《衙斋杂录》还摘录了东南沿海的若干情况，正说明林则徐并未忘怀于海防。

林则徐身在戍所，对筹边问题无论从思想认识上到实践活动中都持一种积极的态度，特别是海塞并重的国防思想对近代军事史有着重要的意义。

---

① 《清史列传·布彦泰传》。

② 何马：《林则徐在新疆》（油印本）。

③ 林则徐：《送伊犁领军开子捷（开明阿）》，见《云左山房诗钞》卷七。

二、以垦荒为中心的经济建设

林则徐从军事角度去考虑筹边问题，终因“谪宦”身份而有所局限，难尽其才。所以他把主要精力灌注到经济建设上。林则徐在新疆经济建设上的贡献主要在于以垦荒为中心而展开的各种活动。

林则徐在戍所由于环境变化而处于一种萧索寂寞的抱病状态之中。他除了承担布彦泰所安排的日常事务和与一些旧友新知的交往外，主要在总结过去和思考未来。这在他这一时期所写的诗篇书札中均有所流露。林则徐把建设边疆和自己的未来命运结合一起进行严肃的思考，根据目前所能见到的资料，他的振奋精神可能始于道光二十三年。这年七月间，他在摘钞资料时见到河南已革粮道谈春台因垦荒有功而给官释回一事，并进而了解到事情的原委是：

> 谈春台于道光十七年在乌鲁木齐投效巴尔楚克屯田，陆续招募眷民一百户，捐备车辆、盘费搬送到台，并连年开挖渠道，分拨地亩、田具，经理妥协，请赏给六品顶戴释回，奉旨允准。[①]

这一先例激发起林则徐捐资办垦之心，乃向布彦泰提出捐资兴办惠远城东阿齐乌苏废地垦务的要求，并即组织人力，开始初垦。同时，林则徐即与旧属黄冕议论“塞上屯田水利、中外地形、南北水土之胜”[②]。道光二十四年五月，林则徐正式呈请捐资认修阿齐乌苏荒地龙口地段的开垦工作，并且为消除朝廷的猜疑，主动表示了“断不敢希冀乞恩”的态度[③]；实际上林则徐还是希望以捐资出力而“谅可奏乞恩施”[④]。九月竣工后，布彦泰特将林则徐捐资经办垦荒劳绩专折恳求“弃瑕录用”[⑤]。但是，清政府一方面已感到垦荒有益于边防需要有林则徐这样一个已在伊犁地区取得垦荒成效的能员去履勘乌鲁木齐和南疆各地，而更重要的是中枢的政治气候还不适于林的召还，所以未予同意。不过为了略示抚慰，便正式命令林则徐去履勘南疆阿克苏、乌什、和阗等地的可垦荒地。这点抚慰使林感到可能是召还起用的先兆，所以从二十四年冬至二十五年冬是林则徐从

---

① 《衙斋杂录》（传钞本）。

② 沈来秋：《林则徐谪戍伊犁》，见《林则徐资料研究》第一辑（油印本）。

③ 《布彦泰片》三，见《史料旬刊》第37期，页369—370。

④ 林则徐函陈德培手迹，华东师大图书馆藏原件。

⑤ 《布彦泰片》三，见《史料旬刊》第37期，页369—370。

事垦荒建设最活跃的一年。他不仅亲自大量履勘，而且还提出许多有益经济的建议，如把垦地分给维族农民耕种，改屯兵制为操防制等等，对于整顿屯政和清理垦地作出了前所未有的贡献，开垦了大面积的土地。据一种记载说，他在“库车、阿克苏、乌什、叶尔羌、和阗、喀什噶尔、伊拉里克、喀喇沙尔，凡垦地六十八万九千七百十八亩”[①]。林则徐对在南疆履勘荒地的成效是颇感满意的，他曾在写给晚辈李杭诗中表露了这种思想说：

粮莠嘉禾不并生，田莱区划要平衡。南东疆里思成宪，带砺提封溯旧盟。中外总期无旷土，兵农何必有分名。迢迢一片龙沙路，待听扶犁叱犊声。[②]

地无旷土，兵农合一，扶犁而耕、叱犊而耘，一片田园丰收、牲畜繁衍的景象已朦胧在望，林则徐何得不欣然色喜而以诗言志呢？

林则徐虽以垦荒为其经济建设的中心内容，但也必然注意到水利建设以推进农业生产的问题。他于道光二十五年五月十九日在往吐鲁番途中见到当地传统的水利设施——卡井后，特在《日记》中写下详细的记录说：

沿途多土坑，询其名曰卡井，能引水横流者，由南而北，渐引渐高。水从土中穿穴而行，诚不可思议之事。此处田土膏腴，岁产木棉无算，皆卡井水利为之也。[③]

卡井对改进农田水利的重要作用引起了林则徐的注意。他深入了解后，改进和推广了卡井的利用，“增穿井渠通水”[④]，基本上解决了水源问题，在实行卡井的地区可以灌溉耕地总面积达70%以上，使垦荒工作大见成效，所以金安清撰传时特书其事说：

将军布彦泰深敬公，以新疆方兴屯田，无可属，计无逾公者，特疏请公总其事。周历天山南北二万里，东西十八城，浚水源，辟沟渠，教民耕作，定约束数十事。计辟各路屯田三万七千余顷，大漠广野，悉成沃衍，烟户相望，耕作皆满，合兵农而一之，岁省国家转输无算，而回民生计亦大裕，为

① 《清史列传·全庆传》。

② 林则徐：《寄酬梅生见赠五叠前韵》，见《云左山房诗钞》附卷。

③ 《林则徐集·日记》页118。

④ 《新疆图志》卷二《建置志》。

百余年入版图未有之盛。[①]

这项重要措施不仅见效于当时，改善了新疆的经济生活，得到人民的传颂，甚至称卡井和水渠为“林公井”和“林公渠”以志纪念；而且还给后世带来了深远的影响，后来左宗棠经营新疆时即派人推广卡井。左宗棠在致友人函中曾盛赞林则徐的功绩并论其事说：

吐鲁番地土肥沃，尚惜渠工失修，沾润不遍，林文忠戍边时，曾修伊拉里克河渠，考其遗法，亦止于渠中凿井（土人呼为坎井），上得水流，下通泉脉，故引灌不穷。[②]

林则徐在经济建设方面除了发展农业生产取得显著成绩外，对于手工业生产也从实际情况出发，将内地比较先进的操作技术予以传播。他根据吐鲁番地区产棉量盛的特点，教民制纺车、学织布，受到了人们的颂赞，有人曾以之入诗而注其本事。《新疆图志》的作者更郑重其事而采以入志说：

吐鲁番地燥多沙，产棉尤盛。林则徐初至西域，教民制纺车，学织布，民号曰“林公车”。[③]

林公井和林公车的民间命名正说明林则徐的作为是得人心的，是人民对他建设新疆所付出辛劳的充分肯定。林则徐的挚友邓廷桢在祝贺林则徐被释回的诗作中曾把他在新疆经济建设中的业绩视作重被起用的重要原因。邓诗说：

高皇拓地越乌秅，圣主筹边轶汉家。拟向轮台置田卒，特教博望泛秋槎。八城户版输泉赋，千骑旃裘拥节华。载笔它年增掌故，羁臣乘传尽流沙。

（少穆自伊犁戍所，奉命履勘回疆新垦地亩，驰驱越岁，遍历八城，得旨以四五品京堂回京候补）[④]

在其他许多赞颂的诗篇中无不以此为重要内容之一。但是，林则徐并不以此为满足。他虽在奉释回之命时有“浃岁锋车遍十城”[⑤]的诗句来表示自己履勘开

① 《续碑传集》卷二四。

② 左宗棠：《与刘克庵》，见《左文襄公书牍》卷十九。

③ 《新疆图志》卷二九《实业》二。

④ 邓廷桢：《双砚斋诗钞》。

⑤ 林则徐：《纪恩述怀》，见《云左山房诗钞》卷八。

垦的自豪情怀，可是直到道光三十年解任归籍途经长沙与左宗棠在湘江舟中作长夜之谈时仍以“西域屯政未修，地利未尽，以致沃饶之区，不能富强”为交谈的主要内容，并“颇以未竟其事为憾”[①]。这种歉疚心理说明林则徐对于新疆经济建设的念念不忘和殷殷关注。

三、调协民族关系

新疆是民族杂处的地区。林则徐稳妥处理民族问题正是抓住调协主作的核心。林则徐早在戍途中就主动地调查和了解新疆回民（主要是维民，下同）的历史和现状。道光二十二年九月二十三日，他在抵哈密的日记中就有详细记录说：

> 哈密本汉伊吾庐也，置宜禾郡尉，唐为伊州，后陷于土番，元代入版图，明为哈密卫。今其地土润泉甘，田多树密，可谓乐土。惟田归回民耕种，入其粮于回王，满汉官民皆无与焉。……其回城距此城约五里，回王府在焉。城内及附近回民约万余户，男戴印花小帽，女穿红衣，上人呼为缠头，其语与华言大异，然能华言者亦多。[②]

林则徐更具体了解回城情况，隔了两日，即于二十五日行经回城时，特入城考察并记其事说：

> 过回城，入城一观。其王府高出城巅。闻回王名百善，封此四十余年矣。行三十里有一土屋，无村名，小停为食。又四十里头堡，有土城，城内回民千余户，城外汉民二十余户。[③]

他还为了熟悉兄弟民族历史情况和过去对民族关系的处理办法摘录有关档册资料备用，在《衙斋杂录》中就留有《哈密厅卷宗》、《王公表传·哈密回部总传》、《额贝都拉传》等资料摘钞。其中除言及沿革外，多为有关回屯资料，如乾隆二十一年允准将上莫艾和土古鲁等处可耕地“赏与回子耕”，并派专人查看土地四至是：

---

① 《左文襄公书牍》卷七七，页55。

② 《林则徐集·日记》页427。

③ 《林则徐集·日记》页428。

上莫艾可种之地东自那木图鄂理起，西至英布拉克正三十里；北自伊克布拉克起，南至巴汗布拉克正六十丈，土古鲁可种之地东自伯尔齐尔起，西至和济格尔布拉克止十二里；北自阿尔克朗图起，南至阿格尔止一百丈。

在《哈密回部总传》中摘录了康、雍、乾三朝民族抚慰政策的有关资料。林则徐之所以引据这些资料，正因他准备整顿屯政可以有“成宪”可依。封建时代推行事业如有“祖宗遗制”可据，那是无可争辩的有力依据。这些资料正是林则徐在履勘垦荒工作中敢于提出处理意见的信心所在。道光二十四年冬，林则徐奉命勘办开垦事宜后，亲历库车、阿克苏、乌什、和阗、喀什噶尔、叶尔羌及伊拉里克、塔尔纳沁等处，最后要求将这些垦地“请酌给回人耕地”[①]。清政府对这一要求经军机处会同户部研究后于道光二十五年六月议复“准予给回耕种”，但“语意甚为勉强”，且有若干挑剔限制之处。林则徐认为这是不利于安抚“回众”的。他在致友人的一些函件中一再流露不满，如在六月十八日致时任叶尔羌参赞大臣奕经的信中说：

六月九日行抵焉耆，将此地续垦官荒，会同履勘。适接伊犁将军来文，知库车垦地一案，廷议虽勉准给回，而挑剔责备之处不一而足。且强将粮赋定为按亩平分入官。其末后结穴，又虑及各处捐办开垦，有勒派苦累情事，不许迁就，仍令陆续招民。库车所议如此，则各处自可概见。查前勘六城之地，除喀什之河西一处酌议招民外，其余概请给回，于六月初五以前，由伊江全行奏出，此时势难再改。[②]

同日，他就垦地给回问题又致书开明阿说：

弟回思贵辖之河西一处，幸经酌量改议，于回疆各案内，特见异常。此外，阿克苏等处直不知如何苛议。弟现与小汀复具复文，缕晰登答，声请复奏。[③]

正因林则徐了解回疆垦地的实际与清政府措施的矛盾，所以他不惜冒一定风险与全庆再作复文申述个人见解。不仅如此，他还对当地统治者破坏屯政的行为加以整顿，如哈密屯区官占民地的情况就十分严重，凡札萨克郡王及大小贵族都

① 《清史列传》卷三八。

② 《林则徐信稿》页52。

③ 《林则徐信稿》页55。

“务朘削以自肥，凡地近水腴饶者辄攘夺为官产，民回重困，办事大臣庇之，无所控告”[①]。有些官占地甚至成为牧场，使人民生活艰困，苦不堪言。因此，当林则徐等勘丈新地时曾有数万军民“环跪具呈，求为清厘地土”[②]。林则徐在布彦泰支持下，对原有垦地也进行丈量，查明侵占，退还原种者，使屯田制度恢复其有效作用。

林则徐居疆期间除从事屯垦工作外，还十分注意回民的生活并从中了解情况。道光二十五年二月初八日，林则徐至全部为回民垦地的库尔勒，“见回人起土撒耘”，便加以询问，知道所种为木棉。四月二十六日，他通过喀城回民了解“卡外各国夷部地土风俗”[③]。林则徐更把几年来观察到的回民各方面情况，动乎情而发乎词，写成了著名诗篇《回疆竹枝词》二十四首。《回疆竹枝词》对维民的农作节气、宗教活动、饮食起居、婚丧嫁娶、建筑医学、文化艺术等等都作了丰富生动的描绘，如写维民饮食习惯一诗说：

豚彘由来不入筵，割牲须见血毛鲜，稻粱蔬果成抓饭，和入羊脂味总膻。

这是日常生活的具体写照，至今犹能见其真实。另一首则写富户悭吝和贫户困窘说：

金谷都从地窖埋，空囊枵腹不轻开，阿南普（维语母钱）作巴郎普（子钱），积久难寻避债台。[④]

高利贷剥削的严重被林则徐采以入诗。当然，这种盘剥的食利者是包括汉维高利贷者在内被指斥的。林则徐认为注意这些现状是经营边陲的要务。他于召还后的道光二十六年二月在评议回民生计的奏片中还报告他所目击的穷困落后状态说：

查南路八城回子生计多属艰难，沿途未见炊烟，仅以冷饼两三枚便度一日，遇有桑、瓜果成熟，即取以充饥。其衣服蓝缕者多，无论寒暑，率皆赤足奔走。访闻此等穷回，尚被该管伯克追比应差各项普尔钱文。[⑤]

① 黄冕：《书林文忠公逸事》。
② 《林则徐集·奏稿》（下），页893。
③ 《乙巳年日记》（钞本）。
④ 《云左山房诗钞》卷七。
⑤ 《林则徐集·奏稿》（下），页892。

正由于林则徐重视了民族问题，认真地解决了兄弟民族的生计问题，使新疆这块边陲重地处于比较稳定的局势。这种稳定对于保卫西陲安宁起到了重要作用。

四、结语

林则徐居疆三年，建树殊多，而边防、经济与民族三端，乃其荦荦大者。林则徐在新疆的建树和他在历任封疆时的施政、反鸦片斗争中的抗击等等事迹都可并称为他一生中的重要业绩而毫无逊色地载入史册。特别是身处逆境犹能奋发不已的精神更非其他时期的成就所能企及。

林则徐在新疆的种种活动是在他筹边思想指导下进行，而这些实践活动又丰富和发展了他的两防筹边思想。他在入疆之始是有海塞兼重的思想，因此他要在边防、经济和民族等问题上做大量工作以充实边防。待到离疆时，其筹边思想中的塞防部分已经明确在防俄问题上，他曾反驳有人重英轻俄（实际上是重海轻塞）说：

> 英夷何足深虑，其志不过以鸦片及奇巧之物劫取中国钱帛已耳。予观俄国势日强大，所规画布置，志实不小。英夷由海道犯中国实难，但善守海口，则无如我何！俄夷则西北包我边境，南可由滇入，陆路相通，防不胜防，将来必为大患，是则重可忧也。①

这是林则徐依据在新疆的实践活动所得到的资料而得出的结论，是防塞思想的具体说明，这种思想不仅为后来沙俄在西北地区的扩张威胁证实其预见而可贵，也对中国近代的国防建设具有重要指导意义。十九世纪七十年代左宗棠为伊犁问题的陈兵扬威正是在此思想影响下而进行的一次重大实践。

林则徐的种种筹边实践活动——整顿屯政，覆勘荒地、调协民族关系对易于动荡的新疆增添了若干有利于稳定局势的因素。它增强了人民的团结和对中央政权的向心力，使西北这一块领土始终保持不受损害的地位。

林则徐的筹边思想和实践对于十九世纪以来研究西北史地的风气也起到了一

① 欧阳昱：《见闻琐录后集》卷九《耆英》。

定的推动作用。

林则徐的遣戍在个人说是不幸，但他却对新疆的建设做出了贡献。这种贡献不仅为新疆各族人民所纪念，也为中华民族的丰碑增添了砖石而值得崇敬。今天，我们纪念林则徐遣戍一百四十五周年是要纪念他在疆时期为民族为国家所建立的勋业。因为凡是对民族和国家有功者都应该受到崇敬和纪念。这正是这次纪念活动的真正意义。

原载于《新疆社会科学》1986年第4期

林则徐的取法前贤

1995年是林则徐诞生210周年，福建省社联为之召开学术讨论会，主题选定为“林则徐与传统文化”。这是一个很值得讨论的题目。林则徐是一位受传统文化影响极深的历史人物，是善于从历史人物和前辈的示范行为中获取榜样力量的人。他对历史上受传统文化精心培育而卓有业绩的著名历史人物非常尊敬。早在嘉庆二十四年（1819年）刚入仕不久，他在被派充云南乡试正考官的赴滇途中就访问了有关张骞、曹操、诸葛亮等著名历史人物的遗迹，从中吸取这些人物体现出来的传统文化的精粹来充实自己。道光二年（1822年），他不过只是浙江的一个中层官员，就在杭州倡议集资整修明于谦祠墓，并为之撰《重修于忠肃公祠墓记》。文中指出于谦与岳飞、文天祥是“尚友信国，进而尚友岳忠武”的相承关系，隐喻自己又是继承岳、文、于的优良传统，并以他们的行为规范自励。文中还说修治于墓是扶树纲常，有关“言治”的大事[①]。道光七年（1827年），林则徐在陕西署布政使时曾在游览之余，写有《过紫柏山留侯庙》、《定军山谒武侯墓》、《武侯庙观琴》等诗篇，对古代的杰出政治家张良、诸葛亮、文天祥等历史人物表达了仰慕之情，特别对忍辱负重的诸葛亮更是倍加赞叹。道光九年（1829年），林则徐在籍守制时，又兴工重修宋李纲祠，并亲为题联云：“进退一身关庙社，英灵千古镇河山”，一申对李纲忠贞的仰慕。前人的这些高尚情操都哺育了林则徐的精神世界。林则徐在推行某些具体措施时，还曾仿行过民间传统方式，如在江苏为救灾而实行的“担粥法”，就是从明代嘉兴陈氏的担粥就食的方式中推衍出来的。

林则徐不仅心仪古人，对近人之有卓立特行者也多所取法，以为师范。康熙

① 《云左山房文钞》卷一。

名臣慕天颜，在江苏特著治绩，林则徐为《慕中丞疏稿》撰序时倍加推崇而有所感慨地说："安得如公才者而挽之今日耶？"并表示要遵行成法。林则徐的另一位楷模是乡先辈林希五。林希五以举人补宁德教谕，曾因抨击福建贪官按察使钱士椿被罗织入狱，遣送新疆，备受凌辱。释回后年过花甲，依然读书作文，意气不衰。所著《林希五文集》，仅仅二十二岁的林则徐为撰后序。这篇后序充满着仰慕同情的内容，表明林则徐受林希五思想、品德、行动的影响颇深。这种具有传统文化色彩的言行影响对林则徐日后进入统治集团后仍能保持与一般封建官僚有所不同而独具特色，是有重要作用的。

林则徐还得益于当时任福建巡抚的张师诚。张师诚是一位久经世故，并有丰富从政经验的疆吏，林则徐早年受知于张，是张从县级幕友中选拔入抚幕而着意培养的，这给年轻的林则徐深深地印上选贤任能的痕迹。林则徐居张幕下四五年，亲炙于门下，得到无数政治经验的传授，林则徐还从张师诚那里"尽识先朝掌故及兵刑诸大政，益以经世自励"[①]。张师诚曾总结其施政有效的内容是："先理淹禁滥押之囚，兼除弄法害民之蠹。盗匪恶棍，当思勾捕之条，毋许快役纵漏。农田水利，当思清源之法，不使豪强兼并。重师儒以劝学，勤抚字于催科。"[②]林则徐日后的种种施政大体不出此范围，益以见他与张师诚二人间之相承关系。

林则徐取法前贤而受到传统文化优良部分的培育和灌输，汇聚融合成指导他一生言行的思想资料。这些思想资料是他建功立业的肥土沃壤。中国传统文化有优良部分，也有糟粕部分。当然前者占有主要地位。林则徐博收约取了传统文化中的优良内容，对内能以允执厥中的态度，较好地施政，成为人们基本上共识的能员干吏；对外本着中华民族善于吸收外来文化的优良传统而探求域外事务，开一代新风。中国传统文化优良部分所凝铸的思想资料对培育人才上所具的作用与价值，于林则徐可得一例证。

原载于《冷眼热心——来新夏随笔》（当代中国学者随笔） 来新夏著 东方出版中心1997年版

---

① 《续碑传集》卷二四。

② 《一西自订年谱》。

林则徐对传统文化的接受与奉献

清朝发展到乾隆末年，整个社会已呈“上下相蒙，无法不敝，宴安鸩毒，情伪日滋”的状况，摆着无数社会问题等待回答。林则徐就在这时走进历史，成为中国历史这一转变时期的重要代表人物，尽管对他的评论在大体一致的情况下还有一些崭新的论说对他求全责备，但遵照把人物放到当时历史中去的要求来议论的话，林则徐在十九世纪中期，对内有勇气去回答社会提出的重大难题，敢于谋求解决治河、理漕、救灾、禁烟等问题，对外有胆识去碰船坚炮利的硬碴，奋起抗击来犯之敌，都足以说明林则徐不愧是一位坚决维护民族利益的爱国者和有远见卓识的政治家。

那么，究竟历史是怎样熔铸出这样一位历史人物的呢？林则徐又是凭借哪些思想资料来回答这一堆重大社会课题并付之实践的呢？林则徐又是如何接受传统文化并对之作出奉献的呢？

一、家庭的良好教育

林则徐出生在一个清贫的知识分子家庭，父亲林宾日是以传授儒家经典为主要职业的老儒，母亲也是一位恪遵传统文化优良内容而明于事理的主妇。林则徐四岁就从父亲那里接受了“从之无以至章句，皆口授之”[①]的儒家启蒙教育，直到进鳌峰书院这段长时间内，应该说已完成了对儒家经典著作的学习，遂使林则徐奠定了以儒家学说为核心的传统文化的坚实基础。这里必须注意到林宾日并不

① 《云左山房文钞》卷二。

是寻章摘句，抱残守缺的腐儒，而是善于诱导、有经世之志的良师。当林则徐七岁开始学做文章时，有人认为太早，但林宾日却认为“此儿性灵，时有发现处，不引之则其机反窒，此教术之因材而施者耳”！[①]从林则徐中秀才时的时文中也可看出父亲对他的影响。林则徐在这篇名为《仁亲以为宝》的时文中虽然反复阐述了君臣、父子的封建伦常关系，但也表达了对国家、君臣的经世思想的萌芽，提出了“君臣之合本人为，自古原无独私之国”的论题，这无疑是受了林宾日耳提面命的影响。林宾日还与里中同辈组成真率会，是以反对泥古，反对守旧，反对虚伪为宗旨的比较开明的结社。这些都为林则徐顺利接受传统文化优良部分作了先驱的准备。

母亲陈氏勤俭持家的身教和对林则徐的不时鼓励也对林则徐的立身行事有一种潜移默化的作用。

二、师友的切磋熏陶

林则徐从十四岁成秀才到二十岁中举前，主要在鳌峰书院求学。鳌峰书院是康熙四十八年创建，以讲求实学为主旨的学院。当时的山长是注重经世之学的郑光策，他以《通鉴》、《通考》和陆贽、李纲、顾炎武等人的经世之作教导学生，要求学生。郑光策的办学宗旨是“勤于启迪，严而有法”，目的是使“人才奋发”。他指导学生“以立志为主，谓志定而后教有所施”[②]。林则徐在郑光策的严格教导下，精心研读了《天下郡国利病书》、《读史方舆纪要》等经世致用的著作，吸取了经世致用的思想资料，撰写了《云左山房杂录》[③]，反映出林则徐博览群籍方面之广。林则徐在书院中还结识同学梁章钜、廖鸿荃等人，获得了互相切磋之益，对林则徐日后的政治实践活动给予了一定的影响。

林则徐受熏陶较深的师友是福建的前辈学者陈寿祺。陈寿祺是对汉学、宋学都有相当造诣的经世学家。他对某些有维新倾向的经文遗说也颇有研究。他又是一位善于洞察社会病态的政论家。林则徐很崇敬他，是书信往还、诗文唱和较多的益友之一。他们不断交流政治见解，陈寿祺有很多首诗文指斥吏治，要求林则

① 《云左山房文钞》卷二。

② 《福建通志》总卷四十。

③ 手稿，今藏福建师大图书馆。

徐补敝起废，林则徐也以从政中的难题求教，从而汲取养料，丰富自己的经世思想。

林则徐在任京官时，并没有像有些官员那样忙于酬酢，耽于酒色，仍旧致力于经世之学，“益究心经世学，虽居清秘，于六曹事例因革，用人行政之得失，综核无遗”[①]。他还与同乡编修郭尚先“相与研究舆地、象纬及经世有用之学”，有时又共应当时在军机大臣上行走的卢荫溥的邀请，一起谈论朝政掌故[②]。此外，林则徐还曾参加过京中士大夫诗酒唱和的宣南诗社活动。宣南诗社虽不是什么有政治主张的结社，但它时间较长，人才济济，在有些诗文中也不时对时事、民生抒发些感慨，使林则徐对社会的认识有所帮助。林则徐还有可能从有关学者融通中外、通经致用的著述，如《海国见闻录》、《稗海纪游》、《海录》和《英吉利记》等书中领会那些知识分子基于传统文化优良部分而表现出来的忧患意识和经世思想，从而蕴积和催化了林则徐日后善于吸收外来事物的思想。后来，林则徐又与当时蜚声于世的许多经世学家多所交往，如龚自珍、姚莹、姚椿、王柏心、魏源等在不同时间、不同情况下成为林则徐吸收传统文化精粹的通道。

三、前人的榜样示范

林则徐是一位受传统文化优良部分影响极深的历史人物，是善于从历史人物和前辈的示范行为中获取榜样力量的人。他对历史上由传统文化精心培育而卓有业绩的著名历史人物非常尊敬。早在嘉庆二十四年刚入仕不久，在被派充云南乡试正考官的赴滇途中就访问了有关张骞、曹操、诸葛亮等著名历史人物的遗迹，从中吸取这些人物体现出来的传统文化的精粹来充实自己。道光二年，他只是浙江的一个中层官员，就在杭州倡议集资整修明于谦祠墓，并为之撰《重修于忠肃公祠墓记》。文中指出于谦与岳飞、文天祥是“尚友信国，进而尚友岳忠武”的相承关系，隐喻自己又是继承岳、文、于的优良传统，并以他们的行为规范自励。文中还说修治于墓是扶树纲常，有关“言治”的大事。[③]道光七年，林则徐

① 《国朝先正事略》卷二五。

② 郭尚先：《增默庵文集》。

③ 《云左山房文钞》卷一。

在陕西署布政使时曾于游览之余，写有《过紫柏山留侯庙》、《定军山谒武侯墓》、《武侯庙观琴》等诗篇，对古代的杰出政治家张良、诸葛亮、文天祥等历史人物表达了仰慕之情，特别对忍辱负重的诸葛亮更是倍加赞叹。道光九年，林则徐在籍守制时，又兴工重修宋李纲祠，并亲为题联云："进退一身关庙社，英灵千古镇河山"，一申对李纲忠贞的仰慕。前人的这些高尚情操都哺育了林则徐的精神境界。林则徐在推行某些具体措施时，还曾仿行过民间传统方式，如在江苏为救灾而实行的"担粥法"就是从明代嘉兴陈氏的担粥就食的方式中推衍出来的。

林则徐不仅心仪古人，对其近人之有卓立特行者也多所取法，以为师范。康熙名臣慕天颜，在江苏特著治绩，林则徐为《慕中丞疏稿》撰序时倍加推崇而有所感慨地说："安得如公才者而挽之今日耶？"并表示要遵行成法。林则徐的另一位楷模是乡先辈林希五。林希五以举人补宁德教谕，曾因抨击福建贪官按察使钱士椿，被罗织入狱，遣送新疆，备受凌辱。释回后年过花甲，依然读书作文，意气不衰。所著《林希五文集》，仅仅二十二岁的林则徐为撰后序。这篇后序充满着仰慕同情的内容，表明林则徐受林希五思想、品德、行动的影响颇深。这种具有传统文化色彩的言行影响对林则徐日后进入统治集团后仍能保持与一般封建官僚有所不同而独具特色，是有重要作用的。

四、时贤的传授经验

不论对林则徐有各种不同的评价与议论，但他终不失为当时的一名好官。他整顿河工、兴修水利、创制农具、救灾放赈、改革财政和查禁烟害等等方面，即使遣戍新疆，他也仍然倡导垦荒开井，传播先进生产技术，充分表现了他的施政才干，成为屈指可数的一名能员干吏。他之所以获此成就与当时几位政绩卓著的贤达把自己的从政经验倾囊相授是有一定关联的。这些政治贤达饱读典籍，历经风雨，从传统文化中撷取和提炼精粹，施之于政而有成效，年积月累，概括窍要，用以点拨后辈，自能受益。林则徐颇得益于当时任福建巡抚的张师诚。张师诚是一位久经世故，并有丰富从政经验的疆吏，林则徐早年受知于张，是张从县级幕友中选拔入抚幕而着意培养的新人，这给年轻的林则徐深深地印上了选贤任能的痕迹。林则徐居张幕四五年，亲炙于门下，得到无数政治经验的传授，还从张师诚那里“尽识先朝掌故及兵刑诸大政，益以经世自励”[①]。张师诚曾总结其施政有效的内容是：“先理淹禁滥押之囚，兼除弄法害民之蠹。盗匪恶棍，当思勾捕之条，毋许快役纵漏。农田水利，当思清源之法，不使豪强兼并。重师儒以劝学，勤抚字于催科。”[②]林则徐日后的种种施政大体不出此范围，益以见他与张师诚二人间之相承关系。

陶澍是当时颇有威信的封疆大吏，与林则徐在江苏共事多年。道光十一年，林则徐先后任江苏藩抚以来，在若干施政的重大举措上，如有关江浙两省银昂钱贱、商民交困、坚请缓征被灾地区漕赋、堵截淮私以保浙盐销行和整顿赈务弊端等问题都得到时任江督陶澍的指导与支持；林则徐的施政建议也被陶澍采纳实行，如道光十一年，林则徐初任江宁布政使，为解决救灾问题，曾提出倡捐、煮赈、资送、留养、收孩、瘗棺、捐衣、劝粜、养佃、典牛、借籽种、禁烧锅等十二则建议，都被陶澍所采纳，奏请施行。道光十九年，陶澍临死前还曾推荐林则徐继己任，亦可见彼此之契合。其他如百龄、魏元琅、黎世序、钱宝琛等有名于时的大僚，无不对林则徐传授了在海运、治河、苗疆等问题上有益的经验。

五、结语

林则徐通过家庭、师友、前人和时贤的渠道受到传统文化优良部分的培育和灌输，汇聚融合成指导他一生言行的思想资料。这些思想资料是他建功立业的肥土沃壤。中国传统文化有优良部分，也有糟粕部分。当然前者占有主要地位。林则徐广收博取传统文化中的优势内容，对内能以允执厥中的态度，较好地施政，成为人们基本上共识的能员干吏；对外本着中华民族善于吸收外来文化的优良传统而探求域外事物，开一代新风。中国传统文化优良部分所凝铸的思想资料对培育人才上所具的作用与价值，于林则徐可得一例证。

林则徐不仅是传统文化优良部分的受益者，他也对传统文化有所扬弃而奉献了若干可贵的内涵。他在各地施政所表现出的行动即发挥了传统文化中的“仁”，实行了许多仁政，而在鸦片战争中更形成了“恃民”思想，视“民心”为可用，使其进行反侵略战争有恃无恐，这应是对传统文化中“民本”思想的一

① 《续碑传集》卷二四。

② 《一西自订年谱》。

大丰富。林则徐由于在一定程度上排除了传统文化中的泥古、守旧，而比较容易接受外来事物，所以他能不同于一般保守官僚而参读西书西报，并积累资料，成《四洲志》一稿，为在东方产生重大影响、由魏源撰著的《海国图志》作了良好的准备，使中国在此历史奇变的时代，对传统文化有所扬新弃旧，这不仅为中国走向世界舞台作了准备，而且更开启了研究边疆史地的新思潮和海防塞防并重的国防思想，对中国传统文化的更新起了重要作用。不断弃旧扬新，丰富完善，滚动前进，时时增添新的时代血液，才是对传统文化的正确认识和准确诠释，才能发挥真正的社会效能；如果视传统文化为凝固、停滞，那它就不会具有不同时代的生命力而早已死亡。林则徐正是由于正确地认识传统文化，所以才能取长补短，在历史的重要关头担当起重大的历史责任，终于以自己的业绩成为一代历史巨人。

原载于《福建论坛》（人文社会科学版）1996年第6期

论林则徐的治术

【编者按】 本文主要论述中国近代爱国者林则徐作为封建时代一名能员干吏的另一侧面，以求得对林则徐全面而完整的认识。作者根据翔实的资料，综括林则徐一生政治实践活动中所施行的治术，主要表现在清理积弊、发展生产和调协关系诸方面。作者对林则徐的治术基本持肯定态度，但也实事求是地指出其局限性。

林则徐在中国近代史上所建立的业绩曾被后人赞誉为“中朝人物真称最”[①]。这种“真称最”不仅由于他在反鸦片斗争中的爱国主义行动，也由于他在一生施政活动中的政绩。前一点已有许多学者经过长期研究而获取了成果，而后一点则久被忽略。如果对后一点获取“政绩”的种种治术加以研讨，将使人对这一重要历史人物能有更全面而完整的认识。

林则徐浮沉宦海近四十年，从京官的编修、御史到外官的监司、督抚以至钦差大臣，宦踪所至，从东南沿海到西北荒漠，从中原腹地到西南边疆。他在各种职任上采取种种治术，发挥施政才干，使人民得到某些苏息和安定，博取了封建官吏难得的声誉。综观其所施治术，主要表现在：清除积弊、发展生产和调协关系等方面。

一、清除积弊

河工、漕运、盐政是清朝施政中的三大积弊。林则徐所至之处都查处弊端，

① 马钟祺：《题林文忠政书后》，《古榆轩诗》卷五。

谋求杜绝。早在嘉庆二十五年，他任江南道监察御史时就调查过南河施工进度迟缓的弊端所在，主要在于料贩的囤积居奇，遂建议“严密查封，平价收买以济工需”。当时督修失职者正是后来在反鸦片斗争中一反林则徐所为的河南巡抚琦善[①]。这是林则徐和琦善的第一次交锋。林则徐以其对河工积弊的了解而逐渐引起人们的注意。道光四年，他在江浙大吏孙玉庭等推荐下综办江浙水利；次年又从权夺情，以素服到南河督修河工。十一年，道光擢升他任河东河道总督，希望他“务除河工积习”。当他请辞未准而接任时便决心“力振因循”、“破除情面”，整顿河工积弊，以达到“弊除帑节，工固澜安”的目的[②]。他还亲自周历沿河工次，查验工作规格，虽然“尚无偷减情弊”，但仍提出应该修正改进之处以臻于完善[③]。他在深入调查的基础上揭露了历年料垛弊端，进行彻底清除，博得了道光“向来河工查验料垛，从未有如此认真者”的嘉奖[④]。林则徐治河并未局限于传统的文字指画，而是采取了较科学的图表指示。他在住室壁上绘制黄河全部形势图，作指挥施工依据，使全河形势“孰险孰夷，一览可得，群吏公牍，不能以虚词进，风气为之一变”[⑤]。他还从治河实践中总结出“必须改黄河于山东入海”的经验，反对黄河南行的做法[⑥]。正因如此，当他已被遣戍，总办河务的王鼎仍尽力推荐他参与治河工作，让他从扬州的戍途中折回东河“效力赎罪”。

漕运不仅关系清朝政府南粮北运的命脉，又与运河两岸人民生计及社会治安密切相关，因而它一直是政论中心。道光十二年，林则徐初任苏抚就较全面地论述了漕务之弊：

> 漕务已成痼疾，辗转生奸……不独州县之浮勒，旗丁之刁难，胥吏之侵渔，莠民之挟制，均为法所不宥。即凡漕船经由处所，与一切干涉漕政衙门，在在皆有把持，几乎无一可恕。……漕额愈大之州县，仓库愈不完善。其致弊之故，人人能言；而救弊之方，人人束手。

① 《清史列传》卷三八。
② 《林则徐集·奏稿二》（上），第12—13页。
③ 《林则徐集·奏稿三》（上），第18—19页。
④ 《林则徐集·奏稿三》（上），第27—28页。
⑤ 《续碑传集》卷二四。
⑥ 《复陈恭甫先生书》，《林则徐书简》，第23—24页。

针对这一痼疾，林则徐提出了一条积极的原则建议，即“当执法者不敢以姑息启玩心；当设法者不敢以拘牵碍大局”[①]。

这种既坚决而又灵活处理问题的原则，证明林则徐确是一位熟谙吏道的能员。

漕政中最突出的问题莫过于水手闹事。道光十四年，林则徐在苏抚任时，不仅亲赴运河一带督催，还向清政府提出预防和弹压相结合以解决水手闹事问题的报告。由于粮船水手常在漕船回空时抢先进口而发生纠纷，以致影响次年漕运，林则徐采取刚柔相济的措施，一方面主张“与其惩办于事后，莫如防范于未形”，饬令容易闹事的船帮“量为调换，毋使泊在一处”，渡黄时又令各帮“先后挽渡，务使分档隔运，以杜其图斗之心”，要“稽查催趱”，“严密防范”[②]；另一方面他主张在“节节停船”的地方，“支架帐房，常川弹压”，对于违法者“有犯必惩”。二者的结合使用构成林则徐整顿漕船的总方针：“总期猛以济宽，令行禁止。”[③]

林则徐根据长期理漕工作的经验，于道光十九年对漕政弊端进行了较全面而深刻的分析，他认为：

> 漕务势成积重，如医家之治久病，见证易而用药难。盖他端政事，只求官与民两相安而已，独漕务则粮户输之州县，州县兑之旗丁，而旗丁领运于南，斛交于北，则又有沿途闸坝与通仓经纪操其短长，故弊常相因而事难独善。即论病根所起，南北亦各执一词。以北言南，则谓州县浮收，以致旗丁勒索；旗丁勒索以致到处诛求。而以南言北，又谓旗丁既被诛求，安得不勒索；而州县既被勒索，安得不浮收。每以反唇相稽，鲜能设身处地。于是官与民竞，丁与官竞，即官与官亦各随其职掌，以顾考成，而无不相竞，而凡刁生劣监，讼棍包户，奸胥蠹役，头伍尖丁，走差谋委之徒，亦皆乘机挟制，以衣食寝处于漕。本图私也而害公矣，本争利也而交病矣。[④]

据此，林则徐结合多年的宦途阅历和经世学识提出了四项纠正漕弊之法，即正本清源、补偏救弊、补救外之补救及本源中之本源。每项下尚有具体解决办

① 《林则徐集·奏稿四》（上），第43—44页。

② 《林则徐集·奏稿四》（上），第190—191页。

③ 《林文忠公政书》甲集《江苏奏稿》卷四。

④ 《林则徐集·奏稿九》（中），第715—724页。

法。这是一篇完整的理漕建议。它不仅是林则徐在理漕工作上的总结，也是漕运史上值得研究的重要文献。

林则徐接触盐务问题早于河、漕二事。早在道光二年，他在浙江曾应浙抚帅承瀛之邀暂署盐运使四个月。他在短期内便使浙盐规制已具眉目，为后来所遵行。道光十七年，他莅任湖督之初就首先着力解决私盐充斥问题。经过实地调查，他发现私盐充斥现象之形成，主要是由于邻省私盐侵灌和运盐江船夹带所致[①]。他认为要杜绝侵灌必须查处云、贵运铜铅船只夹私越卡的责任者和沿江缉私不力的官吏[②]。仅一个多月就缉获私盐一万八千一百七十余斤。同时又改订了获私奖赏办法，即在变价私盐中先提官课，而以其赢余给赏充公，使“变价可补官课之亏，即获私足抵官销之缺”[③]。

林则徐为更彻底解决私盐问题，曾亲驻襄阳一带堵缉，并提出杜绝河南私盐侵灌湖北的具体建议，开列河南州县与湖北连界三十里内进行走私活动的盐店清单以备查拿[④]。次年初，他又为进一步整顿湖广地区盐务疏陈解决办法。他认为湖广地区原属淮盐地界，过去由于江督主运、楚督主销，各从本位出发，往往议论不合，应对此进行全面考虑。他先从三方面分析湖广地区私盐充斥的原因：一是贫民谋求生计，挑运贩私；二是淮盐官课比川晋粤都重，难以相争；三是邻省销盐多经湖广，难免走私。据此提出“恩威并用”的方针，一面“剀切示谕绅民，晓以利害大义”，“责令绅衿大户以及乡团牌保，互禁食私，犯者公同送究”；一面又许挑卖私盐的“穷民”，改贩官盐，“由各处官盐子店给票挑赴四乡，卖完缴价”[⑤]。这一措施被时人誉为“此化莠为良之第一法也”[⑥]。与此同时，对于徇情故纵的官弁则严加惩处，将原定“杖一百、徒三年”的规定视为“情浮于法”，而认为“不肖员弁每视鹾务为利薮，骫法营私，靡所不至，非从严惩办，无以杜绝弊源”，而“断不任稍有迁就，以正官常而肃鹾政”，应从重判处“发往新疆，充当苦差”[⑦]。这对于积弊日久的盐务起到了一定的震慑作用。

---

① 《林则徐集·奏稿八》（中），第402—403页。
② 《林则徐集·奏稿八》（中），第410—412页。
③ 《林则徐集·奏稿八》（中），第412—413页。
④ 《林则徐集·奏稿八》（中），第443—445页。
⑤ 《林则徐集·奏稿八》（中），第509—515页。
⑥ 陈康祺：《郎潜纪闻》卷六。
⑦ 《林则徐集·奏稿八》（中），第429页。

在清除三大弊端若干积弊的同时，林则徐对其他所遇到的积存迁延问题也都随时清理，如道光三年任江苏按察使时曾清理积案。他在《答奉化令杨丹山明府国翰书》中曾陈述其事：

两江案牍繁多，视浙省不啻数倍。仆受事之初，京控多至三十余起。省中承审各员，以提人为延宕之计，而各属延不解审，委员四出，音耗杳然。因而详定章程，严立限制，省中所提人证，均请由司核定，始准札提。无甚关要者，取供录送，并令州县各自批解，委员全行撤回，其紧要被证，逾限不到，即予特参。并严督在省委员，排日提讯，可结即结。自通饬以后，批解尚能如期，数月以来，结者已什之九。……所有各属积案，通饬清厘。……[①]

次年在署布政使时，又连发《通饬各属命盗各案赶紧审解札》和《通饬州县解案章程札》等，要求部属对各项案件要及时结案，不能拖延，告诫部属“要知早结一日，少拖一人，皆可省愆寡过”。对于公文提案要认真对待，“一经奉文，立即选差干役，酌给盘费，上紧查提，依限起解”，以减少人员往返骚扰；对于命案则州县官均应亲自检验[②]。他对基层弊端也给予应有的重视，如湖北监利县曾于道光十四年创立一种非官方的修堤收费机构，设“首士”主事。这本是一件有关公益的好事，但行之既久，这一机构即被地方土棍窃居“首士”地位作勒取财物的途径。他们凭借职权随意增收堤费，滥设散局，增设“首士”，加大开支，并滥用非刑锁拿欠费，以致引起民愤，终于在道光十六年七月间发生了捣毁总局事件。这一事件迁延经年未决，直至次年三月林则徐莅任湖督始着手清理，而于六月间即分别情况处理了有关人员，并提出了设立堤工总局的原则：

局不许多设，人不许多充，用不许多开，费不许多派，首士必由公举，不许夤缘滥入；因年必令更换，不许流恋把持，至粮书现不许收费，而粮户的名册档，仍须责令攒造……所有局务一切仍应饬县随时秉公查核，并责成该管道府，留心稽察，有弊即除，有犯即惩。[③]

同时又重申严禁土棍冒称书吏为非作恶的禁令。这些措施对杜绝基层弊害确是起到重要的作用。

---

① 《云左山房文钞》卷四。

② 《林则徐集·公牍二》，第8—12页。

③ 《林则徐集·奏稿八》（中），第427页。

二、发展生产

如果说清除积弊是林则徐治术中的消极对策，那么发展生产则是他治术中的积极措施。

林则徐十分注重发展农业生产，发现新的农耕方法，就随时加以推广。道光七、八年间苏州士绅潘曾沂曾在本乡倡导区田法，林则徐经苏州，了解到区田法的深耕、早种、稀种、多收的内容后，特写《区田歌》一诗来赞扬它，并劝谕人们破除旧有观念，采取新法。这首长歌的内容反映林则徐对于农业生产并不生疏。歌中写道：

> 腊雪浸谷种，春雨披田蓑，翻泥欲深耙欲细，牛背一犁非漫拖。尔昔拔秧移之佗，禾命损矣将奈何？何如苗根直使深入土，不用尔手三摩挲。一区尺五寸，撒种但喜疏罗罗，及其渐挺出，茎叶畅茂皆分科，六度壅泥固其本，重重厚护如深窝，疾风不偃旱不槁，那有禾头生耳谷生螺，此术尔不信，但看丰豫庄中稻熟千牛驮。①

歌中对耕耙犁栽、培根固本等操作都作了细致描述，并娓娓动听地宣传要抓紧农时，推广经过改进而有实效的方法。后来，他任官河南时又推广介绍了“区田法”而“教种有验”。

道光十三年，算学家齐彦槐仿制西法水车——龙尾车成功，林则徐时任苏抚，闻讯后，不仅亲到现场观看试用，还准备推广。齐彦槐为了感谢知音，特写《龙尾车歌》记其事。歌中介绍了龙尾车的功用是“一车当五人当十，用力减少成功多，八家同井办一具，旱涝不怕田无禾”，并着重描述了林则徐观看试车的情景：

> 侯官中丞今大贤，讲求水利筹农田。
> 闻余述作亟欲睹，二龙跃上荆溪船。
> 草桥试车日卓午，倾城士女观如堵。
> 云蒸雾涌喷薄来，欢呼动地声如雷。
> 塘宽十亩深二尺，车干七寸才三刻。

---

① 《云左山房诗钞》卷二。

中丞大笑与我言，此利不止关田园。[1]

与此同时，林则徐为了提高粮食产量，积极推行双季稻的种植。他委托当时代理江苏按察使的同年好友李彦章总结广西劝种早稻的经验，并辑取古今早稻品类、时地及一熟早熟之种，汇编为《江南催耕课稻编》，全书共十条：

曰国朝劝早稻之令，曰春耕以顺天时，曰早种以因地利，曰早稻原始，曰早稻之时，曰早稻之法，曰各省早稻之种，曰江南早稻之种，曰各省再熟之种，曰江南再熟之种。[2]

书成，林则徐亲为之序，反复阐述早稻之益，动员两种两刈，并从最坏情况论证其事说：

且即两熟不能赢于一熟而早晚皆有秋，民先资以果腹则号饥之时少矣。况岁功难齐，或早丰晚歉，或早歉晚丰；不得于此，或得于彼。抑亦劭农者所不废乎？[3]

林则徐之热心致力于此，主要在于他掌握了亲身实践试种的第一手资料。他曾“就官廨前后赁民田数亩，具耰锄袯襫，举所闻树艺之法与谷种之可致者，咸与老农谋所以试之，以示率作兴事之义”[4]。他在日记中详记了试种活动[5]。试种的重要用意在于他认为“弗躬弗亲，庶民弗信”[6]，而要以实际效果取信于民，正如时人齐彦槐为之作《后乐亭图》所题称：“后乐亭图为少穆中丞于署后隙地垦田种稻，一岁两熟，盖以教吴民也。”[7]林则徐的好友杨庆琛在题图时也盛赞其事说：“依竹编茅瞻稻熟，到春劝稼祝丰年，虑周绿野耕锄外，心在苍生福命中。”[8]林则徐也颇自我欣赏其试种活动而自制楹联称：“宦游到处身如寄，农事何时手自亲。”这副楹联也是对一般官吏不勤农事的批评。林则徐的躬

① 《梅麓诗钞补遗集》（下）。
② 《福建通志》卷三七，《列传》卷三八清七《李彦章传》。
③ 《江南催耕课稻编》卷首。
④ 《江南催耕课稻编》卷首林序。
⑤ 《林则徐集·日记》道光十四年五、六月。
⑥ 《江南催耕课稻编》卷首林序。
⑦ 《梅麓诗钞·新安往还集》。
⑧ 《绛雪山房诗钞》卷十二。

行实践精神确为当时一般官吏所难及。

林则徐深知发展农业生产对地力、水利的密切关系，他总结多年的实践经验，得出了人、地、水三者辩证关系的论证。他说：

> 总之，地力必资人力，而土功皆属农功，水道多一分之疏通，即田畴多一分之利赖。[①]

这一概括，说明林则徐已经注意到发展农业与人力、地力、水利的重要关联，其中尤其注意到水利问题。他在东南地区任官时的疏浚河道、开渠凿井、修塘筑堤，无不卓著成绩。道光十九年，他更综括各种资料完成了一部有关农田水利的优秀著作——《畿辅水利议》。这一著作总结了历史上北方农田水利的经验，证明北方可以发展水田、栽种高产作物，以增加粮食生产，改善人民生活。这一著作在当时和对后世都有过一定的影响。

林则徐发展农业生产的各种措施，即使在被远戍回疆时，仍能努力不辍地推行——如道光二十四年五月，林则徐自请捐资认修阿齐乌苏荒地龙口地段的开垦工程；十一月间，奉命到库车、阿克苏、乌什、和阗等地勘办开垦事宜。在此后近一年中，他亲历西南疆办理勘荒开垦工作，凡垦地六十八万九千七百十八亩，增加了大量的可耕面积[②]。同时在赴吐鲁番途中，见到当地民间水利设施——"卡井"，认为有利于改变农田水利条件，于是便加以改进推广。他还建议将开垦地分给维吾尔族农民垦种。所有这些都对发展边远地区的农业生产有着重要的作用，使新疆的"大漠广野，悉成沃衍，烟户相望，耕作皆满"[③]。林则徐多年来希望在畿辅地区进行农田水利改进试验而未获实现的愿望，竟意料不到地在边陲戍所作出了成绩！

林则徐并未局限于封建时代政治家"以农为本"的思想，而是随着时代的特点，倡导和推动某些包含新经济因素的生产活动。这主要表现在他晚年督滇时对待开矿的事业上。云南是矿藏较富、开矿活动较多的地区，因而如何对待开矿事业也成为不少经世学者所注目。统治阶级对于开矿多是从担心危及社会秩序、增加肇乱因素出发，而不多考虑发展生产与经济。林则徐则从实际情况出发提出解决办法。道光二十九年初，他在奉命议复有关云南开矿问题时，首先叙述和分

---

① 《林则徐集·奏稿四》（上），第237—238页。

② 《清史列传》卷五二《全庆传》。

③ 《续碑传集》卷二四。

析了云南过去开矿的情形，提出了对勘采、管理等有关问题的见解。他认为“踩勘必须详细”，要“多派书差巡练，以杜偷匿漏课，并禁夺底争尖”。他反对那些认为开矿会聚集乱民的观点，认为持“人众难散”论调的人是“非真知矿厂情形”者。他鼓励私人开采，提倡以官督商办为宜。他经过“与在省司道及日久在滇之正佐各员，下逮商旅民人，无不虚衷采访”，而制定了宽铅禁、减浮费、严法令、杜诈伪等四项章程[①]。这对整顿与发展云南矿业生产是有积极作用的。

林则徐为了发展生产，对商品经济和商人的作用也有所认识，并在具体措施上发挥他们的作用。如道光十一年他曾向苏抚程祖洛建议，鼓励江苏商人自行采购米麦以解决粮荒问题，并给商人以贷款、免税和严禁需索等优惠条件，以加速商品流通。这说明林则徐对商品经济的发展规律和如何发挥商人的作用已有所认识[②]。

三、调协关系

林则徐是一位有学有术的封建官吏。从他一生中处理若干政治性纷争来看，调协关系是他治术中比较重要的组成部分。他着重在调协官民之间和民族之间的关系。

官民之间就是统治者与被统治者之间，二者关系之协调与否关系到政通人和的大局。林则徐对此持一种“在官不可不尽心，在民不可不尽力”的观点[③]。这虽与“劳心者治人，劳力者治于人”有明显的继承痕迹，但他注入了若干新内容，他把官放在矛盾的主要方面，要官尽心去做好官、去同情民生困苦，而后民才能尽力安定，不滋扰、不反抗。只有官民协调，也就是林则徐所谓的“首祈吏民安”[④]，才可以维护封建政权的统治——这是林则徐最主要的目的。

早在嘉庆二十四年五月间，林则徐在赴云南考差途中所写诗歌，已开始表达出要处理好官民关系的思想。如他在裕州渡河时，河水暴涨，处境狼狈，突然意外受到村民冒险相助，使他深受感动，于是写诗纪其事，并呼吁官要爱民，诗

① 《林则徐集·奏稿十三》（上），第1145—1151页。

② 《云左山房文钞》卷四。

③ 《复常熟杨氏兄弟论灾务书》，《云左山房文钞》卷四。

④ 《答程春海诗》，《云左山房诗钞》卷一。

中说：

为语司牧慎勿忘，孜孜与民敷肺肠，毋施箠楚加桁杨，教以礼义勤耕桑。[①]

但这种想法只能说是一种愿望，而实际情况远非如此。某些社会病态不能不引起林则徐思想上的激动。道光二年，他在赠答学者陈寿祺的诗中指斥官吏残民的恶行：

呜呼利禄徒，字氓何少恩。所习乃脂韦，所志在饱温。色厉实内荏，骄昼而乞昏，岂其鲜才智，适以资攀援。模棱计滋巧，刀笔文滋繁。峻或过申商，滑乃逾衍髡，牧羊既使虎，吓鼠徒惊鹓。有欲刚则无，此际伏病根……[②]

林则徐想对这种腐败现象谋求调协之道——一方面寄希望于皇帝能知人善任，选拔人才来整顿吏治；一方面只能表示自己做一个不随波逐流、不尸位素餐的“好官”。这一点正说明林则徐在调协这种关系上的力量是有限的。纵然如此，他还要遇机呼吁官吏爱民，关心民生疾苦，如道光十二年十月林则徐为杨景仁所编《筹济篇》写序时，仍呼吁“牧民之官”要经常注意“乐利吾民”、“通民疾苦”[③]。道光十三年，他在一份请求缓征漕赋的奏疏中论述了“暂纾民力”的要求，主张“多宽一分追呼，即多培一分元气”[④]。道光十五年闰六月间，他在一篇祷雨祝文中比较明确地表达对民生的关切，发出了“官不足悯而民可悯，民即不尽可悯而农民可悯，而农民之勤者尤可悯”的呼吁[⑤]。如果官民关系已经激化到对立时，林则徐仍然主张以疏导为主，如道光三年五月至七月间，“江苏大水，田禾荡然，松江饥民聚众生事”[⑥]，当时苏抚韩文绮主张对饥民起事采取屠杀镇压方针；林则徐则主张“抚慰”，并积极组织救灾放赈，使紧张关系得到缓解。由于林则徐在调协关系上多着眼于爱民，所以有人认为他具有“民本”思想。这种分析在一定含义下是可以被接受的，但问题在于林则徐心目中的“民”主要是指哪些人？我认为林则徐所谓“民”的概念是有阶段性的，大抵鸦片战争

① 《裕州水发村民舁舆以济感而作歌》，《云左山房诗钞》卷一。

② 《云左山房诗钞》卷二。

③ 《云左山房文钞》卷一。

④ 《林则徐集·奏稿四》（上），第148—152页。

⑤ 《云左山房文钞》卷二。

⑥ 《云左山房文钞》卷二。

前的时期主要指中小地主阶级和商民，所持态度是依靠和爱护。道光十一年林则徐曾依靠“殷实之户”采买米粮以救灾[①]；道光十三年所上坚请缓征被灾地区漕赋的奏疏，主要由于“业田之户至今未得收租”而发；道光十五年请求豁免“民欠钱粮”和“官垫民欠”[②]；道光十六年，他根据历年在江苏的施政成效提出“事事体民情出之，则民之爱之也如父兄”的经验，并总结出“诚知民情向背而顺导之于所安”[③]的爱民治术。他提出了“民惟邦本”的口号，但其论据是“国计与民生，实相维系，朝廷之度支、积贮，无一不出于民，故下恤民生，正所以上筹国本也”[④]。封建统治者所依靠的坚实基础，无疑是它的主要纳税人——中小地主阶级；那么，林则徐所谓的“民”究竟所指是谁不也很明显了吗？鸦片战争后，他对“民”的概念有所扩大。他考察的“民情”已经不限于“正士端人”而有“渔舟村店”的“民”[⑤]，但所持态度是利用与防范，如道光二十年他利用渔船蜑艇之民以攻敌取胜，但其用意中还包含着“以奸治奸，以毒攻毒”的目的[⑥]。也只有这样才能理解林则徐某些镇压反抗的活动，作为封建主义者林则徐的这种历史局限是很自然而无足诧异的。

林则徐调协关系的另一方面是调协民族间的关系。他一生中所处理的民族关系主要在回、藏、苗各族与汉族之间。他的总方针是剿抚兼施，处理问题的原则是不问民族而论是非。这在当时是一种比较通达的治术，因而也就比较稳妥地解决了若干纠纷。道光十八年，林则徐任湖广总督时对辰沅地区的苗民提出了苗疆屯防办法八条[⑦]，中心问题是在清理积弊，抚绥苗民以加强统治。这一安抚措施取得了安定苗疆的成效。而道光二十六、二十七年间，他任陕督处理藏民反抗问题则采取了镇压的方针，历时年余，虽然“弭平”叛乱，但林则徐总结此事时却承认是一种失败。他在《复陈部议陕甘捐输经费再行详核折》中曾有所分析：

> 窃以番（藏）务为甘省最累之端。自古至今，不知办过若干次数，果有一劳永逸之法，前人早应绝其根株，必不肯将就一时，仍贻后来之累，无如

① 《上程梓庭中丞书》，《云左山房文钞》卷四。
② 《林则徐集·奏稿四》（上），第260—262页。
③ 《三吴同官录序》，《云左山房文钞》卷一。
④ 《林则徐集·奏稿四》（上），第152页。
⑤ 《林则徐集·奏稿九》（中），第678页。
⑥ 《林则徐集·奏稿十》（中），第762—763页。
⑦ 《林则徐集·奏稿八》（中），第499—505页。

> 该番众等，族类既不可胜数，插帐又并无定居，且无恒业以资生，但恃攘夺为长技。捕一处则一处暂为敛迹，办一年则一年仅免鸱张，如有关顾不到之时，防范未周之地，彼即狼奔豕突，无恶不为。[①]

这段分析表明了他难以措手的无奈态度。正因为林则徐经历了对苗、藏两族不同处理的尝试，所以在他调任云贵总督解决回汉关系问题时，便摸索出一套新的治术。他在莅任之初即确立“但当别其为良为匪，不必歧以为汉为回”[②]的方针，并会同地方疆吏制订了“弹压”与“化导”相结合和利用汉回上层分子钤束人民的统治政策[③]。这种“初借渠魁以剪羽翼，继以羽翼尽而及渠魁”的做法，博得地主阶级赞叹为“此亦古今用兵之一奇局也”[④]。林则徐为了进一步加强对回民的统治，还强迫保山回民移居官乃山，实行一种民族隔离和禁锢的政策[⑤]。

林则徐经过半年多的软硬兼施基本上解决了云南的回汉关系问题，他在与汪本铨信中曾说：“迤西之事，往返半年，剿抚兼施，地方已臻静谧。”[⑥]但是，林则徐终究不失为一个能比较冷静地考察现实的政治家，他只能表示对这种权宜之计的一时满足。他深知当时社会矛盾的尖锐程度，对日后的趋势并不乐观。他在离滇前的临别宴会上答主人滇抚程裔采的祝贺时说：

> 汉与回，其结仇集怨是同样深厚，云胸中无芥蒂存在，老同年岂能信乎？今只能云暂时安定，最大限能达十年。[⑦]

林则徐的治术除上述三个主要方面外，在提倡封建伦常和加强封建教育等方面也是竭尽心力推行的一部分治术。道光二年，林则徐在浙候差时曾倡修明于谦墓，并撰《重修于忠肃公祠墓记》，将于谦比伦于岳飞、文天祥作为自励的榜样。祠墓记中还说，修治这种祠墓是扶树纲常，有关“言治”的大事；道光九年居乡时，又重修宋李纲祠也包含着同样的用意。与此同时，他还改革考试制度，考核书院成绩以加强封建教育。他曾在所撰《闽县义塾记》中，发挥广建义塾，

① 《林则徐集·奏稿十二》（上），第962页。

② 《林则徐集·奏稿十三》（下），第979—980页。

③ 《林则徐集·奏稿十三》（下），第978—979页。

④ 《回民起义》，第280页，中国近代史资料丛刊。

⑤ 《林则徐集·奏稿十三》（下），第1171页。

⑥ 《与汪本铨书》，《林则徐书简》第266—267页。

⑦ 罗养儒：《永昌回民相残记》（稿本），云南文史馆藏。

实行封建教育，以维护封建统治的系统见解：

> 治莫重于教，教莫先于养蒙。古者庠序而外，家必有塾，时术之义备焉。晚近难言之矣！小民困于饥寒，不能赡身家，奚暇课子弟。于是总丱之徒，目不识诗书礼义之文，口不道孝悌忠信之言，里党征逐，习于匪僻，比长而不知悔。岂无颖悟之质，而终于不可教诲者，非一朝一夕之故也。……夫童蒙不养，何以逮于成人？家塾已废，何由登之庠序？贫民既不暇言学，牧令又不暇言教，其流必胥里鄙之子弟尽习为靡僻而不可挽，岂非人心风俗之大惧也哉！①

林则徐正是以上述种种比较符合实际和卓著政绩的治术，博取了朝野的赞誉。这些治术之所以能取得成效，主要在于林则徐能以经世之学为体，从政经验为用，针对时弊，提出措施，切实执行有以致之。这也说明：林则徐之成为封建时代的能员干吏绝非偶然，而林则徐之所以能采取和推行于国计民生两有裨益的种种治术也绝非偶然。

原载于《上海社会科学院学术季刊》1986年第2期

① 《云左山房文钞》卷一。

林则徐死因之谜

在香港即将回归祖国的时候，一代伟人林则徐的事迹备受关注。林则徐是中国近代史上论述其生平与事迹较多的一位历史人物。过去的许多误记和讹传都相继被订正，如他卒于道光三十年是一致肯定的，但卒月在史传和金安清、李元度等人所撰传略中都作十一月，实为误记。清廷对林则徐的悼恤谕标明十一月十二日发，以当时从福建至北京的路程计，即使林则徐卒于十一月初一日，十二日也不可能因收到讣讯而颁悼恤谕，若作卒于十一月十九日，则十一月十二日何能先事悼恤。所以各传所称十一月卒当据清廷颁悼恤谕时间而言。林则徐《遗折》日期为十月十九日，可证十一月卒之说为误。近年在林则徐文藻山旧宅内的木主牌里面（内主）载其生卒年为“生于乾隆乙巳年七月廿六日子时，卒于道光庚戌年十月十九日辰时”，尤可作确证，是其卒月已正前人之误而得到确定。

但是，林则徐的死因仍是一个“史谜”，至今尚难确论。关于林则徐的死因有两种说法，而对林则徐临死前大呼“星斗南”又有不同的解释。林则徐死因的一种说法是传闻被广东洋商所暗害。我曾为此函询厦门大学教授、《林则徐传》的作者杨国桢先生。据函复当地传说及笔记资料云：

> 关于林则徐之死，福建和广东均有被广州十三行洋商所暗害的传说。张幼珊《果庵随笔》云：“禁烟事起，广州之十三行食夷利者，恨林公则徐刺骨。……后公再起督师粤西，彼辈惧其重来，将大不利，则又予以重金贿其厨人某，谋施毒。公次潮阳（按：应为普宁。林则徐卒地经调查即今普宁县洪阳镇一间糖果加工厂），厨人进糜，而以巴豆汤投入。巴豆能泄泻，因病泄不已，委顿而卒。或劝其公子穷究其事。清例：凡毒死者，须开棺验视，家人忍而不请。其时疆吏微有所闻，亦不欲多事。余六姑丈林兰岭秀才，字

梵宣，为公曾孙，生时曾为余道此事。”

今福州林氏后裔中亦有如上说法，广东普宁民间传说亦与此相同。广东《东莞县志·逸事余录》则称谋害者为十三行总商伍氏：“相传则徐抵粤，即锁拿洋商伍到粤秀（应为越华）书院。……咸丰初（应为道光三十年），则徐起为广西巡抚，伍忧其复督粤也，遣亲信携巨金贿其厨人，以夷药鸩之，使泄泻不止，行至潮州遂委顿而卒。”平如衡在《林则徐家书·著者小史》中还说：“传闻被奸徒以黄蜡毒死者。”这些传闻和记载都肯定了暗害说，但终嫌牵强。我过去出于对林则徐的崇敬之情，亦深信被内外敌人暗害之说；后来读到多篇持异议的文章，我又尚难提出被暗害的确证，为免鲁莽失实，也视暗害说为谜团而存疑。

作为暗害说的主要依据是林则徐临死时大呼“星斗南”，有一种解释说福建方言中，“星斗南”与广州洋人聚居之地“新豆栏”发音相同，以此证实林则徐在临死前已发觉受洋商暗害，所以大呼“新豆栏”，而讹传为“星斗南”。我也曾在近人王逸塘的《今传是楼诗话》中见其引录张之洞族侄张祖继诗集《飏民诗草》中《拜林文忠小像》诗及自注说：“飏民以布衣从族祖文襄公游粤、游楚，老于记室，以诗自娱。光绪末年，年八十余矣。所著《飏民诗草》，文襄为选入《思旧集》中。《拜林文忠小像》云：‘为谢金人罢李纲，英姿想见詟重洋。伤心新豆栏犹在，竟死奸民一寸香。’自注：‘新豆栏，广东要地。公临殁连呼之，人讹为星斗南。孝达公莅此，始悟其语，恐世不知，告予记之’，此亦可备史料者。”近年对“星斗南”又有不同的解释，如林氏后裔林桢墉先生就不同意“新豆栏”的解释而认为“星斗南”是福州话“心头疼”的误传，因为林则徐是有心肺旧疾的。1996年第2期《福建论坛》刊载云南张一鸣先生所撰《“星斗南”为佛语讹音——试释林则徐临终一语》一文中认为“星斗南”系一种省略语“心（金）大南（那）”的讹音。“心（金）”即《心经》或《金刚经》，“大”即《大悲咒》，“南（那）”即“南无”（读为“那么”），念佛声。“心（金）大南（那）”也即诵经念佛之意。其主要论据是：（1）林则徐笃信佛教，是一位虔诚的佛门弟子，早年曾恭楷手书《心经》、《金刚经》、《弥陀经》、《大悲咒》、《往生咒》等五种经咒，并亲题“行舆日课”、“净土资粮”八个字，贮于一匣，随身携带，便于诵读。从政后，虽在日理万机、戎马倥偬中，仍坚持日课，不废诵经念佛。（2）在林则徐灵柩被护送回原籍时，他的老友杨庆琛前往迎接，有《林少穆节使归榇南来诗以哭之》七律一首，中有注云：“公疾革，随侍公子挥泪默祷，公回顾曰：‘星斗南’。”这说明“星斗南”三字是针对“随侍公子”林聪彝“挥泪默祷”而说的。林则徐在病危难于坚持“日课”的情况下，希望其子诵经默祷，代父完成“日课”。病危之人，神衰气促，只能断断续续地说出几个单音字，又因语言蹇涩，听之不甚了了，故讹为“星斗南”。张氏主要根据林则徐的宗教信仰而对“星斗南”作如上解释，但推测成分较大，尚难称完分妥帖，姑备一说。

林则徐死因的另一说是因病重医治无效而死。这是上海复旦大学吴格先生根据新发现的林氏《讣文》所述林则徐临终情况而对被暗害说表示怀疑。吴氏认为：“林则徐之死，是因久患未治有脾肺诸症之迸发及用药未能生效，并不只是腹泻的缘故。林则徐并非仅因腹泻而死，其被洋商投毒害死的说法即难以成立。”（吴格：《林则徐死因考辨》，见《华东师范大学学报》1996年第1期）。按《讣文》中对林则徐临终前的病情确有较详细的记载：

> （十月）十二日，途中颠簸劳顿，脾泻旧症复作。次日，泻未止。……至夜吐泻交作，亟赴郡延医。比曙，不及待医，复勉就道。十七日，午后痰喘发厥，医谓积劳脉伏，元气大亏，投以参桂重剂，未能奏效。十八日，连进药剂，吐止而喘转剧。不得已，恭折奏明病情，请假调理。至夜，两脉俱空，上喘下坠。呼笔砚至，欲作字而不能搦管，口授遗折，以未及出师仰副委托为憾。迨漏尽，喘急愈甚。……遽回顾曰：“星斗南！”语毕，舌蹇气促。延至十九日晨刻，竟尔弃养。

1996年2月18日《港台信息报》发表唐井肖氏所撰《林则徐是被洋商谋害而死吗？》一文，主要也是根据《讣文》内容，并结合林则徐历年病情而加以分析论定其为久病不治而死之说。林则徐后裔林桢墉等也同意此说。吴、唐、林之说于情理及文献根据上比被洋商暗害说更为近实。

原载于《依然集》（当代学者文史丛谈）　来新夏著　山西古籍出版社、山西教育出版社1998年版

林则徐照会英女王

一百多年前，广东一位通达外情的知识分子梁廷枏所写的《夷氛闻记》卷一中收录了林则徐道光十九年拟写的致英王照会一件，照会中允许大黄、茶叶和湖丝的合法出口，严格禁止鸦片流毒，并且非常策略地把英国政府与鸦片贩子区别开来，把正当贸易的各国与走私贩毒的各国区别开来。当时一些讲外情的名作如《中西纪事》和《鸦片事略》等书中都称林则徐两次照会英王，而《鸦片事略》还收录了这份二月拟稿。但是在林则徐的奏稿和《道光朝筹办夷务始末》中都只有六月拟稿（七月审准，十二月发出），而未言二月拟稿。道光帝在三月十九日上谕中曾对颁发檄英王文书事批示说，须等到严禁鸦片烟条例颁布后再议，而条例是五月颁发的，所以六月拟稿似较合理。不过二月拟稿也并非无稽之谈，在《原藏故宫大高殿军机处档案》中有十月二十二日林则徐所上《审拟刊卖假捏照会外国公文之翁亚隆》一折内说，有顺德县人翁亚隆在南海开设六经堂书铺，曾从一位陈姓文童手中见到一份由林则徐、邓廷桢和怡良会衔的行知英吉利国禁造鸦片文稿一纸，因见内容与禁烟有关，遂借抄存留。后来翁又刊印发卖，被查获后，这个热心禁烟的书贩被以“诈传一二品官言语，杖一百，徒三年”。

这个印本当时可能流传很广，连《澳门月报》都加以采登，梁廷枏也可能见到此印本而后据以入《夷氛闻纪》。这个印本的来源很可能就是二月拟稿而且极可能是林则徐拟定的一个草稿被流传出来。林则徐似乎也知道此事，他在四月十八日给豫坤函中还闪烁其词说：“外间所传仆之谕贴告示，往往任意增减，阅之须加别白，并有伪刻檄谕国王之文，则又摭拾为之。”则确有二月拟稿之文，只不过文字有所变动，但肯定没有上奏过，更没有正式颁布过。据外人著作，二月拟稿似曾在民间流传，但未传至英国。据《彼得·柏驾与中国门户的打开》第六章中说：“第一封起草于鸦片危机时期的三至四月间，曾在广州流传。钦差曾希望有哪位船长会同意将它捎给女王，但落空了。”张馨保的《林钦差与鸦片战争》第五章中也说：“一封签署时期为阴历二月（3月15日至4月3日）的信经过一番准备，在林则徐四月十日动身要去虎门接收英国人的鸦片时发表了。这封信像其他许多文件那样在民间散发，有许多抄件分发给英国和别国船上，要求船上的官员送到英国去……没有记载说明是否有哪一艘船的船长同意替林则徐递送这封信。”所以二月拟稿很可能流传过，但没有成为官方文件，林则徐也不好承认此事，但他也没有坚决否认过。

直到这年十二月十四日，林则徐才借英船弯喇号回国之机，托其船长带去致英吉利国王书一道。这道照会六月拟定，七月奏呈，由道光帝审定认为“得体周到”而待发。这道照会在了解外情，运用策略等方面，都比二月拟稿前进了一步。林则徐已从对资本主义侵略者惟利是图本质的认识出发，反复阐述与中国维持正常通商关系的有利方面。照会中还区别了英王与不法商人，并重申禁烟法令，要求外人遵行。十九世纪四十年代前后，林则徐能较好地运用对外策略，已属难能可贵，可惜由于清廷虚骄庸懦，摇摆不定，终定城下之盟，丧失了香港。当今之际，有些人论及香港史事，竟有归咎于林则徐之盲目抵抗者。读林公当年致英王文书，功过是非，当可无庸赘言。

原载于《依然集》（当代学者文史丛谈） 来新夏著 山西古籍出版社、山西教育出版社1998年版

林则徐致杨以增的信

林则徐和杨以增是清道光后期著名的封疆大吏，林则徐以抗英的“反鸦片战争”而获民族英雄的美誉，杨以增则以搜求、保存古籍，创建海源阁而成为晚清四大藏书家之一。林则徐（1785—1850）比杨以增（1787—1856）大两岁，杨以增比林则徐晚死六年。应当是同时代的人。他们的仕历也大体相仿，都是进士正途出身，林则徐由编修外任，杨以增则由州县荐升，都经过较长期中层道府藩臬的历练，而跻于督抚的高位，有丰富的临民经验，政绩也尚少啧言，在当时号称能员干吏。

林则徐致杨以增现存最早的一件信函，据《林文忠公尺牍》所载，当是道光二十三年秋，即林则徐到伊犁戍所的第二年（实际上是十个月），曾有一封祝贺杨以增升任甘肃按察使和通报个人近况的信。信中借祝贺杨以增的升迁，吐露其盼望早日起用的内心活动说：

> 弟自去冬到戍，现已十度蟾圆。绝塞风沙，荒踪可想。惟有勉支衰病，自省愆尤，不为剑铗之弹，敢冀刀环之唱。窃盼停云旧雨，鹊起鸾翔，逖听弹冠，即不啻殊荣在己也。

林、杨信件交往频繁是在道光二十六、二十七年，当时林则徐抱病任陕西巡抚而杨以增则正被任命为陕西布政使。在此期间，林则徐写给杨以增有不少封信，现在能搜集到的手迹均收藏于山东图书馆。上世纪八九十年代，我为编撰《林则徐年谱》，到处搜求资料。山东图书馆的骆伟先生见告该馆藏有林则徐致杨以增信函多件，可资参考。我即亲去查阅。在骆伟先生特殊关照下，我通读和抄录全部内容。这批信件共有十几封，都有具体丰富内容，不是一般社交往来的应酬之作，后来都收进《林则徐全集》（海峡文艺出版社）中。山东图书馆所藏最早的一封手迹是道光二十六年十月十三日，当时林则徐已因病难以理事，急盼离任养病，又无接任者。从信中口气看，林、杨不仅是旧识，而且是至交，所以林则徐才将心中所思的去官问题倾吐给杨称：

> 弟九月间卧疾数日，已觉精神大减。本月初在校武外场，又复重感风寒，致仍大咳失音，至今未愈。旧患疝疾，现又加剧。本已决意具折，将印务交与方伯接替，偏值裕重山亦忽被疾，不能接受。不得已略待数日，再看光景。然自知如此病躯，若一冬勉强从事，断受不起。且目睹天时之旱，麦不能种，种不能生，蒿目焦心，只有添疾，而不能减，如不去官，则恐为嶰翁之续，此心已决，惟待相机而行耳！

函中所说的方伯即指下文的裕重山，方伯是官场中对布政使的一种尊称，在巡抚离任时可由布政使护理。嶰翁是邓廷桢的号，于是年逝世，林则徐怕步邓的后尘，而向杨表示等待机会辞官养病。也许林则徐这时已耳闻杨以增可能来陕接裕重山的布政使任，所以先透露点个人意图。

次日病重的陕西布政使裕重山去世，林则徐将情况通报杨以增，并透露已推荐其来陕任官，又预测十一月初即可有确讯说：

> 十三日下午奉泐数行，交官保处便差带上。渠尚未起身，讵裕方伯之病忽大变症，医治罔效，竟于戌刻出缺。辰下先须委署，而唐子方视为畏途，盖以自此至年终，皆有出无入之故。不得已曲体其情，委令兼署。现已叙折由驿具奏矣。此席首推阁下，计子月初必可奉到恩纶，不胜欣盼之至。

半个月以后，林则徐于十月二十八日在复杨以增来信中，感谢杨的慰问，并对四川哥老会暴动表示关注称：

> 川省啯匪，集至盈千，云与节相送行，占住简州大公馆，甚至捆官掳弁，殊不成世界也。

节相是对总督的尊称，此指宝兴。林则徐虽在病中，仍关注邻省政局，对川省哥老会众驱赶总督宝兴一事，表示震惊。林则徐将邻省动乱信息函告在甘肃署布政使的杨以增，足征二人交谊之深。

不过几天，即十一月初二，林则徐已得杨以增升任陕藩的确讯，立即致函贺喜，并敦促其速来。在信中说已“奏明将抚篆交台端署理，以便弟调摄夙疴”。

这封信有一特点，即在信尾除林则徐自署外，还附署“舟儿侍笔叩贺”，舟儿是林则徐长子林汝舟，在父亲的贺函末附入子名，足征林、杨两家的通家之好。这时，林则徐的病情日益沉重，已是“气促神昏”，“夜不能寐”。十一月十六日，林则徐因病请辞的要求，终于得到清廷“准假三月”的回复，于是急于让杨以增早日到陕，便在二十日致函，请杨以增早日接护抚篆以便自己养病，语词极为恳切地说：

> 计台旌廿二日启程，初四日已入陕界，或略兼一二站，弟即可委官赍篆至永寿、乾州一带，奉请拜接（祈先示复），使弟得早息肩，感荷无既。

林则徐不仅向杨以增表达急迫心情，也抱病为杨以增筹划住处，并在十二月初一复杨以增来信中，反复细致说明入住衙署的必要与方便，劝其入住衙署，并详叙所作安排以消除杨以增“后任赶前任”的内心顾虑。信的内容很通达和顺，娓娓开导，极富感情说：

> 衙署为办公之所，宅门以内书吏，宅门以外官人，皆必聚集一处，并案卷皆不可离，公事方免丛脞。从前弟在吴门，两次署督，一次进京，皆系怡悦亭五兄署理抚篆，先亦不肯住居抚署，迨弟再三相劝，随即依从，公事即皆顺绪。此皆现成式样，并无半点嫌疑。

怡悦亭指怡良，曾三次为时任苏抚的林则徐护抚，以示有先例可循。接着在信中又细致周到地叙明具体安排情况说：

> 缘抚署东边有“终南山馆”，又东有“春祺介雅”，此两层本是余地，弟却爱其幽静，已将贱眷搬入居住，由箭道出进，极为方便。这一边自二堂以后，尚有两层正上房，并西边亦另有两层上房，弟住时，即觉其廓落，兹已搬居东边，此房空着。若阁下不肯来住，署内杂人必来作践，甚至门窗隔扇，皆不能存，殊非爱惜公廨之道。况向来书办人等，在衙办公则无格外津贴，一经出署，纷纷禀求饭食（随辕名目），司库安有剩款可筹？故必请吾兄大人俯如鄙见，来住节署，于公事既极妥便，且亦可以体恤属员（渭南县等），遇贱疾稍痊之时，尚可晤对，想爱我者必不弃之如遗。

这封信透露出双方不一般的友情：杨以增新接任护抚，不能让原巡抚家眷立即搬出衙署，而自己即时入住；林则徐则从大局出发，先行一步，主动让出衙署的官舍。并从公私两方面讲明道理，解除对方顾虑，让杨以增坦荡愉悦地入住官舍。视今之卸任或调任后，仍强住官舍，而使接任者长期居住宾馆，几难并论矣！

十二月初十日，林则徐将巡抚印信交付新任布政使杨以增管理，而自己则休假养病，直至第二年即道光二十七年二月十五日假满回任前，主要住在蒲城，一面治病，一面为因保荐他而自杀的王鼎服心丧。在此期间林则徐曾数次致函杨以增商量公事，请托人事。若非至交不能有此类交往。林则徐假满不久，三月十六日清廷即命为云贵总督，并命他直接赴任，四月十二日，林则徐即从陕启程，经川赴滇。四月二十二日，林则徐行至褒城为山水所阻，驻于马道驿，并在夜间写信给杨以增，感谢杨寄来《题名录》，获知婿沈葆桢已成进士。遂请杨在自己的存项中"代拨京平五百两，由小儿转交小婿，作为用度"。由此可见林、杨之间尚有银钱往来，交谊之深可见。五月初六，林则徐抵达成都，因连日有雨稍事休息，于十一日再上路，并致函杨以增，告知日后行程称：

> 弟于天中后一日，行至成都，承地主款留，又值甚雨连朝，暂停至十一日始经进发。拟由叙州一带，取道赴滇。盖即铜铅委员所行大道。约须一月以后，始得安莅昆明。（天中节指阴历五月初五中午）

六月十五日林则徐抵昆明，十七日接任云贵总督。病妻郑氏病情日益严重，于十月十五日去世，林则徐感到很悲痛，旧病复发。十九日即致函杨以增，详细地叙述妻子病状及辞世时的情况说：

> 前者之来，本以病躯勉从行役，而携挈病妻偕来，尤为失计。缘其时儿辈均不在侧，无人随侍南回，不得已同涉险程，相依为命。六月中旬到后，内人积恙已深。滇中本无良医，就中延一二人与议诊治之法，至八月略有转机。而弟已先奏明赴东南路补阅营伍，并值姚州匪徒，复有汉回互杀之事，不可遽行剿击，而借阅伍以树风声。中秋出省巡行，所历皆蚕丛鸟道。风餐露处，疲累万分。九月望间，署中书来，知内人疾又加甚。弟回署后，虽叠试刀圭，而不食眠又将浃月，且肝风内动，抽搐迥异常形。延至十月望日，竟以不起，偏值三子无一在侧，送终者小女一人耳。辰下停柩署中，赶谕舟儿及彝、枢等，各由南北来滇奔丧。俟其到来，再议扶榇之事。

彝、枢为林则徐的二子、三子聪彝和拱枢，皆在原籍。林则徐在这封信中，除谈亡妻情况外，还以大篇幅与杨以增谈论南疆安集延暴动事，并提出自己对军事力量布置的见解说：

> 以弟悬揣兵势，伊江二千之众，由冰山南去，红庙之一千五百，历高昌而西，中间之乌什、阿克苏、库车、喀喇沙尔等城。当不待定西到彼，即已归马放牛，此事似可希冀。当此度支大绌之际，若稍稽时日，其何以堪！惟仗圣主福威，早日戡定耳。

这封信较长，分三次写完。其中嘱托代办各事较多，如非深交，很难如此不拘。其中与林氏家事有关即郑夫人去世之确切日期，各种著述所述不一：最早的魏应麒所撰《林文忠公年谱》定林妻郑氏卒日为道光二十八年十月十九日，后来有关林则徐的谱传，多依魏说。我于1981年初编《林则徐年谱》时，亦沿魏说。当时另有杨国桢氏所撰《林则徐传》则定为十月二十日卒，未知所据。后山东图书馆骆伟先生将馆藏林则徐致杨以增函见告，其中有林则徐亲笔明确记载：郑氏卒于道光二十七年十月十五日，从而订正了传统臆说。我后来的1985年的增订本及1997年的《新编》均已改正。

从上述林则徐致杨以增的函件中，可以看到二人间有较深友谊，在仕途上彼此关照，在私人生活上又比较贴近，且家人亦有礼节性的交往。由此足见海源阁创始人杨以增与林则徐的关系，或可备研究杨以增生平的参考。可惜未能搜求到杨以增致林则徐的信，希望这篇辑录能引发出杨以增致林则徐的函件。

二〇〇九年六月写于南开大学邃谷，行年八十七岁

原载于《中国文化》2010年第1期·总第31期

林则徐谈地方志的一封信

1983年夏冒溽暑在故宫博物院检读林则徐手札，得其致“惺斋”函一件，通篇所论为地方志编写及评骘诸志，但此函未为人注意而公之于世，究其内容确有可资借鉴者，爰摘其要并附考说于札末。

《致惺斋函》说：

大著志书六十卷，先在滇黔道上，跋履险巇，未及细读。兹由瀼溪放棹，始行反复寻绎，借以消遣积疴。深叹编纂之勤，采辑之博，选择之当，综核之精。以近代各志较之，惟严乐园之志汉中，冯鱼山之志孟县，李申耆之志凤台，或堪与此颉昂，其他则未能望及项背也。所嘱叙言，自顾谫才拙笔，恐不称于全书。特以諈诿之殷，不敢终匿其陋，勉成一稿，录以寄政。但大刻未见凡例，只就弟诵绎所得者言之，即或见智见仁，犹恐未能洞彻窍要。窃念弁言之作，原为全帙提纲，如叙中于书之体例有脱漏者，应请就稿酌添；有触背者，亦祈酌易。总使作者之意尽宣于叙者之言，俾读者观一叙而会全书之宗旨，乃为䜣合无间，拙制恐未能尔。文章公器，吾辈可共切磋。以六一先生之文尚不惮与人商榷，况谀闻之士乎？幸祈斧以斯言，切勿客气是祷！……将来如有闽使，尚望将此志书再寄一部。现在刊本未免尚多错字，希嘱细心者重校一过，逐加修改，更可以广流传矣！

又附笺一纸说：

再，惠人志中无可表观者，但入职官谱。至传中则有详有略，有专传，有附传，胥视其人诚合于舆评之公，绝无以意为轩轾者。惟徐玉章传内既附入周有声称其有惠声矣，而下文云其家不通谱状，此则采访似尚未周耳。周太守字希甫，由中书起家，工诗，刊有诗集，文名颇著；其令嗣鸣鸾，字介夫，由襄阳府擢庐凤道，回避石梧制军，改河南候补。

这封信和便笺的受者只有“惺斋”这一上款。关于此人，从《室名别名索引》中找不到线索，只能从林则徐的信中知道这位“惺斋”和林则徐在贵阳见过面，并送给林一部“大著志书六十卷”。这本志书是已刊本，林在道光二十九年告归途中读此志书。查《中国地方志综录》，有道光二十九年刊贵州《大定府志》六十卷，与林函中所述多合；而《大定府志》的作者为黄宅中、邹汉勋。邹是著名学者，其事迹在《清史稿》及有关传记中均有记述，并未有“惺斋”字号。黄宅中生平，无碑传可查，而《大定府志》又版毁书罕，难以见到。近从民国修《大定县志》卷九《宦绩志》中检得黄宅中小传说：

黄宅中，字惺斋，号图南，山西河曲人。由翰林外放闽县知县，晋湖南宝庆同知，膺特荐简任贵州大定知府，道光二十五年莅任。以大定地处偏隅，汉少夷多，声教不通，志乘残缺，乃取前守王允浩乾隆中志稿作权舆，而延湖南邹汉勋为主纂。宅中以其时讲座而参酌焉，又檄取五属纪录，逐条备载，纲举目张，阅四寒暑而蒇事。既未设局，又无存款，宅中惟节省俸薪，勉成巨帙；仿闽中李元仲所纂宁化县志体，分土地人民政事六大纲，加以外篇文征共八门总二十册，约六十万余言，刊本印行，其版藏彝明伦堂中，距今七十余年，版毁而书亦罕存。

由此可知林则徐此函系致大定知府黄宅中，而归途所读者为道光二十九年刊《大定府志》六十卷。

林则徐评论《大定府志》时与清代修的几部地方志相比较，函中所云“严乐园之志汉中”指严如熤（字乐园）撰《汉南续修府志》；“冯鱼山之志孟县”，指冯敏昌（字鱼山）撰《孟县志》；“李申耆之志凤台”，指李兆洛（字申耆）撰《凤台县志》。此三志皆清志中之名志。《大定府志》主纂邹汉勋曾主修过多种志书，蜚声志坛，无怪林则徐如此推重。

函中所云“六一先生”指宋欧阳修。笺中提到的徐玉章、周有声都曾任大定知府，生平皆载民国《大定县志》卷九。

林则徐在致黄宅中函中发表了对地方志的一些见解，迄今仍有一定的借鉴作用，主要是：

（1）地方志如何写序问题。林则徐认为“弁言之作，原为全帙提纲”，应该让“读者观一叙而会全书之宗旨”。这是为志书写序的最重要的一项要求。

（2）对入志人物的采择与评论，他主张“胥视其人诚合于舆评之公，绝无以意为轩轾者”，即不以个人感情好恶来论定是非。

（3）资料搜集要全面。批评了《大定府志》对周有声的生平“采访似为未周”。

（4）要重视刊印质量。指出《大定府志》“刊本未免尚多错字，希嘱细心者重校一过，逐加修改，更可以广流传矣”。

林则徐重视地方志还可从他的藏书情况看到。林则徐长子汝舟曾编《云左山房书目》（系未刊抄本，现藏福建省图书馆），它将林则徐所藏的书分为经、史、子、集、时文及方志6门。其中方志门列有湖南77部、湖北63部、江苏44部、河南70部、山东8部、四川1部、福建2部、直隶2部、甘肃1部、广东1部。从这封信看，他还收藏贵州一部，而且要求作者“将此志书再寄一部”，使所藏志书能有复本。

林则徐是近代的爱国者，又是清朝的地方疆吏，留心地方文献自在意中；但他对地方志认真研读，并亲笔写信，商榷地方志义例，就目前所能见到的文献资料而言，当以此为唯一完整的资料。这封信及便笺之所以值得注意也在于此。

原载于《中州今古》1984年第1期

龚自珍林则徐往返函件的写作日期

清道光十八年冬，林则徐受命赴粤查禁鸦片，龚自珍为此写了《送钦差大臣侯官林公序》赠行。龚集于此序后附入林则徐的复函。这两封往返函件都注有写作日期，但都需加以考订。

龚的赠序，诸本皆于题下注“戊戌十一月”，据说是原函所注，但无日期。考龚序有林则徐“既陛”之事，序题又有“送”字，而林复函中又说是在都时收到龚的“惠赠鸿文”，可证龚序当作于林则徐陛辞以后出都以前。这是一封写来送行的信。按林则徐《戊戌年日记》记他十一月十八日陛辞，二十三日出都。由此推知龚的赠序当写于道光十八年十一月二十日前后。

林则徐收到龚的赠序后，可能行色匆促，没有及时作复，而是出都后在途间舆中“䌷绎”此序后方复的。林的复函最后所注“戊戌冬至后十日”，当为复信日期。诸本都注此日期。查“戊戌冬至后十日”是十一月十六日。这是林则徐受命为钦差大臣的次日，龚还来不及写赠序，而且与龚序中的“既陛”之说也不合。既然不可能有龚的赠序，当然更谈不上有林的复函。林是二十三日出都，复信中又明言“出都后于舆中䌷绎大作”。十六日，既未陛辞，更未出都，根本未见到龚序，如何会写复函呢？所以“戊戌冬至后十日”的复信日期，显然有误。

考林的复函内容，应为出都后所写，即在十一月二十三日以后，决非十一月十六日所写。复函的结束套语是“专此布颂腊祺”，可知此信当写于十二月。查十二月初二日恰为“戊戌小寒后十日”。林则徐的《戊戌年日记》对出都后的白天行程、夜晚酬酢和歇宿等都有详细记载。在十二月初二以前，每晚在歇宿地都有地方官来迎谒、具膳和交谈。而十二月初二晚住宿山东茌平县的记事中特别注明该县县令裘森因主考复试未来，也未记有其他来访者。因此推测十二月初二晚是林则徐出都后第一个有暇作复函的日期，而这一天正是小寒后十日。林在旅途中很可能把冬至和小寒两个相连的节气偶然记误或笔误。所以，我认为林的复函日期是否可订为“戊戌小寒后十日”，即道光十八年十二月初二日。有的同志说，可能信后的日子是“戊戌冬至后二十日”，脱落一个“二”字，信写于出京后第三天的十一月二十六日，《日记》中这天晚上也较清闲。不过，这一可能性较小，因为后二十天已换另一节气，即小寒后五日，一般习惯不这样写。所以我仍认为是误在错记或错写节气，应以作小寒后十日，即十二月初二日为是。

原载于《学术月刊》1981年第3期

青史凭谁定是非

——林则徐的晚年

“青史凭谁定是非”是道光二十三年（1843）闰七月十七日林则徐西戍一年后，为送邓廷桢召还所写赠诗中的警句，是一位卓尔不群的民族英雄的内心表露。

林则徐在鸦片战争中的反侵略业绩，彪炳史册，永留芳名。他的无辜失败也令人扼腕痛心。但是，最重要的是林则徐自己并没有甘于这种失败。他要竭尽心力去写自己后半生的历史：他自请到镇海前线去“带罪图功”，应王鼎之邀到河南去涉险治黄，但他迎来的是更大的打击——遣戍伊犁。噩讯之下，人们惊愕惶恐，嗟叹愤懑，而林则徐却抑制自己内心的万般痛苦，千种愁绪，笑慰众人，于道光二十二年二月毅然走上西戍的道路。西戍的路是一条漫长而艰险的路，他在屡遭打击之下，虽然意志依然，但衰病身体的折磨确已无法抗拒。他拖着衰病之躯，行行停停，用沉重的脚印在写自己的人生。九月初，他行至肃州，为了回复早在伊犁戍所的邓廷桢的来信，在所写赠诗中有句云：“中原果得销金革，两叟何妨老戍边！”表达了他没有过多考虑个人得失，而更关爱的是民众的水深火热。等到出嘉峪关后，实际的道路固然愈来愈崎岖，而他的心路更是触景生情，百感交集。他在《塞外杂咏》第五首中说：

沙粒当途太不平，劳薪顽铁日交争，车厢簸似箕中粟，愁听隆隆乱石声。

这首诗表面上看，似是吟咏道路不平，戍途艰难；实际是对小人（沙砾）当道，甚感不安。由于宦海倾轧，自己好像箕中粟那样，任人播弄。即使如此，他还在忧虑那些让整个社会不安定的“乱石声”，而自己则决心从乱石上压过去，一往无前地去迎接更大的困难。

道光二十二年十一月初，林则徐抵达戍所，除了安置生活和一些必要的交往外，他对朝廷仍抱有幻想，以为西戍只是短期的迂回，所以在年底所写《伊江除夕书怀》第四章中，曾表达被重新起用的愿望：“新岁傥闻宽大诏，玉关走马报金鸡。”过年以后，他渐渐冷静下来，认清现实，对前途感到茫然，透露出“入关之期，亦不可预料”的无奈。于是，他更着重考虑如何在困境中做些有益的事。他根据入疆后所目睹的维、汉民众的困苦流离，分析其根源主要由于缺水抛荒，难以安定，而地方官吏又对民生漠不关心所致。他寻找到新事业的切入口，便从道光二十三年六月开始，具体策划如何在新疆兴办水利，开垦荒地的问题。

就在这一年的闰七月间，邓廷桢被赦回，使林则徐又陷入一种非常矛盾的心态中。他一方面在送邓廷桢《赐还东归》的诗中有句云：“白头到此同休戚，青史凭谁定是非”，“玉堂应是回翔地，不仅生还入玉门”，寄托对旧友的依恋之情和改变自己命运的期冀。而另一方面，则对自己的归期，表述了“仆已委心灰槁，早决古井之不波矣”，于是决心把自己的治疆想法付诸实践。在道光二十四、二十五年间，他不顾身处逆境，体力衰弱，奔波全疆调查民情地理，想方设法争取主管封疆大吏的同情与支持，甚至取得了朝廷的同意，由自己捐资，从兴修水利着手，大力推行和改善当地行之有效的“坎儿井”引水系统，变荒地为良田，以安抚民生，稳定社会。直到道光二十五年九月，林则徐以四五品京堂候补调回前夕，由于他的苦心经营和调动、调协各方力量，终于在新疆开荒近七十万亩。林则徐能在逆境中苦斗，获得极大成功，在新疆民众中留下了传之久远的口碑。

林则徐在回京途中，即奉命署理陕甘总督；次年三月，实任陕西巡抚；二十六年三月又被任命为云贵总督，直到二十九年三月卸任，他的确尽了一位封疆大吏的职责。道光三十年三月回归福州，但他没有优游林下，颐养天年。他不能容忍英人强占福州城内乌石山的神光、积翠二寺的事实，毅然以六十六岁高龄领导群众抗争，取得了阻止英人入城的胜利。他还关心国事，根据自己多年来在新疆的实地考察，结合当时沙俄强迫清政府开放伊犁、塔城的现实，指明沙俄威胁的严重性，提出了“终为中国患者，其俄罗斯乎”的警告。他更关心广西的反抗形势，曾与友人商讨过对策。十月初，咸丰帝为了解决广西事件而重新起用林则徐。林则徐在奉命的次日，即抱病登程。由于长期的辛劳折磨，终于在赴广西途中，于十月十九日病卒于潮州普宁。

林则徐的逝世，确是引起朝野震动，人们纷纷缅怀他在抗英斗争中的丰功，但较少颂赞他在西戍以后的苦斗。人们在知人论世上，似乎更容易看到顺境中的轰轰烈烈，而往往忽略逆境中默默无闻的奉献。其实，一个人的伟大正在于能善处逆境，毫不气馁，挣扎奋进，始终不渝地以不怕天磨的苦斗精神去写自己的历史。尤其是人到老年，由于身心交衰容易退坡，甘于自怡，期望回馈，以致虚耗了美好的夕阳。我认为，尽管他人如何祝祷安享晚年，但自己仍应有不断奉献的精神，为社会，为民众，或多或少地做些力所能及的事情，完整地写好自己的全部历史，不留空白！青史凭谁定是非？林则徐以自己晚年的苦斗精神和实际生活做出了铿锵有声的答案："青史凭我定是非！"这也是人们应从林则徐西戍历史中所得到的一种启示。

原载于《文史知识》2003年第5期

第二次鸦片战争

内容说明

鸦片战争以后，外国侵略者虽然在我国取得了种种特权，但他们对我国的贸易并没有得到很大的发展。英国侵略者为了扩大它在我国的侵略势力，取得更多的特权，便勾结法国，对我国进行了武装侵略，这便是历史上的“第二次鸦片战争”。

这次战争，满清政府被英法侵略者打败了，结果和英法等国签订了丧权辱国的《北京条约》。满清政府割地赔款，允许外国侵略者的势力深入到我国内地。从此，我国向半殖民地半封建社会的转变又加深了一步。战争结束以后，满清政府和外国侵略者的关系发生了变化，他们互相勾结起来，共同镇压中国人民的革命运动。

这本小册子就是介绍这次战争的经过和它的影响的。

目录

英法侵略军的再度入侵

结束语

战前的情况

公元1856年到1860年间，英法侵略者对中国发动了一次新的侵略战争。这次战争的起因，就是为了使它们在第一次鸦片战争中所已取得的各种权利更扩大并得到更多保障。因此，历史上称它作第二次鸦片战争。又因为这次战争是英、法两国进行公开的武装侵略，所以也有称它作“英法联军之役”的。

这里，先来分析一下战争发生前的情况：

战争发生前的英、法、美各国，都是工业发展得很快的国家。因为这样，它们就日益迫切地要求扩大世界的商品市场，来满足它们的侵略欲望。同时，随着资本主义的发展，必然会引起资本主义制度下不可避免的周期性的经济危机。第二次鸦片战争发生前，正是资本主义国家新的经济危机将要来到的时候。要解决这种危机，主要的一种手段，便是开拓新市场和加紧压榨旧市场，中国正是它们所想望的一个重要市场。

虽然在第一次鸦片战争以后，英、法、美各国已经从中国抢去了不少特权。但是，它们还不完全满意，在经济上和政治上，它们发现仍有缺憾：在政治方面，那些已订的条约中固然特别规定了各国与中国进行交涉时，可以有平等对待的关系，但是，满清政府仍然拒绝外国公使驻入北京；在经济方面，它们虽然取得了五个通商口岸，但是都在东南沿海；北部沿海和长江沿岸并没有开放。而且由于它们对中国鸦片输入的增加，使中国白银源源外流，无形中减低了中国人民对正当商品的购买力，这样它们的合法贸易就不能有很大的发展。可是这些国家，特别是英国，不从取消鸦片贸易、发展正当贸易着手，反而企图用武力进攻，夺取特权，来满足它们的欲望。

战争发生前的中国，也与第一次鸦片战争前的情况有所不同，当时的满清政府已经不能统治整个的中国了。那就是说，伟大的太平天国革命已经在1851年爆发，并且迅速地向前发展了。革命的火焰不仅要烧毁满清政府的统治，也要烧毁侵略者的特权。各侵略者开始时伪装中立，利用太平天国来做它们奴役中国的工具。但是，太平天国坚持独立自主的对外政策，并且严禁鸦片，使侵略者的野心遭到了打击。于是外国侵略者便决定采用武力使清朝屈服，取得特权，然后和清朝勾结一起，镇压太平天国的革命运动，以达到更进一步奴役中国人民的目的。

第二次鸦片战争在这种情况下已经是不可避免的了。侵略者在正式用武力进攻中国以前，先由英、美、法三国向满清政府提出修改条约的要求。美、法两国的根据是《黄埔条约》和《望厦条约》中的一项规定，英国则引用“利益均沾”作为理由，要求同等权利。这种修改条约的要求，实际上是毫无理由的。因为所谓“修约”，不是对原约内容作某些修改，而是借着修约的名义扩大它们的勒索，加紧它们的侵略。

在1854年到1856年之间，它们进行了两次修约交涉：第一次是英国联合美、法两国进行的，第二次是美国在英、法两国的支持下进行的。修约的具体要求是：开放内地，扩大市场，允许鸦片公开贸易，并且在交涉中还向清政府表示：如果修约的目的达到，便可以帮助清政府镇压太平天国的革命，充分暴露了外国侵略者对中国人民革命的仇视。但是，当时清政府对外国侵略者的疑虑还没有彻底消除，只做了一些让步，而没有完全接受侵略者的条件。这种让步与侵略者原来的希望是有距离的，它们看到修约不能满足自己的要求，因此就决意使用武力。

这时候，英国在西方所进行的克里米亚战争已经结束了，有了抽调兵力来进行对华战争的可能。当时满清政府正遭受太平天国的沉重打击，而太平天国则因内讧关系，显露出革命本身的弱点。这样，无论是满清政府被太平天国打败，或是满清政府乘太平天国内讧的机会而获得胜利，都对侵略者不利，所以它们急于要寻找一个借口，挑起战争，打清政府一下，再拉清政府一把，那么就可以使清政府服服帖帖地听从指挥了。

原来反侵略力量最强的广州城，也从1855年以来，遭受满清两广总督叶名琛的摧残。叶名琛只在1855年的一个夏天，便屠杀了七万五千余人。这样，就为侵略者的进攻扫清了道路，并向侵略者提供了发动战争的适当地点。

战争的时机已经成熟了，现在侵略者只是在用心寻找一个发动战争的借口。

英法侵略者发动战争的借口

侵略者在发动侵略战争的时候，往往要捏造一种事件作为借口。“亚罗号事件”和“马神甫事件”便是英法侵略者为发动第二次鸦片战争而捏造的事实。

英国捏造的“亚罗号事件”的真相是这样的：

1856年10月8日，有一只贩卖私盐的中国船，在黄埔被中国负责水上查缉工作的“水师”搜查，并上船逮捕了曾经做过海盗和有嫌疑的水手十二人。这只船是中国船，船上也没有悬挂英国国旗，并且它所持有的英国非法发给的通航证也早已过期了。这样看来，中国官厅在中国领海搜查中国船只应该是合理合法、没有什么问题的。但是英国当时驻广州的领事巴夏礼，却把这件事情加以歪曲和捏造，说这只船是受英国保护的，船上挂有英国国旗，中国官厅检查时侮辱了英国国旗，因此是侮辱了英国。于是一面要求满清的两广总督叶名琛道歉和释放被捕的人员，一面向英国的香港总督包林报告，认为对广州示威的“良机”来到了，要英国政府利用这个借口发动侵略战争。满清政府虽然一次两次地向英国让步，但是英国侵略者仍然再三挑衅，它们一心一意要按原定计划，实行军事侵略。

1856年10月23日，英国侵略者的海军闯入省河，进攻广州。两广总督叶名琛丝毫没有设防，英国侵略者连日炮轰广州，烧毁了中国的水师船只。11月初又烧毁了十三洋行附近的全部中国民房。英国侵略者这种惨无人道的残暴行为，激怒了广州人民。12月14日，几万守城的广州人民，从城内冲出，焚烧了英国侵略者占据的十三洋行和英、美、法各国的商馆，打退了侵略者。英国侵略者在临被打退的时候，又烧毁了广州城郊的民户五千余家。

英国侵略者妄想进入广州城的这次试探，被广州人民打退后，便在虎门口外等待本国政府的正式侵略命令，好再一次进攻。

“亚罗号事件”的消息传到英国伦敦，英国政府便夸大其词，鼓吹战争。英国的反动头子首相巴墨斯顿不顾事实，硬说“亚罗号事件”是英国在遥远的地方遭受到种种侮辱、强迫和虐待。巴墨斯顿更不惜采用解散旧国会，召集新国会的办法，来通过他的对华战争提案。提案通过后，英国侵略者一面积极备战，扩大侵略；一面又邀请美、法、俄各国合伙打劫中国。

美国从修约交涉以来，早已参加了这个侵略集团。包林和巴夏礼进攻广州的时候，美国也参加了。但是它却没有接受英国这次共同军事行动的要求，这并不是说，美国是如何的善良，恰恰相反，美国表现得更为狡猾，它想以“调停人”的身份帮助英国，也想以“调停人”的身份从清政府手中获取特权，那么，它就可以不费一兵一卒，从中取利了。美国虽然没有参加共同军事行动，但仍然派了全权代表，和英、法的全权代表一致行动。

俄国是在中国北方的一个国家，它的主要目的是侵略中国的东北。在第二次鸦片战争发生前，俄国已在黑龙江流域进行了较长时间的侵略活动，它只是想乘机胁迫清政府签订条约，承认它在黑龙江的侵略事实。因此，俄国也像美国一样，没有参加共同军事行动，只在1857年11月派全权代表到香港和英、法、美各国全权代表采取一致行动。

只有法国，当时正是拿破仑第三刚推翻共和自称皇帝的时候，拿破仑第三是个野心极大的帝王，他为了转移人民对他称帝的不满情绪，并争取教会的拥护，于是便借口“马神甫事件”，接受英国的约请，共同出兵侵略中国。

马神甫原是法国的一个传教士，1853年由广州私自到广西西林来进行侵略活动。马神甫和他的教徒们，勾结官府和流氓，在当地做了许多坏事，如抢劫财物、奸淫妇女等等。1856年2月，这个作恶多端的“传教士”被一位新任的县官处死了，并惩罚了其他的一些坏人。罪有应得，原不是什么奇怪的事，但是法国侵略者却硬把它拿来作为侵略的借口，和英国一道发动了侵略战争。

1857年，英国派额尔金为全权大臣，法国派葛罗为全权大臣，先后来到香港，共同负责武装侵略中国。

英法侵略军进攻广州

1857年7月额尔金到香港，10月葛罗也到香港。两人会商以后，决定先进攻广州。11月间，英法侵略军完成了对广州的封锁，同时向两广总督叶名琛提出许多无理要求，叶都置之不理，但是他又不做军事上的准备。他的部属眼看情势危急，请他调兵设防，他不许；请他召集团练，他也不许，甚至他还命令各路军队和城内绅民不准设防。他迷信神仙乩语，把一切希望都寄托在神仙的乩语上。这样，广州城实际上已经在敌人面前自动解除武装了。

1857年12月28日，侵略军开始进攻广州城，千总（清朝军队中的下级军官）邓安邦率部冒死血战，使英人受到相当重的损失，但因无援助，不支败退。29日，侵略军又大举攻城，除了北门炮台稍有抵抗外，侵略军没有经过什么大的战斗便占据了广州城。两广总督叶名琛跑到一家官僚的花园里隐藏起来。广州将军穆克德讷（满人）和广东巡抚柏贵（满人）都竖起白旗，投降了敌人。

英法侵略军进入广州以后，便随意烧杀、奸淫、抢劫。总督衙门的财物和藩库的银两被抢劫一空，叶名琛这个屠杀人民的虎狼，也被侵略者俘虏了。侵略者把他送到印度加尔各答海边的一座楼上囚禁起来。后来，这个狂妄自大、顽固昏庸的大官僚便死在那里。

英法侵略军进入广州城以后，为了建立它们在广州的军事统治，决定起用广东巡抚柏贵做傀儡。它们向柏贵提出了四项要求：（1）在巡抚衙门内成立外人委员会；（2）联军占据区域，一切犯罪行为，按军法处置；（3）未经委员会同意不得以巡抚名义发布告；（4）交出一切武器。

卖国贼柏贵完全接受了这些要求。1858年1月9日，他正式做起在侵略军监护下的走狗，同时还与侵略军分别发出布告，宣布侵略军在广州的军事统治。

英法侵略军根据向柏贵所提出的要求，成立了外人委员会来统治广州。这个委员会是由两个英国人和一个法国人组成的。自称是“中国通”的巴夏礼做了委员会的主要负责人。这个委员会是对广州进行军事统治的最高机关。柏贵等汉奸傀儡必须服从这个委员会的命令。

英法侵略军在广州建立军事统治后，就开始镇压广州人民的反抗。它们或者用“委员会”和柏贵的共同名义出告示，或者命令柏贵用单独的名义出告示。不管方式如何，这些告示的底稿都是由侵略者拟定的。这些告示的内容不外是：以后人民对侵略者不要再叫鬼子了；侵略者到乡间去骚扰，官民对它们应该有礼貌；禁止人民截路殴打侵略者；不许组织反抗等等。总之，就是叫广州人民都服服帖帖地做“顺民”和“奴才”。

英法侵略军从1857年12月29日攻陷广州城起，到1861年10月21日撤出广州城止，一共进行了将近四年的军事统治。广州人民虽然是在敌人的铁蹄下度过了四年漫长痛苦的日子，但是他们却采取了各种方式和敌人坚持斗争。

中国人民的反抗斗争

在第二次鸦片战争的整个过程中，清政府几乎是没有什么抵抗的。但是，中国人民，特别是广东人民，却对外国侵略者进行了激烈的反抗。

广东人民是有反侵略的光荣传统的，在第一次鸦片战争进行过程中，就有三元里平英团的抗英活动。战争以后，又在人民自己的反英武装——“社学”的领导下，进行了多次反侵略的斗争，并获得了胜利。1855年以后，广东的革命群众遭到叶名琛等的大屠杀，社学的组织被摧残和破坏，只剩下了一部分团练。团练原是地主豪绅的武装组织，与社学的性质根本不同。不过当时在团练的名义下，团结了不少群众，和侵略者进行斗争，在一定程度上发挥了反抗侵略的作用。

1856年，英国侵略者向广州挑衅时，各乡团练曾经参加守城，抗击了英军的进攻。1857年底，英法侵略军大举进攻广州时，各乡团练都赶来救援，卖国贼柏贵不仅拒绝这种援救，而且还命令团练"缴纳军械"来加以破坏，各乡团练虽然没有遵命缴械，但也纷纷自动解散了。只有三元里一带的群众，是具有反侵略斗争的光荣传统的，所以一直到广州沦陷后，仍然坚持下去。1858年2月，三元里群众又联合了南海、番禺的义民在佛山镇成立团练局，有义兵数万人，准备反攻广州城。团练局决定了反英的办法是"断绝往来，禁绝汉奸"。并宣称洋兵进入乡间，就立即杀死。因此侵略军感到极大的恐慌，不敢到城郊骚扰。侵略军曾经利用诱骗和威吓的手段，企图使团练解散，但是并没有达到目的。3月间，满清政府派了官僚来办团练，这样便使团练内部复杂，增加了许多的困难。满清政府、办团练的官僚、地方上的绅士和人民群众对办团练怀着不同的目的：满清政府办团练是想借人民的力量向侵略者讨价还价，官僚办团练是为了得功名，绅士是为了保全家产，只有人民群众才是真心真意地反抗侵略。官、绅、民意见的分歧，大大地削弱了团练的战斗力，同时，也限制了团练发挥反侵略斗争的作用。

佛山团练局虽然受到统治者和侵略者的内外破坏，但是，仍然领导着广东人民不断地进行了公开的、集中的反抗活动。

1858年2月，佛山团练局刚一成立，就决定反攻广州，但不幸被卖国贼柏贵破坏而没有实现。

4月间，团练局发动了一次大罢工。规定凡广东人在香港等处为洋人教书、办理文案、做雇工的人，限定在一个月内一律辞职回家。不到一个月，罢工回家的就有两万多人。结果，香港商务停顿，洋人连做饭也得自己动手，弄得困苦不堪，都要求领事巴夏礼想办法。巴夏礼害怕团练，只得出布告劝人们复工，派人坐火轮船到新安县贴布告。那时，预先埋伏的义兵突然起来杀死了洋兵和汉奸数人，使他们不敢再到其他地区贴布告。侵略军又曾派兵攻陷新安县城，但也不能挽救罢工，不久侵略军便被迫退出了新安。

6—7月间，团练局的乡勇在广州的城郊又连续有好几次打退了侵略军的进犯。

广东人民除了进行公开的集中的反抗活动外，还进行了秘密的分散的反抗活动：广州城内有不少地方设下埋伏，使侵略者不敢到没有侵略军队防守的地方去活动；法国军官在吃饭时发现饮食中有毒药；少数侵略军单独行动时常常被杀死；香港方面英国侵略者的住宅也常遭火焚烧。这样，使得侵略军“日夜防守，寝食不安”。这些反抗活动在当时的外国报纸上记载得很多，并且描写得很神秘，实际上这正表现了侵略者惊慌不宁和恐惧的心理。

英国侵略者对于广州是想念很久了的，它们占据广州以后，曾妄想“把广州变为加尔各答”，意思就是把广州变为它的殖民地。但是由于广东人民的英勇反抗，粉碎了侵略者的这种妄想，所以它们恨透了广东人民，污蔑广东人民这种反抗是“野蛮”、“残暴”。事实上残暴和野蛮的正是侵略者自己，而广东人民的反抗，正是反对野蛮和残暴的正义斗争。伟大的革命导师恩格斯在一篇文章中曾指出：这些反抗是由于“英国政府的海盗政策”所引起的。恩格斯在同一篇文章中对于这些斗争给了很高的评价，他说：“我们最好是不要像英国贵族的报纸那样去斥责华人可怕的残暴行动，而来承认这是争取自己生存的战争，这是谋保存中华民族的人民战争”。他肯定了这些反抗斗争的性质“终究是真正的人民战争”。

大沽口战役与《天津条约》

英法侵略者虽然占据了广州，但是它们并不以获得广州一地为满足，而是要胁迫满清政府改约，扩大自己的特权，所以英、法、美、俄四国公使在香港又决定向满清政府提出它们的要求。英法美三国通过在上海的领事送照会给大学士裕诚，俄国则把公文送交军机处。它们希望满清政府在1858年3月以前派全权大臣到上海会商，否则，它们就要北上。满清政府对于当时的情况还没有足够的认识，因此对这些要求的严重性还不十分重视，而是把英、法、美三国提出的要求发回广东办理，把俄国的要求发交黑龙江办理。外国侵略者对于这样的处理当然感到不满，便在3月底相继离开香港，经上海北上。4月中旬，英法侵略者的联合舰队已达大沽口，美俄两国公使也借口“从中调处”，同来大沽，企图从中取利。

英法侵略者到达大沽口后，就开始与满清政府办交涉，美国侵略者也同时进行了交涉，但是交涉的结果并不能使侵略者满意。它们便决定用军事力量来胁迫满清屈服。

1858年5月20日上午8时，英法侵略者向大沽守将提出最后通牒，限两小时内交出炮台，没有成功。10时，侵略军就进攻炮台。大沽炮台装备原是比较充实的，那里驻有重兵，并且自直隶总督谭廷襄以下的重要官员都驻扎在那里。但是，战争一开始，总督等重要官员都逃跑了，只有一些下级军官和兵士进行抵抗。因此大沽炮台便在当天陷落了。

英、法侵略军占据大沽炮台后，即沿河向内地进攻，沿途除了遇到几只沉在河内的破船以外，几乎没有什么抵抗，所以不到一个星期便到达天津。

当时，由大沽逃回天津的直隶总督谭廷襄，为了避免与侵略军冲突，把天津的防守军队撤出城外，使天津变成了一个不设防的城市，因此侵略军能够在天津城内横行霸道。不仅如此，谭廷襄还特派奸商张锦文负责侵略军的供应工作，使侵略军的食住得到安适的条件。它们又利用人民反抗侵略的情绪，作为它们急于求和的理由。天津人民对于侵略者的暴行是不能忍受的，曾经不断地进行反抗斗争，例如：6月12日，英国的水师提督在天津的街上耀武扬威，便被人民群众痛打一顿。这就证明统治者和人民群众对于侵略者总是抱着根本不同的态度。

1858年5月30日，四国公使到天津近郊，进行逼降。6月2日，满清政府的全权大臣桂良、花沙纳到津议和。当时的议和是英法和美俄分头进行的。

美、俄侵略者是借英法的武力进攻来找便宜的，态度表现得很狡猾，它们用“从中调处”的说法欺骗满清政府，所以条约的商讨进行较快，订约也较早。6月13日《中俄天津条约》、6月18日《中美天津条约》先后签订。条约签订以后，美俄两国所希望的要求得到了满足。他们便背信弃义，对于满清政府要求向英、法调解的事情，都置之不理了。

英、法侵略者是以武装进攻来逼迫满清政府订约的，态度极为蛮横，在议和过程中只派了一个翻译与中国进行交涉，意思就是说，条约不需要有什么讨论，只派人对条约加以说明就够了！并说如果不承认，就认为和议破裂，要带兵进入北京。在这种威逼之下，满清政府屈服了，6月26日、6月27日便相继签订了《中英天津条约》、《中法天津条约》。这两个条约有以下几项重要内容：

（1）公使可以驻在北京，双方用平等的礼节往来。这样，侵略者便可以直接对满清政府施以压力，并使内外反动势力进一步勾结起来，共同压榨中国人民。

（2）增开牛庄、登州、台南、琼州、九江、南京、镇江等做通商口岸。这样，侵略者的势力便从东南沿海伸张到了长江流域和华北一带；同时因为所开的港口还有在太平天国手中的，这就给了侵略者进攻革命的借口，充分说明了中外反动派勾结的阴谋。

（3）允许外人到内地传教、游历。这样，外国侵略分子就可以深入内地，了解情况，进行侵略活动。

（4）外国兵船能在通商口岸巡游。这样，外国侵略者便可以随时威胁中国的安全，同时也便利了它们镇压中国人民的反抗。

（5）赔款给英法。中国人民的身上又增加了一笔新的负担。

11月间，满清政府与英法又在上海订立了通商善后章程，对某些问题作了具体规定。它不仅成为《天津条约》的一部分，而且还扩充了《天津条约》的内容，例如：在这个章程中规定鸦片可以合法输入，每百斤收税银三十两。从此，鸦片可以明目张胆地流入中国来破坏中国经济，残害中国人民。

英、法、美、俄四个侵略国家与满清政府所订的《天津条约》，虽然内容上有些不同，但因它们都有片面的最惠国待遇，因之，每一个侵略国家都有着四个条约中的所有的特权。这样，继《南京条约》以后，便在中国人民身上又套了一副很沉重的枷锁，使中国社会进一步半殖民地化了。

英法侵略军的再度入侵

《天津条约》订立后，英国政府和资产阶级认为得到的权利太少，感到不满足，还想寻找机会扩大战争，来获得更多的权利。而满清政府也因签约而感到丧失了“天朝威严”，想设法挽回，所以命令桂良等与英法交涉，用全部关税来换回“公使驻京、内地通商、内地游行、赔偿兵费”等四项条件，结果没有成功。于是满清政府便一面在大沽天津一带增兵设防，表示在来年换约时要“惩罚”侵略者；一面又指定换约公使必须从北塘进京，不得走大沽，不准坐轿及多带随员，希望外国侵略者按照贡使的礼节朝见皇帝，以挽回自己失去的面子。侵略者当然是不会遵从满清政府的命令的，而且恰恰相反，它们还准备带着足够的兵力来武装换约。

1859年6月，英使普鲁斯、法使布尔布隆率军舰十余艘到大沽，美使华若翰也率舰同来。6月17日英国舰队司令贺布蛮不讲理地限满清政府三天以内撤去防守。当时满清政府的直隶总督恒福通知英法公使，北京已经为他们设立了行馆，准备了招待，北塘有专使迎接，希望他们走北塘进京，但被英法公使拒绝了，他们坚持用武力从白河由舰队护送进京。

6月24日，贺布向炮台发出最后通牒，当夜又破坏了大沽口的防御工事，次日侵略军大举进攻，炮台守军也猛烈回击，打沉英舰三艘，侵略军死伤四百余人，舰队司令贺布也受伤，侵略军遭到了可耻的失败。清军虽然也有些伤亡，但是大沽炮台的设备却没有受到很大的损失。

美国侵略者是这次侵略活动中的帮凶，它在英、法侵略军失败的时候，帮助英军作战，使一部分英军脱险。在英法侵略军失败后，它又伪装恭敬顺从，按照满清政府的命令，从北塘进口换约。充分表现了美国侵略者的一贯狡猾。

当英法侵略军在大沽口遭到沉重打击的消息传到伦敦和巴黎的时候，侵略者大声咆哮起来，它们不顾黑白是非地乱叫，有一家英国报纸努力来鼓吹战争，竟叫嚣“应该教训华人重视英人”，“英人应成为华人底主人翁”。英法侵略者决定再一次组织侵略军，发动对华的新战争。

1860年3月，英法侵略军舰队陆续来华，相继进犯沿海的舟山、烟台、大连。7月底，各地船舰渐渐集中到大沽口的已有百余艘。战争一天天的逼近，满清政府还以为侵略者是前来求和的，所以仍然命令它们从撤去防守的北塘进京换约。

8月初，侵略军便从北塘登陆，进攻大沽后路，同时军舰也从大沽前方进攻。8月21日，大沽炮台经过一场激战后，被侵略军占领，当时津沽地区的满清政府军事最高责任者蒙古亲王僧格林沁，一下子就撤退到通州附近的张家湾。24日，侵略军没有遇到什么抵抗，便占据了天津，并像广州那样在天津实行了军事统治。

大沽、天津相继陷落，满清政府内部的投降空气浓厚起来，于是满清政府派桂良等到天津求和。但因侵略者条件苛刻而决裂。9月中旬，侵略军开始由天津北攻，满清政府又在通州与侵略军再一次会谈，也没有成功。

和谈破裂后，侵略军便积极向北京进犯，沿途发生一些战事，满清政府都失败了。10月初，侵略军已经进到北京附近，满清的咸丰皇帝早在9月底就带着后、妃、皇子逃到热河去了。北京和北京附近的社会秩序这时已经混乱不堪。

10月6日晚，侵略军的军队进攻了皇帝的别墅——圆明园。

10月13日，侵略军不费一兵一卒，就占据了北京城。

10月18日，侵略军正式命令抢掠圆明园。英、法的军官和士兵在园内疯狂地抢夺，每个人都腰缠累累，满载而归，有的因为东西装得太多，把腰都压得弯下来了。有些法国兵拿着木棍在园内抢夺，遇到珍贵而可以携带的就抢走，遇到珍贵而不能携带的，如瓷器等就用木棍打得粉碎。侵略者为了掩盖自己的暴行，第二天竟下令焚烧全园，据当时亲眼看到的人记载，焚烧的黑烟，像浓云一样，弥漫在北京的上空，向东南流动有百余里。这个具有历史艺术价值的圆明园便在自称“文明”的侵略者的兽行下，被毁为灰烬了。中国人民在这次事件上的损失，特别是文化方面的损失是无法估计的。

英法侵略者在已经满意地发泄了它们的兽性以后，便准备了新的条约，等候满清政府签字。负责议和的恭亲王奕䜣害怕得不敢出席，他在得到了俄国公使的担保后，才去签订了条约。

1860年10月24、25日，中英、中法条约相继签订。条约的主要内容是：

（1）《天津条约》继续有效；

（2）开天津为商埠；

（3）准许华工出国；

（4）割九龙给英国；

（5）赔偿英法兵费各八百万两；

（6）交还教产，传教士可在各地任意租买田地，建造房屋。

11月初，奕䜣和英法公使换约，英法联军退出北京，就这样，第二次鸦片战争结束了。

结束语

第二次鸦片战争，是英、法、美、俄四个侵略国家对中国进行的一次非正义的侵略战争。这次战争的结果，满清政府和英法等国签订了新的丧权辱国的条约。满清政府割地赔款，让外国侵略者的势力深入到了中国的内地，中国向半殖民地半封建社会的转变，便又向前进了一步。

第二次鸦片战争以后，中外反动派的关系发生了变化。这个变化是：在侵略者方面，经过这次战争以后，已经认识了清政府是很容易驯服的，很容易从那里取得更多的利益，因此，它们也只有维持清政府的统治，才能够保障它们在中国所取得的特权。在清政府方面，也认识到外国侵略者是无意推翻其统治的，它们也只有依靠外国侵略者的力量，才能够维持垂危的政权。也就在这个时候，清政府便确定了它们的镇压对象是人民革命，它们勾结的对象是外国侵略者，并且，这种确定，已经在满清政府内部取得了一致的意见。

中外反动派有了这种新的关系以后，便更加密切地勾结起来，它们从战前局部的、偷偷摸摸的勾结，发展到战后全部的、公开的勾结。它们讨论了彼此“合作”的办法，甚至还公然把镇压太平天国革命，抢占太平天国都城天京（南京）的分赃计划规定出来。到了1862年，中外反动武装更公开地勾结起来，向中国人民进攻，绞杀了中国人民的革命运动——太平天国革命。

《第二次鸦片战争》　来新夏编　通俗读物出版社1956年版

关于第二次鸦片战争后中外反动势力结合的问题

一

在第二次鸦片战争已经结束后，而太平天国革命尚在进行的时候，外国侵略势力和中国封建统治势力的利益便在签订的那些条约的基础上开始结合在一起了。

新订立的条约中许多条文，都标明了这一种结合[①]。清政府为了适应和巩固这种结合又进行了一些卖国的措施，例如：

1. 出卖海关权。原自1842年《江宁条约》签订后，清政府便开始丧失关税议定权。1853年，英法美侵略者又乘小刀会起义的机会劫夺了上海海关的收税权，1858年《中英天津条约》订立后不久，便于11月8日，在新订立之《中英通商章程善后条约》第十款中作了如下的规定：

> 通商各口收税，如何严防偷漏，自应由中国设法办理，条约业已载明，然现已议明各口划一办理，是由总理外国通商事宜大臣，或随时亲诣巡历或委员代办。任凭总理大臣邀请英人帮办税务，并严查漏税……[②]

① 例如《中英天津条约》第十款和《中法天津条约》的第六款中，关于开长江口岸和江宁的问题便标明这种结合，咸丰十年十一月薛焕在奏折中就明白地供述这种意图说：“且新订条约，江宁一口，于‘匪徒’剿灭后，准咈国前往通商，正可以此明谕咈酋，使其早灭此贼，早日贸易。”

② 于能模等：《中外条约汇编》，商务印书馆，第10页。

这个规定便为英人进一步掠夺海关权利预留地步。

根据这个规定，两江总督何桂清便于1859年任用英人李泰国（H. N. Lay）为总税务司，来表明划一办理之意，并增给薪水，以酬其劳。凡各口所用外国人，均由李泰国负责选募。同年，两广总督劳崇光又请李泰国帮同粤海关改组。1861年1月（咸丰十年十二月），李泰国更通过江苏巡抚薛焕的奏请，获得满清政府的正式任命，总司通商各口的税务①。当时恭亲王奕䜣等认为这种措置，是既可“慎重税务”，又可“羁縻外夷”。

2. 扩大侵略者掠夺范围。1858年11月8日订立之《中英通商章程善后条约》第五款中规定：

> 豆石、豆饼在登州、牛庄两口者，英国商船不准装载出口。其余各口，该商照税则纳税，仍可带运出口及外国俱可。②

满清政府的恭亲王奕䜣认为这样的规定还不利于侵略者，因之，在1862年便照会英国公使说：

> 各国善后条约第五款内载：豆饼在登州、牛庄两口者，外国商船不准装载出口等语。推原条约之意，系因恐夺华商之利益，并有妨民食，是以禁止豆货出口。今本爵查登州、牛庄二处，各国商船云集，装载洋货来口，因豆货尚未解禁，北地则无他货可装，商船颇有空回之累，因思各国既经换约，和好日敦。若将豆货解禁，于内地商民生计不致遽有窒碍，而于各国商船实有利益，用特奏明我国大皇帝准各国商民在登州、牛庄装运豆石豆饼出口。③

奕䜣担心的是外国商船的“空回之累”，所以便认为于中国“商民生计不致遽有窒碍”。他看到的是“于各国商船实有利益”，实际上却严重影响了中国商民的生计。当时中国船商王永盛就曾呼吁说：

> 现在各国通商，凡属生意码头，外国已占十分之九，惟剩登州、牛庄装豆一款，系商船谋生之路，今若一网打尽则中国商船立见废弃，沿海居民，

① 《咸丰朝筹办夷务始末》卷七一，页三三至三四。

② 于能模等：《中外条约汇编》，商务印书馆版，第10页。

③ 总理各国事务和硕恭亲王致英使照会。

生计壅阻。[①]

这样，是把《北京条约》幸存的一滴余沥，亦出卖净尽，中外反动势力的合作基础愈益巩固。

这样，是有助于资本主义的对华侵略，而却促使中国船户的生计断绝。1864年10月10日（同治三年九月初十日），李鸿章在《北洋豆货上海一口请归华商转运折》中说：

> 自同治元年暂开豆禁，夹板洋船直赴牛庄等处装运豆石，北地货价因之昂贵，南省销路为其侵占。两载以来，沙船资本亏折殆尽，富者变而赤贫，贫者绝无生理。现在停泊在港船只不计其数，无力转运，若不及早挽回，则沙船停留日久，船身朽坏，行驶维艰，业船者无可谋生。其在船耆舵水手十余万人不能存活，必致散而为匪，肆行抢掠，商贾难安。……沙船自北而南，非不装豆，特其经历重洋，远不逮夹板洋船之迅速，进口迟而销路转隘，市价减而保本愈难，渐至资本亏尽。现在上海沙船因无资本，停泊在港者无数，税捐短绌实由于此。将来船身损坏，无力重修，势必日就废弃，各船商具有身家，即能束手待尽，而耆舵水手人等，借此谋生者数至十余万人，别无恒业，至于生计尽绝，难保不铤而走险。[②]

李鸿章着眼的固然是封建秩序的堪虑，但也借此透露出由于奕䜣将沿海利权出卖净尽所招致的恶果。

第二次鸦片战争结束后，经过许多新订条约，又经过满清政府向侵略者表示忠诚的这些措施，中外反动势力便确定了新的关系，这种新关系便是：

> 在满清政府方面，对于外国侵略者抱绥靖态度，并对人民则坚决武力镇压，这样的政策已不再有什么动摇了。在侵略者方面，则继续培养和驯服满清政府，以便经过这一个政府来源源不绝地榨取中国，这样的政策也不再有什么动摇了。[③]

---

① 《上海一口豆石请仍归华商装运片》（同治元年六月十三日），见《李文忠公奏稿》卷一。

② 《北洋豆货上海一口请归华商转运折》（同治三年九月初十日），见《李文忠公奏稿》卷七。

③ 胡绳：《帝国主义与中国政治》，第22页。

二

中国封建统治势力千方百计地要绞杀中国人民革命；外国侵略势力为使新约中若干条文的实施，则必须以消灭太平天国为前提。因之中外反动势力很自然地更进一步结合起来，这种结合具体表现于“借师助剿”的问题上。

“借师助剿”是满清政府以出卖中国主权，换取外国侵略者的援助来镇压屠杀中国人民革命的一桩罪恶勾当。

“借师助剿”的问题，很早就被朝廷官吏提出来，在1852年（咸丰二年）太平军攻楚南时，就有人提出请洋人帮助守江的建议，建议中说：

> 洋人自就抚通商以来，宁波、上海等处均有舟师停泊，以防海盗，若遣员赴彼与该国领事官等商派火轮入江助剿，啖以重赂，足备不虞。①

当时，由于总督要到沿江阅兵而中止其事。

1853年（咸丰三年），太平军进军江宁，清政府的钦差大臣向荣曾派苏松太道吴健彰重提前议，但当时侵略者“为了要观望一下，好看清楚究竟用什么方法利用这一复杂局势为自己取得更多的权益”②，正采取着所谓“中立政策”。所以，对这种要求只作了“不助官亦不助‘贼’”③的无所可否的答复。事实上，这一年，英国已经开始帮助清军运送军火、出卖船只、运输兵士为进攻太平军之用了。第二年即1854年，英国公使正式表示：“上海贼久未平，以致英国贸易滞销，兹愿将贼党驱逐。”④

不过，当时满清政府对侵略者的这种伪装中立还存在着一些疑虑，对于第一次鸦片战争有损“天朝威严”的余恨尚未全消。因之，当时还只限于在上海等地进行一些地方上的“合作”。

第二次鸦片战争以后，情形就有所不同。侵略者从战争和订约中证明他们过去对满清政府的“惟临之以威，可以惟我所欲为”⑤的认识是对的。他们可以从满清政府手中获得口岸以倾销商品，攫取关税，享其赔款利益。同时，满清政府

---

① 夏燮：《中西纪事》卷十一，页四，申报馆版。
② 胡绳：《帝国主义与中国政治》，第15页。
③ 夏燮：《中西纪事》卷十一，页四，申报馆版。
④ 《咸丰朝筹办夷务始末》卷八，页九。
⑤ 《咸丰朝筹办夷务始末》卷七，页二一。

也从战争中和订约中得到证明：侵略者既不伤它的“宗庙社稷”，又能将代收关税交给它去充“军饷”。这种情形使它感受恩德。因此，从这时起，正如倍尔士在《左宗棠传》中所说：“英国和法国开始公开支持满清政府”了[①]，而“借师助剿”的问题也就接近成熟。

就在《北京条约》订立后不久，1860年10月（咸丰十年九月），法国使臣就向清政府销售舰炮，甚至说“仿式制造”、“教习演试”都可以，又表示：“请于海口助中国剿贼，所有该国停泊各口之船只兵丁，悉听调遣”，同时俄国人也有“助兵剿贼代运南漕之请”[②]。

就在这一年的12月29日（咸丰十年十一月十八日），江苏巡抚薛焕已公然将中外反动武装抢占南京后的分赃计划规定出来，具体办法是：“应以五成归中国充公，以五成分赏兵勇。其应赏兵勇之五成，当以中国二成、外国三成为断。”[③]1861年1月5日（咸丰十年十一月二十五日）曾国藩又作了补充，认为要在事先将“兵船若干只，雇价若干，每船夷兵若干，需月饷若干，军火一切经费若干一一说明”[④]。同时，满清政府也正式认为“借兵助剿”“果能因势利导，操纵在我，于军务漕运，不无裨益”[⑤]。13日（十二月初三），掌握满清政府实权的奕䜣对第二次鸦片战争以后的局势作了如下的分析：

> 臣等就今日之势论之，“发”“捻”交乘，心腹之害也；俄国壤地相接，有蚕食上国之志，肘腋之忧也；英国志在通商，暴虐无人理，不为限制，则无以自立，肢体之患也。故灭“发”“捻”为先，治俄次之，治英又次之。[⑥]

奕䜣的这种所谓分析，实际上就是从这时起，便确定了他们的镇压对象是人民革命，他们的勾结对象是外国侵略者。

1861年4月间（咸丰十一年三月间）英人巴夏礼自长江“巡察”以后到北京见到奕䜣，便污蔑太平军“断无成事之理”，但又称清军“饷项不足，船炮不甚坚利，恐难灭‘贼’”。显然，其目的是在向清廷兜售船炮，并暗示双方勾结

① W. L. Bales：《左宗棠传》（译文据胡绳：《帝国主义与中国政治》）。

② 夏燮：《中西纪事》卷二十，页一，申报馆版。

③ 《咸丰朝筹办夷务始末》卷七，页二。

④ 《咸丰朝筹办夷务始末》卷七，页十。

⑤ 《咸丰朝筹办夷务始末》卷七，页十三。

⑥ 《咸丰朝筹办夷务始末》卷七，页十八。

的可能。7月7日（五月三十日）奕䜣根据巴夏礼的“情报”，便确定了“中外同心，以灭贼为志”[①]的方针。这个方针的确定，标志着中外反动势力的进一步接近。同时，继李泰国而任总税务司的赫德（R. Hart）更提出以鸦片烟税购买船炮的建议。1862年1月20日（咸丰十一年十二月二十一日）法军在上海炮击进攻的太平军队伍，这一举动，使满清政府感到这是第二次鸦片战争后与英法“诚信相孚”的结果，认为法国“此次在上海帮同剿贼，尤见真心和好，克尽友邦之谊”[②]。这就是双方已经彼此信赖，毫无隔阂的证明。

由于中外反动势力结合的迅速进展，满清政府便于1862年2月8日（同治元年正月初十日）命令江苏巡抚薛焕负责进行“借师助剿”，“与英法两国迅速筹商克日办理”，满清皇帝并表示：“但于剿贼有裨，朕必不为遥制，其事后如有必须酬谢之说，亦可酌量定议，以资联络。”[③]这道命令一方面可以看出满清政府的“情急之态”，另一方面也决定要向外人赔请“助剿”。不久，反革命的魁首曾国藩在清朝总的对外勾结的态度下表示“目下情势，舍借助洋兵，亦实别无良策”[④]。

满汉地主阶级——以满清皇帝和曾国藩为代表——对“借师助剿”的问题取得了一致。外国侵略者对中国的态度也已经不像1853年以来那样考虑把中国作为市场或销售鸦片的问题，而是考虑中国独立或成为其殖民地的问题。当然，侵略者是欢迎后者的，而满清政府却正是能充任完成侵略者这一“事业”的适当角色。因之，中外反动势力的结合完成，外国侵略者丢掉了过去的“中立”假面具，而由其驻京公使正式向满清政府声称：“此时在沪洋人情愿帮助官军剿贼，并派师船驶往长江，协同防剿”。满清政府也表示：“今该洋人……情愿助剿，在我亦不必重拂其意，自应姑允所请，作为牢笼之计。”[⑤]

于是从1862年以后，中外反动武装便公开地向中国人民进攻，并绞杀了中国人民革命运动——太平天国革命。

原载于《历史教学》1954年11月号

① 《咸丰朝筹办夷务始末》卷七九，页十七。

② 《同治朝筹办夷务始末》卷四，页二至三。

③ 《同治朝筹办夷务始末》卷四，页三。

④ 《遵旨通筹全局折》（同治元年二月初二日），见《曾文正公奏稿》卷十八。

⑤ 《同治朝筹办夷务始末》卷五，页一。

姚莹的边疆史地研究

清代中期，学术界颇多留心边疆史地，但注重西北者较多，其能全面研究西北、西南者，当推姚莹。姚莹字石甫，号展如。安徽桐城人。乾隆五十年（1785）生，咸丰三年（1853）卒，年68岁。鸦片战争时任台湾兵备道，颇留心世务，后以抗英获罪。道光二十四年，方释出以同知、知州至四川补用，曾多次奉命至乍雅、察木多地方处理藏僧纠纷。道光二十六年二月返成都。乍雅者在今西藏自治区东境与四川接界的宁静山一带，察木多即指康藏地区的“康”。撰者在此期间，著述不辍，撰成《康輶纪行》十六卷，有自序概述其撰述缘由及主要内容：“大约所记六端：一、乍雅史事始末；二、喇嘛及诸异教源流；三、外夷山川形势风土；四、入藏道路道里远近；五、泛论古今学术事实；六、沿途感触杂撰诗文。”清人为姚氏撰传铭者颇多，如吴嘉宾的《求自得之室文钞》、徐子苓的《敦艮吉斋文存》、徐宗亮的《善思斋文钞》及陈衍的《石遗室文集》等均记其生平。子浚昌为撰《年谱》。

是书凡十六卷，内容繁富。凡川藏史地、域外知识、诗文考订皆所涉及。如卷五《西藏大蕃僧》、《西藏僧俗官名》、《蕃尔雅》诸则于西藏制度、语言均有简赅记述，足资考证。又《木兰生地时考》既据《木兰辞》，又旁征典实而考定“木兰盖古武威今凉州人也。其从军事在孝文帝太和二十年后，宣武帝景明、正始年间”。此亦可备一说。

撰者于探求域外新知最服膺魏源，尤推重《海国图志》，誉其书为“余数十年之所欲言所欲究者，得默深此书可以释然无憾矣”。是书卷十六为附图，集当时已有之世界地图于一编，除艾儒略、汤若望、南怀仁、陈伦炯等所制之图外，尚有姚氏所制之《中外四海舆地总图》、《新疆南北两路形势图》、《西边外蕃诸国图》、《新疆西边外属国图》、《西藏外各国地形图》、《乍雅地形图》

等，皆各有图说。此不仅可供地图学研制之参考，亦以见中国近代学者对地理知识及域外情况的了解程度。

姚莹于鸦片战争中，非常钦佩林则徐的事功。道光二十五年十二月在由乍雅返成都途中，闻林则徐召回，喜而作《林制军内召》诗，中有“五年中外同翘首”和“明诏应收父老泪”等句，表达出林姚的惺惺相惜。道光二十七年六月，林赴任滇督，途经成都时，姚又专函介绍《康輶纪行》一书说：“予役两年，成《康輶纪行》十数卷，纪所历山川、风俗、人物，杂论古今学术、文章、政事。因考达赖、班禅、黄红教及天主教、回教之源流，是非明辨之以防人心陷溺之渐；因考前后藏而及五印度、西域诸国以及西洋英吉利、佛兰西、弥利坚之疆域情事，详著之以备中国抚驭之宜。”（《东溟文后集》卷八）

书后有叶棠一跋，说明此书写定于道光二十八年归桐城故里之时，而叶氏则为是书绘图并校阅全书。另有同治六年方复恒跋，记重刊此书之事。

《识小录》是姚莹晚年编定的另一部有关边疆史地的著作。他于《康輶纪行》的自序中曾说：“莹自嘉庆中，每闻外夷桀骜，窃深忧愤，颇留心兹事，尝考其大略，著论于《识小录》矣。”是此书亦为姚氏有所发之作，非徒随笔小录而已。

是书多为历年读书心得，兼述异闻掌故。道光十三年曾有陈东海为之校定存稿，分编甲乙，并加弁首，称其“岁月积累成四五十卷，尝以假人，亡其八九，余稿无几”。是此书当为姚氏幸存残编。姚氏置稿箧中，直至道光二十九年，始付剞劂，并附注陈氏所定甲乙于条目之下，以存不没故人之义。姚氏复于陈序后附记刊行缘由。今读刊本，深惜其散佚之甚！

姚氏是嘉道学人中博学多通者，议论颇多新义，而用世之志未伸，乃寄情于学术。此书对经史诗文、释道天文、轶闻掌故皆有所考辨，约其大端有：

其一，姚氏于汉宋之争，门户之见虽不深，但极尊朱熹，如卷一《朱子之学先博后约》条，认为汉唐诸儒所长典章制度、名物训诂与宋儒的专精天人性命之理是人的精力各有专注。惟有朱熹则是“通材宏智，博学多能”，“非汉唐诸儒所及”，“盖孔子以后一人而已”。其《性与天道》条则谓朱熹“见理分理，澈上澈下，诸所发明，皆得圣贤不言之精义”。此说似尊朱近理，但同卷《读书大义》条论理、器、数的关系则又归于平实。他虽说“器统于数，数统于理”，却反对“托诸空言”的理，而主张“见诸行事”；如“舍器与数”，“人自以意为理”，则“异端邪说之患又生”。故断言曰：“世儒言理者或指器数为糠秕，而好器数者又讥空理之无据，胥失之矣。”所以我认为姚氏之学宗宋儒而不流空疏，好实学而不落烦琐。姚氏于评论人物也独有见地，如卷二《颍考叔》条评《左传》为“左氏浮夸，非独纪事好奇也，其称人也多失实”，并举《左传》论季文子之忠、郑庄公之礼、颍考叔之孝皆为“舍其大而录其细”。此正以见姚氏论人在取其大节。

其二，姚氏于书中多述释道，卷二《释氏五劫》、《佛名解略》、《观世音》，卷三《六根六尘六识》、《五眼》、《五山十刹》，卷四《三清》、《玉皇大帝》诸则皆为释道词语训诂。卷二《佛教传授源流》记教禅分门别宗，颇称简要有绪。卷四《道书》、卷五《释氏经卷》可称释道典籍目录。

其三，姚氏于诗文也多独抒己见，如卷三《李义山诗》条称：“世知玉溪生善学杜诗，而不知杜诗有酷似义山者。”《杜诗立言不类》条称杜诗“言浮而夸”，有“文人习气”。卷五《惜抱轩诗文》条对桐城宗主姚鼐的诗文进行全面评论，虽有扬祖德之处，然议论颇有可取，不失为研究桐城文派的资料。《梅村送浮屠文》条讥梅村不善为文，既于儒学无得，于佛法也属影响之间，而其皈依与钱牧斋同旨，立论不同于一般斥钱谅吴者，殊快人意。

其四，姚氏对历史与现状之论述两不偏废。如卷四《内旗外旗之别》、《喀儿喀内附始末》、《俄罗斯通市始末》、《库伦》、《卡伦形势》、《新疆两路形式》、《土尔扈特》、《廓尔喀》、《西藏》诸条评论东北、北方、西北、西南边区形势与典制，并涉及域外，皆是经世致用之作。卷六记汉之麒麟、云台，唐之凌烟，宋之崇德，明之功德庙等，皆标举建功立业诸功臣，而于清无述，岂因身处国势阽危，慨叹当世无崛兴之人以御外侮耶？又卷八《俞都转》条虽所记为两淮盐运使俞德渊的轶事，而主要引述俞之兴革盐务议论，似寓针对时弊之含义。

他如卷七记清疆吏武将轶事，足以见姚氏之博学而娴于掌故。若姚莹其人，事功学术均有可纪，而近代史学著述中颇少涉及，殊感憾然！

原载于《津图学刊》1995年第2期

太平天国底商业政策*

一、太平天国底国内商业政策

太平天国揭开了中国民主主义革命的序幕，它的实际政策多是推动中国走向资本主义道路的。就其商业政策来看，表现得尤其明显。在最早的时候，太平天国根据空想的共产主义思想，以为：

盖天下皆是天父上主皇上帝一大家，人人不受私物，物归上主，则主有所运用，天下大家处处平均，人人饱暖矣。[①]

由此定出的商业政策是：

商贾资本，皆天父所有，全应解归圣库。[②]

这个政策要实行是不可能的，事实上也从来没有实行过。真正实行的商业政策，根据我现在所见到的材料，约略可以看出以下几点：

1. 轻税政策。清政府的税额是很高的，就船钞一项来说，道光六年（1826年），“商船每只捐银二十两”[③]。咸丰初年，自仙女庙至瓜州路程不到百里竟

* 本文发表时署名禹一宁。

① 程演生：《太平天国史料》第一集中，《天朝田亩制度》。

② 张德坚：《贼情汇纂》卷十，《贼粮科派》。

③ 《清朝续文献通考》卷四六，《征榷》十八。

设厘卡二十处，而其所征之税，又“视法定额增加数倍”[①]。太平天国则不然，它的商业税是：

> 船长一丈，抽税千钱，所载之货，分粗细货：粗货船长一丈，抽税钱二千，细货倍之，大率以盐、布、棉花、煤、米为粗货；丝绸、苏货为细货。抽税之后，给以船票一张，如遇他军，可以验票放行，无票则没收之。[②]

由以上两种船钞比较看来，清政府每船征银二十两，而太平天国仅征一千钱，合银尚不到一两。可知清政府的苛征，而太平天国的轻税了。

太平天国的税务机构亦极良好，征税全按正当手续，绝不繁复苛索，其税局的“组织极公平正确而简单，每镇每村仅一所，货物之已纳税者，给予凭照，不再于他处科敛”[③]。

由于税制的良好，在太平天国境内商业得到相当的发展，如上海附近的情况，据姚铁梅说：

> （咸丰十一年）六月初一日，得胜港口新设抽厘卡子，南对叶榭港两面，各设卡房，停泊号船，除米、麦、丝、茶、洋药外，其余杂货每千抽五十文，空抽三百文，谓之“挂号”，于本日试行，据云每日可一二千金。[④]

这里除了规定米麦等不收税，洋药是禁品外，仅就杂货一项抽百分之五的税，每日就可收入一二千金，可见交易相当繁盛。同年，太平军在宜兴也有相似的情形：

> 市最盛者为大浦，左右设卡尤密，商贾云集，交易日数十万金，贼以为通省都会，流贼亦不敢扰，难民依大浦者，化居皆得厚利，一人在市，余悉坐视。[⑤]

在太湖西岸的大浦商业区，化居皆得厚利，则其商业兴旺情形可想而知，而造成这种商业兴旺的主要原因，就是“太平天国的税法良好，境内平安，农民购买力增强”[⑥]。

---

① 呤唎：《太平天国外纪》卷中，页七二。
② 凌善清：《太平天国野史》卷九，《食货关榷交易》。
③ 呤唎：《太平天国外纪》卷中，页九七。
④ 姚铁梅：《小沧桑记》卷上。
⑤ 郭廷以：《太平天国史事日志》，第683页引《宜兴荆溪县志》。
⑥ 范文澜：《中国近代史》，第134页。

2. 公卖政策。太平天国不但允许民间很自由地贸易，而军队亦实行公营买卖，他们物品的来源不外三种：（1）一般人民拥护革命献纳的贡物，如1853年武昌设进贡公所，人民争趋送金、银、钱、米、茶叶等[①]。（2）缴获敌人的物资[②]。（3）不遵守定章缴税被没收的物品。他们把这些来源不同的物品以较贱的价钱卖给人民，并且实行得很好，收效亦相当大，连《贼情汇纂》的作者也说：

> 贼之交易，颇足资贼，盖掳得百货，凡不济用者，或所掳过多者，皆于邨镇屯积，命三五贼目招徕交易，较常价倍减，乡民始犹疑惧，既见靡他，遂趋利争赴。或以钱买，或以米豆互易，不数日销售净尽，船载钱米赍送贼巢矣。百货之中，尤以淮盐及湖北布棉为大宗，载江淮之盐，运至兴口蕲黄，卖与民间，掳得湖北布匹、棉花，复卖与安徽江南百姓，物皆掳来，全无资本。似贡献掳劫科派而外，即此收入，亦复甚巨，大都交易多在已立乡官之处。[③]

公卖政策，不但在保证太平军的供给方面，有很大的作用，而且对于各地的货物供需，也起了相当的调节作用。

3. 保护政策。太平天国尽了很大的力气来保护商业，太平天国初起的时候就发布过“凡我百姓，不必惊惶，士农（《粤匪杂录》作‘农工’）商贾，各安生业”[④]的告示。后来凡是革命队伍所到的地方，不但对既有的商业予以保护，不令人民惊惶，不要人民听信反动统治者的污蔑与造谣；而且革命军对于商业的交易又是“极有规则，非出相当代价虽一鸡蛋不妄取”[⑤]，而“每购什物，倍价奖之”[⑥]。严明的军纪很好地保护了商业的繁荣，当时钱塘人丁葆和曾经有一首诗说：

> 贾贩西溪市集兴，近乡不扰屋新增，地名大好称留下，七百年来宋谚征。（原注：留下距城稍远，且通下河，米市、菜市，虽劫不废。）[⑦]

这一首诗是说明当时杭州乡间，在太平天国政权下虽然屡经战争，但商业依然不衰废的情形。太平天国境内其他地区，大抵与此相同，《太平天国外纪》曾

---

① 郭廷以：《太平天国史事日志》，第203页。
② 呤唎：《太平天国外纪》卷中，页一二六。
③ 张德坚：《贼情汇纂》卷十，“关榷”、“交易”。
④ 萧一山：《太平天国诏谕》，“万大洪告示”。
⑤ 呤唎：《太平天国外纪》卷上，页三九。
⑥ 《蛮氛汇编》，《金陵被难记》。
⑦ 谢兴尧：《太平诗史》，《丁葆和归里杂诗》。

有下面记载：

> 此小汽船（作者即在此船充一副船长）抵上海后，直驶内河，专往来上海及太平境内，以买丝为业……余等遇一重载之货船，细查之，满载现银，余怪而访问之，以为匪徒充斥，何能出此，则答曰：凡诋毁太平者，皆诳也，人以诳语欺外人之不知虚实者，使之不敢营业于太平境内而已，乃得专其利，计良狡矣。余重思其言，知其不妄，人所诋太平军者曰“捣乱”，曰“劫掠”，然太平军惟不事捣乱，故境内尚产丝，惟不事劫掠，故人尚敢携银入境也。余船储银四万两（约一万三千金镑）皆丝商之资本金也。[①]

太平天国境内，商业相当兴旺。当时的革命首都——天京，商店营业如常，许多买卖都集中在城外经营，百物俱备，叫做“买卖街”。

太平天国的商业这样发展下去，假如再真正实现干王洪仁玕对商业政策的建议：“设新闻馆，以收民心公议，及各省郡县物价低昂……商农览之，得以通有无”；建铁路，造轮船，便利“搭客运货”；兴银行“大利于商贾士民”；奖励新发明，开设各种工厂与矿厂[②]。那么，中国确是可能走上资本主义道路的。

二、太平天国底对外商业政策

太平天国不但在国内实行了很好的商业政策，对于外国也是允许他们往来贸易的。不过太平天国具有崇高的民族自尊心，实行保护民族独立的政策，一切都是居于主动地位，绝不受外人牵制，更严格禁止鸦片进口。这和清政府对侵略者卑躬屈膝摇尾乞怜的卖国政策是恰恰相反的。

太平天国初期，就同意和外人建立商业关系，曾经声明过：

“彼此通商，理所当然。”[③]“无论协助我天军，或经营尔商业，均可随意出入我境内。”[④]对于“外国商人，一如兄弟”[⑤]，希望能在平等互惠的基础

① 呤唎：《太平天国外纪》卷上，页二八。

② 洪仁玕：《资政新篇》。

③ 凌善清：《太平天国野史》卷二十，《载余·太平朝之外交》。

④ 程演生：《太平天国史料》第一集中，太平天国元年三月二十六日《杨秀清答英公使濮亨书》。

⑤ 郭廷以：《太平天国史事日志》，第750页。

上，彼此往来贸易。

因为太平天国对外国有了明确的政策，外商也以为可以达到他们开拓东方市场的目的，所以交往颇盛，曾经有一个时期，“每日到埠（南京）之船，有五十艘之多”[①]。外国来华的商人，亦为数日增。

太平天国按照自己的需要来采购外国输入品。当时他们最需要枪炮、火药，就向外国采购这些东西。例如：

李秀成《复戈登书》称：“至各人军装炮械，彼此皆知底细，你处图利，我处置办，听从通商，原无禁令，此时你处如有枪炮洋货，仍即照常来此交易。”[②]

容闳记述其目击的事实说：“刘（太平军苏州军事领袖）复绍介予等晤四西人：四人中二美人、一英人，一法人……其二美国人，一为医士，一则贩卖枪弹者，因索价过昂，尚未成议云。”[③]

浙江乍浦太平军守将鸿天福陈某，与刁乐德克（英舰长）照会说：“愿购英国炮弹。”[④]

谭绍光《复戈登书》说：“洋商回转……枪炮等件，亦已领取……嗣后尽管前来，照常通商，万勿疑虑。”[⑤]

但是，太平天国政府对于外国的输入品如认为非所需要，即予拒绝。如干王洪仁玕曾答复过外商说：

> 售卖米粮一事，查明现下粮食皆不用再买。[⑥]

有的输入品是最初需要，而后来不需要了，也即停止交易，在太平天国辛酉十一年曾经发生过这样的事情，酹天义李明成《复英国翻译官福礼赐》说：

> 前承代买绉纱，现下已有，饬敝如要，即来采买……但绉纱一项，既烦代购，何敢更辞。惟买卖之事，乃一时之变，敝昨遇有方便，已买若干，略

① 呤唎：《太平天国外纪》卷中，页九九。

② 萧一山：《太平天国书翰》，《忠王李秀成慕王谭绍光复大英会带常胜军戈登》。

③ 容闳：《西学东渐记》第十章，《太平军中之访察》。

④ 郭廷以：《太平天国史事日志》，第783页。

⑤ 萧一山：《太平天国书翰》，太平天国癸亥十三年九月初六日《慕王谭绍光复大英会带常胜军戈登》。

⑥ 萧一山：《太平天国书翰》，太平天国辛酉十一年七月初七日《干王洪仁玕致大英钦命翻译官富书》。

可用济，今未便再买，祈阁下将绉纱发卖别地，以便取利也。[①]

对外货征税时，太平天国是坚决执行自己的税法，绝不媚外惧外。如果外商敢违犯法令，即予制裁，毫不客气地扣留其货物船只。有一次英国亚但孙公司轮船满载丝茧路过洛起太平税局，不肯纳税，太平军就把船只扣留了。当时英国外交官摆出侵略者的狰狞面孔干涉这件事情，太平军一方面把船只交还，另一方面向英国外交官提出了严重的抗议说：

贵国商人所被扣留之丝，系不肯纳税，暂时拘留，并非抢劫，太平天朝定制，商货经过税局，有一定之税金，今贵国商人之行为，既违背定制，而贵国官长强为干涉，于国际友谊甚不合，特此告知。[②]

外国人到太平天国境内贸易是自由的，但是必须请领护照。如：1861年6月27日，“外人玛士哆咪采办洋货，由江苏福山进口，求天义陈坤书给予印凭一纸”[③]。有了这张印凭，在太平境内就会得到保护，否则“擅入内地，甚属危险”[④]。

太平天国对于来境内贸易的外国人予以自由和保护，但是如果发现了这个来贸易的国家，有严重危害革命的情况时，会立即停止其贸易，李秀成曾给法国侵略者以应得的惩罚，并引此来警戒英美葡各国的领事说：

太平军前入苏州时，法国人首来与我贸易……孰意法人受满政府贿赂，协以谋我，保护县城，违弃前约……然法人失信于我，已与我断绝和好，其在上海之营业，我军不问，若再来内地通商，勿怪我军人凶暴，不能为彼宥矣……且各贵国人民之中，岂无明白事理者，必不致贪满政府之饵，失全国之利也，余愿各贵国人民审察利害，辨别是非，如再来修和好，本军始终以礼义相待，若犹怙恶不悛，余惟有停止本国境内与外人一切贸易，勿谓言之不预。[⑤]

李秀成的正义，充满了整篇的书札，震栗了无耻的侵略者。外国侵略者在要站起来的中国人民面前，为了其自己目前的商业利益，不得不俯首帖耳地说，他

① 萧一山：《太平天国书翰》，太平天国辛酉十一年七月十一日《天朝九门御林开朝王宗酐天义李明成复大英钦命翻译官福书》。

② 呤唎：《太平天国外纪》卷中，页六一。

③ 郭廷以：《太平天国史事日志》，第792页。

④ 呤唎：《太平天国外纪》卷中，页六〇。

⑤ 呤唎：《太平天国外纪》卷中，页九至十。

们的“目的只在通商”[①]。

太平天国与外国通商，百物均可商量，惟对于鸦片严厉禁止。根据太平天国的法令：

> 洋烟、黄烟不可贩卖吃食也。洋烟为妖夷贻害世人之物，吸食成瘾，病入膏肓，不可救药；黄烟有伤唇体，无补饥渴，且属妖魔恶习，倘有贩卖者斩，吃食者斩，知情不禀者，一体治罪。[②]

这绝不能视为一纸具文，而确实是很严格地执行了的，就是当时极力污蔑革命的封建地主阶级分子也不能不说：“贼之胜人处……禁烟。”[③]

太平天国对于鸦片“禁最酷”[④]，一开始和外国交涉，就很明确地告诉外国人说：

> 彼此通商，理所当然，将来事定，惟有洋烟勿再来华。[⑤]

太平天国对外贸易，采取自由贸易政策，完全居于主动地位，坚决保护中国主权。假如这样发展下去，中国与外国的商业可以大大发展，而中国绝不会陷于半殖民地的境地，鸦片烟也可以禁绝。太平天国曾允许“将来外国人可以随便用汽船、铁路、电线及其他西洋机器而无碍”[⑥]。那时欧洲资本主义还没有达到帝国主义阶段，不能大宗向国外输出资本，太平天国由外国输入机器，事实上就是中国用外国机器，自办新式交通和工业，那么中国的前途是可能走向资本主义的，正如英国国会议员斯特卜莱登所预感一样，“中国成为大工业国”[⑦]。

---

① 郭廷以：《太平天国史事日志》，第758页，见1861年英参赞巴夏礼三晤赞嗣君蒙时雍的说明。

② 张德坚：《贼情汇纂》卷七，《贼文告伪告示》，《真命太平天国天朝国宗提督军事韦石告示》。

③ 汪士铎：《乙丙日记》卷二。

④ 《平定粤匪记略》，《附记》二。

⑤ 凌善清：《太平天国野史》卷二十，《载余·太平朝之外交》。

⑥ 雅芝：《太平军纪事》，见简又文：《太平天国杂记》。

⑦ 马克思：《资本论》，郭大力译，第一卷，第503页注53。

三、外国侵略者对太平天国商业政策底态度

太平天国对外商业政策，在初期曾使侵略者暂时采取了观望式的中立。后来清统治者大量地出卖国家利益，侵略者就再也不考虑太平天国的商业政策，放弃中立，帮助清政府来扼杀太平天国，以革命的“直接绞杀者”面目出现了。

以英国为首的那些侵略者，早已企图到中国来开辟市场。当时统治中国的清政府，极力保持着对外限制的政策，外国人对清政府的认识是：

> 清政府视外人为禽兽，一无感情，且用种种方法谤毁外人，使其人民对外人亦无感情，香港每年见清帝谕旨，劝人民勿与外人交通。[①]

的确如此，从马戛尔尼到中国来开始，清政府一向是抱着拒外国人于千里之外的态度，总是害怕破坏了封建体制，更“害怕外国人会扶助很大部分中国人在17世纪前半期，或大约在这时期内，所有过的那种不满意满洲人奴役他们的情绪。因为这个原因，当时便禁止外国人经由其他一切交通道路与中国人发生来往”。外国人的商业，除去在广州经由洋行交易以外，禁止中国人民“与可憎的异域人发生任何联系”[②]。第一次鸦片战争，虽说侵略者冲开了中国的大门，但是这一扇久已关闭的大门，并没有很痛快地敞开。在《北京条约》未签订以前，清政府并没有和外国建立正常的商业关系。中国“市场的扩大，赶不上英国制造品的扩大，这种不相称的情况，也同从前一样，必定会促成新的危机，正如过去曾经发生过的一样”[③]。“英国营业精神的伸张，已与闭关自守的中国社会的结构相冲突”[④]。于是英国政府就反对清政府，鼓吹“大不列颠应攻打中国沿海各地，占领京城，将皇帝逐出皇宫……鞭打每一个穿蟒袍而敢于侮辱我国（英国）国徽的官吏……把这些人（中国将军们，原注）个个都当作海盗和凶手，吊在英国军舰底桅杆上”[⑤]。

太平天国与清政府相反，实行自由贸易的政策，明白告诉外国人说：

---

① 呤唎：《太平天国外纪》卷上，页六一引香港总督达维语。

② 马克思：《中国的和欧洲的革命》，见《马克思恩格斯论中国》，人民出版社1963年版，第29页。

③ 马克思：《中国的和欧洲的革命》，见《马克思恩格斯论中国》第25页。

④ 马克思：《中英冲突》，引《泰晤士报》，《马克思恩格斯论中国》第54页。

⑤ 马克思：《新的对华战争》，引《每日电讯》。

> 我天王与汝各国英雄志士，相见以诚，各国人民在我境内自由游历经商，不受阻碍，甚盛事也……今则湖北、安徽已开放互市，东西南北，无不通行。[①]

同时，还派专人负责招待外商[②]。章王林绍璋更派呤唎带了护照去请外人来太平天国贸易[③]。太平天国在商业上是真诚地与外人以“自由之贸易”[④]，并且热烈欢迎他们。因此，一时交往颇盛，南京城外，时常有许多外船来往。到太平天国境内办交涉的外国官吏差不多都携带着许多枪炮、米粮、乐器等商品，出售于太平军以图利。因此，一部分着眼于商业利益的英国人，都热烈地赞同太平天国的商业政策。上海英领事密迪乐曾致书外相罗塞尔说：

> 太平军优遇外人……如助清军（英国助满清反对太平军），实为不智，且有害于英国商务。[⑤]

在一般商品贸易上，各资本主义国家赞同实行门户开放的太平天国，反对“闭关自守”的清朝。但是在鸦片问题上，却是另一种情况，鸦片贸易的利润，占当时英印政府国家收入总额的六分之一[⑥]。就上海来说，英国“进口货以鸦片为大宗，每年收入，足抵出口之丝茶而有余，而印度政府每年所收烟税三百万镑以上，近印度政府常感国库空虚，将增加烟额以益税收”[⑦]。

鸦片对于英国既是这么血肉相关，自然他们需要有一个毒品行销的市场，自由自在地尽性畅销。

太平天国拒绝鸦片输入，于是英国鸦片贩子们反对太平天国。

清政府不禁止鸦片，在最初还有些不好意思，表面上还有个空洞的禁令。太平天国革命爆发以后，清政府为了苟延残喘，乞求侵略者来“协助”剿杀人民革命，爽性对鸦片大开方便之门，以迎合侵略者的希求。当时的两江总督杨文定竟无耻地以太平军严禁鸦片为理由来恐吓利诱英美，他致英美两国公使的信中说：

> 为借船助剿以安商民而全永好事：窃照贼匪掳船东下，连陷江宁、镇

① 呤唎：《太平天国外纪》卷下，页九三至九四。

② 呤唎：《太平天国外纪》卷上，页五八。

③ 呤唎：《太平天国外纪》卷中，页四九。

④ 呤唎：《太平天国外纪》卷中，页二九。

⑤ 郭廷以：《太平天国史事日志》，第744页。

⑥ 马克思：《鸦片贸易》第二篇。

⑦ 谢兴尧：《上海在太平天国时代》，引《东印度公司报告》。

江……钦差大臣向荣亦以须借贵国火轮兵船为望……希念两国通商合好已久，今商民被扰，贸易不通，且贼匪烟禁甚严，一遇我国吸烟之人，无不杀害。统希速发火轮师船，来江剿击。……本署部堂欲为商民除害，断不大言欺人。倘蒙允发火轮师船，前来洗荡贼匪，必当奏明皇上，加重酬劳，而贵国借兵恤邻之声名，亦永传不朽矣。[①]

鸦片贩子们遇到像杨文定这样的忠实奴才，自然是帮助清政府的。

英美等侵略者进入中国，是企图把中国变为殖民地与半殖民地，正如毛泽东所说：

帝国主义列强根据不平等条约，控制了中国一切重要的通商口岸，并把许多通商口岸划出一部分土地作为它们直接管理的租界。它们控制了中国的海关和对外贸易，控制了中国的交通事业（海上的、陆上的、内河的和空中的）。因此它们便能够……使中国的农业生产服从于帝国主义的需要。[②]

当侵略者还没有达到其预期的目的以前，它们不能不根据实际情况，来考虑自己的利益：一方面是清政府的“闭关自守”，对外国却是奴颜婢膝，又允许鸦片大量的输入；另一方面太平天国实行自由贸易，却坚持中国民族独立自主，并且严禁鸦片输入。英国盘旋在这两种情况之下，不能即刻决定何去何从，必须观望一番。要仔细看一看到底哪方面对它们更为有利，于是很“绅士”地表示：

总之，英国对于现在太平军与政府之战争，处于完全“中立”之地位。[③]

英美等侵略者固然欢迎太平天国的自由贸易，但是反对中华民族的独立自主；它们固然反对清政府，但是绝对不要求推翻封建的落后的清政府，仅仅是企图达到“教训华人重视英人，英人高出于华人之上，英人应成为华人底主人翁”[④]而已。因此，侵略者所宣布的中立，是偏袒清朝的。“中立”时期，也就是与清政府讨价还价的时期。到1858年、1860年与清政府签订了卖国的《天津条约》、《北京条约》以后，英美等侵略者就摘去了所谓“中立”的假面具，公然帮助清政府攻击太平天国了。

---

① 《向荣奏稿》卷二附件，《太平天国资料丛刊》第99页。

② 《中国革命与中国共产党》第一章第三节。

③ 呤唎：《太平天国外纪》卷上，页七二。

④ 马克思：《新的对华战争》第一篇，引《每日电讯》。

根据《天津条约》、《北京条约》，侵略者不只可以随意到中国内地通商、传教、游览（调查），并且取得关税管理权、内河航行权等特权。这时侵略者就不再考虑太平天国允许外国人来中国贸易、清政府允许鸦片销售等问题了，而是考虑中国“独立”与“殖民地”问题。考虑怎样从太平军手中夺取通商口岸，以便倾销其商品，怎样攫取了中国关税权，掌握了中国关税的收入，从孱弱的清政府手中，享其赔款的利益，怎样保证其许多已得的特权，并继续掠夺中国主权，所以它们“易其希望于太平军者希望老大之满政府”[①]。

> 1861年6月23日英国公使勃鲁斯致书英外相罗塞尔谓，通商口岸如为太平军所占有，英国商业必受打击，关税减少，赔款必不易收。[②]
>
> 1862年7月2日英国贵族院讨论对华政策，外相罗塞尔谓太平军不能维护英人利益，无力组织政府，居心与英人为难，英人应即保护自己之商务与生命。[③]
>
> 1862年7月7日，英国外务大臣罗塞尔训令英使卜鲁斯，赞同其对太平军之政策，保护英人商务及口岸，并助中国政府改良军队。[④]
>
> 1863年5月20日英国国会辩论英政府对太平天国之政策，首相巴麦尊申明采取干涉政策之必要。[⑤]

上述几个事实证明，外国侵略者已不再观望中立了。它们直接出兵，又组织常胜军、常捷军等援助清军，并且用断绝太平天国之接济以及种种方法帮助中国大地主阶级维持其封建统治，绞杀中国人民的革命运动。

原载于《太平天国革命运动论文集——金田起义百周年纪念》 华北大学历史研究室编 生活·读书·新知三联书店1950年版

---

① 呤唎：《太平天国外纪》卷上，页一〇〇。

② 郭廷以：《太平天国史事日志》，第789—790页。

③ 郭廷以：《太平天国史事日志》，第914页。

④ 郭廷以：《太平天国史事日志》，第913页。

⑤ 郭廷以：《太平天国史事日志》，第1071页。

太平天国的婚姻制度*

1950年4月13日中央人民政府委员会第七次会议通过了中华人民共和国婚姻法。“这个婚姻法制定的基本原则，是要彻底摧毁中国长期封建制度在婚姻关系上所加于人民的枷锁。它的立法精神是要推翻以男子为中心的‘夫权’支配，保障妇女和子女的正当利益。”[①]主要的是为了达到“男女婚姻自由，一夫一妻，男女权利平等，保护妇女和子女合法利益”[②]的目的。这在整个人民解放事业中具有重大的意义而当为一切人所热烈拥护的。

1850年揭开了伟大民主革命运动序幕的太平天国，对于妇女问题也曾经加以重视，不但在政治上（如女子可以参加考试，做政府官吏及军队长官）[③]、经济上（如平分土地[④]和参加生产劳动[⑤]）、身体上（如禁缠足[⑥]、禁娼妓[⑦]）解放了妇女，即在婚姻问题上也曾努力于使妇女从旧的牢笼中突破封建束缚，做过一番惊天动地的举动。

太平天国对于婚姻问题：首先就根据平等自由的原则，提出了“婚姻不论财”[⑧]的基本纲领；以后一切措施都是根据这个基本纲领演绎出来的。

太平天国对于男女的地位，在《天条书》上说：“天下多男子尽是兄弟之

---

* 本文发表时署名禹一宁。

① 1950年3月16日《人民日报》社论。

② 1950年3月16日《人民日报》婚姻法。

③ 清张德坚：《贼情汇纂》。

④ 《天朝田亩制度》。

⑤ 清谢稼鹤：《金陵癸甲纪事略》（谢兴尧十三种）。

⑥ 沈雋曦：《金陵癸甲摭谈补》（谢氏十三种）。

⑦ 清张德坚：《贼情汇纂》。

⑧ 《天朝田亩制度》。

辈，天下多女子尽皆姊妹之群”[①]。

这些兄弟姊妹，都是“天堂子女”[②]，因此应该互相平等，不能彼此轻视，这种“男女平等”的精神毫不保留充分体现到婚姻制度上。

太平天国是实行了婚姻自由的：他们对于男女婚前的交往，除了军队为了维持整个军纪及战斗力起见，会规定严格划分男女的条规外，一般的说来，是可以自由的恋爱，这绝不是需要任何物质依附的，而是真正由于孕育了深厚的感情，并且在政治上思想上也必须存在着共同性，例如：忠王李秀成的女儿恋爱了那时在天京的外国人埃耳——埃耳是抱着高度的热情到中国来参加中国的革命运动，并忠诚于革命事业的。忠王的女儿和他相恋，基本上是合理而正当的，而当时忠王的妻子却希望能把自己的女儿嫁给忠王亲信的部将慕王谭绍光的，但终因她女儿不愿而作罢，终于和埃耳幸福地结了婚，共同为革命事业去努力奋斗[③]。这正是婚姻自由的确证，已经突破了旧时男女未谋面而强合的牢笼。这就是表现出他们是可以和男子自由交往，所以婚姻也就自由，绝无一丝强制。等到恋爱成熟，就可以举行婚礼。婚礼是在礼堂举行，由上帝会的教士主婚，这时已把旧时“选择吉日”、“纳征”、“纳采”等陋俗取消，只是尚保留着“亲迎”。在结婚之夕，男子至女家迎其妻妇，入礼拜堂，由教士为之祈祷，并唱赞美诗，赞毕，教士为新人联其右手，祝福而退，有的还用指环[④]。这种仪式虽是蒙上了一层宗教外衣，但是比那必须“父母之命，媒妁之言”把不相识的男女联结在一起，确是有显著进步的。

太平天国实行了一夫一妻制：认为是“一夫一妻，理所宜然”[⑤]；这里所说的一夫一妻制，是真正地保障了妇权，他们为了能更好地保证这种制度，所以另外又建立起一些制度，首先他们禁绝娼妓，定出极严厉的法令，凡是“开倡者合家剿洗，邻佑擒送者赏，知情故纵者一律治罪，明知故犯者，斩首不留”[⑥]。

虽然在做法上显得粗暴一些，但也可以见到太平天国是有如何大的决心来根绝这社会罪恶的渊薮，解放了多少辗转呻吟的妇女。并且更进一步地不允许无依

① 萧一山：《太平天国丛书》第一辑第一册《天条书》七。
② 萧一山：《太平天国丛书》第一辑第一册《天条书》七。
③ 哈唎：《太平天国外记》。
④ 哈唎：《太平天国外记》。
⑤ 清张德坚：《贼情汇纂》。
⑥ 清张德坚：《贼情汇纂》。

靠的妇女存在，不是跟父母，就是出嫁，否则即入女馆由国家统一管理，这样就杜塞了可能流为娼妓的源泉。因之巩固地建立起一夫一妻的良好制度。

太平天国婚姻不准买卖：曾有一个外国人的仆人，想用钱在扬州（当时是以出“美人”著名）买一女子为妻，但他所得到的只是失望[①]。这当然可以说明了当时在太平天国内已经没有这种买卖婚姻的行为存在。这种打破了中国数千年买卖妇女恶劣传统的勇敢行为，是值得高声歌颂的，由于这些原因，使得男子即便想利用“家庭奴隶”的惯技来压迫女性，也就很难有机可乘了。

太平天国是不干涉寡妇婚姻自由的：如果男子死掉，女子是被鼓励再嫁的[②]。这里没有什么“清贞堂、节烈坊”（这些都是统治者统治妇女的一种刑具）。这里可以自由自在地生活，是能过人的生活。这不仅只是简单地解放了妇女本身，同时起了一个更大的作用，就是不再有无依靠的女子，因而很自然地遏止了一夫一妻制的破坏。

太平天国实行了男女权利平等：要想达到婚姻真正的自由平等，必须把妇女从经济依附条件下解放出来，那样妇女才会站到同男子同样的地位上，太平天国在这方面也是努力过的。首先在土地政策上规定了：“凡分田照人口，不论男妇”[③]，给予了妇女在经济上根本的平等；其次对于妇女的家庭琐务，给予了新的估价，在他们所出的告示上说：“男习士农工商，女习针指中馈”[④]。从文字上可以看出那时已经把妇女在家庭中的工作提到与男子工作并列的地位，纠正了男子认为女子在家庭仅是寄生，而把妇女“压在家庭琐务下面”[⑤]。最主要的是它鼓励妇女去劳动生产，从许多以往笔记中，即论它对于人民革命事业是诬蔑的，也都记载着那时妇女参加劳动的事实，如：

> 贼（？）本山乡之人，其妇女耕耘织染，无非素习。[⑥]
>
> 东门外，大营立，贼（？）惧，乃使女子二万人每日出城开挖壕沟，送竹签子。[⑦]

---

① 哈唎：《太平天国外记》。

② 哈唎：《太平天国外记》。

③ 《天朝田亩制度》。

④ 清张德坚：《贼情汇纂》。

⑤ 《马、恩、列、斯论妇女解放》。

⑥ 清汪士铎：《乙丙日记》卷三。

⑦ 清谢稼鹤：《金陵癸甲纪事略》（谢兴尧十三种）。

东门内外，麦熟，久未割，乃使女子割麦。[1]

妇女们自己参加劳动生产，无疑是能从被压迫的经济地位解放出来，而取得了自由平等的地位，这是最彻底最正确的路线。可惜的是，当时太平天国领导集团里的个别分子如杨秀清、韦昌辉等，为胜利冲昏了头脑，在生活上渐渐安于现状，甚至开倒车，接受了封建余毒，腐化淫靡，不能以身作则来从事妇女解放的伟大工作，而妇女本身也因为解放时间短促未能有很高的觉悟，同时又加上外国侵略者与国内封建统治者的相互勾结，像暴风雨那样地扫落了正欣欣向荣的花朵，愤怒地堆垒在腐朽的地层上，妇女的枷锁刚刚劈开不久，又很快地被固封在一起，致命的枷锁又一圈圈地勒紧在妇女的颈项上，依然在无情悲惨的封建制度下被压迫着喘息，期待着光明的到来。

苦难深重的妇女们，在一百年后的今日，终于在中央人民政府的领导下，兴奋、幸福、愉快地遇到了伟大、光荣、划时代的解放事业。不但在政协共同纲领上第六条规定：“中华人民共和国废除束缚妇女的封建制度。妇女在政治的、经济的、文化教育的、社会的生活各方面，均有与男子平等的权利，实行男女婚姻自由”。更进而具体地制定了婚姻法，这不仅是保障了妇女树立起合理的新民主主义婚姻制度；同时也说明了恩格斯所说的“在每一个社会中，妇女解放底程度，是一般解放底天然尺度”这一条真理。

原载于《光明日报》1950年10月22日

① 清谢稼鹤：《金陵癸甲纪事略》（谢兴尧十三种）。

太平军北伐震动京津

1853年，太平军北伐，长驱北上，兵锋直指京津，清廷上下受到极大震动，无不惊慌恐惧。若干著述多书其军事，而于社会动荡，少有述及。惟杂史笔记尚存实录。清末平步青，颇有时誉，所著《霞外攟屑》卷一，曾引录尹耕云奏折中有云："广平一带，州县纷然瓦解。城守不施，草间偷活。狼奔豕突如入无人之境。"清政府官员的闻风逃窜和北伐军的势如破竹跃然纸上。

北伐军的声势，造成清政府的仓皇失措，手忙脚乱地调兵遣将，谋集中兵力于天津以抵御。《天津政俗沿革记》卷十五《兵事》有详细记载说：五月间，"调盛京兵四千名，吉林兵二千名，大凌河马二千匹，命锦州副都统维禄伯都纳、副都统倭克精额统带，赴天津备调"。七月间，"派庆祺到津"。九月间，命天津"加强团练"，并令庆祺、胜保等"妥防迎剿"。十月间，又派奕纪带兵一千，并添拨热河古北口兵八百五十名"帮同天津官兵进剿"。

当时北京的秩序也已相当混乱，官吏都径自逃跑，负责城防的文祥在其自订年谱中曾记称：

> 九月，"发逆"北犯，直通天津。……京师益惶惑，内外城均设严防，京官甚有不待请假即仓皇出城者。（咸丰三年）

在许多记载中最生动而深刻的，莫过于邓文滨《醒狮录初集》中的两条记载。一条是记太平军的进军声威和京师慌乱以及朝廷束手无策的丑态说：

> 咸丰三年冬，"粤逆"由扬州、两淮至大河南北，扰山东、山西界，回窜天津卫，有窃窥宸垣（京师）意。炮声如雷，京师震动。都中大员家眷及官绅商民，无不如鸟兽散。正阳门外大市，若荒郊无人迹。时上初服，英武

明断，召王公、四辅、六部、九卿等会议。皆涕泣丧胆，眼眶肿若樱桃。（卷三，《哭不足以济事》）

另一则刻画朝廷中那种“临难苟避”、“鄙吝成性”的情景说：

咸丰三年，“粤逆”至天津，上命督兵剿御，无粮饷。危迫时，诸王及各大员筹办，聚议殿廷，捐输报销。有某中堂年逾七十，世任封疆，家资以数百万计，劝其捐银三万两，甚有难色。争于众曰：吾家三房，合计家资只有二十一万，吾居三分之一，不过七万耳！若有虚言，便是龟子亡八蛋。身家性命，皆取给于此，何能捐得三万，仅以六千与之。互相争论，几斗殴。（《龟子虚言》）

这段记载，把那群王公大臣贪鄙无耻的丑态暴露无遗。同时也反映太平军北伐，赫赫军威，已使清朝权力中心的“殿廷”达到熙攘争吵、乱成一团的程度了。

原载于天津《中老年时报》2010年5月20日

《天朝田亩制度》是农民革命的纲领

在太平天国革命性质的讨论中，许多同志都谈到《天朝田亩制度》。有的同志曾正面提出，太平天国的“反封建的农民性质的革命战争”，“从它的反封建的田亩制度的纲领上可以完全确定的”。当然，判断革命性质首先应该从社会经济矛盾——阶级矛盾中去探求；不过，以纲领的性质来判断革命性质也是有理由的。因为，既是一个纲领，它必定有一个主导思想贯串全部，斯大林在《论修改土地纲领》一文中曾指出：“没有主导路线的纲领，就不能算作纲领。”[①]而围绕这个主导路线所反映的社会内容和它所指明的前途却正是革命产生的社会基础和革命任务的概括。因此，许多同志的文章以不少篇幅来分析《天朝田亩制度》的性质是完全必要的。在这些分析中，我大致同意金冲及和胡绳武二同志的意见[②]，并在学习这些论述的基础上，简单地谈谈个人对《天朝田亩制度》性质的一点粗浅看法。

太平天国于1853年入南京后颁布的《天朝田亩制度》是包含着这次革命要否定什么和要建立什么这样一条主导路线的政治纲领。因此，从对这个纲领的性质的分析中，可以从某一角度看出这次革命的性质。

在没有具体分析这个政治纲领以前，我想先涉及一下这个纲领所据的思想材料。目前为许多同志所承认，作为表述太平天国革命思想的早期文献，是上帝会时期的《原道救世歌》、《原道醒世训》、《原道觉世训》和《百正歌》等以及辑集起义时诏命的《天命诏旨书》。这些文献中的新思想大部分应是发生在太平天国领袖们进行正规的政治活动之前，其目的是为了使群众意识上、情绪上发生深刻的变革，鼓舞那些已经处在斗争形势成熟条件下的群众去进行斗争。这种

① 《斯大林全集》第1卷，人民出版社1953年版，第215页。

② 金冲及、胡绳武：《关于天朝田亩制度的实质问题》，《学术月刊》1957年第9期。

革命思想很必然地要反映出已经成熟的历史任务。因此，探讨这些文献的革命思想的性质，既可以看到《天朝田亩制度》的发展线索，也有助于对革命性质的了解。这些文献中的革命思想主要围绕着三个中心：

1. 它继承了中国农民革命的传统思想。文献中有不少“道之大原出于天”、“顺灭者存逆天亡”（《原道救世歌》）等类似语句，明确地提出了“天”的观念。这种“天”的观念在历代农民战争中都有，如“替天行道”、“天兵”和“天王”等。天地会则更广泛地使用了“天”的观念。洪秀全继承这些传统思想而加以发展丰富，他更从基督教方面借用了“上帝”这个形象，使人们所敬仰的“天”，不再是虚无缥缈的东西，而是具体化了。“天”的代表者是“上帝”，这是大家共同信仰的对象。在进行组织群众的工作时，信仰对象越实际越具体，也就越有说服力。这些文献还向农民指出，革命是要实现一个“有无相恤、患难相救、门不闭户、道不拾遗、男女别途、选举尚德”（《原道醒世训》）的理想社会。这个理想社会，虽是借用了儒家思想中关于大同世界的描写，但它却是历代农民所向往的世界。必须指出，太平天国的纲领不是儒家所谓大同世界的翻版，而是借用这一描写作为标本来让群众看，实际上是为反映历代农民的向往而已。

2. 这些文献发扬了一直被农民视为优良传统的部分，即有益于革命的部分。这在伦理观和道德观方面表现得最清楚，如农民一直是合居的，并以兄弟无间为美德。文献中便提出要“和傩兄弟”（《天命诏旨书》）；“孝亲”是被农民看作一种好的道德标准，文献中便把“孝亲”的位置提得相当高，它说：“孝亲即是孝上帝，逆亲即是逆上帝”（《原道醒世歌》），这是多么严格的要求！也是多么能打动成千上万老农心灵深处的力量啊！农民具有的吃苦耐劳精神，是革命行动中有必要保持和发扬的一种精神，文献中便提出“目下苦楚些，后来自有高封也”和“越受苦，越威风”（《天命诏旨书》）的号召。这正是农民思想在初期文献中的倒影。固然，这些孝悌、吃苦的观念是一种封建伦理观，但在封建社会中，农民曾惟命是听地接受；洪秀全则从儒家思想中选择一些既有利于革命的进行，又为农民群众所接受和习惯的内容来号召农民。

3. 农民中某些对于革命事业有害的思想，在进行革命时则必须加以限制和克服。因此文献中有若干部分是针对农民思想弱点和作风缺点的。如农民多半安土重迁，乡土观念浓厚，这对于需要转战各地的农民革命队伍是不利的，所以文献中指出：“万方儿小别家庭，离乡立志做忠臣”（《天命诏旨书》）。又如被指为不正当的“巫觋”、非正的“堪舆命相”和要求人民“不好拜邪神”等，都是针对农民的迷信缺点而发。

如上所述，这些早期文献正反映了农民革命的思想要求。这些思想要求在起义过程中经过实际斗争，经过发展和集中提炼，从而形成了一个内容丰富的纲领——《天朝田亩制度》。这是太平天国以土地问题为中心的一个政治纲领。这个纲领究应如何判断其性质呢？

首先，这个纲领的主导路线是土地问题，换言之，提出这个纲领的革命者给自己规定了以解决土地问题为首要任务。不言而喻，解决土地问题是农民几千年来迫切的革命要求。斯大林在《土地问题》一文中说：“农民要土地，他们做梦也梦见土地，显然他们在没有夺得地主土地以前，是不会安静下来的。”[①]这正说明了农民与土地的深切关系和对土地的直接要求。《天朝田亩制度》反映了这种要求，并把它非常具体而生动地在纲领中体现出来，达到了历次农民战争的最高的思想水平。太平天国的领袖们在这个纲领中为满足农民要求而描绘的那幅理想图案，成为鼓舞群众进行斗争、号召群众参加斗争的思想源泉。

其次，我们看到《天朝田亩制度》所否定的不仅是封建的地主土地所有制，而是要废除一切私有制（一切归圣库），并代以一切财产公有制。有些同志根据《天朝田亩制度》中分田法的规定，认为太平天国改变了地主土地所有制，建立了小农所有制，从而阐述这种改变与资本主义经济发展有利，而小农经济与资本主义经济又有必然联系，因之便论断太平天国革命带有资产阶级性了，这种意见可能导源于对《天朝田亩制度》所否定和所建立的真实内容的误解。《天朝田亩制度》中的废除私有制，如果一旦实现，将使整个社会经济生活中不再有商业的地位（商贾资本皆应解归圣库，这点不宜与当时的商业现状混在一起），并将把社会中原已开始的农业与手工业分离的情况，又使之恢复到农业与手工业相结合的境地（农户除农业外，还要搞副业，提倡男耕女织）。这种主张只能认为是要满足农民希望安定在土地上，平静地生活下去的要求，与资本主义经济的发展毫不相干。

再次，《天朝田亩制度》所规定的理想社会是：“有田同耕，有饭同吃，有衣同穿，有钱同使，无处不均匀，无人不饱暖。”这个理想社会是空想农业社会主义思想的具体设计，是农民革命的思想反映。有些人曾以这种空想比附于俄国

---

① 《斯大林全集》第1卷，人民出版社1953年版，第195页。

民粹派的乌托邦，而引述列宁《两种乌托邦》一文中的某些论点，认为《天朝田亩制度》空想的农业社会主义，虽然在经济上不会有什么实际效果，但它却是“民主运动高涨的伴侣和象征”，从而论断太平天国革命是资产阶级性质的农民革命。事实上，列宁当时所指的是民粹派的土地纲领，而民粹派与太平天国应该说有着根本不同。第一，二者所处的社会经济条件不同；第二，“民粹派和劳动派的乌托邦，是站在资本家和雇佣工人中间的小业主的一种不用阶级斗争而消灭雇佣奴隶制的幻想”[①]，而太平天国则是采取革命斗争的手段去达到目的；第三，民粹派是在不否定私有财产的基础上提出的一般的“平分土地”思想，而太平天国的纲领则是企图以否定一切私有财产来解决土地问题的。因此用列宁对民粹派土地纲领的正确分析来指导我们了解农民的空想的精神实质和历史意义是完全必要的，若是据以论断太平天国革命性质具有资产阶级性，则感到不全恰当。

从《天朝田亩制度》的主导思想中所否定的和所想要建立的社会看起来，它反映了广大农民群众的要求，提出了一个千百万被压在社会底层的农民所向往已久的没有任何特权、基于平均主义原则进行分配的理想社会，它指导和动员群众去进行斗争，并在农民面前展示了一幅美丽的远景以鼓舞斗志；它无疑地成为中世纪以来农民对土地要求的最集中的表现和最高水平的纲领，这些应是这个纲领的主要方面，也是革命性的一面。

但是，我们还要进而探讨它如何达到其理想社会？它的手段是什么？它究竟将建基于什么之上？我们说，太平天国把这种理想社会的实现，建筑在个体劳动、分散经营的小农经济基础之上，并企图以平均主义的原则来处理理想社会中的财富分配关系。这种基础和原则，一方面反映了《天朝田亩制度》的中心思想是空想的农业社会主义思想，另一方面也决定了这个纲领由于具有空想色彩而难于实现。下面我想就农业社会主义思想谈两点认识：

（1）农业社会主义思想是企图在小农经济基础上采取平均一切财富和消灭私有财产的手段来实现公有制。这完全是一种不可能实现的空想。为什么是空想呢？首先，根据整个社会分工的不同和人们需求的不同，在社会分配上是不可能绝对平均的，正如毛泽东所指出的那样：“绝对平均主义不但在资本主义没有消灭的时期，只是农民小资产者的一种幻想”；就是在社会主义时期，也“决无所谓绝对的平均”[②]。其次，太平天国纲领中的理想是公有制，但小农经济是私有

① 《列宁全集》第18卷，人民出版社1959年版，第351页。

② 《毛泽东选集》第1卷，人民出版社1951年版，第93页。

制，两种相反的经济基础当然不可能得出同一种经济后果来，因此，这种分歧事实上便成为《天朝田亩制度》不易见诸实施的一个原因。进而言之，如果按照《天朝田亩制度》的规定来推行，那它将给整个事业带来一定的不利。例如：这个纲领没有把本身限制在平分封建的土地财产范围内，而是提出要平分一切财富。这一原则势必触动其他非封建剥削性质的私有制，一部分中农财产有可能触动，这就影响到这一部分人的生产积极性，从而使刚从旧的封建土地所有制束缚下解放出来的农业生产力，不能很快地发展；同时，整个社会又建基于一家一户在一小块土地上操作的基石上，这样，便仅仅能维持一般的生活，而对扩大生产有所限制。不少同志指出，《天朝田亩制度》实质上带有反动性，我体会这是指它在实行时将对社会生产力的实际效果有所不利而言；是指与社会发展趋势相违背而言。毛泽东在《论联合政府》一文中曾这样说："中国一切政党的政策及其实践在中国人民中所表现的作用的好坏、大小，归根到底，看它对于中国人民的生产力的发展是否有帮助及其帮助之大小，看它是束缚生产力的，还是解放生产力的。"[①]这段话对我们理解《天朝田亩制度》的性质，是有指导意义的。如以生产力的标尺来衡量，《天朝田亩制度》实质上带有反动性的一面。当然，这个纲领没有见诸实行，还谈不上是否解决土地问题，以检验其实际效果。即以太平天国所具体实施的土地政策而言，固然沉重地打击了地主阶级，但却依然未能彻底解决土地问题，这种情况的最本质的原因是"中国农民阶级由于没有正确的领导，并没有能够解决土地问题"[②]。从这个纲领的不能实现，也反证太平天国革命还是一次由农民阶级领导的单纯的农民革命。

（2）农业社会主义思想在分配问题上的绝对平均主义思想是农民思想的反映。斯大林在与德国作家路德维希的谈话中指出："平均主义的根源是个体农民的思想方式，是平均瓜分一切财富的心理，是原始农民'共产主义'的心理。"[③]毛泽东也曾指出："绝对平均主义的来源，和政治上的极端民主化一样，是手工业和小农经济的产物。"[④]同时，这种均分财富的思想，在太平天国以前的历次农民战争中也都有充分的表现。北宋初王小波、李顺的"我疾贫富不

① 《毛泽东选集》第3卷，人民出版社1953年版，第1079页。

② 《为实现全中国土地改革而斗争》，1950年6月30日《人民日报》社论。

③ 《学习》杂志，第5卷第3期。

④ 《毛泽东选集》第1卷，第93页。

均，今为汝均之”[①]的口号，李自成的“均田免粮”[②]的主张，都是这种思想的具体表现。不过《天朝田亩制度》把这种思想更纲领化、方案化和具体化。这不能说太平天国与过去农民战争有多大的不同，而只证明农民革命也随着社会发展和时代的不同而日益丰富其内容。

最后，再谈一点看法，在有些同志的论文中经常可以看到，他们以《天朝田亩制度》在客观上终究打击封建势力，为资本主义开辟道路的论据，来阐述太平天国起了有利于资本主义的作用的问题。我们说，太平天国是起了有利于资本主义的作用，但以《天朝田亩制度》为其论据是无力的。为什么呢？我们姑不论《天朝田亩制度》的未能实行，纵使全部实行也并不利于资本主义的发展。我在前面曾经说过，《天朝田亩制度》中不仅反对地主土地所有制，而且反对一切私有制，这与资本主义的发展全然无利。同时，太平天国的理想社会，显然要被固定在一个自给自足的自然经济范围之内，在太平天国革命爆发的年代里，社会经济结构中，农业与手工业已开始逐渐分离，但《天朝田亩制度》把“农”的地位予以固定，并以力农、惰农作为群众的道德标准，丝毫没有商贾和手工业者的法定地位。因此，《天朝田亩制度》本身并不具有为资本主义开辟道路的内容。至于太平天国对资本主义发展有利这一点，刘大年同志在最近的一篇文章中作了很深刻的分析，他说：“太平天国起了有利于资本主义的作用，那是因为它发生在鸦片战争之后，严重地打击了内外反动势力，阻止外国进一步扩张鸦片贸易，阻止、延缓了外国资本主义扩大在华市场的结果，不是因为它的纲领里藏有发展资本主义的奥秘。”[③]这一分析是可以令人信服的。

如上所述，《天朝田亩制度》无论如何不能说是一个有资产阶级民主性质的纲领，它仍然只是一个农民革命的纲领。

原载于《光明日报》1959年12月10日

---

① 王辟之：《渑水燕谈录》卷八。

② 查继佐：《罪惟录》传三一《李自成传》。

③ 刘大年：《中国近代史研究中的几个问题》，见《历史研究》1959年第10期。

谈谈对"天朝田亩制度"中农业社会主义思想的理解*

1853年，太平天国在进入南京、建立起革命首都——天京后，即颁布了"天朝田亩制度"，作为它的政治纲领。这个纲领包含着很丰富的内容，它提出了表现中国农民空想的农业社会主义思想的基本原则——废除私有财产制度。它也提出了平分土地的办法、赏罚制度、选举与弹劾官吏的制度和太平天国政权机构的组织系统。因而，天朝田亩制度成为研究太平天国史的重要文献。

天朝田亩制度的废除私有财产制度的实际执行，表现在摧毁地主阶级、耕者有其田，官员兵士及天京人民生活共产化，手工业国营三种形式上。这里只就其中最重要的一部分即土地问题上的分田法来谈谈。

天朝田亩制度根据废除私有财产制度的原则，规定了比较具体的分田法：凡田分九等，以产量多寡为分等标准。好丑之田有具体换算办法。凡分田照人口，不论男妇。按田九等，好丑各半。凡男妇十六岁以上受全份田，十五岁以下受半数。凡天下田，可以互换，可以互相帮助。太平天国并企图通过这样一种分田法而实现一个"有田同耕，有饭同食，有衣同穿，有钱同使，无处不均匀，无人不饱暖"的理想社会。

这个土地纲领很明显的包含着这样的内容：废除地主的土地私有制度，按照规定把土地平分给农民所有，使得每个农家都可同等地分得一定数量的土地和保有一定数量的财产（制度中规定：凡当收成时，两司马督伍长，除足其二十五家每人所食可接新谷外，余可归国库）。过一种自食其力的平均的划一的生活。

这个土地纲领一方面是表现了在封建压迫下的农民群众对于土地的革命要求。我们知道，农民是迫切要求土地的，斯大林曾说过："农民要土地，他们做

---

* 本文发表时署名周南。

梦也梦见土地，显然他们在没有夺得地主土地以前，是不会安静下来的。”[①]这种要求在天朝田亩制度上得到了足够的反映。过去历史上的农民战争都在不同程度上反映了农民对土地的革命要求，而天朝田亩制度则是把两千年来在封建压迫下的农民斗争的要求，提高到了单纯农民战争所能达到的最高的思想水平，因此也可以说明这一次革命乃是“旧式的农民战争——没有先进阶级领导下的农民战争所发展到的最高峰”[②]。这个纲领不仅可以指导和动员人民群众去进行打击封建统治者的斗争，而且也在人民群众面前展示了一幅无贫穷、无压迫的理想社会的美好图景，鼓舞了群众的斗志。

但是在另一方面也必须指出天朝田亩制度在分配土地问题上所主张的绝对平均主义思想。这种“在分配土地问题上主张绝对平均主义的思想，是一种农业社会主义的思想”[③]。而农业社会主义思想则是企图在小生产的基础上，采取平均一切社会财富，消灭私有财产的办法来实现社会主义，这完全是一种不可能实现的空想，而且在实质上也还带有反动性的。为什么这样说呢？

首先，绝对平均主义思想的阶级根源是什么？斯大林在与德国作家路德维希的谈话中曾经指出说：“平均主义的根源是个体农民的思想方式，是平均瓜分一切财富的心理，是原始农民‘共产主义’的心理。”[④]毛泽东也指出它“是手工业和小农经济的产物”[⑤]。这种小生产的基础，其生产力必然是薄弱的，如果照天朝田亩制度所规定的办法去做，那么农民不论工作和需要都可以有一定的土地和财产以维持将够的生活，这样，对于整个生产既不能起推动作用，也不能与社会发展的规律相适应，其结果是落于空想而不可能实行，毛泽东曾经很明确地揭示出这种思想的不可能实现，他说：“绝对平均主义不但在资本主义没有消灭的时期，只是农民小资产者的一种幻想；就是在社会主义时期，物质的分配也要按照‘各尽所能按劳取酬’的原则和工作的需要，决无所谓绝对的平均。”[⑥]

其次，农业社会主义思想，是想在小农经济的基础上来实现“社会主义”。但是我们知道，社会主义是以生产资料公有制为基础的，而小农经济则是以生产

① 斯大林：《土地问题》，见《斯大林全集》（中文版）第一卷，第105页。

② 1951年1月11日人民日报社论《纪念太平天国革命百周年》。

③ 毛泽东：《在晋绥干部会议上的讲话》，见解放社编《目前形势和我们的任务》，华北新华书店1949年版，第81—82页。

④ 斯大林：《与德国作家路德维希的谈话》，见《学习》杂志第五卷第三期。

⑤ 毛泽东：《关于纠正党内的错误思想》。

⑥ 《毛泽东选集》（第二版）第一卷，第93页。

资料私有制为基础的。在这一点上，小农经济与社会主义根本不同，而与资本主义却有重要相同之点。斯大林曾经这样说过："小农商品经济还不是资本主义经济。可是，它基本上是和资本主义经济同类的，因为它倚据于生产资料私有制。"[①]列宁也说过："资本主义是从小生产中诞生出来，并且经常从小生产中诞生着的。"[②]这种要在小农经济的基础上来实现社会主义目的的企图，正是想从相反的经济基础上得出相同的经济后果来，势必如南辕北辙，成为不能实现的空想。列宁在一篇文章中曾经指斥过这种错误观点说："以为在商品经济下有'平均'土地使用的可能而自欺欺人，那便是反动的小资产阶级的空想……"[③]相反地，这种思想如能得到实行，倒会使资本主义得到发展。

第三，社会主义的实现，必须要有高度发展的生产力水平，即要具有近代机器工业大生产的条件；而社会的发展，也必须生产力获得解放。但是以农业社会主义思想为指导的天朝田亩制度中分田法的规定，却不是为着使社会生产力向前发展，而是使社会生产力停滞在分散的小农经营的落后经济形式的水平上，让农民一家一户在一块土地上辛勤劳作，仅仅能够生活下去。这样势必限制和打击了农业生产者的向上积极性而难以提高社会生产力，推动社会发展。"因此这种空想的农业社会主义的思想在实质上乃是带有反动性的。"[④]

这种空想农业社会主义思想虽然是不可能实现的一种空想，而且在实质上还带有反动性的；但是在当时历史条件下，也不能不指出它的特殊的历史作用，那就是它在反对地主私有制及为资本主义发展开辟道路这点上是有进步作用的。正如列宁在《两种乌托邦》一文中所指出那样："这种乌托邦虽然对于重分土地应有（和将有）何种经济结果的问题是一种幻想，但它同时又是农民群众广阔伟大民主运动高涨底伴侣和征候。"[⑤]而在进行社会主义革命的时期，农业社会主义思想则是彻头彻尾的反动思想而应加以严厉的批判和驳斥的。

---

① 斯大林：《论苏联土地政策底几个问题》，见《列宁主义问题》，外文局中文版，第382页。

② 列宁：《马克思主义与修正主义》，见《列宁文选》（两卷集）卷一，人民出版社1953年版，第86页。

③ 列宁：《小资产阶级的和无产阶级的社会主义》，见《列宁文集》第二册，第37—38页。

④ 1951年1月11日人民日报社论《纪念太平天国革命百周年》。

⑤ 列宁：《两种乌托邦》，见《列宁文选》（两卷集）卷一，人民出版社1953年版，第814页。

天朝田亩制度由于制度本身和实践之间存在着这种矛盾，再加上战争频繁，占领地区不能稳定和巩固，因此，它未曾实行过这种主观规定的分田法。但太平天国却实行了耕者有其田的办法。即佃户可以不交地租，而以原来租种的土地作自己的产业，太平天国并发给“田凭”来保护。例如1860年常熟地区规定：“以实种作准，业户不得挂名收租”，其结果使那些以剥削农民为生的“收租度日者……甚属难过”[①]。1862年吴江地区的“伪监军提各乡卒长给田凭，每亩钱三百六十，领凭后租田概作自产，农民窃喜，陆续完纳”[②]。有些地方还焚毁了“土地册簿”[③]。这种耕者有其田的办法实行的结果，是把封建地主的私有财产变为农民的私有财产，使农民从封建的土地关系中获得解放，这样，便使农民仇恨封建统治者而拥护革命、参加革命，这便是太平天国所以能规模壮阔地发展起来的群众基础；同时，又由于推翻了封建剥削制度而在客观上为中国资本主义的迅速发展创造了先决条件。这便是太平天国伟大革命意义之所在。不过后来这种办法在有些地区是遭到了破坏。

如上所述，太平天国的土地纲领是较完整与显明地反映了二千年来农民战争对土地的革命要求，而其所实际执行的“耕者有其田”的土地政策则是符合农民利益与打击了封建势力的；同时这个纲领的理想以及政策施行的客观效果也将有助于中国资本主义的发展，因而，太平天国革命不仅有农民革命的性质，同时也为民主革命的发展起了先驱的作用。

原载于《历史教学》1955年9月号

① 显汝钰：《海虞贼乱志》，见《太平天国》（中国近代史资料丛刊）Ⅲ，第370—371页。

② 吴江倦圃野老：《庚癸纪略》。

③ 李一尘：《太平天国革命运动史》引哲米逊的报告。

南昌教案

一、事情发生以前

自从清康熙末叶以后，天主教的传教士们接受了罗马教皇所发布的凡“有与天主教不相反者许可，相反者俱断不行”的命令后[①]，满清朝廷为防止这些传教士做非法活动，就不许外人在中国传教。这种禁教的期间大约有一百年，到1840年第一次鸦片战争发生，侵略者便以“教”、“兵”、“商”三位一体的联合力量冲开了中国这一扇关闭很久的大门，为宗教的侵略者造了“转机”。这三者之间的联系是“相倚以行而各互用”的，如中国“屈抑其教，必求以兵胁之”，而兵又须“商人之助其费”，等到“既发兵，则教与商俱退听焉”[②]。这一种紧凑配合的情形正说明了侵略者是利用大炮兵船输送进大批侵略分子——传教士到中国来，把一副锁链残酷地加在中国人民的身上。因此，鸦片战争结束后，对于宗教的侵略也是侵略者不肯放松的一环。他们得到了建立“医馆、礼拜堂及殡葬之处”[③]的权利，而且如有中国人将这些建筑物“触犯毁坏，地方官照例严拘重惩”[④]。

侵略者并不满足于这些，为了更扩大自己各方面的权益，加深中国各种灾难，便发动了可耻的第二次鸦片战争，结果先后签订了两个不平等条约。其中法

① 佐伯好郎：《支那基督教の研究》卷三，“罗马教皇禁约”。

② 郭嵩焘：《养知书屋文集》卷十，“致曾国藩论江西教案书”。

③ 于能模：《中外条约汇编·中美五国通商贸易章程》。

④ 于能模：《中外条约汇编·中法五国通商贸易章程》。

国侵略者则注意到“麻醉中国人民的精神一方面”，目的显然是“在于造就服从他们的知识干部与愚弄广大的中国人民”[①]。所以尽量在战胜之余订立有利于这种侵略活动的条文。首先在《中法天津条约》第十三条中规定说：

> 凡奉教之人，皆全获保佑身家，其会同礼拜诵经等事概听其便，凡按第八款备有盖印执照，安然入内地传教之人，地方官务必厚待保护。凡中国人愿信从天主教而循规蹈矩者，毫无查禁，皆免惩治，向来所有或写或刻奉禁天主教各明文，无论何处，概行宽免[②]。[③]

紧接着在《北京条约》第六条中规定：不仅将道光二十六年正月二十五日上谕所颁示的教堂旧址（改为庙宇民居者除外）归还外，还扩大到凡奉教者的“天主堂、学堂、茔坟、田土、房廊等件”都经过法国侵略者的代表——公使的手“交还奉教之手”[④]，并且又因在订定《北京条约》时，清恭亲王奕䜣曾请在北京近郊居住的罗马教皇代表法国传教士孟振生[⑤]担任译员，孟就利用这个地位的便利，在第六条之后擅自私增“任各国传教士在各省租买田地建造自便”一语。昏聩的满清政府代表奕䜣也就糊糊涂涂地签字承认了。自此以后，宗教的力量得到急剧的发展，便对中国展开具体的侵略抢夺：一方面以金钱“收买中国人中间的无赖分子”[⑥]“吃教”。对这些人，有的给“白银四两”[⑦]；有的“给银一百三十两为贸易资本，亏折许复领领至三次则不复给，仍赡之终身”[⑧]。传

① 毛泽东：《中国革命与中国共产党》第一章第三节。

② 《咸丰朝筹办夷务始末》卷五载恭亲王奏将“宽免”字样改为“革除”。

③ 于能模：《中外条约汇编·中法天津条约》。

④ 于能模：《中外条约汇编·中法续增条约》。

⑤ 比屋根安定《支那基督教史》第十六章略说：“法国传教士孟振生（Joseph Martial Mouly）当中法在北京订立续约时曾在京郊居住，应恭亲王奕䜣之请，参与订约，私增条文，并在当年（1860年）10月28日在北京南堂追悼侵略军，为侵略军营葬和建立纪念碑，后又依《北京条约》索还在京教产，次年回法，得拿破仑第三召见，在中国赔款中提取巨额款项与孟，为在北京修建教堂之用。1862年带修女、教士来华，安置在天津，这就是后来天津教案中的人物。自己又回到北京次第修建东南西北四堂。”又据范文澜《中国近代史》称，当时做翻译的还有另一个名叫德拉马的神甫（Delamrre）。按：孟振生（1807—1868）是法国遣使会教士；德拉马（1810—1865）于1860年充任法使噶罗的翻译，与清政府交涉。

⑥ 罗德克夫：《义和团记》。

⑦ 夏燮：《中西纪事》卷二十一。

⑧ 魏源：《海国图志》。

教士们指使这些人借教的力量“讹诈善良包揽词讼”以“鱼肉乡民”[1]；祖护这些人“斗殴”和“戮杀平民”的罪行[2]。以制造中国内部的不宁与分裂，并且还可以利用这些人出面去沟通书吏、霸占田产，以夺取自己心爱的田产[3]。另一方面，传教士们更进一步地由自己出面来劫掠，借口归还教产，见“绅民有高屋巨室，硬指为当年教堂，勒逼民间让还，甚至将有碍体制之地及公所、会馆、庙宇为阖地绅民所最尊崇者，均任意索取抵给教堂，即或实系当年经教中人卖出，嗣后民间转相售卖，已非一主，并有重新修理费用甚巨者，教士不出价值，逼令交还，又因房屋偶有倾倒反索修理之费”的[4]。通些假显正义的传教士，就是如此来抢夺中国人民资财的。不仅如此，传教士们还干涉中国的内政、外交，1860年并且更毫无顾忌地屠杀人民，勒索赔款；尤可痛恨的是大肆特务活动。这一连串不可胜数的罪行，激怒了善良的中国人民，百姓对于传教士“均怒目相视，仇若仇敌”[5]。凡是传教士所到之处，常常由于传教士自己所造的罪因，而发生了报复行为——这就是所谓“教案”。“教案”，从鸦片战争起，尤其在第二次鸦片战争以后到义和团反帝运动止，短短的六十年来，据现在所知道的就曾发生过五十余起，其发生的地区广到广西、贵州、湖南、江西、四川、台湾、河北、江苏、福建、直隶、安徽、云南、西康、山东等十四个省内，几乎占中国之半。

这一些教案都是中国人民以帝国主义的血来偿还中国人民血债的英勇行为，其中南昌教案就是其中的一个典型。

二、南昌教案的经过

《北京条约》订定的第二年即咸丰十一年（1861年）十一月间，法国传教士罗安当拿了总理各国事务衙门的执照，乘船到九江。他先派其副手广东南海县人方安之（据识者指称方系江西抚州人）到南昌府衙门投递照会，称罗拟见江抚商洽一切教务，并称已在省城快子巷新置育婴公会一所，养有女婴十余人。十二月

① 范文澜：《中国近代史》第八章。

② 范文澜：《中国近代史》第八章。

③ 光绪二十二年总理衙门奏。

④ 总理衙门致各国议办传教章程。

⑤ 总理衙门致各国议办传教章程。

十八日，罗即到省以法国总理江西传教事务的名义谒见江抚，呈交恭亲王所与的咨文，内容系索赔吴城教堂，原来江西在《天津条约》订定以前，本已有法人在省内各地如抚（临川）、建（南城）、袁（宜春）、瑞（高安）、临（清江）、吉（吉安）等处设立秘密教堂，在黑夜传教。其中只有鄱阳湖两岸的吴城镇系公开设堂，设立已有多年，道光年间曾加修建，但即为当地知县所毁，后又改设一区，复在咸丰五年为彭玉麟率兵毁坏，改设龙王庙。当时因尚未订约，暂未置论。至是法传教士罗安当即据约提请赔还。当年，罗安当就在省城育婴公会过年。第二次晋见时，罗又改用法国代理全权大臣的名义，并把传教的布告，命令地方官张贴。这一侵犯中国内政的行为，立时在江西省人民中间引起了极大的激动。这种激动的情绪是在等待事件的发生。

同时，湖南湘潭、长沙一带有些“吃教”的人听说传教士能依约来省，就“相与夸耀其事，以为吐气扬眉复见天日”[①]的时机来到了，这情形深深地触怒了当地的人民，于是便印发传单揭露传教士种种不法行为，说他们“借宣讲为名，裸淫妇女”，而对“其他种种奸恶”亦“描写尽致”[②]，并另用歌谣、图画方式宣传。这一类宣传品很快便传入江西，恰巧正被亲身体验到宗教侵略的江西省人民看见，于是就由齐集在省城考试的生童们联合了退休的绅士夏廷榘（翰林院检讨）、刘长浔（甘肃臬司）等把湖南的斥教传单连夜赶印数万份，分贴重要地方，并发布行动的揭帖，决定在二月十八日（公历3月18日）打毁教堂，号召全省人民起来反对宗教侵略分子。

在决定行动的前一日，即同治元年二月十七日（1862年3月17日），久受侵略者欺凌的中国人民点燃起反侵略的怒火，众起拆毁快子巷专门从事残害中国婴儿女童的“育婴公会”，并将平日恃教为恶的“吃教者”的住房拆毁数十间。次日夜间又将城外法国的天主教堂及教士坐船一只拆毁，并于追赶侵略者的途中在南昌以南进贤县附近打毁了吃教陈姓数家。那披着伪善外衣的传教士罗安当及甘心作侵略者走狗的民族败类方安之都在人们的怒潮中遁脱，经过九江到上海，由法国领事公使出面向满清统治者办交涉，目的是想通过这腐朽的清政府来镇压中国人民可钦敬的义举。

事情发生以后，满清政府在江西的最高官吏沈葆桢一面讨好民众说：“夷人

① 夏燮：《中西纪事》卷二十一。

② 夏燮：《中西纪事》卷二十一。

逞志于我久矣，不虞吾民之借手以报也。”[1]认为这是“二百年养士之报”，并且对事件的责任也做出很勇敢的样子要“挺身任之”[2]。另一面却又向统治者和侵略者声明自己是“与该教士亦休戚相关”的，并进而为宗教侵略献策说：

使传教士徐示以可信，而不强以遽信，久焉断无不信之理。[3]

但是这种两面政策在那一贯主持投降政策的李鸿章之流看来，是觉得卖国不够尽兴，所以对沈同情人民的一面加以攻击，李鸿章自己曾写信劝沈不要如此做，而郭嵩焘更明确了投降主义者的论点说：

所欲折毁教堂者，无识之儒生耳！共附和以逞，则愚民乘势，抄掠为利。民数聚则气嚣，气嚣则法废，造意不同，而其足以致乱一也。君子不屑徇愚民之情以干誉，故法常伸而民气以肃。[4]

郭嵩焘很直截了当地说明了这种人民反侵略的火焰（气嚣），不仅会烧毁侵略者的“权利”，而且也要延烧到清统治者的封建体制（法废），因此他主张以统治者的“法”来“整肃”人民的“正气”。

李鸿章之流最后协议并决定了丧权辱国的办法是：“由官筹措五千金，俟罗教士抵浔时，解与九江道妥交，以为赔偿之费。凡百姓愿卖之地，任凭罗教士自择建造，以壮观瞻”[5]。可是法国侵略者并不满意于这一“馈赠”，而提出了新的要求。据《中西纪事》载称：

连年各处被亏，及现在省城、进贤两处房屋、器用经典等项，共计估值七万两。又欲索抚州门外之丁家山及九江西门外之琵琶亭空地，以备该国教士随时建造房屋、教堂、坟茔之用，交罗安当承管。[6]

这种无理的要求，对于官来说是可以“忍气耐烦以保全和议”[7]的。可是遇到中国人民却以实际行动来教育侵略者的无理，所以在次年即1863年，当罗、方

① 夏燮：《中西纪事》卷二十一。
② 郭嵩焘：《养知书屋文集》卷十，“致曾国藩论江西教案书”。
③ 《沈文肃公政书》卷一，“同治元年十二月初五奏”。
④ 郭嵩焘：《养知书屋文集》卷十，“致曾国藩论江西教案书”。
⑤ 《沈文肃公政书》卷一，“同治元年十二月初五奏”。
⑥ 夏燮：《中西纪事》卷二十一。
⑦ 《李文忠公全集》译署函稿，“与美公使谈日本侵台湾”。

又乘船来省交涉“接收”时，人民就在“河干竖一大旗，禁止法夷入城，随有抛击砖石飞中其舟”，侵略者赶快“解缆下驶”[①]逃去。侵略者对人民力量的畏惧，是有力地帮助了事件的解决。

在这一次反侵略斗争中，优秀的中国人民以高度的英勇和深度的判断，确定了反侵略的正确路线。

首先，对于侵略者的丑恶面目，不遗漏地予以揭露，清楚地指出这“劝人为善”的教士到南昌来的目的是：“要夺我们本地公建的育婴堂，又要我们赔他许多银子，且叫从教的来占我们铺面田地，又说有兵船来挟制我们”；直接指出了侵略者的本质是：“我们让他一步，他总是进一步”[②]；而罗方等的具体罪行则是：“倡行邪教，煽惑愚民，甚至采生折割，奸淫妇女，锢蔽幼童，行踪诡秘”[③]。并且还在教堂的院中掘出骨殖一包，更是残害中国人民的真凭实据。像这样作恶多端者是坚决不能为中国人民所容留，只要有他们存在，中国人民“以后总不能安生”[④]。因此必须和侵略者拼命。

其次，反侵略的中国人民对于清政府的官僚，并没有抱丝毫幻想，他们深深知道官与民不是一体，很清楚地认识和指出了“官”的本形说：“官府绅士，总是依他（指侵略者）。做官的只图一日无事，骗一日俸薪。到了紧急时候，他就走了，几时顾百姓的身家性命。绅士也与官差不多，他有家当的也会搬去。”如果依靠这些官绅，即最后的结果是：“受罪的都是老百姓”[⑤]。

因之，中国人民对侵略者的斗争，主要是依靠组织自己的力量，中国人民不是唯武器论者，不像统治者看见外国船坚炮利便呕血堕马，以致身亡[⑥]。而是充分相信自己的力量，而蔑视侵略者说：“看他一炮能打死几个人，只要打不完的，十个人杀他一个人，也都够了。”[⑦]所以就号召大家组织起来，在发布的反对侵略者的公启中说：

我等居民数十百万，振臂一呼，同声相应，锄头扁担，尽作利兵，白叟

① 夏燮：《中西纪事》卷二十一。

② 《同治朝筹办夷务始末》卷十二，“沈葆桢附呈派员密访问答”。

③ 《同治朝筹办夷务始末》卷十二，“沈葆桢附呈江西匿名揭帖《扑灭邪端异教公启》”。

④ 《同治朝筹办夷务始末》卷十二，“沈葆桢附呈派员密访问答”。

⑤ 《同治朝筹办夷务始末》卷十二，“沈葆桢附呈派员密访问答”。

⑥ 薛福成：《庸盦笔记》卷二，“荩臣忧国”。

⑦ 《同治朝筹办夷务始末》卷十二，“沈葆桢附呈派员密访问答”。

黄童，悉成劲旅，务将该邪教斩除净尽，不留遗孽。杀死一个，偿尔一命，杀死十个，偿尔十命。[①]

这种威武不屈勇往直前的战斗精神，正表现了中国人民的伟大。但是，满清政府的惧外媚外已相沿成习，他们以“和议”为唯一出路，以卖国为不二法门，因此不顾人民的意志，赔偿洋人“银一万七千两”，而被中国人民愤怒的火焰所拆毁的教堂则“由教士领款另向他处购造”[②]。这一起侵略者对中国实行宗教侵略的事件，就如此做了一个可耻的结束！

三、结束语

“南昌教案”里那个以“善良的教士”的面貌出现的法国传教士罗安当，有时是“传教士”，有时和官府来往又是“法国总理江西传教事务”和“代理全权大臣”的身份，等到他的丑恶面貌被揭露出来以后，就由法国领事出面来办交涉，来要求权利，甚至派兵舰来威胁，这难道还不能说明侵略者与传教士相互为用的关系吗?

“南昌教案”只不过是许许多多“教案”中的一个，在其前有贵州、湖南教案，在其后有震动一时的“天津教案”以及1900年因宗教侵略而激起中国人民愤怒反抗的义和团反帝运动。这许多清楚的历史事实很明白地证实了帝国主义是怎样利用了宗教从事对中国的侵略和借以挑起劫掠性的战争。一次次教案的发生，侵略者一次次得到益处，即就从鸦片战争以后六十年来借教案而被掠夺去的银子而论，粗略地估计就有库银一百八十余万两。这些数字永远烙在中国人民的心上。而侵略者却一直贪婪地继续这一种他们认为是“公正而神圣”的事业。

中华人民共和国的建立、壮大和巩固，无异对一贯长于侵略的帝国主义分子敲响了警钟，很洪亮地告诉他们说：“你们的末日到了。”帝国主义分子垂死挣扎是无济于事的，成千万热爱祖国、热爱和平的中国天主教人士都自动起来，认清了帝国主义狰狞的面貌，要求革新，倡导自治自养自传的“三自运动”。这种行动“绝不是反对宗教本身，而是保障宗教纯洁性免受帝国主义的奸污；这绝不

① 《同治朝筹办夷务始末》卷十二，“沈葆桢附呈江西匿名揭帖《扑灭邪端异教公启》”。

② 《沈文肃公政书》卷二，“同治二年六月二十日奏”。

是违背信教自由，而是保障宗教信仰自由免受帝国主义的劫持；这绝不是排外的狭隘民族主义，而是反对帝国主义的侵略阴谋，保障信仰天主教的中国公民的爱国自由”[①]。

中国人民正给予坚持爱国、坚持正义的天主教人士以极大的同情与有力的支援，共同努力，为保障每一个中国人民都能真正得到“信仰宗教自由”[②]的应享权利而斗争，为反对帝国主义利用宗教进行任何侵略的阴谋而斗争。

原载于《历史教学》1952年1月号

① 1951年3月17日《光明日报》社论。

② 《共同纲领》第五条。

论“天津教案”

一

距今110年前的1870年6月21日，天津爆发了一次震动中外的反洋教斗争，参加的群众达万余人。声势之大，前所未有。群众击毙了逞凶的侵略分子，抢救出遭受教堂凌虐的幼儿，火烧了负有不可告人使命的望海楼教堂，惩办了长期以来在华为非作歹的传教士和为虎作伥的民族败类。这是中国近代史上一次轰轰烈烈的伟大的反侵略斗争。

这次斗争的爆发，是天津人民对法国等外国侵略者历年侵略罪行的清算，是长期以来积愤的爆发[①]。

法国侵略者从侵入中国后，就采用麻醉人民精神的宗教作为侵略手段之一。1844年《中法黄埔条约》中有了建立礼拜堂的规定；1858年的《中法天津条约》重申这项规定，并攫夺了进行传教活动的特权；1860年的《中法北京条约》，又具体规定“任各处军民人等传习天主教，会合讲道，建堂礼拜”。而那次担任翻

① 关于津民积愤的资料，不少记载都有所涉及，其中以当时天津知府张光藻所撰《同治庚午年津案始末》一文较完备。《津案始末》中记称：“天津自通商以后，百货皆用外国轮船装载，本地富户海船失业，穷民游手者多矣。轮船进口，碰伤民船，莫敢究诘；民船偶碰轮船则立擒船户置黑舱中，勒赔修价，必餍其所欲而止。闽广人及本处奸民为彼服役，往往倚洋人之势，谋奸平民妇女，不从则诬指其男人为盗，百计陷害，必遂其欲而后已。本处商民有欠洋人债项，被控到官，勒限三日必还。洋商铺伙有欠本处账目者，控之则抗不到案，官莫能追。……城东北一带教民，尤多倚势欺人，事亦不免，以此民心积不能平久矣。”（见《北戍草》，光绪二十二年家刻本）

译的法国传教士竟卑鄙地利用清朝官员的愚昧无知，滥行窜入“任法国传教士在各省租买田地，建造自便”的内容。这些强加的不平等条款，为法国侵略者利用宗教进行侵略活动提供了方便。而《天津条约》中，天津又被迫开为商埠，于是就首先在天津“建堂传教”。1861年6月，法使哥士耆就援约与三口通商大臣崇厚订立《天津紫竹林法国租地条款》，选择了海河北岸三岔河畔望海楼一带作为未来的教会堂址和侵略据点。

三岔河口是当时天津形势重要而繁盛的地方，是五河汇聚的码头。它距离通商衙门很近，附近有望海楼等名胜。第二次鸦片战争时，法国侵略军曾两次窃踞过。这一带是法国侵略者久已熟悉和垂涎的地方，所以胁取强租。1862年初，崇厚终于把三岔河畔望海楼一带十五亩地方永租给法国传教士。这年夏天，男女传教士二十余人陆续到津，先在东城根一个中国传教士的故宅中暂住，接着改建为仁慈堂，施医诊病，掩护侵略活动。1864年又在东门外小洋货街购得一所大宅院，把仁慈堂迁来，并作为建造教堂的筹办处。1869年5月建堂工程开始，年底落成。法国侵略者公然把它看作是第二次鸦片战争的“战果”而命名为“胜利之后堂”。开堂时举行了有法国领事和中国主要官员参加的盛大开堂礼。“胜利之后堂”是对天津人民的“示威”和侮辱。

法国侵略者在建堂过程中的各种罪恶活动，加深着天津人民的痛恨和愤慨。传教士们拆除了教区内的旧有建筑，使居民们失去了栖身之所。英人宓克在一篇文章中曾说：“教中神父于择地建堂诸事皆极精能，且善于治生，广置田宅，经营蕃息，川至云兴。”[①]这段话明白地招供，传教士在建堂和置产过程中使用了不少讹诈和豪夺的手段!

传教士们还勾结民族败类、社会渣滓作为“教民”（“教民”中也有些是受到欺骗和蒙蔽的），纵容他们为非作歹，倚势横行。其累累罪行正如俗谚所说：“未入教，尚如鼠，既入教，便如虎”，“一经入教则陵虐乡里，欺压平民”[②]，连当时被舆论称为“鬼奴”的丁日昌都无法为他们讳辩。“天津教案”中的罪犯王三、武兰珍等便是这类人物的典型代表。

这些罪行在加深着人们的怨愤，而迷拐幼儿案件的层出不穷更引起了社会的不安和人心的浮动。1870年夏，幼儿不断丢失，郊野连续发现婴尸的怪事，不仅

① 《支那教案论》。

② 丁日昌奏折（《同治朝筹办夷务始末》卷七六，页三三）。

传说与教堂有关，而且也获得了罪证[①]。5月20日拐犯武兰珍被拿获，证实了出于教堂的主使。罪证确凿，民情汹汹，纷纷要求追查。23日，法国侵略者慑于群众愤怒的威力，虚伪地允诺地方官吏入堂查勘，津民十分关心，群聚教堂附近，静候结果。但是，法国侵略分子却肆意逞凶。始而“教堂之人与观看之众闲人，口角相争，抛砖殴打”，继而法国驻津领事丰大业又在通商衙门内和市街上嚣张蛮横，枪杀天津县差弁，步步进逼，迫使人们“忿怒已极，遂将丰大业群殴毙命”。同时，“传锣聚集各处民人，将该教堂焚毁，并将东门外之仁慈堂焚烧，别处讲书堂也有拆毁之处，传教习教中外之人，均有伤毙”[②]。震动中外的天津人民反洋教斗争爆发了。

二

“天津教案”爆发后，天津的侵略分子立即活动，英国驻津领事李蔚海兼管着法国领事的职务，充当了天津侵略分子武装的指挥者，英国领事馆成为出谋划策的总部，发出了报告事件内容的紧急情报。李蔚海精神“振奋”，态度“坚决”，亲自召集租界里的“居民”，组织武装，拒绝了当时已调他离津的命令，摆出了“严阵以待”的挑衅姿态。

那些作恶多端的法籍传教士，开始慑于群众声威，隐匿到一艘商船上；但当中外反动势力控制局势后，就又如幽灵似的到处浮动；而英、美籍传教士则大肆叫嚷“不要脱离我们受难的法国弟兄”，他们还把这些“宣传”文件送到上海报馆发表来煽动战争[③]。果然，不久以后，香港和上海的报纸都发表了“必须用武力使中国官民知儆”的谬论[④]。

那些驻京的外使，更不轻易放过侵略良机。事件发生后不久，法国以外的各国公使都接到本国政府的训令，指示他们支持法国的行动，法国公使更是秉承本国政府指令积极活动。六月二十四日，英、美、法、俄、普、比、日等七国公使向清政府发出联合照会，威吓说：“事体重大，宜设法防其再发，否则将会使中

① 张光藻：《同治庚午年津案始末》。

② 崇厚奏折，《同治朝筹办夷务始末》卷七二，页二二至二四。

③ 马士：《中华帝国对外关系史》（中译本）第二卷，第271、274页。

④ 李鸿章：《复左季高宫保书》，《李文忠公全书·朋僚函稿》卷一〇，页二〇。

国沦于与世界为敌之境地。”[①]

不仅如此，各国还陆续开来军舰作为后盾，截至八月下旬，天津海口就聚集了法舰五艘、英舰三艘和美舰一艘。烟台附近还有法舰二艘、英舰三艘和意舰一艘。这些军舰都担负着配合和支持向清政府勒索的任务。其中英、法两国的关系尤为密切，李鸿章的许多函件都涉及这一问题，如说：“威妥玛与罗酋往来相从，显露合伙挑衅形迹。”[②]

当“天津教案”爆发后，清政府立即向法使罗淑亚探询。罗淑亚公开表示拒绝在京谈判说：“案关重大，必待本国之命而行。”[③]同时，却在七月十七日与英使威妥玛一起至津主持“交涉”。威妥玛在这场交涉中扮演了“阳为说客，阴实主谋”的角色，并代表各国提出如下的要求：“要府县及陈国瑞抵偿，要赔恤银数百万，要凶手三四百名，要驻兵津沽，我出军费。”[④]

第三天，法使罗淑亚向曾国藩提出正式照会，并以武力相威吓。

正在清政府惊惶失措毫无对策的时候，法国水师提督都伯理于七月二十四日到津，助长了法国侵略者的气焰。他们坚持原提要求，参赞德微里亚宣称，到次日四时，“如无切实回信，伊即晋京，将在京之法国人等带同出京至津，随同罗淑亚回到上海”[⑤]。都伯理也叫嚣：“十数日后再无切实办法，定将津郡作为焦土。”[⑥]

种种恫吓迫使清政府不敢再事争论。

清政府从一开始就企图乞求各国斡旋，但未获实效。因为各国有着共同利益，息息相关，狼狈为奸地推行恫吓讹诈政策。美国侵略者表现了非常狡猾的态度。七月中旬以来，它与各国共同在天津、烟台等地以军舰示威。八月间，普法战争爆发，各国已难以继续一致行动，必将削弱对清政府的压力。美国赶快出面奔走“调停”，“商定了在中国海上的敌对国家的武力必须合作，以便保护一切外人的利益”。九月间，各国不满曾国藩处理进度的迟缓，美国就联合各国公使照会总理各国事务衙门说：“我们认为：我们有责任迅速地通知帝国政府。关于

① 《清季教案史料》卷一。

② 李鸿章：《复曾相》（《李文忠公全书·朋僚函稿》卷一〇，页八）、《复马谷山制军》（同上，页十九）、《复左季高宫保书》（同上，页二〇）等函中均提及此事。

③ 恭亲王等奏折（《同治朝筹办夷务始末》卷七二，页三〇）。

④ 李鸿章：《复左季高宫保书》（《李文忠公全书·朋僚函稿》卷一〇，页二〇）。

⑤ 曾国藩奏折（《同治朝筹办夷务始末》卷七三，页三九）。

⑥ 曾国藩：《复恭亲王》（《曾国藩书札》卷三二，页五一至五二）。

三个月以来，帝国政府（处理津案）迟之又迟的办法，不论就六月二十一日的暴动案件来看，或从外人在华一般安全问题来说，都是使我们完全不能满意的。”

当挺身就义的十六烈士牺牲后，天津人民决定公葬，立碑建祠。美国公使又出面干涉，指令京、津有关人员同时向清政府提出“必须采取有效行动……予以制止”的“劝告”[①]。

清政府在各国的联合威逼下屈膝了。处死了十六位英勇斗争的英雄，赔款五十余万两，惩办了地方官吏，修复教堂，并派崇厚赴法道歉。天津人民这场轰轰烈烈的反洋教斗争被清政府可耻地埋葬了。外国侵略者又一次地从清政府手中胁取了许多权益。中国的半殖民地化又向深处推进了一步。

三

“天津教案”爆发后，清朝统治集团内部出现了两种表面上似乎有所不同的反应。曾国藩在回忆中曾说：

> 其时群议纷纷，约判两端：论理者以为当趁此驱逐彼教，大张挞伐，以雪显皇之耻，而作义民之气；论势者以为兵端一开，不特法国构难，各国也皆约从同仇。能御之于一口，不能御之于七省各海口；能持之于一二年，不能持之于数十百年。而彼族则累世寻仇，不胜不休。庚申避狄之役，岂可再见！[②]

他所说的“论理”和“论势”二种不同意见反映了当时统治集团内洋务和守旧两派的争论：洋务派主“论势”，守旧派主“论理”，而曾国藩自承是“论势”派。洋务和守旧二者的基本立场是完全一致的，都是要设法巩固清朝的封建统治，只是在做法上存在着某些分歧而已。

“论势”的洋务派以奕䜣、崇厚、曾国藩和李鸿章等为代表。它是第二次鸦片战争后的产物，是清政府中的当权派。这一派对于天津人民的反洋教斗争，采取了杀民媚外的总方针。

主持卖国外交的恭亲王奕䜣首先制订了媚外投降的方针。《津事述略》中曾概括这一方针说：“京师总理衙门得信后，婉言于法国公使罗淑亚，嘱令保全和

① 以上引文见卿汝楫：《美国侵华史》第二卷，第588—590页。
② 曾国藩：《复刘霞仙中丞》，《曾国藩书札》卷三三，页四八。

局，勿调兵船来津，许杀天津起衅之百姓，许惩办天津不力保教堂之官员，失者照偿，毁者照建。”[①]

曾国藩是这个方针的忠实执行者。他在奉命到津后，立即命令逮捕所谓“凶手”，屠杀民众。他非常得意于这种屠杀政策，曾向恭亲王表功说：“缉拿凶手，弹压乱民，譬犹开挖引河使大溜有所归也。”[②]而“严拿凶手，以惩煽乱之徒；弹压士民，以慰各国之意”便成为曾国藩处理“津案”的“目前要务”了[③]。但这是一次群众性的反抗斗争，根本无从捕拿“主犯”，而曾国藩却抱定“欲拿真犯以全和局，未尝须臾忘也”[④]的凶残态度。他要求外国侵略者提出名单，准备用“一两月之力”，“如数交卷”[⑤]。于是法国侵略者就交付出一份捏造的名单。截至九月初旬，曾国藩使用滥捕、骗捕等无耻手段逮捕了八十余名无辜者。他滥施非刑，把无辜者拷问得“昏晕气绝”[⑥]，也仍无实效。这使曾国藩感到有“办理日久，人犯无多，深负委任”[⑦]的惶恐。于是他根据“早经虑及”的预谋，“从权办理，不仅凭供定案”[⑧]，千方百计地置无辜者于死地。最后确定屠杀津民二十人，处军徒各刑二十五人。他无耻地宣称：“办理不为不重，不惟足对法国，亦堪遍告诸邦。”[⑨]

曾国藩在残民的同时，又进行各种媚外的活动。他释放了真正的罪犯王三、武兰珍和安三；修复被焚毁的建筑物；把从育婴堂中搜出的一百五十余个病残幼儿说成是“其家送至堂中豢养，并无被拐情事”；对残害中国儿童的罪行，则辩护说：“英、法各国乃著名大邦，岂肯为此残忍之行，以理决之，必无是事。”[⑩]他明知“曲在洋人”，也主张“含浑出之”[⑪]。

---

① 《防海纪略》卷下，附录。

② 曾国藩：《复恭亲王》，《曾国藩书札》卷三二，页四五。

③ 曾国藩奏折，《同治朝筹办夷务始末》卷七二，页二二。

④ 曾国藩：《复宝佩蘅尚书》，《曾国藩书札》卷三二，页四九。

⑤ 曾国藩：《复恭亲王》，《曾国藩书札》卷三二，页五四。

⑥ 曾国藩：《复恭亲王》，《曾国藩书札》卷三二，页五〇。

⑦ 曾国藩奏折，《同治朝筹办夷务始末》卷七六，页二九。

⑧ 曾国藩：《复宝佩蘅尚书》，《曾国藩书札》卷三二，页四九。

⑨ 曾国藩等奏，《同治朝筹办夷务始末》卷七七，页十九。

⑩ 参阅曾国藩有关奏稿函件，《同治朝筹办夷务始末》卷七二，页二二；卷七三，页二三至二四、页四六。《曾国藩奏稿》卷二九，页三六、三七、四五。《曾国藩手札》卷三二，页四二、四三。

⑪ 曾国藩奏折，《同治朝筹办夷务始末》卷七二，页二二。

不仅如此，曾国藩还公然地在其奏牍信函中屡次提出必须投降的谬论：“中国目前之力，断难遽启兵端，惟有委曲求全之一法。”[①]当普法战争消息传来后，有人认为这是拒绝外国勒索的良机，曾国藩却不同意地说道：“法人与布国构衅，此间传言已久。……中国办理此案，只要尽其在我。电信新闻纸所传，亦皆不足深信。”[②]

这种甘心投降媚外，“招外侮而失民心”的罪行，引起了人们的严厉指摘，甚至已见诸官方文书，如安徽巡抚英翰在奏折中说道：

> 舆论沸腾，虽其情形不能尽登奏牍，而远近传播，早已众口一词。……曾国藩……自称内疚神明，外惭清议，而议者亦归咎于曾国藩，谓其始终贻误，亦无辞以自解。[③]

曾国藩不得不由李鸿章来代替他了。李鸿章接任后，继续执行投降媚外政策。十月十九日，根据曾国藩的“定案”，他在天津西门外，悍然杀害了十六义士，换取了外国侵略者的“谅解”，用人民的鲜血结束了“天津教案”。这一惨绝人寰的冤狱，连曾国藩的幕府人物也不能不在自己的诗篇中写下了“黄昏吹雨天如泣，海水于今不忍流”[④]的愤慨诗句。

“论理”的守旧派以醇亲王奕譞、某些地方疆吏和若干不当权的中级官员为代表。他们企图利用民气来一振声威。如能借此侥幸成功，则将使可能冲击封建统治的一些外来之物绝迹于中国，使清朝继续保持那种旧有状态。如奕譞主张“津民宜加拊循，勿加诛戮，以鼓其奋发之志也。……激其忠义之气，则藩篱既固，外患无虞。”[⑤]河南道监察御史长润称：“今津郡之变，实乃天夺其魄，神降之灾，正可假民之愤，议撤传教之条，以固天下人民之心。”[⑥]内阁中书李如松表示了更激烈的意见说：“纵不能乘此机会，尽毁在京夷馆，尽戮在京夷酋，亦必将激变之法国，先与绝和，略示薄惩。”[⑦]

守旧派的这些主张，并不意味着他们对民力的信任，只是他们从人民反抗斗

① 曾国藩奏折，《同治朝筹办夷务始末》卷七三，页四七至四九。
② 曾国藩：《复恭亲王》，《曾国藩书札》卷三二，页四六。
③ 英翰奏折，《同治朝筹办夷务始末》卷七九，页四。
④ 史念祖：《津门曲》，《俞俞斋诗稿》卷上。
⑤ 醇郡王奏折，《同治朝筹办夷务始末》卷七二，页三五。
⑥ 长润奏，《同治朝筹办夷务始末》卷七三，页二一。
⑦ 李如松奏折，《同治朝筹办夷务始末》卷七三，页十七至十八。

争的浩大声势中，引起一种可能使他们回到旧有状态中去过“恬静”生活的幻想；同时，这又是与洋务派争权的一个契机。

守旧派也抨击曾国藩的种种行事，如太常寺少卿王家璧奏称：“（曾国藩等）奏办情节，多有未符，不免于法国曲徇出脱，于津民过涉吹求。”①

守旧派与洋务派在对待“天津教案”问题上的不同态度，是当时清朝统治集团内部不同政派斗争的反映。如果把守旧派的态度和主张理解为同情，甚至支持天津人民的反洋教斗争，那是错误的。

四

真正站在斗争前列，一直坚持斗争的是英雄的天津人民。

天津人民是有英勇斗争传统的。他们从六十年代前后外国侵略者开始侵入时起，就沉重地打击了敌人。他们要求组织武装抗击敌人，在街头巷尾分散地袭击侵略军。当时所谓的“民情汹汹”，正是第二次鸦片战争时期天津人民英勇斗争的写照。

从建堂以来，天津人民对那些利用宗教进行侵略活动的传教士，表示了非常不满和愤恨。连资产阶级学者的著作中都不能不承认：“在天津，说法国人和法国（罗马天主教）传教士被人痛恨，是并不过分的。”②天津人民反洋教斗争正是在这种积愤情况下爆发的。

斗争一开始，人民群众表现了奋不顾身的英勇气概，声势雄壮，正如当时人所描写那样：“百姓愤怒，如墙而起”③。人们终于凭借自己的力量清算了豺狼们的罪恶，焚毁了蛇穴魔窟，取得了巨大的胜利。人们还用各种方式宣传自己的胜利，如“故将打杀洋人画图刻版刷印斗方扇面以鸣得意”④。

人民群众对于投降媚外的官僚恨之入骨，采取了各种斗争方式。他们把被侵略者称赞为“最完美的中国绅士”崇厚，指斥为“洋人的工具”⑤。曾国藩到津

① 王家璧奏折，《同治朝筹办夷务始末》卷七八，页十七。

② 马士：《中华帝国对外关系史》（中译本）第二卷，第264页。

③ 王家璧奏折，《同治朝筹办夷务始末》卷七八，页十六。

④ 曾国藩：《复宝佩蘅尚书》，《曾国藩书札》卷三二，页四八。

⑤ 马士：《中华帝国对外关系史》（中译本）第二卷，第276页。

曾张贴“决计不开边衅”的告示，就屡次在夜间被人涂毁，甚且有在布告上悬挂麻绳，用麻衣麻冠的象征来宣布曾国藩的死亡[①]。曾国藩企图迅速结案，人们就设法抵拒，“其已获者人人狡供，其未获者家家匿藏”，使之“不能速擒而立枭之”[②]。

人民群众的反抗声势，迫使侵略者不得不收敛起穷凶极恶的态度。十月十九日，清政府屠杀慷慨就义的烈士，英国兼法国领事李蔚海曾骄悍地要求“亲往督视”，李鸿章急命天津知府“告以旁观人众，恐有他变，碍难保护，令派其服役之华人在众中看视”，“该领事惶惧照办”[③]。从李鸿章的奴颜中透露出外国侵略者在群众声威面前只有“惶惧照办”。

必须指出：天津人民反洋教斗争并不是孤立的，如“沧县一带，民情汹汹”，正定教堂的侵略分子在“天津教案”爆发后，“陆续搬空，不知逃往何处”[④]。不只天津附近如此，烟台、南京、登州、镇江、广州和上海等地都发生类似事件以响应天津人民的斗争。这些斗争汇聚成十九世纪七十年代遍及各地的轰轰烈烈的反洋教运动。

天津人民的反洋教斗争虽然遭到镇压和破坏；但是，人们始终纪念着烈士们的英勇行为，采取各种方式宣传这次斗争的光荣史迹。人们决定公葬烈士，并进行募款，准备建祠立碑。但是，这一正义创议竟横遭美国侵略者干涉而由清政府出面加以“禁止”[⑤]。人们又采用其他方法继续斗争，如闽粤旅津人士利用盂兰会的机会，请扎彩匠摩拟十六烈士肖像，扎成十六个纸人安放在紫竹林梁家园闽粤山庄的盂兰会会场上，延僧讽经超度，以申缅怀烈士的深情。殉难烈士之一崔木匠的遗妻崔大脚，在丈夫被骗杀以后，每天串街卖糖，并编一流口辙，沿街说唱，申诉冤屈。她每至端阳、中秋、除夕就身着丧服，到曾国藩的走狗——当时捕杀崔木匠的四门千总张秉铎家门前哭骂。有一次，张秉铎正在宴客时，崔大脚将一小筲粪水抛入客厅，粪水淋漓，对张秉铎进行了打击。崔大脚坚强的斗争性格，在天津父老中有许多传说故事。这些传说故事，又是人们尊崇烈士们的一种表现形式。在天津还流传着一首歌颂这次斗争的快板书《火烧河楼》。这段快板

① 王斗瞻：《一八七〇年天津教案》，《近代史资料》1956年第4期。

② 曾国藩：《复宝佩蘅尚书》，《曾国藩书札》卷三二，页四八。

③ 李鸿章：《论天津教案》，《李文忠公全书·译署函稿》卷一，页四至五。

④ 李鸿章：《论天津教案》，《李文忠公全书·译署函稿》卷一，页一。

⑤ 卿汝楫：《美国侵华史》第二卷，第59页。

书如实地描述了天津人民反洋教斗争的全部过程。它指斥清政府的屈辱媚外，侵略者的残暴罪行和卖国官僚的罪恶。它极其热情地歌颂了英雄们的豪壮气概。这首快板书给后人留下了借以探索人民群众在伟大的反洋教斗争中所起作用的基本依据[①]。

如上所述，人民群众无疑是这次斗争的主力。正由于人民群众发挥了应有的历史作用，才在十九世纪后半期掀起了一个规模巨大的反洋教运动。它打击了外国侵略者的气焰，揭露了清政府投降媚外的面目，延缓了中国近代半殖民地化的进程。

原载于《天津师范学院学报》（社会科学版）1980年第4期

① 王斗瞻：《一八七〇年天津教案》，《近代史资料》1956年第4期。

曾国藩媚外一例

十九世纪七十年代的“天津教案”，是一次震动中外的反洋教斗争。关于曾国藩在这次事件中的媚外行径，过去有过一些论证材料。近读清人文集和笔记，又拾补数则为他书所未及，爰录存或可备论史证史的采择。

《迟鸿轩集》是清代身经五朝的杨岘所撰。岘字季仇，一字见山，号庸斋，又号藐叟、紫蔑翁，浙江归安人。清嘉庆二十四年（1819年）生，光绪二十二年（1896年）卒。咸丰五年举人，曾先后在曾国藩、李鸿章幕府参与镇压太平军和捻军的策划之事。同治三年至十三年间，又因连年负责由浙江转漕北上而屡至天津。同治九年夏，“天津教案”发生时，杨岘正奉命由浙运漕北上，住在天津。他在自订的《藐叟年谱》中曾记耳闻目见的情况说：

> 甫坐（当时杨岘正与同事李庆诰在一起吃饭），喧传焚仁慈堂。仁慈堂者，英（此“法”字之误，下同）夷教堂也。余漕局与堂近，几殃及。询启衅之由，则英夷诱小儿数百，剜目制邪药，民积恨与夷哄，夷阑入北洋大臣长白地山侍郎崇厚衙斋，发火枪，击侍郎不中，误中仆从，民愈恨，聚众杀夷无算，夷窘甚。

这段记载除了误法为英外，是当时纪实之笔。它分析了“教案”爆发的缘由，也描述了一点斗争声势。看来残害幼儿的罪行确是众口一辞的事实，但曾国藩的奏章中竟为之百般辩解，取悦外人。

“天津教案”爆发后，曾国藩奉命来津。杨岘面见曾国藩并上书表达了自己的见解。《迟鸿轩集·文弃》卷二《论天津夷事上湘乡相公书》指责清廷和曾国藩的媚外行为说：

朝廷以夷事畀相侯，盖厚有赖于相侯也。旋转乾坤，在此一举，脱有不便，相侯当密陈之。今者崇侍郎使西洋，岘暗陋，不知是何意义。通好乎？何不先不后适际圻教堂时也。认咎乎？堂堂中国反自下于犬羊之邦，何以御它夷。方其时，夷不攻崇侍郎则民不哄，民不哄则教堂不圻。曲在夷，直在我，又奚咎焉。顺夷情乎？设夷合崇侍郎而必尊于侍郎者，许之邪？否邪？夫使朝廷诏相侯往，相侯必锐自任，然而南宋之辱于金，相较不远，可乎？不可？相侯秉国之钧，自有以处此。且夫夷慑相侯勋名旧矣，又习见天津之民之悍，不敢遽尝试，徒张虚声为售欺地，而我颠倒蒙其欺，杀人以媚之，犹之乎为秦相烹秦，曾不出薪者也。相侯遵朝廷旨，既出省矣，距天津数十里外驻兵，遣一二道府员谕夷："不应生事取祸！"夷有求，可则可，不可则诃曰："相侯统大兵，将逐若，毋撄怒！"夷馁，徐拘一二祸首，惩以法，示中国不左袒，如是结案速而和局亦不遂乖。必效郭汾阳免胄见回鹘，恐不似回鹘易驯，一旦决裂，替威而辱国，贻天下后世笑，何取乎尔耶？夫虎豹在山，谭者色变，徘徊城市，则狎而玩之矣。朝廷厚有赖于相侯，愿相侯察焉。

杨岘认为"教案"的爆发，咎在帝国主义，应该理直气壮地办交涉，不应该派崇厚去法国道歉。信中"相国必锐自任"一语是肯定而尖锐地揭示了曾国藩的奴才本质，就是说，如果清廷派曾国藩去法道歉，曾国藩必定欣然而往的。信中更指责清廷和曾国藩的"杀人以媚之"，公然用一"媚"字，在当时确是大胆的言论。

杨岘在《藐叟年谱》中曾记"教案"的结局是"草草杀十八人谢夷"。这虽是简短一语，但"草草"、"杀"、"谢"几个字用得非常有力。杨岘以义正词严的笔法指斥曾国藩之类杀民媚外的罪恶。这是值得借鉴的史笔。

比杨岘出生较晚的平步青，字景孙，浙江绍兴人。清道光十二年（1832年）生，光绪二十二年（1896年）卒。同治元年进士。曾官编修、江西粮道及署按察使。平步青是同光时著名学者，学识渊博，著述闳富。所著《霞外攟屑》是记述掌故、时事和读书论学的札记书。卷二有《曾文正公奏天津教案答□□□书》一则。曾奏是习见之件，惟□□□上曾书及曾的答书则颇有参考价值。这位阙名的上书人是曾国藩的同乡，他在信中说：

自古有有外患而可以立国者，未有失民心而可以立国者。今日之民心，即不必尽知忠，亦不必尽知孝，至于慈之一事，虽至愚之人知之。剜目剖心，

> 即与教堂无涉，然王三则何如者也？洋人之袒护王三又何如者也？天视自我民视，天听自我民听。谁剜之，谁剖之，天岂不知，而欲民之不知，无此理也。且都中传闻，王三业已交还洋人，众口一词，诧为怪事，不敢瞒隐，敬以闻之相国。况对官放枪，亦岂可容！相国之隐忍求全以顾国脉也。然上帝好生之心，斯民义愤之气，必不能终绝于两间。抑郁之极，不能禁其不发，此危机也。况昔之夷情不畏战，今日之夷情畏战，何以言之？夷但求利耳。昔日与夷战，夷胜则于夷有伤，于我无损也，故不畏战，以幸一日之胜。今夷之买卖房屋，在中国者以亿万计，战则我虽伤，夷亦大损，岂夷之所欲哉！及此宿将尚在之时，果决计与战，夷必求和，求和在彼，斯夷可驭矣。不然，使齐之境内尽东其亩，不可言者，夷将言之，不可为者，夷将为之，必不知底止矣。隐忍与和，而中外自此无事，天下皆蒙相国之福，则虽一时未洽于心，终必感之，然而恐未必无事也。以天下第一人，中外之所畏服者，而犹隐忍若此，夷盖有轻中国心矣。相国深谋远虑，或欲抑先扬，此非末学所能窥测万一。

这封信既分析了敌我形势，又正面抨击了曾国藩卖国媚外的罪行。曾在复信中为自己残民媚外的罪行进行无耻的辩解说：

> 国藩初奉查办天津之旨，即不欲以百姓一朝之忿，启国家无穷之祸，故奏明立意不开兵端。前月赴津门，轻驺减从，惟恐稍为防御之计，转滋外夷之疑。其后亲讯剜目剖心等事，莫能指出确据，即迷拐一节，亦止有教民出拐之事，亦无教堂主使之迹。洋人新遇此变，官被殴毙，堂被焚毁，忿恚已深，若更执无据之词与相争论，不惟无以折服其心，转恐益激其怒，故奏请明谕，力雪剜目剖心之诬，冀为釜底抽薪之计。

原来，曾国藩从奉命之始，即已立意杀民媚外，为敌辩护，置民死地，其投降卖国方针早已确定，奴才面貌，一清二楚。

“天津教案”的处理不仅当时引起人们愤怒和指摘，事后也时有议论。在某些吟咏天津的诗篇中也往往有以此为题材而抒发愤慨的，如房毓琛的《隅梦草堂集》中即有。

房毓琛字仲南，辽阳人。道光二十五年（1845年）生，光绪二十六年（1900年）卒。能诗擅医，游幕东北多年，与荣文达、刘春烺并有诗名，称辽东三诗人，合刻诗集为《辽东三家集》。《隅梦草堂集》即收刻其中，多咏史之作，有一首题为《佛照楼题壁》，是光绪十九年过津时所作。诗中写道：

> 回头即是岸，佛日照高楼。昔记岁庚午（指同治九年“天津教案”爆发的一年），邦民同国仇。一书传楚彦，晚节惜贤侯。今久相安矣，依人作马牛。

这首诗对曾国藩颇致微词，而对帝国主义入侵后人民“作马牛”的后果又甚表愤懑。

原载于《学林漫录》第7集　中华书局编辑部编　中华书局1983年版

张之洞致张之万信札一束

弁言

虎年岁末，整理杂物，得七十年前手抄张之洞致张之万信札数通，纸黄而脆，已见破损，乃照原式重录其文，免致散失。此数信札原存张之万孙张公骕家。1947年我始识公骕于天津新学中学，同事既久，友谊日深，1948年初夏，应公骕之邀，时过其家，每周必相聚谈，公骕也时以家藏见示。某日自抽屉中取暗红洒金笺一束，令我观赏，乃张之洞致其族兄张之万之信札。二张为族兄弟，俱以科名显，均官至督抚，故时以国事、朝事通音问。此数函涉及修改《中俄伊犁条约》、湖北办洋务及甲午战后对策等事。此束信札中另有沈桂芬等人致张之万函一件，请求张之万协助解决财政困难问题。因其内容颇有参考价值，故附于后。兹略加注释点读，以供同好。

一、“张之洞对崇厚所订《中俄伊犁条约》的异议”[1]

俄约已定，画押讫，要义争回六条（最要者即此六条）。

一、伊犁南境帖克斯川一带仍让还（此为通回部南八城之道，如此则伊犁方有出路也）。

一、陆路入关由西安、汉中至汉口通商一条，删去。

一、松花江行船至伯都讷一条，删去。

一、关外只设领事一处。

一、塔、喀[2]两城边界，仍照同治间明绪原议，不内侵。

一、天山南北纳税一节，商务渐旺时，仍议纳税。

其余小结目亦多驳正

【注释】

①原件一页。此标题是我所加。此为张之洞致张之万函件之附页（原函未见）。张之洞于光绪五年十二月初奏请改订崇厚与俄方所定《中俄伊犁条约》某些条款，光绪六年九月曾纪泽与俄使重议改订，挽回一些主权。事后张之洞即摘要告知张之万。此函当写于光绪六、七年间。

②塔、喀：指新疆之塔城与喀什。

二、“各地教案迭起湖北民心不靖”[1]

沿江教堂多事，武穴致成重案[2]。处处民心，嚣然不靖，将来事变，殊难预料也。武汉人杂言哤，尤费防卫。旬月来极力抚绥弹压，幸未生事，然目前尚未敢稍弛备也。此事可厌已极，而又无可如何。其中是非曲直，各省有之。匪徒藉端鼓煽，与民间积愤不平相合而成。我用我法，滋事者固不能不加惩创，然若迁就太过，自损太甚，将来民怨愈深，敌焰愈张，得步进步，恐两者俱难措手矣。忧焦之甚，如何如何！楚中颇旱，麦收尚好，而秧水未足，尤可虑耳。湘中伏莽尤多，不问不可，深问又不能，真是难题也。手肃数行代面，敬贺

年釐　　并问合家安好！

弟之洞谨启

【注释】

①此件共三页。此函写于光绪十七年夏。

②光绪十七年四月二十九日，武穴教堂发生华人殴毙洋人二名，聚众闹事，即所谓“武穴教案”。清廷据报即派员调查，英领及教会借端胁迫，清廷除惩凶外，于五月二十七日据理驳斥英方无理要求。

三、“张之洞在湖北办洋务状况（布局、铁局）”[①]

恭请

五兄大人安。敬启者：近来因公事棘手，心境烦杂，故未得时时作书。比维

福履爽健，定如远颂。前事已揭晓，诸件均见邸抄。言者尽气竭力，大有必欲得而甘心之势[②]，乃蒙

圣恩高厚，仍责后效，唯有感激涕零而已。弟乃一迂疏无用而又不合时宜之人，本不当久点疆寄。自在岭南[③]，三次奏请开缺，何日不思引退？徒以到鄂，复为

敕办数事所羁，不得已耳。岂与时流争荣利哉！只待数事粗有端倪，立即拜疏乞罢，有如皦日。布局已成，机势甚顺，下半年即有成效可观。明年必大畅旺矣。铁局虽较迟缓，然总殚精竭力为之，以必成为度。铁厂工所差有限，现在所亟亟者，煤井之工耳。不自开煤则煤杂且贵，钢既不佳，成本又太贵，不便行销，故开煤为炼铁之根也。前月日本总领事已函询，鄂钢铁将来不患无销路，所难者目前耳。手肃敬贺

年釐　　并问

合家安好！

弟之洞谨启

【注释】

①原件共四页，当写于光绪十九年至二十年间。标题为我所加。

②光绪十九年正月，大理寺卿徐致祥奏劾张之洞辜恩负职，令两江总督刘坤一、两广总督李瀚章复查。四月上谕称：“兹据先后查明复奏：张之洞在两广总督任内，并无懒见僚属，用人不公，兴居无节，苛罚滥用等情。现在湖北办理炼铁开矿，尚无浪掷经费情事……着无庸置议。”

③光绪十年四月，张之洞受命署理两广总督，七月实授。十五年七月，调补湖广总督。在此期间，张之洞曾多次因病请假。三次奏请开缺，当在此期间。

四、“张之洞对修铁路之意见”[①]

再启者：铁路一事。去年弟复奏一疏内，大意已备。不外炼铁宜急，勘路宜缓等语。非有意从缓，实不能不缓也。此时无铁无银，路字从何说起。俟铁已炼成，款已筹足，彼时详勘地势，确估工费，体察民情，再当请

旨办理。弟固不敢推委，然亦断不敢冒昧从事也。总之，弟两次奏疏之意，无非为开利源，销土货，塞漏卮，尚不禁为转漕调兵，原奏当可复按。煤铁即利源土货之大宗，亦即漏卮之巨款。煤铁办成，无论修路与否，总于国计民生有益，决不令虚糜巨款。大指如此，知蒙

垂注，并以附陈

弟再上

【注释】

①原件共二页，当写于光绪十九年至二十年间，为前函之附件，在同一信封中。标题是我加的。

五、“甲午战争之际两江之困境及张之洞善后策”[①]

恭请

五兄大人安。敬启者：久未奉书，时殷驰念。每见都下人来，询悉

福履康强，深慰远想。昨彬侄来函，寄到

尊赐伯昂[②]太夫子书赠先太仆楹联一副，惊喜感激，莫可名言。谨叩首上

谢。弟自去冬摄篆两江以来[③]，时值海氛肆恶[④]，南防北援，危迫异常。筹兵筹饷，筹械筹船，无一不急，无一不难。缘所有勇营军火皆为新宁[⑤]先后调派北上。此间须另起炉灶，一一安排，百计搜索。今年正、二月间，辽事破坏[⑥]，而海州已见倭船，游驶月余。淮上正在戒严，又须筹运济北路军火饷需。左右揞柱[⑦]，艰苦已极。至夏间，兵事已定，而江南仍须供支北饷，资遣北路及本省裁撤诸营。至今南下诸军，纷纭未已。计此一年中，昼夜无暇，不惟不遑寝食，几

乎不遑喘息矣（自到江南与权儿及彬侄未通一字，其忙迫可想）。数月来，又须料理租界、通商及赶筹善后各事，时局遂已至此，忧愤不可言。夏间陈奏善后要政九条，至今未见明文，不知有蒙

采择、施行者否？现就江南事势，物力筹办者，约有数端：一用西法练兵一万人；一上海造马路、工厂，振兴华民工务、商务；一吴淞至苏杭、金陵，开造铁路，以期兵商兼利；一在金陵设陆军学堂；一金陵设洋务学堂（内分四种：一约法、二农政、三工艺、四商务）；一派文武员弁赴外洋游历；一派学生赴外洋学习工商、水师、陆军；一中国请设邮政局，现已陆续具奏。以上诸事，不过尽其心力之所能为。至以后有无更变，能否一一作成，自有天焉，非所敢知也。𨔵儿年来颇好读书，悟性亦甚好，忽然不禄[8]，殊难为怀，想京中必早

闻知。国事阽危至此，家运之否塞，不足道矣。近购得磁州张朴园侍郎（榕端）《朴园图》手卷一件，内皆康熙间名流题咏，有乡先生数人。窃思朴园墨迹乡祠中尚无之，拟即寄京存祠内，并

闻。手肃并叩

合家安好。

弟之洞谨启

【注释】

①原件共六页，当写于光绪二十一年，标题是我加的。

②伯昂：姚元之字伯昂，安徽桐城人。乾隆四十一年（1776）生，咸丰二年（1852）卒，官至左都御史，工诗文，能书画，所著有《竹叶亭杂记》。

③光绪二十年十月五日张之洞调署两江总督。

④指中日甲午战争。

⑤刘坤一，湖南新宁人。道光十年（1830）生，光绪二十八年（1902）卒。此以籍贯代人称。光绪二十年底，日军连陷海城、盖平，清廷命两江总督刘坤一为钦差大臣，驻守山海关，节制关内外兵马，办理防剿事宜。

⑥辽事破坏：光绪二十一年四月，马关订约后，俄法德三国干涉日本强割辽东半岛。九月间，日本接受三国“劝告”，退还辽东半岛，另交三千万两赎款。

⑦搘（音支）柱：支持，维持。

⑧不禄：死亡。

六、“汉阳铁厂拟招商接办”[①]

恭请

五兄大人安。敬启者：去冬两奉

手书，仰劳

慰问，注念殷拳，良甚感谢。邸报屡见

兄请假，深为驰系，近想春日融暖，

安和如常矣，念念！弟自江还楚[②]，惟在舟中稍得休息旬余，到鄂劳顿如故。铁厂事竟是大累，全工久已告成，钢轨久已制成，似乎已有成效。然经费久罄，司农[③]定见不发款，如何措手？现在议招商接办之法[④]，但不知能有成否？若由商办则弟从此得解脱法矣！然招商之能谐与否，其枢纽仍在政府，尚不知如何耳。时事日棘，想我

兄亦必蹙额。以后事变真恐有不可思议者也。手肃并问

合宅安好！

弟之洞谨启

【注释】

①此件共三页。当写于光绪二十二年。标题是我加的。

②张之洞于光绪二十二年正月由两江回任湖广总督。

③司农指户部。

④光绪二十二年四月，张之洞命将铁厂所置机器、炉座、厂屋、堤沟、矿厂、煤井、运道、码头，以及现有钢铁、焦炭、煤斤及一切物件、器具、轮驳各船，均由盛宣怀点验接收。盛即拟《铁厂招商承办章程》。五月中，上奏此章程。

七、“沈桂芬等致函张之万陈述户部库存支绌”[①]

揖送星轺，瞬更月琯。辰维

子青大兄年大人

老夫子[②]

勋祺纳佑，

荩祉延釐，

树牙纛[③]之新猷，听口碑之满道。引詹[④]

卿燏[⑤]，曷罄髶轩[⑥]。豫省漕务，经

台端建宏谟，力除中饱，敝部遵

旨速议。业经核准具奏，咨达

冰案[⑦]施行。目今部库十分支绌，久在

洞鉴之中，刻下情形尤为紧急。查库款截至本月初十日止存银十六万余两。十一日开放米折七万余金，仅存八万余金。十二、十六两日仍须开放兵丁马乾及五营兵饷四万余金。核计连漕折及旧存租宝，祇得三万余金。计本月下旬，即属无银可放。腊月初三、初四大饷，更属一无可筹。现虽严催各省解款，深恐缓不济急。兵丁待哺嗷嗷。际此天寒景迫，稍有迟误，都中大局，关系非轻。弟等忝任度支[⑧]，目击时艰，万分焦急。正在无可筹划，接到

阁下奏请折漕一折，可得银三十五六万金，于年内扫数解部。值心尽计穷之时，遇绝处逢生之幸。弟等捧读之下，不胜欣忭。年内有此巨款，盼望尤殷。

台端新承

宠命[⑨]，自必雷厉风行，力加整顿。惟是不情之请，实属无可如何。所幸豫省距京不远，起解尚可迅速。所有此项漕折银两务望赶紧催齐，于本月内全数解京，俾得腊月初旬，兵饷足资开放。倘或月内未能全到，总恳于腊月以前解到一半，以济眉急。维持大局，全赖

荩筹。不胜迫切翘盼之至。专此布恳，敬请

勋安，诸惟朗鉴不备。

沈桂芬

年愚弟　早保

宝均

愚弟　倭仁

晚　罗惇衍

愚弟　崇纶

董恂[⑩]

【注释】

①全函共六页，为户部官员沈桂芬等七人向新任河南巡抚张之万述说户部库存支绌，请求解款援助的信函。标题是我加的。

②名号的尊称是因写信人与张之万有不同关系而有不同尊称。

③牙纛：即牙旗。古代行军有牙旗（大旗），置营则立旗，以为军门，后以牙门为官署之通称，今讹作衙门。

④引詹：詹同瞻，引领瞻望。

⑤燏：火光。誉对方官员身份之光芒，尊称之意。

⑥鬯轩：鬯音唱，鼓声。鬯轩，对办公场所的尊称。

⑦冰案：喻清净廉正的书案。

⑧度支：指户部。

⑨宠命：指张之万受命任河南巡抚。

⑩以上署名之人，均为当时户部尚、侍官员。

原载于《文献》季刊2012年第1期

中日甲午战争后各国划分的势力范围

中日战争后，各资本主义侵略国家正在走向帝国主义阶段，迫切需要在中国划定“势力范围”，为其资本输出准备条件。于是便以三国干涉还辽问题作契机，展开在华夺取“势力范围”的竞争。兹将各重要侵略国家争相划分的情况简略说明如下：

1. 俄国。1896年5月俄皇尼古拉二世行加冕礼，清派李鸿章往贺，李与帝俄缔结《中俄密约》，允给俄以东三省的铁路敷设权及矿山开采权。1897年，俄借口德占胶州湾，派军舰强占旅大，并通过贿赂，于1898年换得租借旅大条约（包括租借二十五年，期满得续约；中东南满路之建筑权各项）。同年又订续约六条（包括辽东半岛水道归俄享用；将西伯利亚铁道延至辽东半岛；俄国驻军金州等项），是年八月帝俄即改辽东租借地为关东省。1899年英俄协定中，又“协议”长城以北为俄之铁路范围。于是俄之势力范围奄有满洲、新疆、蒙古等地。

2. 法国。1895年，法以“干涉还辽”有功求报，提出割让云南猛乌、乌德两地，开思茅、河口为新贸易场，并要求云南、两广开矿权及云南铁路修筑权，次年均实现。1896年英法协定规定云南、四川两省一切权利两国共享。1897年法又要求海南岛不割让他国，延长龙州铁路等。1898年，又借口俄租旅大，强租广州湾，租期九十九年，并得有军事设备。于是法国在我国南部划定了势力范围。

3. 德国。“干涉还辽”后曾求报，被拒。1897年便借口曹州教案派舰到胶州湾胁租。次年3月订租借胶澳条约（包括租胶州湾，期限九十九年；胶州湾周围百华里内中国驻军须得德同意；筑胶济路权及铁路附近三十华里之开矿权各项）。是年9月英德协定，英“承认”德在山东的铁路权及黄河流域（山西在外）租借的独占权。这样德国也划定了“势力范围”。

4. 英国。1896年英法协定得与法共享云南、四川的权利。1897年，中英成立新协定开腾越梧州等为通商口岸。1898年2月又胁我订“协商扬子江沿岸不割让与他国”之约。实际是划定扬子江流域作为自己的势力范围。六月又订“香港界址专条”，获得九龙及深圳、大鹏二湾等的租借权。7月又订“租威海卫专条”，将刘公岛及威海湾之群岛等租与英国。1898年9月英德协定，1899年4月英俄协定，德俄两国都“承认”英国在扬子江流域的权利。于是英国在华势力范围便包括了云、贵、川、赣、皖、豫、两湖、江浙等省区了。

5. 日本。1898年，日以福建与台湾相对，要求清廷声明福建省及沿海一带不租借或割让给他国，于是福建又成日本势力范围了。

1895年到1899年间，各侵略国家便是这样在中国进行划分势力范围的竞争的。

原载于《历史教学》1955年2月号

中日马关订约之际的反割台运动

一、《马关条约》断送了台湾

1895年3月19日（清光绪二十一年二月二十三日），卖国贼李鸿章到日本与伊藤博文、陆奥宗光等在马关春帆楼往返谈判五次，这五次谈判的总精神，就是等李鸿章在拟好的条约上签字，结果由“不希望中国有任何成功”的李鸿章的私人顾问、美前国务卿科士达（J. W. Koster）等与日本勾结，用他“聪明的意见”，在4月17日（光绪二十一年三月二十三日）签订了《马关条约》，其中关于台湾的有两点规定，即：

1. 割让台湾全岛、澎湖列岛及各所附属的诸岛屿，并将该地方所有堡垒、军器、工厂及一切属公物件，永远让与日本。

2. 双方于约批准后，各派员至台湾办理交接，并限约批准后两月内交接清楚。

5月3日（四月初九日），清廷就派伍廷芳、联芳为换约大臣。8日，伍廷芳等和日使伊东美文治在烟台交换了条约的批准书。12日，日皇派子爵桦山资纪为台湾总督，办理台湾交接事宜，并电请清政府立即派员交接。18日，清廷派李鸿章的儿子李经方为割台湾使，前往台湾与桦山晤面。李经方畏惧当时台湾人民反对割地的热潮和全国激昂的舆论，就托病不肯去台，经过清廷再三催促，方于30日仍由科士达等伴随下动身。6月1日到基隆，正值台湾人民激烈地抵抗日军的入侵，所以不敢登岸。次日，就与桦山在基隆海面日舰“西京丸”上，面谈交割，订立了交接文据，即：

1. 台湾全岛及澎湖列岛各通商口岸，并在府厅州县之城垒军库及官业概让日本。

2. 台湾至福建之海底电线，他日两国政府另行商议管理。

李经方迅速完成其卖国任务后，知道台湾人民对其痛恨[①]，6月3日便遁回上海，日本侵略者暂时满意地得到了这“天与之宝库”[②]。而台湾、澎湖至此即为日本侵略者所强占了。

日本侵略者“既占有了台湾，以之作为帝国主义发展的根据地，强占人民的土地，把反抗的台湾人民叫做土匪，大事杀戮，每年何止数千人”[③]。这就是日后台湾人民在敌人残暴统治下的惨痛缩影。

二、官僚军阀各有用心的反割台

当中日和议消息方传出时，清廷有些官僚军阀也表示了反对意见，这些人约可分成二类：

一类是以文廷式等为代表，这类人物多半都是“在朝”而没有实权，只能托诸空言，发发议论，着重于揭露李鸿章的罪行。

文廷式当时是翰林院侍读学士，又是光绪宠妃珍妃的老师，在光绪心目中有一定的地位，他首先在《纠参督臣植党》一疏中痛斥李鸿章的“昏庸骄蹇，丧心误国”。他是反对和议而一直保留自己意见的，所以在台湾割让后，虽然没有见到他公开发表的文字，但是也在其所著的笔记中见到用冷嘲热讽的笔墨消极地批评了台湾的沦丧。据文廷式所著《闻尘偶记》中载称：

---

① 台湾人民讨李鸿章等檄文说：“……我台民与李鸿章、孙毓汶、徐用仪不共戴天。无论其本身，其子孙，其伯叔兄弟侄，遇之车船街道之中，客栈衙署之内，我台民族出一丁，各怀手枪一杆，快刀一柄，登时悉数歼除，以谢天地祖宗太后皇上，以赎台民父母妻子田庐坟墓生理家产性命。无冤无仇，受李鸿章、孙毓汶、徐用仪之毒害。以为天下万世无廉无耻卖国固位，得罪天地祖宗之炯戒。”

② 连横《台湾通史》卷三经营记光绪十六年二月：“日本驻福州领事上野专一来台考察，归著一论，说台湾物产之富，矿产之丰，一切日用之物，无所不备，诚天与之宝库也。然以台湾政治因循姑息，货置于地。坐而不取，宁不可惜，若以东洋政策而论，则台湾之将来，日本人不可不为之注意也。”

③ （日）守屋典郎著，丁未译：《日本资本主义发展史》。

台湾既割，举国遂讳言台湾二字。刘铭传卒，特旨予恤，而不正言其官为前台湾巡抚。不知票拟诸臣果何所用心也。

和议成后，有人题城门上一联云："万寿无疆，普天同庆；三军败绩，割地求和。"既而又传一联云："台湾省已归日本；颐和园又搭天棚。"[①]

这种记载正刻画了一部分官僚不满割地而又没有办法的"无可奈何"的情态。

同时对议和割地的问题表示异议的还有丁忧在籍的河南候补道易顺鼎。他曾两次上奏疏反对割地。第一疏中称："割地一事，尤为万不可行"，并且举出反对的理由是："以理之是非论，其不可有三；以势之利害言，其不可有六。"又说明台湾形势的重要。特别指出这次台湾的割去，并非是日人"一索可得"，实在是李鸿章"为虎作伥，教猱升木"，所以使日人能"取怀而予，操券以偿"，因此要求"将李鸿章拿交刑部治罪，并撤回李经方，革职严办"。而在其第二疏中，一方面提出抵抗的意见说："为台湾计，与其瓦全，不如玉碎，与其为人攻，不如出而攻人"；但另一方面又倡议"联外援"的投降政策，认为对日作战应"妥商俄法两国使臣"，"出力相助，协同剿倭"，如果能成事实，"则中国或以地为谢，或以巨款为谢，皆无不可；否则，亦可请俄法出为调停"[②]。这个奏疏的两种不同意见正清楚地代表当时一些官僚对割让台湾这一个问题的看法。即一面"反对"李鸿章割地求和，一面对俄、法等国家存有幻想。

另一类是以张之洞等为代表，这一类人物是地方上有实权的"封疆大吏"，由于与李鸿章所投靠的外国主子不同，并为了与李鸿章争夺权力而反对割去台湾的。

张之洞当时是清朝的两江总督南洋大臣，是一个"亲英派"，他不同意割台湾与日本，是想要以之送给英、俄、法等国的，因此他在马关订约之前，于2月28日第一次向清廷提出向英抵押的建议说：

可与英公使、外部商之，即向英外部借二三千万，以台湾作保，台湾既以保借款，英必不肯任日人盘据，必派兵轮保卫，台防可缓……如照此办法，英尚不肯为我保台湾，则更有一策，除借巨款外，并请英在台开矿一二十年，此乃于英国有大益之事，必肯保台湾矣。

① 阿英编：《中日战争文学集》第四编，杂文。

② 光绪朝《东华续录》卷一二六。

这一建议可能与容闳在1894年冬通过张之洞幕府蔡锡勇所上的献策有所关联[①]。

3月9日张之洞又一次电奏其命令驻英俄公使的电文内容说：

> 探询英俄外部意思，或保台，或多予利益，如开铁路、内地开矿与商务工作等事，肯用势力助我胁和否，并探询英俄，另有何欲，令其自言。[②]

等到马关订约后，他又主张应“设法补救”，具体补救办法是“惟有速向英、俄、德诸国恳切筹商，优与利益，订立密约，恳其实力相助，问其所欲，许以重酬，绝不吝惜”；其理由是“无论英、俄、德酬谢若何，去中国较远，总较倭患为轻”。他是始终在贯彻出卖台湾给英国的主张，此后又上一疏说：“以赂倭者转赂英、俄”，其理由是把台湾割给英、俄，那么“所失不及其半，即可转败为胜”[③]。事实上张之洞也曾命令聘俄途中的王之春以台湾向英、法抵押，最后是无结果而罢。

另一个人物便是台湾巡抚唐景崧，他是一个善发议论，不务实际的人，和张之洞有私人关系，是拥护张之洞“亲英”的。他在马关条约签订的前三天，在台湾人民反日的压力下，勉强表示过一下意见，曾电奏清廷说：

> 见闻和议将成，不知何款？臣愚以为偿兵费、通商则可，与土地则不可……北辽南台，二者失一，我将无以立国，外洋谁不生心，宇内亦必解体，战而失地，犹可恢复，和而失地，长此沦陷。[④]

但是在订约后十天，即4月27日（四月初三日）他却提出了将全台密界各国为租界的建议说：

> 近知基隆券兰金矿且多，不仅金砂也……如以全台畀各国为租界，各认

---

① 容闳于1984年冬，曾向其友人蔡锡勇提出，使中国能继续与日战争的两项计划，即：“第一策劝中国速向英伦商借一千五百万元，以购已成铁甲三四艘，雇佣外兵五千人，由太平洋抄袭日本之后，使之首尾不能相顾，则日本在朝鲜之兵力必以分而弱，中国乃可乘此暇隙，急练新军，海陆并进以敌日本。第二策与第一策同时并行，一面由中政府派员将台湾全岛抵押于欧西，无论何强国，借款四万万美金，以为全国海陆军继续战争之军费。”（《西学东渐记》页一三四）蔡锡勇当时是张之洞的幕友，即以之转呈。张之洞曾要采纳第一策，但未能实行。

② 《清季外交史料》卷一〇七。

③ 光绪朝《东华续录》卷一二六。

④ 《清季外交史料》卷一〇八。

地段开矿，我收其税，彼利益均沾，全台将益繁盛。而各国有租界，商本萃集，自必互禁侵扰……方今中外局势已成，非借西法，联络各国，难于自立。[①]

同日，唐还致电张之洞，希望联衔入奏请英保护之事。次日，张复电除去说明联衔在当时不适宜以外，完全赞成唐景崧的这种主张，并且还答应从旁为力。

5月9日，他又倡各国公保台湾之说[②]，而11日更具体提出，请在英、法、俄各国之外，再增添德国来“调处”台事[③]。唐景崧逐渐明显地表露其要将台湾奉献给西方侵略者的意图。这种意图，并没有得到西方侵略者的赏识。其中德国在5月19日更以战端重开来威胁，在其致“总署”电中称：

如再开仗，中国应赔偿更多，深恐不但台湾，连海南、舟山等紧要之处一并失去。[④]

唐景崧见到这样出卖是不够有力，没有引起英、法、俄、德的胃口，所以在5月23日又进一步重申张之洞的押台办法，致电总理各国事务衙门提出“赎台”的意见说：

……赎台之费，请各国公评价值，即可指台湾押与他国，挪借巨款，所有赔款，均由此去，似此办法，则辽旅台湾均退还中国，而赔款万万均由台出，据江督电称美国曾估台湾可押十万万，即不如数，大约数万万可押。[⑤]

这个“赎台”方案与李鸿章割台与日的意见是不相合的，所以唐景崧所得到的答复是“不明洋情”，“横生异议”[⑥]。其余如盛京将军裕禄、两江总督刘坤一、陕甘总督杨昌浚、陕西布政使张汝梅等对这次和议也都表示了反对的意见。

① 《清季外交史料》卷一一〇。
② 《清季外交史料》卷一一〇。
③ 《清季外交史料》卷一一二。
④ 《清季外交史料》卷一一二。
⑤ 《清季外交史料》卷一一二。
⑥ 《清季外交史料》卷一一三。

三、士绅的反割台

知识分子在这个运动中和军阀官僚们的表现是不同的，他们一般都是反对和议割地的，并尖锐地批评主持这回卖国交易的李鸿章等。他们有的直接上书清廷，议论时事，有的用诗文词章，发泄抑愤，都流传一时，其主要内容差不多都集中到对统治者批评，很少提到对侵略者的反击，即有，也不免流于袖手空言。

首先上书清廷表示反对的是在京会试的台湾籍举人，据罗惇曧《割台记》中称："及割台议起，台湾举人以会试在都，上书力争。"而所得结果是："不报，割台信益急。"

内地的知识分子，同样地对割台表示愤慨。如四川江北厅举人刘彝（叙伦）等，在《请代奏时事疏》中称：

> 台湾全省……一旦决然舍去，使亿万生灵，如赤子之失父母。

并特别指出这次割地可能发生的危机说：

> 不知倭国大如弹丸，尚扼我吭而制之命。倘英、法诸国，袭倭故智，何以御之？[①]

这种预测，为中日战争后清政府第二次割地狂潮所证实。

更轰动一时的是南海康有为（祖诒）等603人[②]的公车上书，不仅有反对割让台湾的主张，而且还提出了政治改良的问题，为后来戊戌变法的张本。

另有一些人，是用诗歌辞章的形式，宣传反对议和割地的意见，这类作品在当时数量相当多，且流传极广，使一般人民很清楚地认识到这次事件的严重性，并揭露了卖国行为的责任者，有力地拆穿一些欺骗言论。在这个运动中，他们确是起了"口诛笔伐"的作用。

其中如盐城人陈惕庵（玉树）有《乙未夏拟李义山重有感诗》，其第四首称：

> 红毛城近赤嵌城，开国经营几战争。

① 鲁阳生编：《普天忠愤集》卷三，刘彝《请代奏时事疏》。

② 康有为公车上书人数据康南海自编年谱作18省1200余人，据公车上书题名仅得16省凡603人，此处据后者。

往事怕谈施靖海，荒祠羞见郑延平。
山围鹿耳门初启，地割鲲身枉不惊。
亿兆汹汹神鬼泣，莫往天上告司盟。[①]

这首诗的中心主旨是对台湾被割，表示愤懑；对台湾人民抗日，寄予同情。

又如四川长宁杜德舆（若洲）《沪上感咏》中称：“竟割商于地（指割台），遗黎尚爱君（指台民的抗日）。”[②]涪州邹增祐（受丞）《和约定议感赋》中称：“元戎甘割地，上将竟投戈”；“向来无一策，富贵只求和”[③]。这些诗中充满着反对和议的浓郁气氛。

在这些人中，声名最大的，莫过于张罗澄。他复姓张罗，名澄，字明远，又作岷远，四川长宁县举人，甲午时曾出关从军，关心时务，著有《剑映灵》。他对于西方侵略者是有相当幻想的，在其以洋攻洋用兵十策一疏中称道：

西洋各国，竞尚借债之风，我若向借洋债数千万金，西国必慨然乐允，既允之后，又借其兵力，并购其器械，以与日本相持，彼不借则已，既借矣，而付我重本，仅得微利，我之得失亦彼之得失，关系甚大，断不舍我而反袒他人，况保我即以保其本利者乎？[④]

并举出借洋债之利十五条。

这种说法是受当时流行的“中学为体，西学为用”的思潮所影响，不过张罗澄的动机与洋务派不同：洋务派是要用西洋兵器扼杀中国人民革命而巩固封建统治的；张罗澄则是在对现政治的悲观失望中一种“绝处逢生”的办法，并且他也明白提出是为了“以与日本相持”。这个上书，在当时颇有影响，至有称之为“一绝”的[⑤]。张罗澄在反割台运动中，不只空言，还想有实际行动，他一方面写信给刘永福，请其在台南坚持，自己在陆上设法筹划兵力援台，虽然信中有许多蹈空之言，但尚不失为有心人，给台南抗日军以同情。不久，台南亦陷敌手，遂无结果。另一方面他又亲至李鸿章衙署投书，用讽刺的口吻，要李鸿章“公而

① 阿英编：《中日战争文学集》第三编，诗词。

② 鲁阳生编：《普天忠愤集》卷十一。

③ 鲁阳生编：《普天忠愤集》卷十一。

④ 鲁阳生编：《普天忠愤集》卷三。

⑤ 鲁阳生编：《普天忠愤集》卷十一，张秉铨《赠张明远孝廉入都》诗：“蜀中三绝世所钦。”原注：“时称状元骆成骧对策，举人张罗澄上书，监生肖开泰测算为蜀中三绝。”

忘私，国而忘家”，给卖国者毫不留情的斥责。

至于台湾的绅士们，只是因为割让台湾影响他们的利益，可是又不敢直言触怒清廷统治者，所以便由丘逢甲等绅士们用很婉切的语言向清廷请求说：

> 和议割台，全台震骇，自闻警以来，台民慨输饷械，不顾身家，无负朝廷列圣深仁厚泽，三百余年所以养人心，正士气，为我皇上今日之用，何忍弃之，全台非澎湖之比，何至不能一战，臣桑梓之地，义与存亡，愿与抚臣誓死守御，设战而不胜，请俟臣等死后，再言割地，皇上亦可上对祖宗，下对百姓。[①]

清统治者对他们的答复是5月20日给唐景崧的上谕：

> 署台湾巡抚布政使唐景崧着即开缺来京陛见，其台省大小文武官员并着唐景崧饬令陆续内渡。[②]

这个上谕粉碎了这些人的一切幻想[③]。但是不久，丘逢甲等也步唐景崧的后尘，违背了自己所说“请俟臣等死，再言割地”的誓言，逃返内地了。

四、台湾人民的反割台

台湾人民为了自己的乡土，为了自己的自由幸福，在运动中有很积极的表现，从唐景崧给清廷的电文中，可以反映出当时台湾人民反抗情绪的高涨。

如在《马关条约》订约的那天，即4月17日，唐景崧的电文中称：

> 纷传和议已画押，有割台一条，台民汹汹，势将哗变，恐大乱立起。[④]

清朝是决心割弃台湾的，开始还有些顾忌“台民汹汹”，所以在4月19日先不用电旨，而用总署的名义致电台湾，举出他自己认为合理的“割台理由”，据

① 《清季外交史料》卷一〇九。

② 《清季外交史料》卷一一二。

③ 范文澜：《中国近代史》第六章第六节称：当时丘逢甲为首的一群绅士不是依靠民众的实力，而是对清廷幻想“我皇上何忍弃之”，对外国幻想“各国仗义公断”，对唐景崧幻想“誓死守御”。

④ 俞明震：《台湾八日记》。

《台湾八日记》中称：

> 接总署割台电，大致谓割台系万不得已之举，台湾虽重，比之京师，则台湾为轻；倘敌人乘胜直攻大沽，则京师危在旦夕。又台湾孤悬海外，终久不能据守。贵抚前奏，一则曰台营虽多，分布则少，一二仗后，即无营接仗。再则曰台无兵轮，绝地坐困。不可因一时义愤，遂忘以前所陈种种患害于不顾也。[①]

这个电文包括了两个内容，即：

1. 对战事没有把握，生怕逼近北京。两者相比，还是自己的巢穴——北京比台湾重要。

2. 不能给台湾任何接济。因为这违反了侵略者的意志，会惹人不高兴的。

这两点内容充分证明了清廷是一个向帝国主义投降的十足的奴才。

不仅如此，它还冠冕堂皇地命令台湾人民："交割台湾，限两月，余限二十日，百姓愿内渡者听"；否则，"两年内不内渡者，作为日本人，改衣冠"[②]。在这出卖领土人民的时候，很显明地证明了清政府"爱台民如赤子"的实质！

当割台消息一传播后，台湾人民纷纷不服，蜂拥进入巡抚衙署，哭声震天[③]，有许多人起来反抗，这种反抗被统治者诬称为"乱民已起"[④]。当时台湾人民为"义愤所激，万众一心"，而"无从分解"，并且还"鸣锣罢市"[⑤]。他们也都具有"愿人人战死而失台，决不愿拱手而让台"的决心。但是不论多么激昂慷慨的行动，对腐朽的清廷的投降政策是没有影响的。

清朝处理台民抗日的行动，仍是本着"对外投降，对内镇压"的一贯政策。它在5月21日分别向日、德、俄各国解释"中国（清政府）并无不愿交割之意"[⑥]。特别对日本侵略者哀告，此次"台民叛乱不已，实系无法"[⑦]而请求原谅，并且很肯定地向侵略者保证说："中国和议既定，断难嗾使台民自主之理，

---

① 俞明震：《台湾八日记》。
② 俞明震：《台湾八日记》。
③ 《清季外交史料》卷一〇九。
④ 《清季外交史料》卷一〇九。
⑤ 《清季外交史料》卷一一〇。
⑥ 《清季外交史料》卷一一二。
⑦ 《清季外交史料》卷一一二。

请该使不必多疑。”[①]因此为了更“忠诚”于侵略者，就“饬令李经方迅速往台与日使妥为商谈，毋稍耽延”[②]，并电促其台湾的代理者——唐景崧迅速返回大陆；而对台湾人民的抗日却诬蔑为“不服开导”[③]。

台湾人民逐渐认清了封建统治者的本来面目，绝大部分都积极起来要用自己的力量保卫自己，可惜在开始时对那些封建官僚如唐景崧等抱了某些幻想，因此松懈麻痹，而造成台北的失败。不过，无数台湾人民的优秀儿女汲取了失败经验，纷纷组织武装，打击进侵的敌人，其中最著名的有鹿港的许肇清，苗栗的吴汤兴，新竹的徐骧和姜绍祖，云林的简精华以及嘉义的林昆岗等，都各带领了几千或几百很坚强的乡里子弟起来抗日，他们对在台南抗日的刘永福表示“愿人人持梃以助刘公”，并以不屈不挠英勇战斗的精神坚持抗日。直至刘永福提出投降，潜行内渡，台南沦失以后，还有一部分人在山林中展开游击战争，他们许多悲壮的英雄事迹，将永远鼓舞着以后革命运动中的志士们！

原载于《大公报》1952年1月18日

① 《清季外交史料》卷一一三。
② 《清季外交史料》卷一一二。
③ 《清季外交史料》卷一一二。

日本帝国主义对台湾的统治

一、统治政策的演变

日本占领台湾，是它对外侵略进一步尝试的“成功”，更是它“南进政策”的体现。它为了想从统治台湾中，取得对待殖民地的经验和掠取台湾的资源以作它发动侵略的资本，因此它对台湾施行过多种统治方式，以达到巩固和发展它在台湾的统治权。

在占领之初，日军采用完全符合其本国利益的军事暴力政策。这是根据侵略专家大隈重信的言论。大隈曾说：“不问政府及个人，凡欲成大业者，即非冒大险不可，无勇气者不足以有为。一言以蔽之，台湾之施政方针，当以一切替日本人谋为重点。”这就是说凡与日本人有利的事情是不惜鼓足凶残的勇气来达到的。以日本政府派往台湾的首任总督桦山资纪来说，就是一个满身带着血腥气的海军大将。这意味着它的初期政策是企图以武力来对待手无寸铁的台湾人民，滥行杀戮以建立其殖民统治。桦山资纪在占领台湾的第二年，即在台施行《六十三号法令》（俗称“六三暴法”），赋予总督以法律、经济、行政无所不包的权力。第三任台督乃木希典更进而组织警察系统，制造警察政治，并配合保甲制度，无孔不入地加紧对台湾人民的统治与屠杀。这种情况连以对外侵略为己任的伊藤博文在视察台湾现状后，也不得不承认对台湾所采取的是非人道的野蛮政策。这一武力政策实行的结果是：日军的武器不能“敉平”台湾人民的民族革命，反而折损了无数“皇军”。日占台湾后，每年支出军政费达1000多万日元，而收入仅270多万元，需由日本国库补足不敷的700多万日元。这给“帝国”的财政增加了沉重的负担。原来孤立无组织的个别义军表面上虽然被许多不名誉的手段（诱降杀降、离间分化等）镇压下去，而血的事实却教育了许多抗日志士，认清了侵略者的真面目，增强了对敌仇恨，更有力地团结一致，坚持抗敌。

武力政策给“帝国”带来难以承受的负担，它的议会甚至提出过“台湾卖却论”，主张把台湾出卖给法国、英国或俄国，且曾和法国订立过草约，价款是十万万两日金。结果为了维持“帝国”的威信，未获通过，只好像吞剑似的尝试着硬吞下去。

日本武力政策的失败，正值第一次世界大战开始之际，许多帝国主义者正在欧洲忙于你争我夺，无暇东顾，日本为了实现扩张华南、南洋的侵略圈，无论人力、物力，在在需要台湾的人力和资源。因此它改换了新的“怀柔政策”。一方面提倡改良主义和地方自治运动，以缓和矛盾。在各州市成立“协议会”，吸收台湾地方资本向日本企业投资。设立“慈惠院”，推行日语教育。另一方面对坚持抵抗的反日势力则兼用欺骗或武力手段，假仁假义地废除“六三暴法”，换之以五十步与百步的《第三号法令》。高唱“内台一体”、“内地延长主义”等滥调。但是坚持抗日的志士们依然不停地战斗，而日本原为“怀柔”而设的某些御用机构还被用作从事抗日活动的掩护机关。日本第二步政策的真正收获，除搜刮了一些台湾的资源外，只是得到了一批甘心事敌者的胁肩谄笑而已。

日本鉴于“怀柔政策”仍然不能巩固其对台湾的统治，于是又改换“同化”政策，使台湾人彻底忘掉自己是台湾人，惟恭惟顺地做日本人。于是将消极的“内台一体”的口号，一变而成积极的“皇民化”运动。当时日本正在进行侵华战争，国际局势对自己不利，促使它努力加强“皇民化”运动，企图麻醉和欺骗台湾人民卷入战争的漩涡。这一政策的施行首先是加强日语的普及，1937年台湾全岛通晓日语的占37%，1942年骤升至60%。1943年又实行义务教育制度，灌输如何成为日本“顺民”的知识，当时的就学率达85%，即在100个台湾人中已有85人接受了这种教育，更汲汲的是提倡全家以日语为谈话工具的“国语家庭运动”，奖励改日本姓名。同时，尽量把台湾的农业生产转向工业生产，以达到其把台湾作为南进基地的梦想。这项政策实行后，曾把极少数被麻醉愚弄的青年骗进了“皇军”，但有很多青年则跑回祖国，参加了抗日战争。这项政策实行到抗战胜利，才随着日本对台统治权的全面崩溃而被丢弃。

二、总督体制

总督是日本天皇统治台湾的最高代表，有无上的威权。他可以有法律根据地无所不为，是杀戮台湾人民的刽子手、压榨台湾资源的吸血鬼和执行南进侵略政策的急先锋。从某些总督人选及其作风，可考察日本对台政策转移的痕迹。

从桦山资纪到佐久间佐马太，是用暴力统治台湾的时期。桦山时的权限是：

（1）台湾总督为统治台湾的中枢主脑，以现任海陆军大将或中将任之，隶属于内务大臣，执行普通行政，并得统率当地海陆军。（2）台湾总督得经敕准，或于紧急必要时不经敕准，公布命令即律令，以代替法律。（3）台湾总督掌握军政及其统率权，经陆海军大臣、参谋总长、军令部长、教育总监之区处，得指导并操纵军政及其他军事行动。（4）台湾总督除担任该管一切普通行政事务外，得处理关税、铁道、通信、专卖、监狱及国家财政等之特殊行政事务。赋有决定各部属、各地方官厅之事务，分掌及其分科规定之权力，以指挥监督所属官吏，并受民政长官之辅佐，以监督各局、部之事务。

乃木希典任总督时，首先发布《绅章条规》，对被认为有学识资望即甘心事敌的台绅给以绅章标识，收“以台制台”之效。颁布台民回归中国大陆的规定，当时台北有1574人、台中有301人、台南有4500人、澎湖有811人。另外又建立起整套的警察制度，创造警察政治，更残酷地实行“三段警备法”。

儿玉源太郎任总督时，对乃木的警察制度作了进一步的补充，恢复了保甲制度。组织了壮丁团，厉行连坐法。用欺骗的手段诱杀义军领袖。在他任内的1902年，台湾义军全被他这一双血手推入到血海中去。他甚至清丈台湾的土地，完成土地掠夺的第一步。

从安东贞美到中川健藏，正是日本侵华独步前进而西方国家又无暇东顾的时候，日本为了积极开展对华南、南洋的侵略，台湾便成了不可或缺的根据地。同时他们也认识到台湾的反抗运动不是以暴力所能解决的，因此向“怀柔”政策转向，而总督的人选也开始任用文职人员。

田健治郎任总督时，是日本以文人治台之始，想借此来迷惑台湾人民的视听。他尽量从形式上简化地方统治机构，废除“六三暴法”，易以换汤不换药的《第三号法令》。大唱“内台一体”的口号，以达到更深度压榨的目的。

从内田嘉吉到中川健藏，在职时间都不很长，而其施政的总方向着重在建设，即从武力的侵略转向更残酷的经济掠夺阶段，使台湾所有资源服务于日本的对外侵略。

从小林跻造到安藤利吉，正是中日关系已呈剑拔弩张的状态，日本政府感到文人不足以担任这一重要职位，又回复武人治台的旧路线，同时积极麻醉同化台湾人民，搜刮资源，作一切战时的准备。小林继任之始，即决定了治台的三大方针：台湾人民皇民化、台湾工业化和加强南进政策。这是田健治郎“内台一体”口号的具体化。他又厉行日语普及、习俗改变、姓名改易和日语家庭等等“同化”政策，努力达到使台人自承为日人的地步。

长谷川清任总督时，中日战争已进入紧张阶段，并正准备着太平洋战争。日本不仅要从台湾榨取资源，更需要人力资源的补充。1941年6月，各府分别公布了《陆军特别志愿兵制》，1942年2月1日即付之实施：凡年满17岁（无最高限）皆有被征义务，训练6个月，每年2期，卒业后即为现役兵，胁迫台湾人民数十万人入伍，其中19至43岁的，直接用于作战。另有数千名壮丁被迫编入海军志愿兵。其次是财力的掠夺，发起“贮蓄报国运动”，强迫台民献金，美其名为“国防献金”，并实行所谓“奉公贮蓄”，以官定价格强买民间黄金，违者即加以“非国民”的罪名。1944年长谷川清去职，安藤利吉以台湾警备司令官兼任总督，复行军政合一，加强征兵制度。威逼台民参加军需劳役及军事训练。甚至高山族人亦在“义勇队”的名义下，与台湾青年同被驱上中国和南方战场，以进攻中国大陆和抵御节节败退的太平洋战势。

从1937年到日本战败，据不完全统计，台民被驱上战场的超过30万人，服劳役者竟达百万人以上。1945年日本侵略者的“大东亚圣战”终遭惨败，台湾归还中国，日本政府在台湾的最高代表——总督，亦随之而宣告寿终！

三、土地掠夺政策

日本占领台湾后就开始对土地的掠夺，以巩固其统治台湾的基础。它主要从三方面来推行这一政策：

第一，土地调查及集中。

1898年，日本公布《台湾地籍规则》及《台湾土地调查规则》，设土地调查局，开始土地调查，其调查的具体内容是：

1. 消灭隐田：隐田即黑地。这些隐田的来源是在日占以前有些豪族大地主凭借势力隐瞒不报的田地。经过此次调查后，核对所报亩数多者即为隐田，归官所有。同时又没收了清朝的官地和一些逃亡官吏的田产，这样就清查出许多土地。

2. 消灭大租权：在清朝统治下有些豪族掌有开垦土地的权力，能获得开垦官地的许可，并霸占原有私垦者的垦地，甚至还能获得番地的开垦权。这类豪族即称为大租户（大地主）。大租户并不直接经营，而是把他所占有的土地贷与实际经营者而收取租谷。这些实际经营者即被称为小租户（二地主）。小租户再把土地交给佃农耕种，由佃农向他们纳小租，这就是小租权。日占台湾后，最初承认大租权，但对其权利加以冻结。规定在明治三十六年12月5日为限，禁止大租权的转让。明治三十七年便用发行公债的办法，支出3779479日元，给予有大租权者，消灭了大租户的存在，日本占领者自己成为总的大租户。对于实际经营开垦者——小租户的小租权仍然确定其存在，使小租户成为土地的业主。

3. 土地买卖：1905年制定《土地登记规则》，确定关于土地权利的转移办法，土地开始可以买卖。这一办法的施行只是为了便于日本资本家在台湾进行土地掠夺而已。

经过土地调查整理，对日本统治台湾有莫大的帮助，重要的有四点：（甲）由于对土地的调查丈量，了解了全台的地理、地形，颇便于今后对台湾人民的反抗进行镇压与屠杀。（乙）由于对土地的整理发现许多隐田，大量增加了台湾地方的财政收入，减轻了日本国库的负担。（丙）由于大租权的消灭和小租权的确立，日本占领者可以直接经过小租户尽情地压榨农民。免去大租户的一层剥削，但并未消灭这一层剥削，而是代之以日本占领者的更沉重的剥削，为其财政增加更多的收入。（丁）由于土地的准许买卖，刺激了日本资本家投资开发台湾的兴趣，成为日后日资输入的有利基础。

日本占领者通过土地调查完成了掠夺土地的第一步。大部分土地渐渐集中到占领者手中。台湾原有耕地约86045603公顷，平均每一个农民约可得3.84市亩。但是由于占领者的逐步掠夺，到1921年的调查统计结果是：土地不满半甲（甲为台湾计地亩的单位，每甲约合0.9699公顷，约当15市亩）的农民户占42.68%，即172931户，其所占耕地约为40987甲，每户约0.23甲，即3.45市亩。一户所得之地尚不足按耕地平均计算每一农民应得之数。有土地半甲到一甲的农民户占21.4%，即86771户，占耕地62613甲。据1932年的调查，全台耕地已增至11900余万亩，而全无土地的农民已占39%。另外有些占用很少土地而尚需租入土地受地租债利剥削的人占农村户口的29%。而大部分土地多在日本占领者手中，共占耕地约20.45%，合176031公顷。

日本占领者利用其统治台湾的权力，把土地强买后再转入其资本家手中。这种办法，从占领开始，一直在进行和加强着，如1926年的时候，日本在台湾的新式制糖公司，其所有土地已集中到78601甲，而为该公司取得佃作权的土地已达25237甲，总计被其支配使用的土地为103838甲。同时供其采购原料的区域广到785000甲，构成一种为“帝国”工业需要而从事原料生产的农业殖民经济形态。除制糖公司外，还有一些日资的私营农场和中小地主支配的土地，亦有12万甲之多。此外，日本占领者又鼓励台湾的地方资本转向土地，这不仅可以加强台湾农村中的封建剥削关系，同时亦可以使台湾的地方资本永远停留在农业生产上，而居于整个殖民经济的附庸地位。由于日本占领者从各方面推行其土地掠夺政策，许多农民在失去土地后不得不廉价出卖自己的劳动力。据1926年下半年台北市曾对几种工艺中日本人和台湾人的工资所作的调查如表1所示。

表1　1926年下半年台北市台湾人和日本人的工资情况

工　种	台人（日元）	日人（日元）
木　匠	1.8	3.5
泥水匠	2.0	4.0
打墙匠	1.8	2.5
铁　匠	1.6	2.5
铜　匠	1.6	2.5
搬运夫	1.5	2.5

其余如台南的农业劳动者男工每日七角，女工每日三角五分。基隆的矿工每日一元二角。台北的采茶女每日只有二角。至于番人的工价，不论其种类，一般都是五角。

日本占领者实行的土地掠夺政策，对其整个统治，是有很大作用的。这个政策推行的结果是：加强了封建剥削关系，使大多数农民在封建势力和日本统治的双重压迫下过着悲惨的生活。大量地集中土地，使许多农民失去土地，被迫出卖劳动力，成为充分供给日本发展资本主义的廉价劳动力来源。

第二，林野调查。

1895年日占之初，土地文件多毁于兵乱战火，所有权无从证明。日本占领者利用这一点，在当年即公布了《官有林取缔规则》，其第一条即规定："无可作为证明所有权之地契或其他确证之山林原野皆为官有。"一纸公文，轻而易举地遂其掠夺之实。

1910年又公布了具体的《台湾林野调查规则》、《地方林野调查委员会规则》、《高等林野调查委员会规则》，并于殖产局内设立林业课，开始实行五年林野调查计划，以确定官有私有林业权。调查结果：官有达916775甲，民有达56961甲。其中官有林大都在独占企业手中，如台东开拓股份公司即独占2万甲，三菱制纸公司即独占1.5万甲。经过这次调查后，日本占领者在掠夺耕地外，又取得大量林野，并为日本资本家开辟了新的资本出路。

第三，地租。

日本占领者从1896年公布《台湾地租规则》起，即开始征收地租。但当时实际加于台湾农民的，除地租本身的物租外，还要交付中间剥削者的酬劳金和押租。

1. 物租。台湾地租主要采取物租形式，是与封建自然经济相结合的产物。日本占领者为保持其固有的封建落后的经济形态，所以仍然继续物租的形式。通常租率是四六，据1939年的调查，水田一公顷可产米谷10300公斤，但是农民要交的佃租是4600公斤，为全部收入的44%，其旱田亦达40%。普通交租分二次，收成后第一期交七成，第二期交三成。若把台湾农民所交的佃租和台湾耕地地价做一粗略计算，那么凡是交纳地租六年到十年，即可购得良田一公顷，即一年所交最高可达十公亩的地价。地主与农民之间彼此多为口头租约，期限大都是"三年一耕，五年一限"。

日本占领者通过地主大量榨取了台湾农民的血汗，并且由于土地加速集中和其统治力量的强化，于是其财政收入中的地租租税额直线上升。如明治三十一年其地租总收入额为78万余日元，而到明治三十八年已获297万余日元，八年之间租额增加近4倍。农民生活之悲惨，可以想见。

2. 中间剥削者的报酬。大量土地由于占领者的掠夺，而使农民不易得到土地。如需租佃土地，必须经过与地主有关系者中介。这些中间剥削者被称为"佃头"、"赎头"、"二头家"。他们用转租土地的方式向农民取得一定的报酬，自己可以不事生产而给农民添加一层额外负担。

3. 押租。押租制度是中国封建制度中的一种更野蛮的强迫形式，它也是当时台湾地少佃多缺乏生路所致，农民只有任凭被宰割。一般在成契时要先付20%到59%的押租，称为“碛地金”。这笔押租，如果佃解约则不退。这个制度，对于一般贫农来说，无疑是迫使他们在进行生产之前，即走进高利贷的铁桶之内。所以在台湾就有一种所谓买青田的高利贷来乘农民之危，即在未收成之前，高利贷者看庄稼“成数”，预先收买。这种价钱往往很低。最残酷的如高雄的烟在下苗后一个月，就有高利贷者用收成后价格的六分之一收买去。

4. 力租。力租的一般内容是佃户各尽所能，为地主服役，经常要替地主做无偿劳动。

总之，农民不管是林野、平地，大部分土地被集中侵占，又需向中间剥削者支付一定的酬金，更遭受着地租的压榨。所以当时的农民只有两条路可走：一部分农民走进日本占领者及其资本家的工厂，去出卖廉价劳动力，成为殖民地经济的人力资源。另一部分刚强坚毅的农民，不甘屈辱，起而反抗，参加了地下义军自求解放，有许多次的义军起事都是因为掠夺土地而发生的。这一部分农民是台湾义军所以能前赴后继坚持战斗的社会基础。前一种是日本占领者掠夺土地所企求的真正目的，而后一种则是占领者始料不及而必然会发生的结果。

四、经济统治政策

日本占领者深深感到侵占台湾的重大意义，它认为能据有台湾，就是“得试雄飞之地”。但它每年要由国库支付很大一笔补助金，因此它必然要施行经济上的积极压榨政策。经过十来年的积极压榨，果然收效，到1905年台湾的财政收入即可自给，而在1922年其收入已高达一亿五百余万日元，较之占台初期的二百七八十万元的岁入增加了近四十倍。其所以如此快速的发展，主要就是通过工业投资和商业垄断所形成的经济独占权所致。

1. 首先是工业投资。明治三十二年，儿玉总督提出设立台湾制糖公司的建议，次年12月即成立。当时规模并不大，每年只有300吨产量，资金亦不过100万日元，由日本财阀三井、毛利等洋行做主要股东。其中1000股由皇宫认购，并且为了迅速发展，台湾总督府于明治三十三年补助12000日元，次年又补助55780日元。在这样积极推动下，到昭和二年末，这种制糖公司已有11个之多，它们是：台湾、新兴、明治、大日本（原东洋制糖公司并入）、盐水港（原林本源制糖公司并入）、新高、帝国、台南（后改名昭和）、台东、新竹、沙辘等11个制糖公司，附设工场48处。年产可达43000吨，资金总数已达28000万日元。据1939年调查，其中9个公司的制糖状况如表2所示。

表 2　1939 年 9 个制糖公司情况

会社名	本社所在地	资本金（万，日元）	糖蜜副产物（斤）
台湾制糖株式会社	高雄州屏东市	6300	131640326
新兴制糖株式会社	1941 年合并于台湾制糖	420	9253407
明治制糖株式会社	台南州曾文郡麻豆街	5800	105667543
大日本制糖株式会社	东京市城东区北砂町	6197	128687643
盐水港制糖株式会社	台南州新营街	6000	85403480
帝国制糖株式会社	1941 年合并于日本制糖	2700	44931504
昭和制糖株式会社	1941 年合并于日本制糖	1600	27640465
台东制糖株式会社	台东厅台东街	300	4749402
合资会社三五公司	台中州北斗郡二林庄	365	2382860
总　计	九会社	29772	540356730

这些公司除了新竹制糖公司是地方资本外，其余部分则隶属于国家资本和几个大财阀系统之下，如台湾、沙辘属于三井，盐水港属于三菱，大日本、新高属于藤山，台南、台东、新兴属于台湾银行，帝国属于松方。

日本占领者为了更进一步垄断台湾经济，在明治二十八年9月，在基隆开设了大阪中立银行支店，不过它只处理国库事务。明治三十二年才正式成立了殖民地性质的台湾银行，专门援助其资本家投资生产并输出掠夺而积蓄的资本。这个银行成立后，日政府即公布了《台湾银行补助法》等法令，公然表示以政治力量支持这个银行。并且在500万元资本中由政府承担100万元，而在最初五年中还做适当的补助。这个银行建立的目的，在明治三十年所公布的《台湾银行法》中已明确规定说：“台湾银行为台湾之金融机关以融通商工业及公共事业之资金开发台湾之富源，以图经济上之发达，更进而扩张营业之范围于中国、南洋群岛，与此等诸国之商业贸易的机关，调和金融为目的。”

所以这个银行的营业目的，不只在计算损益，而是以日本“国运之伸张，国威之发扬为念的”。这也揭露了日本对台湾的侵略和将进侵中国和南洋的用心。自日占台湾几十年间投资总额约为26亿日元，但这些工业却以食品加工工业为首，据1937—1942年的生产价值统计其主要成分的百分比可见表3。截至1944年，日本在台大小企业已达1902个单位。

表 3

比较 类别	1937 年		1942 年	
	生产价值（万，日元）	占比（%）	生产价值（万，日元）	占比（%）
食　品	26125	68.2	40815	58.3
化学品	3365	8.8	8992	12.8
金属品	1436	3.8	4803	6.8
机械造船	859	2.2	3241	4.6
窑　业	883	2.3	2477	3.5
纺　织	554	1.4	1167	1.7
制材及木器	500	1.3	1373	2.0
印刷及订书	503	1.3	1264	1.8
其　他	4085	10.7	5848	8.4
合　计	38310	100	70016	100

2. 在商业垄断上。日本占领者用企业统制物资、政府专卖等垄断方式进行经济掠夺。其中如糖，是台湾的大宗输出品，占总输出额的2/5，其大部分均由官方控制。从明治三十一年开始由三井在台北设支店收购起，到明治四十三、四十四年，一般外籍商人均被驱逐，而由三井独占了糖的事业。米也是同样情形，从明治三十四年起三井就开始活动，三十七年总督儿玉更命令三井为日俄战争军用收购34万石米。这不但供应了战争的需要，还为台米的输出开辟了销路，使外商无法竞争而退去。最后米的独占权在昭和二年全部落入三井手中。

另一个有助于其经济侵略的垄断方式就是专卖制度。专卖的物品主要是两种：一种是当地特产樟脑，另一种是人民生活必需的食盐、烟草等。1897年开始实行专卖制度，最初只是鸦片，后来推广到食盐、樟脑、烟草和酒等，一共五项。这五项专卖物品的收入，据1930—1932年的统计，表列于次（见表4）。

表 4

项　目	1930 年（日元）	1931 年（日元）	1932 年（日元）
鸦　片	4350222	3687862	3460972
食　盐	2206886	2486148	2427829
樟　脑	6227042	6123780	6689778
烟　草	16246813	14569477	14572791
酒	14419367	12675487	13578685
合　计	43450331	39542754	40730055

以后，又把专卖的种类，扩展到无水酒精、火油、汽油、石油等11种。在1944年时专卖收入占其全部收入的48%，即206787000日元。由此可见日本占领者压榨之甚和台湾人民生活之悲惨。

除此以外，日本占领者更进而垄断商业的独占权。这种独占权表现在三方面：凡是一切工商业的独占权都不出三井、三菱几个大财阀之手；投资必须要普及各业，如制糖、开矿、电力、电信、制材等，以达到无孔不入地攫取独占权；必须把台湾看做是“帝国”的一部分，工业上只做半成品及加工零件，商业上只输出农业加工品，而输入则为工业品，使台湾成为殖民经济的典型。

日本占领者之所以能在较短时间取得经济独占权的主要原因有五，即：

（1）产业资本与商业资本的结合，即根据同一资本或同一财阀系统下的工商业间的相互为用。如台湾制糖公司，其最大股东即三井物产公司，即经销糖产品，使制造与销售形成一条紧密的锁链。

（2）银行资本的大力扶助。银行对资本家大量予以低息贷款，糖业年利一至二分，茶业二至四分。这种贷款称为“前借金”，使资本家能有极其充足的资本后盾以独占产品。同时提高国内利率，以刺激资本家对开发台湾的兴趣。

（3）国家政治力量的协助。日本政府利用政治力量公布一些有利其资本家对外竞争的法令。如樟脑业，原来大部分在英商手中，日占台湾后，在明治二十八年即公布《樟脑制造取缔规则》。次年又定《樟脑规则》，接着对樟脑实行专卖。但英商仍能通过输出业而分润利益，于是在明治四十一年即由台湾总督府下令收归官有，然后再交给三井贩卖。这种政治力量的施展，对取得经济独占权起到一定的作用。

（4）国家的补助金。对于一些重要的经济侵略事业，日本政府和台湾总督府都给予相当的补助金，以助其迅速发展。如台湾总督府对台湾银行在明治三十三、三十四两年内，接连予以补助。

（5）日本占领者对台湾实行保护关税，以高额税率阻止外货的输入，以低额税率刺激台湾产品的输出。如烟草为台湾专卖产品之一，也为台湾重要税收之一，所以对外烟输入征税是“值百抽百”，日本占领者从中获得重利。

五、保甲制度

为了更深入更残酷地统治台民和镇压反抗，在严密庞大的警察组织之外，又恢复了保甲制度，作为基层有力的统治工具，辅助正式统治机构的不足。设立保甲的标准是“凡有受土贼匪徒（指义军和反抗者）侵害之处的各庄及各部落，应设自卫之组织。自卫组织概依从来习惯，以防卫组织全体之身体财产为目的。组织内部不问老幼男女，均负连带责任”。但是大小义军遍布全台，换言之，即各地均需设立保甲组织，而所谓连带责任即在防止隐匿反抗者。

保甲组织以十户为一甲，甲有长，十家为一保，保有正。有时亦以地方情形特殊，由警察局制定变更，以五户为一甲或一庄一街为一保。保甲有规约，需由保甲境内之家长联合署名，呈请地方最高行政官厅立案。规约的重要内容，包括有保甲的事务，各家主应注意事项及保甲人员之职权等。惟此规约不适用于外国人和日本人，而仅用以束缚台湾人。这一规约前后经七次修改而成为通行的《保甲条例》，其主要作用就在于剥夺台湾人民的自由，防范抗日运动的发生。

根据1905年《保甲条例》的规定：“为警戒防御盗贼及水火灾起见，得设置壮丁团。”所以又设立了有行动有武装的壮丁团。有保壮丁团、甲壮丁团和联合壮丁团的区别。壮丁系由各该保甲选17岁以上40岁以下的男子身体健全、品行端正者。团有团长一人，团副数人，均由警察官选任。遇有警察之命令，或有警报时，必须集中在一定地点，受警察的监督和指挥，执行警备事务。若警察认为有训练必要时，则定期或临时召集训练。团员或团体有不稳行为或不遵命令时，警察官均有随时解散或刑罚之权。至其经费、枪械、器具、制服、公费等，则由各保甲居民负担。

整个保甲组织在1944年调查结果，计有保5812个，甲55772个，壮丁团1059个，壮丁人数55565。以这样一个大数字的统治工具，置于凶残的警察监督与指挥下，使台湾人民在黑暗的深渊里，终日在惊慌恐惧中喘息。

六、三段警备法

日本统治台湾的武力是军队、宪兵和警察。三者的数字在比例上说，超过其本国数倍，但对于镇压到处出现的反抗运动，却由于彼此互分畛域，缺乏联系，以致反为义军乘隙攻击。因此在1898年当乃木希典任总督时，采用了参谋楠濑提出的建议，仿荷兰统治东印度所施行的“拉内森”法，即所谓“三段警备法”。在各旅团（当时驻台日军有三个旅团）管境下，各分三等区域：一等地为“山间”，即危险区，由宪兵及军队实行讨伐；二等地为“中间”，即不稳区，由宪兵与警察协力警备；三等地为村镇都邑，即安全区，由警察警备。当年6月26日，以民政局长名义通告各地方官说：“依实际情况，或密置宪兵，或增设警察，应互为表里，连成一气。务各尽所能，倾注全力于必要部面。因此须力避互分畛域，各个孤立，而与宪兵支队长详密协定，将配置地点及人员作详细报告。”

三段警备法除军队专事讨伐外，其警宪配合的具体实行情况是：

（1）宪兵队在补助警察力执行普通警察事务的不足，竭全力于扫荡匪徒。

（2）警察除警防、击退（受义军的攻击）等情况外，不得从事直接讨伐。宜专从事于行政、司法、警察事务。

（3）达前二目的，岛内和平区域采取配置多数警察之方针，由地方官及宪兵队长协议，适当处理。

（4）台东厅全区内，暂不配置警察。

同时，军务局长也对管下宪兵司令等，发出同一性质的详细通牒。

这计划于1897年10月31日，以53号府令在台北县首先发表，开始实行。其他各县厅于次年3月以后逐渐实行。日本占领者用如此严密组织的武装力量对反抗运动进行镇压与屠杀，深深地激起台湾人民对占领者的仇恨，孕育了以后大规模反抗运动的根苗。

七、结语

尽管日本占领者费尽心机，采用全方位的各种统治手段，虽小有收效，但并不能使反抗势力屈服。据日方调查，1897—1902年，这五年是日本占领者屠杀最凶残的时候，抗日志士被逮捕的达8030人（一说11950人），处死刑的3473人（一说2998人），这充分体现台湾反抗英烈的不屈不挠精神，也证明日本占领者在各种所谓的统治政策掩盖下凶残与野蛮的真面目。虽然反抗活动由于日本占领者不遗余力地镇压而时有起落，但在日本整个占领期间，反抗活动达百余次之多，充分体现台湾人民不甘屈辱，奋力拼搏，心向祖国，不怕牺牲的无畏精神。此起彼伏，绵延不绝的反抗斗争，完全证明日本占领者的任何统治手段都难见功效，直到台湾回归祖国。

参考文献：

（1）连横：《台湾通史》。
（2）袁克武：《台湾》。
（3）李挈非：《台湾》。
（4）庄嘉农：《愤怒的台湾》。
（5）江慕云：《为台湾说话》。

原载于《福建论坛》（人文社会科学版）2006年第10期

中日甲午战争后台湾人民抗日始末

一、日军的进侵台北

1895年4月17日（清光绪二十一年三月二十三日），卖国贼李鸿章与伊藤博文订定《马关条约》，出卖了台湾的人民和领土。日本侵略者即派遣北白川宫能久亲王率领近卫军团，海军大将桦山资纪率领海军，向台北进攻。当时台北的军事责任者是那个一直在盘算着自己伺机逃走的“台湾民主国”总统——满清的台湾巡抚唐景崧。

5月28日（五月初五日）台北的海面就有日本军舰二十九艘在往来游弋，并分别停泊到各海口。29日（初六日）日军在澳底登陆，守将曾喜照有兵六营，不战而退。次日，日军即越三貂岭前进。31日（初八日）在瑞芳与新由广东调来助战的吴国华部七百余人相遇，吴军取得小胜，颇有反击的可能，但因与同时来助战的包干臣部互争“小胜”的功劳，双方都为了自己的“功名”，忘却了战争的重要性，各自负气撤返基隆，使日军很容易继续向前推进，侵占了基隆的前卫——三貂岭及瑞芳。

6月1日夜（初九日）日军进抵基隆，当时在基隆四面负守御责任的有统领达六七人，但都各自为政，无所系属，没有统一的主帅指挥全面，唐景崧畏敌不敢赴前线，仅仅派了“台湾民主国”的“内务大臣”俞明震去“督战”，但未能起很大作用，前线军心涣散，日军又积极进攻，守将或逃或伤，基隆前线面临全面崩溃的危机，唐景崧无辞搪塞，才又派了一个性怯多诈的将官黄义德率领护卫营到基隆后防——八堵去驻扎。黄义德到八堵后，闻悉日军兵力甚强，全营士兵均未下车就全部折回。向唐景崧谎报“八堵前方的军事据点狮球岭已失”，以说明八堵的无法防守；又说日方正以六十万两购唐景崧之头，来触动唐景崧贪生怕死之心以掩饰自己退却的错误。当时虽然有俞明震、高尔伊等人竭力驳斥黄义德的妄说，但终敌不过唐景崧顾惜自己生命财产的念头，唐景崧考虑的是“相机自处”的逃跑，并未顾及基隆的后援。6月4日（十二日）基隆终于在日海陆军联合进攻下陷落。次日（十三日）日军一大队迫狮球岭，台湾绅民请唐景崧驻八堵死守，被唐拒绝，营官李文魁自前线率溃兵退至台北，径入巡抚衙门，迫唐亲往督战，唐将案头令箭架推落地上说：“军令具在，好自为之”，表示自己已推卸了军事责任，并趁李文魁俯身拾取令箭时，转身逸去，携带清军的台湾巡抚之印，从后门逃往淡水，乘德轮“岛格拉斯”号至厦门，转赴南京，去向两江总督张之洞哭诉。

唐景崧逃走以后，台北混乱不堪，向台北推进的日军风闻台北尚有兵二万余，因此徘徊犹豫，不敢前进。6日（十四日）午后台奸辜显荣偕英德商人到水返脚去欢迎尚不明台北情况的日军入台北，沿途只遇到一些微小的抵抗。7日（十五日），日川村景明少将率步兵一大队入台北城。9日（十七日），淡水被日军中西大佐所部骑兵和步兵大佐福岛安正、宪兵大尉佐藤从海上登陆相互配合占领。14日（二十一日），日台湾总督桦山资纪到台北成立总督府。17日（二十四日），通知各国在台湾领事，正式开始日本侵略者在台湾的血腥统治。

二、日军的继续入侵与台湾人民的英勇抵抗

日军自占领台北稍事休整后，即继续分两路南进。一支攻台湾东部的宜兰，一支攻西部台中的入口——新竹。这时，一度激昂慷慨倡议建立“台湾民主国”的义军名义统帅丘逢甲和守土有责的栋军统帅林朝栋，都已步唐景崧后尘逃走。剩下的只是一部分黑旗军和“台湾民主国”成立时起来抗日的义军，这些来自不同地区，隶属不同派系的队伍，为了抗日的同一目标，在刘永福、吴彭年、徐骧等人的领导下，担负起抗拒日军的责任。

（一）台湾中部的抵抗

6月22日（五月二十九日），日军攻陷宜兰；次日（闰五月初一日）即发动

新竹方面的战争。当时，新竹由义军领袖苗栗吴汤兴、北埔姜绍祖和刘永福派去的守将杨紫云带领着新楚军（由台北溃军新组成的）所防守。他们在很困难的条件下，与敌人经过了二十余次战斗，新竹城方陷敌手，义军领袖姜绍祖就在这次战役中牺牲。日军占新竹后，就准备南下。吴汤兴等因在战争中损失颇多，要求补充，刘永福也感到杨紫云兵力不足，因此派徐骧带领民团千人增援，徐骧到前线后，即亲自率军扼守新竹南方要道——头分，暂时阻止了日军的南进。

6月25日（闰五月初三日），日舰二艘进窥安平，企图牵制新竹附近的战局，但为安平炮台守军击退。27日（五月初五日），日军由新竹分三路南侵，沿途都遭到义军民团的伏击，甚至有掘地窟以陷日军马足者，因此毙敌甚多。尤以在老嵙崎附近遭遇到徐骧所部民团的狙击，大败而退，被徐骧率军直追到新竹城外数里才止。这时各地方武装颇为这一胜利所鼓舞，杨紫云和徐骧就利用时机，集饷募勇，环攻新竹，不克。未几，吴汤兴因争饷事与苗栗知县李烇龃龉，刘永福又增派幕僚吴彭年率七星旗军七百余人到前线去团结他们。7月21日（闰五月二十九日）吴彭年到彰化，根据台湾知府黎景嵩的要求，先派副将李维义率部援头分，8月5日（六月十五日），吴彭年因苗栗人民的请求带领一部分军队赶往苗栗。

8月13日（六月十八日），日军大量开至新竹，15日（六月二十日），日军收买汉奸土匪从僻径抄头分后路，将杨紫云所部及徐骧民团切分为二，紫云腹背受敌，战死；增援之副将李维义逃退；徐骧依靠地理熟悉的条件，严重地打击了进攻的日军后退去；吴彭年仓促之间，救援不及，乃收集散兵退守大甲溪。19日（六月二十三日），日军攻陷苗栗，苗栗知县李烇逃往福州。吴彭年与徐骧议定伏兵大甲溪，乘日军半渡不备时，猝然出击，结果使日军不战自溃，落水死者甚多，大败而退。23日（七月初四日）日军又以大队攻大甲溪，双方相持未下，日军袭用故智，又因汉奸的引导袭击吴徐后路的新楚军大营，当时主持后路军事的逃将李维义首先溃逃，前营因之哗败，黑旗军的管带袁锦清为了掩护队伍安全撤退，死守大甲溪，并率部五十余人突入日军阵地，全部殉难，吴汤兴、徐骧率民团力战突围退往台中，吴彭年撤守彰化。当时，刘永福闻讯，急调安平知县满人忠满赴援，为满拒绝，于是又改任郑文海为安平知县率四营驰援，郑亦逗留不进，大甲溪终陷敌手。

8月24日（七月初五日），日军渡过大甲溪。刘永福即令各军退守彰化和城外据点八卦山。徐骧等遂佯退，伏兵莽丛中，诱敌深入，并由义军李邦华率乡勇数千与镇海军营官李仕高在正面接应；新楚军营官陈尚志及义军吴汤兴、沈仲安由后路及左右来援，将日军截分为二，大败日军，并向前进攻，将夺取大甲溪，而谍报至，言日败军以别道攻葫芦墩，近窥台中，中途遇到地方武装林大春、赖豫宽等千余人的抵抗，双方互有杀伤，但林等已渐不可支，彭年闻惊，急调彰化知县罗树勋赴援，相持一昼夜，因日军大增，树勋败退，日军遂占台中，并分左右两翼进侵彰化。

8月26日（七月初七日），吴彭年在彰化召集各部将领誓师，并部署各队迎敌：以王德标率七星队三百守中寮，刘得胜率先锋营守中庄，孔宪盈守茄苳脚，李士炳、沈福山、吴汤兴、徐骧等率民团义军守八卦山。守军居高扼守，日军仰攻，山上矢石如雨下，日军炮弹也只中山半危石，并且时有危石被击堕而杀伤日军，日军伤亡甚重。28日（七月初九日）黎明，日军另以一中队涉大肚溪攻黑旗军，吴彭年闻警出御，日军则以大队得汉奸引导自间道登八卦山，吴汤兴、徐骧拒战，力竭弹尽，汤兴战死，其妻闻讯也跳水自杀；徐骧率二十余人间道突围走台南；彭年在大肚溪遥望八卦山已易日旗，急回军救援，行至山麓，身中数十创，壮烈牺牲，八卦山遂入敌手，彰化形如釜底，日军即在山上架炮轰城，城内汉奸开城迎敌，李士炳、沈福山等俱战殁于彰化城东门外，死者达五百余人。满清官吏——台湾知府黎景嵩和彰化县知县罗树勋皆微服逃走，彰化城全陷敌手。次日（初十日）日军又攻占云林，进侵台湾中部的战事暂告段落。

这一阶段战事的失败，主要是由于满清统治者对台湾抗日军队的封锁政策。刘永福曾数次派员到内地筹款请饷，词意哀痛，内地同情者也颇不少；但是终究由于统治阶级对人民的极度残忍冷酷，严令官民不得丝毫接济台南，因而迫使这一英勇的抵抗遭致失败。

（二）台湾中部的反攻

日军自侵占云林后，即进侵大莆林，又别以一军攻占埔里社，向嘉义城推进。刘永福也做了适当的迎敌准备，如：组织民众，恢复团练，征募壮丁，发行银票等，更重要的是当时地方武装力量黄荣邦，林义成、简成功及子精华等，原来都有可能走到汉奸道路上去，但被台湾人民的抗日行动所影响，都自愿参加抗日军，增加了抵抗的力量。

8月30日（七月十一日），刘永福命副将杨泗洪率镇海中军及吉林炮队会和林义成、简精华所部约数千人，进攻大莆林，日军败北，泗洪奋勇追击，中炮死，管带朱乃昌力战，负泗洪尸归，又反身力战，当时日军炮火猛烈，义军多伏蔗林中与战，日军又败退，乃昌即与来援的黄荣邦、林义成等义军会师攻入大莆林，乃昌血战而死，刘永福便令萧三发继为黑旗军统帅，并发银三千两犒军。日军由于陆路的失败，便用军舰连扰台南各口，永福自回台南，在恒春、凤山、东港、布袋嘴等处布防。

9月1日（七月十三日），简成功受命为义军统帅，与嘉义城守备王德标、知县孙育万合师，攻克云林。日军连败北退，中途又为义军简精华部抄袭，分为二部，一部遁入山内被林义成军所歼达六百余人；次日义军又攻入苗栗，杀敌二百余人，收复该城。4日（十六日）萧三发令各军进取彰化，为敌猛烈炮火所阻不能进。当时反攻胜利的消息传遍台湾各地，台中、台北等地均自组联庄，约期举事。刘永福为使战争能更顺利推进，便派幕僚吴桐林到内地筹款，其结果较前次尤坏，就是一度口头同意台湾抵抗的张之洞此时也畏惧日人而停止了“口惠”，吴桐林虽然见到边宝泉、谭钟麟、王文韶、翁同龢、刘坤一等官僚，但所获是“关系外交不能为力”的答复，只得空手而归，封建统治者与侵略者的一致行动，加深了战争的危机。

9月13日（七月二十五日），简精华、黄荣邦所部义军连战连捷，屡次电请给饷，直到20日（八月初二日）刘永福全力在台南尽取所有共一千五百两，发来接济他们。

9月16日（七月二十八日），日军因久不得南下，大增兵力，并在台北东瀛书院成立“南进军司令部”，由率增援部队第二师团第四旅团一部来台的台湾副总督高岛鞆之助中将任司令官，大岛少将任参谋长，分三路南进：

1. 由日能久亲王率近卫团师自彰化经嘉义城直向台南。
2. 由日乃本中将统率第二师团自南部枋藔登陆经凤山向台南。
3. 由日贞爱亲王统率第四旅团自西部布袋嘴登陆向台南前侧推进。

刘永福也因彰化久围不下，派徐骧率领从卑南新募来的兵勇七百人赴援。9月23日（八月初四日），日南进军开始南侵，24日（初六日）抗日义军弹尽药绝，图以命运作孤注，想在绝望中求生路，决定攻城。首先由黄荣邦攻城，不幸中弹阵亡。次日（初七日）林义成再攻城，又负重伤。10月1日（十三日）日军以大队猛攻萧三发大营，三发负重伤，幸得徐骧等奋战，始击退日军，双方相持达十日，饷械双绝，徐骧退守他里雾，最后率从者数十人，手持白刃与日军奋战，最后中弹牺牲，诸将也多负伤，全军溃退，苗栗、云林复陷敌手。

（三）台湾南部的抵抗

日军再次攻占苗栗、云林后，即分陆海二路进攻台南。

陆路：10月7日（八月十九日）开始进攻嘉义，守将王德标自城外撤入城内，而在城郊预伏地雷，日军驻营，半夜雷发，日军死者达七百余人，日山根少将也在此役负重伤。次日（二十日）日军聚巨炮轰击嘉义城，进行报复，日军付出了极大的代价后，才攻陷了嘉义城东门，守将总兵柏正材、营官陈开檍、同知冯练芳等均战死，王德标、简精华奔入山中，而日本侵略军统帅能久亲王也在这次战役中受重伤，后来在台南伤重毙命，日军及日本侵略者的历史家饰言因疟疾致死，以隐讳其可耻的失败。9日（二十一日）日军全部侵入嘉义，台南形势危急。刘永福经不住紧要关头的严重考验，表现了动摇，曾通过英国领事欧思讷向日请降，后因部属的阻拦，才未成事实。

日军自攻占嘉义后，即陆续南攻台南前方的曾文溪。当时有嘉义生员林崑岗集合了曾文溪以北的庄人，号召他们齐心保卫乡土，一时从者百数十人，又从台南领得旧枪数十支，初拒日军于铁线桥，日军败退，再战于沟仔头，毙日军中尉一人，因之沿途庄民纷纷持械响应。11日（二十三日）日军以大军进攻，林崑岗及子均中弹殉难，日军始得攻占曾文溪。15日（二十七日），攻陷凤山，因攻城时颇有伤亡，日军乃屠凤山以泄愤，并续攻台南。

海路：10月6日（八月十八日），日南进军司令官高岛鞆之助自基隆乘“东京丸”出发，8日（二十日）到澎湖督战，与第二师团会合。10日（二十二日）混成第四旅团在布袋嘴上陆。11日（二十三日）黎明，第二师团在枋寮登陆。14日（二十六日），日“吉野”、“浪速”、“秋津”、“比叡”、“八重山”诸舰攻打狗炮台，守将刘成良据守，但被汉奸引日军由小路登岸，攻陷炮台，刘成良被迫退守到台南。17日（二十九日），日南进军司令部登陆，进攻台南炮台，永福亲守炮台，并开炮毙敌数十人，双方相持数日，但因内地封锁，饷械双绝，守军溃散。19日（九月初二日），刘永福终于丢弃了自己的部队黑旗军，而乘英轮“厘士”号逃归内地。

10月20日（九月初三日），汉奸陈修五、吴道源等通过英国牧师宋忠坚“请”日军入城，翌日，台南陷于敌手。26日（初九日）桦山资纪由台北至台南。11月6日（十九日），日南进军解散。11日（二十四日）、16日（二十九日）桦山与高岛相继返台北。中日甲午战争后台湾人民英勇抵抗的正规战事，前后经过将近六月而告终结。

综计此役，日军用二师团半的兵力，有兵士五万余人，夫役二万六千余人，来从事这个侵略战争。其伤亡（据日军自己供认）发布如下：自1895年5月26日至12月15日间，计战死一百六十四人，负伤五百十五人，病死者四千六百四十二人，为治病而送还内地者达二万一千七百四十八人，留于台湾病院者五千二百四十六人，总计损失达三万四千余人。显然，这一数字是不真实的，是经过缩小和饰词的（如病死一类中就可能有大部是被击毙的），但只就其承认的数字看，也将达出兵数的一半了，伤亡相当不少，而当时台湾人民抗敌的激烈情形，也可以想见了。

三、台湾人民的继续抵抗

1895年10月刘永福逃归内地，11月日军占领台湾所有重要城镇而宣告“全台平定”。但是，台湾人民的答复，却是持着残留的一些破旧武器，在全台各地和山岭间与日军展开斗争，这一斗争坚持了八年之久。

（一）日本侵略军的“清剿”与台湾人民的“反清剿”

1895年12月30日抗日志士林大北、林李成等首先在台湾东北部举起抗日的义旗，包围了宜兰；次年元旦，陈秋菊、胡阿锦等六百余人袭击了台北。当时，如深坑、士林、沪尾、枋桥、锡口、瑞芳、金包里、海山口、罗东等地分散的抗日武装也群起响应，一时北部震动，日军以第二师团、第四旅团的陆军，配合警察、宪兵进行镇压，直至2月下旬才平静下来。4月间，台湾中部大坪顶地区抗日军的势力壮大，经常袭击日军，日军即纠集各处守备兵进攻，结果不但毫无所获，还为抗日军击败。5月，日军重整旗鼓，再次进攻大坪顶地区。在这次战斗中，从许多零散的抗日武装中出现了一个杰出的抗日英雄，名叫柯铁。他是制纸手工业的工人，年纪只有二十二岁，善枪法，最初当日军进攻时，只是和一些山民向深山中逃避，但是日军不断进攻，柯铁不再忍受，就拿起同伴们丢弃的破旧猎枪十二杆（其中八杆已不能使用），子弹十袋，击退了五百多进攻的敌人。柯铁的这一胜利，加强了山民抗敌的勇气，并得到群众的拥护，称他为“铁虎”。隔了两天，日军对大坪顶又进行了一次袭击，但仍然为柯铁运用了朴素的游击战术所击败，毙日守备队长二人、士兵五十余人。柯铁在这些战斗中把自己锻炼成为台湾中部抗日军中英勇而果断的领袖，同时也使台湾中部出现了一支有力的抗日武装。同月，没有逃走的清军勇将刘德杓也从卑南进入云林山中，散发抗日檄文，组织当地群众，一直坚持了两年。因此，台湾中部也是当时抗日力量最强的地区。

由于台湾中部抗日力量日增和日军的暴政，迫使一些游民（以陈发为代表）、绅商（以郑尾庭村长张考为代表，他开始是破坏柯铁的抗日行动的，是在日军杀其兄侄后，无可奈何而参加的）都参加到抗日队伍中来。显然地，力量是扩充了，但是，不幸这个抗日武装的领导权却被张考为首的绅商所窃夺，因而造成后来抗日武装失败的一个主要原因。

6月18日，日军又集中了嘉义、彰化、台中各处的军队向大坪顶进行一次新的“清剿”，结果被义军伏兵所击，毙敌伤敌三百余人。大坪顶的抗日军便在这一胜利的基础上，开始建立根据地，称为铁国山，并于6月25日竖起了铁国旗，标识着他们坚强不屈反抗日军的精神。30日，这一支有力的抗日武装在陈发、简义（简精华）直接率领下，发动了大规模攻势，攻克了台湾中部的斗六、云林、北斗、莿桐港等地，日军的守备队长宫永计太、中尉田岛宪藏及一部分士兵均被击毙，而陈发不幸在战斗中献出了自己宝贵的生命。当时，这一进攻的胜利，影响了林屺埔、南投、台中、彰化、他里雾、鹿港、员林、大莆林等地的抗日军，都纷纷起来响应。7月10日，有黄国镇、阮振等围攻嘉义，建立起中南部的根据地。同月，日军集中了台中、新竹、苗栗的兵力进攻斗六等地，一直坚持抗日的简义力竭被执。抗日军为了保存力量，撤归至大坪顶。10月底，首举义旗的林大北及其部三百六十余人被日军所执。11月，日军又集中兵力进攻大坪顶，并实行封锁。9日，刘德杓与柯铁在山中会集，双方联合，更加强了台中的抗日力量，他们夺取榨取台湾的“税收”，用武装保护农耕，来粉碎敌人的经济封锁。同日，台南郑吉生（青）攻取了凤山，并与林少猫联合，建立了台南的根据地。

1897年1月3日，日军偷袭了大坪顶，可是抗日军及山民事前已经转移，并且还布置了伏击的兵力，因此当日军搜索无获后退时，就遭遇狙击，日军伤亡一百六十余人，狼狈地退回斗六。七天以后，日军又发动五千兵力，分四路进攻，实行长期围困、烧光杀绝的恶毒办法，但是柯铁领导了消灭日军力量的游击战，使敌人疲于奔命，21日夜，日军终被击退，逃回斗六。日军仍不甘心，收集散亡，增加援兵，屯军于山上，企图作第三次进攻，抗日军则在山上生产、战斗、积蓄力量，双方相持达一年，1898年1月2日夜，抗日军乘敌人松懈分散的机会，用火攻击败日军，杀伤敌人过半，粉碎了日军对台中进行“清剿”的计划。

另外，日军在进攻大坪顶的同年，即1897年5月8日大举攻击台北陈秋菊及其所部，根据日方公报，日军屠杀了前线军事首领詹振以下二百余人，欠下了台湾人民一笔血债。但是11月23日南部黄茂松却严重地摧毁了日军朴仔脚支厅，讨还了部分血债。

（二）日军利用“阴柔术”以谋害台湾的抗日者

日军对抗日军单纯武力镇压，结果反而使抗日军在战斗中壮大起来，因此1898年以后，日军又转而采取“阴柔术”，那就是日督儿玉源太郎所创设的“土匪”招降政策的新办法。他认为：“治匪绝非难事：即先临之以归顺政策，静窥彼等情况，虽彼反复无常，但以七擒七纵而期待之，勿图侥幸，必奏肤功”。这一“办法”的真实内容，就是“诱降”、“解除武装”、“伺机屠杀”的一些步骤。日军在台湾南北中三部实行这一新阴谋得到了不同的反响。

首先在北部实行。1898年7月28日，日民政长官后藤新平亲至宜兰，诱降林火旺、林少花、林朝俊等七百余人；8月10日，日台北知县村上到坪林尾诱降陈秋菊、郑文流、林清秀。8月23日，水返脚的卢阿爷部九百余人；9月8日，宜兰简大狮部五百余人，都相继受到欺骗，他们麻痹而不加警惕，被解除了武装。

中部的大坪顶地区，在1898年冬，依然飘扬着清朝的黄龙旗，表示他们对日军的反抗。但是，日军却收买了混杂在抗日武装中的绅商，从内部来瓦解抗日力量，终于窃占了大坪顶地区。但是，柯铁则并未屈服，带领了一部分人，退入深山依然继续英勇反抗。次年1月，又由于汉奸从内部破坏，日军得以攻占云林山区，诱捕了坚持两年抗日的清军勇将刘德杓，并将其送回中国，中部抗日军的武装又被解除。

南部由于距离日军统治中心——台北较远，统治力量比较薄弱，同时，日军在北部的残杀和苛捐杂税的剥削，使日军的“新政策”一时不易实行，形成了日军自己供认的“匪猜疑多端，不易招徕”的事实。1897年7月20日，南部北路横山地区的高乞联合林添丁共二百余人袭击日军店仔口办务署，12月18日南路的林少猫、林天福等三千余人袭击了潮州庄办务署，杀死署长等官僚多人。次日，下淡水地方抗日军攻入恒春，并联合高山族人七百余，袭击办务署，占领十余日。31日，始在日军进攻下退出。1899年日军以大队进攻台南，于是黄国镇、林添丁、阮振、林少猫等一方面遭到日军暴力进攻，一方面对侵略者认识不足，未能看透日军的阴谋，被日军“诱降”，南部也被解除了武装。

1900年，日军基本上完成了解除台湾全部抗日军武装的工作，于是便公开暴露其“新政策”的真面目，对于坚持抵抗和受到“欺骗”的抗日力量进行屠杀。1900年5月1日，日军第二师团屠杀了柯铁及其部下。1901年2月，镇压了为反对日军专卖政策而起事的詹阿瑞。5月下旬同一日在全台各地对“归顺者”进行杀戮，日人称为“大扫除”。月底，又借口“阳为投顺，阴谋养兵”的“理由”，派大军包围在后壁林开垦的林少猫及其亲属部下。林少猫等毫无准备，吴万兴、林天福在抵抗时被杀害，林少猫扮成劳工外逃，也被日伏兵击杀，这次惨杀，据事后日军的报告：当场惨杀林氏亲友家属等男一百零七人，女三十一人，儿童十五人；捕获后被虐杀的男三十一人，女二十二人，儿童二十五人。这些数字是日军无可再减的供状。1902年2月，日军更组织了一支包括军队、宪兵、警察的武装（其中有嘉义、盐水港、台南、凤山、阿缑、蕃薯蘩六个厅的武装警察和第三守备队），由日警视总监大岛久满亲自带领，进攻朴仔脚的黄茂松部（黄部于1901年进袭朴仔脚），双方相持达十月，最后于12月10日，因黄茂松等四十余人在放弃山区被日军杀害才结束。1903年3月9日至4月15日，黄国镇在嘉义、林添丁在中埔、阮振在店仔口先后被杀害，日军残暴地镇压了台湾人民自发的英勇抵抗。

从1895年底到1903年初，日军以血腥屠杀来建立殖民地的统治，台湾人民以英勇不屈的精神来反抗侵略，在这八年之中经过了不少次激烈的斗争，牺牲了为数不少的抗日志士。根据日人的统计，自1897年到1902年，即日军屠杀最凶残的几年，抗日志士被逮捕的有八千零三十人（一说一万一千九百五十人）；处死刑的有三千四百七十三人（一说二千九百九十八人）。至于前述的那些反抗事迹，只是举出了一些影响较广、规模较大的事例，其余旋起旋伏，零星活动的，尚不止此，根据1948年国民党一报社所编的台湾年鉴中记录，1895年—1915年的二十年中，抗日事件共有九十九起，其中1895年—1902年八年间的抗日事件就有九十四起（包括台北三十二起，台中二十三起，台南三十九起）。

1902年以后，虽然在日军血腥屠杀之下，抗日事件表面看来是减少了，但是台湾人民愤怒的火焰并未熄灭。因此在1907年至1915年之间，台湾又出现了新的抗日高潮，曾连续不断地发生了许多抗日事件，而日军仍施其凶残的屠杀。曾经流传下来很多可歌可泣的英勇事迹，因为不是本文的范围之内，也就不加赘述了。

【注释】

①本文主要根据连横《台湾通史》卷四“独立纪”，卷三六吴汤兴传、徐骧传、姜绍祖传、林崑岗传、吴彭年传等，罗香林《刘永福历史草》，李震明《台湾史》，川崎三郎《日清战史》，井出季和太《南进台湾考》以及范文澜《中国近代史》第六章第六节，缪楚黄《五十年前台湾人民抗日游击战争》（《新建设》第三卷第四期）等书文编写。

②本文参考俞明震《台湾八日记》，罗惇曧《割台记》，秋泽乌川《台湾“匪”志》，新生报社《台湾年鉴》等书。

③清统治者出卖台湾以后，台湾人民英勇反抗的事迹，已见到的中国记载较少，而日人记载的又多污蔑与歪曲，并且材料散失，记载不一，本文只是试作一个综合叙述，错误之处，希望能得到指正。

原载于《历史教学》1953年12月号

日帝侵略台湾后的统治者——总督

台湾总督是日本天皇统治台湾的最高代表，被赐予了无上的威权。他可以有法律根据地无所不为，他是杀戮台湾人民的刽子手，压榨台湾资源的吸血鬼，执行南进政策的急先锋。这样一个重要角色，是应当被重视的。从历任总督的人选和作风很鲜明地显露出日本对台湾侵略政策转移的痕迹。台湾自从沦入日本人的手中到“八一五”日帝投降时止，曾有十九个压在台湾人民头上的恶魔，表列如下：

顺　序	姓　名	就职年月	官　别
（一）	桦山资纪	1895 年 5 月 10 日	海军大将
（二）	桂太郎	1896 年 6 月 2 日	陆军大将
（三）	乃木希典	1896 年 10 月 14 日	陆军大将
（四）	儿玉源太郎	1898 年 2 月 26 日	陆军大将
（五）	佐久间佐马太	1906 年 4 月 11 日	陆军大将
（六）	安东贞美	1915 年 5 月 1 日	陆军大将
（七）	明石元二郎	1918 年 6 月 6 日	陆军大将
（八）	田健治郎	1919 年 10 月 29 日	上院议员
（九）	内田嘉吉	1923 年 9 月 6 日	上院议员
（十）	伊泽多喜男	1924 年 9 月 1 日	上院议员
（十一）	上山满之进	1926 年 7 月 16 日	上院议员
（十二）	川村竹治	1928 年 6 月 16 日	上院议员
（十三）	石冢英藏	1929 年 7 月 30 日	上院议员
（十四）	太田政弘	1931 年 1 月 16 日	上院议员

（续表）

顺　序	姓　名	就职年月	官　别
（十五）	南弘	1932 年 3 月 3 日	上院议员
（十六）	中川健藏	1932 年 5 月 17 日	上院议员
（十七）	小林跻造	1936 年 9 月 2 日	海军大将
（十八）	长谷川清	1940 年 11 月 29 日	海军大将
（十九）	安藤利吉	1944 年 12 月 30 日	陆军指挥官

一

从桦山资纪到佐久间佐马太，是日帝在台湾暴力统治时期。桦山任总督时的权限是：

（1）台湾总督为统治台湾中枢主脑，以现任海陆军大将或中将任之，隶属于内务大臣，执行普通行政，并得统率当地海陆军。

（2）台湾总督得经敕准，或在紧急必要时不经敕准公布命令即律令以代替法律，并得有权颁发总督府令。

（3）台湾总督掌握军政及其统率权，经陆海军大臣，参谋总长、军令部长、教育总监之区处，得以指导并操纵军政及其他军事行动。

（4）台湾总督除担任该管一切普通行政事务外，得处理关税、铁道、通信、专卖、监狱及国家财政等之特殊行政事务。赋有决定各部署各地方官厅之事务，分掌及其分科规定之权力，以指挥监督所属之官吏，并受民政长官之辅佐，以监督各部局之事务。

这就是桦山资纪当时所具有的无上权力。

桂太郎在职虽仅四月，然已做到一面巧言令色收买人心，一面附警察力、兵力于地方官，以便随时镇压人民起义的“恩威并施”政策。

乃木希典任总督时，首先发布绅章条规，对被认为有“学识资望”即甘心事敌的汉奸给予“绅章”标识，想收以台治台的功效。又颁布台民返回中国的规定——当时回国的：台北一五七四人，台中三〇一人，台南四五〇〇人，澎湖八一一人（以上都是约数）。另外更建立起整套的警察制度，创立警察政治，尤其残酷的是实行三段警备法，想彻底扼杀台湾的革命运动。

儿玉源太郎任总督时，对乃木的警察制度作了进一步的补充：恢复和强化了保甲制度，组织了壮丁团，厉行连坐法。用欺骗的手段诱杀革命军的领袖，在他任内1902年台湾义军全被他这一双血手推入到血海中去。他清丈调查台湾的土地，初步完成掠夺殖民土地的政策。

佐久间佐马太任总督时，把对台湾的镇压推广到深居山中的“番族”，连续“讨伐”了数次，“讨伐”的区域广到二百余平方日里，动员万人，耗费达一六〇〇万日元，整整的九年中，他完全做了屠杀“番民”的工作。

二

从安东贞美到中川健藏，正是日帝对华侵略由追随先进侵略国而走上独占的阶段，而西欧诸帝国主义国家又无暇东顾的时候，日帝为了积极展开对华南南洋的侵略，台湾便成了不可缺少的根据地，同时日帝也理解到台湾的革命运动不是单纯的暴力所能解决的，因此向着“怀柔政策”转向，而总督的人选也开始任用文职人员：

安东贞美任总督时，积极从事开发事项，向华南南洋伸张政治经济的力量。

明石元二郎是一个殖民地统治专家，他认为在“最近世界殖民史上，凡为殖民地统治者，皆不免毁多誉少，然毁最多者，其政绩必愈举”。虽然，他改革了台湾的司法制度，推进了道路行政，但这些伪善的外衣已掩不住他那副狰狞的面孔。

田健治郎任台督时，是日帝以文人治台的开始，想借此迷惑台湾人民的视听，尽量在形式上简化地方统治机构，废除“六三暴法”，易以换汤不换药的第三号法令，大唱“内台一体”的口号，以达到更深度压榨的目的。

从内田嘉吉到中川健藏，在职时间都不很长，而其施政的总方向着重在建设，即从武力的侵略转到更可怕的经济侵略阶段，使台湾所有资源服务于日帝的对外侵略。

三

从小林跻造到安藤利吉，正是中日关系已呈剑拔弩张的状态，日帝又感到文人不适宜担任这一重要的职务，恢复了以武人治台的路线，积极地麻醉、同化台湾人民，搜刮资源，做一切战时的准备。小林继任之始即决定了治台的三大方针，就是：（1）台湾人民之皇民化；（2）台湾工业化；（3）加进南进政策。这是田健治郎“内台一体”口号的具体化。又厉行日语普及，习俗改变，姓名改易，日语家庭种种同化政策，努力达到使台人自承为日人的地步。

长谷川清任总督时，中日战争已进入紧张阶段，并正准备着太平洋战争，日帝不仅要从台湾搜刮资源，而更迫切需要对台湾人民做各方面的榨取。首先是人力的补充：1941年4月特成立“皇民奉公会”作为皇民化运动的中央机关，进行青年培训工作，全岛设立六十六个军事训练场，每年受训青年达万人；并组织增产挺身队，被迫参加的有三千人；设立拓南工业战士训练所、海洋训练所，培养华南南洋活动者；又在全岛设妇女训练所五十余，训练未婚女子达六千人，以备担任护士。1941年6月台湾总督府又公布了陆军特别志愿兵制，于次年2月1日起始实行，凡年满十七岁者（无最高限）皆有被征义务，训练六个月，卒业后即为现役兵，胁使了台湾数十万人参加，其中十九岁到四十三岁的直接用于战场。并另有数千名壮丁被迫加入海军志愿兵。其次是财力上的掠夺，日帝发起了储蓄报国运动，强迫人民献金，美其名为“国防献金”，并实行所谓“奉公贮金”以官定价格强买民间黄金，远者即加以“非国民”的罪名。另外还不断举行“职能奉公运动”、“文化运动”、“生活改善运动”，引诱台湾青年组织少年团、青年团、壮年奉公团等，以助进它的侵略计划。

1944年长谷川清去职，安藤利吉以台湾警备司令官兼任总督，复行军政合一，加强了征兵制度，威逼台湾人民参加军需劳役及军事训练，甚至高山族人，也在大陆义勇队的名义下，与台湾青年同样被驱上中国大陆及南洋的战场，以进攻中国并企图扭转节节败退的太平洋战势。从1937年战争开始到战事结束，据不完全统计，台湾人民被驱上战场的有三十万人，服劳役的则超过百万人。然而一切玩火的人，终必将自烧其身，日帝的“大东亚圣战”最后必然遭到了惨败。开罗会议上决定台湾归还中国，日帝在台湾的最高代表——总督也就宣告寿终了。

* *

这只不过是日帝在台湾惨酷统治的很小一面，多少民族烈士为了驱散这些悲惨的气氛，英勇地付出了自己的血肉，铺平了解放的道路。但是，腐朽的美帝，不仅勾结蒋介石窃据了这一块永远是中国的领土，并且最近正在疯狂地武装日本，命令他们重新描绘一副悲惨的画面，所以每一个热爱祖国和爱好和平的中国人民，都应当认识五十五年前日帝在台湾的凶残，而提高警惕，并密切关注美帝武装日本的可耻勾当。

一九五一年五月二十日于南开大学

原载于《历史教学》1951年6月号

美帝武装侵略台湾的罪行*

美帝国主义对我国领土台湾不仅进行了政治的和经济的侵略，它更以公开的和隐蔽的方式来构成其对台湾武装力量的侵略行为。

隐蔽的侵略方式

美帝国主义首先采取了以下两种隐蔽方式：

（一）尽量供给蒋介石匪帮以一切军用物资

自日本投降以后至1948年11月中旬为止，美帝国主义为了帮助蒋介石进行内战，所给予的金钱与物资的援助，共达四十三亿四千六百余万美元，其中包括贷款六项、物资援助九项。1948年12月间又由美驻菲大使柯温、蒋匪驻菲大使陈质平与季里诺举行了三角会议之后，大批的美造武器就开始由菲运台。而在1949年当蒋介石匪帮已被赶出大陆后，就较前更迫切地需要美帝国主义的援助以苟延残喘，因此于11月中旬，就首由特务郑介民赴美商洽，由战犯俞大维议定具体条款，订立了美蒋军事协定。该协定中规定：美帝国主义供给蒋匪十六艘战舰，五师兵力的军火配备，台湾全省的雷达设备，飞机及修理设备等；并把美国国会通过的七千五百万美援和一千万马歇尔计划的援款拨给蒋匪。其交换条件是：蒋匪必须依照美帝国主义的意旨改组伪省政府，即以吴国桢、孙立人分别掌管台湾军政，并且允许美军代表团与闻蒋匪的军政经济决策，甚至规定如蒋匪在军事上失败，台湾即以请求联合国代管为名交由美军占领。

* 本文发表时署名禹一宁。

美帝国主义为了破坏中华人民共和国，在1950年3月29日由美国轮船公司“俄勒冈”号货船装载军用机所用辅助汽油箱七百零八个运往台湾，另外一批用以轰炸中国人民的飞机汽油当时也在运台途中。从1月到5月则先后运到台湾坦克七百一十八辆，其中包括M-8型、M-5型和水陆两用坦克。这些坦克的造价每辆为五万八千美元，而从国民党残匪那里只取一千美元，同时又由日本运去了价值二十万美元的有色金属。

这些接连不断的“物资供应”使得在运输上发生了很大的困难。因此同年8月间由麦克阿瑟与蒋介石订立了“军事合作决定”，成立一合作机构，以解决补给、运输、调配等工作，并立即开始筹备。

美帝国主义之所以如此大量供给蒋匪以金元、武器装备，其目的就是想把台湾变成它的兵工厂、兵营和海空军基地。

（二）美帝国主义分子大批侵入台湾

1945年日本投降以后，美国陆军情报部摩根上校动员了许多特务人员（包括日、台籍情报员）到台湾各地调查日军的各种军事设备及台湾地理形势。1947年8月，美帝国主义的侵略专家魏德迈到台湾并赴台湾西南海岸作详细调查后，即在台湾建立了中美军事联合基地。10月间，驻马尼剌（拉）的美军司令曾秘密到台湾与魏道明、彭孟缉、纽先铭等会商军事问题，随后又有许多侵略分子接二连三地到达台湾。

由于蒋匪在大陆上的力量基本上已被消灭，更需要大批美帝国主义侵略分子去台。1950年1月，有郑匪介民聘请美顾问团到台，同月15日专负侵略各国责任的无任所大使耶塞普到台作详细访问，月底，麦克阿瑟派空军情报员范敦浦尔到台北搜集重要情报供给在东京的美国四参谋长作参考。到2月底，美帝国主义在台湾的陆军人员有二十余人，并另有蒋匪所雇用的“国际志愿队”的美、日海空技术人员百余人。这些人是为研究和计划台湾防御、提供作战意见、指挥和协助蒋匪对我国大陆进行轰炸和封锁的罪恶目的而来的。3月中旬又有美技术军官数人及士兵二十余人抵台。到8月底止，这种容纳大量侵略分子的机构日益增多，主要的有下面几种：

（1）以麦克阿瑟总部的副参谋长福克斯为首的“美国军事联络组”。福克斯系于1950年8月4日奉麦克阿瑟命令到达台湾，8月8日该组织即正式成立，办公机构设于匪“台湾防卫总部”内。该组人员有福克斯带来的二十六人，及麦克阿瑟派去的大批官员。据当时匪“中央社”台北消息：“军事联络组这一名称不久或将改为更切合实际一些的名称，因为这一组织将有权指挥美国在台湾的海军和空军，也就是说，协助防卫台湾的美第七舰队和第十三航空队，将由现在的联络组控制和指挥。”为实现上述目的，不久，军事联络组即改称“美远东军事驻台考察团”，并调准将康克灵任团长。

（2）美国第十三航空队的指挥机构。该机构系以美国第十三航空队司令滕纳为首，于1950年8月7日在匪空军总司令部内成立，并已“处理中美空军间之联络及联合作战事宜”。

（3）以布克莱为首的美国通讯队。该队现有军官十人及士兵十七人，地址设于台北。美国远东通讯指挥官贝克维特和福克斯，监督该通讯队的组织工作。

（4）美国第七舰队司令史枢波的代表格兰特也于1950年8月4日到达台湾，负责进行蒋美海军的配合工作。

此外，美帝在台还有两个军事侵略机构，一是以贾芮德少将为首的军事代表团，这是继续巴大维活动的组织；一是以纽约“中国商业国际公司”的顾问和专家名义，到台湾协助国民党残匪筹划最后挣扎的军事顾问团，其中包括前美国海军上将柯克和前美国陆战队准将潘佛。全团共二十八人。据匪“中央社”香港5月20日电称：其中三人已出发台省各地作实地研究，其余暂留台北与有关方面就“急切问题作详尽探讨”。这个纽约“中国商业国际公司”的主要目的是：“一面使台湾现有物资及早充分发挥最高作用，一面彻底调查急需的物资种类和数量，设法在最近期内获得补充。”

由于这些侵略分子的日益增多，蒋匪除已设立和扩充招待美军的各种机构和设备外，并特地制订了许多办法来侍奉它的主人。以基隆为例，“中美联系合作工作”为：

（1）设市联络部；（2）组织巡逻队；（3）指定登陆码头；（4）设立美军官休息处；（5）筹设美军服务社；（6）指定食饮店；（7）管理导游员；（8）设立询问处；（9）扩充特种酒家；（10）供给有关资料等。

这样，大量的美国侵略力量布满了台湾全岛。

公开的侵略方式

然而，美帝国主义对台湾的侵略，由于“中国人民的力量的日益强大与蒋介石反动残余分子的覆灭在即，间接隐蔽的侵略方式已经不能保证达到这一目的”，因此它不再“继续采取通过蒋介石傀儡政权来进行比较隐蔽的侵略方式，而必须采用公开直接的武装侵略的方式来达到它控制台湾的目的”（伍修权代表在联合国安全理事会控诉美国武装侵略台湾的发言）。所以除了上述那些隐蔽侵略方式依然保留外，还加强了公开武装侵略中国领土台湾的行动。

（一）美帝国主义直接控制了蒋介石匪帮的残余武装

陆军力量的伸张，是美帝国主义较有力的侵略武器。所以美帝国主义在1946年10月25日前后，就由麦克阿瑟与蒋介石、宋子文在台北草山宾馆密商出卖台湾的条件：国民党政府承认美国在台湾的特殊地位，准许美国在台湾建设军事基地。这是美帝国主义在第二次世界大战以后军事侵台的先声。

当中国人民解放军在北方大陆逐步获得胜利的时候，1949年6月，原先在大陆协助蒋匪进行内战以巴大维为首的军事顾问团从南京跑到台北，8月间即开始协助蒋匪训练新军。这些顾问团的军官们借口寻找营地，整日到台湾各地去勘察地形。另外又在台北和高雄的“励志社美军招待所”成立美国情报处，一些从东北、华北和沪、宁一带撤退下来的美国特务都集中到这里，继续从事破坏新中国的事业。

1950年以来，最值得注意的是1950年7月末麦克阿瑟的飞台，这个杀人的强盗在7月31日乘“巴丹”号专机到台湾和蒋介石在台北草山密谈到深夜，又连开三次会议，在台湾停留了二十二小时后即返东京。蒋匪随即宣称中美合作军事基础已奠定，将四十万残匪军交与美帝国主义直接指挥使用，由8月16日从驻台联络组扩大的“美国远东军事驻台考察团”负责指挥。当时该团已有团员百余人，团长仍由福克斯担任，22日始改调康克灵继任。同时订有军事密约，其要点如下：

（1）战事一旦爆发，台湾基地由美日蒋匪等共同使用；

（2）由麦克阿瑟把冲绳岛美国军事物资转交蒋匪装备新军；

（3）配合蒋匪新军反攻大陆，反攻地区分配为：日本在东北、美帝国主义在华东、蒋匪在华南；

（4）蒋匪一旦能在大陆立足，台湾就交由美国处理；

（5）战事结束后，东北割让与日本，沿海地区割让与美帝国主义。具体方案由麦克阿瑟执行。

除此以外，美帝国主义更直接派了武装部队到台湾，这些部队中包括了以前日本的许多法西斯侵华分子，如前驻华北派遣军司令官根本博，前海军少将吉田，前汕头特务机关人员日高，前台湾总督府南方协会干事木村等六七个人，另有一些日本士兵，是以每名每月薪金日元六万、出发津贴十万、服装费十万、旅费二万、阵亡抚恤费一百五十万骗来的，准备在日后以偷天换日的手段将其变为蒋匪军来侵扰新中国。

美帝国主义为了加紧侵略我国领土台湾，与国民党匪帮在最近成立了“联合作战参谋部”。据电通社11月8日电引东京美国人士传出的消息说，这是杜鲁门与麦克阿瑟10月15日威克岛会谈的第一个实际结果，由于美蒋联合作战参谋部的成立，美帝国主义实际上已将国民党匪帮军队置于其直接控制之下了。

（二）美帝国主义舰队肆无忌惮驶行中国领海

远在1945年日本投降时，美帝国主义的第七舰队就被派到中国来帮助蒋介石运输军队。1947年12月6日，柯克又率领第七舰队重顾台湾高雄、基隆，年底美国军舰利斯号开到基隆“访问”，其余白吉尔等海军人员也接连不断地借口访问到台湾做过一番侵略的巡视。

1947年5月，蒋匪准许美海军属于白吉尔舰队的一部分得长驻基隆港，并在此修建了水上机场。8月，魏德迈到台“视察”以后，鉴于台湾形势的重要，就在12月18日与蒋匪订立《中美海军协定》，美帝国主义取得了在基隆、高雄建设海军基地权。蒋匪帮的海军部在签约后立即下令高雄地区海军司令部将房屋设备等让出一部分供美海军基地指挥部之用。这是美帝国主义在台湾确立其海军侵略根据地的开始。

1948年春夏，美帝国主义驻青岛的柯克舰队和驻菲的驱逐舰Shenterland、Franknos号分别访问台湾，作实地调查。此外，并以协助蒋匪海军的名义，由美海军监督修建高雄左营军港。左营是日寇在太平洋战争中以十年计划开始建筑而未完成的远东第一军港。

1949年春，当中国人民的胜利在大陆上迅速推进的时候，残留在青岛的美海军舰队由白吉尔率领退到台湾高雄，在那里公开招收海军警察。当时高雄港停留美舰最多时曾达二十七艘。白吉尔更频繁地往来于台湾、东京之间，与麦克阿瑟及蒋介石商量封锁中国大陆的港口。11月29日美海军部为了增强其侵略力量，公开宣布将派出一艘二万七千吨的航空母舰和两艘驱逐舰至亚洲海面以扩大美国第七特种舰队，并称：第七舰队构成一个流动的力量，随时用来支持美国的国策，并且作为西太平洋的一个稳定力量。

1950年6月27日，在美国总统杜鲁门所发表的一篇抹杀一切事实的声明中，命令那早已侵台的第七舰队公开侵略我国国土台湾。这支舰队在杜鲁门声明发表的前夕即6月26日夜，即已在台湾海峡“巡逻”。美国的军舰公然在我国领海内肆无忌惮地游弋，难道说还不是侵略吗？事实俱在，杜鲁门的声明不过就是侵略事实的报道或供状。接着，第七舰队司令史枢波于7月8日到台北与战犯蒋介石、桂永清、周至柔、王叔铭等举行两日会谈，进行出卖台湾的交易。其讨论的问题包括：（1）将台湾作为美国的海军基地；（2）交换情报与谍报；（3）第七舰队与国民党空军之间的合作；（4）台湾防务问题。

结果在原则上是当“台湾受攻击时及海军空军巡逻台湾海峡和中国大陆海岸时要合作并采取联合行动，第七舰队将继续担任防御攻击台湾的主要角色”。同时将侵略范围扩展到金门等地，16日麦克阿瑟正式宣布第七舰队开始在台湾海峡与南海进行“海空侦查”。8月5日属于第七舰队的一艘巡洋舰、两艘驱逐舰和一艘运输舰驶抵基隆。月末时又开来一艘圣保罗号巡洋舰，由美第一巡洋舰队司令平佛特少将率领。该舰约一万五千吨，配有飞机四架、八吋大炮九门、五吋大炮十二门。这些侵略舰队在台湾大肆活动，其范围南起汕头，北至青岛，海面长达一千浬。9月间并先后进行了二次演习：第一次是从9月5日到9日，参加的有巡洋舰“圣保罗号”、“久宁号”及八六〇、七六五两驱逐舰，地点在台湾海峡；第二次是在9月18日到21日，参加的除前次二巡洋舰外，另有八五八、八五九两驱逐舰。演习完后，即开向基隆。这种公然的事实，都证明了美帝国主义的侵略行为。

（三）美帝国主义在台建立空军网以进攻中华人民共和国

1945年11月21日蒋美订立了《美国在华空中摄影协议》，允许美军在我国台湾及大陆各省从事空中摄影，为美帝国主义在第二次世界大战后以空军侵台的发轫。同时第十三航空队也被派来台，分驻屏东和台南，每天在台湾马尼刺（拉）之间飞行，借口测验太平洋的气流，实际是在测量台湾的地形图，并熟习菲律宾、台湾、日本间的航线。而陈纳德的飞虎队也经常出现于台北。

1947年蒋匪又在台中为美帝国主义开辟了专供飞行堡垒用的机场。1948年7月间又自菲律宾运来蚊式飞机二百架，10月间，台湾最大的台北飞机场改为第十三航空队的基地。在台湾，美国机场遍布全境。

1950年以来，美帝国主义为了扩大所指挥的国民党残匪对新中国的破坏与骚乱，首先就由麦克阿瑟撮合蒋介石与李承晚，让蒋匪利用南朝鲜的空军基地来轰炸我国。4月18日，蒋匪派吴铁城经东京到南朝鲜，据美《基督教科学箴言报》驻东京记者专电说："蒋介石正经由现在汉城的他的手下的军政助手们同李承晚谈判，以签订一项协定规定国民党可使用南朝鲜的基地对中华人民共和国作战。"

其次，美帝国主义又阴谋组织国际航空队，据合众社记者4月30日自美国圣路易城所发出的电讯说："在胚胎中的国际航空队的官员们和陈纳德航空公司的人员们曾于4月29日在圣路易集会以制定积极援助中国国民党的计划。"这个航空队的人员和装备，据前电同时报道说："该航空队有美国制的F51式战斗机，B25式轰炸机和英国制的兰开斯特式轰炸机。该队行政官员是前美国海军陆战队的人员，其他人员是美国、加拿大的一批亡命之徒。"至于经费方面则由国民党匪帮予以支持，其队员的待遇都与美国军官相同，但另加百分之三十的"冒险费"。

自从6月27日杜鲁门公开发表武装侵台的声明后，8月间美帝即把在冲绳岛的大部分喷气式飞机移至台湾，并在台北西南三十公里的新竹建立基地。这些飞机曾于8月4日作过示威飞行，其十三航空队司令滕纳和一部分地勤技术人员也相继到台，这些台湾的侵略者毫无顾忌地在执行他们的侵略任务，从许多电讯中都可以证实这一侵犯我国领空的滔天罪行，如法新社香港9月11日电说："据从天津抵此的巴拿马商船的船员告诉法新社记者说，美国空军在整个中国海上空巡逻并远及中国海岸，这位船员说十天前美国飞机在离山东省海岸十五浬的地方，曾数度在该船上空飞过，在通过台湾海峡时美巡逻机又监视该船。"路透社香港9月13日电说："据从北方来的春恒轮上的船员们谈，美国第七舰队的飞机开始昼夜在台湾海峡巡逻，许多船舶都经过美国观察机的仔细侦察。船员们说，该轮于9月11日经过汕头时，一架大飞机飞得很低，向它发出信号。"

美帝国主义就正以这样隐蔽与公开的武装侵略方式，来攘夺中国国土，企图挽救它注定死亡的帝国主义的命运。

原载于《人民日报》1951年2月28日

美帝侵略台湾简纪（1945—1950）

目录

第一章　美帝侵略台湾，是为了实现其独霸亚洲独霸世界的企图

远在1857年，美国驻华代办巴克在其向国务院所作的秘密报告中，就已供述了美帝侵略台湾的目的说：

> 台湾富于农业、矿产，是一个最有价值的岛，上年输出达一百六十余万元，如经营得法，不久可增一倍至四倍。煤是取之不竭的，品质既好，采掘又很容易。在这个汽船航行的时代，它的重要，岂待多说。以商业的和政治的眼光看，台湾的地位都很重要，特别是对于美国如在加利福尼亚、日本和中国之间开通航线，这里的煤源最好利用。[①]

① 1950年1月27日，《人民日报》，蒋孟引：《美国夺取台湾的第一次阴谋》。

可见美帝在很早就垂涎台湾，甚至很显然地想占据它。

以较近的事实来说，在第二次世界大战正进行时，美帝就已经在实行它的扩张主义，台湾也为其不肯放松的一角。因此在战时华盛顿大学就曾设有“台湾研究室”，训练了员生二千余人，处心积虑地准备了侵台的先锋队。在大战结束后，美帝已成为世界上最后最大的一个帝国主义国家，它企图来奴役全世界人民，台湾当然也是它整个侵略范围中的一部分。根据现有不完全的资料分析，美帝侵略台湾至少是有下面的一些目的：

把台湾作为侵略的军事基地

台湾是美帝侵略中国的天然跳板，也是侵略东南亚的重要前哨，所以麦克阿瑟在他发给“国外战争退伍军人协会”第五十一届大会的电文中宣布说：

> 美国要从中国夺取台湾，因为这个岛屿可以变成一个天然的航空母舰和潜水艇基地，一个适于攻势作战的理想基地。

美帝的计划是：“如果能够守住台湾，就可以配合日本、菲律宾，成为控制西太平洋及东南亚洲的基地。”因此，美帝就想把台湾变成美国在太平洋上整个军略的一部分与侵略民主中国的战争中的主要根据地。于是在1950年6月间，美国国防部长詹逊、参谋长联席会议主席布莱德雷与麦克阿瑟在东京进行了秘密会商。除企图将日本变为美国永久性的军事侵略基地之外，另一阴谋是设法加紧援助已临末日的国民党残匪进行最后挣扎，妄图阻挠中国人民解放军解放台湾。同时，在6月30日上午，詹逊与美帝远东空军代理司令柏利特基会谈时，柏利特基亦强调“台湾对美国侵略远东的战略重要性”；第七舰队司令史枢波，也在7月上旬到台与蒋匪会商，“将台湾作为美军的海军基地”。而杜鲁门更于7月17日秘密命令：在台湾东北的先岛群岛的三个小岛上，建立喷射战斗机的基地。美帝对于台湾正是这样积极地变为其侵略基地，以建立其东南亚的统治。

把台湾作为反共反人民的东方防线总枢纽

美帝在战后反共反人民的军事行动，已经是遍及于世界各地，而“阻止中国统一民主自由的战争，是（美）帝国主义战后的主要的军事工作”[1]。所以，当

① 时代社，美帝扩张图，石蕴节译1947年7月Political affair：George philips，《美帝国主义与殖民地世界》。

蒋介石匪帮尚在大陆时，美帝便以大量的军用物资援蒋，助长内战；而当美蒋的反动势力被赶出中国大陆，盘踞在台湾一隅的时候，美帝就想“从阿留申群岛、日本、台湾、冲绳岛以及菲律宾一直到大洋洲西南部，建立一条强大战线”[①]。而台湾则被视为“防范亚洲共产势力的警卫线，从日本南下经台湾、菲律宾，西向印度尼西亚而到印度为止的线上一个重要据点”。这条反共反人民的天然防线建立以后，美帝的屠夫将军麦克阿瑟自诩是“可用空军控制自海参崴至新加坡每一亚洲海港”。并特别指出：台湾是这条防线的总枢纽，同时又可从此出发来轰炸长江、华南及印度支那。美帝很清楚地知道，如果台湾解放，那么将“使帝国主义集团包围中国，镇压东南亚人民的太平洋侵略阵线，遭受粉碎的打击，增加了帝国主义集团在远东——东南亚的军事与政治经济上的危险和困难”[②]。所以在6月27日，杜鲁门发表强盗的声明后，美国国防部长詹逊、参谋长联席会议主席布莱德雷就在东京与麦克阿瑟会议，决定“将台湾划入美国的西太平洋防线”，而使之成为太平洋侵略集团中的主要支柱之一。

把台湾作为殖民地

这块永远是中国国土的台湾，美帝是在想把它变成殖民地。首先，美帝向台湾各种企业投入了巨大的资本，霸占了台湾的经济命脉，并且把台湾的特产掠夺走，而换来美帝的过剩消费品，形成了殖民地与宗主国的关系；美帝又想借口“军事责任为掩蔽，建立一个长期的政治势力范围”；[③]甚至公开地以武装占领它。美帝对台湾的许多行事，都抄袭了日帝的老路，但是“今天的美帝国主义比日本帝国主义更为危险，跟中国的反动集团正在尽力设法取日本的地位而代之，并把中国变成美帝国主义的殖民地”[④]。美帝觉得这个目的之所以能达到，是“已使蒋介石成为十足（美帝）的人”[⑤]了。

① 《新华月报》第二卷第四期，静波：《美帝国主义侵略台湾的阴谋》，引6月27日《纽约时报》称。

② 1950年9月2日，《展望》杂志第六卷第七期，潘光祖：《台湾的解放战争及其国际意义》。

③ 1946年9月22日，上海《群众》杂志第十二卷第九期，《一年来美国干涉中国内政纪要》，引1945年11月美国《外交政策》消息杂志。

④ 时代社，美帝扩张图，石蕴节译1947年7月Political affair：George philips，《美帝国主义与殖民地世界》。

⑤ 1946年9月22日，上海《群众》杂志第十二卷第九期，《一年来美国干涉中国内政纪要》，引1945年8月赫斯特系的世界杂志。

美帝对于台湾的侵略，是有着这样的目的，所以它必须把美式装备迅速运来供国民党反动派使用，并且还努力在国内制造种种侵台的舆论，如：

1949年3月15日的纽约《先锋论坛报》上，约瑟夫阿尔索普坚决主张接管台湾，不管这是否不正当的行为。[①]

1950年2月3日，美国国会议员劳佛乐宣称："我们现在若不进占台湾，以后也许必将牺牲许多美国人的生命来这样做。"[②]

同年8月25日，美国政府要员、海军部长马休斯在波士顿发表演说，借口"为了和平"，"应该甘愿偿付任何代价——甚至发动战争的代价"来夺取台湾。[③]

而麦克阿瑟早在6月间已具体地提出了侵台的两点要求说："（一）美国应给予台湾及东南亚以积极的物质援助；（二）美国应该保留目前在亚洲保有的一切基地，包括日本的基地在内，并应派遣援军。"

至此，美帝侵略台湾的野心以及其进一步独霸亚洲独霸世界的妄想，已经是昭然若揭无容狡辩的了。

第二章　美帝进行各种恶毒的政治阴谋，以实现其独占台湾的目的

进行政治阴谋的侵略分子

美帝对台湾的觊觎，非自今日始。在战争结束的前夕，51型飞机在台湾上空抛下大量炸弹的同时，美帝便企图在台湾登陆以后，成立军事临时政府，并订有许多计划。可是胜利得太快了，它所计划的恶毒阴谋竟无由实现。因此在战事结束后，对于台湾的地位始终是在含糊其辞，甚至对于"台侨正式恢复中国国籍

① 1949年7月24日，北京《光明日报》，译自6月1日克莱明：《美帝国主义在台湾》。

② 1950年9月9日，《展望》杂志第六卷第八期，谢爽秋：《粉碎美帝对台湾的侵略》。

③ 1950年9月9日，《展望》杂志第六卷第八期，谢爽秋：《粉碎美帝对台湾的侵略》。

亦未完全同意”[①]。同时并派了许多侵略分子，到台湾来进行各种恶毒的政治阴谋。其中主要的人物有：

（1）布来格：美帝驻台的领事，后调任麦克阿瑟政治顾问，在东京公开主张美帝占领台湾，并收买汉奸组织“台湾再解放联盟”。

（2）寇尔：美帝驻台的副领事，是侵台计划起草人之一，太平洋战前，在台湾以教员名义掩护其特务身份，作侵略的准备工作。战时任美海军情报员，战后即被任为驻台副领事。在“二二八”起义事件中，大肆活动，亲自驾了吉普车，向包围专卖局的群众喊叫：“上去！上去！”并召开“民众代表大会”，指使其走狗廖文毅等趁机宣布所谓“台湾独立”，企图把台湾人民反对国民党贪污统治的怒潮，转变成脱离中国运动。返美后，是华盛顿大学“台湾讲座”主张清算中国接收台湾的教授，并到处宣传“台湾人民如何喜欢美国”。

（3）卡图：美帝驻台新闻处长，是煽动台湾脱离中国的有力幕后人物，曾利用“联总”及美国船只，派遣间谍活动于台湾、宁、沪及日本之间。1948年，由于战犯孙科对其露骨行动的不满，要求司徒雷登将其调走。

美帝支持下的傀儡组织

这些侵略分子主要的活动是要通过一个傀儡组织，酝酿所谓“托管”“独立”“再解放”的阴谋来割裂中国国土。美帝之所以这样做，是认为国民党反动派这一群政治垃圾，无法也无力来做它统治台湾的代理人，它觉得“很少一个女人嫁了一个醉汉，可以改变这个醉汉的本性”[②]——这个比喻的意思，就是说美帝的任何援助也挽救不了蒋介石的垂死命运——而蒋介石本人，又是一个如艾奇逊所说：“既不听话而又低能”的人物；甚至有一部分美国人，如美帝驻东南亚经济代表团长葛利芬公开建议要把蒋介石赶出台湾，另建一个“致力于台湾人民

① 1947年3月8日，《观察》杂志第二卷第二期，台湾通讯：“随时可以发生暴动的台湾局面”中引王世杰致台湾“国大”代表黄国书等关于台侨身份的信说：“黄代表国书请转全体台湾国大代表勋鉴：上年十二月二十日大函敬悉，所称在日本南洋各地台胞，常被本国外交官及当地政府歧视一节。查自台湾光复后，本部即电饬驻外各使领馆将台胞视同华侨，一律加以保护，并照会各该驻在国政府，台胞自三十四年十二月二十五日起一律恢复中国国籍，前得英方答复称，于对日合约未签订前，将台胞视同友邦人民待遇，美国政府对台侨正式恢复中国国籍亦未完全同意，正在交涉中……王世杰元月十一日拜启。”

② 1949年6月13日，上海美商《大美晚报》。

福利的值得美帝支持反共的'台湾国'"[①]。但是国际情势和其他的一些客观条件，在现阶段美帝还不便公然吞并台湾为"美利坚合众国"的一州，所以便在"抢救台湾"的口号下，另行抬出一个美帝自己命令组织的傀儡集团，通过托管的方式来攫取中国的领土。这个阴谋最初是在麦克阿瑟主持下，由布来格等人来执行的从1946年到1947年间，据南京周末《观察》杂志说，这种阴谋工作是走了四步，即：

> 三十五年的春天，美军情报部曾在台湾制造过一次"民意测验"，由美国副领事寇尔计划，由高级情报员摩根与日籍通译员访问两百多个台湾人民，那时国军（国民党军）初到台湾，种种不良作为也颇使台湾人民失望，不免有所怨愤，因此寇尔与摩根的"民意测验"做成"台湾人民不愿受中国管，希望美国来管"的结论，这是阴谋的准备工作，也是阴谋的初步；到了三十六年"二二八"事件时，美国领事馆某情报员（俗称曾博士）捏造一个"台湾民主联盟"的团体名义，致电联合国要求："台湾建立自治政府，直接受联合国监督"，当时美国报纸曾以重要地位刊载此一消息说："台湾人民向联合国请愿托管"，这是阴谋的第二步；三十六年七月，奉命来华"寻找事实"的魏德迈，也曾"找"到台湾，当时所谓"台湾再解放联盟"的"主席"去见魏德迈，向魏氏提出一个"处理台湾意见书"[②]，使魏氏寻找到一

---

① 1950年8月5日，《展望》杂志第六卷第三期，金重，台湾通讯：《美帝干涉下的台湾群丑》。

② 庄嘉农：《愤怒的台湾》载，"意见书的内容分为三部分，头一部分是控告陈仪的十大罪状——政治上的压迫，经济上的剥削，官吏的贪污舞弊，特务的横行，对台湾人的歧视侮辱等等；第二部分是详述'二二八民变'的情形及三十名被通缉者的详细履历等等；第三部分是建议台湾问题的处理办法以及希望美国的援助。第一及第二两部分在这里是无关重要，无须细述，第三部分不但是与以后的各种阴谋有关，并且可以说是那些亲美分子的根本主张，故特别抄录于下：

经由这次民变，已经证明了中国无能统治台湾，现在台湾人民生活的痛苦已经到了极点，中国局势日益趋于紊乱，中国政治决不能在短期内走上轨道，因此等到中国时局澄清的时候，台湾人民料必饿死半数以上。台湾有台湾自身的特殊条件，现在台湾人民唯一的出路，只有争取自决权。暂时脱离中国，不仅是不能避免，而且是目前最有效的办法，故希望美国援助台湾人以达成如下的要求：

一、大西洋宪章亦应实施于台湾。

二、准台湾人派遣代表出席日本和约会议，而台湾代表在会议上应赋予发言权。

三、台湾的归属问题，应在对日和约会议重新讨论，但必须尊重台湾人的意志，应举行公民投票来决定。（转下页）

> 些很宝贵的“事情”，是这阴谋的第三步；三十六年九月底，美新闻处台湾分处处长卡度与台湾某参议员就“台湾托管问题”举行过一次秘密谈话，事为台湾当局探悉，曾派警搜查该参政员住宅，惹出一场风波，后在美国干涉下，不了了之，是这阴谋的第四步。[①]

这个由美帝支持下组织的傀儡集团，名叫“台湾再解放联盟”，是于1947年8月在上海成立的，9月间即将总部迁至香港。其中首要分子，是由一小撮适时迎合美帝意旨进行与祖国分离运动的台奸和反动分子如廖文毅文奎兄弟等所组成，自称在日本有数千工作人员，支持这联盟的有“台湾独立联盟”、“台湾青年联盟”、“台湾新妇女协会”、“台湾人民联盟”等反动组织，它们随时更换“要求托管独立”“联合国管制台湾”等口号，并通过美新闻社不断发表谬论，经常在日本、香港捏造许多团体发表宣言，进行分离运动。它们具体的叛国意图，在其宣传品中曾提出一些要点说：

> 一、处理台湾与处理朝鲜完全相同，台湾成为独立国一事，应获得美国的援助。
>
> 二、联合国应调查中国于第二次战争结束后接收台湾以来的处置不当处。
>
> 三、台湾人民系混血种，与其任何邻近国家并无自然关系。
>
> 四、台湾在日人手中备受磨折，故应出席对日和会。

（续上页注②）四、但在举行公民投票以前，应准台湾人先脱离中国，而暂时置于‘联合国托治理事会’管理之下。

五、‘联合国托治理事会’管理台湾必须承认下记诸条件：

（一）除联合国派遣政治、经济、军事、文化等顾问团以外，任何国人都不得在台湾任高级军政官员，任何国家的军队不得驻屯台湾。

（二）托治期限，以两年为原则，最长不得超过三年。

（三）托治期间，台湾的行政、司法、治安、教育，不受任何国家的干涉。

六、托治期限结束的三个月以前，应举行公民投票，以决定仍属中国或脱离中国，或属他国或完全独立。公民投票时，联合国应组织代表团来监察。

七、倘或公民投票的结果，要仍属中国的时候，必须与中国政府签约，在宪法上保障台湾为一自治领，台湾必须有独自建军的权利，中国军队不得驻屯台湾。

八、倘或公民投票的结果，台湾人要求独立的时候，联合国托治理事会在台湾的机构，应立即退出台湾，而使台湾成为永久中立国，避免将来战祸。”

① 江慕云：《为台湾说话》。

五、决定台湾前途的民主方法，为由联合国举行公民投票。[①]

又在其自称代表台湾六百五十万人民送交联合国的请愿书中说：

一、台湾必须独立。

二、联合国应在今年年底以前派军占领台湾。

三、成立临时政府，所有在台湾的中国人全应该撤退。

四、所有前属日本而现为中国特有的财产都必须充公。

五、现在运往中国的日本赔偿品必须转输台湾，其数量一定要能补足中国在第二次世界大战后从台湾取去物资。[②]

这些要点，虽然在文字上略异，而其受美帝支使叛国的实质则一，就是为了想使美帝通过联合国这一应声机器，而取得这块中国国土——台湾。

不久，布来格这批人相继调走，于是这件阴谋工作就由麦克阿瑟亲手来做。“麦魔”对于台湾注意颇早，除了其总部早就有专人掌管台湾事务，如：前台湾总督长谷川清以及从前在总督府的各部门主管早延揽来作对台策略顾问外，并还雇用了一批在台湾日治时代作日本军阀走狗的台奸，有的实际上是日本国民，组织了所谓“台湾青年大同盟”、“台湾革命同盟”、“台湾自治同志会”及“台湾民治党”等十多个傀儡团体，在一个总的出卖台湾托管要求下嘶声力叫，并有大批在日的台湾奸商，以观光为名，到台勾结民族败类，进行卖国勾当。同时驻台的领事馆和新闻处，也受命利用台湾本地文化流氓作为散播“托管主义”的蚊子，制造出来欢迎美帝大军侵占台湾的舆论。

当美帝侵略台湾问题已在联合国讨论时，虽然这问题使国民党方“痛心地指出控诉美国侵略台湾案的列入安理会议程，是西方民主国家外交上的失败”，“使西方国家立于被告地位”而感到惊讶，然而托管分子却兴高采烈，除拟定了所谓“台湾民主国”政要名单，等时机到来立即粉墨登场外[③]，还大肆活动。其活动情形，据电通社香港9月28日电报道：

由于台湾问题即将在联合国大会讨论，东京美国官方已命令所谓“台湾

① 江慕云：《为台湾说话》。

② 江慕云：《为台湾说话》。

③ 1950年8月5日，《展望》杂志第六卷第三期，金重，台湾通讯：《美帝干涉下的台湾群丑》。

独立党”加紧活动，该党将发表台湾独立宣言。美国权威方面人士相信，这种宣言将为美国驻联合国代表利用作为要求联合国同意美国直接干涉中国内政的借口。并指出：台湾独立党系由美国在日本的情报机关建立来掩饰美国侵略台湾，廖文毅一直用美国的钱出刊种种小册子、传单和宣言来宣传“台湾独立”的主张，并批评曾经宣布台湾为中国一部分的开罗宣言和波茨坦宣言，最近廖文毅的党根据麦克阿瑟的指示，一直要求美国政府占领台湾，将该岛置于美国保护下，将来宣布独立。

美帝在台湾的间谍活动

美帝在台湾，不仅是通过其傀儡组织进行阴谋活动，并且还直接派了“约有二百个美国传教士，分布在该岛各地，他们在那里，从事腐化人民的工作，同时大规模的进行间谍活动”。而更其罪行昭彰的，是那个由“麦魔”总部控制的香港间谍总部，也在台湾及日本、菲律宾等地设立了间谍学校，“这些学校由美国专家管理，学生主要是由国民党匪帮以前的官吏中和前日本军队的特务组织中招募的，课程包括武器及炸药使用的训练。这些特务毕业后，就进入中国领土与以前的国民党高级官员们、军官们和各反动政治党派的负责人建立联系”，以进行对新中国的破坏。

美帝这些恶毒的政治阴谋，其目的是想得出一个“台湾应以自决方式决定今后的地位，假使在台湾实行票决的话，其票数的分配，美国是第一”[①]的结论后，独占台湾。

第三章　美帝政府及其独占企业操纵了台湾的经济命脉

在艾奇逊为公布白皮书致杜鲁门的信中说：“自从对日胜利后，美国政府以赠予和借贷的方式，给予国民政府统治下的中国的援助，总数约达二十亿美元，这个数字在价值上，等于中国政府金钱支出的百分之五十以上。同时就该政府的预算方面言，比例约较战后美国对任何西欧国家的援助数量为大，除这些赠予和借贷外，美国政府曾以大量的军用与民用之战时剩余物资，卖给中国政府，其

① 江慕云：《为台湾说话》。

采买原价总值在十亿美元以上，而通过协议，美国政府仅取得二亿三千二百万美元。”若再加上战时的援助，据美帝自供——白皮书中所说是四十五亿余美元，而据新华社的统计，实际是五十九亿一千四百余万美元，美帝之所以肯如此大量地支出，毫无疑问地就是想以金元的魔掌掠夺中国的权利，来取得它从前在中国从未得到过的资本剥削的权利[①]。但是这种狼狈为奸的勾当，并不能挽救奄奄一息的蒋政府，中国人民的权利也永不会长久被帝国主义所窃夺，终于是由强大的人民解放军把美蒋反动派从大陆上迅速地驱逐出去，退居在台湾的一隅。然而，美帝政府与其独占企业，却仍想通过各种新奇花样，控制与操纵，甚至扼杀台湾的经济命脉。

美帝资本侵入台湾各种企业

当台湾初被蒋介石“劫收”时，美帝主要的投资方式，系通过伪资源委员会（美国资本占三分之一），以“国营企业”的形式“帮助台湾产业复兴”的名义派遣许多技术人员，侵入水泥、铝业、电力等企业部门。1946年10月5日前后，蒋方更承认了美帝如下的要求：

（一）美国私人资本可以在台湾自由经营各种企业。

（二）以美国资本恢复建设日人未完成的“东势水力发电厂”。

以后，美帝在台湾已经不是以渗透方式来蚕食，而是排山倒海地来鲸吞。在1947年“二二八”事件后，美帝豢养已久的奴才魏道明继陈仪主持台湾，不到两个月，台湾到处有美国重要工厂及企业组织的分行或办事处。根据1948年10月24日《实话报》记载，美帝资本侵入的情况，大致如下：

（1）制铝业：在1948年2月间，美帝与国民党方签订了合办高雄铝厂的草约，把东亚最大铝厂之一的高雄铝厂接收过来，加以改建，前后投资达三千五百万美元；且停办了花莲港另一铝厂，以图全部控制该项企业。据该铝厂发言人宣布：该厂生产量，将增加到年产二万五千吨。铝工业之所以如此被重视，是与美国商行正在台湾大规模铸造飞机有关的。

（2）飞机制造：与铝工业有关的飞机制造厂，在美帝控制下也迅速发展，美帝已完成了台湾第三飞机制造厂的建设。

---

① 时代社，美帝扩张图，石蕴节译1947年7月Political affair：George philips，《美帝国主义与殖民地世界》。

（3）电力业：两星电气制造公司和台湾电力公司签订合同，修建在战时遭受破坏的电力厂，增加发电量，更控制了台湾电力公司，台湾全岛的三十四家电力公司，包括日月潭发电厂在内，事实上大部分都在该公司控制之下了。

（4）肥料业：1948年9月，美商慎昌洋行总经理兼上海美商公会主席谢尔凯为首的肥料工业技术调查小组，飞台调查，决定由美蒋合办基隆台湾肥料公司，另有美国全国的肥料协会，垄断了台湾的苏打工业，所产苏打主要是输出到日本去，还有两家美国行商垄断了台湾的化学肥料生产。

（5）采矿业：美国的石油公司在该岛南部地区获得炼油独占权，并有另外两家商行已起始开采台湾的铜矿和金矿。

（6）制糖业：糖是台湾主要生产品之一，1941年到1942年之间，全岛产量曾达百万吨，美商投资后即将当地工业家排挤出去，于是全岛百分之六十以上的炼糖厂都在美帝手中。又派顾问多人侵入，到台湾糖业公司中。

除此以外，并在高雄出现了美国私人经营的“盘尼西林”和“DDT”制药厂，台北有某美国巨商以一千万美元收买了七家铁工厂，并分别向台湾的运输、樟脑、纸、盐、水泥等业大量投资，另以二十二家“中美合股公司”控制了三百八十二家台湾工商企业，同时又在台湾的土地上种植了美帝所需要的樟脑和蔗糖，因之减少了台湾所迫切需要的米粮等农作物的生产量，阻碍了台湾农业生产力的发展。这种情形，正是美帝为了执行华尔街老板们那些丑恶的任务，企图把中国变成一个分崩离析被削弱的半殖民地国家，甚至想造成“金元美国，工业日本，农业中国”的殖民地经济体系①。

美帝伪装“援助”取得台湾的财经特权

美帝的大量援蒋以挑动内战，是想阻止中国走向独立自主统一富强，以便其肆行侵略。这种丑恶的“援助”，正是侵略的有力武器。因为美帝可以借此为名，派一些侵略分子到中国国土上来进行调查，以确定其侵略方针。所以在日本投降后，美帝即以“协助台湾产业复兴”的名义，派遣了许多技术人员到台湾，控制了各重要的企业部门，如高雄水泥厂、高雄铝业工厂及台中第三飞机厂的技术人员，均为美人所独占。

1948年2月间，美蒋间缔结了共同开发台湾的协定，使美帝能控制锡、石

---

① 参考1949年7月29日《世界知识》第廿卷第七期，淑之译自1949年6月1日《新时代周刊》，I. Klemins：《美帝对台湾的阴谋》。

油、煤、黄金、硫磺、锑等资源的开采，并派了大批“技术人员”到台；6月间就有由蒲立德、司徒雷登、卡斯特尔博士率领的联合国远东经济委员会工业调查团到台湾。他们之来，是谁都知道和美援有关的，而台湾的铁路、电力、肥料、糖业四部门即被包括在这一次侵略范围之内[①]；同月，又有以史蒂尔曼为首的美援技术团调查了台湾的工矿、铁路、水利等建设；8月间，魏德迈到台“视察”，曾召集台各厅处局长和伪资源委员会十大公司负责人，举行秘密会议及各种专门会议，研究美国控制台湾经济命脉的具体方案。

1949年12月27日起，由陈纳德的民航队向台北运输一宗银币，计五千箱，总值约达美金二千万元，美帝的经济侵略力量已攫夺了金融权利。

从1950年1月起，美帝又通过它的御用经济侵略机构“经合总署”向台湾侵略，原来这个“经合总署”供应台湾的主要物资，每月平均价值为二百万美元，但自7月份起，已递增至三百五十万美元以上。除供给主要物资外，该署曾着重于机器零件的供应，并对主要工业贡献技术上的意见。其侵略的主要工业，是包括水电、铁路、电讯、公路以及汽车交通，以至于少数次要工业。

更其凶狠的，是美帝于1950年5月4日在其国务院中，公然发表声明，承认美帝正给台湾以经济援助，并承认台湾残匪最近向美国所提出的一项新的财政要求，已在美国务院考虑之中。这证明了美蒋正在勾结出卖台湾的经济权益，以损害中国人民固有的利益，同时在8月4日，华盛顿又派了所谓金融专家贾福金到台湾，他是为了研究和处理蒋方财政经济各方面的问题而来的。美帝就这样在台湾取得了经济财政的使用权与监督权。

美帝扶日援蒋以建立其殖民地经济体系

美帝对中国及东南亚的侵略防线，是以日本为主要基地，因此对于日本的扶助，必然的要不遗余力地去做。美帝除了在政治上“拖延对日和约”、倡言“单独对日媾和”以达到长久占领的目的，军事上大量地释放军阀战犯，装备日本武力外，特别在经济上，想依靠日本原有工业基础来遂行其经济侵略。而台湾在日本统治时代，就被造成了与日本不能分开的殖民地经济关系，所以要想得到日本的经济利益，必然地要附带上台湾。因此当日本投降以后，美帝对所占领的日本尚未开放私人贸易时，即与蒋政府订立合约，以台湾盐、糖等输日。其输日数

① 1948年7月3日，《新路》杂志第一卷第八期：《台北经纬》。

量，自日本投降起至1949年10月止，台糖外销的七十三万吨，大部运日，其中，1948年、1949年两年中，即运赴日本五批共二十七万吨。而台盐，仅1949年即达二十五万吨。此外，尚输日肥料、矿石、香蕉、黄麻等。据蒋驻日代表团商务处长邵逸周称：1949年台湾对日输出贸易总额达美金三千万元。可见美帝是在努力扶助日蒋，以为其侵略事业服务。

1950年以来，台方曾向美帝提议：许日商直接赴台贸易，立刻得到“麦魔”总部贸易课副课长海尔的欢迎，不久就实行了对日私人贸易的开放。5月间，就由台方首先拟定了“台日贸易协定”，派人携赴日本商谈。8月间，“麦魔”总部的官员马奎特即与蒋的财政“官员”开会讨论扩大对日贸易的问题，并签订协定，据蒋“中央社”台北8月17日电说：

> 对日贸易协定，最近期内即将签字，贸易总额为六千万至八千万美元，台湾将供给日本以糖、盐、香蕉及食米。

此外，美帝并还假借为了经济贸易的目的，命令日本政府组织“东亚贸易学会”，以掩护设立间谍机关。这个间谍组织的任务，是在东亚各国进行反革命的阴谋破坏活动，是由日本和国民党的特务所领导，首领是前日本关东军参谋部动员部长岩下上校。岩下是一个曾在上海、南京和北京住过的老牌的日本侵华法西斯分子，并在9月间到香港与国民党在港残部策划组织所谓中日同盟，阴谋进行破坏中华人民共和国。美帝是想在经济基础上使日蒋同流，为其侵略的爪牙。

美帝的走私行为促使台湾民族工商业凋敝

美帝对台湾最卑鄙的经济侵略，就是向台湾大量地走私。这种走私的来源不外是：（1）美帝商轮水手的夹带；（2）美军军舰及军用飞机人员的夹带；（3）用邮包夹寄；（4）职业走私者；（5）外交人员利用特权夹带；（6）以美援及转让物资掩护走私。其走私的总数量相当惊人，据台北关公开发表的1948年度上半年缉私统计，半年间已缉获私货一五五四件，估价值台币五亿五千余万元，其中绝大部分是美帝走私物资及美帝通过日本的走私物资。这些走私物资的充斥，促使许多台湾民族工商业走上凋敝的道路。

美帝用这些种方式，加紧对台湾的经济侵略，其结果必然如伊凡诺夫在《台湾发生了什么事情》一文中所说那样：

> 台湾——东方的糖厂——的经济现在处于下降的状态，食糖工业遭到了

限制，台湾只有七百万人口，而失业人数竟达八十万，三百种小型企业中有三分之一停了工，而其余正在苟延残喘之中，美国的强盗及他们的国民党走卒统治了一切他们能够到手的东西。

第四章　美帝武装力量侵占了台湾，这就构成了对中国公开直接的武装侵略行为

美帝对我国领土台湾，不仅进行了政治的和经济的侵略，更以公开的和隐蔽的方式来构成其对台湾武装力量的侵略行为。

隐蔽的侵略方式

美帝首先採取了以下两种隐蔽方式：

1. 尽量供给蒋介石以一切军用物资。

自日本投降以后，至1948年11月中旬为止，美帝为了帮助蒋介石进行内战，所给与的金钱与物资的援助，共达四十三亿四千六百余万美元，其中包括贷款六项，物资援助九项。1948年12月间，又由美驻菲大使柯温、蒋驻菲大使陈质平与季里诺举行了三角会议后，大批的美造武器就开始由菲运台。而在1949年，当蒋介石已被赶出大陆后，就较前更具迫切地需要美帝的援助，以苟延残喘。因此于11月中旬，首先由特务头子郑介民赴美商洽，由战犯俞大维讲定具体条款，订立了美蒋军事协定。该协定中规定：美帝供给蒋方十六艘战舰，五师兵力的军火配备，台湾全省的雷达设备、飞机及修理设备等；并把美国国会通过了的七千五百万元美援和一千万元马歇尔计划的援款拨给蒋方。其交换条件是：蒋方必须依照华盛顿美帝的意旨改组伪政府，即以吴国桢、孙立人分别掌管台湾军政，并且允许美军代表团与闻蒋方的军政经济决策，甚至规定如蒋在军事上失败，台湾即以请求联合国代管为名，交由美军占领。

1950年以来，美帝为了破坏中华人民共和国，在3月29日，由美国轮船公司“俄勒冈”号货轮装载军用机所用辅助汽油箱七百零八个，运往台湾，另外一批用以进行轰炸中国人民的飞机汽油，当时也在运台途中。从1月到5月，则先后运到台湾坦克七百一十八辆，其中包括M-8型、M-5型和水陆两用坦克。这些坦克

的造价是每辆五万八千美元，而从国民党残部那里只取一千美元，同时又由日本运去了价值二十万美元的有色金属。

这些接连不断的“物资供应”使得在运输上发生很大的困难，因此在同年8月间，由麦克阿瑟与蒋介石订立了一个“军事合作决定”：成立一合作机构，以解决补给、运输、调配等工作，并立即开始筹备。[①]

美帝之所以如此大量地供给蒋以金元、武器装备，其目的就是想把台湾变成它的兵工厂、兵营和海空军基地。

2. 美帝分子大批侵入台湾。

1945年10月，美陆军情报部摩根上校，动员了许多特务人员（包括日台籍情报员）到台湾各地调查日军的各种军事设备及台湾地理形势。1947年8月，美帝的侵略专家魏德迈到台湾，并赴台湾西南海岸作很详细的调查后，即在台湾建立了中美军事联合基地。10月间，驻马尼拉的美军司令曾秘密到台湾，与魏道明、彭孟缉、钮先铭等会商军事问题，随后又有许多侵略分子接二连三地到达台湾。

由于蒋在大陆上的力量基本上已被消灭，更需要大批美帝侵略分子去台。1950年1月，由郑介民聘请美顾问团到台，同月15日，专负侵略各国责任的美无任所大使耶赛普到台作详细访问。月底，麦克阿瑟派空军情报员范敦浦尔到台北搜集重要情报，供给在东京的美帝的四参谋长作参考。到2月底，美帝在台湾的陆军人员有二十余人，并另有蒋方所雇用的“国际志愿队”的美、日海空技术人员百余人。这些人是为研究和计划台湾防御、提供作战意见、指挥和协助蒋方对我国大陆进行轰炸和封锁的罪恶目的而来的。3月中旬，又有美技术军官数人及士兵二十余人抵台。到8月底止，这种容纳大量侵略分子的机构日益增多，主要的有以下几种：

（1）以麦克阿瑟总部的副参谋长福克斯为首的“美国军事联络组”。福克斯系于1950年8月4日奉麦克阿瑟命令到达台湾，8月8日，该组织即正式成立，其办公机构设于“台湾防卫总部”内。该组人员有福克斯带来的二十六人，及麦克阿瑟派去的大批官员。据当时台“中央社”台北消息：“军事联络组这一名称，不久或将改为更切合实际一些的名称，因为这一组织将有权指挥美国在台湾的海军和空军，也就是说，协助防卫台湾的美第七舰队和第十三航空队将由现在的联络组控制和指挥。”为实现上述目的，不久，“军事联络组”即改称为“美远东

---

① 1950年8月16日，《新观察》杂志第一卷第四期，新闻札记，据8月6日台湾电台消息。

军事驻台考察团”，并调准将康克灵任团长。

（2）美帝第十三航空队的指挥机构。该机构系以美帝第十三航空队司令滕纳为首，于1950年8月7日在蒋空军总司令部内成立，并已“处理中美空军间之联络及联合作战事宜”。

（3）以布克莱为首的“美国通讯队”。该队现有军官十人及士兵十七人，地址设于台北，美帝远东通讯指挥官贝克维特和福克斯，监督该通讯队的组织工作。

（4）美帝第七舰队司令史枢波的代表格兰特，也于1950年8月4日到达台湾，负责进行美蒋海军的配合工作。

此外，美帝在台还有两个军事侵略机构：一是以贾芮德少将为首的“军事代表团”，这是继续巴大维活动的组织；一是以纽约“中国商业国际公司”的顾问和专家名义，到台湾协助国民党残部筹划最后挣扎的军事顾问，其中包括前海军上将柯克和前陆战队准将潘佛，全团共二十八人。据台“中央社”香港5月20日电称：其中三人已出发至台省各地作实地研究，其余暂留台北，与有关方面就“急切问题做详尽探讨”。这个纽约“中国商业国际公司”的主要目的是：“一面使台湾现有物资及早充分发挥最高作用，一面彻底调查急需的物资种类和数量，设法在最近期内获得补充。”

由于这些侵略分子的日益增多，蒋方除已设立和扩充招待美军的各种机构和设备外，并特地制定了许多办法来侍奉它的主人。以基隆为例，“中美联系合作工作”为：（1）设市联络部，（2）组织巡逻队，（3）指定登陆码头，（4）设立美军官休息处，（5）筹设美军服务社，（6）指定食饮店，（7）管理导游员，（8）设立询问处，（9）扩充特种酒家，（10）供给有关资料等。

这样，大量的美帝侵略力量布满了台湾全岛。

公开的侵略方式

然而，美帝对台湾的侵略，由于“中国人民的力量的日益强大与蒋介石反动残余分子的覆灭在即，间接隐蔽的侵略方式已经不能保证达到这一目的”，因此它不再“继续采取通过蒋介石傀儡政权来进行比较隐蔽的侵略方式，而必须采用公开直接的武装侵略的方式，来达它控制台湾的目的”[①]。所以除了上述那些隐

① 1950年11月28日，伍修权代表在联合国安全理事会控诉美国武装侵略台湾的发言。

蔽侵略方式依然保留外，并加强了公开武装侵略中国领土台湾的行动：

1. 美帝直接控制了蒋介石的残余武装。

陆军力量伸张，是美帝较有力的侵略武器。所以，美帝在1946年10月25日前后，就由麦克阿瑟与蒋介石、宋子文在台北草山宾馆密商出卖台湾的条件：国民党政府承认美帝在台湾的特殊地位，准许美帝在台湾建设军事基地。这是美帝在第二次世界大战以后军事侵台的先声。

当中国人民解放军在北方大陆逐步获得胜利的时候，1947年6月，原先在大陆协助蒋进行内战的以巴大维为首的军事顾问团从南京跑到台北，8月间即开始协助蒋训练新军。这些顾问团的军官们借口寻找营地，整日到台湾各地去勘察地形。另外又在台北和高雄的“励志社美军招待所”成立“美国情报处”，一些从东北、华北和沪宁一带撤退下来的美国特务，都集中到这里，继续从事破坏新中国事业。

1950年以来，最值得注意的是7月末麦克阿瑟的飞台，这个杀人的强盗在7月31日乘“巴丹”号专机到台湾，和蒋介石在台北草山密谈到深夜，又连开三次会议，在台停留了二十二小时后即返东京。蒋方随即宣称中美合作军事基础已奠定，将四十万残部交美直接指挥使用，由在8月16日从驻台联络组扩大的“美国远东军事驻台考察团”负责指挥。当时该团已有团员百余人，团长仍由福克斯担任，二十二日始改调康克灵担任。同时订有军事密约，其要点如下：

> （一）战事一旦爆发，台湾基地由美日蒋匪等共同使用；
>
> （二）由麦克阿瑟把冲绳岛美国军事物资转交蒋匪，装备新军；
>
> （三）配合蒋匪新军反攻大陆，反攻地区分配为：日本在东北，美帝在华东，蒋匪在华南；
>
> （四）蒋匪一旦能在大陆立足，台湾就交由美国处理；
>
> （五）战争结束后，东北割让与日本，沿海地区割让与美帝。具体方案由麦克阿瑟执行。[①]

除此以外，美帝更直接派了武装部队到台湾，这些部队中，包括了以前日本的许多法西斯侵华分子，如：前驻华北派遣军司令官根本博，前海军少将吉田，前汕头特务机关人员日高，前台湾总督南方协会干事木村等六七个人。另有一些

---

① 1950年9月2日，《展望》杂志第六卷第七期，林岳：《魔掌侵扰后的台湾》。

日本士兵，是以每名月薪日元六万，出发津贴十万，服装费十万，旅费二万，阵亡抚恤费一百五十万骗来的，准备在日后以偷天换日的手段将其变为蒋军，来侵扰新中国。[①]

美帝为了加紧侵略我国领土台湾，与国民党在1950年10月间成立了“联合作战参谋部”。据电通社11月8日电引东京美国人士传出的消息说，这是杜鲁门与麦克阿瑟10月15日威克岛会谈的第一个实际结果，由于美蒋“联合作战参谋部”的成立，美帝实际上已将国民党军队置于其直接控制之下了。

2. 美帝舰队肆无忌惮驶行中国领海。

远在1945年日本投降时，美帝的第七舰队就被派到中国来帮助蒋介石运输军队。1947年12月6日，柯克又率领第七舰队重顾高雄、基隆。年底，美军舰“利斯号”开到基隆“访问”，其余白吉尔等海军人员也接连不断地借口访问，到台湾作过一番侵略的巡视。

1947年5月，蒋方准许美海军属于白吉尔舰队的一部分得常驻基隆港，并在此修建了基隆的水上机场。8月，魏德迈到台“视察”以后，鉴于台湾形势的重要，就在12月18日与蒋订立“中美海军协定”，美帝取得了在基隆、高雄建设海军基地权。蒋方的海军部在签约后立，即下令高雄地区海军司令部，将房屋设备等让出一部分，供美海军基地指挥部之用[②]。这是美帝在台湾确立其海军侵略根据地的开始。

1948年春夏，美帝驻青岛的柯克舰队和驻菲的驱逐舰Shenterland、Franknos号分别“访问”台湾，作实地调查。此外，并以协助蒋海军的名义，由美海军监督修建高雄左营军港。左营是日寇在太平洋战争中以十年计划开始建筑而未完成的远东第一军港。

1949年春，当中国人民的胜利在大陆迅速推进的时候，残留在青岛的美海军舰队由白吉尔率领退到台湾高雄，在那里公开招收海军警察。当时，高雄港停泊美舰最多时曾达二十七艘。白吉尔更频繁地往来于台湾、东京之间，与麦克阿瑟及蒋介石商量封锁中国的港口。11月29日，美海军部为了增强其侵略力量，公开宣布将派出一艘二万七千吨的航空母舰和两艘驱逐舰至亚洲海面，以扩大其第七特种舰队，并称：“第七舰队构成一个流动的力量，随时用来支持美国的国策，

---

① 1950年9月9日，《展望》杂志第六卷第八期，谢爽秋：《粉碎美帝对台湾的侵略》。

② 1947年12月16日，《时代批评》杂志第四卷第九十六期，华甸：《论美援与华南建设》。

并且作为西太平洋的一个稳定力量。”

1950年6月27日，在美国总统杜鲁门所发表的一篇抹杀一切事实的声明中，命令那早已侵台的第七舰队公开侵略我国国土台湾。这支舰队，在杜鲁门声明发表的前夕即6月26日，即已在台湾海峡“巡逻”。美帝的军舰，公然在我国领海内肆无忌惮地游弋，难道说还不是侵略吗？事实俱在，杜鲁门的声明不过就是侵略事实的报道或供状。接着，第七舰队司令史枢波，于7月8日到台北与战犯蒋介石、桂永清、周至柔、王叔铭等举行两天会谈，进行出卖台湾的交易，其讨论的问题包括：（1）将台湾作为美国的海军基地，（2）交换情报与谍报，（3）第七舰队与国民党空军之间的合作，（4）台湾防务问题。结果，在原则上，是当“台湾受攻击时及海军空军巡逻台湾海峡和中国大陆海岸时，要合作并采取联合行动，第七舰队将继续担任防御攻击台湾的主要角色”。同时将侵略范围扩展到金门等地。16日，麦克阿瑟正式宣布第七舰队开始在台湾海峡与南海进行“海空侦察”。8月5日，属于第七舰队的一艘巡洋舰、两艘驱逐舰和一艘运输舰驶抵基隆。月末，又开来一艘“圣保罗号”巡洋舰，由美第一巡洋舰队司令平弗特少将率领，该舰约一万五千吨，配有飞机四架、八寸大炮九门、五寸大炮十二门。这些侵略舰队在台湾大肆活动，其范围南起汕头北至青岛，海面长达一千浬。在9月间，并先后进行了两次演习：第一次是从9月5日到9日，参加的有巡洋舰“圣保罗号”、“久宁号”及“八六〇”、“七六五”两驱逐舰，地点是在台湾海峡；第二次是9月18日到20日，参加的除前次二巡洋舰外，另有“八五八”、“八五九”两驱逐舰。演习完后，即开回基隆。这种公然的事实，都证明了美帝的侵略行为。

3. 美帝在台建立空军网以妄图进攻中华人民共和国。

1945年11月27日，美蒋订立了“美国在华空中摄影协议”，允许美军在我国台湾及内地各省从事空中摄影，为美帝在第二次世界大战后以空军侵台的发轫。同时，第十三航空队也被派来台，这支航空队平时拥有B–47型轰炸机四架、C–46型运输机二架，分驻台北、屏东和台南，每天在台湾、马尼拉之间飞行，借口测验太平洋的气流，实际是在测量台湾的地形图（1947年完成），并熟悉菲律宾、台湾、日本间的航线。而陈纳德的“飞虎队”也经常出现于台北。

1947年，蒋方又在台中为美帝开辟了专供飞行堡垒用的机场。8月间，又由美空军从马尼拉运来飞机用油三万桶，足以维持二十万小时飞行航程三亿六千哩所需。1948年7月5日，台南机场禁止中国民航机使用，完全交给美帝，并自菲律宾运来蚊式飞机二百架。10月间，台湾最大的“台北飞机场”也成为第十三航空队的基地。在台湾，美国机场遍布全境。

1950年以来，美帝为了扩大所指挥的国民党残部对新中国的破坏与骚扰，首先就由麦克阿瑟在4月间撮合蒋介石与李承晚，让蒋匪利用南朝鲜的空军基地来轰炸我国。4月18日，蒋派吴铁城经东京到南朝鲜去，据美《基督教科学箴言报》驻东京记者专电说：

> 蒋介石正经由现在汉城的他的手下的军政助手们同李承晚谈判，以签订一项协定，规定国民党可使用南朝鲜的基地对中华人民共和国作战。

其次，美帝除了在1949年6月间，从日本招来由前日本华中航空公司驾驶员加贺山太郎率领三百名飞行员来台外，又阴谋组织“国际航空队”，据合众社记者4月30日自美圣路易城所发出的电讯说：“在胚胎中的国际航空队的官员们和陈纳德航空公司的人员们，曾于4月29日在圣路易集会，以制定积极援助中国国民党的计划。”这个航空队的人员和装备，据前电同时报道说：

> 该航空队有美国制的F-51式战斗机、B-25式轰炸机和英国制的兰开斯特式轰炸机。该队行政官员是前美国海军陆战队的人员，其他人员是美国、加拿大的一批亡命之徒。

至于经济问题，则由国民党予以财政的支持，其队员的待遇，都与美军官相同，但另加百分之三十的“冒险费”。

自从6月27日杜鲁门公开发表武装侵台的声明以后，8月间，美帝即把在冲绳岛的大部分喷气式飞机移至台湾，并在台北西南三十公里的新竹建立基地。这些飞机曾于8月4日作过示威飞行，其十三航空队司令滕纳和一部分地勤技术人员也相继到台，这些台湾的侵略者毫无顾忌地在执行他们的侵略任务。从许多电讯中，都可以证实这一侵犯我国领空的滔天罪行，如法新社香港9月11日电说：

> 据从天津抵此的巴拿马商船的船员告诉法新社记者说，美国空军在整个中国海上空巡逻并远及中国海岸。这位船员说，十天前，美国飞机在离山东省海岸十五浬的地方，曾数度在该船上空飞过，在通过台湾海峡时，美巡逻机又监视该船。

又如路透社香港9月13日电说：

据北方来的春恒轮上的船员们谈，美国第七舰队的飞机开始昼夜在台湾海峡巡逻，许多船舶都经过美国观察机的仔细侦察。船员们说，该轮于9月11日经过汕头时，一架大飞机飞得很低，向它发出信号。

美帝就正以这样隐蔽与公开的武装侵略方式，来攘夺中国国土，企图挽救它注定死亡的帝国主义的命运。

第五章　中国人民坚持战斗，取得伟大的民族独立斗争的最后胜利

美帝对中国领土台湾这一连串疯狂的罪恶行为，已激起了久经考验的中国人民极度的愤恨。一百年来，中国人民的无数次对敌人作生死斗争的事迹，证明了中国人民是有着爱祖国的优秀品质，与英勇斗争的精神，同时也证明了中国人民是“既不受帝国主义的利诱，也不怕帝国主义的威胁”[①]。

对于美帝1950年6月27日的无耻声明，中华人民共和国总理兼外交部长周恩来立即作了很严正的抗议和声明说：

不管美帝国主义采取任何阻挠行动，台湾属于中国的事实，永远不能改变，这不仅是历史的事实，且已为开罗宣言、波茨坦宣言及日本投降后的现状所肯定，我国全体人民必将万众一心，为从美国侵略者手中解放台湾而奋斗到底，战胜了日本帝国主义和美国帝国主义走狗蒋介石的中国人民必能胜利地驱逐美国侵略者，收复台湾和一切属于中国的领土。[②]

这个声明发表后，立刻得到广大人民热烈的拥护，全国各阶层各党派各团体人士都积极起来响应。这许多前所未有的动人事实，都可以证明中国人民如今已经是在帝国主义面前雄壮地站立起来，发出使人震悚的吼声了。

美帝对台这一侵略行动，正如苏联葛罗米柯副外长所说：

美国政府的这一行动，大大违反了美国政府已在其上签字的关于台湾乃是中国领土的开罗及波茨坦两项国际协定，而且违反了杜鲁门总统本年1月

① 1950年6月28日，中央人民政府委员会第八次会议上毛泽东关于杜鲁门声明的讲话。

② 1950年6月28日，周恩来外长对杜鲁门声明的声明。

5日所说美国不干涉台湾事务的声明。[①]

是的！这是美帝一种不容于全世界爱好和平的国家与人民的无理行动。中国人民有权告诉美帝："台湾过去是现在是将来仍然是中华人民共和国的合法领土，中国人民必将继续努力以解放台湾，并且必能驱逐美国侵略者而解放台湾。"[②]

美帝对台湾这一连串侵略行动，其结果是必然会遭致失败的。它们自己早就想到，在1949年12月23日美国国务院所发出的秘密文件中，就说如对台湾采取侵略行动，那就会使"美国陷于一个长期的冒险，最好只能产生一个刀枪林立的僵局的新地区，最坏可能把美国拖入公开的战争中"[③]。预料得很对，美帝对台湾的侵略，是在往死亡的道路上行进，但是这个腐朽的帝国主义者是不会自动退出历史舞台的，它是要一日比一日更快地被送入坟墓中去的。

至于台湾的中国人民，由于二三百年不屈不挠的战斗事迹，证明了他们都是"勇敢坚决爱国爱自由的人民"。他们早已憎恶了美蒋联合的反动统治，当他们看到美帝供给蒋介石从事屠杀人民的一批轻坦克时，他们就说：

> 大陆上的解放军对台湾的进攻行动一旦开始，全岛的公路和桥梁大概马上有人予以适宜的破坏，使这批废物无法调动，就像目前这样有如小碉堡一般地分驻在海岸港口。[④]

台湾人民相信，"不管蒋介石及其小暴君们的迫害是如何的残忍，但总不能摧毁台湾人民爱好自由的精神，在这个岛上存在着为自由而斗争的战士与爱国者们的团体，他们正在对蒋介石集团及其美国主子们进行着斗争"[⑤]。台湾的革命领袖谢雪红在她的报告中说：

> 中国人民尤其是台湾省人民有权要求美国政府必须立即自台湾撤出其一切武装军队，并加紧努力来支援解放台湾，击破美帝侵略的野心与阴谋……

---

① 新华社北京1950年7月5日电，据塔斯社莫斯科4日电讯。

② 1950年6月29日，《人民日报》社论：《斥帝国主义强盗杜鲁门的非法声明》。

③ 合众社东京1950年1月3日电。

④ 1950年9月2日，《展望》杂志第六卷第七期，林岳：《魔掌侵扰后的台湾》。

⑤ 新华社北京1950年7月4日电，据塔斯社莫斯科1日电，引文学报载伊凡诺夫：《台湾发生了什么事情？》。

台湾省人民以无比愤慨的情绪，势必加紧团结起来，为反对美国侵略，为消灭蒋匪帮的反动统治，和争取台湾的早日解放而奋斗到底。[①]

这是所有台湾人民的呼声，也是台湾人民击破内外反动派有力的号角！

当苏联代表在联合国提出了美国侵略中国的控诉案后，旅日台湾籍华侨代表会议为了表达台湾人民真正的意志，就由甘文英、曾森茂、吴荣藏等十二人代表了四万名旅居日本的台籍华侨向联合国提出下列的要求：

一、应确证台湾是中国领土不可分的一部分；

二、立即采取措施，制止外国直接干涉台湾的非法行动；

三、如果没有能对中国人民负责的中国代表团参加联合国大会或安全理事会，不得采取关于台湾任何行动，如采取任何其他行动，将被所有的中国人民认为无效。[②]

这个要求，是台湾人民对帝国主义预先的警告。使它们知道台湾人民的真正意志是永远不会承认那些民族败类如廖文毅之流所说的“托管”“独立”，以达到美帝侵略台湾的这一目的。

苏联的正义提案，在10月7日联合国第五届大会正式通过，并邀请我国代表参加。11月28日，我国代表伍修权等便以历来中国外交家所未有的伟大气质出现在联合国安理会上，并作了震惊世界的长达两万余言的发言，痛斥美帝侵略我国领土台湾的罪行，昭告全世界美帝侵略我国领土台湾的真相，提出了三项建议，即：

一、联合国安全理事会公开谴责，并采取具体步骤严厉制裁美国政府武装侵略中国领土台湾和武装干涉朝鲜的罪行。

二、联合国安全理事会立即采取有效措施，使美国自台湾完全撤出它的武装侵略力量，以保证太平洋与亚洲的和平与安全。

三、联合国安全理事会立即采取有效措施，使美国及其他外国军队一律撤出朝鲜，朝鲜内政由南北朝鲜人民自己解决，以和平处理朝鲜问题。[③]

---

① 新华社上海1950年9月17日电，谢雪红：《台湾是中国的领土，绝不容美国侵略者染指》。

② 新华社北京1950年10月5日电，据塔斯社2日讯。

③ 1950年11月30日，《人民日报》。

虽然这个词严义正的提议在安理会美英集团操纵下被无理否决，但是，不论如何，中国人民是有信心打败侵略者，以解放台湾的。

是的，台湾是必须解放的，我们中国人民也坚决相信会必然解放的，因为中国人民有着自己强大的武装力量——人民解放军；光荣的革命传统；举国一致对敌人的敌视、仇视、蔑视的心情，热烈地来响应毛主席的号召："全国和全世界的人民团结起来，进行充分准备，打倒美国帝国主义的任何挑战。"[①]每一个中国人民都发挥了自己所有的力量，坚持战斗。那么，毫不容怀疑的，是会取得伟大的民族独立斗争的最后胜利！

后记

一、本书所收的材料，上起1945年日寇投降，下迄1950年止。

二、材料的来源主要是期刊和报纸，图书较少。

三、本书每章的标题，都是摘用伍修权代表在安理会控诉美国武装侵略台湾的发言中的语句。

四、本书的第一章和第四章，都曾先后在北京《光明日报》及《人民日报》刊登过，为了使其能成一整篇，所以又收进来作为其中的一章。

五、本书因编写时间匆促，写好以后，又没有经过详细修改和补充，所以材料很不完全，论述也可能有不妥之处，希望能得到更多同志的帮助和改正。

六、本书有些材料都注了出处，大部分未注出处而加括号的，都是根据新华社通讯稿。

七、荣孟源同志向本书提出了一些意见，杨子兢同学帮助抄写和校对，都在此表示谢意。

《美帝侵略台湾简纪（一九四五—一九五〇）》　来新夏编著　历史教学月刊社1951年版　知识书店发行

① 1950年6月28日，中央人民政府委员会第八次会议上毛泽东关于杜鲁门声明的讲话。

刘铭传与台湾开发

——兼论历史人物评价应从大节着眼

台湾建省之前

清康熙二十二年（1683），清朝政府统一台湾。次年，即正式将台湾南部和属岛隶属于福建巡抚统辖之下，在台南设立台湾府，设知府一员，并设台厦兵备道一员，兼管教育、司法；下设台南、诸罗（嘉义）、凤山三县，各设知县一员；以澎湖为防，设巡检；并在鹿耳门设海防同知等官。但是，这些官员并没有做多少有益于台湾开发和经营的事务，而专事搜敛钱财，曾引起台湾人民的不断反抗；加以台湾资源丰富，长期为帝国主义侵略者所垂涎，于是清廷于康熙四十七年（1708）开始开辟台北，四十九年（1710）乃在淡水设置防兵，五十五年（1716）又进而开辟台中。这一阶段重在开辟而尚少建设。

清政府真正着手经营台湾始于光绪初年。当时已有人感到侵略者的觊觎，逐渐引起朝野的关注。光绪十一年（1885），左宗棠奏请改台湾为省。这一建议经过王公大臣各省督抚的讨论，终于决定建省，并以福建巡抚刘铭传为首任台湾巡抚。这是刘铭传人生旅程中所获得的第一次机遇。

刘铭传，安徽肥西人。道光十六年（1836）生，光绪二十一年（1895）卒。以军功起家，是李鸿章淮军手下“铭军”的首领。平生极重建功立业，曾自誓说：“生不爵，死不谥，非丈夫也。”综观其一生事业荦荦可数者，约为三端：镇压起义，抗法保台，开发台湾。其中开发台湾不仅是刘铭传事业的最亮点，也是晚清时期最值得纪念的历史光彩，更是台湾史上不可磨灭的丰功伟绩。但以往在中国近代史的研究中，却一直未予足够重视。近年以来，随着历史的推移，刘铭传的研究逐渐为学术界所关注，尤其是当前统一中国、振兴中华的思潮日显蓬勃之际，更需要学术界开拓探究空间，加深对这一课题的研究。

刘铭传开发台湾

光绪十一年（1885）刘铭传在接到建省任命后，虽因考虑建省条件尚未完全具备而奏请缓建，提出了“办防、练兵、清赋、抚番”等四大重点，积极进行建省的筹备工作。次年即设立善后、法审、官医、伐木各局。光绪十三年（1887），正式施行建省各项措施。刘铭传在任六年，取得了辉煌的成就，过去曾有不少学者对此有所论列，已大部分见收于《刘铭传在台湾》（上海社会科学院出版社）一书，本文不再过多地重复，仅举数例以说明其建树。

1. 成立省的各级组织机构。据《清史稿·地理志》所载，设省治于台湾（今台中市）；另建布政使和按察使，分管行政、司法。改变初期的行政区划，设台南、台北、台湾三府及一台东直隶州（原卑南厅）。三府下辖十一县（安平、嘉义、凤山、恒春、淡水、新竹、宜兰、台湾、彰化、云林、苗栗）三厅（澎湖、基隆、埔里社）。

2. 在基隆与恒春间修筑铁路。刘铭传的筑路思想形成较早，在他上任五年前，当中俄伊犁之争时，他就申论筑路与军事的重要关系，认为筑路是练兵造器的“机栝”所在，铁路对用兵是急不可缓之事。而当他开发台湾时，又进一步将筑路与“繁兴商务，鼓舞新机”联系起来，将筑路视为开发台湾的首要事务。经过奏请奔走，抵制各种诽谤诬陷，终于在光绪十三年（1887）七月获准成立“全台铁路商务总局”，于是积极着手制定《商办台湾铁路章程》，开展以商股为主的招商活动，特别是引进侨资，为前所未有的创意。接着，又选聘人才，订购铁轨、桥梁、客车、机车。虽然基隆台北段在他离任后的光绪十七年（1891）通车，台北新竹段在十九年（1893）通车，使刘铭传未能乐观厥成，但这种修路兴商的思想与我们当前“若要富，先修路”的思想正相吻合而具有超前地位。这条铁路是全国最早自己筹资、自己兴造、自己管理的铁路，它的创建者刘铭传确实功不可没。

3. 创立西学堂及电报学堂。刘铭传鉴于建设中急需人才而往往借才异国，所以准备培养自己的实用人才。于是在他就任之始，就在台北设立直属于巡抚的西学堂，教习外语、史地、测绘、算学、理化和汉语等实用课程，以适应开发建设之需。光绪十六年（1890），在他即将离任之际，又设电报学堂为沟通信息培养专业技术人才，为开发台湾奠定了人才基础。

4. 整理田赋。光绪十二年（1886），设南北清赋总局，清丈土地，编订保甲，仿行一条鞭法，确定田赋，发给丈单，按单征赋，经三年完成，使田赋由原来的十八万两增至六十七万余两，对减缓协款银的牵掣起到应有的作用。

5. 增强海防。光绪十一年至十四年间，在澎湖、基隆、安平等地增修炮台，购置数十门新式大炮，设立制造军械火药的机构。

6. 颁行邮政。光绪十四年（1888）设立台湾邮政局，发行邮票，购置邮船，通行于台湾各港口及上海、福州以及海外等地，传递文件，沟通信息。

7. 设有关财政经济的招商、煤务、樟脑、石油、硫磺各局以开发资源，开放茶叶市场以发展贸易。

……

这些建设计划都是适应时代要求，吸取国外有益经验，有利台湾走向开辟发展兴旺道路的措施。但是刘铭传面临着三方面的压力：一是吝啬的清政府感到凭空增添了一笔有关新措施的支出；二是朝廷中的旧官僚认为这是“夷化”，制造攻击舆论；三是开发资源，侵犯了当地绅商的既得利益。刘铭传受到各方的压力与牵制，整个计划难以完全顺利地推行，终于在光绪十六年以病辞职。继任的邵友濂因循畏葸，无所作为，台湾的开发建设终告中断。

对刘铭传开发台湾的评价

对历史人物的评价，有的可以进行全面地历史地评论，有的则可择其一生中最光辉的亮点，论其贡献，激励后来，那就无需详论其功过。我们历来习惯于在评论历史人物时，常用一分为二的方法，这固然是对的。但我认为，任何历史人物在后世看来均有其时代的局限性，而当论及有些人物突出的历史贡献和功业时，可以不必不论前提、不分场合，人人均加上一个不足的尾巴。如林则徐是功绩彪炳史册的民族英雄，尽可以宣传其反侵略的爱国行为和关心民瘼的民本思想，用以鼓舞我们在和平崛起进程中，树立以爱国主义为核心的民族精神，不必在充分肯定之余，又强调他在陕甘和云贵某些镇压反抗等所谓的历史的和阶级的局限等等不足之处。又如评论抗战爱国的国民党将领，哪一个没有反共的历史，但从民族立场的高度考察，我们宣传和表扬他们的抗战功绩时，也可不及其他。

我认为对历史人物虽然要作全面的历史的评价，但应从大节着眼以论功过，如刘铭传曾有镇压太平军、捻军的罪过，但他有抗法保台、开发台湾的重大民族功绩。我们固然可以一分为二地全面论述刘铭传的功过，但当论其开发台湾时，似乎不必在整个论述后面，“但书”其另一面。过去有些史家对刘铭传开发台湾，即突出论其功业而略其他，如台湾爱国史学家连横在写作《台湾通史》时，特为刘铭传立了专传，详尽地论述其开发台湾之功，并以史家笔法总评其功绩：

> 连横曰：台湾三百年间，吏才不少，而能立长治之策者，厥惟两人。曰陈参军永华，曰刘巡抚铭传，是皆有大勋劳于国家者也。永华以王佐之才，当艰难之局，其行事若诸葛武侯。而铭传则管、商之流亚也。顾不获成其志，中道以去，此则台人之不幸。然溯其功业，足与台湾不朽矣。

陈永华是帮助郑成功收复台湾、经营台湾的功臣，连横不仅以刘铭传与其相并列，更将刘铭传提高到与古代改革名家管仲、商鞅比肩的地位，可谓仰之弥高。而对其“不获成其志”表示无限的憾意。即使如此，对刘铭传开发台湾的功业仍认为“足与台湾不朽矣”，给予了超越陈永华的极高评价。《清史稿》不仅将刘铭传置于淮军诸将类传中的突出地位，并在传尾史家的论赞中评称：“刘铭传才气无双，不居人下，故易退难进，守台治台自有建树。”充分肯定其守台治台两大功业而略其镇压起义的事迹。1926年，商务印书馆曾出版袁克吾所著《台湾》一书，作者在其专著中论述刘铭传之成就说：

> 刘为安徽合肥人，富于创造力，思想稳健，饮酒赋诗，有儒将风。治台之声誉载道，东西人士皆敬之。任职之时，劈头计划，即移台南之政厅于台北，以为省会。划一民地番界，招抚内山之番人垦开荒地。设学校，以致番童。尝抱“德以怀之，威以畏之”之义临番人。此外如军备之整顿，交通之扩张，农工商业之奖励，调查土地，改良地租，无不次第举行，是为台湾进化时代。

诸家不仅给予刘铭传以毫无异议的应有的正确评价，也给我们如何评论有特殊贡献的历史人物以启示。像刘铭传这样一位历史人物却长期以来未能在我们中国近代史的各类著述中给以一定的篇章，几近于湮没。直到近几年因台海问题的日益突出，方进入研究者的视野，而取得一定的成效。史学界召开有关的学术研讨会，当代史家撰写了大量的论著，对刘铭传几乎一致地给予认定与推崇，台湾著名史学家郭廷以曾说：“由于刘铭传的努力，甲午战前台湾成了全国最具有近代化基础的省份”，“刘铭传是近代中国的杰出人物，更是台湾史上应当特笔大书的人物。他的丰功伟绩实在不在郑成功之下。郑成功光复台湾，刘铭传除保全之外，还复予以建设。近代台湾的政治国防，经济交通，文化教育，均在他手中树立了规模，奠定了基础。”大陆史学界的研究状况也有明显的进展。致力于安徽历史文化研究的学者翁飞曾撰有《一九四九年以来大陆刘铭传研究综述》一文，概括了有关刘铭传研究的基本状况，对刘铭传防台、治台的功绩都持肯定态度。不仅如此，刘铭传事功的影响，源远流长，啧啧人口，台湾人民一直在怀念其功绩，台湾有以铭传命名的大中小各类学校。我在多年前访台时，还亲去访问过颇具规模的铭传学院，现已升格为大学。最近我托定居在台湾的胞弟亲自访问铭传大学的负责人，知道他们与刘铭传毫无宗亲、血缘与经济等方面的关联，只是仰慕这一人物对台开发的劳绩而已。在基隆尚有一条刘铭传路。当前，由于民族国家的统一已成为国家核心利益所在的重大问题，台湾问题日益受到重视，刘铭传又遇到身后再一次新的机遇，在新的历史时期，刘铭传自然地受到人们，特别是文史界的瞩目，影视、论述的相继出现，逐渐形成一种“刘铭传热”。这一次又借台湾建省一百二十周年之际，在刘铭传的出生地召开海峡两岸学者共同参与的纪念会，将更大地推动刘铭传研究的前进。我们坚信，通过两岸学者的努力，行将在中国近代史册上塑造一位熠熠发光的历史人物，增添一位值得纪念、值得研究的历史人物。

二〇〇五年九月写于南开大学邃谷

原载于《探索与争鸣》2006年第5期

连横《台湾通史》的爱国思想

一、三读《台湾通史》

连横的《台湾通史》是一部阐扬华夏文化，闪烁着爱国思想的历史著作，而我则因某些感情上和工作上的需要曾三读其书，亦称幸矣。

第一次是在近五十年前的1946年夏秋之际，当时，抗战胜利刚刚一年，台湾收复回归祖国已成现实，久郁胸中的爱国热情激昂奔腾，荡漾着急切企求了解台湾的渴望，于是借大学毕业后谋职之隙，求得商务印书馆战后第一版《台湾通史》二册，潜心通读了全书，乃粗知台事。

第二次是在五十年代初，那时因教学需要和刊物约稿而撰写《中日马关订约之际的反割台运动》和《中日甲午战争后台湾人民抗日始末》（后收入拙著《中国近代史述丛》，齐鲁书社，1983年）二文，遂重读《台湾通史》，而益有所得。

第三次是1994年初收到“连横学术思想暨学术成就研讨会”的邀请后，为撰写会议论文而三读《台湾通史》。

这三次通读虽然随着年龄、学识的增长而对这部著作有明显层次的认识；但对全书的宗旨却始终一贯地认为，它贯穿着一条极其鲜明的爱国思想主线。连横围绕这条主线，以大量的史实为据，写历史，写典制，写经济，写文化，写人物，使这部著作不是空泛的说教，而是一部血肉丰满，足以征信的学术著作。

撰写具有爱国思想著作的作者无疑当是爱国者。连横先世籍隶福建龙溪。明清之际，其七世祖不服清制，渡海迁台。连横（1878—1936）生于清光绪四年，卒于民国二十五年，恰值近代多变多难之秋。连横少读《台湾府志》而识台湾史事。光绪二十一年台湾丧于日本，连横方年十八，陷身敌区，复饱受践踏，家园遭毁，乃发之诗歌，有《过故庐诗》云：“海上燕云涕泪多，劫灰零乱感如何，马兵营外萧萧柳，梦雨斜阳不忍过。”用以明弃民之痛。国难家仇，萦绕胸臆，识存史所以存国之念，乃广收博聚先民有关台湾著述30余种，辑为《雅堂丛刊》，作教化人民之资。民国肇建，连横归国，“历禹域，入燕京，出万里长城，徘徊塞上”（妻沈璈后序），并入清史馆遍读台湾资料以充实正在编撰之《台湾通史》。二十年代左右，连横积十余年之功，成书88篇，计纪4，志24，传60，是为《台湾通史》，共36卷，近60万字，而台湾一方全史大备。1929年，他又遣子连震东回国效力。连横生平及爱国行迹远不止此，茅家琦教授所撰《〈台湾通史〉和它的作者连横》（收入《民国档案与民国史学术讨论会论文集》，档案出版社，1991年）一文已有详论，兹不赘述。连横正因有爱国实践，而后有其爱国著述，可谓斯人也而有斯作也。

二、肯定台湾归属权

维护国家金瓯不缺是爱国思想最切实具体的体现。《台湾通史》上起隋之大业，下迄清之丧失台湾，以开辟、建国、经营、独立四纪记绵延不绝之一千二百九十年间之行事，用以论证台湾之归属权。其《开辟纪》起隋大业元年，终明永历十五年（1661年，又为清顺治十八年。），征引诸史、文集，其记史事之荦荦大者如：隋帝之遣陈棱；唐诗人施肩吾之举族迁台并流传诗作；宋末零丁洋之败，残兵义士之浮海入台；元至元中之设巡检司，为我置吏行政之始；明永乐时郑和之率师入台等行事之百般辛劳，信如作者自序所言：“我祖宗渡大海，入荒陬，以拓殖斯土，为子孙万年之业者，其功伟矣。”是台湾与大陆之千余年血肉关联，实不可分。其《建国纪》起明永历十五年，终三十五年，记郑氏驱逐荷兰，入主台湾史事。荷兰踞台三十八年，终为郑氏所逐。于是建政权，奉明朔，为东南重镇。所谓“郑氏作之，清代营之”，台湾规模之大基乃定。其《经营纪》起清康熙灭郑成功至光绪二十年台湾沦丧。清于台湾“设府一县三，隶福建，府曰台湾，附郭亦曰台湾，南曰凤山，北曰诸罗，而澎湖置巡检，设台厦兵备道，驻府治，兼理提督学政按察使司事，分汛水陆，为海疆重镇矣”。乃锐意经营，于经济文化，各有革新。是纪以编年之体，记二百年之经营，可称详备，亦以见大陆与宝岛体制之一致，殆已无可争辩。其《独立纪》逐日排列光绪二十一年割台时台湾各地各类人员奋起反抗之情况，虽其事未成而民心所向，誓不附日之民族爱心毕呈，各纪之末，连横法太史公笔法而断以“连横曰”，皆以微言而申大义，如《开辟纪》之论台湾得名之所由始，反复论证，驳斥台湾之名出于荷人之谬说而断其名乃始于中国。综此四卷，无论纪事抑议论，均以台湾领土归属权为依归。至其他各专志及人物传亦时贯其旨，如《职官志》之记隋唐聚落，元明置吏，郑氏设官，清定省制，皆以明汉官威仪之行于台省也。是台湾之归属固已为千百年之旧事矣。卷二九《颜郑列传》，连横开篇即以史家之笔立论称：“台湾固海上荒岛，我先人入而拓之，以长育子姓，至于今是赖。”台湾之为中国领土不可分割之一部分，手此一书，殆已昭然若揭，不容置喙矣。

三、表彰反侵略英烈

《台湾通史》之写人物，多取其对台湾有贡献者，或开辟，或经营，或传播华夏文化，而尤重反抗侵略之英烈。其表彰之英烈，一为驱荷英雄郑成功，二为割台后诸抗日英雄。所叙事迹既详，而笔端常带感情。读之而不油然增爱国之情者，非心死者何？

连横于《开辟纪》记郑成功驱荷一战之果敢英勇，栩栩如生，跃然纸上。初郑氏之谋攻台湾，议者大多无充足信心。或言台湾无用，“不如勿取”；或言“以兵与敌”，“勿取为便”；或言“先统一旅，往视其地，可则取，否则作为后图”，而“诸将终以险远为难”。郑成功则力排众议，锐意进取，捩舵束甲，挥兵东渡。自永历十五年初至十二月，历时一年，终使盘踞三十八年之久的荷兰侵略者“率残兵千人而去，而台湾复为中国矣”。连横于纪末论郑氏勋绩称：“延平入处，建号东都。经立，改为东宁。是则我民族所肇造，而保守勿替者。然则我台人当溯其本，右启后人，以勿忘筚路蓝缕之功。”而在《建国纪》篇首复大书：“永历十五年冬十二月，招讨大将军延平郡王郑成功克台湾。”其气势如春秋华衮之笔。知人论世，可称秉笔直书。

清廷甲午败绩，割台辱国，曾引起台湾各阶层之反对，形成强大的反割台运动热潮。官绅唐景崧、丘逢甲等或色厉内荏，或鲜克有终。连横持平论史，以其人等有反割台及抗日之始意，乃为立传，各施褒贬。丘逢甲曾联合群绅，倡首上书云：“臣桑梓之地，义与存亡，愿与抚臣誓死守御。设战而不胜，请俟臣等死后，再言割地。”其气亦何壮也！故连横论其“慨然有报秦之志”。逢甲既总全台义军，驻部台北，粮糈粗备，本可背城一战，而败势方见，逢甲即离台以去，于是连横有“独惜其为吴汤兴、徐骧所笑尔”之叹。轻轻一笔足以见逢甲与真正以血肉荐献于抗日伟业之英烈，自有间矣。

其能浴血奋战，抗御日寇者，则惟二吴及徐、姜、林诸英烈。当割台议起，全台义士，纷举抗日义旗，号召忠义，各据形势，咸具灭此朝食之气概，全台为之震动。连横写诸英烈事迹，感情激越，笔墨酣畅，去顽斥懦，足励来兹。其《吴汤兴传》云：“及闻台北破，官军溃，祃旗纠旅，望北而誓曰：是吾等效命之秋也。”豪言壮语，励我士卒。其《徐骧传》历述战绩甚详，虽弹尽力竭，犹跃起而呼曰：“丈夫为国死，可无憾！”临危受命，义气凌霄。其《姜绍祖传》记：“绍祖世居北埔，家巨富，为一方豪，年方二十，散家财募军，得健儿五百，率以赴战。”毁家纾难而义无反顾。其《林昆冈传》记林之身先士卒，亲冒锋镝；及其决战，“指天而誓曰：天苟不欲相余，今日一战，当先中弹而死”，视死如归，诚无愧于执干戈而卫社稷之誉。至《吴彭年传》尤为连横浓墨重彩之笔，首论吴彭年“以一书生，提数百之旅，出援台中，鏖战数阵，竟以身殉，为足烈尔”。复胪述煌煌战绩，而殿以连横曰：“若彭年者，岂非所谓义士也哉！见危授命，誓死不移。其志固可以薄云汉而光日月。夫彭年一书生耳。唐、刘之辈苟能如其所为，则彭年死可无憾，而彭年乃独死也。吾望八卦山上犹见短衣匹马之少年，提刀向天而笑也。乌乎壮矣！”此近百字气势磅礴，碧血冲天，足为台湾抗日史篇大放异彩。

连横之表彰英烈，洒尽笔墨，不只记往，更勖来者。继吴、徐、姜、林之后，日踞五十年间，反抗迭起，诸多英烈虽未遑录入《台湾通史》，而所行事，无愧先人。连横当亲有见闻，得不拊掌而笑：《台湾通史》英烈传之后继有人也。

四、宣扬华夏文化

华夏文化涵盖哺育中华民族数千年，无论中原腹地，抑或开辟草莱，无不广被德泽。《台湾通史》有徐炳昶序，侃侃而论华夏文化之融化作用说：“台湾与

我闽疆一苇可通，其通中国也自隋，至今日千余年，即至明季郑氏与荷兰人之互争亦千有余年也。此千余年间我闽广人民与斯地土著逐渐融合之陈迹，虽史缺有间，而用近一二百年我侨民在南洋诸岛与土民融合之经历相比较，则不难想像以得。我国侨民在台湾者经历久远，至郑氏时与土人盖已融为一体。”徐氏乃寄希望于连横之撰《台湾通史》得使“吾先民千余年艰辛缔造之遗迹罔弗覼陈”。是以连横所撰《台湾通史》贯彻始终者，无不盛陈华夏文化之流播。各志所述均论及华夏文化对台湾开辟之意义，如《职官志》称：“夫台湾固我族开辟之土，延平既至，析疆行政，抚育元元，而我颠沛流离之民，乃得凭借威灵，安生乐业，此天之默相黄胄，而故留此海外乾坤，以存明朔也。”所谓“存朔”乃华夏文化之表征。所设职官悉依内地旧制，康熙三十年诏曰：“台湾各官自道员以下，教职以上，俱照广西南宁等府之例，将品级相当现任官员内，拣选调补。”其《典礼志》称：“台湾为海上荒服，我延平郡王辟而治之，文德武功，震烁区宇，其礼皆先王之礼也。至今二百数十年，而秉彝之性，历劫不没，此则礼意之存也。”其庆贺、迎春、藉田、乡饮诸祀典礼仪皆比照内地。而对民众教育则崇尚儒学，建文庙以示对传统文化的尊敬；设学校则“延中土通儒以教子弟”，冀传授华夏文化；对于山地民族，则“课以汉文算书，旁及官话台语”，而“起居礼仪，悉仿汉制”（《教育志》）。连横于《抚垦志》篇首即曰：“台湾固土番之地，我先民入而拓之，以长育子姓，至于今是赖。”郑氏治台即施行乡治而取得成效，所谓“台湾当郑氏之时，草昧初启，万庶偕来，广土众民，蔚为上国，此则乡治之效也”。《风俗志》篇首更反复申言曰：“台湾之人中国之人也，而又闽粤之族也”，“我祖我宗，横大海，入荒陬，临危御难，以长殖此土”。其各种风俗无不依华夏文化习惯。

地方史志为华夏文化宝库瑰藏，编写方志亦为历代盛世之伟业，连横于此，颇加重视，于《艺文志》详志台湾修志始末曰：“台湾固无史也，康熙三十三年，巡道高拱乾始纂府志，略具规模。乾隆二十九年重修，其后靡有续者。各县虽有方志而久已遗佚，或语多粗漏，不足以备一方文献。光绪十八年，台北知府陈文騄、淡水知县叶意深禀请纂修通志，巡抚邵友濂以从之，以布政使唐景崧、巡道顾肇熙为监修，陈文騄为提调，通饬各属，设局采访，以绅士任之。二十一年，略成，续进总局，猝遭割台之役。”并于志末列台湾方志十五种，凡二百卷之目。连横对修志者特著其事迹，如《林豪传》云：“（同治）六年，淡水同知严金清聘修厅志。淡自开设以来，尚无志。前时郑用锡曾辑志稿二卷，多疏略。

豪乃与占梅商订体例，开局采访，凡九月，成书十五卷，未刊。而陈培桂任同知，别延侯官杨浚修之。浚文士也，无史识，多方改窜，豪大愤，撰《淡水厅志订谬》以弹之。嗣就澎人士之聘，主讲文石书院，又辑《澎湖厅志》，稿存台南。光绪十八年，台湾议修通志，各厅县皆有采访，而澎自法役之后，建设尤多，通判潘文凤乃再聘豪成之，凡十四卷，上之大府。”连横之重华夏文化，于此可见。

连横宣扬华夏文化开发台湾之功，不遗余力，反复著诸篇章。如《文苑传》篇首即有“连横曰：美哉台湾，我宗启之，我族居之，发皇光大，气象万千”之赞语。《王世杰传》云：“我先民入而启之，剪除其荆棘，驱其猿猴鹿豕，以长育子姓，至于今是赖。”而对人物评价，多视其崇尚华夏文化如何而论，如传郑氏谋臣陈永华以华夏文化施治之功绩，收“开物成务，体仁长人，至今犹受其赐”之效；论林成祖四人之贡献则曰：“夫以台北今日之富庶，文物典章，灿然美备，苟非我先民之缔造艰难，能一至于此？”《刘日纯传》录其自箴之言曰：“士生世间，不可自慢。其处己也，当师孔子忠信笃敬之言；其处物也，当存曾子临深履薄之惧。”由此可见，华夏文化之作用，大矣哉！

五、结语

连横《台湾通史》以爱国思想为主导，以丰富资料为基础，出之以条畅之文笔，成一方之全史，作育人民，诚有裨于资治、教化，称连横为爱国史家，洵非虚誉。矧《台湾通史》外，连横尚有《台湾语典》、《台湾赘谭》、《大陆游记》、《剑花室诗集》及《雅堂文集》诸作，无不渗透爱国思想。拳拳爱国之心溢于言表，则连横已不止一爱国史家，而无愧为华夏优秀文化熔铸培育之一伟大爱国者。纪念连横及探讨其思想与学术，不禁兴缅怀先贤之思，亦翘望两岸之统一早日实现，庶无负于盛会而有以慰连横在天之灵！

原载于《天津师大学报》（社会科学版）1994年第5期

二十世纪之交的中国政治风云*

1895—1905年是处在世纪之交的十年，是中国近代社会政治舞台上风云变化多端的十年，在这个舞台上有四种政治力量在展示各自的实力，滚动着五光十色的政治风云，进行着角逐和斗争。它们是帝国主义势力、维护封建统治的势力、民众的自发反抗势力和资产阶级民主革命势力。这四股政治力量主要围绕着以加深中国殖民地化和摆脱中国殖民地化为主要矛盾而展开错综复杂的斗争。

一

中国在甲午战争中的失败的屈辱，引起了已步入帝国主义阶段的各侵略者的无穷贪欲。它们变换了过去船坚炮利的海盗行径而以划分势力范围、资本输出、强占市场等等为主要手段，力谋置中国于完全殖民地的境地以朘削我中华膏脂。这就出现了一般近代史课本中所谓的割地狂潮和开矿设厂，修筑铁路，洋货充斥中国市场等现象，从而引发了帝国主义间为争夺市场和势力范围的矛盾。同时，使中国的手工业和微弱的工业以及广大民众的生计都面临危机，这就触动了中国人民自发地反对帝国主义的侵略。这时的封建统治势力尚未完全承认和甘于殖民地地位。于是各帝国主义为谋求彼此间的妥协和加强对封建统治势力的压力，便在义和团反帝运动之际，露出凶残本相，组织八国联军，拿起屠刀，砍向中国人民，烧杀抢掠，把义和团英勇反抗的民众推入血海；胁迫清政府付出巨额赔款、承担不平等义务并向帝国主义俯首听命。接着英、美等国又与清廷订立中英、中

* 本文原题为“1895—1905年中国的政治风云”，后收录于《皓首学术随笔·来新夏卷》一书（中华书局2006年版）时改为此题。——本文集编者注

美商约，以进一步扩大便于侵略的条件。但是，帝国主义也尝到了中国人民不可侮的厉害，所以又一次地变换其侵略策略，认为共同占有和独自吞并都无可能，而寻求代理者以满足其所需求的利益则是当时最适时的策略。当时可供选择的政治力量是以袁世凯为代表的维护封建统治的势力和以孙中山为代表的资产阶级民主革命派。前者已掌握到的军事实力和后者正在兴起的还不强大的革命力量存在着明显的差距。帝国主义毫不犹豫地选择了前者。于是以德国公使穆默为首的各国，异口同声地赞同袁世凯出任北洋大臣，袁世凯也倾心交结各国公使，英、美、德各国也都视袁世凯所代表的那股势力为侵华政策的支柱和执行人，从而形成了中外反动势力的相互依赖与勾结，在中国近代的政治舞台上不断地串演着种种丑剧。

二

维护封建统治的政治势力包含着一文一武两种力量。

文的是维新变法势力。维新思想进入90年代，已从理论探讨走向付之实践的阶段。汤震（即汤寿潜）的《危言》、郑观应的《盛世危言》和邵作舟的《邵氏危言》相继问世，发出了变法呼声，提供了变法依据；康有为等一大批知识分子在中日甲午战争失败的刺激下所发动的“公车上书”以及跃登政治舞台所演出的百日维新活动，其目的就是在不触动封建统治政权根本利益的前提下实行变法以挽救国势危亡。但是，这些政治人物不仅没有获得成功，反而由于未能深谙国情，不善于处理宫廷纠葛，对守旧势力的估计不足而使自己成为刀俎的牺牲，成为另一种武势力的垫脚石。而一些幸免于难的维新分子则不屈从于另一种武势力，坚持改良信念，演变为立宪派势力，以宣传、推动君主立宪主张来挽救危亡。他们不与在政治舞台上已占上风的以袁世凯为代表的政治势力合作，如《危言》的作者汤震于光绪二十七年（1901年）公开奏劾袁世凯，上《奏请罢黜树党弄权之枢臣》折指斥袁世凯“其乡评之劣，为大员中所罕见”，并历数其“把持兵柄，擅窃大权，挟制朝廷，排除异己”的具体罪状；揭露其野心说：“一时政权、财权、外交权、陆军权悉归袁世凯掌握，海内侧目，谓其将有非常举动。”要求将其迅予罢黜，表示出维新分子的一种无奈的反对。

武的是北洋军阀政治集团势力。中日甲午战争的失败，举国上下受到触动，内外臣僚，交章上奏，争献练兵良策，强大的社会舆论迫切要求整顿武备，编练新军。光绪二十一年（1895年）十一月初，袁世凯受命在天津小站编练新建陆军，开始建立北洋军阀势力，活跃于世纪之交的政治舞台上。这股政治势力熟谙政治权术，翻云覆雨，纵横捭阖，善于利用时机。他们为适应社会上的自强要求，并照顾到统治者要维护其统治的心理而积极改革军制，创办新军。这在中国军事史上是一种进步，而且也应当承认其间还包含着一些挽救危亡、维护独立的因素和意图。不过，这股政治势力随着叛卖维新变法，血洗义和团运动，在发展、壮大自己的力量的过程中，逐渐认识到帝国主义之可依恃，渐丢掉了原有的那点挽救危亡之心；而帝国主义也正在物色代理人，二者一拍即合，使这股政治力量如虎添翼，加速了发展进程。

为维护封建统治而呈现的一文一武的两股政治势力，经过角逐，终于武的政治势力吃掉了文的一方，与帝国主义合流，形成一种政治势力，以逆潮流而动的形象活跃于政治舞台。

三

中华民族有着英勇反抗的优良传统，特别是步入近代社会以来，包括农民、手工业者、会党、知识分子在内的广大民众自发的反抗行动更是屡见不鲜。他们分别在华北、西南、台湾等各个舞台上演奏着以挽救危亡、维护独立为主旋律的战歌，发扬中华民族的正气。

1900年的义和团反帝运动，虽然近年来颇有着眼于它蒙昧落后的一面而加以非议，但是，义和团的勇士们面对帝国主义的凶狠残暴，不惜以血肉之躯，前仆后继地英勇战斗，向帝国主义昭示中华民族不可侮的精神，阻止了中国遭受瓜分豆剖的厄运。这是值得后世加以歌颂而载诸史册的。他们在20世纪初的政治舞台上奏出了一曲曲响彻云霄的慷慨悲歌。义和团运动虽然失败，但其影响是深远的。中国人民面对现实而进一步觉醒，洞察了中外反动势力的真面目。1901年《国民报》所载的一篇题为《二十世纪之中国》的文章说：“列强之意，鉴于以猛力压人国，其爆发也不可制。……故其于我中国也，巧为变计尽寄权于其政府官吏，擒之纵之威之胁之，惟其欲为，可以不劳兵而有人国。”号召民众，自我救亡图存。最为敏感的一大批知识分子赴日留学，寻求救国道理。当他们听到沙俄强占东北不走而奋起抗议，发动拒俄运动，海内外即纷起响应，声势浩大，清廷为之震惊。清廷根据“东京留学生已尽化为革命党”的情报，命令“地方督抚于各学生回国者，遇有行踪诡秘，访闻有革命本心者，即可随时获到，就地正法”[①]。但是，民众则激昂愤慨，热诚投身。宣传民主革命思想的作品《革命军》、《猛回头》、《警世钟》等相继问世，许多具有领袖才能的革命者回国进行组织活动，对近代的民主革命起到了重大的推动作用。

与义和团南北呼应而声势尤胜的广西人民大起义，是一次以会党为组织核心，以士兵为主体的大起义，其影响之巨，前后近十年，以广西为中心而战火燃遍云、贵、湘、粤四省；清政府用兵数十万，糜款三百八十余万两。这对封建统治者的打击至为沉重，以致引起社会上对封建统治岌岌可危的前途作出了预测。一篇《论广西之乱》的论说中写道：“吾恐广西之乱，将不仅广西已也。”[②]这次大起义也得到资产阶级民主革命派的赞许，章太炎和孙中山不仅在所撰论文中有所论及（章太炎的《驳康有为论革命书》和孙中山的《中国问题的真解决》），给以较高的评价，而且在革命实践活动中也有直接联系的踪迹可寻。如作为同盟会组成部分的华兴会就在1904年拟乘大起义之机，在长沙起事。同盟会成立后所组织的多次起义在广西地区，这些起义在群众基础上不只是依靠过去经过战斗锻炼的会党和当地一些贫苦群众，甚至还联络了过去广西人民大起义中的领袖，共同策动新的起义。所以广西人民大起义在推动民主革命向前发展的进程中，是有一定功绩的。

中日甲午战争后，台湾沦于日人之手，台湾人民在求助清廷失望之后，纷纷组织武装，起兵抵抗。全台各地，在吴汤兴、姜绍祖、吴彭年、徐骧、柯铁等英雄人物的领导下，浴血抗战，英勇不屈，爱国史家连横在所著《台湾通史》中特为诸英烈立专传，并盛赞其“见危授命，誓死不移，其志固可以薄云汉而光日月”。据1948年某报社所编的《台湾年鉴》载：1895—1902年八年间的抗日事件就有94起（包括台北32起，台中23起，台南39起），日军则采取血腥屠杀来镇压。据日人的统计，1897—1902年日军屠杀最凶残的六年间抗日志士被逮捕的有8030人（一说11950人），处死刑的有3473人——这还是大大缩小了的数字。台湾民众在近代历史舞台上提刀傲啸，碧血冲天的英雄史剧，惊天地，泣鬼神，使风云为之变色。

---

① 冯自由：《革命逸史》初集，页106。

② 天津《大公报》1902年7月26日。

随着帝国主义侵略的加深，以宗教为外衣的文化侵略也日益露骨，种种罪恶，罄竹难书。中国民众不断掀起反洋教斗争。甲午战后，反洋教斗争达到高峰，福建、四川、山东各地都不断发生，几乎成为中国民众反击外国侵略的一种行动。其中有代表性的是1898年的四川余栋臣起义，历时十月，势力所及不仅四川十余县，湖北也有数县聚众响应，有口号，有纲领，有宗旨，有组织，公开号召"普海内外，睹时势之艰难，察义民之冤惨，脱目前之水火，逐异域之犬羊。修我戈矛，各怀同责之忠，取彼凶残，同泄敷天之痛"。[①]它如福建的古田教案、四川的成都教案以及山东的巨野教案、冠县教案等等都是轰动一时的大事件。这些反洋教斗争不仅在中华民族与帝国主义的矛盾冲突中起到了积极的战斗作用，而且为波澜更为壮阔的义和团反帝运动起到了重要的先驱作用。

四

中国近代资产阶级民主革命派的领袖孙中山进行政治活动早在甲午战争以前，但是作为一种革命势力跃上政治舞台则在甲午战争之后。

孙中山是长期接受西方资产阶级改良思想教育的知识分子。他痛心疾首于清廷的丧权辱国和腐朽无能而产生改良现状的思想，不时地与陈少白等至友讨论时局，抨击弊政，并与郑观应、何启等有所联系，接受改良主义思想。1893年冬，他和陆皓东、郑士良等思想比较激进的友人相聚于广州，当时曾提出组织一个以"驱除鞑虏，恢复华夏"为宗旨，名为"兴中会"的团体，但没有具体的组织形式和活动计划。与此同时，他又潜心撰著《上李鸿章书》……这种革命与改良两种思想并存而以改良主义思想为主流的思想状况，正是孙中山甲午战争前的思想实际。1894年11月24日，一年前拟议的兴中会正式成立，并计划在广州发动武装起义。1895年初，在香港筹建兴中会总部，正式通过章程，规定了"驱除鞑虏，恢复中国，创立合众政府"的誓词，划清了革命与改良的界线。兴中会以民主革命派的态势登上中国近代政治舞台，与各派政治势力展开角逐。

20世纪初，由于封建统治势力的种种政治失误、中国民族资本的明显发展、全国各阶层民众爱国热情的高涨等等背景，致使兴中会的革命势力得以顺利发

① 《四川教案与义和拳档案》，页512—513。

展，于是一方面吸收广大会党群众，在国内组织、发动武装起义，以扩大声势；另一方面，积极寻求革命的理论根据，探索解决中国的政治、经济、社会诸方面现实问题的道路；并谋求与康梁派合作而遭到拒绝，使民主革命派与改良派彻底分手。在乙未广州起义和庚子惠州起义相继失败后，兴中会的工作重点移至日本。一大批留日知识分子被吸引到兴中会的周围，其中有些著名的革命家在“拒俄”运动的震动下，纷纷回国，与国内的革命势力结合起来，组织各具特色的团体，进行革命活动。华兴会、湖北科学补习所、光复会是许多革命团体中声名显著者，其间涌现出黄兴、章炳麟、邹容、陈天华、宋教仁、秋瑾等一大批革命家，在全国各地推动着革命形势的发展。中国近代的政治大舞台由此呈现出一派五彩缤纷的可喜景象。但是，各种大小不等而力量分散的政治势力，在革命活动中也逐渐暴露出这样或那样的弱点。革命形势的需要，孙中山的奔走呼号和努力工作，使各种革命力量不同程度地认识到集中统一领导的必要，纷纷把“设会之名，奉之孙文”①。1905年8月20日，兴中会走完了自己的革命历程，中国第一个资产阶级政党——中国同盟会在日本东京正式成立，树起了资产阶级民主革命大旗。尽管它还存在着组织不够严密，思想不完全一致之处，却毕竟克服了过去的不少弱点，把各种革命力量集中统一起来，形成一股比较强大的革命势力，使之能够与帝国主义和封建统治合流的政治势力对立地存在，并与之在20世纪中国的政治舞台上展开角逐和较量；不过五六年的时间，革命势力终于取得了胜利。

五

综上所述，对于1895—1905年的中国政治风云，可提出如下的认识：

1. 从兴中会成立后的1895—1905年的十年中，在中国近代的政治舞台上的四种政治力量，从宏观上看，它们沿着加深与摆脱中国社会殖民地化的历史道路而反复斗争，使政治风云变幻莫测，时而乌云蔽日，时而彩虹跨天，成为中国近代史的具有关键意义的一个历史阶段。

2. 这一历史阶段的前半段，即世纪末的那一段，除帝国主义处心积虑深入侵略外，其他三种力量尚有从不同渠道设法挽救危亡的共同点，当时是中华民族

① 宋教仁：《程家柽革命大事略》，《国史馆刊》第3期。

与帝国主义之间的矛盾为主要矛盾；这一历史阶段的后半段，即20世纪初的那一段，则前二种势力，即帝国主义与维护封建统治的势力以清廷作出“量中华之物力，结与国之欢心”的正式表态而合流；后二种势力，即人民大众的自发反抗势力与资产阶级民主革命派以中国同盟会的成立为标志而汇总。这样，就形成了两股相对立的政治力量，即以人民大众为主体的民主革命势力同帝国主义、封建主义的联合势力的矛盾成为当时的主要矛盾。

3. 两股相对立的政治力量在20世纪初，各自为争取自己的胜利并消灭对方而进行了激烈的斗争和较量；以人民大众为主体的民主革命势力日趋上风，终于推翻封建专制主义的统治，但却容忍了帝国主义势力的滋长；维护封建主义统治的势力则见风转舵，加紧勾结帝国主义，利用民主革命势力，攫取到更大的权力。

原载于《文史杂志》1995年第5期

同盟会及其政纲

一、同盟会的出现

1900年义和团反帝国主义运动失败以后，外国侵略者从中国攫取了各项权利，加深了中国的殖民地化。然而，这次反帝运动是由于封建统治者勾结外国侵略者残暴的镇压而遭致失败的，所以也刺激了中国人民反抗运动的进一步高涨。人们已不再像过去那样相信清政府能自动改革和抵抗外国；反而有些人却相信只有推翻满清统治才有实现改革的可能，因此1902—1905年间便有许多反对清的资产阶级和小资产阶级的革命小团体纷纷出现，它们以东京和上海为中心曾展开过一些爱国运动，它们在宣传反清意识和介绍民主思想的工作上，曾起了一定的作用。不过当时是分散的、不统一的。1905年俄国革命发生，它鼓舞了当时中国的一些革命者。同时又因清政府的苛政造成人民的普遍反抗而促进了反清运动的日益发展。当时的所有革命者为了加强革命力量，都有统一革命运动的要求。

1900年以后，也是中国民族资本主义得到新发展的一个时期。我们可以根据一些统计数字来说明：1902年中国设立之厂矿总数是15个，资本是5275903元，其中商办的有10个，资本1191620元，占总额22.5%；1905年厂矿总数增到54个，资本14813391元，其中商办的有47个，资本7810261元，占总额52.7%。又如1901年—1905年共办了11个煤矿，资本1697832元，其中商办的有6个，资本1096797元，占总额64.6%。从这些数字可以看出二十世纪初年中国的工业是向前发展的，而民族资本在当时“新式工业”中是占有很大的比重，亦即民族资本主义是有相当的发展的。但是，封建主义与帝国主义的势力却严重地阻碍这种发展。由于帝国主义通过满清政府，在中国开设工厂，倾销商品，把持路矿，攫取原料，掌握了中国的经济命脉，用以扼杀中国民族资本迅速发展的可能，这样，新的生产力和旧的生产关系之间便发生了矛盾，封建统治者与帝国主义要维持现状以阻止中国民族资本的发展；资产阶级小资产阶级知识分子、农民、手工业者则要求打破现状，推翻满清统治以开辟资本主义发展的道路。

为了适应这种形势的要求，1905年8月，资产阶级革命派在日本东京成立了近代资产阶级的革命政党——中国革命同盟会（简称同盟会），作为领导全国革命的政党。

同盟会是由许多原有的如兴中会、光复会、华兴会等革命团体所组成的，加盟者数百人，包括中国在日本的代表十七省的革命分子。

同盟会成立以后，推选革命民主主义者孙中山为总理，总部之下分设外交、内政、军政、联络、言论五部及暗杀团（次年总部下改设执行部、评议部、司法部），各部分也都选出了工作人员。创办了作为机关刊物的《民报》。开始提出了“驱除鞑虏，恢复中华，创立民国，平均地权”的政纲，通过了会章二十四条。立誓约，规定凡加盟者应书誓约宣誓。也建立起一些纪律。这样，同盟会便开始具有近代资产阶级革命政党的规模了。

但是，由于这个革命联盟是由一些革命团体凑合一起所组成，没有共同统一的理论基础，虽然他们在反清斗争的共同目标下结合一起，而对于共同提出的政纲及某些重大问题的看法则因缺乏统一的指导思想彼此认识不一致，便有不同的解释和主张。如在对帝国主义态度问题上，同盟会拟定之军政府宣言承认过去条约继续有效，承认偿还外债，保护外人既得权利，表现了对外妥协的态度；而华兴会的陈天华则在其所著通俗的革命宣传品《猛回头》中历数外国侵略者的罪行，以及中国主权丧失的严重情况，认为挽回这种危局的办法，只要“四万万，齐心决死，任凭他，什么国，也不敢当”，并坚决主张“或排外，或革命，舍死做去。孙而子，子而孙，永远不忘”[①]，表现了反抗帝国主义侵略的革命的爱国思想。又如在土地问题上，孙中山曾在《民报》周年纪念会上的演说中提出解决土地问题的办法是“定地价的法”[②]，而光复会的陶成章则在其所手拟之龙华会会规第一条宗旨标出“要把田地改做大家公有财产，也不准富豪们霸占”[③]的比

① 杨松、邓力群原编，荣孟源重编：《中国近代史资料选辑》，页五七二（三联书店）。

② 邹鲁：《中国国民党史稿》，页四九七（商务精装本）。

③ 杨松、邓力群原编，荣孟源重编：《中国近代史资料选辑》，页五八六（三联书店）。

较彻底的办法。

同盟会内部的这些不同看法，华兴会、光复会是较确当的，但是在同盟会内部并没有很好地进行讨论或是将某些好的内容来丰富政纲再经过讨论使大家认识一致，因此虽然共同提出了政纲，但并非大家都统一并能为此而奋斗，所以便造成日后内部分裂的现象，这便是辛亥革命后同盟会迅即瓦解而分成许多流派的原因之一。

同盟会本身虽然存在这样的弱点，但是在中国近代革命历史上，仍然有其重大的历史意义。孙中山曾说："自革命同盟会成立之后，予之希望则为之开一新纪元"；又说："及乙巳之秋集合全国之英俊而成立革命同盟会于东京之日，吾始信革命大业可及身而成矣，于是乃敢定立中华民国之名称，而公布于党员，使之各回本省鼓吹革命主义而传布中华民国之思想焉。不期年而加盟者已逾万人，支部则先后成立于各省，从此革命风潮一日千丈，其进步之速，有出人意表矣。"[①]列宁也指出这个时期中国的现状是："现在中国的政治生活却沸腾起来了，社会运动和民主主义高涨就像喷泉一样汹涌起来了。"[②]事实上，同盟会自成立后，即建立组织；展开革命宣传，与立宪派进行划清界限的论战；组织武装起义，推动革命浪潮，而在中国近代历史上开始了第三次革命运动的高涨。

二、同盟会的活动

同盟会成立后，很注重于革命宣传工作，于当年12月21日在东京发刊《民报》，作为机关刊物。《民报》的目的，根据孙中山在发刊词中说是为将"非常革新之学说，其理想灌输于人心，而化为常识"[③]。其内容是宣传民主主义革命，介绍1789年法国资产阶级革命、1905年俄国革命的事实与学说，并驳斥君主立宪派的谬论。先后任《民报》撰述的有宋教仁、陈天华、朱执信、章炳麟等人。《民报》在发行过程中，曾受到一些阻碍和波折，但仍坚持发行至1908年3月11日结束，全部共出二十六期。

《民报》第一期上刊载了孙中山的发刊词，揭示出民权、民族、民生三大主

① 《总理学说》第八章第四册，页八二（中华图书公司本）。

② 列宁：《亚洲的觉醒》，见《列宁斯大林论中国》页三九。

③ 邹鲁：《中国国民党史稿》，页四七〇（商务精装本）。

义之说，这种民主主义的思想在同盟会的政纲中得到了反映。第三期又刊布《民报》六大主张，即：（1）颠覆现今之恶劣政府，（2）建设共和政体，（3）土地国有，（4）维持世界真正之平和，（5）主张中日两国国民联合，（6）要求世界列国赞成中国革新事业。并加以说明。这些主张和说明表明了当时同盟会对内对外的意见。

当时除《民报》之外，同盟会还在东京办有《复报》、《汉帜杂志》、《洞庭波杂志》等。在东京以外的海外各地也发行报刊，如：香港有《中国日报》、澳门有《警东新报》等。在国内各地也发行了《民呼报》、《中国女报》等等。这些报刊都是以宣传革命反对满清为宗旨的。另外，同盟会还发行小册子进行宣传，如重印邹容的《革命军》、陈天华的《猛回头》及章炳麟的《驳康有为书》；出版了《逐满歌》、《革命歌》等歌谣；更重印了《扬州十日记》以说明满清入关后的残暴行为，激发人民的反清情绪。

同盟会在进行革命宣传时，与君主立宪派进行了划清界限的论战。在同盟会成立前，革命派曾批评过立宪派，但尚不具体。同盟会成立后，其机关刊《民报》与立宪派在东京所办之《新民丛报》便成为革命派与立宪派进行论战的主要堡垒，双方都陆续发表了许多针锋相对相互论争的文章。从1906年4月《民报》第三号号外所发表之《民报与新民丛报辩驳之纲领》一文中可以看出当时双方争论的中心问题。文中列举了十二项，如“民报主共和，新民丛报主专制”；“民报以政府恶劣，故望国民之革命，新民丛报以国民之恶劣，故望政府以专制”；“民报以为革命所以求共和，新民丛报以为革命反以得专制”；“民报鉴于世界前途，知社会问题，必须解决，故提倡社会主义；新民丛报以为社会主义不过煽动乞丐流民之具”[①]；等等。又如在《民报》第三期上有《民报六大主张》一文以“土地为生产要素而非人为造成，同于日光空气，本不当有私有者”[②]的理由，主张土地国有；《新民丛报》则在《再驳某报之土地国有论》一文中主张“土地所有权者，所有权之一种也……在现今之社会组织当认为适于正义之权利者也”[③]，并进一步认为：“将来中国处置土地之政策，非惟本属私有者，不宜

---

① 杨松、邓力群原编，荣孟源重编：《中国近代史资料选辑》页六一三至六一〇（三联书店）。

② 邹鲁：《中国国民党史稿》页四八〇至四八一（商务精装本）。

③ 《新民丛报》第四年第十九号，页三。

收归国有而已，即本属国有者，亦当渐散而归诸私有”[①]，完全是为大地主阶级利益谋划。

同盟会在这次论战中也还表现了一些弱点：同盟会对于立宪派提出的一些问题还缺乏正确认识而给以彻底答复：如立宪派认为革命会招致列强的干涉，同盟会则是主观地幻想列强会保守中立，甚至可能赞成中国革命事业，他们想以承认不平等条约、承认债款来换取列强中立，因此要人们“即革命之际，亦不可有妨害外国人之举动”，认为只要“于外人物业无扰，则彼列强者，无难使之守局外中立”[②]。这样不仅表现了同盟会对列强的幻想和毫不设防的幼稚态度，同时也使立宪派给以“一厢情愿”的讥评。同盟会对于介绍革命事实和学说时没有深切了解，例如对俄国革命的认识就很模糊，对社会主义、无政府主义和虚无主义弄不清，对于俄国社会民主党中的两个派别——布尔什维克和孟什维克的斗争毫无所知，因此立宪派曾讥笑同盟会对于社会主义“未经研究，于其性质全未明了”，因之削弱了同盟会宣传革命的力量。同盟会是相当重视这一次与立宪派的论战的，同盟会认为“当时为本党宣传革命之梗者，保皇党甚于清廷，非言论战胜保皇党之报则宣传无由得力也”[③]。因此集中全力来驳斥康梁的保皇主张，而保皇党所保的是满清皇帝，因此必须着重于推翻满清的宣传，以使康梁“无皇可保”，然而却因此忽略了宣传其他政治主张，这样对于反清斗争之获得胜利有一定的作用，而使所有革命道理深入民心则显得十分不够。

尽管这次论战存在这些弱点，然而它仍具有重大意义。

同盟会经过这次与立宪派进行论战，彼此界限清楚了，在论争过程中揭露了立宪派的反动本质，宣传了民主革命的理论和观点，又由于同盟会是代表了当时资产阶级和小资产阶级的利益反对代表大地主阶级利益的立宪派是适应当时社会要求而能使中国社会向前发展，同时同盟会的一些主张在一定程度上反映了人民群众的一些想望与要求，所以获得大多数人的拥护，有不少人都团结到革命的旗帜下来，增强了革命势力。同时，在长期革命宣传影响下提高了当时群众反抗运动的组织水平和觉悟水平，大大有利于革命的前进。

同盟会除了宣传革命以外，也还进行组织武装起义的工作。

同盟会成立后，国内的湖南、江西和滇粤桂地区曾连续发生反满的武装

---

① 《新民丛报》第四年第十九号，页二〇至二一。

② 邹鲁：《中国国民党史稿》，页四八六（商务精装本）。

③ 邹鲁：《中国国民党史稿》，页五〇〇（商务精装本）。

暴动。

1906年，湖南浏阳、醴陵，江西的萍乡地区发生了一次大规模的起义。萍乡的煤矿工人、浏阳的会党、醴陵的驻防士兵和个别的同盟会员都参加了这一次起义。浙赣交界各地群众纷纷响应，武装群众达三万人以上。起义军的首领龚春台曾发布檄文，历数满清十大罪状，号召“汉族同胞”，起来反清。檄文中又提出了起义目标，不仅反清、反专制而要“建立共和民国”，更要“使地权与民平均，不致富者愈富，成不平等之社会”[①]。起义军提出建立民国、平均地权的主张，很明显是受同盟会革命宣传的影响。起义军声势浩大，长江上游都为之震动，同盟会会员不少谋回国响应和参加，但以途中或死或囚而未能入军中，最后被清廷以浙鄂赣宁四省兵力所镇压。这次起义具有相当广泛的群众基础，可惜同盟会对此缺乏计划，缺乏领导，未能扩大影响，结果以重大的牺牲而结束。

从1907年到1911年，同盟会曾经直接领导了八次起义：

1907年5月的潮州黄冈起义和6月的惠州七女湖起义是单纯依靠当地会党力量的起义。

1907年9月钦州廉州防城地区的起义是在当地群众抗纳粮捐的组织基础上发动起来的。

1907年12月攻取镇南关（睦南关）之役也是依靠了当地会党，孙中山曾亲自参加了这次战斗。

1908年初黄兴自安南率领二百余人在钦州、廉州、上思一带转战数月；4月黄明堂率数百人攻取河口。

1910年2月广州起义，是靠运动广州的新军力量。

1911年4月广州起义，同盟会除自派先锋队到粤外，还运动了当地的新军防营警察民军等力量。

这八次起义都以失败而告终。

这八次起义的特点之一，是同盟会只局限于联络依靠会党和新军的力量，事实上当时主要可依靠的力量是几乎遍及全国的农民的反抗运动，而同盟会则未能积极地去领导这些农民的反抗运动以扩大革命的群众基础，没有完全相信并诉之于群众的直接行动，其结果必然遭到失败。

这些起义虽然都失败了，然而革命影响的确扩大了，它暴露了满清统治者的

① 邹鲁：《中国国民党史稿》，页六九七（商务精装本）。

残暴反动，也大大地振奋了全国人民的反清革命情绪，并且它能始终不畏失败而坚持进行战斗，直至满清政府被推翻，这种精神是值得尊重的。

由于历次武装起义的失败，造成革命党内有一部分人的悲观失望，缺乏信心，他们错误地认为革命希望之不能实现是由于清政府中一些顽固者的障碍，同时又受俄国革命时民粹派所采取的暗杀活动的影响，因此便采取个人的暗杀恐怖手段，想以暗杀几个个别人物而得到直接效果，这些人认为“暗杀不过牺牲少数同志之性命，何伤元气之有”，而拒绝了孙中山不赞成的劝告，各自为政地去独行其是，当时进行这种活动主要的如：1909年熊成基在哈尔滨暗杀载涛未成，1910年汪精卫在北京谋炸载沣，1911年温生才枪杀广州将军孚琦，林冠慈、陈敬岳炸伤广东水师提督李准，李沛基炸毙广州将军凤山等。

这些暗杀活动是由于当时这部分革命党人把“人物”与“群众”的问题对立起来，不懂得依靠群众的力量，认为群众“皆知识薄弱”，“不能为原动力”，而相信个人英雄的作用和力量，以为杀死个别人物便能解决问题，而不认识也不可能认识阶级斗争的意义。这就是小资产阶级对革命急于求成情绪的反映，也是受欧洲无政府主义思想的影响。联共党史中对俄国民粹派暗杀活动的评语[①]同样适用于当时的中国。虽然，革命党人在暗杀活动中牺牲了自己的生命，其勇敢和牺牲精神在当时固有激发革命情绪的作用，但对于革命的危害却也很大：它不仅直接给革命增加麻烦，如1911年温生才的暗杀活动，引起清政府的注意而增防，为同年的广州起义增加困难；同时由于它强调个人活动，反而阻碍了工农群众进行革命的自动性与积极性的发展。这些从事暗杀活动的革命党人不能艰苦深入去做群众工作，无视辛亥革命前夜遍及全国的群众反抗浪潮，不去领导与组织这些力量，因此像武昌起义那样一次成功乃是由于当时能深入群众去宣传组织的文学社和共进会两个革命团体共同策划组织而获得的。

三、同盟会的政纲

同盟会成立后，在其总章第二条中即规定“本会以驱逐鞑虏、恢复中华、创立民国、平均地权为宗旨”[②]。1906年同盟会又预先编制了军政府宣言等文告。

① 《联共（布）党史简明教程》第一章，页二二至二三（外文局版）。

② 邹鲁：《中国国民党史稿》，页三七（商务精装本）。

军政府宣言便是同盟会的政治纲领。在军政府宣言中指出这次革命的目的："于驱逐鞑虏恢复中华外，国体民生，尚当变更"。指出这次革命是一次"国民革命"，而所谓国民革命者，"一国之人皆有自由平等博爱之精神，皆负革命之责任"。把法国资产阶级革命时所提出来的口号"自由、平等、博爱"，作为革命的"一贯之精神"。宣言明确地提出"驱逐鞑虏，恢复中华，建立民国，平均地权"的政纲并加以说明，成为进行革命的"四纲"，其内容则包括了"种族革命"、"政治革命"和所谓"社会革命"的几个方面，体现了孙中山的三民主义的思想。宣言中又规定了革命进行的三个步骤——军法之治、约法之治、宪法之治，称为"三序"。军政府宣言中所提出的政治纲领成为领导辛亥革命的总政纲。

这个政纲中的反对满清统治，进行国民革命，建立民国，注意民生的主张，其目的是反对满清的民族压迫与卖国，废除封建专制制度、封建剥削制度，这是适应当时历史发展的，也是全国人民群众的要求，因此受到人们拥护而成为一个适时的政治纲领。

这个政纲由于其具有的民主主义的性质而得到革命导师列宁的称赞，列宁说："战斗的真实民主主义渗透着孙逸仙政纲的每一行，完全懂得'种族'革命之不够。丝毫没有对政治的漠视或甚至对政治自由的轻视，或甚至容许中国专制政体可以与'社会改良'与中国立宪改革等并存的思想，这是带共和国要求的完整的民主主义。直接提出群众生活状况、群众斗争的问题，热烈地同情劳动者和被剥削者，相信他们的正直与他们的力量。"[①]当然，列宁也毫不放松对这个纲领的一些批评。

这个政纲由于阶级和历史条件的局限，必然显露出它本身所存在的一些弱点：

1. 它缺乏反对帝国主义以实现民族的真正独立的纲领。孙中山在《民报》发刊词中曾经指出当时中国所受的压迫是"异种残之，外邦逼之"[②]，提出了问题所在，但是在接触到解决问题的本身时却又含糊不清。从政纲上看不到反对帝国主义侵略的内容；相反地，在与军政府宣言同时拟定的对外宣言中却明确规定了承认外国侵略者在华特权，承认不平等条约的继续。同盟会某些成员的议论也

---

① 列宁：《中国的民主主义与民粹主义》，见《列宁斯大林论中国》，页二四至二五。

② 邹鲁：《中国国民党史稿》，页四七〇（商务精装本）。

是想望帝国主义的“中立”，胡汉民在《民报》第三期中公开表示只要外人“宣告中立，则吾人所赐已多矣”[①]，又说“我之不能排日，犹日之不能排外”[②]。甚至把民族独立的问题只看作满汉之间的问题，孙中山在《民报》周年演说中说：“民族革命的缘故，是不甘心满洲人灭我们的国，主我们的政，定要扑灭他的政府，光复我们民族的国家。”[③]这样，不仅表现了浓厚的大汉族主义色彩，同时因未正面提出反对帝国主义侵略的主张而模糊了一部分人的认识，因此有些人甚至毫不设防地幻想外国的赞助，而使帝国主义能利用“中立”或“赞助”的名义钻入革命内部进行破坏。历史证明，辛亥革命便是由于帝国主义通过大地主大买办阶级的政治代表袁世凯等从革命内部窃夺革命成果而失败的。

2. 它缺乏明确的足以动员广大农民群众力量的土地革命的纲领。政纲中虽然提出平均地权的口号，并坚决表示“敢有垄断以制国民之生命者与众弃之”，在《民报》第三期《民报六大主义》一文中也提到土地不当私有的问题，分析了地主制度的产生和流弊，然而并没有提出正确解决土地问题的办法，这正如列宁批评的那样，它是“谈得如此漂亮而又如此模糊的经济革命”[④]。同盟会不是依靠动员广大农民群众，而是以定地价的办法来解决土地问题，宣言中宣布：“当改良社会经济组织，核定天下地价，其现有之地价，仍属原主，所有革命后社会改良进步之增价，则归于国家，为国民所共享。”[⑤]孙中山更申明平均地权“不是夺富人之田为己有”，而是定地价。孙中山在《民报》周年纪念演说中说自己是最信定地价的办法：“比方地主有地价值一千元，可定价为一千元或多至二千，就算那地将来因交通发达，价涨至一万，地主应得二千，已属有益无损，盈利八千当归国家，这于国计民生，皆有大益，少数富人把持垄断的弊窦自然永绝，这是最简单易行之法。”[⑥]同盟会希望能不触动封建社会的所有制而解决土地问题，事实上是绝不可能的。这些证明同盟会实际上是企图不动员广大农民群众而以土地收归国有的办法来扫除封建势力的障碍。因此，它也不可能动员更多的农民来参加革命，而使其所领导的革命能获得胜利，这正如毛泽东所说：“国

① 邹鲁：《中国国民党史稿》，页四八六（商务精装本）。
② 邹鲁：《中国国民党史稿》，页四八五（商务精装本）。
③ 邹鲁：《中国国民党史稿》，页四九三（商务精装本）。
④ 列宁：《中国的民主主义与民粹主义》，见《列宁斯大林论中国》，页二九。
⑤ 邹鲁：《中国国民党史稿》，页四五（商务精装本）。
⑥ 邹鲁：《中国国民党史稿》，页四九七（商务精装本）。

民革命需要一个大的农村变动。辛亥革命没有这个变动，所以失败了。”[①]同时又因为没有打掉封建统治的根基，“就更便利于反革命的统治在这个原来的经济基础上重建起来”[②]。这也是辛亥革命所以不得不最终失败的根本原因之一。

3. 它也缺乏关于革命前途问题的纲领。孙中山在一开始即看到“欧美社会（资本主义社会）之病”而中国则“祸害之未萌”，主张“举政治革命、社会革命毕其功于一役”，他更在《民报》周年纪念会演说中具体指出美国社会阶级对立的情形是：“美国财富多于前代不止数千倍，人民的贫穷，甚于前代亦不止数千倍，并且富者极少，贫者极多，这是人力不能与资本力相抗的缘故。”[③]这种见解是对的，正证明当时中国的资产阶级还是一个新兴阶级，能在力争自由的斗争中，已看到资本主义的日趋衰落。但是在结合当时中国的具体问题时，孙中山却以中国几千年来“地价从来没有加增”的理由，断定“中国资本家，现在还没有出世”[④]，并且又认为中国还受病未深，可以在取得政权后采取办法避免走欧美各国的道路，可以不经过革命直接实现“社会主义”。所采取的办法便是平均地权——定地价，认为这样可以避免走资本主义发展的道路。事实上恰恰相反，这种办法是有助于资本主义的发展。列宁曾经正确地说过这个问题：“土地国有化，可以消灭绝对地租，只留下对差地租。依据马克思底学说，这样的土地国有化就是：尽量铲除农业底中世纪的垄断与中世纪的关系，使土地买卖有最大的自由，使农业最容易地适应于市场。历史底讽刺就在于，民粹主义为了反对农业中的‘资本主义’，主张实行这样的土地纲领，而其完全实现就是表示农业中资本主义最迅速的发展。”[⑤]

另外在同盟会中还有一些人把革命前途问题只局限于反清问题上，胡汉民在《民报六大主义》一文中说：“今惟扑满，而一切阶级无不平”；又说：“若中国者仅一扑灭异族政府之劳，而国中一切阶级无复存者”[⑥]。这些认识，其结果必然不能明确规定有关革命前途的政纲，因而，当清政府被推翻后，便认为一切问题均已解决，失去共同斗争的目标和前进的方向！造成内部涣散甚至分裂，辛

① 毛泽东：《湖南农民运动考察报告》，见《毛泽东选集》第一卷，页十七。
② 陈伯达：《窃国大盗袁世凯》，页十三（新华）。
③ 邹鲁：《中国国民党史稿》，页四九五（商务精装本）。
④ 邹鲁：《中国国民党史稿》，页四九六（商务精装本）。
⑤ 列宁：《中国的民主主义与民粹主义》，《列宁斯大林论中国》，页二九。
⑥ 邹鲁：《中国国民党史稿》，页四七九至四八二（商务精装本）。

亥革命也就不能不失败了。

同盟会政纲中的这些弱点正表现了资产阶级小资产阶级革命派的主观愿望和他们的软弱性。

虽然，这个政纲有一些显著的弱点，不可能领导中国革命走向胜利，但是这个政纲是旧时期的产物，它反映了当时的历史特点，作为指导进行辛亥革命的总纲领来说，它是具有一定历史意义的。

原载于《历史教学》1955年第6期

尊重和纪念孙中山先生的革命事业

——为纪念孙中山先生九十诞辰而作

今年，是中国伟大的民主主义革命者孙中山先生诞生九十周年，全国人民正在热烈而隆重地进行纪念。

孙中山先生是一位伟大人物，他之所以伟大，不但因为他领导了辛亥革命，而且因为他不断奋进以自我革新。孙中山先生战斗的一生完全表明了这个特点。

孙中山先生于1866年11月12日生于广东香山县（今中山县）翠亨村。那时中国正处于一个变化极大的年代里——外国侵略者发动了两次鸦片战争，中国陷入了半殖民地半封建的境地，以及太平天国革命的爆发和失败。这些使得孙中山先生幼年时就不满于清朝的统治而耽于太平天国的革命。

孙中山先生出生在接触资本主义世界较早的广东，后来又在檀香山、香港等地求学。这样，孙中山先生就有可能接触了资产阶级的民主主义思想。从而使他对中国前途的认识要比当时那些封建思想教育下解脱出来的知识分子远大得多，深刻得多。1885年，孙中山先生正在香港求学，由于受到中法战争的刺激，便开始进行政治活动的准备，此后几年，他结识了一些志同道合的朋友如郑士良、沙白、尤列、杨鹤龄、陆皓东等人。

1892年，孙中山先生从香港雅严医学院毕业后，即先后在广州、澳门行医。这一年，他正式开始了政治活动。

1894年，中日甲午战争发生，孙中山先生深感民族危机的严重，乃与同志陆皓东“北游京津，以窥清廷虚实，深入武汉，以观长江形势”。那时，孙先生曾抱着青年人的爱国热忱，提出过“人尽其才，地尽其利，物尽其用，货畅其流”的救国方案，希望清朝政府实行一些改良。但是，遭到了拒绝。孙中山先生既已看清楚清朝政府的反动腐朽本质，便毅然放弃了这种想法。11月24日，在檀香山成立了兴中会组织，发表了宣言和章程，在宣言中指斥了清朝外侮日亟内政日弊的事实，提出了“振兴中华，维持国体”的不甚明确的政纲。

1895年初，孙中山先生又在香港扩大了兴中会组织，提出了“驱逐鞑虏，恢复中华，创立合众政府”的政治纲领。9月间，孙中山先生联合当时的会党，准备在广州发动第一次起义，不幸失败。孙中山先生即赴日本，旋由日赴欧美，去考察各国政治得失，企望从西方求得救国的真理。1896年，孙中山先生到伦敦，在那里曾遭到清政府的诱捕，幸被师友康德黎营救脱难。也就在那时，孙中山先生开始与俄国革命者接触，这次会见，在孙中山先生的印象中颇为深刻，并且也鼓舞了他革命到底的信心。

1899年，孙中山先生由欧美返日，继续进行革命活动。他一面创办报纸，进行宣传；一面又派人到内地进行联络会党的活动。1900年10月，组织惠州起义，不幸又遭失败。

过去，社会上有很多人对于孙中山先生的革命活动看作是“乱臣贼子，大逆不道”。但是惠州起义失败后，情形大不相同了。那时正值戊戌变法和义和团反帝运动失败之后，人们对清政府和改良主义者已不再像过去那样相信。于是社会上倾向革命的人日益增多，爱国运动勃兴，革命学说得到广泛流传，革命团体纷纷出现。孙中山先生自己也完全摆脱了改良主义的思想影响。1905年，为了适应革命需要而创立了同盟会。

同盟会的成立除了国内许多必要前提外，1905年的俄国革命也对它有重要影响。同盟会的纲领、宣传工作和起义活动都受到俄国革命的影响。在同盟会的机关刊物《民报》上曾刊载了俄国革命的消息照片和评论文章，在《民报》第二、三号上还介绍了《共产党宣言》，这是介绍马克思主义，也是介绍共产党到中国来的第一篇。

同盟会成立后，提出了自己的纲领，即“驱逐鞑虏，恢复中华，建立民国，平均地权”。这个纲领包含了孙中山先生在这时确定的三民主义的基本内容。

同盟会成立后，民族民主革命得到广泛发展。它一面与立宪派进行了旗鼓相当的思想论战，驳斥了立宪派的保皇谬论，宣传了自己的革命主张；一面又在孙中山先生领导下于1907—1908年在“两广”、云南等地进行了六次起义活动。经过这些有效活动，民主革命大大地发展了。那时，立宪派也不得不认为当时的形势是“贩夫走卒莫不口谈革命而身行破坏”。孙中山先生从那时起“始信革命大业可及身而成矣”。同盟会成立一年后参加者达万余人，支部遍于各地。再加上当时在全国普遍发生的以抗捐抗粮为主旨的自发斗争，于是造成了一个新的革命局面，列宁曾经描述这个现状是："社会运动和民主主义高涨就像喷泉一样汹涌起来了。"

孙中山先生在同盟会成立后，把民主民族革命推向更高阶段。辛亥革命便是这个发展的顶点。

辛亥革命在推翻清朝统治、推翻封建专制制度、建立共和国各个方面，是具有伟大的历史意义的。但是，这个革命的成果不幸被北洋军阀所窃夺。

辛亥革命失败后，孙中山先生并没有气馁，而是再接再厉地又进行了讨袁、"护法"等多次的斗争。这些斗争虽都未能得到应有的成功，但是，孙中山先生仍然坚定地摸索前进，寻求新的道路。

正当这时，俄国发生革命，这个变化，给孙中山先生带来了新的希望。

孙中山先生当俄国二月革命开始，即加以赞赏，认为是世界之一大变动，希望这个新的共和国与中国做"佳邻"焉。十月革命发生，对孙中山先生影响尤大。孙中山先生"欢迎十月革命"。

1918年，孙中山先生从上海曾致电苏俄，"祝其革命之成功，并鼓励其努力奋斗"。那时，俄国正处在各国"嫉恶"的情况之下，孙中山先生这时辗转经由美洲华侨发出的电报是对十月革命的第一个贺电，因此列宁得电后，"大为感动，视为东方之光明"。1919年，孙中山先生在上海屡次与列宁函电往还，讨论东方革命问题，并准备派人到苏俄去学习。孙中山先生与俄国人士的往来也在这时开始。

以后，孙中山先生和俄国的关系日益亲近。

1921年冬，孙中山先生正在桂林誓师北伐时与苏俄代表马林进行了商谈。这次谈话使中山先生感到十分愉快，并从而深信自己的实业计划必能实现。同时，孙中山先生又责成廖仲恺，迅速进行"联俄"之事。孙中山已经决心走俄国革命的方向了。

1922年8月，孙中山先生因陈炯明叛变而离粤返沪，到上海后开始与中国共产党人李大钊同志等发生接触。那时苏俄代表越飞也派专人到沪与孙中山先生接洽。

孙中山先生在这些影响之下，于1923年1月1日发表了具有新内容的《中国国民党宣言》，提出了修改不平等条约和赋予人民各项权利的纲领。

1923年1月26日，孙中山先生与越飞亲自晤谈后发表了共同宣言，宣称中国革命事业，可以获得苏联的同情和援助。中苏两国亲密关系正式地建立起来了。

2月，孙中山先生解决了陈炯明的叛变后，重回广州，建立革命根据地。8月间，孙中山先生为了学习苏联，派出了一个“孙逸仙博士考察团”赴苏。10月，苏联派鲍罗廷到中国来协助建军建党。

孙中山先生在苏联和中国共产党的帮助下，决定改组中国国民党。1923年11月间正式发表改组宣言，指定专人筹划，并定次年1月20日召开第一次全国代表大会，实行改组。

1924年1月20日，孙中山先生冲决一切阻难，毅然召开大会，发表宣言，正式改组，确定了联俄、联共、扶助农工三大政策的新三民主义。孙中山先生从此大大地跃进了一步，并且从此也使旧三民主义成为新三民主义、真三民主义。三民主义之所以有这样一个大发展，是孙中山先生的大功劳。

在大会期间和改组以后，孙中山先生在许多演讲和谈话中都传播和解释自己的革命思想和主张，对于俄国革命和列宁尤备加推崇与赞扬。

1924年10月，孙中山先生在一封信中提出了“今日革命，非学俄国不可”，“我党今后之革命，非以俄为师，断无成功”。这是孙中山先生几十年来革命实践所得出的一个结论。

孙中山先生在中国国民党改组以后，就摆脱了辛亥革命后孤立无援的状态。

孙中山先生在苏联和中国共产党人的帮助以及工农群众的支持下，创办了黄埔军校，镇压了商团叛乱，准备了北伐战争。

1924年11月，孙中山先生为召开国民会议和废除不平等条约进行斗争而北上。孙中山先生在沿途宣传自己的革命主张，到北京以后，又冲破了国民党右派分子的包围，与北洋军阀进行了英勇的斗争。

1925年3月12日，伟大的革命家孙中山先生，因积劳而旧病复发，不治逝世。孙中山先生在逝世前留下了遗嘱和致苏联友人书，鼓励后人继续完成自己的革命主张。

孙中山先生的一生是战斗的一生，是不断进步的一生。他为追求祖国的独立、民主和自由作了百折不挠的斗争。因此，我们应当尊重他、纪念他。我们应当从他一生艰苦奋斗的革命过程中，获得教育。我们尤其应当在缅怀伟大的革命先行者的不朽的革命活动中，来鼓励自己加倍发挥建设社会主义祖国的积极作用。

原载于《人民南开》1956年11月10日第一版

略述孙中山先生“以俄为师”的政治主张

孙中山先生是中国近代革命历史上的伟大的民主主义革命者。

> 孙中山先生之所以伟大，不但因为他领导了伟大的辛亥革命（虽然是旧时期的民主革命），而且因为他能够“适乎世界之潮流，合乎人群之需要”，提出了联俄、联共、扶助农工三大革命政策，对三民主义作了新的解释，树立了三大政策的新三民主义。[①]

孙中山先生之所以能树立新三民主义，与俄国革命的影响有一定的关系。俄国革命的影响使孙中山先生不断进步。随着俄国革命影响的加深，孙中山先生思想变化也日剧。最后，孙中山先生提出了完整而明确的“以俄为师”的政治主张，构成了他的革命思想中的最宝贵的一部分。

孙中山先生“以俄为师”的政治主张的发展和形成与他的革命事业的发展进程是相比而行的。

孙中山先生从十九世纪末期开始了他的政治活动。那时，他曾抱着青年人的爱国热忱，提出过救国的方案；他也曾组织过武装起义。但是，都失败了。他在1895年广州起义失败后，就经日赴欧美去考察政治得失，希望向西方求得真理。

1896年，孙中山先生在伦敦，开始与俄国革命者有接触。他在1924年1月20日晚欢宴中国国民党第一次全国代表大会代表时的演说词中，曾谈到那时他在英国图书馆内遇到几个俄国人，“交谈之后，知道彼此都是革命同志”，双方交换了有关革命问题的意见。这次谈话在孙中山先生的印象中很深刻，并且也鼓舞了孙中山先生把革命进行到底的信心。[②]

---

① 毛泽东：《新民主主义论》。

② 孙中山：《主义胜过武力》，见《中山丛书》三，页七六至七八，中华图书公司本。

二十世纪初，由于戊戌变法和义和团反帝运动的失败，人们对于清政府和改良主义者不再像过去那样的信任，于是社会上奔向革命的人日益增多，爱国运动勃然兴起，革命思想得到广泛的传播，革命团体也纷纷出现。民主革命的浪潮呈现出空前的高涨。最后，在1905年成立了以孙中山先生为领导的同盟会。

从同盟会的纲领、宣传工作和起义活动等等方面考察，都可以看出俄国1905年革命对它的某些影响[①]。在同盟会的机关刊物——《民报》上，曾经发表过俄国革命的消息、照片和评论文章。《民报》的一个作者朱执信曾用“蛰伸”的笔名在《民报》第二、三号上（1906年）发表了《德意志革命家小传〉一文，文中夹叙夹议地介绍了《共产党宣言》（译作《共产主义宣言》）。这是把马克思主义介绍到中国来的第一篇文章。同盟会对俄国革命的知识，虽然来源是间接的，理解也不够恰当，甚至在某些问题上还有些误解。但是，这些都不妨碍中国革命者把俄国革命者引为同道。1906年《民报》的一个作者曾著文说：“（俄国）之革命志士，牺牲流血，犯难而与之（沙皇政府）争者，至今不屈。此支那革命党所赞叹而呼为同调者也。”[②]这些，对于孙中山先生可能有一定的影响。孙中山先生就在进一步认识俄国的基础上，看到了“欧美社会（资本主义社会）之病”。1906年12月2日，孙中山先生在《民报》周年纪念会演说中曾具体地指出美国社会阶级对立的情形是：“美国财富多于前代不止数千倍。人民的贫穷甚于前代也不止数千倍，而且富者极少，贫者极多。”又指出：“欧美各国，善果被富人享尽，贫民反食恶果，总由少数人把持文明幸福，故成此不平等的世界。”[③]孙中山先生正确地看到了资本主义社会的不平。

孙中山先生在同盟会成立后，领导着民族民主革命向更高阶段发展。辛亥革命便是这个发展的顶点。辛亥革命推翻了封建专制制度，成立了共和国，这是具有伟大的历史意义的。辛亥革命的光辉成就也曾博得俄国革命者的赞扬和欢呼。列宁在当时曾经这样称赞道：“四万万落后的亚洲人已经获得了自由，已经觉醒起来参加政治生活了。地球上四分之一的人口，可说是已经由酣睡进到光明、

① 关于1905年俄国革命对中国影响的问题，有许多同志撰写了专文，如范若愚：《第一次俄国革命和中国》（1955年12月5日《人民日报》）；黎澍：《一九〇五年俄国革命和中国》（《历史研究》1955年第一期）；荣孟源：《俄国一九〇五年革命对中国的影响》（《历史研究》1954年第二期）等。本文不再复述。

② 胡汉民：《与国民新闻论支那革命书》，见《民报》第十一号。

③ 邹鲁：《中国国民党史稿》第二篇第二章，精装本页四九五至四九六。

运动、斗争了。”[1]列宁表达了俄国革命家对孙中山先生领导的革命事业的深切关怀。

但是，辛亥革命的成果不幸被北洋军阀所窃夺。孙中山先生又再接再厉地继续进行了反袁和“护法”的几次斗争。这些斗争都没有得到应有的成功。孙中山先生虽然面临多次的挫折和失败，但是，他没有屈服，依然坚毅地摸索前进，寻求新的道路。

1917年，当俄国二月革命开始，孙中山先生就加以赞赏，他在这年7月17日南下护法时，在广州的欢迎会上说：“此俄罗斯之政变为世界一大事件”，并希望俄国“与中国作佳邻焉”[2]。

十月革命的成功，对孙中山先生影响颇大。孙中山先生“欢迎十月革命”。

1918年，孙中山先生遭到滇、桂军阀的排挤，由粤返沪后，“曾致电苏俄，祝其革命之成功，并鼓励其努力奋斗”，电报是辗转经由美洲华侨发出的。当时俄国正遭到各国“嫉恶”，孙中山先生是第一个致贺俄国革命成功的，因此，列宁在收到电报后，“大为感动，视为东方之光明”[3]。1919年左右，孙中山先生在上海又屡次与列宁函电往还，讨论东方革命问题，并且请人教廖仲恺、朱执信、李章达等学俄文，准备去俄国学习。孙中山先生和俄国人士的往来也在这时开始。[4]

1920年10月，孙中山先生重回广东，为建立革命根据地而进行斗争。次年5月就任大总统。6月间，收到苏俄人民外交委员会委员长契切林在1920年10月底给孙中山先生的信，内容是商讨恢复中苏两国的贸易。孙中山先生在8月28日所写的复函中曾这样说：“我对于你们的事业，非常关怀，对于你们的苏维埃组织、军队和教育，尤其感到兴趣。我很希望知道这些事。你和你的朋友们也许可以对这些事，尤其是关于教育方面的事，给我指示。我希望把中华民国的基础，深印于年青的一代，即未来的劳作者的心目之中，一如你们在莫斯科所希望于苏联青年似的。”[5]这时，孙中山先生已经大体上表露了他后来所标举出来的“以

---

① 列宁：《更新的中国》，见《列宁斯大林论中国》页三二。

② 邹鲁：《中国国民党史稿》第三篇第五章，精装本页一〇一一。

③ 邹鲁：《中国国民党史稿》第一篇第五章，精装本页三四二至三四三。

④ 参阅何香凝：《对中山先生的片断回忆》，见1956年10月29日《人民日报》。

⑤ 孙中山先生复苏联外长齐切林书（谢琏造译），见1951年3月2日《进步日报》史学周刊第八期。

俄为师”的政治主张的基本内容了。

1921年冬，孙中山先生正在桂林督师北伐时，仍然不忘于进行“联俄”之事，他曾“多次与列宁函电往返，反复商讨”。当时，苏俄曾派代表马林到中国来作初步商议，开始在广州与廖仲恺晤谈，旋赴桂林与孙中山先生亲自晤谈。孙中山先生与马林畅谈之后，“心至愉快”，并从而深信自己的实业计划必能实行。孙中山先生又先后发过两个电报给廖仲恺，命其迅速进行“联俄”之事。[①]孙中山先生已经决心走俄国革命的方向。

1922年8月，孙中山先生由于陈炯明的叛变又离粤经港返沪。这时，孙中山先生与中国共产党人李大钊、瞿秋白等开始接触。苏俄代表越飞也派专人到沪与孙中山先生接洽，使孙中山先生感到“从此彼此通讯，凡事当易相量矣”。孙中山先生就在这种影响之下于1923年1月1日发表了具有新内容的《中国国民党宣言》，在宣言中提到“革命事业，由民众发之，亦由民众成之”，也提出了修改不平等条约和赋予人民各项权利的纲领。26日，孙中山先生与越飞亲自晤谈后发表了共同宣言，宣称中国的革命事业，可以获得苏联的同情和援助[②]。中苏两国亲密关系正式地建立起来了。这样便进而促使孙中山先生“以俄为师”的政治主张日趋成熟。

1923年2月，孙中山先生在消灭陈炯明叛变后，重回广州，建立革命根据地。8月16日，孙中山先生为了学习苏联，派了一个“孙逸仙博士代表团”赴苏，充分表现了孙中山先生向往苏联和要求“以俄为师”的心情。10月间，苏联派鲍罗廷来粤协助建军建党，孙中山先生和他多次商讨后，决定改组中国国民党。这次改组的原因，一方面是总结了过去中国革命失败的教训，另一方面则是“鉴于苏俄革命之在后，因组织完密之故，竟使危而安，安而固，几有蒸蒸日上之势，乃决改组”。10月24日委任廖仲恺、谭平山等九人为临时中央执行委员，聘鲍罗廷为顾问，筹划改组事宜，并定1924年1月在广州召开第一次全国代表大会，实行改组[③]。11月间，正式发表改组宣言。

孙中山先生决定改组中国国民党，标志着他的“以俄为师”的政治主张将全部付诸实现。因而，遭到了国民党右派分子的激烈反对，11月29日邓泽如曾经上

① 参阅何香凝：《对中山先生的片断回忆》，见1956年10月29日《人民日报》。

② 邹鲁：《中国国民党史稿》第一篇第五章，精装本页三四六至三四七。按：原稿为英文，译文见1923年1月28日《民国日报》。

③ 邹鲁：《中国国民党史稿》第一篇第五章，精装本页三五六至三五八。

书反对，孙中山先生坚决地加以驳斥说："我国革命向为各国所不乐闻，故尝助反对我者以扑灭吾党，故资本国家断无表同情于吾党。所望为同情，只有俄国及受屈之国家及受屈之人民耳。"[①]

1924年1月20日，孙中山先生不顾一切阻难，毅然召开了第一次全国代表大会，发表宣言，正式改组，确定了联俄、联共、扶助农工三大政策的新三民主义。孙中山先生大大地跃进了一步。他的"以俄为师"的政治主张极其鲜明地表露出来了。

孙中山先生在大会期间曾经反复阐释"以俄为师"的政治主张。

1924年1月20日晚，孙中山先生在欢宴出席大会的代表的演说中说："俄国革命的成功，为什么那样大而且快呢？因为俄国人立志稳健，眼光远大，把国家大事算到一百年，什么方法都计划到了，这就是经验多而成功快。"孙中山先生把俄国革命看作"好榜样"，要求中国革命的成功，"当然像俄国一样"[②]。孙中山先生又在大会的演说中说："中国革命六年后，俄国才有革命，俄国革命党不仅把世界最大威权之帝国主义推翻，且进而解决世界经济政治诸问题。这种革命，真是彻底的成功，皆因其方法良好之故。"[③]

1月25日，正当大会开会之际，获悉列宁逝世的噩耗。孙中山先生沉痛地宣布了这个消息。当时，除通过各项哀悼的决定外，孙中山先生还发表了演说。孙中山先生在演说词中说："大家都知道俄国革命，在中国之后，而成功却在中国之前，其奇功伟绩，真是世界革命史上前所未有。"他要求中国国民党"和俄国的革命党一样"，"成为一有组织的有力量的机关"。他又说："从前在日本，虽想改组，未能成功，就是因为没有办法，现在有俄国的方法以为模范，虽不能完全仿效其办法，也应仿效其精神，才能学得其成功。"[④]

在为哀悼列宁而休会期间和改组完成以后，孙中山先生曾相继发表多次的演讲，以阐明三民主义，其中多涉及"以俄为师"的政治主张。如在民族主义第一讲中说："俄国在欧战的时候，发生革命，打破帝制，现在成了一个新国家，是社会主义的国家"；认为这是世界上的一个大变动。在第四讲中又说，俄国革命

---

① 邓泽如：《中国国民党廿年史迹》，页三〇五。

② 孙中山：《主义胜过武力》，见《中山丛书》三，页七六至七八，中华图书公司本。

③ 孙中山：《国民党改组问题》，见《中山丛书》三，页八〇，中华图书公司本。

④ 孙中山：《政党之精神在党员全体不在领袖一人》，见《中山丛书》三，页八四至八五，中华图书公司本。

是“一个人类中的大希望”[①]。孙中山先生盛赞俄国革命的成就。

2月16日，孙中山先生在给苏联人民外交委员格·维·契切林的信中说：“我们希望将来在中国作出你们党在建立新的国家观念和新的管理制度方面所曾在俄国做过的一切。”[②]以后，孙中山先生在很多的演说和谈话中，也都反复地强调了他的这个主张。

1924年10月9日，孙中山先生在一封信中，对自己的这个政治主张作出了概括性的结论，他说：“今日革命，非学俄国不可”，“我党今后之革命，非以俄为师，断无成就”[③]。

1924年11月，孙中山先生为召开国民会议和废除不平等条约进行斗争而北上，孙中山先生在沿途宣传了自己的革命主张，到北京以后，更冲破了国民党右派分子的包围，坚定不移地和北洋军阀进行了英勇的斗争。1925年3月12日，伟大的革命家孙中山先生，因积劳而旧病复发，不治逝世。孙中山先生在逝世以前，留下了继续战斗的遗嘱和贯彻自己“以俄为师”政治主张的《致苏联友人书》，并且把生前未能实现的亲自访问莫斯科的愿望，委托给他的夫人宋庆龄。

孙中山先生从1896年与俄国革命者开始接触起，到1924年10月明确标出“以俄为师”的政治主张以至1925年3月12日离开自己的革命事业止，一直是坚持不渝地在发展、丰富、贯彻和实现自己这个英明的主张的。虽然，孙中山先生没有来得及看见这个主张的最后结果。但是，中国共产党领导中国人民，抱定“学习苏联”的信念，在革命斗争和社会主义建设事业中所获得的巨大成就，不仅是孙中山先生所理想要实现的结果，而且比孙中山先生的理想有了更大的发展。

原载于《天津日报》1956年11月10日

① 孙中山：《三民主义》，见《中山丛书》一，页四二至四三，中华图书公司本。

② 没有发表过的孙逸仙的文件，见1955年11月14日《人民日报》。

③ 参见1956年10月30日《人民日报》孙中山先生手札墨迹照片。

谈民国初年白朗领导的农民起义

辛亥革命失败后，随着袁世凯北洋军阀政权的建立，全国各地普遍地发生兵变和反军阀暴政的斗争。根据不完备资料的统计，1912年在山东、河南、奉天、湖北、江西、安徽、江苏等地都发生过兵变[①]。反军阀暴政的活动也同时在各地农村中迅速地发展：1913年1月初，袁世凯即因湖南省"盗贼如麻"而电令实行"清乡政策"[②]。同年12月，河南都督张镇芳也以"共和初建，民气嚣张，地痞流氓，乘机滋扰，'匪'势蔓延日甚"，而"厘定清乡章程，令行各属并委员催办"。[③]1914年3月间，山西盂县乡民发动过抗税暴动[④]，而1912—1914年在河南开始由白朗领导的农民起义乃是当时规模最大、影响最巨的一次反军阀暴政的斗争。

一

白朗的生平，记载颇不完备和一致，据我所接触到的资料，有以下各说：

一说"白朗曾留日学习陆军，充前禁卫军教练官。清亡以后，回随结连会匪，开立山堂，盘居天河寨，地方官不敢过问。去腊汴省罗山一带，土匪猖獗，巡防营战败，死伤多人，即白朗从中主持"[⑤]。

① 《东方杂志》第9卷 各期《国内大事记》。

② 1913年1月4日天津《大公报》。

③ 《续武涉县志》卷11《兵防志》，1913年6月刊行。

④ 《东方杂志》第11卷 第4号《国内大事记》。

⑤ 《随县匪乱详情》，1913年5月14日天津《大公报》。

一说“‘白狼’原名白朗，人以其凶暴也，呼之为‘白狼’。籍隶河南之宝丰。世为盗。甫二年，又归河南，再为匪，事为官吏所知，尽没其家人，白匪得脱，自是专为伙盗，啸聚愈众。”①

一说“‘白狼’之历史言人人殊，报纸所载亦往往言过其实。或谓‘白狼’姓李；或谓‘白狼’姓冯；或谓‘白狼’姓白，名朗斋，河南汝阳人（汝南）；或谓‘白狼’姓白，名永丞；或谓‘白朗’者，回人也；或谓为河南陆军小学出身；或谓为故六镇吴禄贞部下之参谋；或谓前曾居郑州为小官，后迁至开封，未几落职；或谓‘白狼’曾为号头，旋从谢总戎宝胜为戎什。……据日本报纸确切之调查，则决‘白狼’未受高等之教育，亦决无深奥之经历，盖一绿林之徒耳。籍隶鲁山，居于嵩山之麓，年四十。当十八岁时，曾充河南巡防队士兵，习枪炮及军队操纵之法，约二三年。虽目不识丁，而义气自雄，不甘人下，乃私自脱营，徘徊山寨，遂为江湖会头目之一。……二十二岁时，部下已有数百人，以鲁山县之一山寨为根据地，武断乡曲，跋扈难制，人因以‘白狼’呼之，则其当时行动之凶猛可知矣”②。

一说“‘白狼’者河南鲁山人，少无赖不事家人生业，及长推髻为盗，纵横鲁山、宝丰一带，遂为匪魁”③。

一说“‘白狼’宝丰人，白姓‘狼’名，初为兵，以事削籍为匪”④。

一说“（白狼）姓白名朗（有时化名齐天化），人家叫他‘白狼’。从此，他便以‘白狼’自命。他的队伍是白衣白马，行动则如虎如狼。初起于豫皖之交”⑤。

一说“‘白狼’姓白名朗，河南省宝丰县人。以其身材高瘦，脚长行快，故因其名而绰号‘白狼’。化名颇多，郜永成即其化名之一。……当时传说‘白狼’不姓白，就是这个原因。性豪爽，疏财仗义，以是能得众”⑥。

一说“二次革命时，国民党方面曾委‘白狼’为湘鄂豫三省联军先锋司

---

① 《白狼之真相》（二），《庸言》第2卷第4号。

② 闲云：《白狼始末记》，《近代史资料》1956年第3期，第141—142页；陶菊隐：《六君子传》中所记白狼的历史有一说类此（参阅该书第177页）。

③ 《枣阳县志》卷20《武备志》附《民国军事纪略》，1923年9月刊行。

④ 《重修信阳县志》卷18《兵事·民国兵事》，1936年12月刊行。

⑤ 陶菊隐：《六君子传》第177页。

⑥ 乔叙五：《记白狼事》，《近代史资料》1956年第3期，第133页。

令”[①]。另有阎子固者，曾奉黄兴之命到豫西联络“白狼”，准备“在淮上起事，接应南军，攻打河南”[②]。

从上面这些不同的记载中，我们可以对白朗有如下的初步了解：他姓白名朗，是河南西部宝丰或鲁山人，曾经受过军事训练，参加过军队。他身受过官吏的政治性迫害。初期活动地区是豫西一带，与会党和民党都有过关系。他颇能获得群众的拥护；对袁世凯的统治则表示不满而处于对立的地位。他的化名很多，可能是为了活动的便利。他的绰号“白狼”是由于形容他所领导的军队行动迅速，作战勇猛而来，但却被北洋军阀政权加以恶意地歪曲使用了。

二

白朗领导的农民起义发动于豫西南一带，这一带地区是河南省封建剥削关系严重的地区。作为白朗初期活动地区的信阳、罗山、光山、固始、商城等地便是“大地主较多，田权集中的程度很高”的地区，如信阳城内最大的地主有好田12000亩，罗山地主刘楷堂有农田数万亩，中经分家和出卖，但到民国二十年后尚拥有好田12000亩以上。其他尚有“公产”、“庙产”等占有形式。地主阶级凭借这种土地所有制对农民进行地租、押租、力役各种剥削：如信阳所实行的分租，一般规定“好地则地主得六成，坏地则佃户得六成，有时佃户负担种子的全部”。押租则每石田（合六亩左右）有高达四十元左右者。力役也非常多，有各种不同名目，镇平的一个农民在一年中为地主服役四五十天，那是常有的事[③]。农民生活困苦可以想见。

苛捐杂税的负担也很沉重：如信阳一县之地，即需负担国家税、省税、县税三大项，每项之下又各有不同名目。根据1924年统计，民初信阳的杂税情况如下：国家税项下有买契税、契纸税、烟酒税、烟酒牌照税、当契税、印花税、牙帖税、屠宰税、包裹税等等，共洋62640元，钱786串；省地方税有补助捐钱、契税附收水利费等等，共洋2759.6元，钱13846串911文；县地方税有教育款，契税附收自治费、地丁附捐、契纸捐、房地捐、车站包捐、蛋捐、妓捐、戏捐、

① 邹永成：《邹永成回忆录》，《近代史资料》1956年第3期，第121页。

② 《政府公报·公文》，民国二年10月23日，第528号。

③ 伪行政院农村复兴委员会编：《河南省农村调查》第1、4、10—71页。

百货捐、门捐、店捐、小车捐等等，共洋2612.8元，钱68850串。三项合计共洋68012.4元，钱83482串921文。[①]其他各地，亦多类此。这些负担直接间接地加于农民身上。

此外，河南又是一个人所熟知的连年有灾的省份。关于灾荒的文献记载非常多，如1913年的记载说："豫省六月不雨，二麦未曾播种，旱灾已成。南、汝、光、彰、怀、卫、河、洛各属被灾尤重，省垣饥民麇集，时疫流行。"[②]1914年的记载说："豫境夏初缺雨，二麦本已减收，嗣据各属先后报灾，或遭风患，或遇雹击，或罹水厄，或被虫伤，统计灾区达四十五县之多，尤以邓县、方城、泌阳、南阳、淅川、遂平、潢川、息县、西平、确山、南召、罗山等十二县被灾最重。"[③]这些被灾最重的地区大部分是白朗活动的区域。

所有这些情况都足以促成农村暴动的不断发生。因而在白朗正式领导起义以前，河南局势已呈所谓"千百成群，揭竿起事"，有"日益猖獗，几成燎原"之势。据北洋军阀李纯的报告，在白朗活动的郏县、宝丰地区正式有姓名可考者就有白朗等五大支，即"郏县则有白朗、李凤朝等聚集千余人，盘踞高皋庙；刘朝栋、郭营等聚集数百人，盘踞大石桥；常建福、王大庆等聚集千余人，盘踞任寨；宝丰有杜西宾聚集千余人，盘踞四山坡；秦椒红聚集千余人，盘踞梁洼漫流寨。他若大营、西大岭、大店头、观音堂等处，或为匪党久占之区，或为匪党集会之所，各不下数百余人"。[④]

白朗就在这样的条件下，领导各地苦难深重的农民来进行反军阀暴政的斗争，并且得到很迅速的发展，形成为民国初年反抗北洋军阀统治的力量。

三

白朗最早活动于河南的临汝、鲁山、宝丰、郏县一带。1912年夏，攻破河南的禹县，标志着起义的正式开始，随而即扩展到南阳、汝宁、信阳、襄阳一带，引起了北洋军阀政府的注意。1913年春，豫督曾派兵进攻白朗军，但并未生效，

---

① 《重修信阳县志》卷10《食货杂税》1936年12月刊行。

② 《东方杂志》第9卷第11号，《国内大事记》。

③ 《东方杂志》第11卷第3号，《国内大事记》。

④ 《政府公报·公文》，民国元年10月27日，第179号。

白朗势力继续发展，当时活动地区有河南的禹县、长葛、唐河、泌阳、方城、鲁山、桐柏、邓县、新野、南阳、正阳、罗山、光山、潢川、固始等地；湖北的随县、枣阳等地；安徽的六安等地。1914年初，白朗军在原有活动地区的基础上，又先后到过河南商城、安徽霍山和湖北英山等地。白朗军势力的迅速发展，使北洋军阀政府感到极大的震动，于是决定采取鄂、皖、豫、鲁四省“会剿”办法，并派张勋“助剿”，以防白朗军势力向长江流域的发展；又先后任命了北洋军阀集团中的“战将”段祺瑞、赵倜、陆建章、张敬尧、王占元等负责“督剿”，动员了20余万兵力来围击。白朗军在这种情况下，乃决定向西北发展。一面集结散在各地之所部，一面于3月13日攻占豫、鄂、陕边境的荆紫关以开辟进入西北的道路。白朗军自入陕以后，又相继在商南、山阳、商县、盩厔、武功、乾州、醴泉、三原、永寿、邠县各地与官军作战。4月中旬，白朗军更由陕入甘，在泾川、平凉、灵台、崇信、秦州、徽县、礼县、阶州、成县、岷州、伏羌等地与北洋军阀的军队作战。6月初，白朗军因北洋军的尾追包剿和本身兵力在长途进军中损耗而削弱，乃复突围经陕西而谋东归河南。6、7月间便继续在河南的南召、方城、叶县、临汝、鲁山、郏县、宝丰一带苦斗二月，重要领导人员先后战死，白朗也因在甘肃“临阵负伤”而病死于鲁山石庄附近。白朗领导的农民起义至此乃以失败而告终。[①]

白朗军在整个战斗过程中，曾多次击败北洋军阀的军队。当其在河南初起时，就使“许多追剿的正式部队受了很大的损失，甚至全军覆没的也很有几部分”[②]。1913年白朗军自湖北枣阳突围东去时，虽然“官兵四面云集”，但其结果是“莫之阻也”[③]。当其纵横于豫皖之时，也屡获胜利，当时北京民报的一篇报道中说：“白匪去庐州后，北窜霍邱……忽于叶家嘴地方与官军遇，交战之结果，则双方各死伤百余人，惟最后官军败而狼匪获胜。……后至黑山，又与官军交战，白匪又胜。……匪既陷霍邱更北进殷山地方，又与官军遇，此次白匪虽再胜，然以军火缺乏之故，不敢攻城……至河南之商城，于其城西四十里处遇大队官军，阻其进路，大战两日，匪死亡者数百人，官军于距匪五里之遥开炮遥

---

① 关于白狼的活动范围和进军路线散见于报章杂志及地方志书中。乔叙五《记白狼事》和闲云《白狼始末记》二文（均见于《近代史资料》1956年第3期）有较详叙述，可供参阅，本文为节省篇幅，只根据一些资料作简略的概括。

② 冯玉祥：《我的生活》第17章“剿白狼”。

③ 《枣阳县志》卷20《武备志》附《民国兵事纪略》，1923年9月刊行。

击（意即不敢接近白朗军）。”[1]及其由甘陕返豫时，虽然实力削弱，但是“除在宝鸡、郭杜镇、子午峪三处与官军稍有接触外，其他各处无敢迎击者”[2]。然而据当时负责指挥军队在子午峪邀击白朗军的冯玉祥在其《我的生活》一书中所述，虽然承认战争的“情况很是激烈”，“足足消耗了二十万发子弹”，可是在找死尸时，“连二百人也不到”[3]。由此可见，北洋军的所谓“邀击”也不过只是虚张声势而已，白朗军势力依然相当强大而能往来无阻。因此，北洋军阀政府虽然调用了大量兵力来镇压，“然而，‘狼’之为‘狼’也自若”[4]。

四

白朗领导的农民起义，从1912年夏正式开始到1914年8月初失败止，历时两年余，纵横于豫、鄂、皖、陕、甘五省，屡败北洋军阀的军队，其规模不可谓不大，势力不可谓不强了。

白朗领导的农民起义之所以能迅速发展和屡获胜利的原因，根据所见的资料，试作如下的初步分析。

首先，白朗在政治上有较明确的口号和符合劳苦人民利益的行动，从而获得广大群众的同情和拥护。

白朗在1912年攻破禹县而正式起义时，即提出“打富济贫”的口号，后来“所至之处，均能实行”[5]。因此，当时民间曾流传着一首动人的歌谣说：“老白狼，白狼老，抢富济贫，替天行道，人人都说白狼好，两年以来贫富都匀了。”[6]这首歌谣——说是白朗军自己编的，但是不论编者为谁，既在当时能为人所传诵并流传下来，那么，毫无疑问，它是有一定的实行基础的。同时，白朗军又由于经过了辛亥革命的洗礼，而使其具有了某种程度的民主主义色彩，在其发布的布告中曾一再地表露了对北洋军阀统治的不满，并指斥了北洋军阀的暴

① 《白狼之真相》（二），《庸言》第2卷第4号。

② 乔叙五：《记白狼事》，《近代史资料》1956年第3期，第138页。

③ 冯玉祥：《我的生活》第17章“剿白狼”。

④ 陶菊隐：《六君子传》，第180页。

⑤ 乔叙五：《记白狼事》，《近代史资料》1956年第3期，第139页。

⑥ 陶菊隐：《六君子传》，第178页。

政。其在六安所贴之告示中，有“余欲为官吏，奈余不善于钻营；余欲为议员，奈余不善于运动”[①]等语，是其对民初腐败政治表示了极大的愤慨。在西安附近之布告中又指斥了北洋军阀政府是“神奸主政，群凶盈廷”，因而才造成“民苦虐政，人无斗志”的结果[②]。在陕西邠县曾以“公民讨贼军”的名义发布文告，“大意以指斥袁世凯的盗窃民国，帝制自为，摧残民气，残杀青年，而声讨之为主旨”[③]。在甘肃洮州的布告中更提出了七项具体的政治主张，即：

> 第一条逐走□□□。第二条设立完美之政府。第三条拒之者受害，乃自取其咎不得怨人。第四条劝民附和。第五条联络日本举事。第六条举岑春煊为总统。第七条选某某等经略各地。下署白狼二字，准未盖印。[④]

这张布告显然是经过了删改的：其第一条的空白，是为“袁世凯”三字而讳。其第七条有一说是袁世凯所加以攻击其政敌岑春煊的[⑤]。其署名“白狼”显非原署。但是，即从这张经过删改的文告中也可略窥白朗反对袁世凯统治，希望建立新政府的政治主张了。

白朗除了这些政治口号和主张外，还沉重地打击那些依靠剥削和压迫的地主阶级。白朗军在枣阳作战时曾与地主武装的团练作战，在枣阳县北袁家砦地方，击毙团首周景山父子；在湖南新店，又与枣阳地主卫静庵所率团勇激战竟日[⑥]。在河南信阳吴家店地方曾掳去邑绅杜乃熙。在河南禹县作战时，被杀伤者也是绅民、队勇和民团[⑦]。白狼夺取财物的对象多是“殷商富户”[⑧]，因此，往往白狼军到处附近百数十里，逃亡的主要是些富户[⑨]。白朗又见于那时被投入监狱的多系被压迫之劳苦人民，因此也常有释囚之举，如再次攻破禹县时，“入署后，即释放囚犯”[⑩]。这类事迹，当时想颇不少，可惜的是，文献上的发现还不多，这

---

① 闲云：《白狼始末记》，《近代史资料》1956年第3期，第144页。

② 闲云：《白狼始末记》，《近代史资料》1956年第3期，第149—150页。

③ 乔叙五：《记白狼事》，《近代史资料》1956年第3期，第193页。

④ 闲云：《白狼始末记》，《近代史资料》1956年第3期，第152页。

⑤ 陶菊隐：《六君子传》，第180—181页。

⑥ 《枣阳县志》卷20《武备志》附《民国兵事纪略》，1923年9月刊行。

⑦ 1913年6月30日天津《大公报》。

⑧ 《重修信阳县志》卷18《兵事·民国兵事》，1936年12月刊行。

⑨ 1913年5月14日天津《大公报》。

⑩ 1913年6月30日天津《大公报》。

是需要进一步采访与寻求的。

白朗由于政治上有这些明确的口号、主张和正当的行动而获得很多群众的拥护和同情。这些群众主要有二类：

第一类是白朗军经过地区的穷苦人民，他们不堪于北洋军阀的暴政统治，在白朗的“打富济贫”口号的号召下响应和参加了白朗军。这种情况虽然我尚未见到直接正面的记载，但是从当时官方文献中也可约略窥知一二。如在豫东一带的“附从日众”，“贩夫牧竖，尽为匪人耳目”[①]；在枣阳至固始之沿途，“附和者不下数万人”[②]；在信阳一带，“裹挟日多，势益盛”[③]；在豫南、鄂、皖各地时，“各地痞徒闻风响应”；在攻光川时，“半皆近地盗匪”[④]；在攻英山时，“内匪蜂集，潜与通约”[⑤]；等等。都是说明白朗之得到拥护，并有不少人参加进来。这一类人估计人数最多，他们构成白狼军的基本群众。

第二类是军队中的士兵。这些士兵一部分是辛亥革命后被裁的士兵，另一部分是不堪北洋军阀克饷、压迫而叛变的士兵。据北洋军阀雷震春的报告中说，白朗初起时的汝州便是“各省兵变，叛勇溃卒，麇集于兹”的地方[⑥]。白朗军进攻南阳时，南阳镇守使郭文魁的部下，“投归白狼者甚多”，而“旧湖北第八师即季雨霖部下之兵多归之”[⑦]。其攻潢川之白朗军，即“内多曾经驻扎潢川之湖北所调之陈得龙军队”，于“去岁在潢遣散者”[⑧]。其进攻老河口时，白朗军中即“多鄂军退伍兵”，并通过这些军士，将驻防老河口之“宁军”说动，因而使老河口不战而得[⑨]。他如荆紫关巡防队十三营之一律参加，陕西凤翔“叛兵”的加入，以及被裁之退伍兵和各地之“土匪”，“或闻风归附，或遥为附和”[⑩]。

这些士兵绝大部分都是被军阀强征来的农民被装备上军装，他们与第一类人没有性质上的区别，只是他们比那些单纯的农民更多地具备些军事上的技能，他

① 《白狼之真相》（一），《庸言》第2卷第4号。
② 《枣阳县志》卷20《武备志》附《民国兵事纪略》，1923年9月刊行。
③ 《重修信阳县志》卷18《兵事·民国兵事》，1936年12月刊。
④ 闲云：《白狼始末记》，《近代史资料》1956年第3期，第144—145页。
⑤ 《英山县志》卷5《兵防志》，1920年刊行。
⑥ 《政府公报·公文》，民国元年12月18日，第331号。
⑦ 闲云：《白狼始末记》，《近代史资料》1956年第3期，第143页。
⑧ 《白狼之真相》（一），《庸言》第2卷第4号。
⑨ 《东方杂志》第10卷第10号，《国内大事记》。
⑩ 《东方杂志》第10卷第9号，《国内大事记》。

们的参加正足以加强白朗军的声势。

此外，尚有一些反袁人士和国民党人的参加。“二次革命”失败后，很多人“往归白狼”。这正如袁世凯于1914年7月17日申令中所说：“……溯自白匪肆扰，海外乱党潜与勾结，并遣党羽投入匪内，为之主谋，专以扰乱地方为目的……”[①]袁世凯的这个申令内容，固然在于加罪于国民党，但证以其他记载，至少也反映白朗与国民党之往来关系，不过，这类人在白朗军中终究是少数。

其次，白朗在军事上有严格的纪律和优良的战术。白朗军纪严明，不滥杀滥抢。据当时报纸报道，白朗是“不杀年老男妇，惟遇壮丁则迫之入党”[②]。财物也以取枪械弹药及粮食等为主。及向西北进军时，军纪愈严。白朗在荆紫关所张贴之布告中称：“义军过处，不自惊扰，而济以军火，供以粮食，开门投诚者，一律保护，不伤其生命财产。”[③]在武功时，“全队驻城外里许，竟然秋毫无犯”。在乾州时，只“把衙门烧尽，未烧民房”，“出示禁止烧杀奸掳”[④]。一个曾参与对白朗作战者，在郃县时曾目睹白朗为执行纪律而处死违犯纪律者的遗尸[⑤]。反之，北洋军阀军队的纪律则甚坏，因之据当时地方官吏的报告称“民之怨匪者反减于怨兵之深且切也”[⑥]。而有所谓“狼是梳，官兵是篦”之谣[⑦]。其纪律良好可以概见。

白狼军又有较正规的军事编制和适应具体状况的战术。白朗是受过军事训练参加过军队的人，所以他将自己的军队按正式军队加以编制，“分为步、马、炮、工、辎，扎立营寨，放哨巡逻，悉如军队”[⑧]。白朗军拥有大炮快枪等新式武器。白朗军作战时既勇敢而又能独立作战，与官军之畏缩依赖迥不相同。在枣阳抵抗鄂军巡攻时，白朗军“肉袒奔阵，毙鄂军团长李俊”[⑨]。当时任许昌县知事的卢懋功在其呈当道文中曾说：“匪与兵遇，多存决死之心；兵与匪战，恒怀畏葸之念……是故匪常胜而兵败”，“匪则人人皆能独立，兵则人人恒多依赖，

① 闲云：《白狼始末记》，《近代史资料》1956年第3期，第155页。

② 《白狼之真相》（二），《庸言》第2卷第4号。

③ 闲云：《白狼始末记》，《近代史资料》1956年第3期，第147页。

④ 陶菊隐：《六君子传》，第185页。

⑤ 乔叙五：《记白狼事》，《近代史资料》1956年第3期，139页。

⑥ 《白狼之真相》（二），《庸言》第2卷第4号。

⑦ 陶菊隐：《六君子传》，第181页。

⑧ 《随县匪乱详情》，1913年5月14日天津《大公报》。

⑨ 《枣阳县志》卷20《武备志》附《民国兵事纪略》，1923年9月刊行。

匪焰每盛而兵威易挫”。[①]白朗军又针对敌我特点，灵活地采用了巧妙的战术，它根据敌人用大量兵力包围追剿而自己兵力比较单薄的特点，采用了流动极大的作战方法，所谓“倏忽无定，善于声东击西，神出鬼没”的战术，往往“一日夜能行二三百里”，然后“出其不意，以行奇袭”[②]。因此常常使追剿军队“不惟人不得食，即饮马之水也不可得”，其结果“虽幸获胜，已劳顿不堪”[③]。它又针对北洋军阀军队的贪鄙而采取了用财物诱敌以取胜的战术：“官军进则委弃财帛于地而退，官兵贪财则弃械弹以争取财物；白狼军反攻，官军则贪财惜命而逃。如是的一进一退，即得到大批的军需补充。”[④]白朗军之军事技术也非常熟练，每与官军接仗，则全军分散，保持一定的间隔距离，然后“伏地蛇行而前”，其射击则“不能命中不发枪也，故官军有时相继为所击毙，不知敌在何处，以致胆怯而逃”[⑤]。

严明的纪律和优良的战术使白狼领导的农民起义得到迅速的发展和胜利。

白朗所领导的农民起义，虽然在二年余的过程中获得了很大的发展和胜利，震动了北洋军阀的统治，迫使北洋军阀动员了大量兵力进行镇压，大大地超过了对国民党“二次革命”的重视。但是，最后它终究是失败了。白朗军失败的原因，虽然有人曾提出几点原因[⑥]，但是还缺乏足够的证据。我从接触到的一些资料中也只能得出二点笼统的认识：（1）白朗军由于整个过程都处于流动状态，没有建立巩固的据点，因此一方面兵力在长途行军中消耗甚大，甚至重要领导人也在流动进军的过程中伤亡；另一方面也缺乏一切必需品的供应；而敌人则在镇压了“二次革命”后有力量集中大量兵力来尾追包剿。敌强我弱成为失败的一个主因。（2）白朗军活动的几个省都居于内地，完全在北洋军阀包围圈中，虽然与国民党有过联系，但没有看到从国民党方面得到过什么具体的帮助，何况国民党本身的反抗也处于失败情况。缺乏外援成为失败的另一个原因。当然这只是粗浅的认识，这个问题还需要进一步搜求更多的资料来作深入的探讨和商榷的。

---

① 《白狼之真相》（一），《庸言》第2卷第4号。
② 乔叙五：《记白狼事》，《近代史资料》1956年第3期，第139页。
③ 闲云：《白狼始末记》，《近代史资料》1956年第3期，第150页。
④ 乔叙五：《记白狼事》，《近代史资料》1956年第3期，第133—134页。
⑤ 《白狼之真相》（一），《庸言》第2卷第4号。
⑥ 乔叙五：《记白狼事》，《近代史资料》1956年第3期，第140页。

五

从上面的叙述中，可以作如下的概括：

白朗所领导的农民起义乃是辛亥革命后北洋军阀统治下的一次自发的农民反抗斗争。不过，由于经历了辛亥革命这样一次伟大的民主革命的洗礼，而使它赋有一种民主主义的色彩。这就说明了农民革命在辛亥革命后也不免受到一定的激荡而具有了新的斗争内容。因而白朗领导的农民起义不仅一般地代表了劳苦人民的利益，打击了封建统治者，而且还表露了对北洋军阀暴政的不满和指斥，希望建立一个美好的政府，而这个愿望是当时全国各阶层人民的共同愿望。白朗就以这些主张和理想，鼓舞了和动员了许多被压迫者（农民和士兵等）参加了反抗斗争，使得起义规模壮阔地发展起来。从1912年夏正式起义起到1914年8月失败止，前后历时两年余，纵横豫、鄂、皖、陕、甘五省之地，屡次击败北洋军阀的军队，诚可谓是北洋军阀统治时期的一次规模巨大的起义。但是，不幸由于敌我力量的悬殊和缺乏外援而最终失败了。

白朗领导的农民起义距离现在的时间并不算太远，当时文献记录的条件也相当发达，因此这个震动一时的农民起义的资料是会相当丰富的。我仅从报纸、杂志、地方志和很少的一些回忆录中已经看到相当不少的资料；但是肯定地说，这应是其中的很少部分。我推测在豫、鄂、皖、陕、甘各省，特别是作为起源地的河南一定会有更多的民间口碑和文献旧档，甚至也很有可能发现当时原件的资料。如果这样，那么对于研究这次起义的起因、规模、政治主张、军事建树、性质及失败原因等等问题都将有绝大的帮助。因此我才根据极少的资料，编次排比作这个简陋的叙述。如果因之而引起更多人的发掘资料、调查访问和商榷研究而使这个问题得到更深的探讨，则是我写这篇文章的最重要的一个愿望。

原载于《史学月刊》1957年6月号

华盛顿会议与中国民众运动

第一次世界大战结束，美国由于未能在巴黎和会上满足其在远东地区扩张势力的目的而又积极倡议召开华盛顿会议来讨论远东和太平洋问题，以求拆散原有的英日同盟，打击日本在东方的优势，以建立自己在远东的霸权，而英国也深感日本发展趋势的威胁，迫切希望重新调整帝国主义在东方的势力均衡关系。因此经英、美共同发起，并由美国出面召开有英、美、法、意、日、中六国参加的华盛顿会议，后又增加荷兰、比利时及葡萄牙而成为九国会议。美国于1921年8月13日向中、日、英、法、意等国发出正式邀请；16日，北京政府表示与会，成立“太平洋会议筹备处”，并任命施肇基、顾维钧、王宠惠等为出席会议的全权代表。

这次会议由美国倡议召开并邀请中国参加的消息传来后，引起了中国社会各阶层的强烈反响，特别值得注意的是民众运动的广泛兴起，并贯彻于各个发展阶段。

一、华盛顿会议召开前夕的民众运动

就在美国倡议召开华盛顿会议后不久，上海商界联合会便在1921年7月24日发起中国国民外交后援会，联合41路商民发表宣言，提倡“国民外交”，号召“我国民决不能持对岸观火之态度，一俟强邻之中伤，政府之孤行，而不思自起振作，以谋抵御监督之长策也”[①]。8月1日中国工会召开谈话会，并决定召集会

① 《民国日报》，1921年7月24日。

员及外埠会员代表举行大会[①]。各地学生联合会、留日学生救国会也接连开会，讨论华盛顿会议的有关问题，并于8月6日在上海召开全国学生联合会会议[②]。约在此时，民间还创办了《新太平洋日刊》等刊物，以“对内唤起民国自决之精神，为外交之后盾，对外则表现我国健全之舆论，促进世界之和平”[③]。

在华盛顿会议开幕前夕的11月11日，上海成立了全国国民外交大会，参加者达17省170余团体。19日即发表对外宣言并致电美国哈定总统，要求废除一切不平等条约，归还青岛等被占中国领土[④]；与上海召开大会的同日，北京各团体国民外交联合会及北京太平洋问题各团体联合会二万人在中央公园社稷坛召开大会，通过提案，并请中央政府派员参加，倾听民意，会后还举行了游行[⑤]。上海国民外交大会、全国各界联合会也分别致电美国哈定总统和华盛顿会议主席休士及各国代表，要求取消外国在华领事裁判权归还在华租借地等[⑥]。

民众的正义爱国呼声几已遍及全国，人们均以爱国为荣，以救国为责，不顾当时官僚政客等上层人物中对华盛顿会议种种幻想的喧嚣异调，提出维护中国利益的具体而正当的要求，其中如北京各团体国民外交联合会所发布的《对于华盛顿会议中国提案之意见》文件中就集中反映了这种要求。文件根据国际和平、平等、外交公开、互相尊重诸原则对解决中国问题提出具体条款，其中要求立即解决的“紧要案件”六项即：

（1）废除1915年5月25日之中日条约及换文。

（2）日本在胶澳及山东省内占据之土地、铁路、矿山及一切财产应无条件交还中国。

（3）要求各国声明废除在中国势力范围之协定，所有特殊权利、让与权、优先权一概撤销之。

（4）各国未经中国同意不得关于中国有所协定。凡类似此项性质之协定（及条约契约）中国概不承认。

（5）收回各国在中国境内单独经管之铁路（如南满铁道等），如需要款项

① 《工会注意太平洋会议》，载《民国日报》1921年8月2日。

② 《民国日报》，1921年7月21日，8月2日；《晨报》，1921年7月29日。

③ 《晨报》，1921年8月7日。

④ 《外交大会今日代表会》，1921年11月19日。

⑤ 《休战纪念日之北京》，载《民国日报》1921年11月15日。

⑥ 北洋政府京畿卫戍司令部档案，中国第二历史档案馆藏档；《各界联合会致大会电》，载《民国日报》1921年12月3日。

时得由各国银团投资，但可废除一切内地通过税。

（6）恢复关税自由，但可废除一切内地通过税。

同时，还提出希望解决的事务三项：

（1）提前退还租借地，由中国自动地开为商埠。

（2）限期废除领事裁判权。

（3）撤退外国在华之军警。[①]

这些具体条款反映了民众意志的主流。这种关心外交的民众热潮说明经过五四运动的洗礼，民众已不再甘于忍受帝国主义的凌辱和听命于反动政府的任意摆布了。

二、华盛顿会议期间的民众运动

1921年11月12日，华盛顿会议正式开幕。这次会议名为九国会议，实则为英、美、日列强所把持。当时周恩来曾反映了民众的意志而尖锐地指出：

> 华盛顿会议中之重要角色，明显于外者，为五大强国。……至于关系太平洋事务，美、日为最要，英次之，法又次之，而意为最后，此外若荷兰、若比利时、若葡萄牙等不过为备员耳。[②]

远东问题是华盛顿会议重要议题之一，它实际上就是中国问题，是列强争夺远东霸权的焦点。从11月23日以后，中国代表先后向大会提出了中国关税自主、山东问题、废止“二十一条”、撤销领事裁判权、交还租借地、取消各国势力范围、撤退外国军警、撤除外国在华邮局及无线电台、尊重中国战时中立权及解决中国铁路权问题等要求。其中山东问题是中外瞩目的争议中心，而日本由于利害攸关，尤为关注。但是中国民众一直密切注视着华盛顿会议的进程，遂使列强难以公开重施强制中国人民忍受屈辱的故伎，而阴谋玩弄使中国不将山东问题提交大会解决的诡计。日本活动特别积极，它始而散布中日关系缓和的空气，继而制造舆论鼓吹直接交涉。日本这些自鸣得意的做法激起了中国民众的反对，舆论界首先作出强烈的反响，纷纷表示反对直接交涉，各地民间团体开展各种活动，

---

① 中国社科院近代史所藏油印件。

② 《大西洋上之太平洋会议观》（一），载天津《益世报》1921年12月30日。

如全国学生联合会曾为反对直接交涉而联络各地学生组织活动，京沪学生联合会立即响应，各派代表二名，准备向国务院请愿[①]。留日学生也推举代表回国与各界联系，讲述“日本对付太平洋会议办法及我国关于鲁案在太平洋会议应取之手段”，呼吁“对于鲁案之直接交涉，必力争到底，力主提出太平洋会议”[②]。作为山东问题的直接受害者，山东人民不仅要求彻底交还山东，而且更以山东省议会名义，通电反对日本提出的关于胶济路撤兵后合办路警的要求：

> 警察纯属地方性质，讵直辖于中央，吾国不乏专门人才，安可收用于异国？今必改由内部管辖，且聘用外人教练，乃履行中日换文二四两项及二十一条之十七条，似符政府直接交涉，中日合办警察之初议。丧权辱国，莫兹为甚。[③]

中国人民反对直接交涉的态度十分明确，日本企图强奸中国民意的阴谋试探遭到了应有的失败，但它并不甘心而开始了第二手，即以外交手段于9月7日、10月19日两次向北京政府提出直接交涉山东问题的要求，但北京政府怵于民众运动的声势而未敢接受。日本企图诱迫北京政府实现直接交涉的第二步阴谋也未能得逞，出现了僵持局面。美、英两国与日本在中国问题上既有互相竞争的一面，也有共同利益的一面。正是出于彼此共同利益的目的，美国首席代表休士、英国首席代表贝尔福联袂与日本首席代表加藤接触后，即向中国代表正式提出山东问题在会外另行组织会谈的建议，使之成为大会的“边缘”。同时，又为“抚慰”中国而建议由英、美派观察员列席会谈，他们的“主要任务是观察以及必要时出面调解纠纷以弥合分歧”[④]。这一建议遭到在华盛顿的中国国民代表各团体代表的反对，认为这样等于“无形承认《凡尔赛条约》和二十一条，违反三年来奔走运动的真精神”[⑤]，表示坚决反对直接交涉。11月27日，美国公使舒尔曼在北京与外长颜惠庆晤谈，颜表示愿接受调停。30日，美国首席代表休士在远东问题总委员会上宣布中、日两国代表已经英、美两国周旋在会外直接交涉山东问题。当晚，民众代表即质问与会的中国首席代表施肇基，施诡称有英、美派员列席而辩

---

① 《北洋步军统领衙门档案》，中国第二历史档案馆藏。

② 《留东学界代表至北京》，载《民国日报》1921年8月30日。

③ 《变相中日合办警察》，载《民国日报》1921年8月13日。

④ 《顾维钧回忆录》第一分册，第225页。

⑤ 《华盛顿会议小史》。

解非直接交涉，遂使中国人民的意愿和主权问题被轻易抛置。

12月1日，会外谈判开始，在华盛顿的中国留学生和新闻记者曾到中国代表团住处劝阻，被施肇基等以“不能伤害英、美感情”为理由所拒绝。至此，中国人民终于对北京政府完全失去信任，而展开了汹涌蓬勃的“国民外交”群众运动。5日，中国留学生在华盛顿举行示威游行，整队至国民代表余日章、蒋梦麟住处，请其向大会转达反对直接交涉的意愿①。国内京、津、沪各界民众相继组织起来，上海有四万五千余人集会，以上海国民大会名义发表对外宣言，表示“海可枯、石可烂，而吾人对于否认山东直接交涉及二十一条件不能更易”②。北京各校学生代表也于12月9日前往外交部质询山东问题交涉情况，外交部长颜惠庆答称：会外交涉系大会交与英、美、中、日四国协议并仍须由大会通过③。这种唯列强之命是听的态度激起了民众更激烈的反对。11日，天津的商学工和宗教界三千人举行游行大会，并有26团体通电全国，表示对鲁案的一致决心④。在这次示威活动中尚有理发同业会、铁工匠人公会等劳动者行业组织参加⑤。南昌则“全城风动”，聚集于公共体育场开会的达10万人左右⑥。作为直接受害者的山东民众更为激昂慷慨，不仅召开国民大会组织游行示威，还组织了讲演团，分途散发传单，沿街演说，表示“誓死力争”的决心⑦。全国范围形成了空前未有的民众运动的声势。

北京政府面临这种态势，被迫公布鲁案交涉内容，但其内容仍是如颜惠庆不久前口头解释的那样，依然坚持听命于列强的态度，引起了民众的极大愤慨，就在公布鲁案交涉内容的次日，北京的34所大中学校的男女学生万余人都齐集天安门外游行示威，提出“宁可退出华会，不得苟且交涉”的口号⑧。13日，宁波教育会、群学社和商会等各界群众也在大雨如注之中举行了万人游行大会⑨。山东民众更为坚决，从14日起各校全部罢课十日，上街演讲，使“行人注目，观者如

① 《大会生怪谣传》，载《民国日报》1921年12月8日。

② 《昨日上海国民大会》，载《民国日报》1921年12月9日。

③ 《颜惠庆口说鲁案保障》，载《民国日报》1921年12月9日。

④ 《天津之游行大会》，载《民国日报》1921年12月14日。

⑤ 中国第二历史档案馆藏档。

⑥ 《一致反对直交之示威》，载《民国日报》1921年12月16日。

⑦ 《鲁人反对直交大示威》，载《民国日报》1921年12月13日。

⑧ 《北京万余人游行示威》，载《民国日报》1921年12月15日。

⑨ 《一致反对直交之示威》，载《民国日报》1921年12月16日。

堵，说者极为悲愤，听者颇为动容”[①]。

会外交涉的另一议题是胶济路权问题。日本企图以向中国贷款赎路为钓饵，以中日合办铁路为名，行控制中国铁路之实，为中国代表所拒绝而形成僵局，英、法代表又出面调停，提出了强词夺理的袒日的建议：

> 由于山东以前一直是德国的势力范围，胶东与山东省的领土权应当归还日本，而日本应继续德国的一切经济权利，不仅是铁路，而且包括整个山东省的经济权利。[②]

这种分割我国经济权利与领土的建议显然是维护帝国主义的侵略政策，必然遭到民众的反抗。而日本为满足其政治与领土的贪欲而坚持己见，于经过17次无进展的谈判后，终以停止交涉相威胁。正在这时，为奉系军阀与日本所支持的梁士诒新内阁竟然不顾后果，表示以“借款赎路”为其解决山东问题的新政策。这一消息在国内立即引起了讨梁声浪。民众采取了针锋相对的不同立场，提出了自行筹款赎回路权的主张，1922年1月17日，全国商会联合会联合京师总商会、京师农会、北京教育会、全国报界联合会、全国学生联合会共同成立“救国赎路基金会”，并发布宣言，呼吁“于六个月内集得三千万巨款”，“愿随我全国父老兄弟勉力以赴之者也。现在各省关于赎路运动均已集会结社，共策进行。北京为首善之区，救国之举岂宜居人之后，爰集同志发起兹会，所愿邦人君子当仁不让，急起直追，共矢移山填海之诚，冀奏挽回天之效”。[③]同日，山东各界推举代表赴京请愿，要求罢免梁士诒，设立“赎路筹款会”。23日，“北京学界赎路集金会”成立，蔡元培任会长，李大钊、祝春年分任宣传，带领学生上街演讲，散发传单，“俾众周知胶济路之待款自赎，以便集股而挽主权”[④]。北京大学学生还刊行了《社会运动》半月刊，每期出3000张，分寄各地学校。[⑤]在云涌的民众运动中，天津的民众运动也颇为激烈，于22日成立“天津国民赎路集金会”，议定集金章程11条；26日，天津商界又成立“中华国民赎路自办集金会”，严范

① 《鲁省人民之示威运动》，载《民国日报》1921年12月18日。

② 《顾维钧回忆录》第1分册，第227页。

③ 中国第二历史档案馆藏档。

④ 中国第二历史档案馆藏档。

⑤ 中国第二历史档案馆藏档。

孙被推为正干事长[1]。特别值得注意的是它根据自己的口岸特点，采取了提倡国货、抵制日货的行动，从1922年元旦起就有民众5万多人为抵制日货在意、法、英各租界游行，进而发展为商界的一致行动，并相互约定：各洋货庄已批定之日货暂存日本，不能入中国；未定之货一律停止；各商号中原存日货详列清册交归商会备查，以资淘汰；如私自批买日货，准其受罚。他们提出了“不买日本货，不卖日本粮，人人能如此，中国必不亡”的口号。这些轰轰烈烈的行动显示出巨大的威慑力量，日本驻津领事曾为此而向直隶省长提出7次质问。尽管民情激昂，严正抵制，但北京政府终于屈从于列强威力胁迫之下，于2月4日与日方签订了《解决山东悬案条约》11款28条，使日本获得贷款赎路的优先权。

废除“二十一条”也是全国民众企待华盛顿会议外解决的问题，虽几经周折，但最后只是把日本的宣言和中美两国的声明及发言在大会宣读并载入会议记录而已，并没有获得废约的成效。其他如领事裁判权问题、撤销各国在华邮局及无线电台问题、关税自主问题、撤退外国在华军警问题等等均未收预期的成效。而这个由列强分赃、使中国屈辱的华盛顿会议也就在1922年2月6日闭幕，签订了关于中国问题的《九国公约》，其实际效果是“又使中国回复到几个帝国主义国家共同支配的局面”[2]。

三、华盛顿会议闭幕后的民众运动

华盛顿会议的结局使中国民众进一步认清了帝国主义的真实面目和北京政府的卖国实质。民众的爱国热情空前高涨。2月24日，上海国民外交大会发表对外宣言，声明否认北京政府代表在华盛顿会议上所签关于中华民国的决议案，指出机会均等主义“无异在政治上认中国为共同保护之地，在经济上认中国为共同侵略之场”[3]。在抵制经济的行动上，各地民众依然坚持为筹款赎路而奔走呼号。全国商会联合会于2月23日曾通电要求胶济路应由人民筹款赎回，并定为民有铁路，永属民业[4]。在民众运动声势的压力下，北京政府的内务、财政、农商、交

① 中国第二历史档案馆藏档。

② 毛泽东：《论反对日本帝国主义的策略》，见《毛泽东选集》（合订本）第129页。

③ 《中华民国资料丛稿大事记》第8辑，第25页。

④ 《东方杂志》第19卷第6号，第140页。

通等部会订“民有办法大纲”14条，经国务会议议定后，于3月19日公布施行[①]。直至1923年4月，还有对日经济绝交示威运动的发生[②]。

在国内民众的正义舆论中，《中国共产党第二次全国代表大会宣言》发出了不同凡响的呼声，指出：

> 华盛顿会议给中国造成一种新局面，就是历来各帝国主义者的互竞侵略变为协同的侵略。这种协同的侵略将要完全剥夺中国人民的经济独立，使四万万被压迫的中国人都变成新式主人国际托拉斯的奴隶。因此最近的时期是中国人民的生死关头，是不得不起来奋斗的时期。

从这一基本国情的分析出发，提出了二项基本任务，即“一、消除内乱，打倒军阀，建设国内和平；二、推翻国际帝国主义的压迫，达到中华民族完全独立”[③]。

当时中国共产党还处在刚刚诞生不到一年的幼年时期，但他却已代表着广大人民的意志，为中国人民指出了战斗的方向。

原载于《民国档案·纪念“五四”运动八十周年论文》1999年第2期

---

① 《东方杂志》第19卷第6号，第145页。

② 中国第二历史档案馆藏档。

③ 《先驱》第9号第2版。

辛亥革命时期有关天津的革命活动*

一

天津在辛亥革命前夕，已经是华北的重要都市。据1910年的统计：人口总数已达五十四万九千余人[①]。它不仅是清朝政府直隶总督兼北洋大臣驻地的政治中心，而且还有英、法、意、德、日、比、奥等帝国主义霸占的“租界”。据《天津租界及特区》一书统计，除德、意两国外的六个帝国主义国家的“租界”所霸占土地的总面积达一万七千九百五十九亩之多。中外反动势力由于《辛丑条约》后形成的勾结依附关系而交织成一面剥削压迫的毒网笼罩在天津人民的头上，给天津人民带来极大的灾难。因此，当时在天津人民大众与帝国主义和封建主义之间都存在着尖锐的矛盾。

但是，由于在《辛丑条约》订立以后，清政府已经完全投靠帝国主义，沦入“谓之亡不可，谓之不亡亦不可”的附庸地位；帝国主义完全可以通过清政府而“为所欲为，予取予求”。因之，人民大众和封建主义间的矛盾自然显得更为尖锐。

清朝政府在当时为了进一步投靠帝国主义，以延续其腐朽的统治，更变本加厉地进行经济剥削和政治压迫，天津地方也不可避免地遭到这种厄运。从当时报刊（《大公报》）上显然不够的揭露资料中也大致可以约略窥知一些痕迹。

在经济剥削方面，已经达到无孔不入、细大不捐的地步，除了额定的税收和摊派外，还有许多巧立名目的苛捐杂税。例如1905年3月间渔户渔贩勒征捐税，

* 本文发表时署名周南。

① 《京直绥察热五省区志》。

规定小渔船每只交规费二分，外加船捐每只每月八两。渔贩则每挑捐铜元十五枚，另外每斤再勒派规费五枚，当日未售出但已纳捐之鱼，次日上市时重新上税。到辛亥革命爆发那年则更为疯狂，当时地方官吏曾对西沽一带居民强征所谓谷草禾柴行用补助费，又追征北运河沿岸各村村民所谓“河工捐款”。天津人民不仅要被迫承交这些负担，而且又因连年灾旱，粮价激增（当时红高粱每石一百四十斤，价值四元多），以致民生困苦已极，难民流民日增，是年冬季，城内某处粥厂每日就食人数达二千数百人。

与此同时，清政府也进一步加强了政治上的压迫，防范和镇压各种可能危及其统治的活动，限制人民的自由。早在1905年6月，天津地方政权即发布过干涉和限制人民集会的告示。1908年封禁了“倡言革命排满”的《新世纪报》，1910年又查禁了“所出广告有监督政府向导国民等语”的《北风日报》，1911年3月以后复规定每晚十时以后“夜禁”，断绝交通，以“维持治安”。这些都反映了封建统治者在革命风雨行将来临前的一种惶恐心理。

经济剥削和政治压迫，促使人民大众的反抗情绪日益增高，如前所述，由于清政府的勒捐渔户渔贩苛税而爆发了“激成公愤，聚众暴动”的事件，不仅渔民罢市，而且塘沽各工厂工人也支援渔民而停工一日，把斗争锋芒明显地指向清政府。同时，天津社会上也出现许多冲击清朝统治的活动，例如人民都主动地在除去清朝统治的标志——“辫子”，据1911年5月12日《大公报》载称：“近来京津一带，剪发之风，较前更盛，先是军学界，而现及绅宦亦不少，虽经严禁，亦不可止，学部唐尚书电禁，而其孙子亦已剪矣！”6月间更在津出现了“天足会”的组织，反对妇女缠足，要求解除封建势力对妇女的束缚。这些活动，据目前所能接触到的资料看来，还未找到其中有革命党进行组织和推动的根据，似乎仍应属于群众的自发活动，但是，这种活动的意义是很大的，正如列宁所指出：“如果没有群众底巨大的精神和革命的高涨，中国民主主义就不能推翻中国的旧制度，取得共和国。”

正由于天津有这种群众活动的基础，因此，在辛亥革命前夕，同盟会、铁血会、共和会等革命团体才有条件存在和进行某些活动。这些团体的斗争宗旨，除同盟会是有明确的“驱逐鞑虏，恢复中华……”作指导，进行反对清朝统治的行动外，“铁血会”也标举“欲制清廷死命”之意[①]。由此可见，这些革命团体所

① 丁开嶂：《辛亥革命时期的铁血会》，《近代史资料》1955年第2期。

主持和领导的各种活动，其斗争锋芒的指向也是以清朝政府为代表的封建势力。

如上所述，从统治者与被统治者的关系和斗争锋芒看来，我们觉得，天津在辛亥革命前夕，其社会的主要矛盾应是人民大众和封建主义间的矛盾。

二

天津是辛亥革命时期北方进行革命活动的一个重要据点。

早在辛亥革命爆发以前，革命党人就在这里进行宣传鼓动和建立组织的活动；武昌起义以后，除了继续加强活动和发动周围地区的活动外，还与南方革命党人呼应，在清廷肘腋之下展开斗争；而在南北议和以后，则仍能坚持奋斗。

首先，我们必须看到，辛亥革命时期的天津曾经出现了若干革命团体。据刘仙洲的回忆，当时领导直隶省进行革命的是中国同盟会河北支部，但其许多活动还依靠天津作物资上的支援。在刘清扬的回忆中指出天津确有同盟会的组织。它与河北支部的关系，虽还不甚清楚，但天津有同盟会组织这一点却可以肯定。除同盟会外，“铁血会”在辛亥革命前也以天津为主要活动地区，而在武昌起义爆发的第三天即“立军部于法租界”。不久，许多革命党团如“铁血会”、“共和会”、“光复团”、“急进会”、“女子暗杀团”，“北方革命总团”、“共和革命党”、“北方共和团”等都聚集天津，联合成立“北方革命协会”积极进行革命活动。

其次，天津周围各地的革命活动几乎都与天津有关。例如武昌起义以后，天津革命党人曾到保定进行活动，密谋策应武昌起义，又曾派人到张家口等地组织起义，吸收了不少修路工人参加，惜因准备不足而失败。其后，天津革命党人又领导和发动了任丘、雄县的起义，这次起义的主要目的是为牵制袁世凯进攻山西的行动，但也因计划不周而失败。这些起义，天津革命党人除了人力支援外，还数次运去枪弹等物资。除这几次起义外，最重要的是“滦州起义”，当时天津的重要革命党人白雅雨（名毓昆，北洋女师和政法学校教员）曾与几个同志亲往策动，伪饰商贩到雷庄一带活动，在坨子头发展组织，扩大势力，进行策动工作，不幸失败被害[1]。不仅周围活动如此，天津区域内的革命活动也是极为活跃和有

① 参阅罗正纬：《滦州革命纪实初稿》。

生气的，如革命党人王钟声进行革命多年，在津通过演新剧的方式进行活动，后因暴露身份过早，被清廷枪杀于疙瘩洼，临难时犹向众演说，高呼“驱除鞑虏，光复大汉”的口号，英勇地贡献出生命。而最值得注意的是1912年1月29日的武装暴动。这次暴动，是“北方革命协会”于1月27日，召集京通保三处联络员及被联络各军代表在津开会决定的，准备进攻直隶总督衙门，由姜赐卿等率敢死队进攻，制定信号、口号等，并约定水师炮筏和韩柳墅、小站驻军同时响应；但是，由于提前误发信号、联络不及，进攻失败，革命党人钱钟山、高士俊、林少甫、管国贤、何南屏、韩佐治、江润生及日人谷树都牺牲[①]。这次暴动虽然失败，但对清政府是有所影响的，当时的直督陈夔龙曾致电内阁民政部称：“昨夜子时有人在督署、镇署左近施放火弹，幸兵警得力，登时捕获；并未伤人毁屋，地方一律安靖。因恐谣传失实，特以奉告。”[②]陈夔龙力图缩小这次暴动的规模与意义，但是，如果只是一件小事，又何至报告中枢，又何至担心谣传失实，欲盖弥彰之情，显而易见。

特别值得注意的是，资产阶级民主革命派的领导人孙中山以及南方的革命党人久已重视天津这个具有战略意义的据点。早在1908年，孙中山先生为了使中国革命取得国际正义人士的同情和赞助，曾派廖仲恺到天津与法国社会党人联络；1909年，孙中山先生又为了筹划北方起义而再派廖仲恺经由天津到东北进行秘密工作。而当武昌起义后，汉阳革命军受到清军攻击不能保守之际，民军方面曾发通电给闽、粤、赣、皖等都督称：“挑选劲旅，就海道猛攻天津，直捣伪京，以图牵制汉阳北军，此举于军机大有关系。”[③]这一计划虽然未能见诸实施，但也可以窥见天津在当时地位的重要了。

从上述三点看来，应该说，天津在辛亥革命时期的北方革命活动中确是居于一个重要据点的地位。

三

辛亥革命时期天津的革命党人曾经进行过一系列的革命活动，这些活动在当

① 陶菊隐：《北洋军阀统治时期史话》第一册，页一一六至一一七。

② 《辛亥革命》（中国近代史资料丛刊）第六册，页三七九。

③ 《革党通电》，明清档案馆藏档。

时曾经发生了一定的作用。对这些作用应该怎么估价呢？

天津革命党人的革命活动，给清朝统治阶级以相当沉重的打击，起了颇大的瓦解其内部的作用。从当时报刊的报道中，也可以看到一些情况，如1912年1月26日《大公报》载称，“天津市面自武昌起义以来，商业凋敝，经济恐慌，实有不可终日之势”，而自滦州起义以后，“官眷”皆逃入租界，人心异常恐慌。社会秩序紊乱和统治者的张皇失措已经日趋明显。当时任直隶总督兼北洋大臣的陈夔龙虽曾严饬各级官吏，禁止潜逃，但是，不久以后，连陈夔龙自己也不得不辞职而逃入德国租界了。不仅如此，由于革命党人活动的结果，天津警界中也出现了不稳的现象。当时的天津，由于《辛丑条约》规定，帝国主义不准清朝在津驻军，因之仅驻有警察。天津的警察分南北两段，南段管辖“三不管”及租界外围地方，北段管辖河北一带，即离督署较近的地段。

其中南段警察即受到革命影响而要有所举动，正如陈夔龙所说：“津桥南段巡警已被煽惑，袖缠白布，乘机思动。所幸北段巡警……忠事于余，得以互相钳制，不至生变，然已殆哉！”[①]这段记载正说明了革命党人在警界中策动工作的成绩，否则，陈夔龙也不至发出“然已殆哉”之叹了。官吏的弃职逃亡和警察的乘机思动正表明了封建统治者的支柱已经不稳而呈现了极为不安的形势。

天津革命党的活动对于地方士绅及立宪党人也有影响。当武昌起义爆发后，咨议局中一些所谓上层人物曾为保持一己利益，联合数十人，往晤直督陈夔龙，要求直隶独立，虽然陈夔龙顽固地拒绝，但是这些立宪派人慑于革命声势，而不能不改变他们过去的态度，积极进行所谓“光复”的准备活动，也出现了一些“维持会”、“保安会”等名称的组织。11月14日，以立宪派势力为中心的顺直咨议局直隶保安会曾致电清摄政王称：“自川鄂事起，不期月间，全国响应，天时人事，不问可知。今南中已大开国民会议，新政府不日成立，近畿人心亦皆感动愤激，有岌岌不可终日之势，为今之计，若朝廷早行揖让，公天下于民，民必以优礼报皇室，即大位不以自居而全国生灵之福仍朝廷之赐，若失此不为，则新政府既成，各省已一律承认，但直隶不能独异，且恐南军北上，京师蒙尘，虽欲为尧舜之事而不可得，祸福安危，在此一举……”[②]立宪派的要求和活动自系别有用心，但也可从旁证明革命党人活动所造成的声势所发挥的作用。

尤其值得重视的是天津革命党人，在南方的革命派走上了与袁世凯寻求妥协

① 陈夔龙：《梦蕉亭杂记》卷二，页六五至六七。

② 《顺直咨议局直隶保委会电》，天津历史博物馆藏件。

道路和议和以后，仍然坚持发挥战斗的作用。他们不仅积极组织了1月29日的武装暴动，而且还进行了暗杀活动。正当南北进行议和之际，天津革命党人派张先培等到北京图炸袁世凯，不幸失败牺牲。接着，革命党人薛成华又在天津东车站图刺张怀芝，但亦以未遂牺牲。这些暗杀活动虽是仅凭个人热情，以刺杀某一个人物来达到目的的一种活动，对于革命有一定的消极影响，但其不惜个人，抛头颅，洒鲜血，以生命作孤注之一掷，也表现了他们的牺牲精神。

总之，天津的革命党人在辛亥革命时期也像全国各地一样，进行了许多革命活动，发挥了一定的革命战斗作用，在推动历史向前发展的事业上作出了成绩，他们的活动无疑地将是整个革命活动中的一部分，他们的努力是有贡献的，他们将被人们永远地纪念着。

原载于《天津日报》1961年10月11日

（天津）民国资料亟待整理出版

天津为民国前期北洋政府活动的重要地区，为距离北京最近之大都市，又有各国租界，为海外冒险家之一乐园。华洋杂处，成各方政客、名流、侵略者遁居和往来频繁之要津。它的各种地情社况与民国期间之政潮起伏，内战纷起，均有密切关系。其文字遗留当亦拥有大量具有参考价值之历史资料，但对这些珍贵资料，历来缺乏应有认识，货弃于地，至感可惜。

据个人了解，天津市文献收藏机构，如天津图书馆、博物馆、档案馆及南开大学、天津师大等高校图书馆，无不藏有有关民国时期资料，这不仅构成天津地方文献宝库，而且对全国有关近代史事研究，亦有不可低估之作用。

过去曾在政府资助下，整理出版过《天津商会档案》、《北洋军阀史料》、《海关关册》等大型资料书，影响极大。有研究人员曾说："一部海关资料，半部中国近代经济史。"天津档案史料对天津的各个方面都有文献积存的价值。其他大型文献资料，如能早日问世，不仅提高天津的文化地位，亦引发各地有关人士的关注。近年时有有关人士函询资料所在，亟望早日公开出版。

天津馆藏民国文献资料，大多分散收藏，不仅管理方式各异，且使用亦颇多窒碍。若能集中各馆资料，分类编次，相继正式出版，以便广泛使用，则有裨研究匪浅。再者，民国资料大多已经数十年之久，纸张变脆，装池或有脱落毁坏，实为无法补救之损失，亟待抢救！

经初步调查，天津馆藏民国文献资料，有档案、报刊、名人信札与文集稿本等多种。除已整理极少部分外，大量资料尚待整理出版。其可行项目当责成有关机构及时安排。

整理出版如此大量资料，需用经费绝非一单位、一机构所能单独承担。应由政府以财政拨款形式予以支持。据核算，第一阶段，以五年为期，年需300万元拨款。此拨款戋戋之数，难以与工农业投资资助拨款并论，即以古籍抢修项目拨专款3亿元相比，亦更无从望其项背。兹为便于财政监督，应建立天津馆藏民国珍贵史料出版专项资金，以便早日启动。

我居津七十余年，从事中国近代史研究与教学已六十余年。对天津馆藏民国史料有较详了解，深以未能及时发掘并正式出版，以提高天津文化地位为憾，因而关心这些珍贵资料。随着岁月蹉跎，各类资料亦将有所毁损。为此特建议收藏、出版部门领导，迅速指派有关单位，办理申请财政拨款事宜，以期这些民国珍贵史料早日与世人见面，发挥为社会主义文化建设的重要作用。

原载于天津《今晚报》2009年8月20日

杂论民国史研究与资料

资料是研究历史的基础。资料的有无、多少、正误、真伪和曲直是决定研究工作质量的要素。巧妇难为无米之炊，缺乏资料则研究无从谈起，民国史的研究尤其如此。资料从何而来，清初学者顾炎武主张采铜于山，意思是采集资料当力求原始。这是顾炎武一生从事学术研究的心得，颇有借鉴意义。那么，民国史的铜究竟从何处去采？从宏观上讲，不外文字和口碑两端。至于如何去采，则整理文字和抢救口碑都是当务之急。

目前，民国史的文字原始资料主要收藏在南京的中国第二历史档案馆，各地方档案馆和博物馆也保存些信函电稿、契约文据等等。这些馆藏都有重要的资料价值，但却缺乏系统整理、大量刊布。即就目前已编纂的一些长编、汇编和资料索引等等也远不能满足需要，亟待组织人力，选编汇集，为研究提供粮草。

至于抢救口碑资料恐怕比文字资料更具紧迫感。文字资料物质不灭，只是一时用不上，而口碑资料则一去难返，许多口碑都储存在风烛残年者的信息库中，稍不及时抢救即无法挽回。我们曾收到一位老者所写的北洋政府时期天津租界情况的调查资料，原预定在下一个星期三去请教核对资料中某些不清楚的地方，而老人却在星期二无疾而终，若干细节无从核对，造成无法弥补的损失。

资料的搜集，看似简单，实际并不容易。首先应该具备这样几项基本条件。

一是要有马列主义基本观点作指导。这个问题很重要，因为社会生活错综复杂，资料现象形形色色。如果没有理论指导，面对五光十色的大量资料，就感到难以措手。有人曾主张“有闻必录”，以否定理论的指导意义，其结果必然不外两途：一是沉溺在浩如烟海的资料之中，泥沙鱼虾一把抓，无所选择，一是如入宝山，满目琳琅，眼花缭乱，不知从何下手，结果一无所获。

二是要有鉴别和利用资料的基本学科知识。没有本门学科知识，既难鉴别资料价值，也无从善加利用，致使一些重要史料也能失之交臂。

三是要有整理资料的基本操作技能。这在当前尤应引起注意，如字体辨认不清、时代词汇理解不透，都会影响资料的搜集与整理。过去有些谈机密的信件，函末往往有“阅后付丙”字样，这是讲看后烧掉。丙是指丙丁火，而有人竟错误地理解为把此信阅后编入丙类存档。其他如别字、代称、绰号、暗语、隐语等等都需熟悉。

四是要有艰苦耐劳的精神。从烟海中捕捞，可能终日昏昏而无所得，有时甚至会感到“目轮火曝，肩山石压”之苦；但也不可忘记会有“花子拾金”的望外之喜。

搜集资料之先，当有资料提纲。资料提纲与篇目大纲有相似处，也有不同处。前者为搜集资料所用，后者为编写论著所需。篇目大纲是方向，是平面蓝图，虽有章节，但还是架子，而资料提纲则是物料单，是施工方案，它指明资料的所需及所出。尤其是分工合作更不可缺此资料提纲，否则，重复缺漏均所难免。

搜集资料从全局看，要有竭泽而渔的观念，而在实际工作中却很难做到，只是说要尽可能多些、完备些。搜集资料并不只是单纯地抄写、摘录，而更重要的是一种研究过程。因为在抄录过程中就会闪现你对资料的认识和分析。这类认识和分析往往会促成写篇文章，也许是一本专著的萌芽。

民国史资料来源广泛，数量较大，但应注意其真实性与精确性。它们不一定都很可靠，其原因有多种：有的是当时思想粗疏，记述有误；有的因论述者的立场观点不同而互有诋毁；有的因个人认识局限或年代久远，而记忆失误或片面。因此，资料必须鉴别。鉴别可大致概括为如下的程序：即排比资料、认真分析、发现矛盾、深入研究、反复比证、求取结论。

在资料的研究和使用中，还应强调一个史德问题。所谓史德，就是要实事求是。对提供资料的人，特别是对反面人物，不要有先入为主的印象。我们要保存一代信史，那么，对资料就不可因人废言，不能主观地认为“好人”提供的资料都可靠、“坏人”提供的都不可靠，这是形而上学的绝对化。张謇曾说过一句话，“勿爱其长而护其短，勿恨其过而没其功”，这似可借作对待资料的态度。使用资料要忠实，文章征引要清清楚楚说明，不要以意逆志，更不要锁抽屉（不肯公开）、卖关子。要想到为后人所使用，不要使用后灭迹，让后人以我为据。要为后人储料备征。这些都是史德问题，不能不给予应有的注意。这也许是一种赘言吧！

原载于《民国春秋》1987年第5期

论汤寿潜的历史功绩*

十九世纪后期二十世纪初期，在中国政坛上闪现出一对具有重要历史作用的双子星座式的人物，一为南通张謇，一为萧山汤寿潜。张、汤缔交于光绪十五年（1889），两人均处于三十多岁的壮年时期，踔厉风发，意气自得，都抱有一种体国经野的相似理想。从此以后，在许多牵动全国政局的重大政治活动中，如倡导维新，推行宪政，挽回路权等等，他们都是并肩战斗的好友。但是，由于张謇在封建科举制中获取到最高荣誉的状元头衔而啧啧人口，又创办了被世俗认作惊人之举的大生纱厂，辛亥以后更与袁世凯复交，参加北洋政府；复有《张季子九录》与张孝若所撰传谱之行世，遂使其后来之声名跃居汤上。而汤则因与世多忤，黯然失其光彩；又鲜有评论而事功少为人知。这似有失历史的公正，而应给以应有的评说。时人评汤寿潜的事功曰："夙以时务致称，晚以铁路见贤。"虽然张謇认为这些"皆君之末也"①，我们则以为这一时人之评正是时代给汤寿潜的确评。他撰著《危言》为维新运动先声，挽回路权为中华民族吐气，谓为"致称"、"见贤"，孰曰不宜！特申论其事。

一　踏着时代前进的脚步

汤寿潜（1856—1917），出生在清王朝内有太平军、捻军的"肘腋之忧"，外有英法联军进逼京师的"肢体之患"的年代，后又经历了中法、中日败绩之辱，使一个长期接受"华夷之辨"儒家传统教育的知识分子不能不面对现实去考

* 本文发表时署名来新夏、焦静宜。

① 张謇：《汤君蛰仙先生家传》。

虑挽救国家危亡的道路。随着维新思潮的激荡，他跟上时代，写出了《危言》一书。1895年，他成进士后，以“老虎榜”的过硬条件出任安徽青阳知县，但当时朝野议论蜂起，批评时政，蔚为风气，汤寿潜遂弃官而进入议政的在野派行列，后来还组织立宪公会，并担任副会长，积极投入立宪活动，成为清末立宪运动中的一支主力，对迅速揭露清廷假立宪的面目，加速辛亥革命的进程起了客观的推动作用。当清廷逆潮流而动，借款卖路，大违民意时，汤寿潜毅然力肩重任，奋起为挽回国权民利而奔走。辛亥革命后，袁世凯窃居大位，中外朝野均喧嚷非袁莫属，即如张謇亦转舵而拥袁。汤寿潜已于新政府中分得交通部长之杯羹，但他弃高位而就南洋募捐之艰巨，以纾孙中山财政支绌之忧。迨袁氏谋行帝制，举国愤然，高明俊彦若严复、刘师培者多谀词以进。汤寿潜既不以遗老而响应复辟叫嚣，亦未厕身于筹安劝进之列，而是顺应民主共和潮流，坚持反袁。汤氏之于袁世凯之认识，非始于辛亥之后。光绪二十七年（1901），袁世凯正处于上升阶段，其权势如日中天，炙手可热，趋炎附势者大有人在；汤寿潜则于是年上《奏请罢黜树党弄权之枢臣》折，指斥袁世凯“其乡评之劣，为大员中所罕见。至今项城袁氏之族，皆以世凯同宗为耻。其生平无恶不作，已可概见”，并历数其“把持兵柄，擅窃大权，挟制朝廷，排除异己”的具体罪状。他还揭露袁世凯的野心说：“一时政权、财权、外交权、陆军权悉归袁世凯掌握，海内侧目，谓其将有非常举动。”要求将其迅予罢黜，以消隐患。辛亥革命后，汤寿潜一直注视着袁世凯的举措，在若干致当时政要的函电中，他都提醒人们对袁世凯加以警惕。在孙中山让权于袁世凯时，他预言“袁氏必以易号称帝而败”。当袁氏帝制自为时，他通电反对①。这些作为都合乎潮流，顺乎民情，正是他能踏着时代脚步不断进取的可贵之处。

二　维新变法的蓝图——《危言》的撰著

十九世纪四十年代，中国社会发生了重大变动，积弱的弊端陆续暴露，有识之士纷纷寻求对策，始有林则徐“开眼看世界”的倡导，魏源“师夷之长技以制夷”的主张；继而有冯桂芬、郭嵩焘等主张引进西方科学技术的洋务思想，但国

① 参见陈志放：《立宪派中的反袁人物汤寿潜》一文。

势仍未见明显起色。于是，遂有谋改革政制者，而汤震（汤寿潜原名）、郑观应等出焉。一些表述维新思想，规划变法措施之专著相继问世。汤震所撰之《危言》即其中具有代表性之一种。《危言》之作，肇端于光绪十三年（1887），历时四年而成，凡四卷四十篇。1892年再刊，增为五十篇。1895年复以石印再版，可见其流行之广和需求之甚。《危言》初稿成后四年而有郑观应之《盛世危言》（1894），又四年而有邵作舟之《邵氏危言》（1898），是汤氏之作当为危言类著作之创始，其影响显然可见。

《危言》以《迁鼎》开篇，其革新变法之立意至明。鼎者，政权之标志，故有易鼎、鼎革之说以明政权变动之意。此独以“迁鼎”为言，乃迁都之议，盖汤氏主张不变动政权而有所变革以求富强，但担忧旧都旧势力之包围而多所窒碍，遂视迁都为变法之先着，于是引经据典，广列古今中外事例，以建都关中为言，其目的即在于“耳目一新，志气一振”。中间各篇胪述变法诸措施，而以《变法》一篇殿其后，为全书之总结，也是其各种想法与举措之落脚点。

《危言》于维新变法之方略涉及甚广。举凡政制、吏治、教育、人事、税收、军事、宗教、公用事业、河工水利、防敌御外、文化技术以及社会风气等等无不包罗。所论均能有理有据，自成一说，使其书对维新思想有所填补，为变法活动提供依据。

《危言》一出，即引起社会注意，为时人所重，“以比唐甄、冯桂芬”，并认为此书“有疏通致远之用”[①]。1894年，枢臣翁同龢、孙家鼐等曾先后向光绪帝推荐此书。翁同龢认为此书“于时事极有识”[②]。综览全书，确有其特殊的时代意义。

《危言》之主旨在于宣传君主立宪，其《亲藩》篇要求天潢贵胄学习时务要略和外国语言，并派往各国游历，“采其风谣，观其隘塞”，视其事为“变法之椎轮，救时之要著”。其《尊相》篇主张设宰相掌权，而宰相则由选举产生。宰相可与天子坐而论政，“凡事皆经裁定而后请旨行”，如是则宰相“体统尊，责成专，利当兴兴之，弊当替替之，天子垂拱于上，亲贤夹辅于下，而皆宰相乎是倚”。其说虽欠明确完整，但颇类似责任内阁。其《议院》篇介绍英、德、美、奥之议院制而谋变通，将现有官员分隶两院，以达到“每有大利之当兴，大害之当替，大制度之当沿革，先期请明谕，得与议者，殚思竭虑，斟酌今古，疏其利

① 张謇：《汤君蛰仙先生家传》。

② 《翁文恭公日记》光绪二十一年二月十二日。

害之所以然”的目的。

《危言》是撰者经过观察、了解和思考而得，故其指陈时弊，动中窍要。如《考试》篇指斥八股取士“徒使庸妄之辈充塞天下”；《限仕》篇抨击仕途之坏说：“其未仕也，如饥蝇慕膻；其既仕也，如驽马恋栈”；《官号》篇列述解交库款种种勒索之弊。其他各篇亦莫不有所指陈，读者一一循读，当有俯拾皆是之感。各篇既指陈其弊，复言其可行之善策，如经济制度之论改良税制税法，挽回海关利权，修治水利河道，发展企业商办，兴办内河航运，以及发行公债等。军事制度之整顿军队，防俄备日，坚持自立自强等。这些时务之策皆有裨于富国强兵，挽救危亡，也大多可付之于实行。

当然，由于撰者时代所限，视野所囿，《危言》也存在着某些不够完善的内容。如设议院之说就有削西方民主之足，适东方封建之履之嫌，如按其建议而行，则势将出现非驴非马之扭曲现象。撰者还在多处流露出“内华夏而外夷狄”的大国思想。在《兵制》篇中，撰者认为军制经整顿后，便能“断匈奴之臂，悬郅支之头，系颉利之颈，囊括五大洲而有之，以上还神农以上之大九州。我国家大一统之模，不诚足震今而铄古也欤”！在《变法》篇中强调“外夷即袭中国之法以为法”和“外夷各随中国递变而较善变”，以“较善变”三字来掩饰其不愿承认中国是在向西方学习的不平衡心态，这也正说明撰者只能是十九世纪末的一位改良主义维新思想家。

三　倡导维护主权的保路运动

铁路为国民经济命脉之所在，也为列强觊觎中华利权之所在，早在十九世纪七十年代，资本主义侵略者已开始染指中国铁路。及至世纪之末，中国日趋衰弱，资本主义列强则已进入以资本输出为特点的帝国主义阶段，直接投资和借款筑路成为他们攫夺利权的主要手段和目的。法、日、俄、德、英、美各国如狼似虎地纷纷涌入，视滇越、安奉、东清、胶济、关外、津榆、淞沪、苏杭甬诸路为其囊中物、盘中餐，采用种种威逼、诱骗、贿赂、收买的卑鄙手段以满足它们的无穷贪欲。清政府则外屈于强权，内怵于民气，各方绥靖委蛇，终陷狼狈窘境，引发各地民众掀起拒款保路的路潮而加剧其灭亡之势，为辛亥革命起到了催化作用。

在各地风起云涌的路潮中，苏杭甬铁路的拒款保路运动是持续时间较长，发动范围较广，威慑力量较强的一次风潮。立宪派人士张謇和汤寿潜成为这次苏浙两省联合行动的当然领袖，而汤寿潜所表现的决心和才能似在张謇之上。这也正是汤寿潜得到“晚以铁路见贤”评论的历史依据。

汤寿潜在苏杭甬铁路的保路运动中拒款态度坚决，商办筑路的信心十足，自清廷与英国草签《苏杭甬铁路草约》后，汤寿潜即联合张謇共同领导和推动苏浙两省的保路运动。1905年7月汤寿潜被浙江绅商集议组建的浙江铁路公司推为总理，主持拒款自筑的工作，发动民间集资，建造商办铁路；次年即动工修建沪杭段；1907年，汤张共同抵制了英国强行借款的压力，并召开浙江铁路公司股东大会，一致反对清廷屈服外力、借款卖路行为。民众还自发地组织了“浙江国民拒款会”，于是拒洋款，集民股，保路权的保路运动勃然而兴，各阶级、各阶层群众纷纷卷入而形成热潮。汤寿潜利用其社会声望与地位函电各方①，明确表示坚持商办的态度。面临这样的严峻形势，清廷束手无策，遂不惜采用政治迫害的手段，明谕苏浙疆吏称：“现因苏杭甬铁路一案，绅民纷争，人心不靖，难保无该党匪布散谣言，从中煽惑，阳借争路为名，实则阴怀叵测。着端方等留心访查，认真防范。倘或稍涉大意，致令暗相勾结，滋生事端，定惟该督抚等是问。”这通敲山震虎的谕旨并未能吓倒汤寿潜，他一仍旧贯，组织绅商，积极集款，加速修路。1908年5月，他在制定铁路公司章程的序中又申论铁路之重要，视之为“新政一大部分”。1909年8月，全部商办自筑的沪杭路终于在汤寿潜等的坚持努力下全线通车，这不啻是给英国和清廷以及一切主张借款卖路者以正义与公理的回答。

汤寿潜在保路运动中也发挥了干练的才能。他从一开始就认识到要想抵制英国的借款阴谋，必须快集款、速筑路，那么，清英间的草约自然不废而废。他不仅邀约在籍大吏官绅要求清廷正式宣布废约以解除一般民众的顾虑，敢于认股、购股，而且还动员“农工各界，缩衣节食，勉尽公义”来扩大股源。因此集股工作进展非常顺利，1906年底已集股四百万元，至1907年初已达二千三百万元，几为英国借款的两倍。作为一位立宪派人物能够认识到群众力量而加以倚靠已是难能可贵了。他选贤任能来负责筑路工程，历时三年，便以高质量、低工费完成了沪杭全线的通车工作，质量较沪宁路段尤为平稳坚固。为保证筑路工程的顺利进

① 《商办全浙铁路公司清稿》。

行，他于1907年5月主持创办了浙江兴业银行，并开始营业。这不仅使铁路财政得到周转流通之利，而且也是中国第一所商办银行，为中国近代金融史写下了重要的一笔。

苏杭甬保路运动虽然不如粤汉川保路运动规模为大，但其发端却早了四年，开挽回利权之先声。其声势之大，成效之著，尤有历史功绩，而汤寿潜以其坚决态度与干练才能所作出的贡献也应加以肯定。

四　结语

准确地评论历史人物不易，而评论曾为某些传闻异说所掩盖的人物尤难，汤寿潜便是比较典型的例子。汤寿潜由于与杀害秋瑾案有关的传闻而一直未能得到应有的公正评价。革命党人出于浓郁的感情，广泛搜集各种蛛丝马迹的资料，包括传闻，以力求曝真相于世，是可以理解的；广大群众出于义愤，同情革命者之惨遭杀害而对传闻涉嫌者有所抨击讥讽，也是可以理解的。但是，如要书之简帛，写入历史，征信后世，则需出之以冷静，持之以慎重。汤寿潜之与秋案，郑云山已有《汤寿潜与“秋案”关系析》一文论之颇详，其结论曰：“人们责备汤寿潜对秋案态度冷漠，是理所当然的，而说他参与制造秋案，则虽然事出有因，却是查无实据。”当为实事求是之笔，一扫据传闻异说入史之误。究汤寿潜一生行事，其基本立足点在于能随时代之发展而前进，于维新思潮澎湃之际，建救时济世之策，虽有不足，终得大体。保路运动之兴，奔走呼号，视富贵若敝屣，抗英敌与清廷之压力，挽回利权，功不可没。他如倡立宪，绝袁氏，募资南洋，支持孙中山，又其余事。大节尚称不亏，入之史传，镌之金石，亦以见历史之公正云尔。

原载于《天津师大学报》（社会科学版）1995年第2期

严复：社会转型期的矛盾人物

今年是中国近代杰出的思想家严复诞生150周年（1854年1月8日—1921年）。这位崛起于福建侯官的启蒙先驱，几乎与中国近代史相始终。严复十四岁入福州船政学堂学习海军，十九岁毕业，先后在建威帆船及扬威军舰上实习。1875年，二十三岁的严复赴英留学，倾慕于西方的政治、经济、文化各方面的成就，开始接触亚当·斯密、边沁、穆勒、卢梭、孟德斯鸠、达尔文、赫胥黎、斯宾塞等人的著作，深受影响。这为他日后从事译著西方思想文化名著奠定了初基。1879年他二十七岁时卒业归国，任教于福州船政学堂。次年，调任天津北洋水师学堂总教习，达二十年之久。严复最主要的成就，是他在十九世纪末二十世纪初的维新运动中所发挥的思想推动作用，并且他也是一位因介绍西方思想，以致在中国思想界产生巨大回荡的译作者。因此他不仅为中国人所知，也为西方学术界、思想界所知。从《剑桥中华民国史》到若干专门研究中国近代思想人物的学术著作，如美国史华兹所著《严复与西方》中，都对他有所评述；中国学者对他的研究所写的论述数量也较大，即以传记而言，就有王栻、皮厚锋等人所写的传记和严璩、王蘧常、罗耀九、孙应祥等人所编的年谱，这足以证明他是中国近代一位中外驰名、值得重视和研究的思想家与译作家。然而严复的晚年特别是辛亥革命后，他忽略了一个思想家应担负的时代任务，因而使他的某些思想和行为，给自己的一生留下了难以回避的历史遗憾。

以西学为武器以富强为目标的变革思想

严复从十九世纪七十年代接触西方思想文化以后，日积月累，逐渐形成一种学习西方力求富强的变革思想。特别是1894—1895年中日甲午战争，中国的失败更刺激了他，一面决定“致力于译述以警世”（王蘧常：《严几道年谱》第14页），一面开始在天津发行的《直报》上发表政论，阐述变革主张。光绪二十一年春，严复连续在《直报》发表了《论世变之亟》、《原强》、《辟韩》、《救亡决论》等重要论文。他大声疾呼：“观今日之世变，盖自秦以来，未有若是之亟也。”因此，他认为变是历史的必然趋势，要变就要维新，就要学西方。严复以西学来批判旧学，他在《救亡决论》中提出“举凡宋学、汉学、词章小道，皆宜且束高阁也”。严复的变革方案是鼓民力（练民筋骸，鼓民血气）、开民智（提倡西学）、新民德（废除封建专制，实行君主立宪制），他强调了“三民”，要以此三者来达到富强，这一观点证明他已认识到“民”这一群体的作用，体现了他的“能群善群”思想。1897年10月26日，他为了实现“三民”的基础“开民智”这一首要改革方案，就想自办报纸，向“民”宣传自己的维新改良主张，遂与王修植、夏曾佑等人在天津创办了维新运动中北方的《国闻报》。

《国闻报》的宗旨是“二通”，一是“通上下之情”让改革得到政府同情；一是“通中外之情”让国人逐渐了解外情，吸取西方知识以“开民智”。经过“二通”，“民”就能赞助维新，力求自强。

《国闻报》上的论说，除自撰外，还译取西方“政法、学术、教宗”的名论，同时还刊载英、美、法、德、俄、日等国和国内的新闻，其中有关维新运动的资料，尤为翔实，成为北方宣传鼓动维新变法的重要报纸。《国闻报》上发表过若干有思想、有见解、有趣味的文章。在它刚刚创刊一个月的时候，正遇上德国强占胶州湾。严复在《论胶州知州某君》一文中痛斥德国的侵占行为是“海盗行劫，清昼攫金”；揭露清朝官吏的“奢华靡丽，日事酣嬉”，“不知人间有羞耻事”等等腐败行为。《国闻报》上还发表过一篇题为《道学外传》的妙文，以嬉笑怒骂的笔墨，大肆抨击醉心科举，揣摩八股的士子。严复形容这些人的形象是“面戴大圆眼镜，手持长杆烟筒，头蓄半寸之发，颈积不沐之泥，徐行偻背，阔颔扁鼻，欲言不言，时复冷笑”，说这些人“只知道读《四书味根录》、《诗韵合璧》、《四书典林》，最多读些《五经汇解》、《纲鉴易知录》、《古文观止》和《时务大成》之类而已”。

《国闻报》问世后，严复于光绪二十三年十一月十五日又编发了《国闻汇编》，每十日一册，每册约三万字，首译外报评论，次译俄、法、德、美、日各国报纸中的新闻。它与《国闻报》的不同处，即《国闻报》详于本国，而《汇编》则详于外国。共出6册，至光绪二十四年正月二十五日，历时二月余告终。

译述西学　宣传变法

严复为寻求救亡强国的道路，大量而较有系统地引进西学著述以警世。西方的八大思想名著都由他先后译述。其中《天演论》是严复最著名的译作，对中国思想界的影响巨大。《天演论》是英国生物学家赫胥黎（1825—1895）的一本论文集，原名直译是《进化论与伦理学》。严复在甲午战争失败的刺激下，以数月之力翻译了《天演论》，主要阐述生物是进化的，不是不变的，而变的原因是物竞天择。严复译文之后都加以按语来阐明自己的观点，这些按语都有意结合中国急需救亡图存的实际现实而对西方思想择善而用。他把"物竞天择"的学说从生物引申到人类，并在《自序》中强调此与"强国保种之事"有关，直接面向甲午战争后民族危机严重的现实社会，因此引起全民族的震惊而产生很大的反响。"物竞天择"几乎成为当时救亡图存的警示语，进而演化成"优胜劣败"、"适者生存"、"天演进化"等等口传箴言。这不仅直接影响了康有为和梁启超等人，对维新变革思想与实践的推进有贡献；也一直流传于后世，无论是资产阶级革命家，还是无产阶级革命家，如陈天华、邹容、秋瑾、孙中山、鲁迅、吴玉章、朱德、董必武、毛泽东等人，都自称受到过《天演论》的影响。据一种统计，《天演论》自译作问世后曾有30多种版本，居当时西书译作之首。其所以如此，不仅是思想内容切合时代潮流之趋势，而译笔之典雅优美更助长其势。

不过，他的译笔并没有遵照"信达雅"的原则，而往往以意逆志。最近读到俞政先生所著的《严复著译研究》（苏州大学出版社，2003年5月）一书，对这一现象有过如下的论述："严复一生著、译甚多。他在翻译西方论著的时候，常常掺杂己意，还要附加大量按语；有些译作甚至带有不同程度的改编（如《天演论》、《名学浅说》）；因此，人们把他的翻译作品称为译著，意思是说他的译作中的不少内容相当于他的著作，反映的是他自己的思想。"应当承认，俞著是对严复的七种译作和一种著作进行深入的个案研究后汇集成书的一部专著，是以作者自己的学术行为针砭当前学风浮躁而值得推荐的一部力作。

从严复的译作中不能不看到，他在把生物的进化学说引进到人类社会时，就不自觉地落入英国思想家斯宾塞（1820—1903）庸俗进化论的泥沼中。斯宾塞的学说只承认事物的量变，而不承认质变，主张社会逐步进化，点滴改良。严复服膺斯宾塞以天演之说运用于人伦治化的社会学学说，光绪二十三年严复即译出斯宾塞的《社会学原理》，并根据荀子所言，“人之贵于禽兽者，以其能群也”，遂名斯氏社会学为“群学”，易书名为《群学肄言》。他接受了斯氏的“民之可化，至于无穷，惟不可期之以骤”的观点。“不可期之以骤”的主张深深融入严复的思想，造就了他成为温和的改良派，也为他的晚年生活带来了不良影响。

《原富》是严复继《天演论》之后的又一部重要译作，作者是英国古典政治经济学家亚当·斯密（1723—1790），原名直译是《国民财富的性质和原因的研究》，是西方古典政治经济学的名著。严复以一种赞赏作者自由经济思想的立场出发，在译述过程中还加了300余条按语，进一步阐明观点。严复的译笔古奥，难为一般人所阅读，以致遭到梁启超的批评；但严复也许是想以古奥的文笔去改变能通古文的上层人士，使这些人接受“原富”思想，再去影响社会上各种不同的群体，其用心所在，可以概见。除此以外，严复还译有穆勒的《群己权界论》、甄克思的《社会通诠》、孟德斯鸠的《法意》、穆勒的《穆勒名学》和耶方思的《名学浅说》等名著，所以蔡元培曾评论严复的译书工作云：“五十年来，介绍西洋哲学的，要推侯官严几道为第一。”

争议焦点：历史的遗憾

严复以其宣传变法维新思想和大量译述西学、启迪民智两要务而跻身于近代维新思想家之列，成为戊戌变法运动前后与康、梁、谭并称的重要人物，而在二十世纪以来的大量译述工作所作出的重大贡献，更为他博取了一定的历史地位。毛泽东对历史人物给以充分肯定的并不多，但对严复却给以极高的评价，在《论人民民主专政》一文中说：“洪秀全、康有为、严复和孙中山，代表了中国共产党出世以前，向西方寻找真理的一派人物。”许多严复研究者也大体一致地肯定他在辛亥革命前的历史贡献，但对他辛亥革命后的十几年晚年生活中的思想和行为，却引起不少异议。主要争议在两个问题上：一个是严复的政治思想前后有所变化，还是前后一致；另一个是严复是否参加了筹安会。

关于严复政治思想问题的争议，苏立中先生在《百年来严复研究的发展概述》（《中国近代启蒙思想家》，方志出版社，2003年12月）中总括：“有的学者认为，严复的政治思想经历了由激进、先进到保守、后退，甚至顽固、反动的演变过程。”即前后变化说，并举出王栻、李泽厚、龚书铎等学者的论点。苏先生又说，“有的学者指出，严复的政治思想前期和晚年，是一脉相承的，不存在晚年保守、倒退的问题”，即前后一贯说，并举出牛康、张先文和范启龙、林天柱等学者的论点。

最近，北京大学教授梁柱先生发表的《先驱者的历史功绩与历史评价》一文，对前一说进行了更完整的申述：“严复一生的学术思想和社会活动，明显地分为前后两个不同的时期。在戊戌维新及其后的一个时期，作为民主启蒙先驱者的不可替代的作用，成为他一生事业的辉煌时期。而在他的后期，却一改前期倡导西学、痛斥中学的激进观点，主张‘尊孔读经’。领衔发起孔教会，对当时风起云涌的革命运动持保留态度，他的思想观点和社会活动明显趋于保守，前后对比判若两人。”

梁文在另一处又作了应有的阐述：“后期的严复虽然思想观念发生变化，但仍不改其救亡之初衷，继续从事唤醒民族精神的学术活动，爱国情操贯穿这位杰出思想家的一生。他晚年对中西文化的反思，从文化意义上说，这对于克服过去对两者评价上的片面性，更多地看到西方文明的不足，更多地挖掘传统文化中的优秀矿藏，仍然有积极的意义。”（《中国近代启蒙思想家》，方志出版社，2003年12月）

这两段话合在一起，就给严复一个比较完整而公允的评价。因为任何一个历史人物在其一生中，都在变化和相承的交织中移动着。严复的晚年和前期，也是既有变化，又有相承。他坚持救亡图存，宣扬爱国精神和主张君主立宪，不支持革命，都是他终身的一贯主张；而主张“尊孔读经”，重新审视中西文化的价值等等则是一种变化。变化的不一定都好，相承的也不一定都坏。所以用“前后一致”或“一脉相承”来论定一个人的是非，是不易符合实际的。每个历史人物都具有复杂的性格，所以只有具体分析，才能比较接近地还历史人物以本来的面目。

另一个有争议的问题，是严复与筹安会的关系。严复“列名筹安会”，一直为治史者所訾议，认为这是严复一生的最大污点；有人则据严复弟子侯毅的《筹安盗名记》而认为严复是被“盗名”的，是无辜的受害者；近来有郑颐寿先生撰《严复深拒筹安会》一文，引据一些史料为严复辩诬，申明“严复并无参加筹安会”（张广敏主编《严复与中国近代文化》，海风出版社，2003年9月）。这种维护先贤的愿望是可以理解的，但历史往往是以结局效果来论定的。

最近，皮厚锋先生在其所撰的《严复大传》（福建人民出版社，2003年10月）中曾专立“列名筹安会”一目论其事，撰者根据严复的个人文献和有关资料，对上述两种各走极端的意见，未加苟同，而重加论断：“从现有资料来看，严复除列名‘筹安会’外，并无其他附和帝制的具体行为。以往学术界将列名‘筹安会’视为严复一生最不光彩的行为，确有值得商榷之处。相比之下，从辛亥革命到袁世凯接受日本‘二十一条’这段时间内，严复有许多党附袁世凯的行为，这才是他一生中最阴暗的一页。”这是比较接近严复晚年生活实际的一种论断。严复的列名“筹安会”，是在杨度几番游说后而代为签名的。严复是同意“与会而勿为发起”的。等到列名第三而公诸于世时，严复并没有明确否认，甚至当好友林纾劝他申明澄清，他也以种种顾虑而未施行，只是在给友人熊纯如的信中表示了自己的无奈。信中说，“丈夫行事，既不能当机决绝，登报自明，则今日受责，即亦无以自解”，“虚声为累，列在第三，此则无勇怯懦，有愧古贤而已”。严复的自责，实际上已承认其列名“筹安会”的事实，这是无需为贤者讳的存在，而需要研究的诚如皮著所云，“列名筹安会是不是严复一生中最大的污点？”严复之列名“筹安会”的原因，一则严复一直主张君主立宪，对于“帝制”在思想上并不坚决反对，只是对袁世凯有点望之不似人君。再则，严复总以“年老气衰，深畏机阱”为词，担心自己和家人的安危。至于他受命于袁世凯而出任约法会议议员、参政院参政，以及参与袁记“约法”的起草，甚至在袁世凯死后，还发出“近代求才杰，如公亦大难”的感叹等等，都是严复以自己的思想和行为为自己的一生留下的历史遗憾。

也许有人出于良好的“善心”不愿触及贤者这些不光彩的地方，以免有损严复的形象。但是，“金无足赤，人无完人”是无法避免的客观存在。严复在他所处的那个社会转型期的历史背景下，必然会呈现这些遗憾。对于历史人物的评价，应是论其功不掩其过，论其过不没其功，对严复的历史评价亦应如此。虽然如此，不论严复的前期辉煌，还是晚年的历史遗憾，都应该加以纪念和研究。纪念他的历史贡献，研究他的历史遗憾，以便分析成败，引作史训。

原载于《探索与争鸣》2004年第4期

能受天磨真英雄

——记近代实业家张謇

十九世纪末二十世纪初是中国这个古老国家近代历史上的过渡期。这是一个新旧交替、异彩纷呈、风云诡谲、人才辈出的社会。曾被我们的伟人赞誉为中国近代轻工业之祖的张謇（1853—1926）就是生长、活动、建功、立业于这个社会环境之中，经受了一次次磨难、种种困扰，也抓住过一些机遇，终于成为他所从事的事业的英雄。

科举道路是封建知识分子求出路的“正途”，如果不入封建统治者的“彀中”，则难以出人头地。张謇先前也必不可免地要去钻这个时代的圈套。张謇家世寒素，祖辈又无显赫的功名，为了避免遭受歧视，曾冒称如皋张氏后人去应试。这在科举制度中称为“冒籍”，本是一种民不举官不究的“违制”行为，但却遭到刁吏恶棍的不时敲诈勒索，使家庭生活不得安宁。这种痛苦折磨了他五年，才得到地方上正直士绅的帮助，获得“改籍归宗”的结局，摆脱掉无奈的困境。但当他继续奋进时，却又遭到了屡困场屋的磨难。

科场不利，就仕途难遂。他只好走士人不太情愿走的另一条道路，去为人作幕。他进入庆军统领吴长庆的幕府，由一般幕僚成为参与机要的决策成员，得到了一次良好的机遇。他还在吴幕中结识了同乡名士朱铭盘，彼此相得甚欢；但他没有料到人际关系的新磨难已在等待着他。一位与吴长庆有世谊的纨绔子弟袁世凯来到吴幕。开始，袁世凯钦佩张謇的学识声望，以师礼事之。但是，随着袁世凯地位的日增，对张謇的礼貌就日减，甚至称呼也由老师、先生、某翁、仁兄依次降格变换，使素以礼教自律的张謇非常气愤。他看不惯直至难以容忍袁世凯那种趾高气扬的虚骄作态，愤而公开宣布与袁绝交，并辞职还乡。

时间很快地前移，张謇经过长达二十五年的科场蹭蹬后，万万没有想到就在国难当头的甲午年（光绪二十年，1894）科场中会爆出如此震惊士林的冷门：屡试不第的他竟然中了状元！这是士人追逐的顶峰，是平头百姓望若天人的地位。张謇面对这一突然袭来的荣耀是缺乏心理准备的，心理上的超重使他不敢相信这是现实；但这确是现实。他按捺住这颗久已枯寂而在超常跳动的心，提起笔写出一段文字来抒发自己惶惶而激动难已的心情："栖门海鸟，本无钟鼓之心；伏枥辕驹，久倦风尘之想。一旦予以非分，事类无端矣！"

状元照例授翰林院修撰，这是玉堂清要之职，容易接近极峰，是平步青云的捷径。不意他又因父亲病故、遵制丁忧回籍守孝。这是家事给他的一次磨难。虽然一时中断了仕途的腾达，却给他带来了从事新式实业的良好机遇。张謇丁忧家居正值甲午战后。那时，外国资本加速输入，中国社会开始觉醒，实业救国、教育救国似乎是社会上在寻求着的救世良方。令传统观念惊诧莫名的是：作为耻于言利的儒家代表人物、状元张謇竟然去言利求利，创办了大生纱厂。这是张謇在洞察社会后抓住的一个不可多得的历史机遇。经过五年的努力，大生纱厂的辐射力终于促进了它周围经济文化的进步，使通海地区逐渐呈现出一派繁荣的景象。

张謇办实业是想在封建地基上奠定一块民族资本主义的基石。他在改变客观事物的同时，也在改变自己——由一个封建士大夫转向一位实业家。实践活动在推动他的思想更深层的转变。他自然地接近谭嗣同等变法人物，并在变法思想的影响下，正式提出《农工商标本急策》和《代拟请留各省股款振兴农工商务折》等建议。这位实业家的呼声虽不够激烈，但却代表了新兴资产阶级的合法权益。这是当时沉闷空气中的一丝新鲜气息，尤其是其中涉及的兴办新式学堂、培养技术人才的要求，更标志着这个脱胎于旧时代的新人物已经理解到教育—技术—发展实业间的必然联系。戊戌变法的失败无异给他以当头棒喝，虽然他托庇于"东南互保"而幸免于难；但好友谭嗣同的殉难不能不使他内心阵阵的隐痛。

张謇为了曲折完成亡友的志愿，不惜降低调子，于1901年在江南督抚、士绅的支持下，写出了中国资产阶级二十世纪初要求改革的方案——《变法平议》。他以折中的方式提出了建立议会政治、改革财政、教育等等以顺应历史发展的要求，但主持朝政的慈禧太后对改革变法早已谈虎色变，即使再温和也不会接受，而地方实力派如刘坤一之流也是有条件地支持。张謇遭受到封建体制的抑制。痛苦和失望，促使他产生了朦胧的君主立宪思想，希冀以此来改变封建专制体制。1903年的日本考察之行，使他的君主立宪思想更为明确，但他终究是在中国这块具有长期的封建社会历史的土壤上成长起来的，又经历过尘世间的浮沉。他认识到要想成事必须要有权贵支持的国情。这一认识把张謇拖到另一最为痛苦的磨难之中，使他的人生历程出现了一次封建士大夫最难以做到的“奇迹”：他竟然为了实现理想要去与二十年前深恶痛绝而现居高位的袁世凯正式复交——其内心所经受的折磨，那些曾经历过世事沧桑的人们是想象得到的。

寻求到支持使张謇像服了有痛苦含量的兴奋剂。他激动地去联合士绅，积极筹议有关国会和立宪的问题，提出召开国会的建议，推行地方自治、收回路权等等，但都遭到了挫折与拒绝。不久，他所依靠的袁世凯也被罢黜。似乎相同的失意命运又更紧地把这两个人联结起来了。张謇真情实意地把对清廷的“希望”转托到城府莫测的袁世凯身上，竟一时充当了为袁所用的悲剧角色。

辛亥革命以后，按张謇的身份与经历无疑是会排在前朝遗老之列的。他面临着新的抉择。他没有为故国殉葬，也不愿做不食周粟的遗民。他做了适应共和的新人，积极投身于光复独立运动，发展实业与教育事业。他参加民国政权、政党活动，似乎朦胧地看到资产阶级发展前景的幻影。他没有像复辟派那样频频回顾失去的“天堂”，而是努力为新兴实业创造条件。在1913—1915年任农商总长期间，他制订了为发展民族农工商业的各种法令、条例和计划，采取了“合资”、“借款”、“代办”等三种方式引进外资，对当时民族企业的发展起了推动作用。与此同时，袁世凯却在日益抛弃共和，实行独裁，走向帝制自为。张謇按照不能为人谋而不忠的行为准则，希望做袁世凯的诤友，共同维护新的共和政权。但是，他再一次地失望了，于是在1915年11月辞去了所有职务，与袁世凯再次脱辐。这一次绝交使他比第一次更为痛苦，不仅是彻底的决裂，而且他自己还要承担为人讥评为反复无常的心理压力的折磨。他只好告别政治舞台，全身心地投入到兴办实业中。

张謇退归林下的1916年，欧战方酣，中国民族资本得到发展的空隙，给张謇发展实业走向顶峰以极好的机遇。可惜从1920年直皖战争开始，连年的军阀混战和外国资本的卷土重来，雪上加霜般地迫使张謇所办的实业债台高筑，跌落到低谷。似乎命运总在无情地戏弄着这位年过花甲的老人。但是，张謇不屈服于自己历经磨难的命运，转而投身于文化艺术和公益事业，结交了一批艺术家。这在当时是一种冒着非议的行为，因为一位封建社会的士绅名流大抵是不肯降低身份去结交为士大夫所耻与为伍的“优伶”的。

1926年，张謇已年逾古稀，但并未就此止步。他饱经人为设置的种种磨难，依然壮心未已地继续从事兴办教育、视察江堤等活动，关心国计民生。这一年的8月，张謇怀着中国知识分子传统的忧患意识，离开了驻留有七十三年的扰攘尘世。他背着时代给予他的种种磨难，拖着沉重的脚步艰难地走完了“生已愁到死，既死愁不休”的人生道路。胡适曾评价张謇是失败的英雄。这句话应该写作张謇在现实生活中虽经一时一事的失败，而在历史上终于成为他所从事的事业的永恒英雄。有些似乎显赫一时，或许得到几声廉价喝彩的欺世盗名者，只不过是舞台上幕间的插科小丑而已！当帷幕正式拉开的时候，他们便昙花一现似的被历史的激流冲刷得了无踪影，而只有历经磨砺、冲击的砥柱，才能屹立于中流。“能受天磨真英雄”这句名言，永远激励着中国知识分子奋进、拼搏，挺立起民族和国家的脊梁！

原载于《文史杂志》1996年第2期

一本近代民族资本家代表人物的自谱

民族资产阶级是近代中国资产阶级的主要组成部分。在中国近代史研究中非常需要有一个可供解剖示例的具体典型。荣德生就是这样一个值得研究的代表人物。

荣德生字乐农，清光绪元年（1875）出生在鱼米之乡的江苏无锡。他和其兄荣宗敬同心协力先后在上海、无锡、武汉、济南等地举办和经营面粉、纺织等重要的民族资本企业，成为近代史上一个值得注意的民族资本家。他在经历了一个花甲的人生旅程后对自己的一生进行了一次总回顾，亲手写下了《乐农自订行年纪事》这一部自谱。

《乐农自订行年纪事》是荣德生在民国二十三年自记其由出生到六十岁的经历。从这一自述经历中可以看到一个民族资本家是如何发家的？他曾通过什么样的途径来求得发展的？

一个资本家的首要基点是寻求资金。荣德生是从含有高利贷性质的钱庄业入手的。光绪十五年（1889）八月初十日，十五岁的荣德生经过早在金融界从业的其兄荣宗敬的推荐到上海永安街的“通顺钱庄”做“学生”。在几年的学徒生涯中，他学会了一套“记账看银”的本领。光绪十九年（1893），荣德生到广州三水河口厘卡做帮账，增添了日后经营企业的社会阅历。

历史的足迹行进到十九世纪末，随着帝国主义侵略的逐步深入，商品倾销和原料掠夺都不能不与上海这一口岸产生密切的联系。原来作为封建性金融机构的钱庄迅速地在增加买办性的色彩，华洋资本通过“钱庄”来周转，“钱庄”本身的信贷业务也日益扩大，开设“钱庄”的风气甚盛。荣氏弟兄在这种风气之下，“自出一半，招入一半”，集资三千元，于光绪二十二年（1896）在上海鸿升码头开设了“广生钱庄”，由宗敬任经理，德生管正账。不久，又在无锡设分庄，经营汇兑，渐有赢利。但是，荣德生并没有走发展高利贷资本的道路，促使自己“钱庄”的买办化，而是“想从此余利可向自营实业上注意”。光绪二十六年（1900），他把从“钱庄”经营中获取的当年余利四千九百两作为转向民族企业的原始资本入股，成为“投资实业的起点”。荣德生从此走上了民族资本家的道路——始而与人合资在无锡西门太保墩开设“保兴面粉厂”，不久合股人退出就独资经营，改名“茂新”。又以“茂新”余利，招徕合资在无锡创办“振新纱厂”。辛亥革命后，他又在上海创建福新面粉厂一、二、三厂。第一次大战时期，他更将茂新由一扩为四，福新由三扩为八，振新则改组为申新，并在上海、武汉先后增为四厂。

在这短短的二十年过程中，荣氏家族便由经营高利贷资本的“钱庄”起家迅速成为拥有茂新、福新、申新有关大众主要生活需用的所谓“三新”的三大民族企业系统，荣德生也由一个旧式钱庄老板成为占有丰厚资金、蜚声中外的民族资本家。为什么会如此呢？从自谱中可以看到有这样几条：

第一条是抓紧有利于发展的时机。

由于近代中国的半殖民地半封建性质所决定，民族企业的发展往往是在夹缝中求生存，找出路。荣德生之所以从面粉业下手，是经过长期实地考察后所找到的有利条件。他在二十六岁时曾有过如下的回忆：

> 余自十九岁至粤，至本年返港，来来往往，曾见兴新业而占大利者已不少，如太古糖厂、业广地产、火柴、制罐食品、电灯、自来水、矿业等，颇欣慕，在粤抽补曾管二百零四种税，至申照收税各货大都探问营运状况，如仿做不外吃着两门为最妥。

这是荣德生经多年调查后所得的结论：从吃着入手。那么究竟应以何为先呢？他在答复准备合股者的询问时说：

> 近日正在考查制粉，闻已成之厂颇得利，仿之不难。

他所说的已成之厂，指当时的“天津贻来谋、芜湖益新、上海美商增裕、本商阜丰”等四厂。

荣德生还结合时局变幻来考察，因当年正是八国联军进攻京津，“沪上风声鹤唳，一日数惊”，“各业均平淡，惟面粉厂增裕，阜丰反好，如此看到小麦来源，粉厂去路。粉是无捐税之货，大可仿制”。

加之准备合股的朱仲甫也证实“在粤时，知无税者只此一物（指面粉）载在洋人条约”。

就在这种民食为要，免税多利的有利条件下，他创办了荣氏资本集团的第一个民族企业——“保兴面粉厂”。但是，这个厂开始并不顺利，以致合股人退出，而由荣德生独家继续经营。他幸运地遇到1904年日俄战争给他带来的机缘。由于日胜俄败，“东省情形大变，粉销甚好，微有余利”，这就解决了打开销路的难题；又由于次年上海、无锡间铁路通车，减低了运费，这又造成了降低成本的优势。这样，茂新不仅保住了本身，还能从所得利润为扩大发展提供资金。第一次世界大战爆发，列强无暇东顾，面粉、棉纱的国内市场为荣氏企业提供了销路。荣德生抓住这一间隙获得了较快发展，以1919年计，创始的茂新面粉厂增为三厂，继起的福新面粉厂增为六厂，面粉的日产量达四万包左右。“茂福粉销之广，至伦敦各处，出粉之多，无出其上，至是有称以大王者”。棉纺业也建有申新一、二厂，新老机锭数已达七万余锭。以后五四、五卅多次爱国运动的抵制洋货也都为荣氏企业造成发展机缘。

第二条是不断更新设备、改善经营。

荣德生初办“保兴面粉厂”时的设备是：

> 引擎马力六十匹，磨子四部，法国炼石做成，麦筛三道，粉筛二道，简单之极。

由于设备简陋，“每日夜共出粉三百包”，而这种石磨“时时要停，不能多出”，生产效率低，产品质量也差，“出粉比人小二角，所以难于获利”。光绪三十一年（1905），荣德生以“石磨粉小难跟，决计添钢磨计划”，即向英商怡和洋行定购“十八寸辊英机六部”，并“拆卸边房，接造三层楼”，又命工人仿造粉、麦机。自更新设备后，“每日可出粉五百包，连石磨可共出八百包”，“每日可余五百两”，出现了明显的经济效果。“振新纱厂”自光绪三十一年创建后，也在不断改进旧设备，增添新设备，并引进了西方新技术，到1914年已达“全开三万锭，常出七十余件”的生产水平。荣德生还广泛阅览书刊以充实有关企业与技术的知识，并参观其他厂家以吸取经验，早在光绪二十六年他就对“事业杂志，美十大豪富传均看过”，还“常到书店选事业可观之书”。当企业发展已达相当规模时，他还举办图书馆，并于民国五年正式开馆，定名“大公”，已有藏书九万余卷。这种以充实职工智力为所办企业更好效劳的做法应是资本主义企业中的一种管理措施。荣德生于光绪二十九年（1903）曾到杭州参观官办粉厂及通益公纱厂。在参观通益公纱厂时曾将所见情况“扼要一一抄入日记，为后来做纱厂基础”。次年，他“因茂新盈余无多，市价因石磨而小”，而其他设备好的厂家华兴、阜丰等则大为得利，但欲求正式参观而不可得，于是“多方想法”通过华兴匠头，偷偷地看了华兴各处机器，“并将要点摘下，决心改添钢磨”，设备更新果然大为获利。宣统元年（1909），他还曾涉览杂志样本，并向外商索取机器样本，谋划改装设备。为了宣传自己兴办实业的主张，他于民国五年（1916）印行所著《理财刍议》，强调兴办民族企业的重要意义说：

> 余留心社会经济，而至多立工厂，推至省用国用，而至世界经济之竞争，尤以自立生存，对外相等为比较，于是国人皆以大实业家目之。

他所博取的声誉对推进企业的发展也是一种舆论的助力。

荣德生在生产原料的管理选用上也很经心。1918年是面粉业兴盛时期，但他仍然十分重视选料，如在福新五厂完工开机时，见所进小麦多石砂，就“命工拣出，以顾牌子，取其优胜，后来得力于此，比他牌多卖一角，年年有利”。这是维护名牌产品，慎选用料的一种做法。

第三条是借助政治力量，进行福利笼络。

在半殖民地半封建的中国社会中如果没有政治力量的依靠是难以独立发展的。清代后期新式企业的主人多半都具有亦官亦商、半官半商的身份。荣德生当然理解单纯的商人终不敌有点一官半职为胜。所以，早在光绪二十五年，他就“报捐布政使经历六品虚衔”；二十七年，他又借山西灾荒办赈之机“由州判报捐盐提举”。辛亥革命后即参加民元由袁世凯召开的工商会议以取悦于袁世凯。民国七年当选为省议员，十年又当选为国会议员，参加政治活动。同时还与政治上、经济上的实力人物加强联系，如与立宪派实力人物张謇的交往，不仅亲到南通“取经”，而且还积极支持张謇的“苏社”的活动。1928年国民党新军阀窃取政权后，他又将第三女嫁与中国银行总经理宋汉章的次子宋美扬，以联姻方式谋取官僚资本的支持。这在以后贷款周转、美棉分配上都有很大的便利。荣德生对企业内工人除了以长工时、低工资以剥削剩余劳动外，还采取福利笼络的另一手，他在1928年曾自述其管理工人的手段：

> 对工人主恩威并用，兼顾其自治及子女教养，有出路，待遇适合，平心和气，不加压力，又留心卫生，居住适宜，与学校无异，一经进厂，有不愿他去之概。

事实上，荣德生早在1924年就已经比较完整地表达过这种观点说：

> 广东国民党开第一次代表大会后，各地工厂潜伏共产性，人心不安，防不胜防，善用宽洪优容之道，勉强相安。

两相印证，他之所以采取福利笼络的原因与用意不是十分明显了吗？

第四条是兼并他厂，发展自己。

这是资产阶级大鱼吃小鱼的本性，发家致富的必由之路。荣德生也并不例外地以租用收买等名义兼并他厂，如民国五年（1916）以二万元年租金租用惠元粉厂，改为茂新二厂。年底二厂与一厂共盈余十六万八千元，设二厂得利以三分之一计，尚超出租金得利近三万元。次年，惠元正式卖归荣氏，改名茂新二厂。这年，荣德生又租用原来对自己技术保密的华兴面粉厂，改为福新六厂，这无疑是企业竞争中的一次胜利。同年，他又收买恒昌源纱厂，改为申新二厂。民国十二年（1923）收买德大纱厂，改为申新五厂。二十年（1931）收买常州厚生纱厂，改为申新六厂；收买上海杨树浦三新纱厂，改为申新九厂。经过这番兼并吞食，荣氏企业已经达到鼎盛时期，即：

> 至此，申新有九个厂，共有锭五十万，布机三千余张，国内无出其右，外人侧目。粉厂一时亦占最多数。

荣德生的这种手段正是“办厂不如买厂”的资本主义经营方针的体现。

荣德生虽然靠着一些有利条件在短时间内获得较大的发展，但并不等于他在行程中的一帆风顺，他还有他的艰难历程。即从其创业时看，初建保兴面粉厂时，因匆忙疏忽未去拜会知照地方人士，这些人就纠合起来，诬告“擅将公田民地围入界内”，要求迁移厂址，先后屡经波折，涉讼十月之久，以查无实据方告了结；及建厂竖立烟囱，地方势力又制造谣言，“竖时用童男女祭造”以淆乱视听，蛊惑人心，待建成出粉，又散布流言说“机器面粉不如土粉，不可用”，使新产品滞销。振新建厂也遭到过当地江姓的阻扰起诉。在闯过这些阻碍后，还要经受种种经济风险，据荣氏自述，大风险凡三次，“即光绪卅四年、民国元年及民国十一年”。此外，还有沉重的税收负担，如民国十九年（1930），“粉税由四分加至一角，纱税由一元五角包税加至八元以上”，以致各厂“全年增加税额五百万元以上”，造成“商已受苦难言”。还为“仗政府帮助”，于1927年认购政府公债百万元。同时，还有与外粉、外销争夺销路的竞争。因而民族企业所走的道路也并非平坦的康庄大道。

这本自谱间或记录了时局动态，如光绪二十六年八国联军进攻京津，上海“商人逃入内地者已十之七……市上闭门者十之六七，地价物价大跌”。宣统三年条记武昌起义后“人心不安，生意大坏，金融大紧，洋厘大涨至八钱八分，从未见过”。民国十三年记江浙战争，无锡“人民逃避一空”，“城中火光烛天”。都略有参考价值。当然，更重要的价值仍在它是研究一个民族资本家代表人物的第一手资料，它经过甄选、研究、分析应是一份有用的自述资料。

原载于《结网录》　来新夏著　南开大学出版社1984年版

1921—1927年中国共产党领导的反军阀斗争

1921年7月中国共产党成立到1927年4月大革命失败的这一时期，中国共产党领导中国人民进行着反帝反封建的斗争；但因当时帝国主义是采取间接方式援助北洋军阀以压迫人民，而不是采取直接行动，因此显出了全国人民与北洋军阀内部矛盾的特别尖锐性，而反军阀斗争也就成为这一阶段的主要矛盾，中国共产党则正肩负了这一斗争的领导职责。本文只就反军阀斗争这一问题加以简括的叙述。

一、中国共产党提出了“打倒军阀”的政治纲领

从辛亥革命以后，中国人民进行了反袁、护法等多次的斗争，但并未明确地提出反对军阀。1921年中国共产党成立，这才清楚地分析了军阀的实质及反军阀的重要意义，提出了“打倒军阀”的政治纲领。

1922年，中国共产党在第二次全国代表大会宣言中针对当时具体形势，第一次揭露了不同的帝国主义者支持着当时统治中国的各系军阀以达其目的的实质。如：“日本帝国主义者先后扶助安福系、张作霖、新旧交通系等当权的北京政府，为的是要利用北京政府为实现日本侵略计划的工具。英国便站在吴佩孚派的督军后面，为的是要借此以巩固他在长江一带的权力和势力范围的推广。美国则勾引中国新兴的资产阶级和知识阶级分子想用掩眼法来实现他国际托拉斯的经济侵略政策”。宣言中指出了“列强的压迫不去，军阀的势力不除，中国是万难实际统一的，而且内乱还会不止”。同时又指出这两者的联合即“加给中国人民（无论是资产阶级、工人或农民）最大的痛苦”。因此宣言中的第一个奋斗目标便确定是：“消除内乱，打倒军阀，建设国内和平。”9月15日中国共产

党发刊《向导》周报，指导全国人民进行革命斗争，在《向导》周报上，曾经详细地"分析南北军阀祸国殃民之原因"。1923年2月，当北洋军阀吴佩孚、萧耀南等制造"二七惨案"时，中共中央即发表了《告工人阶级与国民》，向全国人民指出二七惨案"不仅是军阀惨杀工人"，乃是"军阀惨杀争自由的人民"，号召全中国人民起来"打倒一切压迫工人的军阀"。1925年1月22日，中国共产党在第四次全国代表大会宣言中又一次地指出军阀与帝国主义的关系说："无论直系或反直系军阀的背后，都站立着列强的阴谋。"并揭露了皖系军阀段祺瑞召开的"善后会议""是要用军阀制度而借着帝国主义的帮助以统治中国人民的工具"，号召"全国劳动群众起来制止段的善后会议"。同时号召"工人、手工业者、知识分子赞助国民会议促成会"。更分析了当时的形势是："革命力量在我们国家中日长一日，军阀和帝国主义者的锁链已经开始动摇。"以鼓舞全国人民"打倒军阀"的斗志，并把使中国人民脱离帝国主义和军阀压迫的事情视为党的唯一责任。同年5月1日第二次全国劳动大会与广东全省农民大会同时在广州开幕，在会上通过了工农兵联合决议，决议的最后一条就是"打倒军阀"；又在大会所通过的工人阶级与政治斗争的决议案中指出："工人阶级的利益与帝国主义者军阀资本家的利益是绝对不能互相调和的。"认定"军阀必是帝国主义者的爪牙"。而要推翻这种统治，"民族革命是唯一出路"，向人民指出了反军阀斗争应走的道路。中国共产党在许多文献中，都分析了军阀统治的罪恶，号召全国人民建立反帝反军阀的革命统一战线。1926年3月毛泽东在《中国社会各阶级的分析》一文中深刻地分析了各阶级对反帝反军阀斗争的态度，更明确地指出："可知一切勾结帝国主义的军阀、官僚、买办阶级、大地主阶级以及附属于他们的一部分反动知识界，是我们的敌人。工业无产阶级是我们革命的领导力量。一切革命的无产阶级、小资产阶级，是我们最接近的朋友。那动摇不定的中产阶级，其右翼可能是我们的敌人，其左翼可能是我们的朋友——但我们要时常提防他们，不要让他们扰乱了我们的阵线。"

二、中国共产党在各地领导反军阀斗争

1921年中国共产党成立以来，即在各地领导工农群众进行反军阀的斗争。如湖南：由于毛泽东的正确领导，工农群众的反军阀斗争显得特别炽烈。1922年5

月间就开始反军阀赵恒惕的斗争。9月到10月间，毛泽东更亲自领导了长沙四千多泥木工人罢工，坚持了二十一天，终于获得了胜利。这斗争有四点特别值得提出的：一是工人的内部组织严密。罢工二十多天，四千多泥木工人（当时宣布罢工的泥木工人总数中，有一部分是把头和老板）几次游行请愿、露宿，以致与军警冲突，都能坚持到底。对于分散的手工业工人来说，这是极其难能的事。二是争取了外界的各种援助。除有内外工人阶级的援助外，争取了上层公共团体的支持和社会各界的同情。三是巧妙地运用了合法斗争。采取请愿大会的斗争方式，充分利用了赵恒惕颁布的省宪法等。四是扩大宣传，造成舆论，壮大了工人阶级的威势。这次胜利使毛泽东和共产党的威信更加提高，工人们完全相信共产党是真正为工人谋福利的政党。随之，缝纫、理发、泥木、人力车、石业、油漆等工会的组织，相继成立，不久又成立了“湖南全省工团联合会”，作为共产党领导下的湖南工人运动的中心组织和领导机关，以后湖南的工人便在“工联”组织的领导下进行反军阀赵恒惕的斗争。

1923年毛泽东派亲手教育培养的水口山工人中衡山籍的共产党员到衡山岳北白菓地方去组织农会，领导农民为坚持平粜及阻禁谷米棉花出口而与军阀劣绅进行斗争。1925年春，毛泽东在故乡湘潭韶山亲自组织和领导了当地的农民运动，数月之内组织了好几个农民协会，使农民开始懂得打倒军阀的道理，并开始作了一些阻止地主运粮外出，平抑谷价，增加雇农工资及减轻租赋等经济斗争。“五卅”惨案后，湖南掀起了革命群众反帝反军阀运动的高潮，中国共产党领导湖南人民开展驱赵运动。这时“全省工团联合会”领导下的有组织的工人达十一万人，另外在农民中、学生中都有了一定的群众基础，1926年初，中国共产党湖南省委更派人到赵部倾向于革命的士兵中进行工作。正当此时，安源工人俱乐部副主任黄静源和株洲农民领袖汪先宗先后于1925年10月、11月被军阀方本仁与叶开鑫所杀害，群众就更加认识了军阀的残暴。1926年2、3月间便由共产党员夏曦、郭亮等同志领导长沙各群众团体展开反赵恒惕的斗争。3月9日在教育会坪开上万人的市民大会，满街贴着“打倒赵恒惕”、“反对联省自治”等标语。会上一致通过了“对付此后湘局主张二十四条”，成立了“湖南人民临时委员会”，推出工商教育各界九人为委员。二十四条主张中就有“打倒赵恒惕”，“请国民政府北伐”，“督促湖南军队讨吴佩孚”，“启封赵恒惕封闭之一切团体”，“改良工农待遇”等项。游行群众并在赵政府门前示威大喊“打倒赵恒惕”的口号，13日军阀赵恒惕终于在群众压力下自长沙逃走。随后，直系军阀吴佩孚又支持赵部叶开鑫，于是湘中各地农协又展开驱逐叶开鑫运动。

在广东，由于党的领导，工农群众运动迅速发展。1924年10月广州商团，在帝国主义及军阀支持下叛乱，孙中山先生及广州革命政府便依靠广州工团军及近郊农民自卫军镇压了这次叛乱。1925年2月革命军第一次东征陈炯明时，海陆丰农民闻讯群起响应，陈炯明一败退，农民即占领县城，集合四万余人，沿途插着农会大旗，欢迎东征军进城，并从东征军处得到步枪数十枝，组成了数百人的武装队伍。其余如东莞、宝安、五华、惠阳等地的农会都领导农民纷纷起来帮助革命军，担任侦察引路工作，同时凡革命军所到之处，工农群众便和军队开联欢大会，鼓励军心。反之，对陈部却进行动摇军心的宣传，并阻碍陈部运输夫役，使其不能顺利进行。5月，广东军阀滇桂军首领杨希闵、刘震寰叛乱时，各地农民协会即担负侦察杨、刘军活动情形的工作，在革命军进攻时，清远、潮阳、番禺等地农民除了担任挑夫运输之外，农民自卫军还监视敌军活动，因之，才很快地平定了杨、刘叛乱。10月间革命军第二次东征陈炯明时，有数千在广州的省港罢工工人组织了运输队、宣传队、卫生队，担负起运输辎重，随军宣传及救护伤亡的工作。同时惠阳、海陆丰、五华、紫金各地也有数万农民向东江集中，协助东征军攻克陈炯明的老巢惠州。11月间工农群众又协助革命军肃清了南路反动势力。到12月底止，广东全省在工农支持下除了琼崖外完全为革命军所统一，为北伐战争巩固了后方。

此外，全国各地人民也都在中国共产党领导下进行反军阀的斗争。例如从1922年1月起到1923年2月止的第一次罢工高潮时期中，京汉、粤汉、京绥各路及长辛店、山海关、唐山、浦镇各机器厂的铁路工人的罢工行动，都已“从改良生活的经济斗争一跃而到反对军阀争取自由的政治斗争”。1925年12月23日河南信阳柳林镇曾召开过反奉系段系军阀的示威大会，参加者万余人。1926年3月18日北京数千民众在天安门举行示威游行，以反对皖系军阀段祺瑞及其靠山日本帝国主义。

三、中国共产党推动下的北伐战争，迅速击溃了反动军阀的军队

1923年中国共产党第三次全国代表大会决定建立革命的统一战线，此后即推动帮助国民党改组，使国内革命力量迅速发展。1926年7月开始了北伐战争。在北伐军中，中国共产党党员的勇敢善战，增强了革命军的战斗力，保证了北伐战

争的胜利进军。例如威名远扬，号称“铁军”的国民革命军第四军，其得名来源主要是因为它有一个战无不胜、攻无不克的独立团，而这个独立团是由共产党员叶挺将军所率领的，团内的干部和战士多是共产党员、共青团员和革命青年。其余如第二军、第六军，原来在广东（东征时）并不有名，但是由于以李富春、林伯渠同志为首的许多共产党员的参加，因而在北伐战争——反军阀的斗争中建立了不少的战绩。

北伐战争一开始，中国共产党就领导各地人民支援这一革命战争。1926年7月9日北伐军从广州大批出发，由于在广州的省港罢工工人，照东征南征一样的积极参加，“组织运输队、宣传队，随师北伐。特别是运输队三千余人给予北伐军巨大的帮助”。再加上叶挺将军先遣部队的胜利，因此进军异常迅速，不数日即进入湖南省境。7月中旬北伐军进入湖南后，毛泽东所亲手组织培育的革命工农群众就在各地纷纷起来援助。在湖南境内的醴陵、长沙、平江、临湘、岳州诸役，都是由于农民和工人的参战，以极小的伤亡而取得很大的胜利。农民和工人除了直接作战，阻击溃兵外，其他带路、送信、运输、担架、扫雷、送饭、慰劳以及战场鼓动、散传单等，无不踊跃参加。具体的事例如：7月11日，叶挺将军领导第四军独立团分三路进攻醴陵泗汾桥时，有由工人学生组成的平民救国团和农民武装队三百余人在敌人后方之高阜处，实施袭击，武装队更直接冲入敌阵，复以革命军旗帜招摇四围以惶惑其军心，使北伐军能乘机渡河，以极少的伤亡迅速夺得泗汾桥。8月19日北伐军攻击平江时，农民们都拿着武器及农具来助战，他们组织很多工作队，分担战时的任务，1926年8月29日的湖南民报曾做了如下的记载：“农民所组之交通队，除报告敌军消息与通信外，又以门片、木材等件作船划渡我军于白湖口，致敌军不及退却而缴械。暗探队侦察敌情，被杀被掳十余人。队员李春生工人也，探知逆旅长陆沄（吴佩孚手下战将），逃至下西街萧曹庙，即报告我军围剿，陆以自杀。向导队之工作，其最著者，由横槎引我军渡狮子崖，至县城北街，敌尚不知，致全军尽被俘虏无逃者。运输队员有运输数十里者，有自请运送不索报酬者。宣传队除平日积极宣传散发传单画报标语外，并随我军到前线宣传，鼓励军心，号召民众。慰劳队送茶送水送饭送粥上火线，安慰士兵。疑兵队则遍山谷，设置松树炮及鸟枪炮竹，不时燃放，有时鸣号擂鼓，扰乱敌军，破坏毁坏敌军电线，折断桥梁，断敌归路。”

北伐军因湖南工农群众的支持，不到二个月便解决了湖南战争，胜利地进入湖北省境。军阀吴佩孚盘踞着的粤汉路上的两个重要军事据点——汀泗桥与贺胜桥，俱被叶挺将军领导的独立团以数千人迅速地击溃了反动军阀数万人的军队，夺取了据点，并乘胜于10月10日首先攻入武昌，基本上解决了湖北的战争。

湖北的工人同样地支持了北伐战争，粤汉路的工人组织铁道队破坏粤汉铁路，瘫痪了敌军的运输机构；汉阳兵工厂的全体工人也在8月初举行总罢工，断绝了敌军重要军火来源，使北伐军迅速地把革命势力扩展到长江流域。当北伐军攻入武汉后，汉阳兵工厂工人又立刻为北伐军队制造枪炮，具体表现了工人阶级对革命事业的热烈拥护。

从北伐军攻克武汉并向江西推进，与军阀孙传芳正式开战后，上海局势即呈不稳，工人阶级便准备起义以配合北伐的进军，于是在1926年10月和1927年2、3月先后由中国共产党领导上海工人阶级举行了三次起义。第一、二次起义，因为事先准备不够，遭受了失败。第三次起义，由于党事先在职工会中、城市贫民及小资产阶级中做了很多的政治工作；由于党在铁路工人中也做了很多工作，使举行罢工以造成孙传芳军运的困难；由于党组织了工人的武装纠察队伍五千人；由于党掌握了罢工和起义时的领导权；由于党正确地选择了罢工和起义的时机（这正是上海工人阶级及各革命阶级群众革命情绪的空前高涨，北伐军逼近城下敌军情绪十分慌张、布置紊乱的时候）。因此在一天多之内发动了全上海的罢工与暴动，经过两天一夜的剧烈巷战，最后配合北伐军占领了上海取得了胜利。

“北伐军在全国人民的热烈拥护和共产党人、革命的国民党人努力奋斗之下，得到伟大的胜利。”“全国的工人运动和农民运动大大发展，组织到工会中的工人达到二百八十万，组织到农民协会中的农民达到九百五十万。中国共产党的党员，由‘五卅’运动前的九百多人增加到五万七千九百多人。”（胡乔木：《中国共产党的三十年》）革命是猛烈地发展了。1927年，革命正要获得全国胜利的时候，蒋介石、汪精卫国民党叛卖了革命，大资产阶级夺取了政权，就立即结束了这一次的革命。

1927年12月3日，斯大林在联共（布）第十五次代表大会上的政治报告中曾总结了这次革命的重大成绩说：“中国革命底最重要成果就是这个事实：它把几万万被剥削和被压迫的人们从几百年沉睡中叫醒，并使他们行动起来，它彻底揭穿了军阀们底反革命性，撕去了反革命底国民党走狗们的假面具，巩固了共产党在下层人民群众中间的威信，把整个运动提到更高的阶段，在印度、印尼千百万被压迫阶级的人们中间唤起了新的希望。只有瞎了眼睛和胆小的人才怀疑中国的工人和农民正走向新的革命高涨。”

原载于《历史教学》1953年7月号

1924—1927年中国第一次国内革命战争*

中国人民争取民族解放和社会解放的革命斗争具有着长期而光荣的历史。在中华人民共和国的宪法中谈到，由于中国人民进行了百余年英勇斗争的结果，而在1949年获得了反对帝国主义、封建主义和官僚资本主义的人民革命的伟大胜利。人民虽然不止一次的遭到了失败，可是人民却一次又一次的愈益坚决和勇敢，愈益自觉的和有组织的奋身挺起与自己的压迫者进行斗争。

俄国伟大的十月社会主义革命胜利后，根本上改变了中国革命发展的情况。帝国主义阵线被破坏了，中国的旁边建立了社会主义国家，它们对中国的解放运动表示了经常的和深刻的同情。

伟大的十月社会主义革命的胜利，加速和促进了马克思列宁主义学说在中国的传播。1919年5月4日开始的群众性的反帝反封建运动——“五四”运动，是对伟大的十月革命的反响。这个运动标志着中国工人阶级登上了政治斗争的舞台。马克思列宁主义和工人运动既然结合起来，于是中国共产党就在1921年7月1日创立了。从此，中国革命的面貌发生了改变。在俄国伟大的十月革命后，在“五四”运动和中国共产党成立后，中国资产阶级领导的旧型的资产阶级民主革命，便被新型的资产阶级民主革命——新民主主义革命所代替了。新民主主义革命在工人阶级领导下，与国际革命力量相联合而向前发展。1949年中华人民共和国的成立意味着基本上完成了民主革命阶段，而向更高的社会主义阶段过渡。

1924—1927年的中国革命，即第一次国内革命战争，是现代伟大的革命战争之一。这次战争持续了三年半，对革命斗争的进一步发展具有极大的影响。

---

* （苏）M·Φ·尤里也夫著，来新夏译自苏联《历史教学法》1956年第2号。

一、1924—1927年革命的性质和特点

二十年代之初，中国仍然是半封建制度统治下的半殖民地国家。1911年革命虽然推翻了帝制，建立了中华民国，可是并没有消灭外国帝国主义的压迫和封建残余的统治。帝国主义与中国人民之间的矛盾、封建制度与人民大众之间的矛盾，依然是中国的基本矛盾。

第一次世界大战时，由于大多数帝国主义列强牵掣在欧洲战争之中，削弱了它们在中国的扩张，而使中国的工业得到了一定的发展。欧洲对华商品和资本输入的缩减，造成了民族资本发展的更有利的可能性。在战争的年代里，中国轻工业企业的数字增加了。例如，从1914—1919年，中国民族资本的棉织工厂，从21个增加到32个。其它如烟草、火柴工厂、机械制粉厂等都大致照这个比例增长。纺纱机、织布机和其它各种机器装备对中国的输入也增加了。

但是，中国工业的这种发展乃是孤立的，并且是在中国对帝国主义保持半殖民地依附地位的基础上产生的。重工业除了开采矿产运出国外外，几乎没有发展。中国没有现代的机器制造，中国工业完全依靠外国机器的输入。冶金业尚处在萌芽状态中。大部分的矿业属外国资本。

第一次欧战期间，一方面是日本帝国主义，另一方面是美帝国主义，都想控制中国的经济和政治生活，而力求破坏其欧洲竞争者，特别是英国的势力。

1921—1922年的华盛顿会议是帝国主义列强，首先是美、英、日各国协议对华统一政策的一个企图。但是，表现在华盛顿签订有关中国的“九国公约”的帝国主义勾结，并未巩固起来，而被帝国主义间矛盾的进一步的增涨所破坏了。

中国民族工业的发展引起了工人阶级的加强，引起了工人阶级自觉性的增长，引起了工人阶级对外国帝国主义和国内反动派进行斗争的战斗力的增长。那时，随着中国民族资产阶级成长的程度而加深了与帝国主义间的矛盾，因为帝国主义曾经阻碍了中国民族资本主义的发展。

帝国主义千方百计地支持和巩固中国的封建的和半封建的关系。外国垄断组织与中国资产阶级的上层——买办和中国地主建立了反动联盟。这些地主霸占了大量的土地以后，就利用农民缺地的机会，对他们进行了骇人听闻的剥削。地主用苛刻条件，把地租给农民，他们向农民索取50%—70%的收获物。除了地主以外，掠夺农民的还有高利贷者、买办、把持中央和地方政权的封建军阀、控制中

国市场和划定农产品价格的外国垄断组织等。

靠着帝国主义支持而保存下来的半殖民地制度，阻止了生产力的发展，阻止了中国经济和文化的发展。

成熟的革命应当消灭中国对帝国主义的半殖民地依赖，消除半封建制度，并建立统一独立的国家。

这次革命是资产阶级民主革命，但是，与过去西欧发生的资产阶级民主革命有所不同，中国革命是民族解放和反帝国主义的，因为这个革命是在半殖民地国家内展开的，并且革命的首要任务应是消灭帝国主义的统治。这个革命只有在工人阶级领导下才能胜利的发展，因为中国的民族资产阶级是软弱的，他们惧怕群众，力求与帝国主义妥协，害怕土地革命。中国工人阶级与资产阶级相反，虽然人数不多，但应掌握革命领导权，因为正如毛泽东同志在1926年时所写道，他们“是中国新的生产力的代表者，是近代中国最进步的阶级”（“中国社会各阶级的分析”，《毛泽东选集》第1卷第8页）。中国工人阶级在1919—1923年的初期战斗行动中，已表明了自己的力量和领导革命的能力。中国无产阶级斗争的最大优越处是能够运用苏联工人阶级的革命经验，并在争取中国解放而斗争的正义事业中得到苏维埃人民的同情。

这就是中国革命的性质和特点。

二、第一次国内革命战争的开始、广东成为革命的基地

中国的半殖民地依附地位和半封建制度的统治，造成了国内个别地区经济和政治的不平衡发展。在这种情况下，革命力量最初只能在某一地区开始巩固起来，并在那儿建立起自己的军队和进行对反动势力的革命战争。中国在1924—1927年革命前夕的革命中心是广州，在这里有卓越的革命活动家孙中山领导的政府进行活动。

孙中山在其一生中为争取中国解放的事业而进行了多年的斗争。但是，他直到伟大的十月社会主义革命前，尚未看到走向革命胜利的正确道路，尚未理解组织起来的广大人民斗争的意义。伟大的十月社会主义革命在俄国的胜利，指给了争取中国自由独立的战士们以唯一的正确道路——团结一切先进力量成为反帝反封建的阵线，与反动势力进行坚决的武装斗争的道路。中国共产党人帮助了孙中

山及其拥护者走上这条道路。

共产党在成立的头两年里，在劳动群众中的影响已经有了显著的增长。共产党人领导了许多次工人罢工，领导了职工会，开始成立了农民协会。中国共产党迅速地成为重要的政治力量。共产党在第二次代表大会上（1922年）提出了团结千百万人们在其周围的一些口号，如“打倒帝国主义！”“打倒军阀！”过了一年，在1923年6月，中国共产党又召开了第三次代表大会，在会上通过了和国民党建立统一战线的历史决议，国民党是孙中山的政党，那时它还是民族革命的组织。中国共产党根据列宁的无产阶级党在殖民地保护国策略的学说而通过了这个决议。

列宁在共产国际第二次代表大会上向民族与殖民地问题委员会作报告时曾论及，我们共产党人应当支持殖民地国家的解放运动，不过必须这种运动是革命的，必须这种运动的代表者不阻碍共产党人用革命精神去组织和教育农民和广大被剥削的群众。

中国共产党采取了联合国民党的方针，以便开辟自己走向农民的道路，以便为争取工人阶级的革命领导权而斗争，以便利用有利于革命发展的一切可能联盟者（其中也有中国的民族资产阶级）。

孙中山接受了共产党的合作建议。共产党员参加了国民党，但仍保留了共产党在组织上和政治上的独立，保留了它对联盟者的批评权和在人民群众中进行广泛的解释工作的权利。1923年10月，孙中山发表了国民党改组宣言、党纲草案，并提出了联俄、联共、扶助工农的三大政策。

1924年1月在广州召开的改组后的国民党第一次代表大会上，确立了统一战线。这个事件打下了1924—1927年革命的基础，因为只有共产党的巩固和统一战线的形成，才能创造出最重要的主观的先决条件，使革命力量可以公开地领导中国人民进行武装斗争，来反对那些外国帝国主义想尽办法加以支持的国内反动派。

国民党第一次代表大会通过了宣言，重新解释了孙中山在1905年就已经提出来的三民主义。于是，三民主义得到了更精确的革命内容。第一是“民族主义”，即争取中国从帝国主义压迫下解放出来和为各民族一律平等而斗争。第二是“民权主义”，即争取真正政权应属于人民的民主共和国而斗争。第三是“民生主义”，即争取把土地转交给土地耕种者农民；节制资本，即将银行、铁路、航运和某些大企业收归国有。三民主义与孙中山三大政策相配合而成为1924—

1927年革命中统一战线的纲领。许多共产党员，其中包括毛泽东、李大钊、林伯渠、董必武等都在第一次代表大会上被选为中央委员。因此，国民党即由资产阶级和小资产阶级的政党变成了工人阶级、农民、城市小资产阶级以及民族资产阶级联盟的政党。

列宁逝世的消息在代表大会期间传到了广州，广州宣布哀悼。孙中山在为纪念列宁所作的动人的演说中指出："世界历史上，数世纪来曾出现过许多口头上讲着漂亮字眼的领袖和学者，但他们在生活中经常不去力行。你，列宁！完全例外。你不仅说和教，而且在实践中实现自己的话。你建立了新的国家。你指给我们共同斗争的道路。你在自己的路程中遇到了成千的阻碍，这些阻碍在我们的道路上也将遇到。我希望走你们的路，虽然我们的敌人反对这条路，但是我们的人民将欢迎我走这条路。"

孙中山的演讲表达了中国人民群众对列宁和苏联的热爱与尊重。苏维埃国家从其成立时起，即一贯执行对华的友好政策。苏维埃政府屡次建议与中国建立外交关系。几十年来，苏联首先向中国伸出兄弟般的手，自动放弃了沙皇用强力夺取的一切特权。但是，中国军阀反动政府依照帝国主义列强的指示，千方百计地阻止和苏联建立正常的外交关系。

这种违反民族利益的政策引起了广大中国人民的愤怒。与苏联缔约的问题，不仅被劳动者的组织，首先是工人阶级提出来，而且也被资产阶级中的先进阶层提出来。共产党员是这次斗争的先锋队。孙中山也坚决主张与苏联建立友好的关系。1924年5月31日，北京政府在这种广泛的全民运动的压力下，不得不和苏联缔结协定，在双方平等的基础上建立起外交关系。这是中国人民的伟大胜利，这是苏联对外政策的列宁主义原则的胜利。这个胜利鼓舞了中国人民群众进行反帝的正义斗争。对于中国人民这种成就有着巨大意义的，是1923年孙中山领导下在广州所建立的革命政权巩固起来了，是团结一切进步势力的统一战线建立起来了。

除建立统一战线外，革命力量的另一个巨大收获，是建立了国民革命军的核心。1924年5月，曾在离广州不远的黄埔组织了革命军的军官学校。共产党人积极地参加了培养忠实于人民事业的军事干部的组织工作。黄埔军官学校政治部的首长是周恩来。校长职位虽被伪装为中国民族解放拥护者的头号卖国贼蒋介石所窃取，但并未能破坏建立革命军队骨干的事业。黄埔学校训练了成百的忠于革命的军官和政治工作人员。他们的重要作用在1924年10月革命的发展中业已表现出来，那时，广州发生商团叛变，商团的首脑与英帝国主义，特别是与香港政府有密切的联系，并获得他们的支持。革命军的第一军和工人武装队以及近郊的农民，共同镇压了这次反革命的进攻，英国政府组织干涉的威胁，由于引起世界的激烈愤怒而未能实现。

帝国主义消灭广州革命中心的公开企图便这样遭到了失败。这些事件引起了全国爱国运动的高涨。在这种形势的影响下，北方军阀集团中的一个将军——冯玉祥宣布把他所管辖的军队改为“国民军”，并出敌人不意而占据了京城。诚然，冯玉祥在当时与其它北方军阀还没有鲜明的区别。他和奉系军阀首脑张作霖建立了联系，并按照他们的共同决议，在北京成立了由日本帝国主义走狗、反动政客段祺瑞主持的政府。段祺瑞政府为了掩盖其政治路线的反人民实质，邀请孙中山参加在北京召开的各军政团体的会议，以解决建立全国政府的问题。

孙中山接受邀请参加这次会议，并打算利用乘车北上的机会，宣传解放中国的思想。孙中山在从广州到北京的途中，受到人民群众的隆重欢迎，认为他是争取国家自由独立的伟大斗士。这次胜利的旅程是卓越的革命者（被高尔基称作是中国的海格力斯）蓬勃一生中的最后一次旅行。孙中山早在途中即已患病，1925年3月12日在北京逝世。他在临终前写下了政治性的遗嘱给他的继承者，并致函苏联中央执行委员会，表达了自己的期望说：“希望不久即将破晓，斯时苏联以良友及盟国而欢迎强盛独立之中国，两国在争取世界被压迫民族自由之大战中，携手并进以取得胜利。”孙中山的这种卓越的理想，经过近二十五年的艰苦奋斗，终于实现了，现在已经建立起来的社会主义的强盛独立的中国，正和伟大的苏联在一起，为争取全人类独立发展这个原则的胜利和全世界的和平共同进行斗争。

孙中山一生努力的事业并没有消灭。中国人民的革命斗争继续发展着。共产党的影响和威信增长了。1925年2月—3月，革命的广州军队在工农群众帮助下，击溃了反革命势力夺取广州的新阴谋。广东省变成革命的领域和基地。共产党人可以在广东自由的活动，建立和巩固革命军队。工农运动在合法条件下得到了发展。

三、“五卅”运动

全国各省的共产党、职工会和农民协会等组织与在广州的各种组织所处的情况显然是不同的。那些地方的特点是帝国主义及其奴仆的横暴统治，镇压革命者，残暴地镇压了劳动者为争取自身权利进行有组织斗争的各种企望。1925年5月30日在上海发生的血案，就明显地证实了中国人民生活的不堪忍受的状况。在那一天，中国的爱国学生和工人组织了示威，抗议日本帝国主义对青岛纱厂罢工工人的残暴行为，抗议日本监工杀害上海工人共产党员顾正红。这次示威遭到上海公共租界内英美警察的枪杀，大批示威群众被枪杀和受伤，几十个人被捕。

上海工人为还击这种暴行，在共产党的号召下，开始罢工。6月1日学生参加罢课，手工业者和小商停止了作坊和小铺，甚至在公共租界警察机关内服务的中国工人也罢工了。6月5日，参加罢工的已有20万工人。他们的运动具有不屈不挠的精神和坚决性，他们是爱国运动的领导力量。工人代表，首先是共产党员领导了工学商联合会的工作，来领导罢工。在人民的压力下，也有些资本家参加了运动，但是不久他们又恢复了他们企业的工作。7、8月间，工人们在军阀恐怖的条件下停止了罢工。

上海事件具有重大的意义。它鼓舞了全国人民群众参加反帝运动。爱国罢工浪潮、群众大会、示威游行等在全国蔓延着。

上海事件的最大反响是1925年6月19日开始的香港工人反帝罢工。广东工人参加“五卅”运动较中国其它中心地带的劳动者为晚，因为从6月6日到12日，广州政权被反革命的叛乱者所攫取。肃清帝国主义走狗企图消灭广州革命政权的叛乱以后，广东劳动者才能再在争取中国自由的战斗者的先进行列中占着应有的地位。

香港工人的罢工开始是局部的，但至6月23日，外国租界内的帝国主义枪杀了爱国示威群众后，罢工即成为普遍的了，并且又增加了对英帝国主义在最重要据点之香港的抵制。香港和沙面（广州外国租界区）参加罢工的有25万人。为了领导斗争，曾建立了以共产党员苏兆徵为首的省港罢工委员会。苏兆徵是一个海员，工人领袖中最有声望的一个。工人们组织了纠察队，禁止和香港进行任何贸易。成万的中国工人、苦力、家庭中仆役离开香港回来了。

英国殖民者没有了中国人便不能保持清洁和秩序，而香港即变成为一个肮脏而无用的城市了。这种事实使中国人有理由称之为不是“香港”，而是“臭港”了。英国资本家遭受到很大的损失，因为香港的商业由于抵制的结果在不满半年的时期削减了一半。

省港罢工持续了16个月，它给予了英帝国主义有力的打击并巩固了革命的广州。1925年7月1日广州政府改组为“中华民国国民政府”，这便是革命广州巩固的表现，在这个政府中左派活动家廖仲恺起了主要的作用，他是孙中山的忠实拥护者，他倡议与共产党切实合作。同时广州的革命军也建成为国民革命军，到1926年初，国民革命军已由六个军构成了。这时，广东的反革命武装已被击溃，或者从省内驱逐出去。广东已形成为了革命根据地。

全国各地从帝国主义的军阀走狗统治羁绊下争取自由和争取建立独立统一民主中国的斗争现在成为最急切的任务了。

1926年1月，广州召开了国民党第二次代表大会，在会上显露了中国共产党势力的增长。会后，国民党中央委员会的三个重要部长都是共产党人了，其中毛泽东被任为宣传部长。

革命力量在南方的许多成就引起了帝国主义和中国反动派的疯狂仇视。他们采用各种办法来维持其统治。民族资产阶级的右翼不满意于共产党势力的增长和工人阶级在国内政治生活中比重的增长。阶级斗争尖锐化表现在这样一些事实中：1925年8月廖仲恺被暗杀。1926年3月18日北京爱国示威群众被枪杀。1926年3月20日蒋介石在广州发动反革命叛变，在这一天，蒋介石所预先选派的军队，佯以共产党具有“阴谋”为借口，包围了省港罢工委员会的宿舍，开始逮捕共产党员——国民革命军中的政工人员。

情况日益复杂化了。那时领导中国共产党中央委员会的是右倾机会主义者陈独秀，他和他的拥护者采取了投降政策，歪曲了统一战线的策略，以保持和资产阶级联盟为名，向国民党右派作毫无止境的让步。毛泽东同志起来反对这种反列宁主义的路线，他在1926年3月写下了“中国社会各阶级的分析”的著作，文中发展了无产阶级在革命中领导权的思想，也发展了争取与作为最重要革命力量的农民进行联盟而斗争的思想。

但是由于当时党尚在年轻时期，而大部分党员又缺乏经验，所以陈独秀得以依然把持领导，继续他那个给革命造成极大危害的路线。虽然蒋介石被迫退却，释放了被捕的共产党员，并宣称必须保持国共合作，但是蒋介石依然竭力限制共产党员在国民党中的许多权利；加强右派国民党分子在国民党中央委员会、政府和国民革命军司令部内的势力。那时，统一战线的保持证明了反帝反封建斗争的思想在人民群众中得到了有力的传播。这样做才有可能实行孙中山多年的思想，即革命军队进军反对北方军阀，摧毁北洋军阀的政权，并在国民革命政府领导下统一全国。

四、北伐的开始及其顺利发展

1926年春，中华民国的广州国民政府的辖区扩大到广西和贵州，而与广东北部毗邻的湖南省也开展了争取与广东联合的广泛运动。参加这个运动的主要是劳动者，也有资产阶级的代表和个别湖南军队的指挥者。这些情况都有利于北伐的开始。1926年5月共产党员叶挺指挥下的独立团从广东进入湖南，7月9日国民革命军一部分共五六万人开始了在中国革命史上有名的北伐。

革命军队在人民群众支持下迅速的向前推进，7月12日攻占了湖南省会长沙。8月间，完全解放了湖南。9、10月间国民革命军的先锋部队叶挺独立团占据了湖北省的汉口、汉阳和武昌（武汉三镇）。11月解放了江西省，12月解放了福建。因此，到1926年底国民政府的政权已扩展至华南、华中的7个省：广东、广西、贵州、湖南、湖北、江西、福建。

国民革命军的进攻急遽地改变了全国的情况。北方反动势力不久以前还庆祝对冯玉祥将军国民军战争的胜利，冯玉祥将军被迫退往远远的西北。但在北伐胜利的影响下，国民军也转向了进攻，11月间解放了陕西省，12月又占领了河南省的西北部，而国民革命军则从河南南部向北进军。因为冯玉祥在这个时候加入了国民党，并按国民革命军的样子改组了自己的军队，所以国民军的进攻也意味着全国的革命范围更进一步的扩大，而缩小了仍在反动军阀控制下的领域。

北伐军的迅速胜利首先决定于这次革命战争的正义性质。苏维埃人民对中国民族解放运动的支持也具有重大的意义。毛泽东同志写道：“在广东战争和北伐战争中，曾经在中国军队中灌输了反帝反封建的思想，改造了中国的军队。在千百万农民群众中，提出了打倒贪官污吏打倒土豪劣绅的口号，掀起了伟大的农民革命斗争。由于这些，再由于苏联的援助，就取得了北伐的胜利。”（“新民主主义论”，《毛泽东选集》第2卷第673页）

国民革命军在人民欢迎的口号“打倒帝国主义！”“打倒军阀！”下行动起来了。在部队中展开了政治工作，战士们充满了爱国的革命热情。工农群众大力的协助了革命军的进击。举例如下：省港罢工委员会组织了若干运输队参加进攻。铁路工人用各种方法破坏军阀的军队运输和供应。8月1日，武汉兵工厂罢工，而在9月7日国民革命军部队解放该城那天才恢复工作，因而破坏了军阀军队枪枝弹药的供应。上海工人于1926年10月举行起义来反对军阀政权。这次起义虽被镇压，但它却证实了无产阶级具有巨大的革命积极性和他们为解放中国而不惜牺牲。

湖南是国民革命军进入的第一个省份，湖南的农民早在北伐一开始即已较好地组织起来了。由于毛泽东建立的中共地方组织积极工作的结果，1926年，湖南农民协会会员已超过40万人。湖南农民，首先是共产党员领导下的农民协会会员，不仅欢迎国民革命军军队的进入，而且还大力的帮助军队，他们建立响导队、担架队、侦察队、卫生队、民兵和自卫队等来参加战斗。往往农民亲自解放了县城，或则大力协助革命军队迅速展开进击。

国民革命军的推进也给工农群众运动进一步高涨创造了有利条件。共产党得到了合法工作的机会，把群众团结在工人阶级的周围。工人劳动条件获得了改善，农民减低了地租和利息，取消了苛捐。组织起工人义勇队和农民自卫队。工人、农民、妇女、青年等群众性的组织迅速增长：例如，北伐战前参加工会的不到50万人，至1927年4月已达300万工会会员。农民组织性和自觉性的程度增长了许多倍。1927年3月在湖南一省，农民协会会员总数超过了300万人。

中国无产阶级的卓越成就是1927年1月4日把汉口英租界解放出来，交给国民政府管理。自从1840年鸦片战争以来，英国殖民者迫不得已而稍有放弃其侵略中国的权利，这还是第一次。几天以后，劳动群众又摆脱了九江（江西省）英租界的英国统治。

人民群众斗争的巨大高涨以及他们在国内政治生活中的作用震惊了民族资产阶级，在这种形势之下，他们离开了革命。于是帝国主义列强对它们施以压力，以图破坏统一战线。

以蒋介石和其它大资产阶级代表为首的国民党右翼，得到了有利时机，对革命人民进行打击，公开地和帝国主义及封建军阀势力联合起来绞杀革命。蒋介石利用在国民革命军司令部中的地位，在其周围纠集了一批伪装的反革命分子。当国民党中央大部委员和政府从广州迁到新都武汉时，蒋介石及其走卒，就在国民革命军大本营所在地南昌建立了自己的中心。

国民革命军在北伐期间吸收了大批军阀军队，因而在数量上有了很大的增加。但，这种增加却降低了国民革命军的质量，因为在大多数的情况下，是把将军和军队一块归并过来，这对革命是严重的威胁，同时却有利于蒋介石的叛变阴谋。

国民党右派与共产党领导下的革命人民群众之间的公开斗争，是在解放了全国最大中心上海以后展开的。1927年2月，上海的进攻开始了。上海工人为了协助国民革命军的进击，在2月22日举行了第二次起义。这次起义虽然被军阀军队在帝国主义帮助下镇压下去，但这并未能摧残上海工人的战斗精神。当国民革命军再次进攻时，上海无产阶级在共产党员的领导下，于1927年3月21日开始了全面罢工，进而发展为第三次武装起义，并且取得了胜利。到3月22日晚间，军阀军队全部被逐出上海，国民革命军的先头部队也同时入城。全国的最大中心，由于工人起义而解放了。次日，国民革命军另部解放了南京。

上海、南京的解放是中国革命的伟大胜利。特别重要的是，上海是由工人力量所解放的。苏维埃人民和全世界劳动者热烈地欢迎这一胜利。莫斯科曾出版了纪念上海解放的真理报专号。马雅柯夫斯基在“好诗”中鲜明地表达了苏维埃人们获知这些消息时所表示的热情。

在工人解放上海后，帝国主义者就公开干涉中国人民。在中国的沿海集中了巨大的船队——170艘以上的外国军舰，帝国主义者之间向来就有矛盾，所以很难结成反对中国革命的联合战线，现在这种矛盾却退居次要地位了。英、美、日、法和其它帝国主义联合起自己的力量，来反对威胁他们统治的中国人民群众。同时，帝国主义列强的统治集团还加强了对被革命的壮阔规模所震惊了的中国民族资产阶级的压力。蒋介石日益公开地反对人民，并宣称他将“保证秩序和保卫外国人的生命财产”。按照他的命令，在上海建立了与工人组织进行斗争的武装队伍，从而招致了许多流氓匪帮参加进来。上海的买办、大企业主、银行老板和商人，都贷给蒋介石大量的借款，以便组织对革命群众的屠杀。

一切黑暗势力——帝国主义者、封建势力、大资产阶级、敌视人民的将军们、流氓匪帮都联成一起来扼杀革命了。

作为反革命预告的乃是帝国主义对南京居民的血腥屠杀。军阀军队的士兵从南京撤退时按照老例大肆抢劫，其中曾杀害了几个外国人。英、美司令部利用这个事件作为借口并挑拨性的归罪于国民革命军所为，于3月24日从军舰上炮击南京。美国海军上将威廉姆士对这次罪行却厚颜无耻地宣称：“我们开始了。”4月11日，英、美、日、法、意等国代表把要求惩治“肇事人”、保证不再有反外运动、道歉和赔偿“损失”的最后通牒转交给国民政府外交部长和蒋介石的上海驻军司令部。通牒是以威胁的态度结尾的：如果“国民政府不表明意见迅速执行这些条件”的话，列强则将采取“必要的手段”。

当天，蒋介石就命令解除上海工人纠察队的武装，也就是解散了过去二十多天为解放亲爱的城市而奋不顾身进行斗争的纠察队员。次日，4月12日，蒋介石部队公开向闸北工人区的抗议和示威群众大会的参加者开火了。

蒋介石的屠杀上海工人，超越了帝国主义以前的所有佣仆。几十辆载重汽车，从上海街道上，运出了工人尸体。恐怖在向国民党右派占优势的那些城市里扩展。江西、浙江、福建、广东、广西、贵州过去都是中国的革命地区，现在也被黑暗反动势力所笼罩。

1927年4月12日的反革命叛变，意味着民族资产阶级右翼走向买办资产阶级，并勾结帝国主义来反对革命。

五、革命危机时期

蒋介石组织的叛乱，使华南部分地区建立了反革命政权。在华中的湖北、湖南、江西和河南的一部仍保持了国民政府的政权，在国民政府里不仅有国民党员，也有二个共产党的代表。在这些地区里，革命继续发展，并开始走向土地革命。

到1927年5月，农协会员总数已有10万人，而其影响所及的农民数字更要多得多。协会成为许多县的实际政权，它驱逐和审判了最敌视人民的地主，获得了减低地租和利息，进而没收了地主土地。几千年来的封建制度崩溃了。

特别强力的是湖南农民运动的高涨。1927年1、2月间，毛泽东同志考察了湖南的许多县份，那些都是农民在与封建势力进行有组织斗争中得到很大成就的县。有许多国民党员攻击农民，大声叫嚣农民的“过火”和“极端”。中国共产党内以当时任党中央总书记的陈独秀为主要代表的右倾机会主义者是他们的应声虫。毛泽东同志为反击污蔑者、向投降主义者进行斗争、尽力支持和领导农民斗争起见，在1927年3月发表了“湖南农民运动考察报告”，报告中曾写道：“革命不是请客吃饭，不是做文章，不是绘画绣花，不能那样雅致，那样从容不迫，文质彬彬，那样温良恭俭让。革命是暴动，是一个阶级推翻一个阶级的暴烈的行动。”（《毛泽东选集》第1卷第18页）毛泽东说过，农民在推翻封建统治中完成了不朽的功勋。

1927年头半年，湖南农民在其斗争中曾得到了很大的成就。这年6月，湖南农民协会成员总计已有451万人，而那时全国总共有915万人。1927年5月，全国农民协会成立，毛泽东当选为主席。

工人运动在国民政府的区域里热烈的发展。

工农运动如此迅速发展的重要原因之一，乃是中国共产党的列宁式的中坚分子奋不顾身的工作。中国共产党中的活动家，如毛泽东、李大钊、朱德、刘少奇、周恩来、瞿秋白、彭湃等等，都采取了加强工农的斗争和组织，以及建立可靠的革命武装力量的正确方针。党在第四、第五次代表大会期间（1925年1月—1926年4月），有了一些成长，党员的人数几达6万。但是总是令人感觉许多党的工作者还缺乏经验和不成熟。中国共产党在第五次代表大会上曾批评了陈独秀的右倾机会主义路线。但是他仍据有中国共产党中央委员会总书记的位子，因之，他继续能对党的活动起着有害的作用。陈独秀轻视了共产国际和苏联共产党的意见，而共产国际和苏共在这一时期里曾在许多决议中对中国的情况和中国共产党的任务作过马克思主义的分析。

1927年5月，国民革命军从新开始北伐，到6月初，国民革命军从南方进攻，去联合从西方攻进河南北部的冯玉祥部。但是有中国共产党势力的只有国民革命军的几部分，而国民革命军中可靠的工农核心，由于陈独秀骇怕吓倒了尚未投入反动阵营的国民党员，还没有建立起来。由于革命力量没有建立可靠的武装支柱，所以在反革命的叛徒面前几乎处于手无寸铁的状态。

5月21日，湖南省会长沙的政权被反革命分子所篡夺，他们解除了工人纠察队的武装，杀害了和逮捕了若干积极的活动家——工人、农民和先进的知识分子。当长沙叛变的消息传出时，湖南农民的武装就包围省城，并准备攻击叛变者，但是中国共产党中央委员会的机会主义领导者命令停止进攻，为的是“不使和国民党军队的关系尖锐化”。

6月1日，反革命叛变在江西省会南昌发生，过了几天，在有将军和政府委员参加的军政会议上通过了镇压工农运动的秘密决议。7月15日，以卖国贼汪精卫为首的武汉国民党集团反对革命而倒向蒋介石。这里也开始了白色恐怖，大批的屠杀共产党员和革命的工农群众。从此国民党就从民族革命的组织一变而为反革命的组织了。它的领导者践踏了孙中山的遗教。国民党开始实行挑拨性的反苏政策和联合帝国主义政策以代替联苏政策；以大量的屠杀共产党员来代替联共政策；以取消劳动者的既得权利和恐怖地对待工农运动参加者来代替扶助工农的政策。

国民党员在武汉的叛变意味着革命的失败。可以说明这种失败的首先是对革命阵营不利的力量对比：帝国主义、中国的封建主和买办，以及与他们有联系的民族资产阶级在当时比工人、农民、城市平民强大，况且工人阶级及其同盟者还被中国共产党中央委员会领导中右倾机会主义分子的投降政策所削弱。

1924—1927年的革命虽然遭到了失败，虽然没有完成把中国从帝国主义和封建主义压迫下解放出来的当前任务，但它对中国人民革命斗争的进一步发展却具有重大的意义。由于一贯的和自我牺牲的斗争的结果，无产阶级获得了革命领导权，反之，资产阶级本身却已表明了无力领导人民群众、怯懦、动摇和叛变。共产党的质和量提高了，与群众的联系巩固了，获得了斗争的经验，错误得到了揭露和纠正，战胜了自己队伍中的机会主义者。无怪乎在革命失败后不足一个月的期间，投降分子陈独秀就被解除了领导职务。在革命的年代里（1924—1927年），党内形成了列宁式的领导核心，这些人就是毛泽东及其战友，他们都从失败中得出教训，并把党引向新的战斗。数百万工人和数千万农民得到了宝贵的经验，看到了谁是他们的真正领导者、谁是敌人，并准备继续进行斗争。

第一次国内革命战争的经验证明：只要由工人阶级和共产党领导的一切革命力量的统一战线巩固起来，中国民主革命才能获得胜利；只有争取农民到无产阶级这方面来，才能达到革命胜利；中国的主要斗争形式是战争，因此，共产党的基本任务之一，应是创立、教育和巩固革命的武装力量，并加以领导。

1924—1927年的革命也具有巨大的国际意义。它鼓舞了东方殖民地人民的千百万群众，破坏了暂时比较部分稳定的资本主义。

中国人民在共产党的领导下终于获得了胜利。而1924—1927年的革命经验在这个胜利中起着重大的作用。

原载于《第一次国内革命战争史论集》 来新夏、魏宏运编 湖北人民出版社1957年版

第一次国内革命战争时期简记（1924.1—1927.7）

年	月	日	纪　事
1924	1	20	国民党召开第一次全国代表大会，确定联苏、联共、扶助工农三大政策。
		25	国民党第一次全国代表大会通过关于哀悼列宁之决议。
		27	孙中山派蒋介石等七人为黄埔军校筹备委员。
	2	7	全国铁路总工会在北京成立。
		24	国民党在广州举行追悼列宁大会。
		25	加拉罕向北京外交部声明，中国政府与道胜银行所议之变更中东路事件概为无效。
	3	14	“中俄解决悬案大纲协定”拟妥（但18日北京政府又提出“异议”）。
		16	上海帝国主义租界当局规定：凡印刷出版事宜，均须事前向工部局注册。
		29	北京各校学生及民众团体，要求北京政府无条件承认苏联。
	4	15	美众议院赞成添造驻华炮舰6艘案。
		17	帝国主义各使团密议，拟在华联合组织三个舰队。
		27	北京各学校及民众团体联合发表宣言，反对日本对华文化侵略。
	5	5	①黄埔军校正式成立。 ②全国铁路总工会被反动军阀封闭。
		31	“中俄解决悬案大纲协定”签字，中苏正式建交。
	6	7	日使芳泽通知中苏双方，日本保留中东路国际共管之权利。
		13	苏联建议北京政府，两国互派大使。
		18	西山会议派张继、谢持等提出弹劾共产党书。
		19	北京政府答应帝国主义使团要求，辟万县为商埠。
	7	13	北京成立反帝大同盟。
		15	沙面工人为反对英、法帝国主义的新警律，举行罢工。
		18	北京国立专科以上8校教职员，要求撤消一切不平等条约。

（续表）

年	月	日	纪　事
		28	上海机器工人俱乐部等30余团体，发表废除不平等条约宣言。
	8	1	广东政府决定设立中央银行。
		4	广东政府扣留挪威轮船“哈佛”号运给商团的全部武器。
		13	上海学生联合会等30余团体，组织废约运动大同盟。
		18	使团被迫归还苏联的使馆。
		23	上海成立反帝大同盟。
		25	江浙战争爆发。
		29	英国总领事支持商团叛变革命。
	9	1	孙中山抗议英国干涉中国内政。
		4	第二次直奉战争开始。
		5	①孙中山发表讨伐曹、吴宣言。 ②苏联召开全苏工会中央理事会主席团与工会代表大会的联席会议，通过组织“不干涉中国”协会的决议案。
		10	①中共中央发表第三次对时局主张。 ②冯玉祥欢迎孙中山北上。
		11	苏联塔什干的劳动人民举行群众大会，抗议西方列强干涉中国内政。
		13	孙中山设大本营于韶关，调军北伐。
		20	“奉俄协定”签字。
	10	8	苏联“伏罗夫斯”号轮船抵达广州。
		10	陈廉伯组织商团，公开叛变革命。
		13	江浙战争结束。
		15	广东政府将商团全部缴械。
		23	冯玉祥发动北京政变。
	11	2	曹锟宣告退职，黄郛摄政。
		10	孙中山发表北上宣言。
		17	孙中山抵沪，数千群众结队欢迎。
		24	段祺瑞就临时执政。
		25	中共中央发表第四次对时局主张。
		29	①上海国民会议促成会筹备处成立。 ②清室废帝溥仪逃入日使馆。
	12	9	英、美、法、日、意、荷、比各国使馆联名发表照会，承认段祺瑞政府。
		12	齐燮元与孙传芳组织江浙联军。

（续表）

年	月	日	纪　事
		24	美国决定在长江口再添巡洋舰8艘。
1925	1	11	11-22日中共在上海召开第四次全国代表大会。
	2	1	①广东政府开始第一次东征。 ②段祺瑞召开善后会议。
		4	上海爆发有名的二月罢工。
		7	全国铁路总工会第二次代表大会在郑州举行。
		10	粤省决定取缔外币。
		28	“中华智利条约”签字。
	3	1	国民会议促成会在北京召开，以与善后会议对抗。
		3	海丰召开全县农民欢迎革命军大会。
		12	革命民主主义者孙中山逝世。
	4	8	福州惨案。
		9	中俄会议督办公署成立。
		12	段祺瑞政府承认金佛郎案。
		19	青岛日本纱厂工人开始大罢工。
		23	日本外务省与北京政府决定组织东方文化事业总委员会。
	5	1	广东省农民第一次代表大会与第二次全国劳动大会同时在广州召开。
		7	北京召开“国民追悼孙中山大会”。
		15	上海日本纱厂资方，枪杀工人顾正红。
		19	杨希闵、刘震寰叛变革命。
		28	青岛当局强迫日纱厂工人解散工会。
		30	“五卅”惨案。
		31	上海总工会成立。
	6	1	上海实行罢工、罢市、罢课，抗议“五卅”惨案。
		2	驻沪各国领团召集会议，讨论对付罢工、罢市办法。
		3	南京、北京、汉口等地市民和学生集会声援上海工人。
		5	①共产国际、赤色国际及少年共产国际为“五卅”惨案发表宣言。②旅德华侨在柏林集会，声援上海工人。
		7	①上海工商学联合会成立。 ②美国坡特兰召开工人市民大会，抗议美军镇压中国工人运动。
		10	莫斯科举行抗议帝国主义屠杀中国工人大会。

（续表）

年	月	日	纪　　事
		12	莫斯科召开各国声援沪案会。
		13	广东政府消灭杨希闵、刘震寰军队。
		14	①旅法华人在巴黎举行示威运动，抗议法国及欧洲帝国主义国家对华暴行。 ②国民党政治委员会第十四次会议议决，将“革命政府”改为“国民政府”。
		19	省港大罢工爆发。
		23	沙基惨案。
		24	广东革命政府照会各国，要求以废除不平等条约为“五卅”惨案解决之基础。
		25	全国哀悼“五卅”惨案死难烈士，北京有10万人游行。
		29	全世界被压迫民族国民大会在北京开会。
		30	上海举行“五卅”死难烈士追悼大会。
	7	1	国民政府在广州成立。
		7	国民革命军誓师北伐。
		20	世界教育联合会在英国举行第一届大会，我国派蔡元培等五人参加。
	8	3	北京政府任命孙宝琦为驻苏大使。
		20	①革命民主主义者廖仲恺被反动派刺杀。 ②上海纱厂总工会成立。 ③上海总工会被奉系军阀封闭。
	9	7	上海20万工人群众举行大会。
		21	湖南安源矿工工人俱乐部被封。
	10	1	广东革命军第二次东征。
		12	北京、上海市民召开群众大会，反对沪案重查和关税会议。
		14	东征军克惠州。
		15	孙传芳组织五省联军，自任总司令。
		19	①“中奥通商条约”签字。 ②英、美、日、法四国银行团在纽约开会，对中国关税增收之用途暨中国外债整理问题作了决定。
		21	吴佩孚在汉口就联军总司令。
		26	关税会议在北京召开。
	11	4	东征军肃清潮汕一带敌人。
		8	北方国民军发动反奉战争。
		10	北京总工会成立。

（续表）

年	月	日	纪　事
		21	浙奉战争结束。
		22	郭松龄“倒戈”。
		23	邹鲁、谢持、戴传贤等在北京西山开会，策划反对中国人民革命事宜。
		28	北京工人学生举行国民革命大示威，要求驱逐段祺瑞。
	12	6	上海举行倒段反奉大会。
		17	孙传芳、虞洽卿及帝国主义分子合谋杀死共产党员刘华。
1926	1	4	国民党全国第二次代表大会在广州召开。
		7	韦拔群领导东兰县农协，举行暴动。
		9	法权调查委员会在北京开幕。
		11	张作霖第三次发表东三省独立宣言。
		14	广东国民政府发布统一财政的明令。
	2	16	海丰农民和各阶层群众团体举行农民祝捷大会。
		21	英国嗾使粤海关停关，并宣布将进行武力干涉。
	3	9	长沙召开市民大会，成立湖南人民临时委员会。
		12	日舰2艘驶入大沽口，炮击国民军。
		18	“三一八”惨案。
		19	段祺瑞下令通缉徐谦、李大钊。
		20	广州发生“中山舰”事件。
		27	中共中央为“三一八”惨案发表告全国民众书。 上海市民召开“三一八”北京死难烈士追悼大会。
		29	西山会议派在上海召开国民党右派大会。
	4	18	奉直两军会师北京。
		20	段祺瑞政府倒台。
		26	北京奉军以“赤化”名义封京报馆，枪决社长邵飘萍。
	5	1	第三次全国劳动大会在广州召开。
		15	国民党第二次中央执行委员会议，通过“整理党务案”。
		16	广东省农民协会第三次代表大会在广州举行。
		30	上海工人举行群众示威。
	6	1	援唐生智的叶挺独立团进抵安仁。
		6	广东国民政府军事委员会任蒋介石为北伐军总司令。
		27	孙传芳、丁文江等封闭上海总工会。

（续表）

年	月	日	纪　事
		28	张作霖、吴佩孚在北京面商反革命军事计划。
	7	9	广东国民政府誓师北伐。
		12	①北伐军占领永丰、衡山、湘乡、长沙。 ②中共中央发表第五次对时局宣言。
	8	1	汉阳兵工厂工人实行总罢工。
		22	北伐军占领岳州。
		27	汀泗桥激战。
		30	贺胜桥激战。
	9	5	万县惨案。
		7	北伐军占领汉阳、汉口。
		10	北伐军占领赣北修水、铜鼓及赣西萍水、袁州。
		11	西山会议派发表宣言，叫嚣改组国民政府。
		17	冯玉祥在五原誓师，就国民联军总司令。
		23	广东国民政府取消封锁港澳政策。
	10	6	广东国民政府明令从10月1日起一律征收暂行内地税。
		10	北伐军攻占武昌。
		14	北伐军进抵武穴。
		16	孙传芳部夏超在浙江宣布独立。
		24	上海工人举行第一次起义。
	11	4	北伐军攻占九江。
		7	长沙举行庆祝十月社会主义革命9周年的示威游行。
		8	北伐军入南昌。
		18	上海召开反对直奉鲁军南下市民大会。
		20	冯玉祥援陕军抵西安。
	12	1	湖南全省农民代表大会与工人代表大会同时在长沙举行。
		9	北伐军由江西进浙江衢州。
		12	上海特别市自治运动各团体代表大会召开。
		14	北伐军便衣队攻入杭州。
1927	1	1	①国民政府迁都武汉。 ②湖北全省工人代表大会召开。
		3	武汉举行庆祝国民革命军胜利大会，革命群众收回汉口英国租界。

（续表）

年	月	日	纪　　事
		4	①湖南省审判土豪劣绅特别法庭成立。 ②从本日起到2月5日止，毛泽东考察湖南农民运动情况，写出了“湖南农民运动考察报告”。
		6	九江工人收回英租界。
		11	上海外国租界戒严。
		12	北京政府下令征收二五附加税。
		21	中日通商条约修正改订会议在北京开第一次会。
	2	9	①国民党高级干部会议发表宣言，主张实行民主、扶助工农运动。 ②武汉政府通知汉口领事团，中国已自动取消领事陪审制。
		17	北伐军占领杭州。
		19	汉口、九江英租界协定签字，由中国正式收回。
		22	停泊在高昌庙的海军建威、建康两炮舰起义。
		29	武汉宣布总罢工1小时，声援上海工人起义。
	3	1	苏联商船“巴米亚列宁那”号在浦口被张宗昌扣留。
		2	武汉政府公布施行惩治土豪劣绅条例。
		7	国民党二届三中全会在汉口开会。
		11	赣州总工会委员长陈赞贤被反动派杀害。
		14	北京政府海军总司令杨树庄投诚革命。
		20	北京政府以搜查党人为名大捕各校学生。
		21	上海工人举行第三次暴动。
		23	何应钦部入镇江。
		24	帝国主义海军炮艇轰击南京。
		31	武汉中央农民运动委员会决定，由湘、鄂、赣农民协会筹备组织全国农民协会。
	4	2	国民党中央监委在上海开会，策划反共事宜。
		6	张作霖在北京搜查苏联大使馆。
		7	蒋介石派兵搜查上海苏联领事馆。
		11	阎锡山废除督办名义，改称晋绥总司令。
		12	蒋介石在上海发动了“四一二”反革命政变。
		17	武汉政府斥责蒋介石叛变革命。
		18	蒋介石在南京成立蒋记国民政府。
		20	武汉政府宣布第二次北伐。

（续表）

年	月	日	纪　　事
		27	中共第五次全国代表大会在武汉举行。
		28	李大钊等20人殉难。
		29	海陆丰人民举行起义。
	5	1	冯玉祥在西安就国民革命军联军总司令。
		6	湖南人民组织接收海关委员会，收回长沙海关。
		17	夏斗寅叛变革命。
		18	武汉国民党发布训令，压迫工人运动。
		21	马日事变。
		29	唐生智公开表示反共。
		31	①冯玉祥军占领郑州。 ②湖南农民军包围长沙。
	6	1	①张发奎部进占开封。 ②朱培德在南昌进行反共活动。
		5	武汉政治会议议决，解除鲍罗廷顾问合同。
		6	阎锡山就国民军北方总司令职。
		10	冯玉祥发起召集郑州会议。
		11	美国增兵天津。
		13	武汉政府任冯玉祥为豫省主席与豫陕甘三省政治委员会主席。
		19	蒋介石与冯玉祥等举行徐州会议。
		28	汉口李品仙军队占领武汉总工会。
		29	何键发出反共训令。
	7	13	中共发表时局宣言。
		14	宋庆龄在汉口发表为抗议违反孙中山的革命原则和政策的声明。
		15	武汉国民党汪精卫集团举行反革命政变。
		27	叶挺、贺龙及朱德所部在南昌会师。
		29	汪精卫、孙科、朱培德在庐山开会，商讨对付共产党办法。
		31	武汉反动政府枪杀黄包车夫。

原载于《第一次国内革命战争史论集》　来新夏、魏宏运编　湖北人民出版社1957年版

中国革命武装的重要意义*

——纪念八一建军节二十五周年

毛主席是中国革命武装的创造者和组织者，他领导革命战争和革命武装艰辛地胜利地经过了各个革命时期，并继续使其走向现代化军队的路径。毛主席在军事上的辉煌卓越的贡献，大部分保存在他的各个历史时期的著作中。在毛主席极其丰富的军事思想指导下使中国革命走向胜利，并使由游击战发展起来的红军，终于在胜利中生长为胜任阵地战的强大的人民解放军。本文只是我在学习毛主席的《中国的红色政权为什么能够存在？》、《井冈山的斗争》、《中国革命战争的战略问题》及《战争和战略问题》等四篇文章时的一点札记。

一、革命武装对中国革命的重要意义

毛主席很重视在中国革命过程中革命武装的重要意义。他在1928年分析当时中国红色政权所以存在的原因有五点。其第四点就是：

> 相当力量的正式红军的存在，是红色政权存在的必要条件。若只是有地方性质的赤卫队而没有正式的红军，则只能对付挨户团，而不能对付正式的白色军队。所以虽有很好的工农群众，若没有相当力量的正式武装，便决然不能造成割据局面，更不能造成长期的和日益发展的割据局面。

---

* 本文发表时署名禹一宁。

抗日战争时，毛主席曾写过很多有丰富军事思想内容的文章，说明革命武装在当时民族战争中的重要地位，其中1938年发表的《战争和战略问题》一文中开头就说：“革命的中心任务和最高形式是武装夺取政权，是战争解决问题。”并分析中国社会的特点：“不是一个独立的民主国家，而是一个半殖民地的半封建的国家；在内部没有民主制度，而受封建制度压迫；在外部没有民族独立，而受帝国主义压迫。”是不同于民族资本主义的国家。因此“在中国，主要的斗争形式是战争，而主要的组织形式是军队”。其余一切“民众的组织和民众的斗争”“都是为着战争的”。而彼此间的关系则是：“在战争爆发以前的一切组织和斗争，是为了准备战争的。”“在战争爆发以后的一切组织和斗争，则是直接或间接地配合战争的。”第二年毛主席在《共产党人》发刊词中说：“十八年的经验告诉我们，统一战线和武装斗争，是战胜敌人的两个基本武器。统一战线，是实行武装斗争的统一战线。”

革命武装对中国革命来说，一直是取得革命胜利的主要因素之一。刘少奇同志在1949年曾分析中国人民获得胜利的道路是由四点构成的，其第四点即是：

> 必须在可能的地方和可能的时候建立一支被共产党所领导的坚强的善于和敌人作战的民族解放军以及这支军队所借以活动的根据地，并使敌人统治地区的群众斗争与武装斗争相互配合。（一九四九年十一月二十一日亚澳工会代表会开幕词）

事实证明：有了武装，有了枪杆子，就可以战争，就可以夺取政权以解决革命的根本问题，就可以“推翻帝国主义及其工具军阀在中国的统治，完成民族革命，并实行土地革命，消灭豪绅阶级对农民的封建的剥削”，就“可以造党”，“可以造干部、造学校、造文化、造民众运动”，甚至如“延安的一切就是枪杆子造出来的”。因此，在革命过程中，党的全部主要骨干都过着军事共产主义的生活，很多革命者也为了保护人民的利益，为了人民的自由解放，参加了革命武装，站到革命的最前线。

事实也证明：没有武装，革命就会遭到失败，党在1927年以前没有一支正式武装，因此在右倾投降主义的错误领导下，牺牲了许多优秀的党员和干部。没有武装，就不能支持井冈山的斗争，不能进行土地革命，就不能打败反动派的进攻，就不能完成史无前例的二万五千里长征，就不能胜利地进行抗日战争，也就不能彻底解放中国人民。所以毛主席在抗日时期就英明地指出这一点说：

> 在中国，离开了武装斗争，就没有无产阶级和共产党的地位，就不能完成任何的革命任务。

但是，中国共产党和毛主席这样看重革命武装，并不等于如人所谓是“战争万能论”，而应是“革命战争万能论”。因为革命者需要武装，并“不争个人的兵权”，“但要争党的兵权，要争人民的兵权”。其所以要争人民的兵权，就是由于中国社会有其本身的特点，便决定了中国革命的一个特点“是武装的革命对武装的反革命作斗争”（斯大林：《论中国革命问题》）。不如此做，就会被敌人消灭，陈独秀在汉口自动解除纠察队武装而失败的事情，就是一个有力的例证，而中国共产党要兵权最重要的目的还是“要经过战争去消灭战争”。因此“不要枪杆子，必须拿起枪杆子”这句至理名言成为革命时期中主要法宝之一。

二、中国革命武装的建立

1927年4月12日国民党反动集团大叛变后，许多重要领导干部和党员被淹没在血泊中。但是，英勇的中国共产党和中国革命人民“并没有被吓倒、被征服、被杀绝，他们从地下爬起来，揩干身上的血迹，掩埋好同伴的尸首，他们又继续战斗了”（毛泽东：《论联合政府》）。战斗的第一声，就是8月1日，由朱德、周恩来、贺龙、叶挺等同志率领在党影响下的北伐军一部分三万余人在南昌举行武装起义，创立了一支完全属于人民的工农红军，并成立革命委员会，以宋庆龄、周恩来、朱德、贺龙、吴玉章等二十五人为委员。这次起义，虽然经过五天便退出南昌，但已初步建立中国革命武装的基础，标识了一个新的历史时期的开始。这支起义军退出后，一部分由叶挺同志带到广东会合海陆丰的农民起义军。一部分由朱总司令领着在湘粤边境休息整理，并发动湘南农民起义，为革命保留了一小部分力量。

在南昌起义失败后，党在8月7日召开会议，决定号召农民进行秋收起义，并组织领导了湘、鄂、赣、粤四省的农民秋收起义，毛主席便是湘东赣西地区武装起义的组织者和领导者，毛主席把起义军整顿改编，加强了革命武装的战斗力后，又分析研究当时的革命形势，认为不是进攻的时候，而是退却的时候，应该很好地组织退却，找安定的地方，建立根据地，保存革命力量，因此就英明地决定把队伍带到湘赣交界处罗霄山脉中的井冈山，建立革命武装和革命政权。第二年4月，朱总司令带着五六千人到井冈山与毛主席会师，成立中国工农红军第四军，下编十、十一、十二为三个师，军长是朱总司令，毛主席任政委。第四军在毛主席正确战略思想的指导和朱总司令的辛勤经营下，便形成中国工农红军一支主要的基本力量。

此外还有彭德怀、黄公略同志领导的平江起义，张鼎丞、邓子恢同志领导的闽西起义，方志敏、邵式平同志领导的浙赣边起义等。而在中国现代历史上有名的无产阶级第一次以武装夺取政权的广州起义，也由叶挺、叶剑英、张太雷诸同志领导于1927年12月11日在广州爆发。这些大小不断的起义，蔓延到浙、闽、皖、苏、豫、陕、川、桂等省，虽然起义的本身都失败了，但是许多地方由于党的正确领导，从1927至1930年前后建立起来九个革命根据地，成立正规红军十三个军，有六万二千余人，这就是今天强大的中国人民解放军的最初来源。

从八一开始，是中国革命武装的开创时期，毛主席很注意这一个开始。毛主席在中国共产党战争史中曾给以一定的历史评价说：

> 革命失败，得了惨痛的教训，于是有了南昌起义、秋收起义和广州起义，进入了创造红军的新时期，这个时期是我们党彻底地认识军队的重要性的极端紧要时期。没有这一时期的红军及其所进行的战争，即是说，假如共产党采取了陈独秀取消主义的话，今天的抗日战争及其长期支持是不能设想的。

三、遵循毛泽东思想，中国革命武装得到胜利的发展

中国革命武装能够从无到有、从弱到强地发展，是与毛主席的军事思想、军事路线、军事方针分不开的。

（1）毛主席根据其政治思想为中国革命武装订了整套的军政制度。在与朱总司令会师以后，毛主席亲手订立了三大纪律、八项注意的革命纪律，把工人、农民、游民无产者等不同出身的战士变成有铁的纪律的队伍，加紧对他们的政治训练以启发阶级觉悟。特别重要的是“废除旧有的雇佣制使士兵感觉不是为他人打仗，而是为自己为人民打仗”；并使士兵“都有了分配土地、建立政权和武装工农等项常识”，更进一步“都知道是为了自己和工农阶级而作战”，这样锻炼

了每个战士对革命的热诚和斗争的勇敢。

毛主席认为“中国不但人民需要民主主义，军队也需要民主主义”。因而建立军队中民主主义的制度，“官长不打士兵，官兵待遇平等，士兵有开会说话自由，废除烦琐的礼节，经济公开”。并在党的领导下组织士兵委员会，士兵便可以通过自己的组织过自己的民主生活，这种民主主义制度使军队本身团结一致而成为“破坏封建雇佣军队的一个重要的武器”。

毛主席更加强了军队中党代表制度，响亮地提出“支部建在连上”的口号，这成为“红军所以艰难奋战而不溃散”的一个重要原因。那时党在军中的组织是：“连支部、营委、团委、军委四级，连有支部，班有小组”。党代表的责任是：“他要督促士兵委员会进行政治训练，指导民运工作，同时要担任党的支部书记”。由于革命军队中有坚强完整的党的领导力量，有铁的纪律，有恰当的民主主义制度，中国革命武装便成为一支具备政治素养而又勇敢善战的队伍。

（2）毛主席要求军事指挥员是“在既定的客观物质基础即军事、政治、经济、自然诸条件之上”，能“发挥我们的威力，提挈全军，去打倒那些民族的和阶级的敌人，改变这个不好的世界”。毛主席需要红军指挥员是一个“勇敢而明智的英雄”，“不但有压倒一切的勇气，而且有驾驭整个战争变化发展的能力”。要具备这样条件，其重要关键问题，就在善于学习军事理论、军事规律、军队政治工作等，而这些主要的是从战争中学习。毛主席又提出一个优秀的指挥员一定需要经过长时期的认识过程后，才能“认识了敌我双方的情况，找出了行动的规律，解决了主观和客观的矛盾”而在战争中取胜。所以毛主席在抗日战争时期曾号召全党都要“注意战争，学习军事，准备打仗”。虽然只是简要的十二个字，但我体会这正表示毛泽东思想的认识实践过程。如果在革命武装中不学习军事，那么将如斯大林同志所说：“军队中的动摇和犹豫便会是不可避免的”了（斯大林：《论中国革命问题》）。

（3）毛主席在中国革命战争的战略问题上，曾经对于马克思列宁主义的军事理论作了卓越的贡献。毛主席便是根据“中国革命战争在其历史进程的各个时期中有不相同的内容”，而灵活地创造了许多新战略。在革命初期，即在湘赣边界割据时期，毛主席具体提出“红军以集中为原则，赤卫军以分散为原则”的战略，后来在实践中得到发展补充，便形成一套“敌进我退、敌驻我扰、敌疲我打、敌退我追”十六字诀的朴素的革命游击战略，使当时革命根据地和革命武装能以巩固和发展。第二次国内革命战争的全部战略方向，毛主席在《中国革命战争的战略问题》一文中曾有总结，把许多原则问题都清楚地从反对和承认两方面加以正确的解决（《毛泽东选集》第一九〇页）。当抗日战争发生时，中国共产党已经在十七年的斗争中，“锻炼出来了一条坚强的马克思主义的军事路线”，“曾运用马克思主义去解决战争问题”，但在当时还有些人对于党在战争和战略问题上的方针，采取怀疑和反对的态度。因此毛主席发表了《战争和战略问题》一文，充分说明了国内战争和民族战争中党的军事战略的转变，把初期尚未为人重视的游击战争放在全战争中一个重要的地位。毛主席说：“没有游击战，忽视游击战和游击军的建设，忽视游击战的研究和指导，也将不能战胜日本。”并综合游击战略之利有十八项（《毛泽东选集》第五一七页），来教导一切革命者。抗日时期中国革命武装在毛泽东的军事路线指导下，“经过游击战争，积蓄力量，把自己造成为粉碎日本帝国主义的决定因素之一”。

中国革命武装始终在毛主席的军事思想、军事路线、军事方针指导下得到胜利发展。在国民党第五次围攻以前，由于毛主席的正确战略方向，红军曾发展到三十万。在第五次围攻及开始长征中，由于离开了毛泽东思想，党的领导为“左”、“右”倾机会主义分子所占据，因此使党和革命武装蒙受了极大的损失，这支久经锻炼的武装，到陕北时统共已不到三万人（但这是党极宝贵的精华），幸而在1935年1月的遵义会议上，确立了毛主席在中央和全党的领导地位。才使中国革命武装在毛泽东思想培育下，虽然经过抗日战争、解放战争很艰苦的过程，但仍然得到迅速的发展和壮大。1950年，在全国业已取得基本胜利的时候，中国的革命武装已经发展到五百万人，并具有近代化装备的各样兵种，形成为一支不可战胜的力量。

四、结语

今天的中国人民解放军是根据共同纲领的军事制度而向前飞跃的进步，他们不仅担负起巩固国防的神圣责任，并且参加农村中的农耕，参加成渝铁路、荆江分洪等工程的修筑，来帮助国家建设工作。尤其与众不同的，就是这一支革命武装还具有丰富的文学艺术修养，在军中不断出现许多真正为人民所需要的在文化上的贡献，例如一个最初不识字的战士高玉宝同志在党的教育下，已成为一个文艺作家。现在为全国人民普遍应用着的速成识字法的发明者是军队文化教员祁建华同志，还有许许多多像他们一样的英雄人物，真是难以尽述的。

中国人民解放军，是在党的正确领导下，在毛主席的长期教育下，经过无数先烈鲜血的培育，到今天已经成为在智力、体力、技术三方面有一定程度成就的革命武装，他们为祖国安全而努力，他们为祖国人民幸福而奋斗，他们为全世界和平可以献出自己的一切而毫不顾惜。在八一建军二十五周年的今天，每一个中国人民都应为拥有这样一支革命武装而感到光荣与骄傲。

原载于《历史教学》1952年8月号

纪念“二七”工人运动三十周年

一

“二七”工人运动发生前的中国，正是不同派系的北洋军阀在帝国主义指使下进行着祸国殃民的混战的时候。自从1920年的直皖战争和1922年的直奉战争以后，以曹锟、吴佩孚为首的直系北洋军阀便成为主要的统治者，他们和其余一些大小不等的地方军阀分割了整个的中国，进行着搜刮和出卖的罪恶活动。所有这些军阀都具有着一个共同的特点，那就是：他们都是中国不同地区大地主大资产阶级的代表和一个或几个帝国主义国家的走狗，他们都是中国的半殖民地半封建统治的代表者，因此就成为中国人民凶恶的敌人，特别是工农群众最凶恶的敌人。

由于所有这些军阀们勾结帝国主义而进行混战和搜刮造成了工人们困苦的生活，例如1920年开滦煤矿井上二等小工每日工资二角二分，井下三等小工每日工资二角五分，但是当时天津磨制麦粉价格就要七分钱一斤，一日工资只够三斤至三斤半磨制麦粉，一家三口糊口尚成问题，其余更谈不到[①]。在这种情形下为争取生存和自由的罢工行动就曾不断发生，并且还日渐扩大。1921年工人阶级自己的政党——中国共产党在成立大会上决定成立“中国劳动书记组合部”作为职工运动的领导机构。于是工人运动就在党的直接领导下更生气蓬勃地向前发展，并且由于党的有效活动出现了自1922年1月起到1923年2月止，前后持续十三个月的

① 《第一次中国劳动年鉴》。

第一次罢工大高潮，而“二七”工人运动则正以这一次罢工大高潮的最后一个怒涛的姿态而出现的。

“二七”工人运动的发生是因为1923年2月1日京汉铁路的工人要在郑州召开总工会的成立大会，遭到军阀吴佩孚等的武力禁止和捣毁，4日，全路工人即在京汉路总工会的统一决定下举行总罢工。从7日起军阀吴佩孚、萧耀南就在英帝国主义直接指使下，命令其爪牙，在汉口、长辛店开始对工人大批的逮捕和凶残的屠杀，其中如中国共产党党员林祥谦烈士就在这一次为工人阶级的利益，坚贞不屈地贡献出自己的生命。约计这次死难的有四十余人，负伤的有数百人，被捕的有四十余人，造成了历史上有名的“二七惨案”。9日，京汉路总工会与武汉工团联合会为“保全元气以图报复起见”始下复工令，工人们坚持到这时才忍痛复工。

从罢工开始和惨案发生以后，全国各地都掀起了支援这一次罢工运动的热潮，如中共中央发表了《为吴佩孚惨杀京汉路工人告工人阶级与国民》文件，指出“吴佩孚不仅是工人阶级的敌人，乃是全国争自由的人民的敌人”。中国劳动组合书记部也发表《告工团书》，号召各地工会起来援助，“此外如正太、道清、粤汉以及津浦等铁路工人、汉阳钢铁厂工人、汉冶萍轮驳工人、丹水池工人、扬子机器工人，均举行同情罢工，援助京汉工人。京奉路工人、京绥路工人、香港海员，上海、北京、湖南、广州等地各业工人以及北京大学等校学生与市民，或酝酿罢工，或发表宣言，或游行示威，或募集款项，都尽力援助，共产国际与赤色职工国际都曾专为此事发表宣言，海参崴工团总会和日本朝鲜无产者同盟，均有恳挚之电报，遥寄其阶级之同情”①。

二

“二七”工人运动虽然从开始到结束只是短短的过程，但它在中国近代革命历史上却占了极重要的篇幅，它表明了一些问题，也给后来留下了宝贵的经验：

首先它表明，这次运动与此前的罢工运动有所不同，从这一次开始，中国工人阶级已经不是简单地为“争工资，争时间”，而是在中国共产党领导下以革命

① 王振德：《二七史料札记》（《史学周刊》57期）。

的领导阶级的姿态高举着“为自由而战，为争人权而战”的大旗，走上了中国人民反对帝国主义，反对封建主义的革命斗争的政治舞台，来进行反对帝国主义所支持的封建军阀的统治。

其次它表明，中国工人阶级在中国共产党领导下政治觉悟性和革命性的迅速高涨，在这次运动中，工人阶级表现了极英勇的战斗姿态，他们不屈于军阀的威胁，鄙视军阀的诡言劝告，奋不顾身地为工人阶级利益对军阀统治者进行斗争：像林祥谦烈士被敌人缚在电线杆上，用刀砍了他八刀，先把他左手砍下，问他下不下命令叫工人复工，他坚决拒绝，以后每砍一刀问一句，至死仍叫“头可断，工不可复”，林祥谦烈士在临难的时候能这样“没有任何害怕和类似害怕的心理”，“视死如归”地、“毫无犹豫”地牺牲他的一切，这主要就是因为他是一个具有无产阶级的共产主义的道德的共产党员。又像许许多多工人在罢工运动中，在军阀刽子手靳云鹏、赵继贤屡次威迫开车的命令下，仍然坚守着“不得总工会命令不开工”的唯一口号。经过了这次运动，大大地提高了工人阶级和中国共产党在全国人民中的政治威信。

最后，它教育了中国共产党和工人阶级，“必须与占全国人口百分之八十的农民，与几千万城市小资产阶级，与要求反对帝国主义封建主义的资产阶级民主派建立反帝反封建的同盟，并且用武装的革命来反对武装的反革命，才能取得中国革命的胜利”[①]。三十年来中国共产党和工人阶级正接受了这一条宝贵教训，在战斗的过程中取得了我们今天所看到的辉煌照耀的胜利。

三

“二七”工人运动，虽然暂时的失败，但是伟大而富有战斗力的中国工人阶级并不是懈怠、畏缩和退却，反而更勇往直前地向胜利的途径迈进。从“二七”失败以后到中央人民政府成立的将近三十年中，工人阶级不辞艰苦辛劳，继承“二七”英勇斗争的光荣传统，在各个战线上有了巨大的贡献，大大地缩短了革命走向胜利的里程。如在北伐战争的时候，参加省港罢工的工人，组织了运输队、宣传队、卫生队随师北伐，特别是运输队的三千余工人，给予北伐军巨大的

① 胡乔木：《中国共产党三十年》。

帮助。北伐军因得到罢工工人的这种帮助，出师异常迅速，使革命得到空前的发展[①]。如在十年土地革命时期，工人们在党和苏维埃政权的领导下，不但恢复了钨砂、制纸、制烟等旧工业，还发展了煮盐、纺织、造糖、制药等新工业。如在抗日战争和人民解放战争时期，工人们同样地克服了物质条件的困难，进行工业生产，特别如吴运铎同志等利用自己的双手，从无到有地建立起世界上绝无仅有的兵工厂，制造枪支炮弹，来支援战争，更十足地表现了工人阶级的智慧和创造。而在中央政府成立以后，工人们在中国共产党和毛主席的领导下，发挥了忠诚勇敢、大公无私的精神，运用了自己的智慧，胜利地进行和参加了各种政治社会改革和经济恢复工作，有力地巩固了人民民主专政的政权，并且大大地推动了中国社会向前发展。

“二七”工人运动以后的三十年来，中国工人阶级虽然遭受了不少的摧残和迫害，例如1927、1928这二年，全国各地的铁路工会负责同志先后有三批被国民党反动政府和地方军阀逮捕残害[②]。“一九四七年十二月上海申新纱厂九厂工人，因要求年赏罢工，蒋匪大批宪兵警察即用美式铁甲车、机关枪的激烈火力和刺刀催泪弹，向徒手男女工人进行残酷屠杀，当时申新工厂男女工人大家用石子，用车间里筒轧展开的自卫反抗非常壮烈。刽子手警备司令宣铁吾并亲自指挥，下令格杀勿论，向工人冲锋，几千工人喊声震天，结果一百余人倒下去了，被捕的百余人……[③]”但是，中国工人阶级的力量仍然极迅速地增长与加强着。例如1930年在全国工业比较发达的九省二十九个城市中，工人总数仅达一百二十万余人，而1951年全国工人即有一千三百万（包括职员），其中产业工人占三百余万；1930年全国铁路工人仅有九万九千余人，而1951年却有四十五万四千余人；1945年日本投降前后全国工会会员是八十万，1948年反攻时就增达二百八十三万，而1951年上增到五百一十三万以上，当然，在这两年中必定还有着更迅速的增长。同时，有许多优秀的工人已经担任了重要工作，1951年新华社根据东北、华北、山东等地的统计，工人被提拔到各级工会政权机关及其他机关工作的共有一万零六百四十六人，被提拔为各种技术和管理部门干部的有

---

① 邓中夏：《中国职工运动简史》。

② 陈绍：访问二七老战士杨宝嵩（1950年2月7日北京《光明日报》）。

③ 朱学范：《关于国民党统治区的职工运动》（见《中国职工运动文献》，工人出版社）。

一万七千一百零七人[1]。事实证明，中国工人阶级已经形成了一支雄厚有力的队伍了。

今年是“二七”工人运动三十周年，正是祖国大建设开始的第一年。强大的、雄厚有力的中国工人阶级，将与全国人民同在中国共产党和毛主席的领导下，更加发扬“二七”斗争的革命精神，贡献出所有的力量，为完成祖国建设事业而奋斗！为争取美好明天的早日到来而奋斗！

原载于《历史教学》1953年2月号

① 1951年2月7日《人民日报》。

纪念“一二·九”运动六十周年 *

一、“一二·九”运动的爆发冲破了中国民族有史以来最黑暗的时期

刘少奇同志在1944年12月9日延安“一二·九”九周年纪念大会的讲话中说：“自从大革命失败以后中国历史上就出现了一个黑暗反动的时期。”特别是1933—1935两年间是“中国民族有史以来最黑暗的时期”（陈伯达）。在这个时期，蒋介石实行了他的“对外投降，唯恐不卑不恭；对内屠杀，唯恐不凶残”（黄松龄同志语）的反动政策。那时的情形是：

一方面蒋介石大量出卖领土主权给日本帝国主义者：继“九一八”、“一·二八”之后，他又出卖了长城以外的地方，并“订立了一连串的卖国协定：塘沽协定、大滩口协定、大连协定、何梅协定等等，把华北五省的实际统治权出让给日本”（叶蠖生：《现代中国革命史话》）。1933年10月间，国民党的冀东区督察专员殷汝耕成了伪“冀东防共自治政府”的傀儡。同时蒋介石又亲自把冀察晋三省平津两市另划成一个行政区域，设立所谓“冀察政务委员会”，指定汉奸王克敏、王揖唐等为委员，以变相的自治使“华北特殊化”而出卖了华北。所以华北的局势已是岌岌可危。

一方面中国人民不能容忍蒋介石这种卖国行为而引起了愤怒。1935年5月间在共产党员吉鸿昌及抗日将领冯玉祥、方振武等领导下成立察绥抗日同盟军在长城外抗日，结果为蒋介石阴谋破坏。6月1日中华苏维埃共和国发表了反对国民党

---

* 本文发表时署名禹一宁。

出卖平津华北的宣言，号召全国人民起来反抗，这个宣言给予了当时全国人民以极大的鼓舞。不久，由于日帝的加紧侵略和蒋介石的彻底卖国，更加甚了中国的危机，因此中国共产党在北上抗日的长征途中发表了有名的“八一宣言”，是一个提出抗日战争正确路线的重要文告，这个宣言更得到全国人民的拥护与支持。许多人都清醒地认识到亡国灭种之祸已迫在眉睫，特别是北平的青年学生们，深深地感到“华北之大，已经放不下一张书桌”（北平学联宣言）的危机，如果再拖延下去，全华北就会跟着殷汝耕实行“自治”，被日本帝国主义者兵不血刃地据有了，所以他们都积极地起来反对，在中国共产党“八一宣言”的号召和刘少奇同志等的领导下，爆发了反对卖国的“一二·九”爱国运动，要求“保障领土完整，反对防共自治，停止内战，外交公开，并允许言论出版集会结社的自由”。

这个运动一爆发便冲破了中国有史以来最黑暗的时期，“结束了中国的反动时期，开始了新的革命运动的高潮”（刘少奇同志语）。并从原来只限于中国苏维埃区的革命运动发展为全国性的公开的革命运动了。

二、“一二·九”青年所走的道路乃是知识分子与工农相结合的道路

“一二·九”运动中的青年已经接受了以往一些运动中的经验和教训，所以在运动一开始便很坚强地团结，组织力量来发挥顽强的战斗精神，因此能用血肉之躯冲开关闭的城门；他们也能运用较成熟的斗争策略，向沿途及在城上的军警挥泪演讲，大喊“打倒日本帝国主义，中国人民团结起来”的口号，来孤立敌人，增强自己；而最重要的是他们摸索到了一条正确的革命道路，就是已了解到单纯的学生革命运动是不能获得胜利的，而必须与工农结合，因此在“一二·九”运动之际，虽然在军警的监视下，他们仍然分散成小组，用“游击战”牵掣军警分别跳墙出去，到工厂中去宣传。不久，又在平津学联的号召下，利用寒假，组织了南下扩大宣传团（北京三团、天津一团），沿平汉路南下到农村中去宣传抗日，当时参加的有三千人之多，在一月三、四日临出发时，他们也都庄严地宣誓说：

> 我们下了最大的决心出发宣传，组织农民，不达目的，誓不回校。

这个誓言说明了这些青年知识分子要求与广大农民相结合的决心。虽然在进

行中遭到反动派特务的迫害，并且最初农民还误解他们为“吃教的”；但是因为他们有改造自己的决心，冒着严寒风雪来克服困难。就这样，使得他们在农村中宣传时，亲眼看到了农民的痛苦，在和农民谈话中，又体会到农民要求革命的迫切，因而教育了他们，想到建设新中国的需要，想到只有改变社会制度才能解除农民的痛苦，深深地鼓舞起革命的热情。同时，由于这一次的下乡宣传工作又奠定了这些青年知识分子以后在华北一带抗日的群众基础。这正是黄松龄同志所说那样：

> 一二·九运动没有把自己局限在只是学生孤军奋斗的狭小范围内，而是通过了学生的桥梁，立即转向全国广大人民，尤其是与工农运动相结合，建立了深厚的群众基础。

这也正是毛主席对我们的教导，就是：

> 革命的或不革命或反革命的青年之最后的分界，看其是否愿意，并且实行同工农民众相结合。

每一个要求改造自己，决心参加革命的知识分子，尤其是青年知识分子，是应该切记不忘的。

三、“一二·九”运动是推动全国走上抗日战争的一个有力因素

“一二·九”运动不单纯是学生的爱国运动，同时也是全中国各阶级各党派的蓬勃的爱国运动的开端。因为这个运动在一开始时就得到全国广大的爱国人士的热烈响应，并且其影响很快普遍了全国，纷纷自动组织起来，其中如“平津文教工作者就组织了‘文化界救国会’和‘北平文化工作者协会’，上海以九六老人马相伯和鲁迅先生为首，发表了救国运动宣言，他们都一致的坚决的要求领土主权完整，号召全国人民组织起来，采取有效的行动‘救国御侮’”。（许德珩：《一二·九运动十五周年》）另外还有许多妇女、工人也都分别成立救国会，最后在1936年5月底，成立了一个“全国各界救国联合会”来从事这个“对内和平”、“对外抗战”的爱国运动，甚至还影响到反动集团依靠来进攻革命的军队中去。因此说，这个运动，“不仅包括了学生、工人和农民，也包括了民族资本家、商人、店员、教育工作者、文艺工作者、新闻记者、律师、医生、军

人、政客、名流、学者等各种各样的人物在内，形成极广泛的统一战线”（叶蠖生：《现代中国革命史话》）。并掀起了全国性的抗日救国浪潮，这个浪潮与红军北上抗日的武装运动相结合，便为中国人民的抗日战争作了准备，而揭开了中华民族解放战争的序幕。

“‘一二·九’运动不仅打击了日本帝国主义侵略中国的锋芒和国民党反动派所鼓吹的卖国内战的阴谋活动，掀起了广泛群众性的救亡运动高潮”（1950年12月1日《天津日报》短评）；而且是为抗日战争准备了优秀的干部。如参加南下宣传团及为到南京请愿所组成的“车社”中的爱国青年，当他们分别从高碑店、南京等处被解散和押送回北平后毫没有消失战斗意志，反而更加坚强地组织了永久抗日团体——救亡先锋队，就是后来有名的“中华民族解决先锋队”的基础。而许多经过“一二·九”运动锻炼出来的青年干部都“散布到全国各地，特别是在敌后解放区与广大人民结合，坚持战斗，建设了民主的解放区，并且赢得了抗战的胜利”（1945年12月9日《解放日报》社论）。

所以说，“‘一二·九’运动在思想上政治上、在群众中为抗日战争做了准备工作”（彭真同志语），而成为推动全国走上抗日战争的一个有力因素。

四、发扬光荣的革命传统

“一二·九”运动的基本口号是“一致对外”，要求“中国完全独立”，因此确定了它的基本任务是“对内和平、对外抗战、争取民主”。这些正是当时全中国人民的渴望。并且这个运动在发动和教育广大爱国青年英勇地参加抗日斗争，是起了重要作用的，是有利于中华民族的生存，推动中国社会前进的，所以应该肯定这个运动是中华民族光荣的革命传统。

革命传统是马克思列宁所珍贵和重视的，是应努力保持而在人民之中巩固起来的。今天中国的青年应当为这个光荣的革命传统而骄傲，学习“一二·九”青年改造自己，努力与工农群众结合的决心，并为发扬这个光荣传统而站在抗美援朝斗争的前列。

一九一五、十一，于南开大学

原载于《历史教学》1951年6月号

学习《为动员一切力量争取抗战胜利而斗争》

《为动员一切力量争取抗战胜利而斗争》一文是毛主席在卢沟桥事变发生后不久，即1937年8月为中共中央宣传部门写的宣传鼓动提纲。这篇文章，对当时的局势作了精辟的分析；并根据这些具体情况确定了有利于抗战的全面办法，即抗战救国十大纲领；又痛斥了两种有害于抗战的谬论，而指出中国抗战的光明前途。这些都充分教导我们对于这一个问题的认识与处理。在今天抗战十五周年的时际来学习这篇文章，是尤有意义的。下面只是我在初步学习《实践论》后所能了解的一点体会。

毛主席曾说："只有感觉材料十分丰富（不是零碎不全），和合于实际（不是错觉），才能根据这样的材料造出正确的概念和理论来。"[①]我的体会，毛主席正是通过这个认识过程来写这篇文章的。

毛主席在文章的一开头，就鲜明地指出卢沟桥事变在中国现代历史上的重要意义。毛主席认为这次事变的发生是"日本帝国主义大举进攻中国本部的开始"，也是"中国全国性抗战的开始"。把抗战的问题已明确地提到首要的地位上来。同时毛主席并根据事实指出了当时具体形势发生显著变化时的具体情况是：

1. 日寇无底止的进攻。日寇对中国疯狂而无底止的进攻情形，在中共的"八一宣言"中有扼要的叙述说：

"自民国二十年'九一八'事变以来，由东三省而热河，由热河而长城要塞，由长城而'滦东非战区'，由非战区而实际占领河北、察、绥和北方各省，

① 《毛泽东选集》第一卷，第289页。

不到四年，差不多半壁山河，已经被日寇占领和侵袭了。田中奏折所预定的完全灭亡我国的毒计，正着着实行，长此下去，眼看长江和珠江流域及其他各地，均将逐渐被日寇所吞蚀。”卢沟桥事变的发生正是日寇这种无底止进攻全国开始的最有力的证明。

而当平津沦陷后，毛主席更指出日寇必然会：“（1）依靠野蛮的武力，（2）借助德意志帝国主义的声援，（3）利用英帝国主义的动摇，（4）利用中国国民党对于广大劳动民众的隔离”而“毫无疑义的继续坚持其大规模进攻的方针。”

2. 全国人民的坚决斗争。自“九一八”以后，全国人民纷纷起来与日寇用各种不同的方式进行斗争。东北的反日战士在杨靖宇、赵尚志、周保中等民族英雄的领导下，在敌占区的心脏部分予敌寇以沉重的打击；全国各地的工农商学各界都为抗日而进行排货、罢工、罢市、罢课等示威运动；最突出的如1935年12月9日，在中国共产党的“八一宣言”号召和刘少奇等同志的领导下爆发的“一二·九”学生爱国运动，它冲破了中国有史以来的黑暗时期，并在一开始就得到全国人民的响应拥护，很快地扩大影响到各种各样的人物中去。全国各地在抗日的浪潮中，纷纷组织爱国团体，如“全国各界联合救国会”等，来从事抗日斗争。这些都表现了中国人民坚决斗争的意志。

3. 民族资产阶级的倾向抗日。毛主席在分析民族资产阶级的性格时说：“他们在受外资打击、军阀压迫感觉痛苦时，需要革命，赞成反帝国主义反军阀的革命运动。”[①]又说：“由于中国最大的压迫是民族压迫，在一定的时期中，一定的程度上，中国民族资产阶级都是能够参加反帝国主义和反封建军阀的斗争的。”[②]在抗战前夕，中国民族资产阶级正是处在一个受外资（特别是日资）打击的状态中。即就纺织工业而论，华北的裕元、北洋和上海的申新五厂在“九一八”以后都相继拍卖给日本人。现在只以1930年和1933年（即“九一八事变”的前后）来比较，华商纱线锭从56.7%减到55.2%；布机从54.4%减至48.2%[③]。而中国的纱布交易所甚至还开拍日纱。在这以后，帝国主义在华的投资猖狂增长，中国的民族工业却相对地下降衰落，不仅在生产规模上不断地缩小，有的竟缩小到归并入外资的范围之中，甚至破产倒闭。这样，民族资产阶级

① 《毛泽东选集》第一卷，第4页。

② 《毛泽东选集》第二卷，第573页。

③ 1934年《申报年鉴》。

面临这种危机，便很自然地为维护其本阶级利益而倾向于抗日。

4. 中国共产党抗日民族统一战线政策的努力提倡，坚决实行和取得全国的赞助。关于这个问题，毛主席在《国共合作成立后的迫切任务》中曾经有过如下的叙述：

> 还在一九三三年，中国共产党就发表了在停止进攻红军、给民众以自由和武装民众三个条件之下，准备同任何国民党部队订立抗日协定的宣言。那是因为在一九三一年九一八事变发生后，中国人民的首要任务已经是反对日本帝国主义进攻中国了。但是我们的目的没有达到。
>
> 一九三五年八月，中国共产党和中国红军号召各党各派和全国同胞组织抗日联军和国防政府，共同反对日本帝国主义。同年十二月，中国共产党通过了同民族资产阶级组织抗日民族统一战线的决议。一九三六年五月，红军又发表了要求南京政府停止内战一致抗日的通电。同年八月，中国共产党中央委员会又对国民党中央委员会送了一封信，要求国民党实行停战，并组织两党的统一战线，共同反对日本帝国主义。同年九月，共产党又作了在中国建立统一的民主共和国的决议。不但发了这些宣言、通电、书信和决议，而且派遣了自己的代表，多次和国民党方面进行谈判，然而还是没有结果。直至西安事变发生，在一九三六年年底，中国共产党的全权代表才同国民党的主要负责人取得了在当时政治上的一个重要的共同点，即是两党停止内战，并实现了西安事变的和平解决。这是中国历史上的一件大事，从此建立了两党重新合作的一个必要的前提。
>
> 今年二月十日，当国民党三中全会的前夜，中国共产党中央为了具体地建立两党合作，乃以一个系统的建议电告该会。在这个电报内，要求国民党向共产党保证停止内战，实行民主自由，召开国民大会，迅速准备抗日和改良人民生活等五项；共产党也向国民党保证取消两个政权敌对，红军改变名称，在革命根据地实行新民主制度和停止没收地主的土地等四项。这也是一个重要的政治步骤，因为如果没有这一步骤，则两党合作的建立势将推迟，而这对于迅速准备抗日是完全不利的。①

而于卢沟桥事变发生的次日，7月8日，中国共产党便向全国发出号召抗战的

① 《毛泽东选集》第二卷，第321—322页。

宣言，宣言中特别显著地提出关于组织抗日民族统一战线的口号说：

> 全中国人民，政府和军队团结起来，筑成民族统一战线的坚固的长城，抵抗日寇的侵略！[①]

17日，国民党政府在全国人民要求抗战的压力下也不得不发表了一个“国民党多年以来在对外问题上的第一次正确的宣言”，宣言中曾称：“如果战端一开，那就地无分南北，人无分老幼，无论何人，皆有守土抗战之责任。”[②]但同在这个宣言中，蒋介石仍表现了动摇和犹疑。而以后的事实证明，蒋介石匪徒们并没有实践自己的诺言，却走上了相反的道路。

在1934年4月20日曾有以宋庆龄为首的数千人签名公布了中国人民对日作战基本纲领六项[③]。这个纲领具体表现了全国抗日救国的热忱，也正说明全国人民是赞助中国共产党抗日民族统一战线的。

从这些经过情形看，足以证明中国共产党一直是抗日民族统一战线政策的努力提倡者和坚决执行者。因为“坚持民族统一战线，才能克服困难，战胜敌人，建设新中国”[④]。这是符合当时全国人民抗日利益的。因此，事实上也就必然能广泛地取得了全国的赞助。

毛主席根据上述的四项具体情况，便科学地对卢沟桥事变发生后的国内形势得出一个结论，就是：“中国统治当局的对日不抵抗政策……开始转变到实行抗战的政策”；“由停止内战准备抗战的阶段，过渡到了实行抗战的阶段”。也就是说，中国已具备了进行全面性抗战的一些条件。

毛主席教导我们，要“是一个虚心体察情况的人，不是一个主观地、片面地、表面地看问题的人”[⑤]。毛主席在这篇文章中正做到这一点，他不仅指出了如前所述的具备了一些能够进行全国性抗战的具体条件，同时又警告全国人民当时还存在一些不利于抗战的条件，那就是：

1. “国民党当局又依然继续其‘九一八’以来所实行的错误政策，进行了

---

① 《毛泽东选集》第二卷，第300页。

② 《毛泽东选集》第二卷，第301页。

③ 胡华主编：《中国新民主主义革命史参考资料》第261页，商务印书馆。

④ 《毛泽东选集》第一卷，第486页。

⑤ 《毛泽东选集》第二卷，第289页。

妥协和让步，压制了爱国军队的积极性，压制了爱国人民的救国运动。”

2. “国民党政策在发动民众和改革政治等问题上依然没有什么转变，对人民抗日运动基本上依然不肯开放，对政府机构依然不愿作原则的改变，对人民生活依然没有改良的方针，对共产党关系也没有进到真诚合作的程度。”

历史事实很清楚证明这两点：

蒋介石在“九一八”以后并未改变其对外投降对内镇压的政策。如在西安事变以后全国已进入准备抗战的阶段，也正是进行全国性抗战的前夕，蒋介石在军事上仍“背信弃义布置军事的新阴谋，侵占西安，继续‘围剿’南方的红军游击队。在政治上，他继续查禁爱国书报，照一个外国报纸所说：‘除裸体画外，几乎任何东西都需被检查抽去’，他继续以‘危害民国’的无耻罪名审判救国运动的领袖”[①]。而当卢沟桥事变发生后，蒋介石对日寇是妥协态度：一面由伪外交部与日寇商定撤兵，一面指使宋哲元与日寇在北平直接谈判，甚至还在7月11日接纳日寇的招降条件[②]，准备投降。17日，蒋介石在庐山谈话中又表示“希望和平解决”的犹疑态度。同时，何应钦、孔祥熙、张群等一伙民族败类在庐山谈话会上大肆叫嚣反对抗战，竭力制造妥协让步的气氛。27日，蒋记外交部正式向日寇表明其“极端容忍拥护和平之苦衷”，希图以“外交方式谋适当之解决”。“八一三”日寇进攻上海以后，蒋介石集团虽然由于“英美帝国主义在华中华北的利益已处在日寇武装的直接威胁之下，而蒋介石四大家族的财产和统治中心正受到直接的打击，于是蒋介石根据英美帝国主义和四大家族的利益，乃不得不变计，接受全国人民的抗日要求”[③]，于8月14日发表了抗日自卫宣言，但仍未对日宣布断交，为日后的妥协留一地步。同时，抗战开始后，蒋介石对全国舆论所攻击的德意法西斯匪徒竟由蒋记“中央宣传部”通令各地新闻检查所：“希特勒为德国元首，墨索里尼为意国负责当局，各报对于两氏个人如有讥讽谩骂文词应予删除，务须严密检查为要”。这正如陈伯达所说：“蒋介石这样孝敬日寇的盟友，同时就是对于日寇保留了孝敬”。[④]这种妥协的企图在抗战中一直延续地活动着。蒋介石对于爱国军队：一面是继续派兵攻击湘鄂赣、鄂豫皖和闽粤边区的

---

① 陈伯达：《人民公敌蒋介石》第83页，东北书店。

② 条件内容是：一、华军撤离卢沟桥；二、严惩华方肇事官员，正式向日道歉；三、取缔抗日活动；四、厉行反赤计划。

③ 陈伯达：《人民公敌蒋介石》第85页，东北书店。

④ 陈伯达：《人民公敌蒋介石》第88页，东北书店。

红军，一面不接济尚在平津抵抗的二十九军，使他们遭到失败。蒋介石对于人民的抗日运动：7月22日曾在北平查禁了六十多种抗日刊物并明令禁止抗日活动，7月末又在苏州扣押宣传抗日的青年。蒋介石对于共产党的关系：他把7月15日中共中央草拟的中共中央为公布国共合作宣言一文，拖延到两个月以后的9月23日才由伪中央社发表，并且更“曾阴谋地计算在抗日战争中假手日本军阀来消灭八路军新四军及其他抗日势力而保存他自己的力量。为了这个目的，他指挥八路军、新四军去担负最前线和敌人后方最严重的作战任务”①。这些都是蒋介石对人民要求抗日的答复。

蒋介石的国民党从1927年后，一向是这样“对外妥协和对内镇压革命”的。因此，毛主席在这篇文章中指出，“国民党如果还因循上述的政策不愿迅速改变”，则“将使抗日战争蒙受绝大的不利”。并痛斥国民党那种“单纯的政府抗战便可以战胜日寇”的错误观点，指出“只有全面的民族抗战才能彻底地战胜日寇”。由此，确定了抗战开始后的任务是：“动员一切力量争取抗战胜利”，而关键则是“国民党政策的全部的和彻底的转变”。

不止如此，毛主席还分析了当时的新形势，并“根据第一次国共合作时孙中山先生所手订的革命的三民主义和三大政策的精神”而提出了“作为党领导全国人民争取抗日战争胜利，反对蒋介石反动的两面政策的方针”②的著名的抗日救国十大纲领。毛主席曾指出这十大纲领的重要性说：

> 这个十大纲领，符合于马克思主义，也符合于真正革命的三民主义。这是现阶段中国革命，即抗日民族革命战争中的初步的纲领，只有实行了它，才能挽救中国。一切和这个纲领相抵触的东西，如果还要继续下去，就会要受到历史的惩罚。③

并且特别警告国民党说：

> 这是今天的唯一的道路。再要推延，就会悔之无及了。④

毛主席的警告很灵验：国民党蒋介石在抗战中并未走这唯一的道路，因而这

---

① 胡乔木：《中国共产党的三十年》第38页，人民出版社。

② 胡乔木：《中国共产党的三十年》第40页，人民出版社。

③ 《毛泽东选集》第二卷，第328页。

④ 《毛泽东选集》第二卷，第329页。

群匪徒们必然地是受到历史的惩罚。同时也证明抗战的胜利应归功于中国共产党的领导。因为，只有这样一个新式的无产阶级政党，才能很英明而正确地决定能够取得胜利的方针和办法，并实行之。

在抗战将开始时，国内正有着两种不利于抗战进行的谬论：

一种是投降妥协的汉奸理论：如国民党政学系巨头张群于7月中旬在庐山谈话会上曾向蒋介石提出“和必乱，战必败，败而后和，和而后安”的“十四字真言”，被蒋介石定为国策。蒋介石在19日的庐山谈话中说：“我国国策为求自存与共存，始终爱护和平。”蒋介石“自存共存”的投降理论与日寇“共存共荣”的侵略理论，二者息息相通，正相吻合。而事实上，蒋介石确曾多方设法寻求妥协投降的门路，其目的就是为了能够顺利地进行贩卖中国的交易。

另一种是以为无法战胜日寇的民族失败主义：蒋介石就是这一种“亡国论”的“鼻祖”，他早在1933年10月2日对“高级将领会议”宣称：“国家的生死存亡，完全操在日本人手里。”以后依然在逐步地发挥这种亡国理论。他的亲传弟子何应钦要继承他的衣钵，在庐山谈话会上是坚决反对抗战者之一，何应钦认为中国武器不如日本，若开战，七日之内必亡国，对蒋介石的亡国论作了具体补充和说明。7月29日，国民党的副总裁、汉奸汪精卫在南京播讲《最后关头》，公开散布失败主义的流毒。

因此，毛主席在这篇文章中特别指明：要达到“战胜万恶的日寇，为独立自由幸福的新中国而斗争”的目的，则“应该坚决反对那种投降妥协的理论，同时也应该坚决反对那种以为无法战胜日寇的民族失败主义”。

毛主席在文章的最后指出开战的光明前途说：

> 中国共产党坚决相信，在实现上述十大纲领的条件下，战胜日寇的目的是一定能达到的。只要四万万五千万同胞一齐努力，最后的胜利是属于中华民族的！

深深地鼓舞着每一个中国人民取得胜利的信念。

总之，毛主席在这篇文章中，不论是分析有显著变化的新形势，提出有利于抗战的具体办法，批斥有害于抗战的荒谬理论等等，无一不是根据他的“详细占有资料”，然后“将丰富的感觉材料，加以去粗取精，去伪存真，由此及彼，由表及里的改造制造工夫，造成概念和理论的系统”[①]。这篇文章的所有结论，在以后的抗战实践中，都得到了有力的证实。

今天，在毛泽东思想的光芒照耀下，中国人民在中国共产党领导下，不仅抗战胜利了，而那个应得历史惩罚的蒋介石匪帮正得到了他们应得的惩罚，人民的新国家已雄壮地建立起来，新的任务蜂拥而至地摆在每个革命工作者的面前。具体到历史工作来说，它的任务也同样的迫切而繁重，一面要接受以往历史中人民部分的可贵遗产，一面又要迎接日新月异的新型事物。为了要很好地完成这些任务，许多历史工作者都孜孜于学习理论，努力于运用历史唯物论的武器来解释历史的具体事例，这是一个极其可喜的现象。但也有很少的一部分在学习中只停留于理论，不能或不想去联系实际，这种情形，正如毛主席所说那样：“许多同志似乎是为了马恩列斯而去学马恩列斯，并不是为了中国革命的实践”，而“这种对待马列主义的态度是非常有害的”[②]。

恩格斯在马克思的《政治经济学批判》中说：

> 即令是唯物的观点，在一个单纯的历史实例上的发展，也是一种需要数年静心研究的科学事业。因为很明显的在这里徒托空言是无益的，只有多数经过批判的选择与全部精细研究过的历史材料，才能解决这样一个课题。

毛主席的这篇文章，我体会正是这样恰如其分地运用马列主义并结合了中国革命（当时是抗日民族革命战争）的具体实践，这篇文章正和毛主席的其他著作一样地是教导我们怎样“实践、认识、再实践、再认识”的典范，同时也昭示我们在历史的教学和研究工作上应努力的方向。

原载于《历史教学》1952年7月号

① 《毛泽东选集》第一卷，第290页。

② 毛泽东：《改造我们的学习》。

在中国近代军事史学术讨论会上的发言

这次学术讨论会，是解放以来军事历史研究领域的第一次盛会。过去往往是史学界开史学界的会，文学界开文学界的会，现在居然是秀才和兵坐到一起开会，也就是搞历史的和搞军事的两个行业横向地联系起来了，这是我们在科学研究方面一种新的实践。我们以往涉足军事史的研究，苦于对许多军事基本知识缺乏了解。现在军地结合，就可以使军事史在历史方面得到充分的叙述，在军事方面又不显得外行。通过这样的军地横向联系，如果最后搞成一部军事史，一定会有相当造诣和水平。

对于军事史的研究，我有如下两点想法。

第一，军事史的研究，当前应注意宏观研究与微观研究相结合。军事史的范围是相当大的。我们过去见到的大多是战争史而已。往往名为军事史，实际是讲战争历史，甚至有的把中国近代史中讲战争的那一部分内容剥离出来，串到一起，就成了一部军事史。其实，军事史是一个有着非常丰富内涵的学科。作为科学研究，从宏观角度考察自然是必要的。但是，科学研究的成就往往必须建立在非常坚实的基础之上，不能偏重于仅仅探索规律、阐述理论而忽视对某些具体问题作细致深入的微观研究。我认为军事史的研究，应以专史研究为基础，在专史研究取得成果的基础上，开始通史的编写，搞出一部多卷本的中国近代军事历史。目前如何搞好微观研究呢？第一点是要进行深入的探讨，主要要破除陈说。如北洋史中第二次直奉战争，直系失败了，其原因往往认为是直系军阀统治下的人民生计维艰等等，其中又集中在北京政变上，认为冯玉祥倒阁，吴佩孚等仓皇出走，所以直系失败了。现在看来，主要原因不完全在军事上，更主要的是在经济上，因为直系在第二次直奉战争中已处于财政枯竭，外无经援，内难举债，军饷无继的困境，因而缺乏进行战争的物质基础，当然也就无法维持战争。再比如军阀同帝国主义的关系，过去都是简单地划分归属，说某个帝国主义是某个军阀的后台，某个军阀和某个帝国主义有联系，并常以买卖军火作为勾结的罪证。某个帝国主义和某个军阀搞军火交易是否就是勾结呢？这个问题值得研究探讨。往往有些买卖军火只是一种交易，不涉及主权问题。某个帝国主义也许卖给这个军阀一批枪，卖给另一军阀一批炮，这是为了赚钱，是军火商的事，不一定是政治、军事上的勾结。第二点是要填补空白。解放后，有关中国近代军事史的许多问题都有所涉及，但不充分，或者还有空白。最大的空白是对军事思想的研究不够。清代一个很重要的军事思想是塞防海防之争。这次有位同志写了一篇这方面的文章，作了一些研究，并且言之成理，把问题深化了一步。对于指导思想问题，有不少方面没有深入研究。比如北洋军阀史的研究，很少注意这个集团到底是怎样形成的？为什么能形成这么一个集团，从思想理论上来探讨不够。从整个北洋军阀系统来看，它最重要的思想理论基础是以儒家文化为中心，以封建伦常为纽带，形成了一个层次性的、宝塔式的统治系统。它就是靠这种封建等级思想来维系其上下关系的。所以总的来说，我赞成以专史为基础进行深入探讨，填补空白，在此基础上进行通史的撰写。

第二，重新评价某些问题，消除“左”的影响。比如近代从湘淮到北洋，到国民党军队，对某些军事集团、事件和人物的评价，过去或多或少受“左”的影响，不能科学地体现历史真相，不很公允和恰如其分。比如湘淮军阀，虽然在镇压人民革命、维护封建统治方面起了逆历史潮流而动的作用，但他们在当时统治阶级内部争斗中毕竟是满汉权势的转折点。对北洋军阀、北洋新军，我们也往往一笔抹煞。北洋军阀是中国近代史上一个反动政治军事集团，这个基调不能否认，但北洋新军的建立，除有应付内忧一面之外，还有对付外患的一面。北洋新军在军制上无疑是前进了一步，它比八旗绿营以及湘淮军增加了很多东西。因此，对袁世凯这样的历史人物，也要进行具体的分析。过去对某些问题采取绝对化的态度，没有很好地进行辩证的分析是不妥的。

原载于《中国近代军事史论文集》　军事科学院战略研究部选编　军事科学出版社1987年版

天津香港的相通命运

香港回归母体是中国人民湔洗耻辱的重大史事。在举国欢腾欣喜的时候，不能不引起人们回忆一百五十多年前中华民族屈辱蒙羞的历史。只有回忆这段被割离母体的痛楚历程，才能更加珍惜回归的可贵。

割让香港是中国进入近代，在鸦片战争失败后沉痛的耻辱标志。这次战争也把天津和香港的历史命运连接在一起。当英国侵略军在广东遭到林则徐领导军民的抗击而失败后，就转而扰害东南沿海城邑而迳奔天津，于道光二十年七月十八日（1840年8月15日）在白河投书。它们在其《致清宰相书》中公然提出“割让一岛或数岛”的无理要求，为其日后侵占香港作准备。清廷在惊恐之中，答应惩办林则徐和邓廷桢而派琦善到粤。十二月二十五日，英方向已在广东的琦善要求在香港“泊船寄居”，作为侵占香港的前奏；琦善不但未识破诡计，反而代向清廷乞恩“允准”。道光二十一年正月初四（1841年1月26日），英军更悍然占领香港。初五日，琦善在狮子洋边的莲花城宴请义律，琦善告知义律香港问题正待批准，义律则威胁说：“恐难久等”。初七日，义律又发出“公告”，规定香港政府的组织，并宣称进入该地的中国人，“将按照中国法律与习惯治理”，表示其伪善的态度，而英国臣民和外国人则享受英国法律的保护，成为事实上享有的治外法权。初十日，义律又发公告，宣布对香港统治的开始，规定凡在港英人及外国人均受英国保护，在港华人即作为英国国民，制造所谓殖民地的既成事实。这一侵略行动激起了香港居民的异常愤怒，他们立即撕下布告送交粤抚怡良，转奏清廷。二月二十日，琦善便以擅割香港罪被“革职锁拿”。六月二十四日，璞鼎查率舰队到澳门，代替义律，大肆叫嚣要扩大侵华战争。七月初四日，璞鼎查在巩固了香港的防务之后，率舰队兵士北侵。六月初九日，清廷准备以割香港乞和。七月初四日，英国兵舰船八十余只齐集江宁（南京）胁降；初七日，提出胁降条件，将割让香港列入正式条款。七月二十四日（1842年8月29日），耆英、伊里布在英国军舰康华丽号（Cornwollis）上签订了我国第一个不平等条约——《江宁条约》（后又称《南京条约》）十二款，割让香港是重要条款之一。从此，已被蛮横强占的香港终于被列入屈辱的条约之中。

清政府的这些辱国行为在天津社会上引起了反响。著名爱国诗人华长卿的诗作代表了天津的民气。华长卿生活在鸦片战争前后，曾写过近二千首史诗性的作品，因财力有限，只能把道光十八年到二十三年间所写“不能已于言者”的五十首刊印。这五十首诗几乎都是针对鸦片战争前后的时事而写。这些诗很快于道光二十五年在《江宁条约》签订地南京刊行，这恐怕也包含着对奇耻大辱永志不忘的深意。

他的诗主要记鸦片战争的毒害、战争的荣辱成败。开卷第一首是道光十八年所写《禁烟行》。诗中描写吸毒之害是“珍馐果腹色如菜，鲜衣被体神似丐”。诗人力主严禁，热情地赞誉鸿胪寺卿黄爵滋的严禁论。第二年，诗人又写《后禁烟行》谴责禁烟运动中的腐败现象，他祈求禁烟的成功，能有“海门烽火望全扫，永禁千秋万古烟”的效果。另一首《南风行》长诗深刻地描写了英军骚扰东南沿海，直抵大沽的过程。他揭露英军北侵的诡诈行动说：“烟焰薰天贼计谲，粤东转战趋闽浙。……扬帆万里逐秋涛，乘风直到津沽口。”他斥责琦善听从鲍鹏的建议，在大沽口取媚外人的行为：“幸有奇谋出微弁，海滨亦学鸿门宴。对席何劳犬豕争，犒军不惮牛羊献。开门揖盗礼僬侥，两纸蛮书万手钞。”道光二十一年，诗人写《诸将五首》，非常气愤地斥责奕山、奕经、杨芳等人的腐败怯懦道：“海氛今复炽，痛哭五羊城。不战亡香港，忠魂赴上游。”这首诗作中首先提出的“不战亡香港”，不仅是实录，亦具鲜见的胆识。道光二十二年，局势日益严重，英军长驱直入，到处烧杀抢夺，诗人在《负尸行》一诗中指斥由于“将军畏敌如畏虎”所造成百姓“死尸堆累山丘积”的恶果。特别值得注意的是《七月二十一日纪事》一诗，更是动人肺腑之作。这时已是兵临南京城下的危急时刻，他叙述战况是：“沽上何人撤水师，粤东从此开边衅。劫灰定海与宁波，厦门香港烽烟过，乍浦宝山及上海，可怜京口哭声多。”他看到英人的狂傲与清朝官员的卑躬屈膝：“老夷盘踞居中坐，我朝将相左右个。”这些诗作为鸦片战争保存实录的贡献已在同类诗作之上，而能一再涉及香港，更足见诗人将香港与天津连接起来的卓识。

英国在侵占香港后，野心更为膨胀，1854年英国港督包令串联美法两国公使使用不是理由的理由，要求修约，未能得逞，遂于1858至1860年间，连续三次进攻大沽口，先后胁迫签定《天津条约》和《北京条约》，并在《北京条约》中规定了开天津为商埠，割九龙司给英国的不平等条款。当时另有一位爱国诗人杨光仪写了《河楼题壁》七言诗八首，记述第二次鸦片战争前后的史实，对于清廷的懦弱和屈辱，表示不满和嘲讽说："络绎艨艟频入寇，仓皇将帅又登场。……却喜有人能缓敌，军前几度馈牛羊。"诗人还热情地歌颂了三次大沽抗击战中英勇奋战的爱国将士说："战苦神弥旺，刀头带血扪。垒边飞劫火，天上返忠魂。"诗人对人民所遭受的苦难发出了"万户流离感不尽，愁云如织昼荫荫"的呼号。这是英国侵占香港获得东方军事基地便利后所进行的侵略活动，加给天津人民的灾难。接着英国等又在天津划定租界，实行殖民统治，天津、香港的土地和人民遭到同样被凌辱的厄运。

1898年，英国又乘列强妄图瓜分豆剖中国之际，蛮横无理地拓展新界及附近岛屿。从此，英国侵略者就在这片掠夺的土地上实行殖民统治，吮吸和积累巨额的财富。时经一百五十余年，这颗失落的明珠终于又物归原主，回归到祖国怀抱。而天津正在腾飞，两地命运将更加紧密连结在一起。在此时刻，回忆历史的往事，祝两地的前途命运将会更加辉煌灿烂，光彩耀目！

原载于《津图学刊》1997年第3期

北洋军阀统治时期

——中国近代史讲课记录

一、袁世凯反革命的“胜利”

（一）袁世凯可居的奇货——新建陆军

1895年中日甲午战争清政府失败，宣告了李鸿章之流所办的“富国强兵”的“洋务运动”的全部破产。清政府为了维护其摇摇欲坠的封建统治，便设立新建陆军。并选命为伊藤博文、李鸿章所“赏识”的袁世凯在天津东南七十里的小站督练这支北方的洋式军队，使袁世凯奠定了反革命的一块主要础石。1899年，袁世凯的新建陆军已与屠杀回民起义军的凶手董福祥、淮系军阀聂士成并称北洋三军，共同隶属于满清反动头目之一的荣禄，而袁世凯更以奸险狡猾的两面手段，取得当时新旧各派的信任。戊戌变法时，袁世凯破坏了维新运动，以维新运动者的血积累了他的反革命资本：他的新建陆军，改名为武卫右军（当时武卫军分前后左中右，仍由荣禄节制），由七千人扩展到将近一万人。这年年底，袁世凯复被各帝国主义选中，去做山东巡抚。他便又带着这支军队开赴山东去屠杀反帝斗争的人民。袁世凯又以中国人民的血扩充了新军马步炮队20营，取得了帝国主义者的“器重”，巩固了他反革命的基础。1902年，这个帝国主义的忠实奴才便继大刽子手李鸿章担任直隶总督兼北洋大臣，他即将武卫右军又调到小站训练，改名为北洋常备军，扩充编制。1903年，北洋军已发展到两镇，共有25000人（每镇约12500人）。1905年增加到六镇，1911年骤增至二十六镇。辛亥革命以后，袁世凯便在窃取政权的同时，也逐步把他的反革命武装势力扩展到各省。

新建陆军是袁世凯“可居的奇货”，是他的反革命资本，而“外国人所以特别赞赏袁世凯也就是因为他有一支带有新式武器的军队，可以帮助外国来血洗当时那种仅有原始武器或手无寸铁的起义的群众”[①]。袁世凯便是凭借这支反革命武装窃取了辛亥革命的果实。

（二）袁世凯窃取了辛亥革命成果

1911年10月10日，武昌新军在共进会、文学社等革命组织的努力准备后，便爆发了武装起义，一天之内即占领武昌，满清总督瑞澂破墙逃上楚豫号军舰遁脱，张彪、黎元洪等军官也藏匿不出，革命群众在没有领导之下作了这样一件大事。但是第二天这个革命成果首先被封建军阀黎元洪和立宪党人汤化龙偷吃了一口；而一些所谓革命党人不仅和封建军阀官僚妥协，甚至大部分还加入了这个集团，因此注明继这个革命而来的，必是“妥协”。辛亥革命的实际胜利者却是“帝国主义所支持的反动派”而“中国仍无多大变化”[②]。

武昌起义结束了满清王朝，却带给袁世凯一个“机缘”。当满清政府收到武昌起义的消息后，便派陆军大臣满人荫昌带军“讨伐叛乱”，但是许多人疑虑其成功的可能，于是在帝国主义的又一次推荐下，把袁世凯从“废斥退居”捧出来“稳定这个帝国”，袁世凯在讨价还价得到足以控制“革命”和“满清”的权力后，便出来担当窃取革命成果的责任。他一面破坏北方军人的异动计划以“稳定”满清政府，一面到前线去进行“一打一拉”的阴谋。他了解“挽救帝制已是不可能的了”，于是“他采取团结温和的而实质上是反动的分化与镇压革命的方针，他劝说已经处于死巷中的帝国上层统治者逊位”；同时他又“依靠北方资产阶级地主集团与南方自由主义者，终于使同盟会投降，孙中山辞去共和国临时大总统职”[③]。

这个阴谋家就这样以革命的箭射倒满清，又以扶起将倒的满清的箭射倒革命

① 陈伯达：《窃国大盗袁世凯》。

② 叶尔玛朔夫原著，李相崇、徐馨青译：《亚洲曙光》，第190页。

③ 叶尔玛朔夫原著，李相崇、徐馨青译：《亚洲曙光》，第184页。

的两面派手段，于1912年2月15日由满清王朝的总理大臣摇身一变，坐上了共和国临时大总统的“宝座”。

（三）赣宁之役的前后

袁世凯从窃取共和国临时大总统的那天起，就决心血洗辛亥革命的。

1912年2月25日，“南方政府派蔡元培宋教仁等八人到北京迎袁南下，袁一面盛大欢迎专使，一面命令亲信部队兵变制造恐怖，证明其不能离京，列强立即配合行动，京津各国驻兵纷纷出动，日本军队又在葫芦岛登陆”[①]。这样内外协力拒绝了南下，仍然留在他的巢穴——北洋军发祥地的直隶。最后于3月10日在专使的参加下在北京宣誓就职，合法地建立了袁世凯政权。

7月间，袁世凯驱使黎元洪开始向孙中山一方的革命势力作血腥的进攻，杀死了在汉口的一些革命分子。8月，黎又诬陷武昌首义革命党人张振武、方维，说他们“蛊惑军士，勾结土匪，破坏共和，图谋不轨”，15日张、方即在北京被捕，袁世凯做出了一副“爱既不能，忍又不可”的假面孔判处张、方“反对建设，破坏共和”的无证据罪名，于当夜由他的特务机关军政执法处谋杀[②]。但就在同月，袁又约孙中山、黄兴来京[③]，并以欢迎款待的办法麻痹应付革命领袖。孙中山挈随员十余人于8月23日到京，迷惑于袁世凯的“雄才大略”，便推诚布公“自愿当经营全国铁路之任”，未看透袁世凯的狼子贼心，便“尽让政权于袁氏”。9月11日，黄兴、陈其美等八十余人到京，黄兴更是无原则地到处拉人加入国民党，想达到“政党政治”的幻想，虽然有赵秉钧等袁派人物挂籍于国民党，并组成了内阁，而实际则是袁世凯把唐绍仪为首的“同盟会中心内阁”换成赵秉钧为首的“御用内阁”罢了。

1913年3月20日夜10时，国民党政党内阁的积极主张者宋教仁，因企图在袁的独裁统治下分尝一杯羹，做着未来内阁总理的迷梦，便在上海车站为袁世凯的特工人员所刺杀。袁世凯闻讯之后，还作态地致电苏督程德全等“穷究主名，务得确情，按法严办”。不久捕获了凶手武士英（吴福铭）及谋杀犯应夔丞（应桂馨），并在应的家中搜出手枪、密码、函电等，证明这次案件的真正凶犯就是袁世凯和他的心腹赵秉钧、洪述祖。

---

① 胡绳：《帝国主义与中国政治》，第209页。

② 马震东：《袁氏当国史》，第166页。

③ 当时约请的尚有黎元洪，黎因正当谋杀张振武、方维之后为时论所不满故未进京。

袁世凯知道向国民党这种连续公开的进攻，是需要武力准备的，因此在4月7日由参谋部下秘密动员令，更为筹备兵费于26日和英、法、德、日、俄五国银行团签订了所谓“善后借款”的协定，借款二千五百万镑，利息五厘，年限四十七年，担保三项，即盐税、海关税、直隶山东河南江苏四省所指定之中央税款。条件也是三项，即：①将来以盐税担保而借款，或与此借款相同之用途而借款，银行团有优先权；②在审计处设洋稽核员；③于财政部盐务稽核所设洋会办，主管稽核盐务之事，并指定盐税收入，必须存于五国银行，非经洋会办签字，不得提款。而实际所得借款数额，除折扣、经理费、还欠、赔偿外只得到七百万镑[①]。

至此，孙中山在袁世凯一连串反动的事实前，对其绝望，认为“非去袁不可”，主张兴师讨袁，发动“二次革命”，但这时的国民党已外失人望，内部分歧，而袁世凯在此情势下，爽性揭下假冒伪善的面具，除了辱骂孙黄“左又是捣乱，右又是捣乱”外，于6月9日，相继免去国民党的赣督李烈钧、皖督柏文蔚、粤督胡汉民的职务，正式向国民党挑战。随着命令的发布，袁世凯即作了军事上的布置，派他的嫡系李纯部向九江进军。7月12日，李烈钧据湖口炮台，组织讨袁军，发讨袁通电，并被推为赣省讨袁军总司令。14日黄兴在南京独立，自任江苏讨袁军总司令，并以岑春煊为讨袁大元帅。不及一月，皖、粤、闽、湘、川各省纷纷响应。22日，袁世凯发表千余言的公报，宣布“讨伐令”，以冯国璋、张勋攻南京，段芝贵、李纯攻江西，郑汝成、汤芗铭以海军助赣宁。由于革命军在军事上的失利，宣布独立的各省在8月间又相继取消独立。最后“二次革命”是失败了，袁世凯消灭了国民党仅有的武力，同时即伸张其北洋军阀的势力于长江流域。

这次战争是在突起中突落，至9月3日南京失败止前后将及两月，便结束了这场战争。因为这次战争主要是在江西、南京，所以称为赣宁之役。

战争结束后，为袁世凯帮闲的“进步党”已完成了它应尽的“孝意”，9月18日袁便成立了更为“可爱”的御用党——公民党，主要是决定先选总统，后订约法。10月6日即开始选举，场外有自称为公民团的便衣军警数千人包围，经过前后达十四小时的三次选举，袁世凯始以507票当选为“正式大总统”。10月10日，袁世凯又沐猴而冠地升上一步。接着，在16、17两日又连续向国会及宪法会议索取了各种专制的特权。11月4日，袁世凯下令解散国民党，撤销国民党留在

① 朱偰：《北京财政史话》，见《北京史话》。

北方的议员的资格。不久又资遣了残余议员。1914年1月10日，袁世凯终于通过其召集的所谓“政治会议”决议，结束了那个专为选举袁世凯为总统的国会。

至此，袁世凯便完成其反革命的独裁统治，暂时压碎了辛亥革命。

（四）卖国的“二十一条”

在辛亥革命的前夕，中国资本主义已在极其缓慢地发展，但主要尚多是轻工业，而外资却集中了所有的工业部门，特别是重工业，其中“日本资本所占比重赶过了英美资本”，其投资总额达15亿美元[①]。1914年8月1日爆发了帝国主义为争夺市场与殖民地的“第一次世界大战”。这时，西欧列强已无力东顾，因此一方面使中国民族资本得到一时迅速的发展，而另一方面却给日帝以可乘之隙，开始向中国大肆经济侵略。日本借口英日同盟于9月2日在山东半岛的龙口登陆，11月7日便占领青岛及德国以前的租界，并宣称为己所有，而将北京政府的“抗议”置之不理。翌年1月8日，日帝为了肯定其以前的侵略权益，进而实施灭亡中国的计划，便乘袁世凯做着皇帝迷梦的时际，由日本公使日益置，违反了国际惯例直接向袁世凯提出了足以使中国成为日本殖民地的“二十一条”。这个“条件”共分五号：第一号要求承认德人在山东之权利由日本继承，第二号要求在南满东蒙享有优越地位，第三号要求合办汉冶萍公司，第四号要求中国沿岸港湾和岛屿不让与他国，第五号要求做中国内政与警察军事之顾问并要求在福建投资。在条件提出的同时，日方一面恫吓袁世凯，说明民党与日政府外之有利日人的密切关系（指黑龙会首领头山满），而且这种情形，“除非中国政府给予友谊证明，日本政府不能阻止此辈之扰乱中国”[②]；一面又“希望贵大总统再高升一步”，暗示如答应条件则支持袁世凯的“称帝”。条件提出后，日人也知触及了其他帝国主义者的利益，所以不只嘱咐守密，并在3月8日向卖国贼曹汝霖声明：“若于数日之内无满意之承认，恐生不测之事”[③]。并派舰队开抵我国福州、厦门、吴淞、大沽、山东、奉天等地威胁。5月7日，日帝向袁世凯发出最后通牒。在此以前，英使朱尔典曾“劝中国最好接受日本之要求”[④]，美国也劝袁世凯

① 叶尔玛朔夫原著，李相崇、徐馨青译：《亚洲曙光》，第184页。

② 王芸生：《六十年来中国与日本》卷六，第91页。

③ 王芸生：《六十年来中国与日本》卷六，第234页。

④ 罗光：《陆征祥传》，第104页。

"相忍相让"[①]，因此5月9日午前以袁世凯为首的卖国政府，不敢也不能抵抗地屈服了，除第五号中各条容日后协商外，其余"完全依日政府意旨解决"[②]。

"二十一条"签订后，袁世凯的仆从大肆颂扬为"元首外交成功"，御用报纸也认为"双方交让，东亚幸福"。各省纷电致贺，甚有主张提灯游行开庆祝会的。至十年后，王芸生在《六十年来中国与日本》一书中还歌颂这次辱国外交的"成功"是"此前历次对外交涉所少见者"[③]。但是，事实上在卖国行动进行时，已有许多爱国民众"散发传单，抵制日货"[④]。而袁世凯早在3月25日即颁令禁止排货运动，他认为"排斥日货"及"与侨寓日人偶生龃龉"，"殊为可惜"，因此便命令各"将军"、"巡按使"对于有反对卖国行为的"严拿惩办"[⑤]。尽管一切的赞扬与暴力，丝毫不能改变"二十一条"的卖国性质，我们不需寻求任何旁证，只就"二十一条"本身一看，就十足证明这是套在中国人民颈上的一条强韧绞索。

二、"帝制"与"反帝制"

（一）列强导演下的丑剧——"洪宪帝制"

袁世凯的代替满清，帝国主义只是换了一架新的统治工具，而这架工具正是帝国主义早已"赏识"的"强人"，英使朱尔典在辛亥革命时就认为袁世凯的名字"对军队可以起很大的作用"，日人也认为袁世凯之于中国"确有绝对之势力"[⑥]。美国更是"坚持认定"袁世凯是"为中国人所能懂得的强的人"（即是能替美国统治中国的强人）[⑦]。而当时是以英帝国主义为首的，但英美日帝国主义"利用中国的政策有不相同之处：日本是制造中国纷乱从中取利，因之对各种

① 王芸生：《六十年来中国与日本》卷六，第330页。
② 马震东：《袁氏当国史》，第484页。
③ 王芸生：《六十年来中国与日本》卷六，第397页。
④ 民国四年4月7日汉口镇守使杜锡钧致徐又铮函。
⑤ 马震东：《袁氏当国史》，第486页。
⑥ 吴涛译浮田和民：《支那之将来》（《东方杂志》九卷九号）。
⑦ 华岗：《中华民族解放运动史》，第546页。

对立势力常同时操纵，英美则常扶持中国一个最反动的代表人物及其政府”[①]。因之在“帝制”问题上也有不同的态度：

1. 日本在提出“二十一条”时是赞助袁世凯称帝的，日使日置益除了向袁世凯预祝“高升一步”外，还对卖国贼曹汝霖说：“鄙国向以万世一系为宗旨，中国如欲改国体为君主，则敝国必然赞成”[②]。并派大隈重信的亲信有贺长雄担任袁世凯的顾问，作为帝制策划者之一。而另一方面“它深知道经过了辛亥革命的中国人民，是决不会容忍帝制复活的”[③]，因此它又扶助反袁的力量，如岑春煊、蔡锷等。它的目的就是制造中国纷乱以从中取利。

2. 英国是袁世凯的主要支持者，是希望袁世凯能建立一个为英国所需要的殖民地政权，对于帝制是表示赞成而支持的。英使朱尔典在“帝制”前几个月曾向袁世凯表示中国应行帝制之意，并告袁“若国中无内乱，即随时可以实行”。英国为“洪宪帝制”确是作了一番很周详的考虑。

3. 美国在辛亥革命时就污蔑中国人是不适合民主政体，只懂得“皇帝”的。这正表示它是早已有心扶助袁世凯做“皇帝”，以便于它对中国的深入侵略。在1915年7月间，美国的政治流氓、袁世凯的顾问古德诺，发表了一篇《共和与君主论》，侮辱中国是“民智低下之国”，中国人民“绝无政治智慧”。结论是不能行“共和制”，而如果违背了他的“指示”，则“外人之干涉恐将不免”。这个反动荒谬的“理论”，并没有吓倒中国人民，但却被袁世凯的一伙盗徒引为“金科玉律”的“根据”。同时，还借给袁世凯五六千万美元，这“很明显是有着政治借款与投资利益的双重目的”[④]。美国便是如此积极地为袁世凯准备了“理论根据”和“物质条件”的。

英美日帝国主义使用了这些不同的处理手法，演出了“洪宪帝制”的丑剧。

（二）“洪宪帝制”的进行

袁世凯自从1914年5月1日公布袁制新约法后，即把总统的权力规定得和皇帝差不多，并在总统的名义下，进行了皇帝排场的改革：废国务院，设政事堂，以国务卿代内阁总理。6月20日又成立了更能运用自如的参政院，这个机构主要是

① 刘大年：《美国侵华史》，第103页，人民出版社。

② 华岗：《中华民族解放运动史》，第556页。

③ 华岗：《中华民族解放运动史》，第547页。

④ 刘大年：《美国侵华史》，第103页。

修改总统选举法，并在12月28日通过公布。其新内容是："（一）总统任期改为十年——连任亦无限制；（二）凡届总统改选之年，参政院如'认政治上有必要时'，得为现任总统连任之决议，即无须改选；（三）总统继任人，应由现任总统推荐于选举会，其名额以三人为限——被推荐者之姓名，由现任总统预先书写于嘉禾金简，藏之金匮石室，临选时，始行取出，交付选举会——现任总统则当然得以继续当选。"[①]这样，中华民国实际上已经是袁家的"中华帝国"了。

1915年，"洪宪帝制"的进行逐渐表面化，当时袁世凯的党徒大致可以分成三类：

1. "筹安会"派。1915年3月立宪党政客杨度发表了《君宪救国论》，得到了袁世凯"旷世逸才"的"器重"。不久，古德诺又发表了《共和与君主论》，鼓吹"帝制"。于是杨度以"美国人也如此说"为根据，进行帝制的准备。以袁世凯之子袁克定为靠山，纠合一些政客叛徒等组设"筹安会"。主要人物除杨度外还有孙毓筠、严复、刘师培、李燮和、胡瑛等共六人，这一撮丑类还恬不知耻地冒称"六君子"。他们的目的，是在"新朝"做高官，他们在袁世凯所谓"研究自由"的庇荫下"自由"地鼓吹"帝制"。但是结果他们的脚程赶不上袁世凯的需要。因此成立不到一月便失去它的作用，最后"筹安会"改称"宪政促进会"，这一撮丑类完成了号筒的作用，便被冷落在一边了。

2. 实力派。这些人大半都是北洋军阀在各省占有地盘者。他们的拥袁称帝，是为巩固自己的既得利益。所以在"帝制""轰轰烈烈"时通电拥护，在袁世凯要坍台时便纷纷宣布独立，倒戈相向。这一派为袁世凯所重视的是段芝贵、倪嗣冲、陈宧等二流角色，而段祺瑞、冯国璋则因"功高主忌"，袁世凯还在想削夺他们的权力呢！

3. 官僚派。当杨度等亟谋攫取权利的同时，袁系的旧官僚梁士诒、朱启钤、周自齐、张振芳等在帝制高涨时为了继续做"新朝"的显宦，便组成了"全国请愿联合会"。由于这些人物更理解袁世凯的内心，对帝制表现尤急进，因此很快成为帝制的实际行动领导者，取"筹安会"而代之。他们在1915年10月25日开始举行国体投票，得到全体御用代表1993人的同意，主张"君宪"，接着又演出了"劝进"、"再劝进"的两场丑剧，12月12日袁世凯便接受了帝位，13日受朝贺，大加封赏。成立大典筹备处，准备明年登极，并改第二年为"洪宪元年"。

---

① 李剑农：《中国近百年政治史》，第417页。

这出“洪宪帝制”丑剧的帷幕揭开来以后，就是这样牛马蛇神、光怪陆离的一个场面。

（三）窃国大盗结束其反革命的一生

自从赣宁之役失败后，孙中山即逃亡日本，集合旧同志于1914年6月在东京组织中华革命党。及袁世凯图谋称帝，孙中山等即拟起来反对，惟当时采取的尚非真正组织民众，而仍执信于军事冒险，于是先后于1914年6月至10月在苏浙各地的起义，1915年12月上海肇和军舰的起义，结果都连续失败了。同时派往山东、陕西、四川、云南、广东、江西各省活动的党员也仅以联络军队为主，并未深入民间组织反袁力量。因此，不能形成反袁运动中的领导力量。

进步党原来是袁世凯的帮闲党，他们本是忠心于袁世凯的统治的，也曾对袁世凯的“称帝”侧面提出更“稳妥”的办法，但已不能为“急不暇待”的袁世凯所采用，于是当“筹安会”出现时，进步党的“理论家”梁启超发表了一篇政治论文——《异哉所谓国体问题者》，在文章中表明他们的态度是：“生平持论，无论何种国体皆非所反对”，又说“平昔持论，只问政体，不问国体，故以为政体诚能立宪，则无论国体为君主为共和，无一而不可也。政体而非立宪，则无论国体为君主为共和，无一而可也”[①]。这就是进步党所希望的“以共和之名，行专制之实”。但袁世凯要的是“名实相符”，要的是“皇冠龙袍”。袁世凯操之过急的做法，进步党意料到会有人反对，那么与其让中华革命党来做，不如以稳健自命的进步党再来一次政治投机，以控制反袁局面，于是开始了军事倒袁策动，篡夺了反袁运动的领导权。

1915年12月的云南起义是经过滇军中下级军官长期酝酿后，在蔡锷入滇后决定的。那个表面上主持讨袁的云南都督唐继尧只是大势所趋不得不从的人物。25日云南正式宣布独立。不久贵州、广西、广东、浙江等相继独立。翌年5月8日，各省反袁势力成立了以唐继尧、岑春煊为首的军务院，形成一个以进步党势力为主的反袁大联合。

这时，袁世凯的主要靠山英帝国主义大战正酣，无暇东顾。日本帝国主义在1915年10月28日由其公使会同英俄二使劝袁世凯“将实行帝制之期，暂行延缓”。次日，日使又单独警告袁世凯“缓行帝制以防祸乱”[②]。但却又在南方

① 梁启超：《盾鼻集》论文第四。

② 马震东：《袁氏当国史》，第524页。

及山东各地公开扶助反袁力量。袁世凯的靠山已不可靠，只得听命宣布延缓登极。等到1916年3月间，不仅滇贵相继独立，即袁世凯依为心腹的李纯、张勋、靳云鹏等也密请取消帝制。袁世凯应得的历史惩罚的命运已在开始。他感到事情已非当初所能预料，3月22日这个八十三天的未登极的“洪宪皇帝”撤销了“帝制”，但仍迷梦于总统宝座的延续。然而这时，全国人民在唾骂，反对党的人在进攻，甚至他认为可靠的一些家奴如陈宧、汤芗铭等也于5月29日宣布独立了。袁世凯为了衮龙的寿衣，已用尽了自己最大的“智慧”，6月6日，这个叛国窃国卖国的大强盗，结束了他可耻的一生。

袁世凯虽然死了，但是他的思想的政治的灵魂，却在十年以后，由他的后辈蒋介石所复活了！

三、帝国主义操纵下的军阀政争

（一）以美日为依靠的黎段之争

袁世凯自毙后，任总统的是美国的走狗黎元洪，任国务总理的则是日本的奴才段祺瑞。这两个卖国贼依靠着他们的主子展开了政治上的争夺。由于两人是总统府和国务院的“代表人”，所以这个争夺一般被称为“府院之争”，主要表现在对德绝交与参战问题上。

自欧战开始后，英法俄见日本有独占中国之趋势，便怂恿中国参战，日本则以中国参战与其侵华利益冲突，多方阻止，而袁世凯也恐影响称帝，所以参战问题，未成事实。1917年2月，德国施行无限制潜艇政策，美国为掠夺更多利益，暂时放弃其军火生意，“宣布加入这个强盗战争”，并通知了北洋政府。它“希望中国人民卷入这个大屠杀的血泊之中”[①]，北洋政府即“遵命”于2月9日向德抗议。这时，日本既已取得“二十一条”之权利，并与英法美俄成立“五国谅解”，四国对日本“承认其非法取得之山东及领有太平洋上的殖民地，以为允许中国对德绝交之交换条件”[②]。因此不仅赞成中国参战，更以金钱武器援助段祺瑞进行“参战”准备，阴谋猎取更多的权益。可是美国却感到中国参战反是给日

① 刘大年：《美国侵华史》，第104页。

② 王芸生：《六十年来中国与日本》卷七，第84页。

本造一机会，所以又表示中国可暂缓参战。美日帝国主义者在中国参战问题上的变换态度，正是黎段政争的一个基本因素。

当时主张参战的，主要是军阀段祺瑞和政客梁启超，而反对的，除了黎元洪外，还有孙中山、唐绍仪等。

1917年3月3日，黎元洪借口国会尚未通过，拒绝签署段祺瑞拟给日帝的电稿，于是段便去津以要挟黎之屈服。当经另一军阀冯国璋的“调解”，黎元洪接受了段的条件，应允撤换政府秘书长，并不干涉对德外交问题[①]。6日，段祺瑞意气自得地由津来京，8日即将对德绝交及中国希望之具体条件秘密奉告日本，其具体内容是：①撤销德奥庚子赔款，②增加进口税五成，③解除《辛丑条约》中部分束缚。[②]这些内容曾遭到其主子的“叱责”。11日德国“碍难取消其封锁战略”的覆照到京，于是北洋政府于14日正式宣布“与德国断绝现有之外交关系”[③]。

4月25日，段祺瑞召集各省督军到京成立督军团，开军事会议，做在国会通过“参战案”的准备。这时，日英法各国公使均表赞成，而法使且在宴请各督军时声言：“中国应立即对德宣战，国会之意见不关重要”[④]。段祺瑞在军事会议上就自议自决地通过了“参战案”。

5月10日，正当众议院开会讨论时，段祺瑞便令部下吴长植、胡金标之兵士及一些流氓乞丐有三千余人，以“公民请愿团”、“五族请愿团”、“北京市民主张参战请愿团”等名义，由其亲信靳云鹏、傅良佐亲任指挥，来“包围议院，凶殴议员，劫持议会”，其目的是“为将参战案通过”[⑤]。

为美帝和“国会”所支持的黎元洪与以日帝及“督军团”为后盾的段祺瑞之间的政争益形紧张。

5月23日黎元洪先发制人，免去段祺瑞“国务总理”的职务，并以亲美派的伍廷芳继任。段祺瑞“愤然”出京后即发出了“……将来地方国家，因此（指段之免职）发生何等影响，祺瑞概不能负责”的教唆性通电。果然，29日段之亲信倪嗣冲、杨善德、张怀芝、张作霖等相继宣告独立。6月间，日本乘乱，“由日

① 温世霖：《段祺瑞卖国秘史》，第16页。

② 张忠绂：《中华民国外交史》第五章。

③ 王芸生：《六十年来中国与日本》卷六，第90页。

④ 张忠绂：《中华民国外交史》第五章。

⑤ 温世霖：《段祺瑞卖国秘史》，第17页。

人佃信夫出面活动辫军头子张勋与段祺瑞合作实行‘复辟’，驱逐作为美国工具的黎元洪”[①]。13日，黎元洪下令解散国会。次日，张勋由津到京。接着，以张勋为首的一群封建丑类摘下了中华民国的空招牌，实行“复辟”。

（二）德国指使下的“张勋复辟”

张勋一直虔心于“重整清室”的反动事业。他和他的军队都保留了作为满清王朝标志的发辫，而事实上他也努力地做着“复辟”的准备。1916年6月、9月，张勋曾两次召集北洋系统的各省督军在徐州开会。而第二次的徐州会议还出现了“十三省区联合会”的组织，虽然与会者各有用心，如冯国璋（有代表到会）是借此谋总统的地位，倪嗣冲是借此拥段。但张勋确是想借此团结势力，作为其实行复辟的基础[②]。

同时，张勋又是德国在华的代言人，当1913年赣宁之役发生时，德国即曾自青岛接济张勋军火，并在进攻南京时，有德人萨尔斯门队长曾得长官许可，随军同往[③]。而当1917年3月北洋政府对德绝交后，“德国为阻止中国结合到协约国方面去”，便“组织了反对黎元洪政府的君主政体的阴谋”[④]。这个阴谋是需要通过张勋而体现的。

张勋在中外反动派的主子面前，为了表示自己的忠义，便在等待着时机的到来，实行“复辟”。

1917年5月，黎段因参战问题交恶，各省督军宣布独立，黎元洪求告无门，而日人佃信夫又出面撮合张段的合作，这正给张勋一个实行“复辟”的机缘，于是便在6月2日派李盛铎到京向黎表示“愿任调停”。黎也想依张自保，便接受张勋要求，于13日下令解散国会。次日，张勋即由津抵京。不久顽固透顶的保皇党康有为也赶至北京，许多封建遗老被张勋收罗起来，这正是酝酿着一个新的政变的发生。7月1日，张勋等便从故宫中拥出废帝溥仪，实现了他们“奴颜婢膝”的愿望。

被恢复的溥仪政权，把民国六年的7月1日改为宣统九年的五月十三。设置了成套的封建官员：内部有议政大臣，各部尚书侍郎，外部有总督巡抚提督，这些

① 刘大年：《美国侵华史》，第105页。

② 李剑农：《中国近百年政治史》，第485—486页。

③ 张赣盦：《复辟详志》第三十二章第一节。

④ 古柏尔等著，吴清友译：《殖民地保护国新历史》上卷，第四册，第122页。

官员就是把那些久已丢弃的政治垃圾装扮起来粉墨登场的。甚至已经被用作装殓死尸的“朝服”每套由二十元涨到一百二十余元而被“新贵”们抢购一空。许多被解除武装又拘置于西山的德使馆卫兵也被放回，并发还他们的武器，传说还有参加战争的。

但是，北京市面却紊乱扰攘，物价高涨，纸币落价，纸币一元只换铜元六十七枚（一般可换一百二十枚）。铜元票也七折使用，小商店且拒用纸币，因之有时会买不到食物[①]。“辫兵”不论商店住户，到处抢掠，他们最中意的是便于携带的银元[②]。

在张勋实行“复辟”的同时，段祺瑞得到日本人一百万日元的资助，便背弃与张勋的合作盟誓，组织讨逆军，进行夺取政权的军事行动。7月14日“辫兵”溃败，张勋逃入荷兰使馆，短短十四天的复辟政权宣告结束，中华民国的政权又重落北洋军阀段祺瑞之手。此后日本则通过段祺瑞从中国掠去更多的权益，给中国人民造成更大的灾害。

（三）段祺瑞的卖国罪行

日本帝国主义看中段祺瑞是唯一能继承袁世凯的理想人物——因为他是北洋军阀的实际控制者；段祺瑞则以日本帝国主义为靠山，以扩充其北洋军的皖系势力。因此在“张勋复辟”失败后，段祺瑞重握政权时，即开始加强了他的卖国罪恶活动，如：

1. 可耻的参战。1917年8月14日段祺瑞的对德奥宣战，主要就是为符合日本主子的要求，就连日本人也不隐晦地说：“使段决行参战之唯一力量为日本。”[③]这次可耻的参战，段祺瑞的北洋势力得到扩充，积蓄起进行内乱的资本；但是，17.5万劳动者竟被段祺瑞驱送到欧洲及美索不达米亚去为强盗服役。

2. 对日大借款。段祺瑞自对德宣战以后，需要大宗款项来扩充势力，消灭异己；日本寺内新内阁也正决定了更加狠毒的投资侵略政策，以获得在中国的权益并制造内乱。因此从1917年8月至1918年12月，日本曾以各种名目借给段祺瑞

① 张赣盦：《复辟详志》第十章第五节。

② 张赣盦：《复辟详志》第二十八章第四节。

③ 《西原借款秘史》第十五节。

三万万零三百二十万元的巨款（零星小款尚不计在内）[①]。这一大批借款主要是由日本寺内内阁的财政大臣胜田主计主持，由政客西原龟三往返促成的。日本以各色名目借款买走了中国各色名目的主权，如：东北、蒙古的铁路修筑管理权，无线电台和有线电信的设立权，吉黑二省的森林金矿采伐权等。段祺瑞则把大拍卖的收入作了下面的用途：（1）从事对西南的战争，以实现其武力统一的梦想；（2）编练参战军三师四混成旅，做进行内乱的资本；（3）制造安福系国会，窃取政权，以便更顺利地出卖中国。

3. 订立反动卖国的“中日共同防敌军事协定”：1918年3月，段祺瑞为进一步投靠日本帝国主义、共同进犯苏联而订立了这个“军事协定”，根据这个“协定”，日本可以“合法地”取得中国陆海军的一切统治权，其中包括：训练、驻扎、军事设置、军事制造、军事机密等。此约订后，东北、蒙古、新疆等处便出现日本军人的足迹。当时即已有认为此约较“二十一条”尤为厉害。1950年近代史研究所在北京徐树铮故宅发现此协定的说明，内容是更具体细致地把中国的资源与军权恭送给日本，由此益证“日本帝国主义的侵略野心，与北洋军阀政府的卖国罪行”了[②]。

4. 山东问题的换文：1918年9月24日，段祺瑞的驻日公使汉奸章宗祥在与日外相后藤新平交换关于山东问题的覆文中，对于日本侵夺山东特权，竟表示了“欣然同意”，出卖了整个山东，为后来中国要争回山东权利时留下极严重的障碍。

段祺瑞的罪行自不止于此，他比袁世凯更多地出卖了中国的权益，他的卖国行为早已为国人所唾弃，但是他的一脉相承的得意门生蒋介石，在他死后还追赠给他与蒋介石同样的“陆军特级上将”的“尊荣”。原因是卖国贼是一丘之貉，那就无怪其声应气求，后先辉映了。

（四）南北军阀的对峙

“复辟”失败后，北洋军阀冯国璋做了大总统，与段祺瑞共同把持了北方的政权，段祺瑞更进而废除“临时约法”，召集所谓“新国会”。因此在海军拥护下的孙中山便在广东召集旧国会议员开非常议会，组织军政府，建立了南方政

① 关于段祺瑞向日借款的详情可参看王芸生《六十年来中国与日本》卷七，张忠绂：《中华民国外交史》第五章，温世霖：《段祺瑞卖国秘史》。

② 荣孟源：《中国近代史史料零拾》，见1951年2月16日天津《进步日报》史学周刊。

权。这样就形成南北对峙的局面。因为南方军政府是以维护临时约法为号召来反抗段祺瑞的武力统一政策，所以彼此间的军事行动被称为“护法战争”。当时南北的情形是：

1. 北方。段祺瑞仍一本其武力统一政策对西南各省的反对者进行“征讨”，但这时北洋军阀内部已开始分成冯国璋和段祺瑞两派，被派到湖南去打仗的范国璋、王汝贤是属于“主和”的冯派的，而王汝贤希望的湖南督军席位又被段派了傅良佐猎得，因此范王在战争上表现消极。1917年10月间，湖南和四川的北军相继失败。11月14日范王等更通电全国停战，这个通电立即得到冯派的曹锟（直）、王占元（鄂）、陈光远（赣）、李纯（苏）等四督军的同调。段祺瑞在内外合作的反对下，便辞去国务总理专任参战督办。并向北洋大小军阀发出通电说：“我北方军人分裂，即中国分裂之先声，我北方实力消亡，即中国消亡之朕兆”。希图以此来怂动北洋军阀，共同“团结”在北洋旗帜下，供其驱使。

冯国璋的“主和”，既遭段派军阀倪嗣冲、张怀芝等的反对，又未能取得南方的看重。政治仍然在继续，段祺瑞仍然掌握着主要的军权——参战军，因此使段祺瑞能趁机于1918年3月又重任国务总理。这时，北方军队在吴佩孚的指挥下，有了一些胜利，段祺瑞兴高采烈地在预祝“武力统一”的成功，但是由于曹锟、吴佩孚并未得到他们所希望得到的禄位，于是在8月间，便由吴佩孚发起了“和平运动”，通电请罢内战。至此，段祺瑞的“武力统一”政策便彻底粉碎了。

9月间，老奸巨猾的官僚徐世昌借冯段相争的机会，由混血的国会产生为新的总统。冯段虽然同时去职，但是彼此间的矛盾并未因之消除，反而加剧，渐渐发展为不久以后发生的“直皖战争”。

2. 南方。1917年8月25日孙中山得到海军的拥护在粤召开非常会议，组织军政府来进行护法，9月1日孙中山被选为大元帅，滇桂军阀唐继尧、陆荣廷被选为元帅。因为唐陆二人始终是承认北方政权的，所以并未宣誓就职。

孙中山所领导的军政府除了有一点海军力量外，主要军事力量仍操在南方军阀陆荣廷、莫荣新等之手，孙中山不但不能调动这些军队来从事护法事业，还要不时受到军阀们的袭击。最后，孙中山这一点海军力量也不能为军阀们所容，于1918年2月竟将海军领袖程璧光刺死。

南方军阀之所以反段，是因为个人的地盘、名位，同时南方军阀唐、陆和北方的军阀冯国璋都是英美帝国主义豢养的代理人，所以很容易也必要联结一气来反对日本帝国主义豢养的代理人段祺瑞。

非常会议的旧国会议员大部分和北方新国会议员同样的卑鄙无耻求靠于军阀，他们是借护法以升官发财，并不想如孙中山那样的真来护法，所以就接受军阀的指使提议改组军政府，改大元帅制为总裁的合议制，新的总裁七人中虽然包括了孙中山，但主要是桂系军阀。孙中山深刻地认识了军阀的本质是“南与北如一丘之貉”，所以于5月4日辞去大元帅职务，离粤赴沪，而新任的主席总裁岑春煊则由沪到粤，至此，军政府已成为南方军阀争权夺利的工具了。

以护法为名的南北对峙局面，从北方的徐世昌继任总统，南方的军政府改组以后，双方即由互争权夺利、兵戎相见的“南北战争”进到彼此分赃、讨价还价的“南北议和”阶段，自此以后，“中国就在这种分散、无政府和帝国主义主宰的忽冷忽热状态中一直渡到一九二五——一九二七年大革命”①。

四、北洋军阀的对外勾结帝国主义和对内残害人民

（一）北洋军阀的勾结帝国主义

以袁世凯为首的北洋军阀，不仅是代表着最反动的大地主阶级，同时还代表着最反动的大买办阶级，因此他们都有也都需要帝国主义者做靠山。袁世凯是英美日帝国主义者的共同走狗，所以能维持一时的“统一”局面。袁自毙后，帝国主义者为了争夺独占中国的权利，便努力在中国选择自己“可心”的代理人：英美支持以冯国璋为首的北洋军阀，称为“直系”；日本则支持以段祺瑞为首的北洋军阀，称为“皖系”；而在“皖系”失败后，又扶持了另一个在东北的新起军阀张作霖，称为“奉系”。其余东南、西南的小军阀也各有归属。于是军阀们便利用其所控制的所设“民国政府”，“结欢于列强，以求自固”。而帝国主义各国则对军阀们“资以大借款，充其军费，使中国内乱，纠纷不已，以攫取利权，各占势力范围”②。由于它们这样狼狈为奸地勾结，便造成中国自民元以来特别是1916年以后至1927年以前的混乱局面。

① 叶尔玛朔夫原著，李相崇、徐馨青译：《亚洲曙光》，第191页。

② 《中国国民党第一次全国代表大会宣言》。

帝国主义者通过了这一派或那一派的军阀对中国进行政治干涉：袁世凯的称帝是日帝的支持，而其失败则是由于各帝国主义者之间的相互冲突与牵制。袁死之后，美帝支持的黎元洪便与日帝支持的段祺瑞在参战问题上展开政争。1921年出席所谓“华盛顿会议”的北洋政府代表团和当时北洋政府的内阁，即因靠山不一，政见也就不一：代表团是为美帝所掌握，因此事事都要“俟与英美接洽后再谈”，而内阁梁士诒则是日帝通过张作霖所支持的走狗，因此在山东问题上主张“要中国从日本手中赎路必须向日本借款”。1923年曹锟贿选，登上“大总统”之位时，只有美公使是参加“盛典”的“唯一外国公使”[①]。这些例子说明了自民元以来“总统、内阁、总理、部长、高级国家官吏、军阀首长——这都是这一国或那一国的傀儡、雇佣的代理人”。帝国主义者便通过他们制造中国的紊乱，以“更加强其对中国的奴役”[②]；并且也“支持和巩固这个全部封建官僚机器”[③]。

帝国主义者又通过这一派或那一派的军阀对中国进行军事干涉，“他们把自己的财政、武器、指导员、‘顾问’等等”供给军阀们[④]来进行战争。如美帝在1923年曾一次供给直系三百万美元的军火，又经过美驻华公使介绍，卖给吴佩孚步枪一万支、子弹两千万发、机关枪250架，在洛阳代吴训练、设计飞机队和飞机机械厂，并使属于直系势力的齐燮元以疏导淮河的名义得到一笔借款[⑤]，甚至“在战争中，以美国船只供给直系往厦门、天津等地运送军火，又以炮舰在长沙帮助直系爪牙赵恒惕打退谭延闿”[⑥]。又如日帝在段祺瑞当政时曾多次借予巨款，最有名的就是“西原借款”；并派了很多的顾问参与中国的财政、政治、军事各方面。因而就发生一连串的军阀混战如直皖战争、两次直奉战争以及南方的一些较小的战争。这些战争正是“反映着帝国主义各国的矛盾和斗争”[⑦]。如第一次直奉战争便是美帝在召开华盛顿会议同时，要在中国的内部政治上压倒日本的体现。这些战争的胜败又表示了帝国主义者的胜败，正如1924年9月10日《向

---

① 刘大年：《美国侵华史》，第127、129页。

② 叶尔玛朔夫原著，李相崇、徐馨青译：《亚洲曙光》，第191页。

③ 斯大林：《论中国革命》，第46页，时代社。

④ 斯大林：《论中国革命》，第47页，时代社。

⑤ 胡绳：《帝国主义与中国政治》，第206页，人民出版社。其中的“子弹两千万发”，刘大年《美国侵华史》作二百万发，此据胡书。

⑥ 刘大年：《美国侵华史》，第128页。

⑦ 毛泽东：《中国的红色政权为什么能够存在？》

导》周刊对第二次直奉战争的推断说："我们可以推定此次战争之结果：第一，直胜，则美国将扶持直系在中国政治统一的压制，以成就美国在中国经济的统一侵略。第二，直败，则为日本势力结合安福奉张支配中国的政治经济。我们对于前者固然深恶痛绝，对于后者又岂能欢迎！外力侵略断送国家的惨痛都是有加无已，中国人民早已看出，美帝国主义支配中国和日帝国主义支配中国，其意义是完全一样的。"①

帝国主义者更通过这一派或那一派军阀掠夺中国大量的利权：如日帝对段祺瑞的政治投资和签订所谓的《中日共同防敌军事协定》，便掠夺了我国东北、华北、蒙古的矿产、森林、铁道、电信、军事等权利。美帝同样地通过吴佩孚得到在上海、北京、广州、汉口、哈尔滨、拉萨、巴东、重庆、兰州等地设立电台之权利，并以中美烟酒借款名义，得到我国全部烟酒税的抵押②。中国那时便在这种情形下被抢夺分割，造成帝国主义卵翼下的军阀天下！

帝国主义者当革命形势已难阻止，眼看北洋军的主力基本上已在第一次国内革命战争中被消灭时，它便狡猾阴险地到革命队伍中寻找混进来的反革命分子，而最适宜于担任新走狗的人选，莫过于以"暗杀"、"流荡"、"投机"起家的蒋介石，因此，美帝竟派蒋介石在上海做交易所经纪人时的大老板——大买办虞洽卿，与蒋介石进行叛卖革命的"谈判"。同时还施展"封锁长江"、"炮轰南京"的两面手法，使蒋介石更快地公开其投靠帝国主义叛卖革命的面目，迅速地制造1927年的"四一二"大血案。此后，蒋介石便"以美帝国主义为主要靠山，兼充英、日等帝国主义的走狗，把北洋军阀的余孽一一收罗在部下，代替北洋军阀而建立了他的封建和买办的新王朝"③。

（二）北洋军阀的残害人民

军阀们为要完成帝国主义交付的任务，为要充实自己的势力，进行了大小规模的混战，把许多无辜的人民葬身于他们争权夺利的血海中。当时全国的兵额随着混战的严重而增加，下表是自1914年至1925年增加的情况：

---

① 转引自胡绳：《帝国主义与中国政治》，第207页。
② 荣孟源：《北洋军阀的派系及其覆灭》。
③ 荣孟源：《北洋军阀的派系及其覆灭》。

单位：万元

年　代	1914	1916	1918	1920	1921	1922	1923	1924	1925
兵　额	45.7	70	85	90	105	106	119	133	147

这样庞大的兵员，是需以巨额军费供养的，当时军费可从下表看出也是与年俱增的：

单位：万元

年　代	1910（清末）	1916	1918	1927
军　费	10200	15291.5	60000	70000

军阀们既要支出偌大一笔军费，又要荒淫无耻地挥霍。因此，他们除了帝国主义的借款（拍卖主权的定钱）外；主要是吮吸人民脂膏，而吮吸的来源，大致可以有下面三种：

1. 田赋。这是军阀们实行封建割据最主要的经济基础，除正税外，还有附加税，其税额超过正税数倍。并实行预征，往往民国六、七年预征民国三十、四十甚至民国六十、七十年的都有。

2. 纸币。这是军阀骗取人民资财的工具。张作霖在东北发行奉天票多达十亿元以上，阎锡山的山西省银行也以二百万元资金发行一亿纸币。等到纸币贬值，购买力低落时，军阀们即用停兑止付，把灾害全部加到人民身上。

3. 贩毒。这是军阀们搜刮资财最恶毒无耻的办法。他们以“禁烟罚款”、“种烟税”、“吸烟税”等名目巧取豪夺。如湖北禁烟税收年可达二千万元，占全部税收的半数。四川省更将鸦片税与盐税同样地订了三千万元岁收的预算。

不论军阀们的这些搜刮，和他们的外债借款，“归根结底都是由劳动人民来负担。有人计算过，以全国人口数计算，1916年平均每人每年负担六元六毛五分，1926年平均每人每年负担八元一毛八分”[①]。

军阀们更吸收人民脂膏以大饱私囊，如袁世凯在河南彰德占有全县三分之一的土地。皖系军阀倪嗣冲死后遗产八千万元，并在安徽阜阳有田七八万亩。“湖南督军”张敬尧在安徽霍邱也拥田七八万亩以上。陈光远在任赣督时便以岁入两千万的八成阑入私囊。其余大小军阀也都能在不数年间积赀数千万元。这些积赀

① 荣孟源：《北洋军阀的派系及其覆灭》。

都是从人民身上敲骨吸髓而来，使人民陷于“债务丛集”、“叫苦不迭”的绝境！

不仅如此，由于战争的直接危害，人民财产损耗无计，人民生命丧亡甚多，那时的惨景是：凡一战之后，“首将城中财货钱帛，掳掠一空，复将房屋桥梁，烧毁殆尽，杀伤遍地，血肉成丘，日暗天昏，神号鬼哭，迨翌日晌午，火势始灭，数日之后，逃人渐归”①。这就是军阀们万恶罪行的写照。

五、中国共产党领导反帝反军阀的斗争

（一）新形势的酝酿

“欧战”的发生，使西方列强暂时放松了东侵；“二十一条”的揭露，激起全国人民普遍抵制日货的情绪。虽然美、日帝国主义仍在积极进侵，军阀们仍在混战，但是，中国民族资本一般地说还是有一定程度的发展，特别是轻工业，如面粉工业由1900年的2个厂发展到1916年的64个厂、1925年的107个厂，并在“大战”时期还有面粉的输出。随着中国民族资本这种进一步的发展，中国就更加明显与加强了新的阶级关系和阶级要求。

首先是无产阶级的壮大。无产阶级是既“失去了生产手段”又“受着帝国主义军阀资产阶级的极残酷待遇”，所以其要求民族解放民主革命最坚决、最彻底，因为革命对他只是失去了身上的一条锁链。又因他们是集中生产，所以组织观念极强，能团结一致，以罢工形式向压迫者进行斗争。在中国共产党成立以前就已有同盟罢工，据可查考者，在1918年有12次罢工，参加工人64000余人；1919年22次，参加工人96500余人；1920年19次，参加工人46000余人；1921年22次，参加工人108000余人。而在党成立以后，工人运动更加蓬勃发展，如1922年初，在香港有6万工人为提高工资，建立工会，举行持久八星期的大罢工，推动了全国的工人运动。这一年间尚有上海纱厂、汉阳铁工厂、京汉铁路、安源矿场、唐山煤矿等罢工。特别需要提出来的是1923年平汉铁路工人的“二七”大罢工。这次大罢工是中国工人阶级正式以政治斗争的面貌出现于历史舞台，它显示了中国工人阶级的伟大气魄与英勇斗志；它标志着中国工人阶级和帝国主义及

① 《醴陵兵燹纪略》附录，民国七、十、十七年。醴陵谢树衡等呈湖南省长财政厅长湘江道尹醴陵县知事请蠲免田赋并颁发赈恤文。

军阀之间的斗争越来越紧张了；它更表现了工人阶级是中国革命最先进最革命的阶级。

民族资产阶级在同一经济条件下，也加强了自己的力量，但这力量却为国外帝国主义和国内军阀互相勾结而严重地阻碍了发展。因此，民族资产阶级在这一定时期也就“需要革命，赞成反帝国主义反军阀的革命运动”。

这时的小资产阶级，除了一小部分还能有“余钱购米”外，大部分生活不太好，特别是占小资产阶级大多数的左翼，他们的生活是“逐年下降，负债渐多，渐次过着凄凉的日子”。这一阶级的人在革命潮流高涨时都能参加和附合革命的。

最后提到的是占中国人口最大多数的农民，他们不仅饱受炮火、灾荒的威胁，还要受帝国主义和军阀们直接间接的政治压迫和经济盘剥，生活痛苦，日甚一日。因此他们是“极易接受革命宣传”，也需要“一个变更现状的革命”。这样使他们成为中国革命最基本的队伍，也成为无产阶级最可靠的同盟军。

这些条件的酝酿日渐接近成熟，便为新的革命高潮准备了必要的条件。1921年中国共产党的诞生也是建立在这个——帝国主义压迫、中国资本主义的发展，无产阶级的壮大和工人运动的蓬勃发展的基础上的。[①]

（二）中国共产党领导反帝反军阀的斗争

1921年中国共产党的诞生，不啻对北洋军阀宣告他们统治命运的行将终结。党成立以前工人、农民、学生们反帝反军阀的自发斗争，自此得到党的领导，更加发展，党也勇敢地肩负这一斗争的指挥部的神圣职责，并曾不止一次地向全国人民指出明确的斗争方向。

1922年7月，中国共产党在第二次全国代表大会宣言中指出：“列强的压迫不去，军阀的势力不除，中国是万难实际统一的”；而“真正的统一民族主义国家和国内的和平，非打倒军阀和国际帝国主义的压迫是永远建设不成功”的。并列举各种事实，证明“加强中国人民（无论是资产阶级、工人或农民）最大痛苦的是资本帝国主义和军阀官僚的封建势力”。最后明确而有力地提出“打倒军阀”，“打倒国际帝国主义”的口号。

1923年2月中共中央为吴佩孚惨杀京汉路工所发告工人阶级与国民的文件

---

① 这一节引文系据毛泽东：《中国社会各阶级的分析》。

中，首先是揭露了倡言“保护劳工”的军阀吴佩孚屠杀工人的那种“鲜血淋漓，逞凶惨杀的真面目”，粉碎那些反动家伙们的欺骗蒙混。又提醒全国人民说：“这次汉口的大惨杀，不仅是军阀惨杀工人的意义，乃是军阀惨杀争自由的人民的先锋军的意义。”号召全国不自由的人民起来“打倒一切压迫工人的军阀”。

1925年中国共产党在第四次全国代表大会宣言中指出美日帝国主义者积极扶持军阀的阴谋，揭露段祺瑞所召开的“善后会议”是“要用军阀制度而借着帝国主义者的帮助以统治中国人民的工具”。并把使中国人民脱离帝国主义和军阀压迫的事情视为党的唯一责任。特别是分析了那时的形势是：“无数万中国民众的命运，真不能再静听军阀的愚弄了！革命力量在我们国家中日长一日，军阀和帝国主义者的锁链已经开始动摇”。这种热情有力的语句深深地鼓舞中国人民有足够的信心来“打倒国际帝国主义”，来“打倒军阀”。

中国共产党还帮助当时的资产阶级革命领导者孙中山先生，使他终于从许多次失败挫折中找到了革命新道路，改组了中国国民党，建立了革命军队，确定了“联俄联共扶助工农”的三大政策，并在1924年1月发表的第一次全国代表大会宣言中重新解释三民主义。1924年，孙中山先生应段祺瑞之请北上时又得到中国共产党的帮助发表了《北上宣言》，提出“召开国民会议”以反军阀、“废除不平等条约”以反帝国主义的两大政治主张。

孙中山先生领导的中国国民党在中国共产党的帮助下才有可能进行北伐战争。当时全国人民在中国共产党的号召下，有许多中华民族的优秀儿女团结在党的旗帜下奋不顾身地投入这个革命战争中。有不少工人热烈地担任运输宣传工作来支援战争，尤其是工人农民不断的反帝反军阀行动，都使帝国主义和军阀们惊惶失色。因此这一股革命力量在广东统一不久后即迅速地发展到长江一带。不幸，这个将成熟的胜利果实竟被人民公敌蒋介石所窃取，他在上海制造了1927年4月12日的大血案，绞杀了中国人民的革命事业，代替北洋军阀统治建立起新军阀的统治，把中国人民拖到更悲惨的境地。“但是，中国共产党与中国人民并没有被吓倒，被征服，被杀绝，他们从地下爬起来，揩干净身上的血迹，掩埋好同伴的尸首，他们又继续战斗了。”他们又不屈不挠地投身于第二次国内革命战争中，去争取更大的胜利。

原载于《历史教学》1952年8月号、9月号、10月号

论近代军阀的定义

在北洋军阀史的研究中，人们经常讨论的一个问题是如何为“军阀”下定义，立界说。但直至目前仍难得出一个能为多数人所认同的共识。我们为了撰写《北洋军阀史》，遂以北洋军阀集团为主要着眼点，在概括诸家有关论述基础上来探讨“军阀”的定义这一问题。

一

“军阀”这一名词，我所见到的最早文献记载是《新唐书·郑虔瓘传》中所记：“郑虔瓘，齐州历城人，开元初，录军阀，累迁右骁卫将军兼北庭都护、金山道副大总管。”[①]

郑传中“军阀”一词的含义有别于后世之所谓“军阀”。这个“阀”是阀阅之家的“阀”，是指世家门第，即指官宦人家门前旌表其功绩的柱子。“军阀”是指有军功的军人世家，含有门庭显赫的褒义。但近代以来被冠之以“军阀”的个人和集团因处于历史潮流发展的对立面而使“军阀”一词毫无疑义地成为贬词，并已有人使用其贬义。1918年底，陈独秀就曾为军阀下过定义，他认为：军阀是“毫无知识，毫无功能，专门干预政治、破坏国法、马贼式的、恶丐式的”人物[②]。1918年底至1919年，梁启超在欧游时所写的《欧游心影录》中曾说：“军阀之为政，以刚强自喜，而结果也，必陷于优柔而自亡，外强而中干，

① 宋·欧阳修：《新唐书》卷133，中华书局铅印本，页4543。

② 只眼：《欧战后东洋民族之觉悟及要求》，1912年12月29日，原载《每周评论》第2号，见《陈独秀文章选编》上，页308，三联书店，1984年版。

上刚而下柔，是其征也。”并认为军阀就是由“弱肉强食”这条路上产生出来的[1]。1919年9月，中国的民主主义革命家孙中山在其《复于右任函》中第一次使用“南中军阀”一词，并斥之为“暴迹既彰”[2]。次年初，政论家谭平山比较明确地界定了军阀的含义，他说：“握了一种特殊的势力，成了一种特别的阶级，组织了一种特别的系统，这就是叫做‘军阀’。”[3]那就是说，军阀就是掌握军事政治实力的宗派集团。这些分析和评论都已从贬义来立论。

北伐战争时，“打倒军阀”的口号响彻神州，“军阀”已完全成为贬词。当时的胡汉民和蒋介石等似乎都曾为“打倒军阀”这一口号作注解而对“军阀”下过定义。胡汉民在一次演讲中曾说：“一个军人上没有为国家的利益，下没有听民众要求解放的呼声，只是前面靠官僚、政客、土豪、劣绅以及一切反革命势力做了党狼；后而勾结着帝国主义做了声援，这就是军阀。”[4]蒋介石在另一次谈话中曾说：“军阀把持的是地盘……要的是财产……爱惜的是自己的生命……取给的是帝国主义。”[5]这些分析是近理的，可笑的是，后来他们的行为却重蹈了自己对“军阀”所下的定义。

以后，这个问题很久没有人正式涉及，直到近十多年由于民国史和北洋军阀史的研究与编写又引起人们的注意，海内外学者都对此发表过意见。彭明曾在《北洋军阀（研究提纲）》提出三条军阀定义，即：“他们各有一支为自己争权夺利而服务的军队”；“他们各有一块可以任意搜刮和统治的地盘”。“（他们）大都是帝国主义在中国进行统治的工具”。他明确地提出前两点“是一切封建军阀所具备的”[6]，那么后一点显然是指近代军阀所特有。这三条基本上代表了过去一些人的观点。

《中华民国史》主编李新为了指导民国史中北洋军阀统治时期部分的编写工作，专门探讨了军阀的定义。他从1981年起连续在有关军阀史和民国史的讨论会上论及这个问题，概括地提出了私兵、地盘和武治三条，有些人对此曾表示过异

---

① 梁启超：《饮冰室合集·专集》第五册，第23卷。

② 《孙中山全集》第五卷，中华书局，1985年版，页106。

③ 鸣谦：《军阀亡国论》1920年1月12日，原载《北京大学学生周刊》第六号，见《谭平山文集》，1986年版。

④ 1927年4月8日胡汉民在南京检阅军队时的讲演，见《革命文献》册16，台北，1954年，页563—564。

⑤ 1927年9月18日蒋介石的谈话，见《革命文献》册17，台北，1954年，页46。

⑥ 《教学与研究》1986年第5—6期。

议。1983年，李新经过进一步思考、补充和完善，正式发表了专门性论文[①]，明确地提出：

> 我认为：军阀是封建社会和半封建社会特殊的政治现象。军阀是一种特殊的军事集团。它拥有以个人为中心，并由私人关系结合起来的一支私人军队。它通常据有一片固定的或比较固定的地盘。
>
> 封建统治有两种相对不同的统治形式，一种是直接的军事统治，凡实行这种形式的封建统治者，无论其大小乃至贵为天子的全国统治者，我们都可以称之为军阀。

李新的这些论述归纳起来仍是私兵、地盘和武治三条。但不能不使我们注意到这篇论文中也提出了如"军阀常有割据的现象。但割据并不一定是军阀，因为割据并不是军阀的本质"等见解。在这篇论文中，李新为了论证以武治作为军阀定义的理论根据，同时提出了"乱世出军阀"的论点。他说：

> 军阀总是产生于封建的"乱世"而不是产生于封建的"治世"。每当封建乱世，合法的最高封建统治者总要实行严酷的直接军事统治。这其实也就是军阀统治。作乱的封建统治者拥私兵以谋夺权，当然也是军阀。在野的封建主有的也乘机招兵买马，据地称雄，这也是一种军阀。至于官逼民反，农民因无法生活而造反起义，更是常见的事情。农民起义当然是正义的斗争，但其胜利发展的结果仍然要称王称帝，走上军阀的道路。可见封建乱世，军阀的来源是多种多样的，军阀现象是普遍的。

这一观点似尚可商榷。其意是凡在易代逐鹿之际的各色人物几乎都被网罗于军阀之列：掌权的、夺权的、在朝的、在野的、称王称帝的以及农民起义领袖等等都无一幸免。诚如所论，那么中国历史上的商汤、周文武、唐宗、宋祖、成吉思汗、朱元璋等等都可以称作军阀，至少有过军阀的经历，而中国历史也只不过是一部军阀更迭史而已。所以这一观点是难以令人苟同的。

1989年，台湾学者张玉法提出如下四点作为军阀定义的依据，即：（1）养军的目的是追求个人和本军的利益；（2）武力被当做解决纷争的正常途径；（3）军事权不受行政权的拘束；（4）国内如此，甚至国际种种秩序、法律也不

---

① 李新：《军阀论》，见《史学月刊》1985年第1期。

顾及。[1]这是从军阀不合乎正常行为准则行事的角度来论证其定义的。

1990年1月出版的《孙中山与中国近代军阀》一书的作者段云章在该书第一章中分析了近代军阀的特征，他提出了其他论著中未尝明显涉及的内容，即从剥削方式的角度立论。他说："近代军阀已不完全依靠封建经济，而且依靠外债、关税、盐税和官方企业的收入。"[2]

1991年8月出版的《新桂系史》一书的主编莫济杰则对军阀的特征作了如下的概括："他们依赖帝国主义的扶植；充当地主买办的政治代表，压迫剥削人民群众；拥有私人军队，以军队控制政权；割据地盘，实行'武治'。在这些基本特征中，又存在着两个最基本的军事、政治特征，那就是军队私有和割据地盘。"[3]

国外学术界对此问题也给予应有的重视。其中较早的著述是美国学者薛立敦（James E. Sheridan）于1966年完成的《中国军阀——冯玉祥的一生事业》一书[4]。该书曾被誉为美国研究中国军阀的第一部著作。薛立敦在该书的开端即为军阀做出如下的定义说："军阀是借着不受外力控制的军事组织，在一定的区域内行使有效的统治。"

薛立敦还以冯玉祥作为军阀的一种类型进行剖析，指出军阀的共同特点是：（1）握有政治上的统治权势，控制一定的地域范围；（2）武力是进行统治、巩固地位的最重要手段；（3）掌握的武力是私家的军队；（4）这种军队既无忠于"君王"、"恩主"的思想，也不为国家效力；（5）谋取私家之利，维护一帮地位，是其最大职责。二十年后，薛立敦在分撰由费正清主编的《剑桥中华民国史》第六章时仍持原观点，极其简要地给"军阀"下一定义说：

> 最简单地说，"军阀"就是那种指挥着一支私人军队，控制着或企图控制一定地盘，并且多少是独立行动的人。在中文中，"军阀"是一个带有贬义的词，令人想起一个自私的、丝毫没有社会意识或国民精神的司令官。[5]

---

① 张玉法：《民初军系史研究（1916—1928）》，见中央研究院近代史研究所特刊（1）《六十年来的中国近代史研究》下册，1989年，转引自渡边惇：《北洋军阀研究的现状》一文。

② 段云章、邱捷著：《孙中山与近代中国军阀》页12，四川人民出版社，1990年1月版。

③ 莫济杰等主编：《新桂系史》第一卷，广西人民出版社，1991年8月版。

④ James E. Sheridan. *Chinese Warlord*，*The career of Feng Yu-hsiang*，Sanford University Press，Stanford 1966.

⑤ 费正清主编，章建刚等译：《剑桥中华民国史》第一部第六章，中译本，页299，上海人民出版社，1991年11月版。

1968年，以后来撰著《军绅政权》享誉中外的陈志让撰写了《中国军阀派系诠释》[①]一文。这篇论文虽题为“诠释”，但它是目前所能见到的搜罗资料颇为完备的一篇涉及军阀定义的论文。他征引了军人、政客和学者各类人士[②]的诸种论点而总括出军阀的定义是：

> 大凡这些有关军阀的定义都同意私军及控制地盘为军阀的二项基本特征。

他并说：“他们之成为军阀，就是因为他们非儒家之士，也非民族主义者。他们那种自私自利不顾他人的心理往往是胜过他们对国家或王室的忠心。这是现代中国的军阀在历史上的特质。”

> 从逐渐衰退的儒家文化观点来看，军阀是无节操、无耻之徒，从不断蓬勃发展的民族主义观点来看，他们是落伍的。因为不可否认的，他们之中许多人的行为都是毫无操守可言，而且每每不合时宜，因而易被认为是军阀。[③]

陈氏除了私兵和地盘二点之外，又增加了心理状态和行为操守的界定内容。

1973年，日本学者波多野善大在集结其历年有关近代军阀论文所编的《中国近代军阀的研究》一书中分析了近代军阀所具有的五种性格，即企业性，买办性，地主性，兵士素质差、与土匪没有什么差别和军队的私兵性[④]，其第四项似可简称为土匪性。这军阀五性只是从近代军阀的阶级性格这一主要点上所作的分析。

1976年，美国北卡罗来纳大学政治系教授齐锡生在他所完成的学术专著《中国的军阀政治（1916—1928年）》第一章《导言》注中曾对军阀作过如下解释说：

> 虽然“军阀”（warlord）是一个通常惯用的名词，并用来作为这本书的书名，以表示中国现代史的一个时期，但是它含有轻蔑、非难的意思。甚至

---

① 本文源于1968年以英文发表于London University School of Oriental &African Studies Bulletin，VOL. XXXI，Part. 3上，后经陈家秀小姐译为中文，收入张玉法主编的《中国现代史论集》第五辑，台湾联经出版事业公司，1980年版。

② 按照陈文征引的顺序，这些人有薛立敦（J. E. Sheridan）、费正清（J. K. Fairbank）、陶希圣、王造时、梁漱溟、戴季陶、蒋介石、胡汉民、林柏克（P. M. A. Linebarger）和章有义等人。

③ 陈志让：《中国军阀派系诠释》，见《中国现代史论集》第五辑，页23—24。

④ 波多野善大：《中国近代军阀的研究》第四章“2.军阀的性格”，页277—278，（日）河出书房新社，1973年版。

在20年代，对于究竟谁是一个“军阀”，谁不是，常有争论。其要点在于“军阀”的含义究竟是什么？一个受人尊敬的军事领导人不会被称为“军阀”，这个名词常用来称呼坏的军事领导人。①

齐氏这种把军人按世俗所说“好”与“坏”的论人标准来划分是否军阀，虽显得有些含混，但是，他却提出了以行动准则来考虑“军阀”含义的想法。

1978年，陈志让在其所完成的《军绅政权》专著中，专门在《序论》中确立了《定义》一门，搜集了民国以来梁启超、胡适、孙中山和一些直奉军阀对“军阀”定义的诠释。②

1991年，日本学者渡边惇所撰《北洋政权研究的现状》一文之三《近代军阀论》一节中，曾概括了中外学者对军阀的定义和概念为三点，即：（1）军阀为了保护自己的利益而持有军队。并且，这个军队的首领，以家族、亲族、同乡、同学、师弟等封建的人际关系来掌握统领。（2）总想占据能支配一切的地盘，这种地盘有从固定的到比较流动的。其规模从一个区域的一小块地方，到大至旁及数省。（3）在此地盘上建立独立、半独立形式的直接的军事统治。它同文治、武治毫无关系。③

二

综观中外学者对“军阀”的定义，比较集中于从私兵、地盘和武治这三点来立论。我们认为：凡确定一个定义和界说，应该用许多事实的比量来验证，看是否讲得通，并且看是否概括得比较完整，而用上述三点与以北洋军阀为代表的近代军阀的许多史实相比量，似乎还有可考虑之处。

所谓“私兵”，应指隶属于一主一姓，与主人共存亡，同荣枯，忠诚不贰，只能玉石俱焚，不能易主统率或随意调动的武装，如地主庄园的护庄乡丁之类。

---

① 齐锡生著，杨云若、萧延中译：《中国的军阀政治（1916—1928）》页1，中国人民大学出版社，1991年10月版。

② 陈志让：《军绅政权》页2，三联书店，1980年9月版。本书别有英文本与日文本分别在加拿大和日本出版。书中引述了梁启超、胡适、张作霖、吴佩孚以及毛泽东等对“军阀”的诠释。

③ 辛亥革命研究会编：《中国近代史研究入门》页160—161，汲古书院，1992年版。

北洋军阀虽然内部有自树派系、私人结合的特殊关系，但其所统军队不能完全称之为“私兵”。如袁世凯在已拥军六镇的情况下，只需一道诏谕，即可抽调移戍，甚至还可以被责令休致回籍。袁世凯纵然还可以通过特殊关系暗中操纵，但他在事实上只能惟命是从，离开军队，垂钓洹上。以后的军阀则更是常有易帅夺兵的情况，而并非是“将”能终生专其“兵”，或“兄终弟及”、“子承父业”地掌握军队。所以说“军阀”有私兵是不够确切的。与其说“私兵”，不如说“军队”或“武装力量”，或如薛立敦所言的“军事组织”，更为妥帖。当然，军队或武装力量无疑是军阀存在和发展最重要的基本条件之一。军阀如无军则难乎其称“军阀”了。至于解除兵权后的军阀则因其曾有此经历而无需由于其手中无军而抹去其军阀的往事。

割据一块地盘是军阀所必需，也是军阀存在的一种现象。因为不割据一块地盘就无经济来源、士兵来源和活动发展的舞台。军阀需要割据，但不能由此而作出凡割据都是军阀的反命题。因为，我们必须看到，军阀所割据的地盘，尚非占山为王，而是其驻地。这些驻地往往是上一层统治者所分配或划定。如东三省巡阅使、湖南督军、某某镇守使等等，都给以地盘区划的限定，即使相互兼并，也必在事定后履行报告备案的手续。其次，割据地盘是可为各种不同行为提供条件的，如果只看到起义者和革命者的割据现象而不考察其目的行为，其结果必将失去了历史的真相；反之，认为不割据或倡言统一的就是非军阀，也是不恰当的。割据与统一是对立的概念，但不能仅以表面现象作为划分军阀与非军阀的依据。有些学者或曾以此作标准而不把袁世凯列为军阀，因为袁世凯统治时尚未分崩割据，而是全局统一。这岂不是把整个北洋军阀史中关于北洋军阀产生、发展的历史阶段切割掉了吗？如果把袁世凯的一生作综合考察，他是难逃“军阀”这一恶谥的，何况袁世凯并没有实现真正的“统一”呢？[①]从具体情况看，北洋军阀有割据之实，但他们从不自承割据，而且在割据的后面，还在无限制地扩大一己的实力，这恰恰是把“统一”作为一种口号或招牌。无论袁世凯，还是段祺瑞、冯国璋、吴佩孚等人都曾高唱“统一”，希望以自己为中心“统一”其他派系。在北洋军阀集团统治时期，“统一”口号几乎凌驾于一切口号之上。当某一方的

① 辛亥革命后，袁世凯只能控制除山西、陕西外的长江以北、长城以南的四个省份；二次革命后，他又控制了长江以南的六个省，成为十个省，继而取得四川的控制权；但广西陆荣廷、贵州刘显世、云南唐继尧等一直处在反对和冲突的地位。直到洪宪帝制失败，袁世凯也未能真的实现统一。

力量足以制服对方，并想用武力兼并对方时，便以统一为口号，称为“武力统一”，而当自己拥有了既得利益，但又没有足够力量制服对方时，则提出“和平统一”的口号以粉饰自己，维护自己。一些官僚、政党也仰军阀鼻息追随呐喊，组建“统一党”、“统一促进会”等。他们虽然各有其目的与背景，但多反映或利用了人们要求统一的心理状态。有些实力相对弱小的军阀，虽然割据一方，但却不敢独树一帜，充其量打出“联省自治”的旗号，依然表示听命于北京政府。这就是因为不敢公然反对“统一”，所以接过“联省自治”的口号而为己所用。因此，我们不能以他们主张和高唱“统一”的现象来否定他们的割据现实和军阀身份。

至于以“武治”作为军阀定义的标准也值得商讨。“文治”和“武治”[①]是两种不同的统治方式，任何统治者都是文武兼资而不会单纯用一种方式的。刘晓的《近代军阀政治的起源》一文中明确表示不同意两种统治形式的观点，认为军阀政治是“通过近代民主政治的形式实行专制的政治统治”[②]，即无所谓“文治”与“武治”之分。至于某些人物或集团在其濒临灭亡而进行所谓“武治”，撕掉一切面具，抛弃所有手段时，可能一味残暴施虐，失去理性；但那只说明丧家之犬、釜底游魂的垂死挣扎而已。北洋军阀统治时期，在连年混战，兵燹不断，残害民众之际，不仅进行祭天、祀孔、读经等封建主义的“文治”教化，还运用议会、政党、选举种种尽管被扭曲了的西方民主制度。具体如吴佩孚之流。一面穷兵黩武，叫喊“武力统一”；一面又提倡“好人内阁”，鼓吹“劳工神圣”，这不正是“文治”、“武治”的兼用吗？反之，一些起义者和革命者为夺取政权，解民倒悬所进行的正义战争和强力推行的进步措施若归之于“武治”而侪之于“军阀”，岂不又混淆了本来很清楚的历史是非了吗？

我们认为：所有上述那些为军阀下定义的论据，只能作军阀应具备的基本条件，或者说是定义的不完整论据。无论私兵、地盘、武治以及其他等等用来和军阀，特别是北洋军阀的现实情况相比量，往往有不相符合者。所以，它们只能是

① 关于文治与武治之说，陈独秀早在1919年1月12日即以只眼署名著文解释说：“中国武治主义，就是利用不识字的丘八，来压迫政见不同的政党；或者是设一个军政执法处，来乱杀平民。中国的文治主义，就是引用腐败的新旧官僚，来吸收人民的膏血；或者是做几道命令，来兴办教育、工商业，讨外国人的好；做几道命令来提倡道德，提倡节孝，提倡孔教，讨社会上腐败细胞的好。”（《文治与武治》，原载《每周评论》第4号，见《陈独秀文章选编》上，页315，三联书店，1984年版。）

② 《学术研究》1990年第6期。

一种条件，而不是决定本质的东西。定义固然包含着条件，但应取决于本质，而最能体现本质的是在一定思想指导下的行为，或说行动准则。

过去，人们对军阀的行为或行动准则往往只是一种简单的直觉观念，认为军阀行为粗鲁野蛮，随意行动，没有什么准则。实际并非如此，任何一个人和集团的行为和他们奉行的准则都是在一定思想指导下产生的。国外学者的一些著作在讨论定义和界说时已经涉及军阀的思想意识与心理状态[①]。那么，以北洋军阀集团为代表的近代军阀的指导思想究竟是什么呢？我们认为：它是以“中体西用”为其指导思想的。“中学为体，西学为用”是晚清时希冀挽救濒临灭亡的“救世良方”。北洋军阀集团的小站练兵就是“中体西用”思想指导下在军事方面的具体体现。袁世凯提出的“训以固其心，练以精其技”是其建军的基本方针，其意是以封建伦常关系来固结军心，以西方的军械操典来娴熟军事技能。他更明确地提出“兵不训罔知忠义”，“兵不练罔知战阵”，把训与练作为两大建军思想和练兵内容，实质上体现了“中体西用”思想，而为当时朝野上下所接受与重视，因而获得比较充裕的供应和优良装备，使北洋军阀集团在创建阶段得以顺利地发展、壮大。

民国以后，北洋军阀集团掌握了政权。它面临着一个新旧并存，中西杂陈的过渡性社会。它把“中体西用”思想从军事推衍到政治。“中体”虽然已不能再公开宣扬“君权”，但其核心内容仍然是封建的伦常关系；而“西用”则已不仅是西方的操典、器械、营规和洋顾问，还运用了民国建立后所出现的西方资产阶级民主形式，诸如宪法、议会和选举等等。所以，北洋军阀集团控制下的民国政府，只是在封建主义与资本主义撞击下，体现“中体西用”的军阀政权而已。所谓国会选举、府院之争、历次阁潮等等，无一不是北洋军阀集团利用扭曲了的西方民主形式来达到其封建专制目标的所作所为。各种民主机构甚至宪法都被北洋军阀集团用作封建性统治的装饰品和工具，一旦不合于“中体”，那就会成为牺牲品，如解散国会，缴销议员证书，暗杀政党领袖，终而要埋葬民国，实行帝制。

北洋军阀的“西用”，内容比较明显，而“中体”内容究何所指？我们认为：它基本上是儒家的封建伦常关系。有人认为：北洋军阀集团的成员不是“儒

---

① 薛立敦的《中国军阀——冯玉祥的一生事业》、费正清主编的《剑桥中华民国史》和陈志让的《中国军阀派系诠释》等著述中均有所涉及。

学之士”[①]，这不是没有根据的，因为受过教育的军阀不过占1912—1928年间团以上军官13000人中的百分之三十，而其余的大部分是文盲或半文盲[②]。这些人当然不可能真正理解儒家文化；但不能认为他们没有受到儒家文化和从封建制度因袭而来的传统社会环境的影响，而且他们确是又在实际生活中利用了儒家文化的某些内容，所以说，北洋军阀集团的“中体”，乃是以儒家文化为核心，以封建伦常为纽带，维护一种异常明显的层次性宝塔式的统治系统和等级隶属关系，以延续甚至恢复封建体制和封建的行为规范。

吴佩孚是北洋军阀集团中体现“中体西用”思想的典型。他一方面以“儒将”自许，崇尚关岳，标榜维护华夏尊严，排斥外来事物，适合了封建守旧的口味；另一方面又改革军事，聘请洋顾问，寻求洋人支持，博取了西方资产阶级的赞誉。吴佩孚按照半封建半殖民地“中体西用”思想要求，把自己塑造成一个“学贯中西”而为中外人士认同的人物。他机智地利用民主舆论，高唱救国爱民，用来粉饰自己，而实质上则制造“二七惨案”，组织直奉“反赤”联盟等以维护封建主义的“体”。1929年，吴佩孚全盘失败退出政治舞台后，似乎经过自省反思，发表了《循分新书》，明确地阐述其“中体”思想。他说要“奉行礼教以达圣人境界”。他认为“共和是现今社会道德的衰微”，要“振衰起敝，唯一之道是要振兴文化”[③]。这就是北洋军阀集团主流思想的代表。遗憾的是事与愿违。他们由于无知少知和悖乎时代要求，利用和宣扬儒家文化中过时的糟粕，即那些难以为时代所接受，甚至令人发噱的丑陋内容。他们的所谓“振兴儒家文化”，实际上是践踏儒家文化和对儒家文化进行了一次大破坏。儒家文化中应该扬弃的陈腐部分和弱点被他们“提倡”得暴露无遗，以致“五四”运动提出了“打倒孔家店”这类近乎绝对化的口号，与此不无关系。

从以北洋军阀集团为代表的近代军阀的主导思想、本身具备的条件，特别是他们的劣行和对社会进程所起的反作用，可以断言这个“军阀”概念应是一个贬义词，而对其定义和界说拟作如下的表述：

> 以北洋军阀为代表的近代军阀是以一定军事力量为支柱，以一定地域为依托，在“中体西用”思想指导下，以封建关系为纽带，以帝国主义为奥援，

---

① 陈志让：《中国军阀派系诠释》，见《中国现代史论集》第五辑，页24。

② 《辛亥首义回忆录》册1，湖北人民出版社，1957年版，页68。

③ 吴佩孚先生集编辑委员会：《吴佩孚先生全集》，台北大中书局，1960年版，页3。

> 参与各项政治、军事及社会活动，罔顾公义，而以只图私利为行使权力之目的之个人和集团。

这一表述显得有些累赘，但是否已经准确完整地表达，还值得商榷，为了在《北洋军阀史》问世前，能把这篇作为序论一部分的内容更完善些，所以先奉之读者以求教益，并以之纪念《社会科学战线》这一驰誉学术界的大型学术刊物的创刊十五周年。

原载于《社会科学战线》1993年第2期

北洋军阀的来历

北洋军阀是中国近代社会的一个反动的政治、军事集团。它肇端于袁世凯的编练新建陆军，兴起于北洋六镇的设置，而形成于篡夺辛亥革命的胜利成果。这一发展轨迹说明这个军阀集团确有其不同一般的来历。

新建陆军

清代的武装力量，始而“八旗”、“绿营”，继而湘军、淮军。这些使用旧武器，接受旧训练的“旧军”，在历经各次“内忧外患”之后，已经逐渐暴露其弱点。特别是中日甲午战争一役，更加证明了“旧军”的窳败。于是，“一时内外交章，争献练兵之策”①。清政府为维持其统治，也准备重新组织新的反动武装。当时两江总督张之洞首先在南京编练“自强军”，有二千八百余人；淮系官僚胡燏棻也奉命在天津附近的小站地方编练“定武军”十营，共四千七百五十人。“自强军”和“定武军”后来都为袁世凯所接管，成为北洋武装力量的组成部分，而“定武军”则是“新建陆军”的直接前身，是袁世凯北洋军阀势力的第一块奠基石。

袁世凯是河南项城一个军阀官僚家庭的子弟，早年读书不成，便想借“军功”图谋出路。他凭着一些政治权智，先后得到吴长庆和李鸿章的赏识，不数年就由一般幕僚跻升为驻朝总理交涉通商事宜的专员，办理中朝交涉事务。中日甲午战争爆发前夕，他为避免承担战争责任，经过反复请托运动，得以奉调回国，

① 《清续文献通考》卷二〇三。

以温处道留京，充督办军务处差委。甲午战争后，袁世凯利用朝野上下要求改革军制的舆论，抢先招致幕友，朝夕译撰兵书，提出效西法练兵的主张；并上书督办军务处，陈述练兵办法和饷章营制。他又钻营结交，到处吹嘘，终于获得亲贵重臣奕䜣、奕劻、李鸿藻和荣禄等人的支持，于光绪二十一年十一月初到小站接管了胡燏棻的“定武军”。他派人到淮、徐、鲁、豫等地选募丁壮二千二百五十人，分编为步队二千人、马队二百五十人；又派人到新民、锦州等地招募骑兵三百人，把定武军扩编为七千三百人的“新建陆军”，正式奠定了北洋军阀的基础。

新建陆军以督练处为领导机构，袁世凯自任督练，下设参谋、执法、督操三个营务处。营制分左、右翼（相当旅），设统领二人，下设分统，主管各兵种训练。翼下设营，营有统带与帮统。营下设队（相当连），有领官。队下设哨（相当排），有哨官或哨长。哨下有棚（相当班），设正副目。计每营正兵步兵八百六十四名、护勇九十名、号兵二十四名、伙夫七十二名、长夫二百八十二名。

新建陆军是一支由洋枪洋炮武装起来的新式武装。虽仍以维护封建统治为目的，但它却有一些与“旧军”不同的特点。它很注重“逐细挑选”招募对象，规定了年龄（二十至二十五岁）、体格（身高四尺八寸，力托百斤，每时走十里）等标准。它厚给薪饷，凡士兵应募后就日给口粮大钱一百文；开差后给一百五十文，头目及粗通文字者二百文；到营后正头目月饷五两五钱，副头目五两，正兵四两五钱、伙夫三两五钱、长夫三两，并由饷局派员下营点名发放，避免克扣。它制定了一套比较严格的军法军纪如《行军暂行章程》、《操场暂行章程》、《简明军律廿条》和《查拿逃兵法》等，以约束士兵。它采用德、日军队的训练方法进行训练。所以当时有人吹捧它是“一举足则万足齐发，一举枪则万枪同声。行若奔涛，立如植木”①。

但是，这支新建陆军也必然地沿袭和发展了“旧军”的封建意识和做法。袁世凯继承曾国藩、李鸿章的衣钵，在部队中拉拢一批政客武夫结成死党，作为发展私人势力的基干。武的有王士珍、段祺瑞、冯国璋、陈光远、雷震春、陆建章、段芝贵等，文的有徐世昌、唐绍仪、周学熙、梁士诒和杨士琦等。袁世凯用种种封建纽带把这些人固结在自己的周围，形成一股北洋势力。

---

① 《戊戌变法》（中国近代史资料丛刊）Ⅱ，页三三八。

光绪二十四年（1898年），“新建陆军”与董福祥的“甘军”和聂士成的“武毅军”并称为“北洋三军”，共同隶属于直隶总督兼北洋大臣荣禄。北洋军武装正式使用“北洋”名称，从此开始。从1895年至1898年，是北洋军阀的胚胎时期。

武卫右军

“新建陆军”曾引起维新派的重视，误认可以作为实现变法的依靠对象，便竭力与袁世凯交欢。袁世凯一面虚与委蛇，表示赞助变法，一面默察京畿军事态势，感到自己兵不及万，羽毛未丰，要触动荣禄等控制下的数万兵力，不啻以卵击石，便背信弃义地出卖了维新派，换取了那拉氏和荣禄的赏识。戊戌变法失败，荣禄即为袁世凯增补二千名士兵作酬劳，使袁的兵力达到九千余人。这时，袁为进一步结好于荣禄，建议将在直隶的毅军、甘军、武毅军和新建陆军加上另募万人作荣禄亲军，合编为武卫军，分为左右前后中五军，由荣禄亲自统率。新建陆军被编为“武卫右军”，拥兵万人，驻防天津小站，扼守西南要道。

光绪二十五年（1899年），山东地区爆发了义和团运动。十二月初，袁调任山东巡抚，率武卫右军前往镇压，乘机扩充了实力。次年三月，袁把山东的三十四个勇营裁并训练，改编成步、骑、炮共二十营，称为武卫右军先锋队，几达一万四千余人。接着，又把山东其他地方的旧营改编为新军，使袁世凯成为拥有二万余兵员的军阀。这是北洋军阀武装的一次大扩充。

袁世凯为训练“武卫右军”而编写了《训练操法详晰图说》。他把训练分别赋以思想教育和军事技术两个内容，所谓“训以固其心，练以精其技”，“兵不训罔知忠义，兵不练罔知战阵”，也即把资本主义国家的军事操典和效忠朝廷的思想并重。这本图说是“中学为体、西学为用”在军事上具体运用的典型，成为清末编练新军的重要教科书。

袁世凯指挥武卫右军在山东境内对义和团进行血腥大屠杀，而对八国联军在京津的军事侵略则按兵不动，保存实力。光绪二十六年（1900年）八月，联军侵占北京，武卫军的前后左中四军几乎全部崩溃，独有袁世凯的武卫右军反而以二倍于前的实力发展起来。同时，袁对逃亡中的西太后又供应饷银、缎匹，屡表效忠，换取了信赖。这样，袁世凯便成为一时风云显赫的人物，博得了中外反动派的青睐。李鸿章赞扬他“幽燕云扰，而齐鲁风澄”，帝国主义则以发现新的“强人”而高兴。

光绪二十七年（1901年），李鸿章死，袁继署直隶总督兼北洋大臣，次年六月实授。袁世凯继承了“北洋”的独特地位，成为各省督抚中的主要人物，有利于推动北洋军阀势力的发展。

北洋常备军

《辛丑条约》签订后，大练新军的呼声又鼓噪一时。清政府为做好帝国主义的工具，维持其摇摇欲坠的统治，遂在光绪二十八年（1902年）九月发布编练新军的上谕，命令各省督抚“将原有各营，严行裁汰，精选若干营分为常备、续备、巡警等军，一律练习新式枪炮，认真训练，以成劲旅”[①]。

袁世凯利用全国普练新军的机会，便以武卫右军为基础，从1902年至1904年间，在保定进行了“北洋常备军”的建设。

光绪二十八年初，袁即着手练兵。五月，又奏准创设“军政司”，管理编练北洋常备军事务，下设参谋、教练、兵备各处，以段祺瑞、冯国璋、王士珍分任总办，以王英楷任总参议，袁则总制全军。北洋军阀的核心基本形成。

北洋常备军的营制初分左右两镇，合两镇为一军；后又续编为五个镇和一个京旗常备军。它们的编练情况是：

（1）光绪二十八年正月，袁世凯奏准从直隶善后赈捐项下拨款一百万元做募练新军费用，派王士珍、王英楷等去直隶正定、大名、广平和赵州等地选募六千人到保定训练。次年七月编成“北洋常备军左镇”，三十年七月改称北洋常备军第一镇，这就是后来的北洋陆军第二镇。

（2）光绪二十九年初，袁世凯将保阳练军马队裁编为一标四营。次年二月又将元字淮军、北洋亲军马步各营改编为一协。同时，在直隶各地和山东、河南、安徽招募新兵编成步兵一协和炮、工、辎重各营队。三月间，把这些队伍编成北洋常备军右镇，七月改称北洋常备军第二镇，这就是后来的北洋陆军第四镇。

① 《光绪朝东华录》页四七一八，中华书局本。

（3）光绪三十年四月，袁世凯派人从河南、山东、安徽等省招募新兵，编成北洋常备军第三镇，驻军保定，这就是后来的北洋陆军第三镇。

（4）光绪三十一年三月，将驻京的武卫右军合并自强军及第三镇各标第二营编为常备军第四镇，各驻原地。这就是后来的北洋陆军第六镇。

（5）光绪三十一年五月，袁世凯以山东武卫右军先锋队十二营，从第四镇抽拨步、炮六营，并从山东各地招募新兵编为常备军第五镇，驻济南和潍县。这就是后来的北洋陆军第五镇。

（6）光绪二十八年六月，袁世凯奉命编练京旗常备军三千人，次年成协。三十一年五月成镇。这就是后来的北洋陆军第一镇。

袁世凯在编练新军的同时，为了培养嫡系的基层骨干力量，还兴办了不同类型的军事学堂，如保定参谋学堂、武备学堂、测绘学堂、将弁学堂等等。

袁世凯通过编练和培训两条渠道汇成一股集团力量，并以自己为中心，把这些力量黏合在一起，逐渐发展形成为北洋军阀集团。

北洋六镇

光绪二十九年十月中旬，清政府设立练兵处，表面上由满洲亲贵掌握兵权，而实际权力仍归袁世凯。设立练兵处本是袁世凯的建议，他既想集兵权于自身，又要避开清政府的疑忌。所以他推举被他收买了的奕䜣做总理大臣，而自己甘居会办大臣。练兵处的总提调徐世昌原是袁的得力幕僚。下设三司，军政司正使先后是刘永庆和王英楷。军令司正使是段祺瑞。军学司正使先后是王士珍和冯国璋。他们都是袁的爪牙和死党，而袁也自然地获得了军阀集团首脑的地位。

袁世凯利用练兵处，准备统一全国新军的编制番号，制定章则法令，从编制、官制、训练、装备、薪饷、级衔等各方面，对各省练军、防军和八旗、绿营等旧军进行改革，以集中统一兵权。其中最重要的一项是拟定了一套《陆军营制饷章》，包括立军、督练、设官、募兵、军令、训练、校阅、奖惩、恤赏、薪饷、营舍、军器等都有明确规定。

清政府还在光绪二十九年提出在全国编练新军三十六镇的计划，但直到武昌起义爆发前，只编练了十四个镇，十八个混成协，四个标和一支禁卫军，而袁世凯却利用这一合法的编练计划，采用招募与改编相结合的办法，于光绪三十一年

（1905年）陆续由北洋常备军改为北洋陆军，共为六镇。即：

（1）原京旗常备军改称为北洋陆军第一镇，由凤山任统制，驻京北仰山洼。

（2）原北洋常备军第一镇改称为北洋陆军第二镇，由王英楷任统制，驻永平及山海关附近。

（3）原北洋常备军第三镇改称为北洋陆军第三镇，由曹锟任统制，驻保定。

（4）原北洋常备军第二镇改称为北洋陆军第四镇，由吴凤岭任统制，驻马厂。

（5）原北洋常备军第五镇改称为北洋陆军第五镇，由吴长纯任统制，驻山东济南、潍县。

（6）原北洋常备军第四镇改称为北洋陆军第六镇，由王士珍任统制，驻南苑。

至此，北洋军阀的武装已由开始的七千余人增长到八九万人，成为清王朝新军的劲旅。袁世凯即以北洋武装的兵力做政治资本，攫取到身兼八大臣的权位（除直隶总督兼北洋大臣外，尚兼有参预政务大臣、督办山海关内外铁路大臣、政务大臣、督办天津至镇江铁路大臣、督办商务大臣，督办电政大臣，会办练兵大臣），成为声势显赫、权倾内外，继曾、李有过之而无不及的又一军阀集团的首脑。光绪二十九年御史王乃徵曾在奏折中抨击袁世凯已是“爪牙布于肘腋”、“腹心置于朝列”、“党援置于枢要”，“欲举吏、户、兵、工四部之权一人总摄，群情骇异，谓疑于帝制自为，倚信至斯，可谓古无今有”[1]。

北洋六镇的建立，标识着北洋军阀作为军事集团开始形成。当时，它的总头目袁世凯已经凭借这支武装攫夺了清政府一定的政治权力，但从掌握政权的实际情况看，生杀予夺的专制权力仍然在清统治者手中，袁世凯和其党羽的命运仍然操于清廷。它们可以随意调动袁世凯的职任，也可以借“足疾”为名“罢黜”袁世凯回原籍休致。如果不是革命声势风起云涌，咄咄逼人，给袁世凯以弄权的契机，袁世凯还不能较快地攫夺到最高的政治权力。而只有在辛亥革命之际，他既借革命力量逼清帝退位，又篡夺了革命成果，从而爬上统治全国的总统宝座后，才真正使北洋军阀成为一个具有政治、军事特性的军阀集团。从1912年至1928年，正是这个反动的北洋军阀集团对中国进行了十六年黑暗而残酷的统治。

原载于《文史知识》1983年第1期

① 《清续文献通考》卷二一九。

北洋时期的三次军阀战争

北洋军阀统治时期，曾发生过不少大大小小的战争，其中较著名和对北京政府有重要影响的是直、皖、奉三系军阀间的三次战争，但头绪纷杂、论说不一。将这三次战争的前因后果及战争经过进行剖析梳理，或使读者对这三次战争有一完整而简明的概念。

一、直、皖、奉三系军阀

袁世凯死后，北洋军阀集团因失去了唯一有资望与能统摄全局的人物而分裂为许多派系，其中势力最大的是以段祺瑞为首的皖系，以冯国璋、曹锟为首的直系和以张作霖为首的奉系。这三大军阀派系因各自首领段祺瑞、冯国璋、张作霖分别是安徽合肥人、直隶河间人和奉天海城人而得名。至直皖战争以前，内部纷争愈演愈烈。特别是段祺瑞与冯国璋两人，本来就积不相能，素不相容，此时更是公开对立。段祺瑞俨然以袁世凯衣钵传人和北京政府真正主人自居，大有目无余子、不可一世之概，视大总统黎元洪如傀儡，即对北洋同人徐世昌、冯国璋等亦有鄙薄之意。冯国璋则为对抗皖段势力在江苏督军任上联结长江诸督，更与民党通声气，自视为南部盟主。他的左右亲信也积极活动，其中河北同乡组成了一个拥冯排段的“成城团”，这个团体在北方军界里面有一定的力量，对段祺瑞攻击非常激烈。两人一南一北，各拥一派势力，为争夺北洋集团中的霸主地位而明争暗斗。

两派的地盘与权势之争，在张勋复辟以前就已殊形激烈。段祺瑞为了“掣冯之肘”，减削冯氏之势力，一方面极力拉拢坐镇蚌埠的安徽省长倪嗣冲，使之成为自己的铁杆势力；同时利用浙江督军吕公望在内讧中被驱赶下台的机会，将其亲信杨善德由淞沪护军使调任浙江督军，从而既获得了皖、浙两省地盘，又对冯国璋造成南北钳制之势。张勋复辟失败后，黎元洪引咎辞职，冯国璋以副总统代行总统职权，但仍留在江苏。段祺瑞等把冯国璋北上就任代理总统视为挟制冯氏并瓦解直系“长江三督”联盟的极好机会，因此，一面电冯，促其就职，并派心腹靳云鹏赴南京敦促，同时准备指派亲信段芝贵接任江苏督军。但冯国璋窥破了段祺瑞等人的计谋，因此迟迟不行，并密谋对策。一方面举荐江西督军李纯接任江苏督军，绥远都统陈光远接任江西督军，以保持直系在长江流域的地盘。在动身赴京之前，冯国璋因担心一旦只身入围城而为段所制，故于抵京时随带嫡派师旅十五师为拱卫军；嗣后又将与其颇有渊源的第十六师收归自己直接指挥。段祺瑞等见难于插足直系长江势力区域，便转而图谋湖南、四川两省地盘，提出傅良佐督湘、吴光新为长江上游总司令兼四川查办使的任命要求，作为同意李纯督苏、陈光远督赣的交换条件。经徐世昌出面斡旋，上述四人的任命令于1917年8月6日在双方各得其所的情况之下同时发表。从直、皖两系“各私其力，互相防闲”的情形不难看出，双方的矛盾已由暗中斗争而渐趋表面化了。

冯国璋入主总统府以后，很快在对南方护法军政府战与和的问题上与段祺瑞执掌的国务院之间展开了剧烈争斗，府院政潮于是又轩然大作。双方势均力敌，旗鼓相当，争斗的结果不仅是两败俱伤，而且势必使北洋集团的整体利益受到严重威胁。双方明知如此，然而在倾轧争斗时仍是各走极端，不留余地。由于直、皖两系为维护各自利益、争夺中央权力而相持不下，1918年10月，冯国璋与段祺瑞同时宣布下野，由徐世昌出任大总统。直、皖两系在西南问题上的和战之争也暂时告一段落。

在北洋军阀集团渐趋分裂，直、皖两大军阀派系相与争锋的过程中，关外的奉系军阀异军突起，成为北洋集团中与关内直、皖两系鼎足而立的重要派系。奉系军阀首领张作霖（1875—1928），字雨亭，奉天海城人。早年曾寄身草莽，后受清政府招安，成为东北旧军军官。1907年清廷任命徐世昌为钦差大臣、东三省总督兼管三省将军事务。奉天、吉林、黑龙江三省各设巡抚，以唐绍仪为奉天巡抚，朱家宝为吉林巡抚，段芝贵以道员赏布政使衔署理黑龙江巡抚。督、抚四人皆北洋集团中人，东三省遂成为北洋军阀的势力天下。徐世昌赴任时随带北洋第三镇出关，并以该镇为基础扩建东北新军。张作霖所部旧军改编为陆军第二十七师，仍驻防奉天，张亲任师长。从此，张作霖以这支军队为资本，在东北的势力日增，奠定了割据东三省的基础。因此，东北地区的军队从历史发展的渊源来看，应当算作是北洋军阀系统下的一支武装力量。

1916年4月间，张作霖利用袁世凯因称帝而陷入严重政治危机的机会，驱逐了奉天将军段芝贵，攫取了奉天盛武将军督理奉天军务兼奉天巡按使的职权，成为名副其实的奉省最高统治者。后地方官制改革，张作霖改任奉天督军兼省长，一手掌握了奉天的军政大权。袁世凯死后，张作霖趋附掌握北京政府实权的段祺瑞，成为督军团中的一员主将。督军团宣布“独立”期间，张作霖乘机招兵买马，扩大实力，新编了第二十九师，任命吴俊陞为师长。不久，他又抓住与其作对的二十八师师长冯德麟因参与张勋复辟而被捕入狱的机会，轻而易举地将该师收归己有。至此，张作霖不但已拥有三师之众，而且奉天全省也成了他的一统天下。之后，张作霖便开始积极向周边吉、黑两省及关内扩张其势力。1917年7月，张作霖趁黑龙江军队内讧之际，向北京政府推荐其儿女亲家鲍贵卿为黑龙江督军，并派兵护送鲍赴黑就任，夺得了黑龙江地盘。1918年初，张作霖与徐树铮暗相勾结，在秦皇岛截劫了北京政府从日本购置的军械；嗣后又大举派兵入关，并在军粮城设立奉军司令部，开始把势力触角伸向关内。同年9月，北京政府任命张作霖为东三省巡阅使，总揽东北三省军政大权。翌年7月，北京政府根据张作霖的意见，下令免去孟恩远吉林督军之职，任命张的亲信鲍贵卿为吉林督军、孙烈臣为黑龙江督军。东北三省全都纳入奉系地盘，张作霖也因此成为割据称雄东三省的“关东王”。

至此，直、皖、奉三系军阀形成鼎足之势，展开了为争夺权力的纷争与混战。

二、直皖战争

直皖两系在西南问题上的和战之争以冯、段去职告一段落，但在权力与地盘的分配上始终未能协调，因此双方的冲突非但没有缓和，反而不断激化，一场大规模的军阀混战正在酝酿之中。

段祺瑞去职以后，看似离开了北京政府的中枢，但由于他仍担任着参战督办，手中拥有参战军与安福国会两张王牌，仍置身幕后操纵着北京政府。为了巩固皖系军阀的独裁统治，段祺瑞继续从政治军事各方面来增强自己的实力。在军事上，他的参战军已因大战结束而失去了“参战”的借口，于是始而改名为“国防军”，继而又改称“边防军”，并派其心腹徐树铮主管。然而，不管名称如何变更，这支军队仍然是由日本负责训练、装备、指挥和严加控制的段祺瑞的私人军队。皖系军阀把这支军队看做私产，其高级军官固不待言，即团营长以下军官也都由皖系军阀的爪牙和心腹来充任。皖系军阀就凭借这支武装来排除异己，扩大派系实力。在政治上，段祺瑞当时虽然已不是内阁总理，但仍利用安福国会，操纵政柄，制造阁潮，阻挠和破坏南北议和的进程，形成内而与徐世昌、靳云鹏中枢政权，外而与曹锟、张作霖地方实力派相对立的局面。

这一时期，段祺瑞与奉系结怨于派徐树铮西北筹边一事。徐树铮是段祺瑞的得意门生和主要幕僚，有强烈的个人野心，为其他派系所嫉视。大总统徐世昌也颇不满他的作为，但怵于段祺瑞的威势，不能不有所顾忌。因此，当皖系军阀为占据蒙疆地盘而整编边防军准备西北筹边，并由徐树铮主持其事的时候，徐世昌立表赞成，于1919年6月13日顺水推舟地任命徐树铮为西北筹边使，24日又命徐兼任西北边防军总司令，督办外蒙善后事宜。让徐树铮到西北筹边，远戍外蒙，实际上是让他陷身于外蒙所谓“自治”的漩涡之中。7月18日，徐世昌以大总统令形式批准公布了徐树铮提出的“西北筹边使官制”。这一官制使西北筹边使拥有相当大的权力，除东三省为张作霖范围外，其余热河、察哈尔、归绥、晋、秦、甘、新各省及内外蒙古之一切政权，并所谓筹款权、用人权、采矿权、筑路权、军事权，俱归徐一人掌握。这一官制案一经提出，便遭到直、奉军阀的反对。特别是张作霖，他早将蒙疆地区视作自己理所当然的势力范围，因此授意东三省议员投票反对。但结果这个官制案还是获得了通过，由此，皖段与直奉军阀尤其是奉系军阀间的矛盾更深了。

皖系的主要对手是直系，直系自冯国璋于1919年12月28日去世后即由曹锟代其地位成为直系首脑，而曹锟又得力于他的心腹爱将——北洋军阀中的“后起之秀”吴佩孚。当时吴虽只是一名师长，但由于他身处南北战争的前线，因而其一言一行颇引人注目。他的权力所及也已不仅限于第三师，尚有若干直系部队受他的指挥，计有5个混成旅、4个补充旅的兵力。

吴佩孚在奉命对南方作战中曾耍弄其独具的政治手腕，始而驱兵疾进，所向无敌，继而陈兵不战，通电主和。从1918年8月初起，他连续发出“罢战主和”的通电，痛斥段祺瑞亲日卖国，谴责段祺瑞的“武力统一”是“亡国之政策”，揭露安福国会是以重金大施运动，排斥异己，援引同类，所选议员半皆恶劣。吴佩孚所运用的种种政治权术博得了南北军阀对他刮目相看。随着曹锟在直系军阀中地位的提高，吴佩孚也逐渐成为直系中名至实归的首领。

吴佩孚的“罢战主和”乃是借此反击段祺瑞对他的防范与钳制，并用以扩充个人和派系势力的一种手段。同时，他还与南军通款携手。1918年6月，吴佩孚未经北京政府同意，擅作主张，派代表与湘军代表订立了湖南停战协定。此后，他与西南军阀之间不仅密电往还，信使不断，而且还联名通电，共表主张。重大事件发生，吴佩孚与唐继尧、陆荣廷、谭延闿等人皆有密电往来。8月31日，吴佩孚更是向西南方面提出了签订一项旨在共同对付皖系的军事密约即“救国同盟条件”的建议，旨在反对皖段的“武力统一”。在得到西南各省的赞同后，便开始了联合反皖的行动。

在吴佩孚与南方军政府互通款曲的同时，曹锟与张作霖也密为接触，谋划反皖。约在1919年秋冬之间，直系四督（直督曹锟、苏督李纯、赣督陈光远、鄂督王占元）与奉系三督（奉督张作霖、吉督鲍贵卿、黑督孙烈臣）就结成了七省反皖同盟（后来河南赵倜又参加，成为八省同盟），但他们因段祺瑞资深望重而有所顾忌，不欲直接反段，遂采用封建时代的“清君侧”之策，集矢于徐树铮。而段祺瑞一向刚愎自用，绝不因外来压力而弃置徐树铮，于是局势就恶化到不可收拾的地步。

1920年1月初，吴佩孚根据与西南各省达成的协议，正式向北京政府提出撤防北归的要求。段祺瑞集团仔细地研究了吴军撤防问题，认为吴军一撤，南军乘虚直入，皖系即无可用之兵，自然会引起严重后果，而且吴军撤回保定后，对北京政府也将构成很大威胁，直、皖两系势必形成短兵相接的局面，因此，段氏集团决定阻止吴军北归。吴佩孚坚请自湘南撤防的电报如雪片似的飞往北京，而且措辞越来越激烈，大有不达目的誓不罢休之势。段祺瑞等见吴佩孚北归之意已决，不得不于5月17日以参陆办公处的名义发电，同意了吴的撤防请求。5月20日，吴佩孚率所部第三师及王承斌、阎相文、萧耀南三个混成旅撤出湘南防线，水陆兼程，迅速北归。31日，吴军行抵武汉，稍事休整，于6月5日继续北上，9日抵达郑州，遂即在直豫之交分布驻扎。至此，吴佩孚撤防完成，并将所部布置到保定至高碑店的京汉铁路沿线，摆开了与皖系军队对峙的姿态。与此同时，张作霖所部奉军也借口北京防务空虚，必须“拱卫京师”，于6月上旬将驻在独流的四个营开往廊坊。如此一来，京津地区已呈“山雨欲来风满楼”的态势了。

鉴于直皖关系日趋紧张，战争阴云骤然密布，时任大总统的徐世昌于6月7

日、14日、18日连发三电，敦请张作霖、曹锟、李纯三人迅速来京筹商解决时局的办法。曹锟与李纯因忙于作战前的准备，没有应召入京，只是派代表赴京以为敷衍。张作霖则早有问鼎中原、觊觎中央政权的野心，因而在接到徐世昌的求助电报后，便慨然整装就道，晋京充当“调人”。6月19日，张作霖抵达北京。20日、21日，张两次谒见徐世昌，提出挽留靳云鹏，撤换安福系三总长，补提外交、农商、教育三总长的调停方案。22日下午，张作霖携部属及联盟各省督军代表由京赴保，明为疏通曹、吴意见，实则共商对付皖系之策及议定调停政局办法。由于双方态度都比较强硬，直方关于解散安福系、撤除徐树铮兵权等要求，当然不为皖方接受，会议已成破裂。7月1日，直系曹、吴公开发布反皖通电。6日，张作霖又受徐世昌之托作最后一次调停，未获实效。次日，张作霖即悄然离京去军粮城，一面虚伪地发表“局外中立”宣言，一面则以军粮城为中心，在天津、北仓一带部署重兵，以示支持直系。奉系的态度变化说明直皖之间的战事已无可挽回。4日，徐世昌发布免去徐树铮西北筹边使职务、收回西北边防军的命令，皖系不仅不予接受，乃以兵力胁迫徐世昌于9日发出惩办曹、吴的命令，引起直系的愤激，双方已处于战云密布的前夜了。

7月9日，徐世昌发出惩办曹、吴令的当天，段祺瑞以“兴师讨逆”为名，将近畿皖军改称“定国军”，在团河设立总司令部，自任总司令，派徐树铮为总参谋，段芝贵为第一路司令官兼京师戒严总司令，曲同丰为第二路司令官兼前敌司令，魏宗瀚为第三路司令官，傅良佐为总参议，并命边防军第三师陈文运部开赴廊坊，第一师曲同丰部与陆军第九师魏宗瀚部、第十五师刘询部等开往长辛店、卢沟桥、高碑店一线，“分路进攻”直系军队。

直系方面获悉北京政府发布惩办曹、吴令后，“军心愤激，一意主战，更无回旋之余地”，当即以直系全体将士名义发布了早已拟就的《驱除安福系宣言书》和《为讨伐徐树铮告全国各界书》；曹锟亲赴天津举行誓师大会，将所部定名为“讨贼军”，设大本营于天津，设司令部于高碑店，派吴佩孚为前敌总司令兼西路总指挥，蓟榆镇守使兼直隶第四混成旅旅长曹锳为东路总指挥，直隶第一混成旅旅长王承斌驻郑州为后路总指挥。前线直军开始进入战备状态，吴佩孚以“讨贼军”前敌总司令名义发表了通电，并宣言“将亲率三军，直向神京，驱老段，诛小徐”。

与此同时，张作霖乘机调集奉军第二十七、二十八两师大举入关，在京奉路、津浦路以及马厂、军粮城一带布防。7月12日，张作霖与曹锟、王占元、李纯、陈光远、赵倜等联名发表声讨段祺瑞的通电；次日，他又发表派兵入关通电，宣称奉军入关的目的在于“扶危定乱”，“其与我一致者，甚愿引为同袍；其敢于抗我者，即当视为公敌”，将助直倒皖的意向明告海内。

从7月11日开始，直、皖两军在前线已有小规模的冲突。直、皖两军的战区分东、西两路，东路在京奉铁路沿线，西路在京汉铁路沿线。西路是双方的主力战争，皖军由段芝贵担任总指挥，直军则由吴佩孚担任总指挥。7月14日晚，皖军以边防军第一师和陆军第十五师为先锋，向吴佩孚督率的直军第三师发动进攻，直军不支，退出高碑店。同日，东路皖军由梁庄、北极庙一带向杨村直军进攻，直军在杨村站吊桥两旁架设大炮还击，双方互有伤亡，胜负一时未决。16日，由天津开来一支日本“护路队”，借口维护铁道交通，强迫直军移走大炮，并退到铁路二英里之外。于是，直军防线被打开一个缺口，皖军乘虚而入。直军放弃杨村，退守北仓，京津铁路因此不能通车。

从14日至16日，三天打了两仗，都是直军败北。17日，直皖战争东西两战场形势突变。在西路战场，吴佩孚主动退出高碑店，亲率一部直军，绕出左翼，向涿州、高碑店之间的松林店突击。这是皖军前敌司令部所在地。由于猝不及防，几乎没有进行抵抗，皖军主将曲同丰和司令部全体高级将领都做了吴佩孚的俘虏。结果，这一路的皖军边防军第一师、第三师及陆军第九师、第十三师、第十五师各部群龙无首，军心动摇，斗志全失，像山倒堤崩一样从高碑店败退下来。当天，直军占领涿州，并乘胜向长辛店追击前进。刘询所部陆军第十五师原属直系，是冯国璋的卫队，冯死后被陆军部收回。由于与直系有这一层渊源关系，此次直皖战争中该部虽奉命前来参战，但并不愿意真的与直军交战。战斗打响以前，就有刘询不稳之说，及至皖军在西路遭受重创，该部便不战而退，大部分投降，小部分逃回北京。段芝贵身为皖军西路总指挥，却以火车为司令部，在麻将桌上指挥作战。败讯传来，他便开动火车，直逃北京。自是西路统率无人，兵士益无斗志，一遇直军，非降即逃。20日，直军占领长辛店。随着皖军在西路战场的大败，东路战场的形势也急转直下。东线战斗打响后，皖军因得到日本“护路队”的相助，进展颇为顺利，前锋已逼近天津。天津是直军总司令部的所在地，又为保定粮站后路，若取天津，则保定不战自乱，再由汽车路截保定后路，就能使直军全军失败。但就在皖军准备乔装成警察队（因军队不能进入租界）潜入天津城时，传来了西线皖军大败的消息，同时奉军正式出兵参战，与直军一起向皖军发动猛攻。皖军东路总指挥徐树铮无心恋战，由廊坊逃回北京。东路皖军失去指挥，或溃或降，至20日后，京奉线一带已无皖军踪影。

段祺瑞迭接败耗，知大势已去，无可挽回，遂于18日请求徐世昌下了一道停战令，以阻止直、奉军进攻北京；同时派傅良佐赶赴天津，与直系具体商谈停战事宜，并主动提出了惩办徐树铮，解散边防军、安福俱乐部和安福国会等项，作为停战议和的条件。19日，段又通电引咎辞职，以应付败局。但已完全掌握战场主动权的直系并不想就此罢手。23日至24日，直、奉两军以胜利者的姿态进入北京分别接管了南、北苑营房。直皖战争至此即告结束。

直皖战争结束后，北京政府在直奉军阀的支配下，接连发布了多道命令，以处理军事善后事宜，清除皖系军阀的势力。7月23日，特派王怀庆督办近畿军队收束事宜。24日，准免"安福系三总长"李思浩、朱深、曾毓隽分别担任的财政、司法、交通总长职务；派田文烈署交通总长，财政、司法两部部务暂由次长代理；准免京畿卫戍司令段芝贵职。26日，撤销对曹锟、吴佩孚等的处分；令准京师警察总监吴炳湘辞职，派殷鸿寿继任。28日，准免段祺瑞督办边防事务兼管理将军府事务各职；裁撤督办边防事务处，撤销西北军名义，官兵给资遣散。29日，下令通缉查办皖系祸首徐树铮、曾毓隽、段芝贵、丁士源、朱深、王郅隆、梁鸿志、姚震、李思浩、姚国桢等十人。8月4日，下令解散安福俱乐部。8月7日，下令通缉安福系党魁王揖唐及骨干人物方枢、光云锦、康士铎、郑万瞻、臧荫松等人。与此同时，各地的皖系军队也相继被直、奉军阀收编或遣散。

直皖战争，漫天风云，扰攘中外，双方"冷战"长达二三年之久，战前互相攻讦的电报战也有一个多月，但真枪实弹的"热战"不过五天时间，便以直胜皖败的结局而告终。皖系军阀经此一战，军事和政治势力遭到毁灭性的打击，特别是段祺瑞、徐树铮等苦心经营数年，花费巨大代价建立起来的边防军和西北军，只经过短短数天几个回合的较量即告全军覆灭，这是段、徐等人所始料不及的。直、奉军阀联合打败皖系军阀后，共同成为北京的主人。但直、奉军阀共同主宰北京政府的局面并没能维持多久，昔日的盟友便很快公开反目，成为新一轮军阀派系纷争与混战的对手。

三、第一次直奉战争

1920年7月的直皖战争，由于直奉两系的联合作战，结果直胜皖败，段祺瑞宣告下野，从而北京政府由过去皖系单独支配的局面改由直奉两方操纵共管：一是曹锟，这位直系首脑人物，以胜利者的姿态步段祺瑞之后尘，坐镇保定，遥控北京政权；一是奉系首领张作霖，自居在战争中有举足轻重之地位，有拔刀相助之功而飞扬跋扈，抱着扩张势力的野心，坐镇奉天，想成为北京政府的太上皇。自此之后，以大总统徐世昌为首的北京政府要想干成任何一件大事，均须征得直奉双方的同意，否则断难施行。而且，这两大集团投靠、依附的英、美和日本帝国主义在中国的势力范围又各不相同，致使直奉两系之间矛盾重重。1920年9月，徐世昌为平衡直奉关系，任命曹锟为直鲁豫巡阅使、吴佩孚为副使，与张作霖之东三省巡阅使的地位相等，并共同协议曹、张在政府中均衡的办法。直奉双方在实力一度相对平衡的情况下，在短暂的时间内曾出现“和平”的局面。但对许多重大问题，如对南方的和战问题、国会问题、选举问题等等均未涉及，因此他们之间只是有了一个临时性的协议，并未解决根本问题，派系间的矛盾仍在酝酿、滋生和发展之中。矛盾主要表现在张作霖和吴佩孚之间。

直皖战争后，吴佩孚因屡立战功、名声大噪而不可一世。此时，他既不买张作霖的账，对曹锟也不完全驯服。加之英美等国在华势力又看中吴佩孚可资利用，在报章上把他吹捧成中国唯一的“英雄”，使得吴佩孚本人也颇为自负而有“舍我其谁”之感。尤其他对直皖战争中奉系作用的看法对张作霖颇有触怒。张作霖认为，直皖战争如果没有奉军参战，直军就不可能取得胜利，因此奉军的倒向是这次战争孰胜孰败的决定因素。吴则认为，奉军参战投机取巧，坐观成败，这次战争决胜负的关键一战是松林店一战，而这一仗是他立下的汗马功劳。因此，他对张作霖在战后抢夺大批辎重武器及财物，且将战时所获军用品，装车百辆运奉的举动，尤为“愤懑不平，几欲动兵截击奉军”。吴又认为，既在军事上取得胜利，在政治上就应当有极大的发言权，而他的政治主张理应受到全国各方面的特别重视。应当说，吴佩孚不仅懂得军事战，喜用策略，而且也颇谙政治战，善抓题目。当时南北政府分立，军阀混战，百姓思治，而他早有取消南北两个政府，另立新政府的野心，于是便大造舆论，提出召开国民大会解决国事，以平息纷争，并于1920年8月1日发出通电，提出召开国民代表大会的具体办法，以谋求政府权力。吴佩孚召开国民大会的主张，得到不少团体和个人的响应和赞同，但却遭到徐世昌、靳云鹏、张作霖等的强烈反对。特别是张作霖，他认为吴佩孚不过是曹锟手下的一个师长，所以对吴甚为轻视。后来，由于日本的干预和张作霖等人的坚决反对，特别是直系内部意见也不一致，吴佩孚炮制的“国民大会”的计划未能实现。这使吴佩孚意识到，他自己支配北京政权的条件还远未成熟，也就是说，他的实力还不能左右当时的政治局面，这迫使他下决心扩充自己的力量。于是，他把自己统率的第三师全部撤回其盘踞的洛阳，以示“不问朝政”，并决定在此埋头练兵，扩大实力。洛阳素有“九朝故都”之称，为十省通衢，四通八达，地理适中，在此驻兵，则居中可御外，宜于武力统一全国。当时，吴佩孚以直鲁豫巡阅副使的名义，统率兵力达5万之众。吴佩孚在洛阳一方面扩充师旅，补充兵员，配备新式武器，加紧操练；另一方面，为了最大限度地扩充自己的势力和取得帝国主义的支持，他坚持向英、美官员和民间人士讨好，以便在他取得最高权位的时候，赢得他们“道义”上和物质上的支持。

奉张深知吴佩孚在洛阳整军经武的野心，便把吴视为最危险的对手，时刻加以戒备。随着直奉间矛盾的逐步加深，奉系在不断扩大自己营垒的同时，更加投靠日本帝国主义。正是在日本帝国主义的大力支持下，张作霖才敢于抛开直系，鼎力支持梁士诒组阁，且在梁受到直系吴佩孚的攻击之时，以一种不屑一顾的态度，向梁作出一切问题自有本帅做主的保证。而吴佩孚对梁士诒的一举一动早就开始注意，并紧紧抓住梁数次组阁中对内失措、对外屈辱的罪状，不断发动各方发布电报文告，以舆论战进行倒阁活动。奉张也了然吴之倒梁，实在反奉，奉张不得不以调停阁潮方式应战。

吴佩孚在进行舆论大战的同时并没有放松军事上的准备。1922年初，吴抽兵沿京汉北上，并接连增加兵额，调动防务。至1月中旬，北上直军已有二三万人。2月下旬，吴还在洛阳召集军事会议，与甘、陕、鄂、赣、苏、鲁、豫、直八省督军代表取得一致意见，即“对奉坚持到底”。奉张方面也采取了相应的对策。2月1日，关内奉军总司令部召开紧急会议，研究对策，不过这时奉军对于直军的备战还是采取以防为主的策略。上旬，张作霖再次召集高级军官会议，令关外的部队整理军装、军备和军火，进行野战操练，并要求听候动员，令下即刻出发；关内的驻军也相应频频调遣，甚至关内军官的眷属亦须连夜收拾行李，发给免票，一律回奉，备战气氛已很紧张。

4月13日，曹锟在保定召集直系军官会议，决定“放弃天津，固守保（定）郑（州），衅不我开，取攻势防御”，并当即授吴佩孚以军事全权，甚至表示“本人亦完全听令”。15日，吴佩孚由洛阳赴保定，与曹锟商定对奉战略。根据吴佩孚原已进行的部署和奉军已占据的目标，在保定、郑州各集中3个混成旅，沿津浦线直军均向京汉线撤退。以近畿琉璃河、高碑店一带为第一防区，保定至顺德为第二防区，郑州、洛阳为大本营。曹锟、王承斌任正副司令，沿京汉线北接保定，迎击长辛店奉军。吴佩孚为南路司令，坐镇陇海方面，一翼向徐州与江苏联络，控制皖浙方面军队，使之不得与南下奉军连接；一翼沿津浦线北上，以直接进攻奉军。同日，奉军在山海关设总司令部，并定名为“镇威军”司令部，由第二十七师师长张作相任兵站总司令。为加紧储运军备，又在奉天设立总兵站，并在关外以锦县为主地，关内以滦州、天津为主地，沿京奉铁路之沟帮子、绥中、山海关、唐山、静海、杨柳青等处设立分站。至18日，入关奉军已达67列车。22日，张作霖以镇威军司令名义发布入关通告，表示以武力为统一后盾，并决定亲自率兵入关。同日，吴佩孚则发布通电，指责奉军入关是“节节进逼”，要求奉军一律退出关外，驻京奉军司令部同时撤销。同张作霖一样，在设法约束对方的同时，吴佩孚也大量调集自己的军队。其时，吴已将共6师、6混成旅约10万余人、炮75尊集中在京畿琉璃河一带，分为两路部署：以张国镕为东路司令，统帅第二十六师、第十二混成旅、第十三混成旅、第十四混成旅及第三师之一部分，任天津一带防备；王承斌为西路司令，统帅第二十三师、第二十四师、第一混成旅、第十五混成旅、第三师之一部分，任京保一带防务。

至21日，直系兵力布防基本就绪，再次向奉张发出挑衅。同日，吴佩孚纠合齐燮元、陈光远、田中玉、赵倜、萧耀南、冯玉祥、刘镇华等军阀发表抨击奉张的通电。22日，曹锟又发出通电，指责张作霖在京津以及长辛店一带布置战线等情事，并谓：“统一当以和平为主干，万不可以武力为标准。方今人心厌乱已极，主张武力必失人心，人心既失，则统一无期，可以断言。”直系方面气势汹汹，尤其是曹锟的表态使战争的火药味愈加浓烈。直奉两方的剑拔弩张，引起人情惶恐，北洋元老王士珍，邀集张锡銮、赵尔巽以及王占元等六人，分别致电曹、张，调停直、奉纠纷。但这种毫无实际利益内容的调解是软弱无力的，甚至大总统的处置亦遭到拒绝，双方的交战气氛已形一触即发之势。4月26日，吴佩孚、齐燮元、冯玉祥等一大批直系将领联名发表“宥”电，以千余字的长文，颇为“义正词严”地宣布了奉张“十大罪状”。当日，吴佩孚召集直系将领行誓师礼，并于誓师后即赴前线督战。27日，张作霖发出通电，痛斥吴佩孚的种种罪行已为“天地之所不容，神人之所共怒”。双方彼此揭露罪状的电报宣告双方已形决裂，立即将战争叫嚣付诸武力行动。

在正式交战前，两军的战线迅速逼近，并发生数次摩擦。4月26日开始，由直系首先发起攻势，当日凌晨3时半，吴佩孚下令各军前进，由琉璃河、固安、

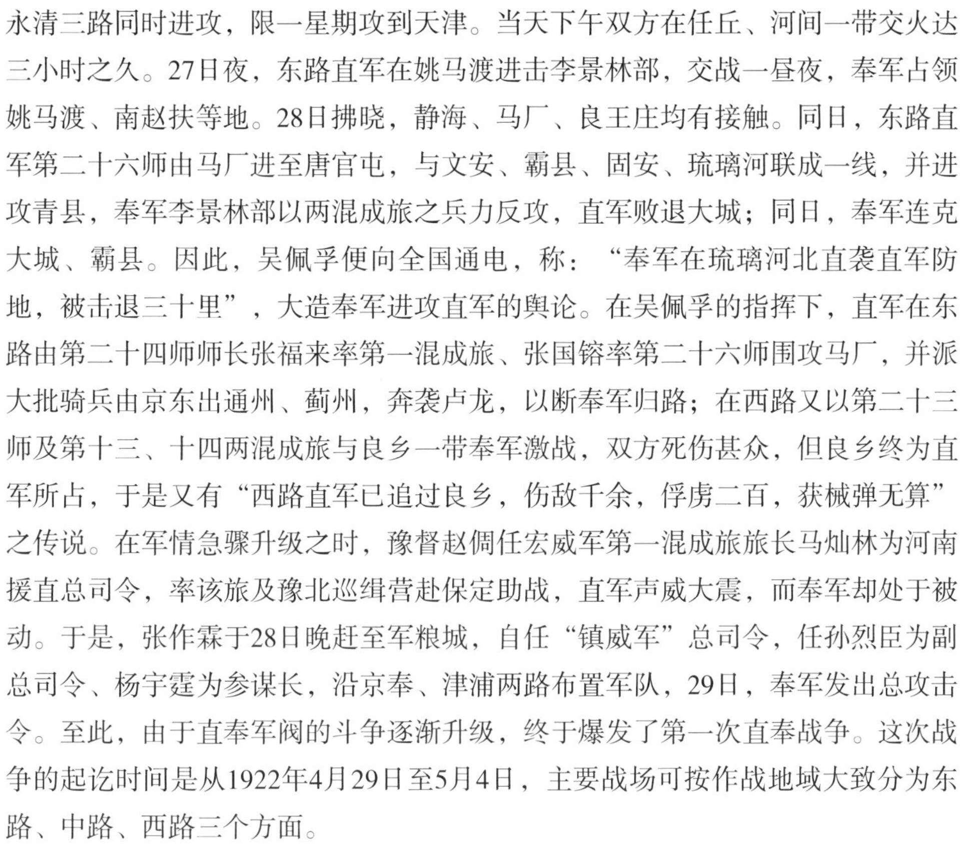

永清三路同时进攻，限一星期攻到天津。当天下午双方在任丘、河间一带交火达三小时之久。27日夜，东路直军在姚马渡进击李景林部，交战一昼夜，奉军占领姚马渡、南赵扶等地。28日拂晓，静海、马厂、良王庄均有接触。同日，东路直军第二十六师由马厂进至唐官屯，与文安、霸县、固安、琉璃河联成一线，并进攻青县，奉军李景林部以两混成旅之兵力反攻，直军败退大城；同日，奉军连克大城、霸县。因此，吴佩孚便向全国通电，称："奉军在琉璃河北直袭直军防地，被击退三十里"，大造奉军进攻直军的舆论。在吴佩孚的指挥下，直军在东路由第二十四师师长张福来率第一混成旅、张国镕率第二十六师围攻马厂，并派大批骑兵由京东出通州、蓟州，奔袭卢龙，以断奉军归路；在西路又以第二十三师及第十三、十四两混成旅与良乡一带奉军激战，双方死伤甚众，但良乡终为直军所占，于是又有"西路直军已追过良乡，伤敌千余，俘虏二百，获械弹无算"之传说。在军情急骤升级之时，豫督赵倜任宏威军第一混成旅旅长马灿林为河南援直总司令，率该旅及豫北巡缉营赴保定助战，直军声威大震，而奉军却处于被动。于是，张作霖于28日晚赶至军粮城，自任"镇威军"总司令，任孙烈臣为副总司令、杨宇霆为参谋长，沿京奉、津浦两路布置军队，29日，奉军发出总攻击令。至此，由于直奉军阀的斗争逐渐升级，终于爆发了第一次直奉战争。这次战争的起讫时间是从1922年4月29日至5月4日，主要战场可按作战地域大致分为东路、中路、西路三个方面。

东路战场接战时间最早，主要在津浦线进行。4月21日即有奉军阚朝玺部与直军张国镕部发生冲突，双方几经接触，互有伤亡，至28日便集兵于大城一带。当时直军占领县城，奉军进攻，直军以第二十六师增援，双方激战甚烈。29日午，奉军张作相统率卫队旅四营及第四混成旅一团进攻直军第二十六师之后，又调第三混成旅助战，直军不敌，退向任丘。30日上午，奉军加增李景林部万余人，并集中优势火力，以机关枪为前导，并附以骑兵，进攻任丘。正值直军难以抵御之时，王承斌部援军赶到，大败奉军，乘机追击，占领大城白洋桥。5月1日，王承斌亲自指挥部队迎战奉军，在姚马渡、白洋桥附近经过九次交锋，终于击败奉军，将军队布防于青县、大城、霸县之间，又于次日攻克大城县。奉军失守大城后，即派张学良率步兵万人，许兰洲率骑兵一旅、炮兵一团增援，直军也增加第三师之一部，双方鏖战经夜，奉军大败，向东北方的杨柳青溃退，直军遂于5月3日再攻马厂，由于奉军急调驻扎静海、杨柳青的部队助战，使直军一度失利，幸而任丘方面的援军及时赶到，才使直军得以喘息；直奉两方在姚马渡、白洋桥一带二次交锋，奉军连攻五次，直军正勉力招架之时，传来直军在中路获胜的战讯，顿时士气大增，连连反击，奉军向静海方面撤退，直军遂占马厂、青县。至此，败退后集中于静海方面的奉军尚有4个旅的兵力，曾谋组织反攻，不料5月4日传来西路奉军大败的消息，顿时鸟兽四散，直军进占静海，奉军7000余人缴械投降，直军乘胜追击，奉军残部且战且退，经杨柳青退至北仓，再退至军粮城，终于5月7日全部缴械。

从当时战争形势看，西路最为重要。西路战场虽号称为京汉路沿线，但实际作战范围仅在京西南方向的百余里之内，主要经历了长辛店、琉璃河、卢沟桥诸次大战。长辛店为西路奉军司令部所在地，由第一师、第十六师驻守。4月28日，直军张福来所部第二十四师和董政国所部第十三混成旅向长辛店奉军开战，奉军早有炮兵准备，且周围还埋设了地雷，直军死伤甚重；至傍晚时分，直军西路总指挥孙岳出兵突袭奉军，致敌死伤千余人，幸而奉军有汲金纯部来援，才使长辛店失而复得，并迫直军退兵60余里。29日晨，奉军追击直军至琉璃河附近再次交锋，直军先败后胜，复据良乡，并于晚10时由南岗洼进逼长辛店，据守长辛店的奉军一面以猛烈炮火阻击直军，一面调集第二十八师第九旅、第二旅及察哈尔骑兵旅的优势兵力向直军反攻。由于直军以村庄民房为掩护，所以连同附近南岗洼、北岗洼、水流坊、东王庄等十余村庄均被奉军的炮火击毁。两军屡进屡退，伤亡无算，奉军集中炮火猛攻直军阵地，情势异常吃紧，而吴佩孚严守长辛店，指挥董政国的第十三混成旅坚守阵地以疲奉军，如此奉军猛攻，直军坚守，相持一天一夜。至30日，吴佩孚下令改攻为守，直军乃从长辛店返回良乡以南。直军退走后，奉军西路第二梯队长邹芬亲临前线重新布置防御，在长辛店前方设榴霰弹炮位七座，每座架六寸口径炮三尊，由暂编第一师、第十六师及第九混成旅的兵力正面迎战，以第十九师及第二十八师在长辛店以北助战。这天拂晓，前敌直军分三路来攻，每路分火线三道，双方投入军队近10万人，这一场厮杀直至午后，然后又在南岗洼、卢沟桥、窦店、琉璃河一线流动作战，其中在琉璃河附近交战甚剧，直军由卢沟桥败退。由于双方都集中了大量兵力和火力，因此均损失惨重，直军旅长董政国、奉军旅长梁朝栋毙命。至夜，奉军回守长辛店，直军则返集良乡。5月1日黎明，由于奉军复攻而再次交战，孙岳将直军分为三路，企图以正面进攻长辛店、左右两路袭击奉军两翼的策略战胜奉军，但彼此短兵相接四次，直军死伤约千人以上，终不能达到目的，届时已近午夜，只得退守琉璃河。2日，中路正值大战，直军为阻止奉军增援，乃以猛烈炮火向长辛店和奉军阵地轰击，并派两架直升飞机投掷炸弹，奉军慑于炮火未能出战，使直军趁此得以喘息。直军多为步兵，擅长夜战，于当日夜再袭奉军，企图直捣长辛店的奉军司令部，奉军以炮兵优势拼命抵抗，猛烈的炮火直泻直军阵地，这一战虽然直军未能得手，但奉军已损耗大量炮弹。3日晚，吴佩孚探知奉军炮火消耗不少，乃亲自指挥，以大队直军利用夜色再攻长辛店的奉军正面部队，先以一营兵力诱敌上钩，另派精兵第二十一混成旅绕道奉军后方，从凤凰山门头沟一带压迫奉军右侧背面，迂回攻击，并截断对方援军来路，使奉军首尾难顾，狼狈不堪。4日晨，直军径扑卢沟桥，使奉军腹背受敌，而奉军炮弹均告用罄，一筹莫展。先是邹芬所部第十六师在门头沟投降，张景惠所部第一师及第二、第九两混成旅向卢沟桥一带溃退，直军乘胜攻克长辛店。张景惠令余部向丰台退却，吴佩孚率部追击，9时赶至丰台，严令直军只能前进，不准后退，临阵脱逃者立即枪毙，并亲率卫队在前方堵截，坚决制止任何奉军溃逃。11时奉军西路总司令张景惠突乘专车赴津，其部下秩序大乱，向张家口逃者约5000人，向廊坊、落垡逃者约3000人，其余四散，另有部分奉军由长辛店溃退经西直门至西苑，被京畿驻军解除武装，其余散兵在退逃中纷纷投降。至5日，直军增援部队加入战斗，直冲到丰台。吴又分化奉军内部，使奉军张景惠部第十六师向直军输诚。于是奉军前线陷于总崩溃，长辛店遂落入直军之手，奉军只好向山海关逃窜，3万余奉军官兵缴械，西路战事遂告平息。直军在长辛店之所以获得大捷，从而决定了整个战场的胜负局面，究其因，是由于奉军第十六师停止了战斗。第十六师原为冯国璋的旧部，本属直系，师长王廷祯被奉系赶走，改派邹芬继任。在直奉交战中，奉张把该师摆在前线攻打直军，这和两年前直皖战争中被皖系置于前线的直系第十五师一样，使其自相残杀，以消耗直系实力。结果反使这两支原属直系的旧部一遇有机会便立即倒戈相向，使整个战局发生变化。

中路战场在津浦、京汉路之间。直军中路集中地在固安，由吴佩孚亲自指挥；奉军张作相则驻永清县城，两军前沿相距甚近。自4月24日起便有小范围冲突，正式大战则从4月29日始，当时，直军指挥为第二十三师师长王承斌，奉军为第二十七师师长许兰洲，双方均为精锐部队，起初奉军稍占优势。从4月30日至5月2日，两军大战数次，固安两度易手，均未决胜负。由于中路牵制全局，故吴佩孚亲上前线指挥直军，与张学良、郭松龄所部之劲旅在奉军所占的霸县周围多次较量。直军采取前后夹击的战术，使奉军受到重创。张学良为扭转战局，组织了千余人的敢死队奋力反击，被直军击退，死伤惨重，郭松龄亦受重伤，奉军士气颓丧，溃败而退。直军夺取胜芳，并连克固安，奉军情势危急。张作相亲率第二十七师、第二十八师援军赶到，奋战四五个小时，直军渐疲惫不支。吴佩孚得知此情况后，率领第三师之一部策应前线，并亲自临阵，以鼓士气。对阵两方虽为精锐部队，但奉军由于左右支应，战斗力大减，使直军得以抽兵北移永清。4日，直军三面围攻永清，奉军终于坚持不住而败走，张作相率残部连夜逃往天津，中路战场首先告捷。直军一路追击，连克杨村、落垡，直将奉军赶至廊坊。5日，直军克廊坊，守军旅长自杀身死，千余官兵缴械，中路战争乃告结束。从双方交战开始，张作霖自恃兵械充足，一直坐镇军粮城，不料前方传来的多是战败的消息，其间虽曾亲至前线观战，但仍难挽颓局。从5月4日中路失利开始，东西两路也先后落败。张作霖见大势已去，只得下令结束战事，于5日带着他的行辕离开军粮城奔赴滦州。大量奉军溃兵除被缴械的以外，其余纷纷向东北方面退去。当战事已见成败之际，大总统徐世昌煞有介事地于当日向曹锟、张作霖发出命令，要求双方迅速收兵，办理善后，“奉天军队即日撤出关外，直隶各军亦应退回原驻各地点，均候中央命令解决”。而对于这场战争的是非则只能归罪于梁士诒等人，他同日发出的通缉令中称：“此次近畿发生战事，皆由于叶恭绰等构煽酝酿而成，实属罪无可逭。”据此将叶恭绰、梁士诒、张弧褫职后逮交法庭讯办。当然，这些命令无异一纸空文，直军继续追击败退的奉军，占领原奉军的地盘，并于6日进驻原奉军的大本营——军粮城，张作霖退至滦州。

直军在军事上稳操胜券以后，还要在政治上压倒对手。5月8日，曹锟以胜利者的姿态向全国发出通电，申明直奉战争乃系“奉张不惜甘冒不韪，首发大难”，而直系获胜，则“由人心公理，战胜强权”。报端发表吴佩孚接见记者的谈话，十分明了地表达了直系下一步的计划，其中声称：“张作霖无故进攻邻省，是彼挑战，使人民蒙害，此等行为，如有（犹）盗匪，彼何能再为东三省巡阅使及奉天督军，当然将彼之现有各职褫夺，使彼退为平民。彼若不承认此条件，余即不回洛阳。”此后，直系军阀便以各种方法向北京政府施加压力，以达到名正言顺地削弱奉系势力的目的。曹锟于9日致电财政部：“此次战事发生，一切饷款均由曹锟与曹锐以私产出押三百万，不足又另外挪借一百八十万，今锟拟辞职归田，请归还四百八十万，以免私人负累。”吴佩孚也电京索饷，称：“直军现已无以为食，请速先发二百三十万，以资维持。”大总统徐世昌对直系这种“项庄舞剑，意在沛公”之举自然心领神会，立即于次日发布了任免令，免去张作霖原任东三省巡阅使、奉天督军兼省长、蒙疆经略使各职，听候查办；吴俊陞调署奉天督军，特任冯德麟署理黑龙江督军；特任袁金铠署理奉天省长，特任史纪常署理黑龙江省长；东三省巡阅使一职着即裁撤。这是吴佩孚以奉攻奉，挑动奉系内部分化的阴谋。所以，冯德麟、吴俊陞、袁金铠、史纪常等都拒绝接替张作霖东三省本兼各职，并于15日发出通电宣称拒绝受命。与此同时，豫督赵倜因暗通奉张，在战争中宣布“武装中立”，亦被免职，由直系健将冯玉祥接替督军位置；又特任亲直系的刘镇华暂行兼署陕西督军。这样，直系军阀不仅借北京政府在政治上给予张作霖有力的一击，而且将豫、陕两省也并入了自己的地盘。

为一举全歼关内的奉军，直军特于5月10日任冀长马廉溥为北方前敌总司令，任标统米振标为北方后路总司令，专司收束奉军溃兵，并对追堵奉军有功者进行“特赏”，以资“鼓励”。至5月中旬，直军已将3万余军队开赴天津以北地区。流散的奉军败兵慑于外交团的警告未敢入京而多经天津溃逃，他们由于伤病饥馑而狼狈不堪，有的在车站内横置如物，有的下车后即要饮食，也有的掳掠抢劫，惊扰百姓，造成社会秩序一片混乱。当时，英、法、日等国列强为保护租界，已派兵1.2万余名驻津，并在海河各码头布置了兵舰，戒备森严。在这种情势下，奉军亦不能在天津驻足，只得分水、旱两路向山海关方向退却。

张作霖这次入关作战，率师约计5师10余旅，连日三路大战，死于枪弹炮火之下有2万余人，战伤及逃亡的有1万余人，被直军围截缴械的有4万余人。张作霖遁至滦州，招集残部，尚有2万余众，军费耗损约3000万元。奉张虽兵败一时，失去了巡阅使及蒙疆经略使的头衔和支配中央政权的势力，但他的精锐未失，关外之潜力犹存。5月12日，张作霖得知徐世昌的命令后，立即通电宣布独立，改称奉军总司令，宣言东北“自治”，不受北京政府节制。并开始将关外溃散的奉军陆续向滦州集结，至15日已达7万余人，还从吉林、黑龙江调来军队一混成旅，子弹7铁篷车，均开到古冶、开平、滦州、昌黎一带驻扎，摆出与直军再行抵抗的姿态。与此同时，奉系为保存实力在军事上组织退却，派专人在营口收集从水路退回的奉军，按名赏洋5元，然后调至辽宁沟帮子编练成军，以备再战。18日至19日，将退下来的万余步兵、炮兵、骑兵驻守在山海关内外，将2.5万余官兵派至关外绥中一带驻扎。在政治上，奉系则公开对抗已倒向直系的北京政府。5月19日，奉天省议会宣布东北三省实行联省自治，举张作霖为三省保安总司令兼奉天省长，吴俊陞、冯德麟等亦由奉天公署通电，否认徐世昌发出的调署命令。不料，奉军在关内的最后一个据点——滦州于20日即被直军调集的主力部队攻克，张作霖见已难以在关内立足，便将司令部移驻榆关。26日，张作霖回到奉天。奉系军队遂随之退回山海关以外。其间，直军曾在秦皇岛附近与奉军有所接触，但东北地区毕竟是奉系经营多年的巢穴，又是日本帝国主义势力范围之所在，使直军不能不有所顾忌，因此兵至山海关而罢手。是时日、英、美等列强又出面调停。6月17日，直军全权代表王承斌、彭寿莘（一说杨清臣），奉军全权代表孙烈臣、张学良，在秦皇岛海面的英国“克尔留”号军舰上签订了停战和约八条、附约两款，以榆关为两军界线。双方分别撤军。19日起，奉军开始撤到关外，直军除留一部驻防榆关外，大部撤回原防，两不相犯。

第一次直奉战争以奉系军阀的失败而告结束。在这场战争中，直系军阀投入兵力约10万人，大炮100尊，机关枪100架；奉系军阀则投入兵力约12万人，大炮150尊，机关枪200架，而且还有骑兵支援。在军事实力方面，奉军显系优势，但战争的结果却是直系获胜，其直接战果为歼敌1.1万余人，缴获枪械无算，仅东路战场即缴获大炮百余尊，步枪1.1万余支，手枪1200余支，军用汽车20余辆，子弹1列车，军装、粮米等不计其数。在政治上，直系在取得军事胜利后必然成为北京政府的实际操纵者，通过军与权的结合，直系将得到更多的利益。而奉系不仅在军事实力上受到空前惨重的损失，而且丢掉了关内的地盘，同时也大大降低了在北京政府中的地位和影响。

四、第二次直奉战争

直系军阀从1920年7月直皖战争获胜至1924年第二次直奉战争前，是为基本上控制中央政权的时期。其间可分为前后两个阶段：前段为1920年7月胜皖至1922年4月第一次直奉战争前，此时为直奉联合控制中央政权；后段为第一次直奉战争之后，奉系败退关外，直系独揽中央政权。在直系军阀统治时期，吴佩孚的权势炙手可热，成为北京政府的实际操纵者。他随意玩弄大总统徐世昌、黎元洪于股掌之上，通过“贿选”，将曹锟推上大总统宝座。直系军阀为了解决饷需、战费和个人私欲的靡费，就利用克扣军饷、滥报军费、贪污纳贿、卖官鬻爵、横征暴敛等种种手段敛财，尤其是为了扩充地盘发生过无数次大小军阀的混战。1923年3月间，吴佩孚在洛阳召开军事会议，以“武力统一”为口号，在川、湘、闽、粤各省点燃战火，在混战中扩张地盘，发展本派势力，掠夺人民财产，制造社会动乱。其中以1924年9月3日爆发的江浙战争最引人注目，这场战争是分别以直奉势力为背景的江苏齐燮元和浙江卢永祥之间的争夺战，也是第二次直奉战争的前哨战。与人祸同时，许多地区还遭遇了十分严重的天灾，人民挣扎在死亡线上。1921年，直隶、山东、河南、山西、陕西等省旱情严重，浙江、湖南发生水灾，甘肃等西北地区遭受震灾。1922年，湖南、浙江、安徽等地发生大水灾。1923年水旱遍及12省。1924年，闽、粤、湘、桂、鄂、豫、赣、冀、川、察、辽等省大水，淹没1.3万余人，财产损失高达12500万元，为数十年来所未有。北洋军阀统治下的社会已在风雨飘摇之中。

第一次直奉战争后，奉张虽败，只是丢失了关内的一些地盘，而关外的地盘及其实力犹存。张作霖退回关外后，在日本帝国主义的支持下，进一步巩固其在东北的统治，并积极整修军备，扩充实力，以谋再战。张作霖在整军中，首先注重提高军队素质，淘汰老弱杂散队伍十之二三，推行所谓的“精兵主义”。将所有的部队整编为陆军3个师、27个旅，骑兵5个旅，而且每旅以3个团为标准，约计有25万人的兵力，并扩编了2个炮兵独立旅和1个重炮团。同时，重用有专门军事知识经过严格军事训练的新派军人。设立陆军东北讲武堂，训练军官。改善和更新军备，使军饷充足，装备齐全，并建立空军、海军。修筑公路，开通电信，大量发行奉票，增强后勤保障机构。这种大规模的扩军备战，进一步加重了东北人民的负担，但对于奉系军阀来说，则是提高了与直系军阀较量的资本。

第二次直奉战争是在江浙战争进行的同时爆发的。1924年9月4日，为响应浙卢反直，奉张即以粤、浙、奉三角同盟为理由向直系宣战。9月15日，张作霖以镇威军的名义，自任奉军总司令，并遣军六路进迫热河朝阳，同时出动海、空军一部。所属六军分别由姜登选、李景林、张学良、张作相、吴俊陞及许兰洲统领。奉军的具体部署是：第一、三军担任山海关、九门口一线；第二军担任热河南路，向朝阳、凌源、冷口一线进军；第四军在锦州作为总预备队；第五、六两军以骑兵为主，担任热河北路。其中第一、三两军是整个战略计划的重点，战争的胜负将决定于山海关、九门口一线。

直系军阀首领曹锟获悉奉军向热河、山海关进发，军情十万火急，即数次电召吴佩孚火速入京共商对策，主持对奉的作战任务。吴佩孚自1922年7月由京返回洛阳以后，独树一帜，被视为直系中的洛派后台，并因为直系内部的权位争夺进而对曹锟贿选总统表示不满，便专意练兵，增强实力。为了实现“武力统一”全国这一政治目的，吴佩孚深知必须获得军队的指挥权，而其中关键的一环在于臣服各师，因此他必然要千方百计地削弱地方大小军阀的势力，掌握各师的实权。他的这些做法使直系内部各怀异心，在第二次直奉战前，已处于四分五裂的局面。对此，吴佩孚已有所察觉，所以当奉张发出挑战后，他曾密电曹锟，建议对奉采取缓和策略，以便争取时间，充实力量。但当面临奉系军阀的步步进逼，他除被迫应战外，已别无选择，故在拍发通电历数张作霖的罪状的同时，立即着手组织讨逆军，布置讨奉计划。讨逆军由吴佩孚自任总司令、王承斌为副总司令。前敌分置三军：由彭寿莘、王怀庆、冯玉祥分别统领。吴佩孚则于10月14日由洛阳乘车北上督师。抵京后，曹锟立即发出讨伐张作霖的命令，正式任命吴佩孚为讨逆军总司令，并将司令部设在中南海四照堂。

双方备战形势渐紧，自9月13日起，京奉铁路全线断绝，奉军开始向朝阳、山海关方面进发。15日，奉军李景林第二军第二十三旅李爽恺部在义州、九官、台门与直系毅军米振标部四营接战，拉开直、奉双方军事交锋的序幕。1924年9月15日至11月3日的第二次直奉战争较第一次直奉战争规模要大得多。直系方面包括直隶、河南、山东、热河、察哈尔、绥远六省的兵力在内，共计达25万人。奉系方面包括奉天、吉林、黑龙江三省的兵力约计17万人。双方兵力总数为42万人，而且均是陆海空一起参战。从这场战争的全局看，主要为热河、山海关两大战场，战线则由朝阳至冀东，先后经朝阳、赤峰、山海关、九门口、石门寨诸战，成为北洋军阀史上规模空前的一次军事较量。

由张作霖亲自指挥的热河战场是直奉双方的接战之处，在战略上无论进攻还是防守对奉系均有重要意义，尤其对确保山海关主战场的顺利进行关系重大。因此，奉方兵分南、北两路：南路由北镇出发，经朝阳、凌源进入喜峰口；北路计划由通辽至开鲁，再经赤峰南下承德，向喜峰口以西各口展开进攻。而直系在热河驻军相对薄弱：仅有龚汉治的第四巡防营5000人驻守朝阳一带，米振标的毅军7000人驻赤峰一带，张林的热河第一混成旅3000人驻林西一带，以及热河游击队2000人和热河巡防营1000人分别驻开鲁、绥东、平泉等处。这部分军队装备陈旧，布防分散，与奉系实力相比显然处于劣势。南路战场从9月15日奉军攻入义州至23日进入朝阳，一路取胜。同时北路在建平、凌源、赤峰进行激烈的战斗。随着奉军攻占赤峰，热河战场奉胜直败的大局已定，其先头部队迅速直逼长城的冷口，展开了山海关战场的大战。

山海关北倚燕山，南临渤海，山海之间相距仅7.5公里，以其“京师屏翰”、“辽左咽喉”之险要位置而向为兵家必争之地。因此直奉双方都将主力集中于此，山海关遂成为第二次直奉战争的主战场。直军对山海关一战早有准备，自9月中旬开始即将大批军队调至山海关一带。9月26日，吴佩孚与曹锟讨论前方战况时，在针对热河战场失利进行调整的同时，又对直军在山海关战场的军事行动再次做了布置，调集其精锐部队第十五师在山海关外的威远城一带布阵，抢占有利地势，修筑堡垒、工事，居高临下，对奉军构成威胁。奉军亦投入劲旅第一、第三军由郭松龄、张学良组成联军指挥部，奉军经第一次直奉战争后的整顿，改良了装备，提高了素质，尤其张作霖长子张学良在这次奉军的军事改革中脱颖而出，他与郭松龄指挥的第三军与直军可称势均力敌。双方形成军事对峙后，从9月17日开始，即发生多次小规模冲突，而且都调用了多兵种作战。10月7日，张作霖下总攻击令，双方在九门口、石门寨等要隘进行了激烈的战斗，伤亡惨重。10月16日，奉军三次突破直军防线，并在山海关激战，双方付出阵亡逾万人的代价。与此同时，奉军又进攻山海关附近的三道关、二郎庙，对山海关进行包抄，10月19日再增派兵力包围山海关。双方战斗异常惨烈，仅三道关、二郎庙之战，直军伤亡3000余人，奉军伤亡亦达八九百人之多。直军已在山海关战场陷于被动局面。

1924年10月23日，正值直奉两军在山海关附近激战、吴佩孚亲自督战接二连三受挫之际，参战的直系讨逆军第三路军总司令冯玉祥与直系援军第二路司令、陕军第一师师长胡景翼及北京警备副司令孙岳倒戈回京，派兵接管全城防务，占领京内外各重要据点和交通、通讯机关，包围总统府，将贿选总统曹锟囚禁在中南海延庆楼，并强迫曹锟下令前线停战。此即震惊中外的“北京政变”。

冯玉祥倒戈的消息传至前线，直奉战局急转直下。10月24日凌晨，张作霖获悉冯玉祥倒戈后，立即命令奉军各部乘胜猛攻，一举取胜。当日上午，吴佩孚在山海关视察督战，下午1时知内变消息时，直军的陕西暂编第一师师长胡景翼已率部东来，欲截断直军后路；晚6时，奉军向直军开战，吴佩孚首尾难顾，急电调集湖北、江浙、河南等省直军迅速北上，会师讨冯；25日亲率直军第三师和第二十六师余部万余人自秦皇岛经滦州，于26日返抵天津。吴佩孚抵津后，设临时司令部于新车站，将大部分军队集中于军粮城和杨村，等待增援。但北上援吴的直军在途中先后受阻，吴佩孚的讨冯计划又成泡影。10月31日，京奉路奉军三路进攻山海关直军，直军官兵蜂拥而逃，除主要将领由秦皇岛乘船逃回天津外，大部被俘，奉军在山海关附近缴获的枪支器械及各种军用物资不计其数。11月2日，冯玉祥的国民军先后和胡景翼所部向杨村步步进逼，并占领杨村、北仓。3

日，又追击吴军至天津郊外，将其缴械，并占领天津。同日，奉军攻下芦台，并占领军粮城。吴佩孚在奉军和国民军的夹击之下走投无路，只好率领其嫡系第三师残部2000余人，溃退塘沽，登“华甲轮”浮海南逃。其余参战直军均被奉、冯两军收降。至此，历时一个半月的第二次直奉战争以奉系取胜而宣告结束。

原载于《社会科学战线·创刊三十周年纪念号》2008年第9期

北洋军阀史研究札记三题

一、北洋军阀集团的形成

一股政治力量——一个政治派别或一个军事集团，其形成确实不是偶然的。我们在寻求这个问题时，往往是从它的社会条件和历史条件去考虑的。根据这样一种思路，北洋军阀集团的形成是否可以认为在十九世纪末期，历史发展进程到了这样一个时代，就需要有这样一个政治力量来维持这样一个局面。那究竟是什么样的一些历史要求呢？

从军事力量的发展来看，原来的旧军经过了实践的考验，证明它们已经腐败了，如湘、淮军队经过镇压太平天国和以后各次对外战争的实践证明确是腐败而不可用了。这一点作为湘军首脑的曾国藩、淮军首脑的李鸿章和他们部下的某些将领都承认要改变旧状态。淮军比湘军买办性更强一些，得到外国资助更多一些，改善了一些装备，但没有从军制上进行改革。所以，它面临实战就不经一击，必然溃败。但是，清朝这个政权要想继续存在就需要有一支能够保护和维护其统治权的军队。这就是北洋军阀集团形成的历史要求之一。

清代末期不仅要维护统治，还要挽救和稳定阢陧不安的危局。因此不仅要有镇压工具，还要有欺骗手法。清朝后十年的假维新运动正应此需要。假维新内容有很多，改革军制也算一项。因此编练一支新式装备进行新式训练的军队，就成为清政府末十年中的一个中心任务。从清政府主观愿望来说是为维护自己的统治，但实际上却给北洋军阀集团的兴起创造了合法的土壤和条件。从北洋军阀发展的整个过程看，袁世凯就是利用清政府这一合法条件，钻了全国编练新军的空子，发展了北洋军阀集团的势力。这就是北洋军阀集团形成的历史要求之二。

另一点，当时有一种社会思潮，即改革的思潮。这种改革思潮自从维新运动以来一直在发展，不仅影响一些知识分子，而且一些官僚也为迎合这种思潮，纷纷进行了一些所谓改革的活动。如张之洞、刘坤一、盛宣怀等都有些改革姿态。“改革”几乎是朝野之间的共同语言，无论是在朝的掌权者或在野的知识分子都想改一改，因为不改不得了，日子过不下去。这种改革思潮，一方面是它本身要维系衰落的统治，另一方面正是针对着当时资产阶级民主革命思潮的兴起。这时的改革思潮与十九世纪末期的维新思潮不一样。十九世纪末期的维新思潮是值得肯定的，而清朝末十年的改革思潮是为抵制资产阶级民主革命思潮而掀起的。它在军事方面就体现在建立新军。同时，二十世纪初民族资本主义的发展也为建设一支新式军队提供物质基础。这就是北洋军阀集团形成的历史要求之三。

这些历史要求从内部作为北洋军阀集团形成的背景条件，是形成的内因，也是主要的原因。当然还要考察外因。

外因主要是国际侵华政策的改变。帝国主义对华侵略已经历了六十年。它们先后采取过炮舰政策、共同瓜分政策。从鸦片战争到中日战争，它们实行炮舰政策。十九世纪末期又采取共同宰割中国的瓜分政策。但这些政策在实践中证明不大容易行得通：一是中国地域广大，用炮舰来完全占领实际上不可能；另是想瓜分势必引起分赃不均的问题，各国之间会造成新矛盾而相持不下；再一是中国人民在遭受侵略欺侮情况下逐渐觉醒而崛起反抗，开展爱国运动。因此，在二十世纪初期，帝国主义一变初衷，开始物色代理人，并通过代理人攫取所需权益，这就是北洋军阀集团形成的外因。

考察内外因固然重要，但也不能漠视某些历史人物的个人作用。袁世凯对北洋军阀集团的形成就起了一定的作用。由于袁世凯掌握一定的封建权势而便于组织力量。他先组织核心力量，包括王士珍、段祺瑞和冯国璋等人，又以这个核心力量为主不断融合其他旧军势力，如把姜桂题、张勋等吸收过来。袁世凯把组练工作作为他获取更大权势计划中的重要组成部分。他制定成套编练制度，有详细的章程办法，层层训练，使嫡系军队强大并有向心力，使非嫡系军队也能按照他的设计和轨道来改造。袁世凯以这支武装为基础，充分施展权术，善于利用矛盾抓住时机，使这支武装日益发展壮大。

统治阶级运用权术是不足为怪的。袁世凯便是一个善于利用时机的权术家，善于抓住战机来壮大自己。他可以背信弃义血洗戊戌变法，可以用屠杀政策镇压义和团，可以勾结清朝亲贵，可以收买旧军。他在辛亥革命中一手打倒革命，一手打倒清廷，达到夺取政权的目的。北洋军阀集团正是在一定历史要求下加上某些人物的个人作用而逐渐兴起、发展和壮大的。

二、北洋军阀集团作用的估计

北洋军阀集团在清末是维系晚清十余年统治的一个支柱。二十世纪初清朝政府各方险象毕露，已呈摇摇欲坠的衰落之势。但北洋新军却是一种刺激素，它使清朝政府陶醉于有所依恃。大多数人幻想通过袁世凯和他的武装势力能把阢陧不安的局势稳定下来。

北洋军阀集团也是辛亥革命时期转移政权的主要力量，如果不是这支军队在搞纵横捭阖，清朝政府是不是这么容易交出政权是值得考虑的。正由于这支军队当时已能够左右清朝政府的存亡，所以清政府才顺利地让了位。也正由于这支军队对局势的威慑力量，才迫使革命者退让，使袁世凯轻取中华民国的统治权。

北洋军阀集团还是统治中华民国的统一政权的代表。这个统一政权一直被称为北洋政府。在国内它是一个军阀政权，但对外它是中华民国的代表，是十六年统治时期的对外统一体。如果不承认这一点，在对外问题上就不好处理。北洋政府尽管政治上反动，但应承认它是统治民国十六年的所谓统一政权的实际统治者，是作为中华民国政权代表的实体。在资产阶级国家里，如美国不管共和党来一套，民主党来一套，还是进步党来一套，但对外总是代表美国政府的。

北洋军阀集团所掌握的北洋政府是由统一走向再统一的一个过渡。它在清政权这个统一政权覆灭后，再走向新军阀统一的时候起了过渡的作用。从统一到再统一的过程中，分裂割据是历史上常见的现象。汉经三国到晋，唐经五代至宋。北洋时期正类似这样一种过渡。

北洋军阀集团作用值得肯定的一点是军制改革。北洋军阀集团在改革旧军制上是起了重要作用的。我们对历史现象、历史人物值得肯定或不值得肯定的重要点就是看它本身比前人是否增加了新东西。北洋新军确是增加了前人过去没有的新内容。这支军队使中国的军制摆脱了旧有的落后而陈旧的现状，虽然还有很多不完善，但它终究是朝前走了一步。

在民国时期的十六年纷争过程中，北洋军阀集团充当了历史的反面教员，使人们对北洋政府的反动本质有所认识，对人民的觉醒起到一定的刺激作用。孙中山虽然采取过以军阀治军阀的错误政策，指望以一个军阀打倒另一个军阀，后来甚至不惜联合段祺瑞和张作霖。但孙中山在混乱纷争过程中逐渐认清了北洋政府是军阀、政客、官僚“三三制”的联合统治。孙中山新三民主义的重新解释和他从军阀纷争过程中得到的现实教育有关。在纷争过程中，各派军阀互相厮杀，自我削弱，终由新军阀取而代之完成了全国范围内的一时的统一局面。总之，北洋军阀集团对于中国社会的破坏，对人民生活所制造的种种灾难，对国际帝国主义的惟命是从丧权辱国等等都起了阻碍历史发展的作用，但是，它在改革军制方面的成效是可以给予一定程度肯定的。

三、统一与割据

北洋政府统治时期，每个军阀都割据一块或多块地方，但在外表上要维持一个统一政府。无论哪派军阀起来当权都要维持一个统一政府。割据与统一的心理交错存在着。讲割据的原因容易，马列主义经典作家已有所论述。一是封建性的小农经济决定它的割据性，二是帝国主义物色代理人的政策决定它的分裂性（后一条是近代军阀与古代军阀的根本区别）。这两个条件从清代后期到北洋统治时期都存在着，那为什么袁世凯时代能够维系一个比较完整的统一政权呢？为什么袁世凯一死各派系就分裂了呢？我看是不是与中国传统文化中的大一统思想有关，与民族文化的向心力有关。从清朝统治来看，有近三百年的正统地位，因此在人们心目中有一个以清政权为中心的向心观念。清政权瓦解，人们就要寻求另一个向心力的中心。统一有经济、社会、阶级各方面的条件，但传统的意识形态也值得注意和探讨。前几年有两个美国人为中国的教育改革问题给胡乔木等同志写信，认为中国对青年教育应包括三方面，一是马克思列宁主义教育，二是西方的文明教育，但也不能忘记三是中国传统文化的教育。袁世凯是北洋系统中的权威人物，特别是在他身上体现着清代正统统治的影子。袁世凯能够统一，一方面是他有一支北洋新军的实力和八大臣政治地位的余响。但另一方面是由于人们渗透着中华民族文化中尊重统一的思想。一个统一的中心失去了，就需要找另一个能作精神寄托的偶像中心，袁世凯恰恰具备了作为偶像中心的条件，许多力量就向他凝聚过来，使他维持了一个形式统一的局面。袁世凯死后，这个中心失去了。那时唯一可以做这个中心的是孙中山。以孙中山当时的社会地位和声望，是具有一种精神维系力量的；不过这种精神维系力量主要在革命群众中，更多数没有觉悟的群众对孙中山的某些理论和主张还不理解。至于段祺瑞、冯国璋等人都不具备袁世凯所具备的那种体现清朝正统统治的精神力量，更谈不上像孙中山所具备的革命的精神力量。因此只能是各自为政。

研究民国初期的统一和割据问题可以有理论依据，那就是斯大林在谈到统一民族形成四要素时，把民族文化心理列进去了。从中国历史来看，还是统一时间长，分裂是统一的过渡，统一经过短期分裂又回归再统一。中国从秦统一后，统一就是人民的愿望。过去帝国主义都一直没有达到主观上想分裂中国的目的。中华民族在几千年的历程中已具备一种统一的胶合力和凝聚力，是能够团结一致的。中华民族的团结力量是主流，是民族的优良传统，其他势力想分裂这个民族，可能在某个时期、某个阶段得逞，但最终还是排除分裂，完成统一。帝国主义想尽办法操纵军阀分裂中国，但中国终究还是归于统一。

北洋军阀虽有割据现实，但从不自承割据，而且在割据现实的后面，总隐藏着一种要求统一的苗头和征兆。无论袁世凯还是段祺瑞、黎元洪、冯国璋、徐世昌等人，上台以后都要搞统一，都要以自己为中心统一其他各派系。所以在北洋时期，统一口号凌驾于一切口号之上。当自己力量足以制伏对方，并想用武力吞并对方时，仍以统一为口号，叫“武力统一”；当自己拥有了既得利益，但又没有足够力量制服对方时，便以统一来粉饰自己，维护自己，提出“和平统一”的口号。军阀和政客所叫喊的“武力统一”和“和平统一”都曲折地反映了人们共同的心理要求。社会上各阶层也都要打统一旗号，比如“统一党”、“统一促进会”等，他们各有政治背景，但都反映要统一的共同心理状态。这个共同心理状态在北洋统治十六年中起了一定的作用。割据一方的军阀不敢自立中央，对外还说统一，充其量打“联省自治”的旗号来对抗武力统一。因为不敢反对统一，所以说“联省自治”。

原载于《民国档案》1985年第2期

略论北洋军阀史研究中的几个问题*

一

北洋军阀是中国近代史上一个反动的军事政治集团，是近代中国半殖民地、半封建社会的产物。它从中日甲午战争后兴起，经过二十世纪开头十年的精心经营而发展成为一股重要的军事政治力量，攫取了足以左右政治局面的权力，终于乘辛亥革命之机窃夺了统治中国的权力。从此开始，直至国民党新军阀统治出现以前，北洋军阀集团虽然派系更迭比较频繁，但却一直霸占了全国的统治权（尽管这种统治权不够完整和有力），出现了一个北洋军阀统治时期。

北洋军阀史和北洋军阀统治时期史是两个具有不同含义的概念。前者是指这一军阀集团的兴亡史；后者则指在这一军阀集团篡夺全国统治权后直至失去这一统治权的这段时期内的各方面情况的历史。因此，二者的研究对象是有区别的。陶菊隐先生的《北洋军阀统治时期史话》所述的就是"1912年至1928年北洋军阀统治期间的历史"①。加拿大多伦多约克大学的陈志让教授在其《军绅政权》一书中也把北洋军阀统治时期历史的研究范围规定为"一九一二年到一九二八年之间的发展"。②这就是说：作为北洋军阀统治时期史的研究对象应该是包括从1912年至1928年这一统治时期的政治、经济、军事、文化、社会各方面的历史，

* 本文发表时署名来新夏、郭剑林、焦静宜。

① 陶菊隐著：《北洋军阀统治时期史话》重印说明，生活·读书·新知三联书店1978年版。

② 陈志让：《军绅政权》（中文本），第6页，三联书店1980年版。

勾画出这一时期的历史真实面貌。另有一本《北洋军阀史略》[1]则是以北洋军阀集团的兴起、发展、形成、掌权直至灭亡为中心线索而论述与此相关联的各种问题；但是，由于北洋军阀集团不是一个单纯的军事集团，而是一个军事政治集团，特别是在辛亥革命后篡夺了全国统治权的十六年中，它成为各种历史现象所围绕的中心。因此，又不能把北洋军阀史看成是单纯的军事史，写成像《民国军事近纪》（丁文江著）和《最近三十年中国军事史》（文公直著）那样的著述。北洋军阀史和北洋军阀统治时期史既有某些密不可分的地方，又各有所侧重。它们的研究对象既有区别，又有联系，即前者以军阀活动为主体，而后者则以反映特定历史时期面貌为主体。至于北洋军阀史与民国史、近代史、革命史等等之间的关系也正类此。

北洋军阀史的时间断限是从1895年小站练兵即北洋军阀集团奠基开始（涉及“八旗”以来的军队建制等是为阐明其继承源流），直至1928年覆灭止。其内容范围则不超出北洋军阀集团的各种活动——即从袁世凯作为北洋总头目开始，而段祺瑞的皖系，而曹吴的直系，而张作霖的奉系。他们先后主持和操纵了北洋政府，制造和影响了由于各种内外纷争与错综复杂关系所形成的种种社会现象。这些正是北洋军阀史所应侧重叙述的。至于其他与北洋军阀无历史渊源、无派系瓜葛的各种大小军阀及其活动则不属于北洋军阀史的研究范围。

二

过去，北洋军阀史的划阶段问题一直未受到应有的重视，也未进行过任何讨论。最近，正式提出划阶段意见的是彭明同志所写的《北洋军阀（研究提纲）》一文[2]。他把北洋军阀的兴亡史分为三大阶段：第一阶段，从1895年袁世凯的小站练兵到1916年袁世凯死去；这一阶段的特点是北洋军阀的兴起和扩大。第二阶段，从1916年袁世凯死去到1926年北伐前夕；这一阶段的特点是北洋军阀派系斗争和混战的剧烈化。第三阶段，从1926年7月北伐出师到1928年张作霖退到关外，是北洋军阀的衰亡阶段。彭明同志还对每个阶段的重要历史事件作了综合叙述。这一划分法体现了北洋军阀的兴亡历程，基本上显示了各个历史阶段的特

① 来新夏著：《北洋军阀史略》，湖北人民出版社1957年版。

② 彭明：《北洋军阀（研究提纲）》，《教学与研究》1980年第5、6期。

点。但是，我们认为在考察一个专门方面的历史进程时也应该注意到当时整个中国历史进程中的最重大的历史事件。这样的话，在划分北洋军阀史阶段时，可以把彭明同志的第一阶段划分为二。因为在这一阶段中，中国发生了一次具有重大历史意义的变动，即发生了推翻二千年封建专制制度的辛亥革命。这个重大的历史事件完全应该作为划分北洋军阀历史阶段的界标；而北洋军阀集团正是以辛亥革命为契机，由一个军阀集团一跃而为统治全国的政治军事集团，实行了中国近代历史上黑暗而反动的统治。因此以辛亥革命失败，袁世凯窃夺政权为界标划一阶段似乎更切合历史发展的实际。所以我们认为，北洋军阀史可以划分为这样的四个阶段：

第一阶段，从1895年袁世凯小站练兵（可以追溯一下它的继承源流）起到1912年袁世凯窃国前止。这是北洋军阀的兴起、发展和形成阶段。袁世凯在这一阶段通过一系列攫取权力的活动，不仅使自己成为北洋军阀集团的首脑，而且还“培植”了一大批军阀，豢养了一群政客，成为日后北洋军阀统治时期政治舞台上的重要角色。袁世凯正因为手中有了这一个军阀集团才能轻易地篡取了辛亥革命的成果。

第二阶段，从1912年袁世凯窃国起到1916年袁世凯在反袁声中自毙止。这是袁世凯从窃国到帝制自为、终而自毙的历史。它是以袁世凯为首的北洋军阀利用手中掌握的武装作为反动支柱以获取更大权益、摧残民主革命、复辟封建专制主义的阶段。与此同时，它也是资产阶级民主革命派为了挽救革命，进行自卫，反对袁世凯军阀集团破坏共和、复辟帝制而继续开展反军阀斗争的时期。在这一阶段，袁世凯一直维系着北洋军阀集团而居于它的总首脑地位，并掌握着一个比较松散的全国性统一政权。这是北洋军阀集团达到权力最高峰的大发展阶段。

第三阶段，从1916年袁世凯自毙后到1926年7月北伐开始前。这一阶段是北洋军阀集团在总头目袁世凯自毙后，内部分裂为直、皖、奉三个主要派系。他们之间既为争夺最高统治权而相互纷争混战，又为反对革命镇压人民而彼此“联合”勾结。他们纵横捭阖、翻云覆雨，把中国拖入到一个极为黑暗困苦的境地。而北洋军阀也自食其果，同室操戈，自我削弱，全国政网在日益解体。这是北洋军阀集团从自己的权力高峰走向衰落。但是，这种黑暗反动统治并未能阻止新事物的破土萌芽，滋长繁盛。以五四运动为转折，以中国共产党成立为关键而兴起的人民革命潮流已滚滚而来。它将吞噬北洋军阀的反动势力，给人民带来新的曙光。这一阶段先后由三个军阀集团更迭执掌形式上的全国政权。但因这一阶段充满纷争混战与所谓“联合”的变幻无常，历史的进程又较漫长，所以又可大略分为二小段：

（1）从1916年袁世凯自毙起到1920年直皖战争爆发前止。这一小段主要是以段祺瑞为首的皖系军阀执政阶段。它进行了一系列卖国残民的罪恶活动，军阀集团内部的派系纷争也日益显著与尖锐，最后在人民反段斗争浪潮中，皖系军阀被另一个军阀派系——直系所击败。

（2）从1920年直皖战争起到1926年7月北伐战争开始前。这一小段主要是各派军阀间相互为争夺全国统治权而进行混战和为对抗人民革命而进行反革命联合的阶段。

第四阶段，从1926年7月北伐开始起到1928年奉系军阀张作霖被迫放弃北洋政府政权退到东北止。这一小段是北洋军阀覆灭时期。北伐战争击溃了北洋军阀的反动势力；但胜利成果却为国民党新军阀所劫取。国民党新军阀代替了北洋军阀的统治，开始了中国近代史上另一个反动统治时期。

三

关于北洋军阀集团的特点，彭明同志在其《北洋军阀（研究提纲）》一文中曾提出了三点：一是军阀们各有一支为自己争权夺利而服务的军队；二是军阀们各有一块可以任意搜刮和统治的地盘；三是军阀大都是帝国主义在中国进行统治的工具。每一派军阀都有帝国主义作为他们的靠山。这一分析是符合实际的，不过还可以作些补充性的分析。我们认为可以从以下几个特点来认识北洋军阀集团：

第一，它以封建地主阶级为其主要的社会基础。

北洋军阀的大小军阀普遍地霸占土地、广置田产房舍，进行封建性的榨取和剥削。它的总首脑袁世凯在河南彰德、汲县、辉县等地占有土地四百顷左右，其家族占彰德全县田产的三分之一[①]。奉系军阀张作霖依恃权势攫夺了大量土质肥沃、交通便利的良田美产；他的部属则利用权势“按特别低廉的价格把有前途的地点买进，再慢慢吞并四邻”[②]。直系军阀李纯历年在江西、江苏等地搜刮所得

① 章有义编：《中国近代农业史资料》第二辑，第15、16页，三联书店1957年版。

② 章有义编：《中国近代农业史资料》第二辑，第19页。

而拥有了巨额财富——除贮存了黄金、珠宝和股票外，还把大量财富投放到土地和房产上，其中仅在天津地区的地产就有九十八顷余，值银二十八万元；在津出租的房屋有六千余间，值银二十八万元；另外家存现金达三百余万元[①]。

北洋军阀集团的大小军阀早期由于大多出身农村，与土地有着千丝万缕的联系，对于进行封建性剥削的手段比较熟悉，而对近代工业则一方面由于近代工业本身发展尚不显著引人垂涎；另一方面这些军阀又缺乏对近代工业经营管理的经验，还不太熟悉资本主义的剥削手段，所以多数军阀基本上仍是霸占土地的大小地主，而以封建地主阶级为其主要的社会基础；但是，随着历史的发展，近代工业有了一定程度的发展，特别是第一次世界大战爆发后，工业利润成倍地增长，大大地超过了地租剥削的所得，从而吸引了军阀们的贪欲，于是纷纷向工业投资。这种投资活动特别显著地表现在天津地区，从1914年到1925年天津新建工厂有二十六家，其中有北洋军阀投资的十一家，占新建二十六家工厂的42.3%。这十一家工厂的资本总额是1572万元，占二十六家资本总额2926万元的53.7%。具体如在1918年开业的裕元纱厂实际上就是安福系军阀官僚所办。该厂董事会的主要成员有：国务总理段祺瑞、安徽督军倪嗣冲、陆军次长徐树铮、外交总长曹汝霖、交通总长朱启钤、众议长王揖唐、督理奉天军务段芝贵和安福系议员王郅隆等。全部股本200万元，仅倪嗣冲一人就有股本110万元[②]。他和直系军阀冯国璋在直隶夹山、遵化、兴隆一带，拥有三处金矿。山东的中兴煤矿就是徐世昌、朱启钤等用私人名义创办的。号称“北四行”的盐业、金城、大陆、中南四家银行的资本主要来源于北洋军阀的投资——他们有倪嗣冲、徐树铮、徐世昌、王占元、吴佩孚、孙传芳、冯国璋等人。北洋军阀的要人在各种企业中的投资数目都很惊人。据一种不完全的统计：徐世昌1000万元、靳云鹏2000万元、梁士诒3000万元、徐树铮800万元、倪嗣冲2500万元、曹锟5000万元、王占元3000万元[③]。因此，北洋军阀又在一定程度上具有了资产阶级性质。

军阀们通过土地榨取地租，通过投资获得利润，又以所得进行高利贷剥削和购置土地。这三者的资金互相转化、互为增殖，使这批人物主要成为地主阶级中的重要组成部分，有某些部分并在一定时期进入了资产阶级行列，带有某些资产

① 杜春和等编：《北洋军阀史料选辑》下，第262页，中国社会科学出版社1981年版。

② 《天津早期民族近代工业发展简况及其黄金时期资金来源的特点》，天津市政协文史资料委员会未刊稿。

③ 《近代史资料》1962年第4期。

阶级色彩。这就是北洋军阀集团的最根本的特点。

第二，割据自雄，拥兵自卫。

北洋军阀不仅那些镇守使、督军、巡阅使、“联帅”之类割据一地、一省或数省，就是已经掌握北洋政府权力的派系也都有一定的直属地盘，如先后掌握北洋政府权力的直、皖、奉三系军阀都分别盘踞一定的地盘：皖系在直皖战争前就分踞河南、察哈尔、直隶、外蒙，而以北京为中心。它还与奉系联结组编一个第二十四混成旅，把势力扩展到福建。直系在直皖战后，势力勃兴，据有直隶、山东、河南三省地盘，其后又陆续扩展到湖北、陕西、江西、热河、察哈尔、绥远、福建等省。奉系除以东北三省为主要基地外，还深入到蒙疆、京津、热察等地。北洋军阀内部的互相倾轧、争夺，甚至混战，其重要原因之一就是争夺地盘。他们深深懂得：要有立足之地，一个军阀如果没有地盘，那就无法存在下去。因为割据一方就可以解决兵源、财源两大问题。他们可以在辖区征募、强派人力为他们争权夺利服役，他们可以在辖区勒索财物以供混战粮饷和私欲挥霍。如直系军阀张英华1926年在河南一省所勒缴捐税共达3400万元，再加上滥发纸币，供给驻军等在内将达1亿元。河南人民不论男女老幼每人每年负担要在3元以上。[1]其他军阀割据之地无不如此。

有兵则有权，这是近代中国的一大特点。它也体现在北洋军阀身上。当他们割据一方自雄时，必须要有兵力来维护地盘并发展自己，而当他们掌握全国政权时，又必须运用兵权以实现“武力统一”，巩固他们的统治权。在北洋军阀集团内部的各派系无不抓住时机扩充兵员。如直皖战争前，皖系拥有三个师四个旅兵力。直皖战后，直系崛起，嫡系兵力就有七个师五个混成旅，第一次直奉战争前兵力将近十万，到第二次直奉战争前夕，经过大事扩充，竟达二十五万人之众。奉系在1912年时拥有五个师、二十三个混成旅和三个骑兵旅的兵力，而到了1925年9月奉系鼎盛时期，兵员增达三十六万余人。

在北洋军阀集团内部似乎形成这样一种风气，就是不论官位多高，都要亲自抓一支军队在手里。袁世凯的权力可谓大矣，但是他仍然要成立一个“模范团”，自兼团长，名为培训军官，实则抓住实力核心；又专门成立一个“陆海军大元帅统率办事处”，亲自定夺一切军事要政。一般情况是决不放弃师长之类的职衔，如权倾中外、显赫一时的吴佩孚是以第三师师长兼巡阅使。五省联帅的孙

① 守愚：《直系军阀余孽对河南民众之剥削》，见《向导周报》第186期。

传芳是以巡阅使兼第二师师长。东北王张作霖除东三省巡阅使、蒙疆经略使、热察绥三特区都统三项重要职务外，仍兼第二十七师师长。如果一旦打算剥夺某个军阀的实际军权时，就必定会发生事故。如吴佩孚曾把直隶督军王承斌所兼第二十三师师长、河南督军张福来所兼第二十四师师长、湖北督军萧耀南所兼第二十五师师长一律开去，又想开去齐燮元所兼第六师师长、王怀庆所兼第十三师师长、郑士琦所兼第五师师长衔，结果在直系内部招来了这些大将的猛烈反对，王承斌甚至到保定面见曹锟以辞职相要挟。北洋军阀之所以如此“爱兵如命”，是由于处在军阀割据的条件下，不如此就无法保护他们的地盘和地位，就会失败。这正如毛泽东同志在《战争和战略问题》一文中所分析的那样：“外国的资产阶级政党不需要各自直接管领一部分军队。中国则不同，由于封建的分割，地主或资产阶级的集团或政党，谁有枪谁就有势，谁枪多谁就势大。”所以说，“辛亥革命后，一切军阀都爱兵如命，他们都看重了‘有军则有权’的原则”①。一些军阀史的研究著作也都注意到这一点②。

第三，各树派系，荣损与俱。

北洋军阀集团内部为了权力分配而各树派系。派系内相互依附，派系间相互倾轧，甚至兵戎相见。他们利用幕僚门客、同乡同学、师生姻亲、结义拜盟等等封建关系结合在一起进行种种争权夺势的活动。马克思说：“一切宗派的特点都是彼此依附和进行阴谋活动。”③这是完全符合实际情况的。他们奉行“一朝天子一朝臣”的信条。一人得道，鸡犬飞升；一朝失势，树倒猢狲散。所谓“一荣俱荣，一损俱损”，正是北洋派系势力消长的真实写照。如袁世凯死后，段祺瑞继起，权倾中外，门生故吏，亲信爪牙，结成皖系军阀，于是派系成员无不飞黄腾达，平步青云，窃据要津，不可一世。但在直皖战争中当皖系失败后，直系登上北洋政府舞台，于是直系人物纷纷沐猴而冠，弹冠相庆。而皖系要员如徐树铮、吴光新、曲同丰、曾毓隽、段芝贵、丁士源、朱深、王郅隆、梁鸿志、姚震、李思浩、姚国桢等则被明令通缉，身等罪犯，狼奔豕突，声名扫地，几无立足之地。

北洋军阀除了一批愚而自用、形形色色的赳赳武夫外，还有一批赞画帷幄、推波助澜的政客帮闲。这些人厕身于军阀幕下为之密谋划策，而军阀也倚靠这些

① 《毛泽东选集》第2卷，第511页。

② 陈志让：《军绅政权》（中文本），第6页。

③ 《马克思恩格斯选集》第4卷，第406页。

人为左右手而言听计从。二者狼狈为奸，同恶相济，给人民带来了更大的灾难与祸患。如阮忠枢入袁世凯幕未久，就被袁“大倚任之，新军军制饷章、文牍机务，咸出其手”[①]，一直为袁办理“切身政务机密”，充当袁与文武部属间的联络人员；袁则赞誉他“才长心细，学博识优”。徐世昌是袁世凯的高级谋士，为袁起草文告，制定策略，密谋措施，无不用心，成为袁世凯崛起至覆亡全过程中的轴心人物。袁世凯的总统府秘书长梁士诒，综揽中枢，又兼理金融，事权之大，罕有其比。帝制时又组织“各省请愿联合会”，假“国民”之名，推戴袁为“中华帝国皇帝”。袁世凯更网罗了杨士骧、杨士琦、孙宝琦、杨度、赵秉钧、陈璧、胡惟德、朱家宝、吴重熹、周学熙等等作为自己的亲信僚属，织成一幅“爪牙布于肘腋”、“腹心置于朝列”、“党援置于枢要”[②]的政治罗网，抛向全国。这种“古无今有”的局面正是袁世凯势力迅速膨胀的重要因素之一。

段祺瑞的统治，主要依靠徐树铮、张志谭、傅良佐、曲同丰诸人，而徐树铮尤为寸步难离的重要僚属。徐树铮威福自擅、左右政局，是段祺瑞的“灵魂”、段记北洋政府的决策人。直系军阀曾通电声讨徐氏罪状说：“蒙蔽总揆，胁制元首……国会夭绝，都门祸起。……安福诞生，结党营私，揽权窃柄。……强分界限，挑拨感情，既思以北图南，更谋削直祸皖。……欺蔑前辈，藐视王章。”[③]这正显示出徐树铮炙手可热的显赫权势，而段祺瑞则倚之如左右手，不可须臾离之，甚至不惜以个人去就维护徐树铮的弄权。吴佩孚的重要幕僚张其锽于1918年入吴幕。张曾手书致吴，历陈吴兵南下与北归的利害得失而使吴拜服，从而即通电倡导“全面和平”。从此以后，张其锽一直是吴在各项政治活动中的重要助手。谋士依附军阀，玩权弄势；军阀信用谋士，如虎添翼。

第四，纵横捭阖，制造政潮。

北洋军阀集团为巩固和增强个人权势，不仅凭借军事实力，而且还要弄政治手腕，其主要原因是由于辛亥革命后，资产阶级民主观念得到广泛传播，即使如北洋军阀之流的武夫悍将也不得不以虚伪的姿态，盗用民主旗号，利用国会、议员、宪法、选举等等工具，纵横捭阖地进行专擅权势的活动。他们制造政局混乱以便从中巩固和加强自己的权力。袁世凯当政时曾亲手导演了八次阁潮，无不为其走向帝制自为扫清道路。袁世凯始而以“政党内阁”之名，行“内阁政党”之

① 吴闿生：《北江先生集》第9卷，第32页。

② 王乃徵奏，见《清朝续文献通考》卷二一九。

③ 中国第二历史档案馆编：《直皖战争》第84—85页，江苏人民出版社1980年版。

实[①]，继而以“府院一体”之名，行“屈天下奉一人”之实[②]；终而收买政党，盗用名义，组织请愿，包围国会，强迫投票以实现洪宪帝制。及至帝制破灭，又要段祺瑞“树责任内阁之先声，为改良政府之初步”[③]，以应付危局。段祺瑞继起，一仍故伎，始则纠集“公民团”，包围国会，殴辱议员，强迫国会通过“参战案”以扩充兵力；继而策动“督军团”，鼓动复辟，以树自己“再造共和”之功；终而组织安福俱乐部，制造安福国会，操纵选举，以图控制整个政局。

吴佩孚是北洋军阀集团中继袁、段以后的中心人物。他既是能征善战的干将，又是制造政潮、玩弄权术的能手。1920年8月，当南北对峙，并立政府时，他从驻地衡阳通电提出召开“国民大会”以解决国是的政治主张，企图制造一个政治工具来建立以他为中心的政府。这一企图由于张作霖的反对而未能如愿。第一次直奉战争前夕，他为了打倒奉系，先对由日本和张作霖所支持的内阁总理梁士诒制造“倒阁”政潮，与张作霖进行了“电报战”达三个月之久，为第一次直奉战争击溃奉系作了舆论动员。

第五，卖国媚外，残民以逞。

北洋军阀以出卖国家利权，换取帝国主义的支持来扩充实力，进而建立反动统治。袁世凯在清末就以出卖路权来乞求帝国主义的培植；辛亥革命以后，为了镇压革命、镇压人民和帝制自为，又不惜进行善后大借款和接受“二十一条”。段祺瑞为了扩充皖系实力向日本进行各项借款达5亿日元左右，并订立所谓军事协定。直、奉军阀也都竞相投靠帝国主义，以取得政治上、经济上的支援。正是由于二者在政治、军事和经济各方面的相互勾结，遂使二者的利益紧密地联结在一起。于是帝国主义便以政治上的承认与支持而对北洋政府颐指气使；以军事上的资助军火，派遣顾问，训练军队而得以操纵武装，制造混战；以经济上的借款设厂而得以劫取利权资源。终于使中国成为帝国主义进行冒险投机的乐园。军阀们则由于借助帝国主义的支持和资助，就可以扩编军队，增强实力，并积极满足帝国主义的予取予求，充当政治买办来巩固既得利益并进一步攫取更大的权力。二者日益紧密的勾结，给人民带来了更深重的灾难。

北洋军阀在卖国媚外的同时，对内残民以逞。在凶残酷虐的统治之下，冤狱迭兴。即以袁世凯的军警执法处而言，屠戮残害，罄竹难书，衔冤负屈，为数累

① 黄远庸：《远生遗著》第2卷，第153页，商务印书馆1920年版。

② 马震东：《袁氏当国史》，第267页，中华书局1932年版。

③ 《政府公报》1916年4月22日。

累。至于连年混战，荼毒生灵，残踏地方，破坏生产，尤不胜言。各派军阀还为满足各自主子的要求和派系私利，不断混战，大大增加了军费的数字。据1925年陆军部统计年经费是2.6亿，几占总开支的1/2，加之所有军阀无不过着奢侈淫靡的生活，耗费也颇庞大。这些沉重的经济负担最终无不转嫁到劳动人民的身上。军阀们主要靠举借内债、勒征苛捐杂税、滥发纸币、栽卖鸦片和摊派兵差等种种搜刮方式。结果迫使人民陷入人命危浅，朝不保夕的绝境。

从这些特点看，北洋军阀集团毫无疑义地是一个反动的政治军事集团。他们在辛亥革命前后各十六年共三十二年的历史进程中只不过扮演了历史舞台上被人唾骂的丑角而已。

原载于《学术月刊》1982年第4期

北洋军阀集团的特点

以北洋军阀为代表的近代军阀是以一定军事力量为支柱，以一定地域为依托，在“中体西用”思想指导下，以封建关系为纽带，以帝国主义为奥援，参与各项政治、军事及社会活动，罔顾公义，而以只图私利为行使权力之目的的个人和集团。从上述的军阀共性出发，本文对北洋军阀集团的特点作出如下分析：

第一，它以封建地主阶级为其主要的社会基础，但某些部分在一定时期带有不同程度的资产阶级性质。

过去有一种意见认为北洋军阀的阶级基础是大地主大买办阶级[①]。关于大地主阶级方面有具体史料可证。但所谓“买办”似指北洋军阀集团代表了帝国主义的权益，我认为这是强调了它的政治内涵。而作为社会的阶级基础应该根据经济地位来判断。因此可以认为北洋军阀集团是帝国主义的代理人，是政治买办；而买办阶级似乎不能作为北洋军阀集团的社会基础。

另一种意见是以地主资产阶级为基础。北洋军阀含有资产阶级性质这一点是可以被接受的，但却应注意时期与阶段问题。它之带有资产阶级性质大体说来是在第一次世界大战后期开始，所以不能把二者并列。北洋军阀集团的专制统治和连年混战，对于资产阶级的利益是有所伤害和触动的。商人在混战中由于运输物资被扣，厘捐关卡勒索，市面不稳，币制混乱等等而感到不便，甚至蒙受损失。即使如既是实业资本家，又是政府官员和资产阶级政治代表的张謇也都怨叹其处境是“若乘漏舟在大风浪中，心胆悸栗”[②]。所以北洋军阀集团代表资产阶级的比重是值得研究的。

---

① 荣孟源：《要重视西南军阀史的研究》，见《西南军阀史研究丛刊》第二辑，贵州人民出版社，1983年6月。

② 1914年12月家书，见《张季子九录·专录》卷9。

还有一种意见是通过对45个军阀官僚私人资本主义经济活动的考察，认为“军阀官僚中的一部分人基本上已与封建生产关系相脱离或转化，这是与他以前的统治阶级很大的不同点”；而且这些军阀官僚私人资本的性质，亦应“属于民族资本”[①]。这一意见似乎过于强调了资产阶级性质方面而忽略了北洋军阀集团的封建性，对于“军阀官僚私人资本”的来源也没给予应有的注意。

近年来，更有人认为清朝被推翻后，旧地主已不是军阀割据的拥护者和支持者，真正的社会基础乃是破产农民和无业游民。因为“这是旧中国社会病态的反映”[②]。这是比较新颖的见解。但是，一则辛亥革命以后农村没有什么大的变动，旧地主在易朝换代之际究竟受到多少冲击值得考虑；二则有不少遗老遗少，沐猴而冠，与袁世凯积极合作；三则即使旧地主被新兴军阀官僚所取代，那对地主阶级是一种强化，而不是削弱；四则破产农民和无业游民只是军阀利用和驱使作为炮灰的无辜牺牲者，难以成为社会基础。

我们认为：北洋军阀集团是以封建地主阶级为主要的社会基础。它的某些部分在一定时期带有资产阶级性质，这种变化发生的时间大致在1914年以后。

北洋军阀中的大小军阀普遍地霸占土地、广置田产房舍，进行封建性的榨取和剥削。它的总首脑袁世凯在河南彰德、汲县、辉县等地占有土地400顷左右，其家族占有彰德全县田产的三分之一。奉系军阀张作霖依恃权势攫夺了大量土质肥沃、交通便利的良田美产，他的部属则“按特别低廉的价格把有前途的地点买进，再慢慢吞并四邻”[③]。直系军阀李纯因历年在江苏、江西等地搜刮民脂民膏而拥有巨额财富，他除储存了黄金、珠宝和股票外，还把大量财富投放到土地和房产上，其中仅天津地区的地产就近百顷，值银近30万银元；在津出租的房屋有6000余间，值银127万余银元。另有家存现金达300余万银元。[④]

北洋军阀集团的大小军阀早期由于大多出自农村，与土地有着千丝万缕的联系，对于进行封建性剥削的手段比较熟悉。对于近代工业，一方面由于近代工业的发展尚不显著引人垂涎；另一方面这些军阀对近代工业缺乏充分的了解，还不大熟悉资本主义的剥削手段，所以多数军阀基本上仍是霸占土地的大小地主，因

---

① 魏明：《论北洋军阀官僚的私人资本主义经济活动》，见《近代史研究》1985年第2期。

② 唐学锋：《试论军阀割据的社会基础》，见《西南民族学院学报》1990年第4期。

③ 章有义：《中国近代农业史资料》第二辑，三联书店1957年版，第14、15、19页。

④ 窦守镛等：《李纯一生的聚敛》，见《北洋军阀史料选辑》（下），中国社会科学出版社1981年版，第262页。

而北洋军阀集团仍以封建地主阶级为其主要社会基础。但是，随着历史发展的进程，近代工业也有所发展，特别是第一次世界大战爆发后，工业利润成倍地增长，大大地超过了地租剥削所得，从而吸引了他们的贪欲，于是纷纷向工业投资。这种投资活动特别显著地表现在天津地区。从1914年至1925年天津新建工厂26家，其中北洋军阀投资的有11家，占新建工厂的42.3%。这11家工厂的资本总额是1572万元，占26家资本总额2926万元的53.7%。如1918年开业的裕元纱厂实际上就是安福系军阀官僚所办，该厂董事会的主要成员有：国务总理段祺瑞、安徽督军倪嗣冲、陆军次长徐树铮、外交总长曹汝霖、交通总长朱启钤、众院议长王揖唐、督理奉天军务段芝贵和安福议员王郅隆等。全部股本200万元，仅倪嗣冲一人就占有110万元[①]。在直隶夹山、遵化、兴隆一带有倪嗣冲、冯国璋的三处金矿。山东的中兴煤矿则是徐世昌、朱启钤等人用私人名义创办的。号称“北四行”的盐业、金城、大陆、中南四家银行的资本主要来源于北洋军阀的投资——他们有倪嗣冲、徐树铮、徐世昌、王占元、吴佩孚、孙传芳和冯国璋等人。北洋军阀的要人在各企业中的投资数目都很惊人。据一种不完全的统计：徐树铮800万元、徐世昌1000万元、靳云鹏2000万元、倪嗣冲2500万元、梁士诒3000万元、王占元3000万元、曹锟5000万元[②]。因此，北洋军阀集团的性质又在一定程度上具有资产阶级性质。

军阀们通过土地榨取地租，通过投资获得利润，又以所得进行高利贷剥削和购置土地。这三者的资金相互转化、增殖，使这批人物既成为地主阶级中的重要组成部分，又在一定时期进入了资产阶级的行列，带有某些资产阶级色彩。这就是北洋军阀集团最根本的特点，也是它与旧的封建性军阀的主要分界点。

第二，它以“中学为本，西学为用”思想为指导。

“中学为体，西学为用”是晚清时希望用以挽救其政权濒临灭亡的“救世良方”。小站练兵就是“中体西用”指导思想在军事方面的应用和体现。袁世凯提出“训以固其心，练以精其技”作为其建军的基本方针。即以封建伦常关系来固结军心，以西方军械操典来娴熟军事技能。他更明确提出“兵不训不知忠义”，“兵不练不知战阵”等主张，把训与练作为两大建军思想和练兵内容，实质上体现了“中体西用”的思想，而为当时朝野上下所重视与接受，从而使他的练兵得

① 《天津早期民族近代工业发展简况及黄金时期资本来源的特点》，天津市政协文史资料未刊稿。

② 《近代史资料》1962年第4期。

到较充裕的供应和装备，使北洋军阀集团在创建阶段能够顺利地发展和壮大。

民国以后，北洋军阀集团掌握了政权。它面临的是一个新旧并存，中西杂陈的过渡性社会。它把“中体西用”思想推演到政治范畴。所强调的“中体”，虽然不能公然宣扬“君权”，但其核心内容仍然是封建主义的伦常关系；而所谓“西用”，已不仅采用西方的军事操典、器械、营规，还增加了西方的资产阶级民主制度，如宪法、议会、选举等等。所以，北洋军阀控制下的民国政府只是封建主义和资本主义撞击下，体现“中体西用”的军阀政权而已。所谓国会选举、府院之争及历次阁潮等等，无一不是北洋军阀集团利用西方民主形式来达到其封建性目标的所作所为。各种民主机构甚至宪法都被北洋军阀集团用来作为封建性统治的装饰品和工具。一旦不合于“中体”，那“西用”就会成为牺牲品。如解散国会、缴销议员证书、暗杀政党领袖，终而要埋葬民国，实行帝制。

北洋军阀集团的“西用”内容比较明显，而“中体”内容究何所指？我们认为：它基本上是儒家的封建伦常关系。有人认为：北洋军阀集团不是儒学之士。这不是没有根据的。因为受过教育的军阀不过占全部军阀的30%，而其余的大部分是文盲或半文盲[①]。这些人当然不可能真正准确地理解儒家文化，但不能认为他们没有受到从封建制度下因袭而来的传统儒家文化所给予的影响（如思想观念、礼俗、习惯、传说等等），而且他们确在实际生活中利用了儒家文化。陈志让讲了很好的意见说：“北京政府自1912年建立到1928年倒台，控制它的军阀始终固守着儒家思想，同时更试图借着儒家政治原则来统治这个儒家体制已经解体的国家。”[②]所以，北洋军阀集团的“中体”可以作如下的概括，即：以儒家文化为核心，以封建伦常为纽带，维护一种异常明显的层次性宝塔式的统治系统和等级隶属关系，以延续甚至恢复封建体制和封建行为规范。

吴佩孚是北洋军阀集团中的“中体西用”思想的典型。他一方面以“儒将”自命，崇尚关岳，标榜维护华夏尊严，排斥外来事物，以此所谓“中体”，适应封建守旧的口味；另一方面又改革军事，聘请洋顾问，接受西方文化，以此所谓“西用”，博取西方资产阶级的赞誉。吴佩孚按照半封建半殖民地“中体西用”的思想要求，把自己塑造成一个“学贯中西”而为中外人士都能接受的人物。他机智地利用民主舆论，高唱救国爱民以粉饰自己，而实际上却制造“二七惨

---

① 《辛亥首义回忆录》第1册，湖北人民出版社1957年版，第68页。

② 陈志让：《中国军阀派系诠释》，见《中国现代史论集》五，（台）联经出版事业公司1980年版，第12页。

案”，怂恿曹锟贿选，组织直奉联盟等等以维护封建主义之体。1929年，吴佩孚全盘失败退出政治舞台后，似乎经过自省反思，发表了《循分新书》，明确地阐述其“中体”思想。他说要“奉行礼教以达圣人境界”；并认为“共和是现今社会道德的衰微”，要“振衰起敝，唯一之道是要振兴文化”[①]。

这就是北洋军阀集团主流思想的代表。遗憾的是事与愿违。他们由于无知、少知和悖于时代要求，宣扬和利用儒家文化中过时的糟粕，即那些难以为时代所接受，甚至令人发噱的丑陋内容。他们的所谓“振兴儒家文化”实际上是践踏儒家文化和对儒家文化进行了一次大破坏。儒家文化中应该扬弃的陈腐部分和弱点被他们“提倡”得暴露无遗。以至“五四”运动提出了“打倒孔家店”这类近乎绝对化的口号与此不无关系。具有“中体西用”指导思想又是北洋军阀与前此军阀的不同点。

第三，割据称雄，拥兵争霸。

北洋军阀不仅那些镇守使、督军、巡阅使、联帅割据一地、一省甚至数省，就是已经掌握北洋政府权力的派系也都有一定的直辖范围。如皖系在直皖战争前，分踞河南、察哈尔、直隶、外蒙古而以北京为中心，它还与奉系联结组编一个第二十四混成旅，把势力扩展到福建。直系在直皖战后，势力勃兴，据有直隶、山东、河南三省地盘。其后又陆续扩展到湖北、陕西、江西、热河、察哈尔、绥远和福建等省。奉系除以东三省为主要基地外，还深入到蒙疆、京津、热察等地。

北洋军阀集团内部互相倾轧、争夺甚至混战，其重要原因之一就是争夺地盘。他们深深懂得：要有立足之地，如果没有地盘，那就无法存在下去。因为割据一方就可以解决兵源、财源两大问题。他们可以在辖区征募士兵，强派夫役为他们的争权夺利去卖命和服役，还可以在辖区勒索财物以供混战粮糈和私欲挥霍。如直系军阀张英华，1926年在河南一省所勒缴的捐税就有：正杂税经常收入1100万元（其中包括田赋丁漕、契税、百货厘金、牙税、屠宰税等）；非法税收，如对日用必需品之盐即由引岸管理局新设盐务督销处每年增收约600万元；纸烟特税300万元；1927—1929年田税丁漕预征约1400万元。四项合计共达3400万元，再加上滥发纸币、驻地征派等，总计达一亿元以上[②]。其他军阀割据地区也莫不如此。

---

① 《吴佩孚先生集》，（台）文海出版社印本，第3页。

② 守愚：《直系军阀余孽对河南民众之剥削》，《向导周报》第186期，1927年1月31日。

有兵斯有权，这是中国近代社会的一大特点。它更体现在北洋军阀身上。当他们割据一方自雄时，必须要有兵力来维护地盘并发展自己的势力；而当他们掌握全国政权时又必须运用兵权以实现武力统一，巩固他们的统治权。当时全国兵员数目已相当庞大，如1916年全国的正规军、巡防队和杂牌队伍，共计有目兵“约六十五万名”[①]。这是官方显然缩小的数字，又未计官佐在内。所以，另一份资料的统计就共有“八十七万八千零九十人”[②]。1919年即达138万多人[③]。1925年又增至1436180人[④]，比之1916年，仅仅十年即增加50多万兵员。当然，北洋军阀集团各派系在其中即占有相当大的比重。他们无不抓紧时机，扩充兵员，如直皖战争前，皖系拥有三师四旅的兵力；直皖战争后，直系崛起，其嫡系兵力即有七师五混成旅；第一次直奉战争前直系兵力已近10万，到第二次直奉战争前夕，经过大肆扩充，殆达25万人之众。奉系在1921年时拥有5个师、23个混成旅、3个骑兵旅的兵力，而到了1925年9月奉系鼎盛时期，兵员增至36万余人[⑤]。

在北洋军阀集团内部似乎形成这样一种风气，就是不论官位多高，都要亲自抓一支军队在手里。袁世凯的权力已达顶峰，但是他仍然要成立一个“模范团”，自兼团长，名为培训军官，实则抓住实力核心；又专门成立一个“陆海军大元帅统率办事处”，亲自定夺一切军事要政。段祺瑞媚日卖国，冒天下之大不韪，编练一支“参战军”。一般情况是决不放弃能亲领军队的师长之类的官位，如权倾中外、显赫一时的吴佩孚是以第三师师长兼巡阅使。这是一种以低兼高，悖乎常规的现象：五省联帅孙传芳是以巡阅使兼第二师师长；奉系首脑张作霖除东三省巡阅使、蒙疆经略使、热察绥三特区都统三项重要职务外，仍兼任二十七师师长。正因为军权重要，所以一旦打算更动或剥夺其实际军权时往往会发生事

---

① 北京政府陆军部编：《全国陆军目兵数目单》，北洋政府陆军部档案，中国第二历史档案馆馆藏。

② 朱清华等1925年2月13日提《善后会议整理陆军国防案》，北洋政府陆军部档案，中国第二历史档案馆馆藏。

③ 北京政府陆军部军务司编：《中央及各省区现有军队暨将领姓名、驻扎地点一览表》，北洋政府陆军部档案，中国第二历史档案馆馆藏。

④ 朱清华等1925年2月13日提《善后会议整理陆军国防案》，北洋政府陆军部档案，中国第二历史档案馆馆藏。但是，林长民在善后会议第二次大会上对整理军事大纲案发言中指出全国兵额总数应是247万余人。

⑤ 36万人的分驻情况是：李景林部6万余人，驻直隶；张宗昌部9万余人，驻山东；张学良、郭松林部75000余人，驻京奉路沿线；江苏有奉军33000余人，驻南京、上海、徐州一带；东三省和热河有11万人，驻东三省及热河。

故，如吴佩孚曾把直隶督军王承斌所兼第二十三师师长、河南督军张福来所兼第二十四师师长、湖北督军萧耀南所兼第二十五师师长职衔一律开去，他又想免去齐燮元所兼第六师师长、王怀庆所兼第十三师师长、郑士琦所兼第五师师长衔，结果在直系内部招来了这些大将的猛烈反对，王承斌甚至到保定面见曹锟，以辞职相要挟。北洋军阀之所以如此“爱兵如命”，是由于处在军阀割据的条件下，不如此就无法保护他们的地盘和地位，也就无法立足于当世。有些军阀史的研究者就把这一点作为自己的研究侧重点[①]。

第四，各树派系，荣损与俱。

北洋军阀内部为了权力分配而各树派系。他们利用幕僚、门客、同乡、同学、师生、姻亲和结义拜盟等封建关系，结合在一起，相互依附，进行种种争权夺势的活动，正如马克思所说：“一切宗派的特点都是彼此依附和进行阴谋活动”[②]。北洋军阀集团在创建时期就有北洋武备学堂学生的纠集，显示其举足轻重的作用，至民国以后，除车庆云一人外，这一伙人都得到了省长的位子[③]。这是同学关系的结合。但是，这种关系并非绝对牢不可破，往往随着权力的不断再分配而使原有的关系发生变化，并形成派系间的倾轧，如段祺瑞与曹锟是保定军官学校同学，但分别是直、皖两系的首脑，在矛盾趋于尖锐时，甚至可以兵戎相见，直皖与两次直奉战争都是明显的例证。直皖战争中，曲同丰以老师之尊被他的学生吴佩孚所俘而成为阶下囚。不过，当损及整个集团的根本利益时，又可重修旧好，如奉直的“反赤”联合。北洋军阀集团内部各派系都奉行“一朝天子一朝臣”的信条。一人得道，鸡犬飞升；一朝失势，树倒猢狲散。所谓“一荣俱荣，一损俱损”正是北洋军阀集团派系势力消长的真实写照。如袁世凯死后，北洋军阀集团内部派系明显分立。段祺瑞以资深继起，权倾中外，门生故吏、亲信爪牙无不飞黄腾达，窃据要津，平步青云，不可一世，而被目为皖系军阀。但当直皖战争后皖系失败，直系登上北洋政府舞台，于是直系人物沐猴而冠，弹冠相庆；而皖系要员如徐树铮、吴光新、曲同丰、曾毓隽、段芝贵、丁士源、朱深、

---

① 如陈志让教授在所著《军绅政权》中说：“兵养得愈多愈好，军阀的权力愈大；一旦释了兵权或失去了兵权，军阀自己的生命财产也难以保存。失掉了兵权的军阀的处境比破了产的企业家更危险。”（中文本，第6页）

② 《马克思恩格斯选集》第4卷，人民出版社1972年版，第406页。

③ 陈志让：《中国军阀派系诠释》，见《中国现代史论集》五，（台）联经出版事业公司1980年版，第20页。

王郅隆、梁鸿志、姚震、李思浩、姚国桢等则被明令通缉，身等罪犯，狼奔豕突，声名狼藉，几无立足之地。

北洋军阀集团不是单纯的军事集团，而是对政治、军事、财政、外交诸方面都具有操纵控制权的集团，所以它不是清一色的军事集团。它除一批愚而自用，狡而弄权，形形色色的赳赳武夫外，还有一批赞画帏幄，推波助澜的政客帮闲。这些人厕身于军阀幕下，为之密谋划策，而军阀也依靠这些人为左右手而呼风唤雨。两者狼狈为奸，同恶相济，给民众带来了深重的灾难与祸害，如阮忠枢入袁世凯幕未久，就被袁世凯“大倚任之，新军军制饷章、文牍机务，咸出其手”[①]。阮忠枢一直为袁世凯办理“切身政务机密”，充当袁世凯与文武部属间的联络人员。袁则赞誉他“才长心细，学博识优”[②]。徐世昌是袁世凯的高级谋士，为袁世凯起草文告，制定策略，密谋措施，无不用心，成为北洋军阀集团崛起至覆灭全过程的轴心人物。袁世凯的总统府秘书长梁士诒综揽中枢，又兼理金融，事权之大，罕有其匹。帝制时更组织“各省请愿联合会”，假“国民”之名，推戴袁世凯为“中华帝国皇帝”。袁世凯还网罗了杨士骧、杨士琦、孙宝琦、杨度、赵秉钧、陈璧、胡惟德、朱家宝、吴重熹、周学熙、田文烈、张一麐、曾广钧等辈作为自己的亲信僚属，结成一幅“爪牙布于肘腋”、“腹心置于朝列”、“党援置于枢要”[③]的政治罗网，抛向全国，这种古无今有的局面正是北洋军阀集团势力迅速膨胀的重要因素之一。

段祺瑞的统治，主要依靠徐树铮、张志谭、傅良佐、曲同丰诸人，而徐树铮尤为寸步难离的重要僚属。徐树铮威福自擅，左右政局，是段祺瑞的政治“灵魂”，段记北洋政府的决策人。直系军阀曾通电声讨徐氏罪状说：“蒙蔽总揆，胁制元首……国会夭绝，都门祸起。……安福诞生，结党营私，揽权窃柄。……强分界限，挑拨感情。既思以北图南，更谋削直祸皖。……欺蔑前辈，藐视王章。”[④]这正显示出徐树铮炙手可热的显赫权势，而段祺瑞则倚之若左右手，不可须臾离，甚至不惜以个人去就来维护徐树铮的弄权。

吴佩孚的重要幕僚张其锽于1918年入吴幕，曾致函吴佩孚历陈吴兵南下与北

① 吴闿生：《北江先生集》卷9，第32页。

② 袁世凯：《道员阮忠枢请留直隶补用并免缴留省银两片》（光绪二十八年五月二十八日），见《袁世凯奏议》中，天津古籍出版社1990年版，第554页。

③ 刘锦藻：《清朝续文献通考》卷二一九，商务印书馆十通本。

④ 中国第二历史档案馆编：《直皖战争》，江苏人民出版社1980年版，第84—85页。

归的利害得失而使吴拜服，从而即通电倡导“全面和平”。从此以后，张其锽一直是吴在各项政治、军事活动中的重要助手。谋士依附军阀，玩弄权势；军阀信用谋士，如虎添翼。

第五，纵横捭阖，制造政潮。

北洋军阀集团为巩固和加强本集团、本派系和个人的权力与利益，不仅凭借军事实力，而且还要弄政治手腕。辛亥革命以后，由于资产阶级民主观念普及全国，得到广泛传播，即如北洋军阀集团的匹夫悍将也不得不以虚伪的姿态，盗用民主旗号，利用国会、议员、宪法、选举等等作为牟取集团和个人私利的工具，纵横捭阖地进行各种活动。他们把政局搞乱以从中巩固和加强自己的权力。袁世凯当政时，亲手导演了八次阁潮，无不为其走向帝制扫清道路。袁世凯始而以“政党内阁”之名，行“内阁政党”之实[①]，对盲目相信其虚伪而欲真诚贯彻“政党内阁”之实的宋教仁则视为政敌，不惜出之以卑鄙的暗杀手段；继而以“府院一体”之名，行“屈天下奉一人”[②]之实，对欲执行“责任内阁”的唐绍仪，虽属旧僚故吏也不惜罢黜；终而收买政党盗用名义，组织团体，请愿威胁，包围国会，强迫投票以实现洪宪帝制。及至帝制破灭，他又要段祺瑞“树责任内阁之先声，为改良政府之初步”[③]，以应付危局，保全颜面。可是，这个一生玩弄权术，左右逢源的北洋军阀集团首脑终于心劳力拙，在自己视若股肱的亲信部属段祺瑞面前碰壁，被全国的反袁政治浪潮所吞没。玩火者必自焚，史有明训。

段祺瑞继袁世凯而起，一仍故伎，始则纠集“公民团”，包围国会，殴辱议员，强迫通过“参战案”，借以组练“参战军”，扩充和加强皖系的兵力；继而策动“督军团”，制造“张勋复辟”以树自己“再造共和”之功，并弃置国会与《临时约法》，公然宣称“一不要约法，二不要国会，三不要旧总统”[④]，司马氏之心，已是路人皆知了；终而组织安福俱乐部，制造安福国会，操纵选举，以图控制全面政权，走上极峰地位。不幸他被其后辈吴佩孚所击败，不得不息影政坛，遁迹津门，寄情于三清[⑤]，以图伺机再起。

---

① 黄远庸：《远生遗著》卷2，商务印书馆1923年版，第153页。

② 马震东：《大中华民国史》，中华书局1932年版，第367页。

③ 《政府公报》1916年4月22日。

④ 党民：《天津通讯》，《民国大新闻报》1917年7月22日。

⑤ 三清是道教所尊奉的三位神，即玉清元始天尊、上清灵宝道君、太清太上老君。寄情三尊是说段祺瑞皈依道教。

吴佩孚是北洋军阀集团中继袁、段而后的中心人物。他既是能征善战的干将，又是制造政潮、玩弄权术的能手。1920年8月，当南北对峙，并立政府时，他从驻地衡阳通电，提出召开“国民大会”以解决国是的政治主张，企图制造一个政治工具来建立以他为中心的政府。这一企图由于张作霖的反对而未能如愿。第一次直奉战争前夕，他为了打倒奉系，先对由日本和奉系支持的梁士诒内阁制造“倒阁”政潮，与奉张进行电报战的政治攻势达三个月之久，为第一次直奉战争击溃奉系作了舆论动员。

张作霖虽然出身草莽，但也涉身于政潮之中。他除了在幕后支持梁士诒、潘复之流组阁以控制政权外，还在第二次直奉战争获胜后，制造了一个临时执政府，又虚伪地拥戴皖系首脑段祺瑞出任执政，并由段祺瑞出面召开善后会议，做出裁军息战的姿态，对人民进行政治欺骗，这个由张作霖制造的执政府在政治制度史上是他以政治为儿戏所产生的一个非驴非马、不伦不类的政治畸形儿而已。

由于北洋军阀集团的玩弄政治，致使政潮迭起，内阁更易频繁，在短短16年中，内阁更换46次，正式上任和代署的阁揆达29人之多，多则三、二年，少则数月，与明朝亡国之君崇祯十七年间易揆数数，可称后先媲美！是以政令纷更，社会动荡，人民不仅身受战火兵乱之苦，还要日日处于惶惶不安的心态之中。

第六，卖国媚外，残民以逞。

北洋军阀集团以出卖国家利权，换取帝国主义的支持来扩充实力，进而建立反动统治，控制和操纵政权。袁世凯在清末就以出卖路权来乞求帝国主义的培植。当时，他已在清廷中枢具有举足轻重的作用，而成为日本在上层培植亲日势力的对象。日方敦促他招聘日本顾问，派遣留日学生和提供新式武器。辛亥革命以后，他为了镇压革命、统治人民和为一姓的尊崇而实行“洪宪帝制”，更不惜以国家权益换取善后大借款和接受日本的“二十一条”。

段祺瑞是继袁世凯之后，经日本帝国主义一手扶植的亲日势力。在皖系军阀掌握北京政府实际权力期间，皖、日之间在政治、经济、军事各方面进行了多次大宗交易，据日方已公布资料，段祺瑞向日本进行各项借款达三亿八千余万日元。他为适应日本的需要而以参战之名获取日本经济上、政治上的“援助”，编练了参战军三师。他更肆无忌惮地与日本签订陆海军军事协定，允许日本在华驻军，并享有指挥中国军队的权力。直奉军阀也都竞相投靠帝国主义以换取政治上、经济上和军事上的支持和援助。

正是由于北洋军阀集团和帝国主义在政治、军事和经济各方面相互勾结，遂使二者的利益紧密地联结在一起。于是，帝国主义便以政治上的承认与支持为条件而对北洋政府颐指气使；以军事上的资助军火，派遣顾问，训练军队而得以操纵武装，制造军阀混战；以经济上的借款设厂而得以劫取利权资源，终于使中国成为帝国主义掠夺、奴役的对象。军阀们则由于借助帝国主义的支持和资助，就可以编练军队，增强实力，因而极大地满足帝国主义的予取予求，充当政治买办来巩固既得利益，并进一步攫取更大的权力。二者日益紧密的勾结，使中国进一步陷入半殖民地的深渊，丧权辱国，连年战乱，给人民带来了更加深重的灾难。

北洋军阀集团在卖国媚外的同时，对内则施行其凶残酷虐的统治，即以袁世凯的军警执法处而言，屠戮残害之罪恶，罄竹难书，衔冤负屈，为数累累[①]。至于连年混战，荼毒生灵，残害地方，破坏生产，尤不可胜言，即如1918年4月间，湖南醴陵因混战而遭杀害的达二万余人[②]。混战的耗费更是数额惊人，而且岁增不已，据1925年初，段祺瑞任临时执政不久的一种统计，年军费支出已达二亿二千万元，较之1916年的一亿四千二百二十五万元，已增多七千七百七十五万元[③]。

巨额的军费，再加上所有军阀无不过着奢侈淫佚的生活，沉重的经济负担最终无不转嫁到人民的身上。军阀们利用种种搜刮方式来开辟财源以解决其开支问题。他们的搜刮方式主要有：

（1）举借内债。据统计，1912—1926年，北京政府共发行了28种公债，发行总额达876792228元，实发行额也达612062708元[④]。这些都是有借无还的官债。

（2）勒征苛捐杂税。名目繁多至数十种，难以历数，而且年年增加，据统计，从1924年四川的盐税附加税竟有26种之多。1914年以后河北省创行了烟酒牌照税和印花税等[⑤]。

（3）滥发纸币票券。张作霖在东三省、直隶等省滥发奉票。吴佩孚在湖北

① 王建中：《洪宪惨史·京畿军政执法处冤案录》，京兆商会联合会1925年印本。

② 傅熊湘：《醴陵兵燹纪略》，1918年印本。

③ 民国十四年二月，北洋政府陆军部呈临时执政府送各省岁入与军费比较表中说：全国兵额有149万至150万人左右，每年约需军费26000万元，占民国八年预算全国岁入经费49040余万元的二分之一强。林长民在善后会议第二次大会上对整理军事大纲案发言中又指出，陆军部所报兵额数不完全，应是247万余人，如此则军费支出势将更大。

④ 千家驹：《旧中国公债史资料》，财政经济出版社1955年版，第366—360页。

⑤ 章有义编：《中国近代农业史资料》第二辑，三联书店1957年版，第581、586页。

加印官票、金库券、军需兑换券[①]；在河南发行400万有奖库券，分配各县，强民购买[②]，其恶果是通货贬值，票券形同废纸，物价腾涌，人民生活困苦。

（4）栽卖鸦片。强迫种烟征税，是军阀普遍采用的阴险毒辣手段。陕西鄠县、宝鸡及西部各县，对所有农户，不论种否，一律征收鸦片税[③]。湖南湘阴、石门等县，对违抗种烟令者，“除罚洋以外，竟有处以死刑者”[④]。这笔收入相当庞大。如1924年，甘肃每亩鸦片烟税为8元至15元不等[⑤]。陕西的烟税比田赋要高三至四倍。刘镇华督陕时，虽仅辖十数县，而烟税收入年达1500万元以上[⑥]。尤为恶毒的是，他们还动用武装贩运鸦片，不仅牟取暴利，还将流毒运往各地，戕害生命。

其他如田赋预征，兵差折价，临时征发，岁时犒劳等等，无不出自民脂民膏。人民陷于朝不保夕，叫苦不迭，辗转呻吟的绝境。

从上述六大特点看，北洋军阀集团无疑是一个反动的政治军事集团。它在辛亥革命前后各16年的历史进程中主要是扮演了历史舞台上为人唾骂的丑角；但是，在这32年中，它曾起过的某些客观作用仍有必要作出应有的估计。

原载于《复印报刊资料（中国近代史）》2000年第7期

① 章有义编：《中国近代农业史资料》第二辑，三联书店1957年版，第592页。

② 章有义编：《中国近代农业史资料》第二辑，三联书店1957年版，第596页。

③ 章有义编：《中国近代农业史资料》第二辑，三联书店1957年版，第625页。

④ 章有义编：《中国近代农业史资料》第二辑，三联书店1957年版，第623页。

⑤ 章有义编：《中国近代农业史资料》第二辑，三联书店1957年版，第628页。

⑥ 武陵：《反奉战争时期陕西省各方面之情况》，《向导周报》第145期，1926年2月10日。

北洋军阀对内搜刮的几种方式

北洋军阀是辛亥革命失败以后，到蒋介石新军阀出现以前统治中国的主要反动集团。

北洋军阀内部有不同的派系（主要的如直、皖、奉系），这些不同派系的军阀分别投靠不同的帝国主义。他们为了满足帝国主义的要求和扩大自己的势力，在集团内部，同时也和集团外的别系军阀进行着连年不断的混战，因而，必须支出数目相当庞大的军费[①]。此外，所有的军阀，无不过着奢侈淫靡的生活。这样，他们必须要有充沛的经济来源。

北洋军阀的经济来源，除了用出卖主权换取帝国主义借款外，主要是对内搜刮财富，他们采取各种不同方式来进行搜刮。本文拟说明举借内债、苛捐杂税、滥发纸币、栽卖鸦片、摊派兵差等几种对内搜刮的方式。

一、举借内债

举借内债是北洋军阀用巧取豪夺的手段来榨取人民的一种手段。这种“内债”主要包括政府正式发行的“公债”和临时不经什么法定手续即可发行的“国库证券”。“公债”和“库券”的发行次数和总额都很大，根据一种统计，自1912年（民国元年）到1926年（民国15年）北京政府共发行了28种公债，发行

① 民国14年2月，“北京政府”陆军部呈临时执政府送各省岁入与军费比较表中称：全国兵额有140万—150万人左右，每年约需经费26000余万元。如以民国8年预算全国岁入经临总额不过49040余万元计，军费占1/2强。林长民在善后会议第二次大会上对整理军事大纲案发言中又指出陆军部所报兵额数不完全，而应是247万余人，如此则军费支出势将更为庞大了。

总额达876792228元，实发行额为612062708元[①]。又根据北京财政整理会的统计，国库证券包括特种9种、普通64种，共有73种，截至1925年底尚积欠本息共为59114384.16元。除此以外，北洋军阀还进行了多种的借款如盐余借款，内国银行短期借款和各银行垫款等，截至1925年底，这三项借款积欠本息银达113350070.06元[②]。当然，这些数字只表明他们尚未清偿部分，北洋军阀实际搜刮的数字当比这些要多。这些内债，大部分都有担保品（如关余盐余等），但是，这些被帝国主义吮吸剩的余沥，为数已经不多，与无限制地大量举债，势难适应，因此这些内债的债信也就很难确立。北洋军阀更有谋夺取债本的，如曹锟在进行贿选时曾想停止内债付本一年，腾出2400万元来做贿选的基金[③]。

二、苛捐杂税

捐税是北洋军阀的主要经济来源之一。他们不只是连年不断地提高正式捐税，而且勒索苛捐杂税。勒索苛捐杂税的办法有两种：一种是在旧有名目外附加税收或是预征正税。附加税收的如属于奉系的山东军阀张宗昌统治山东时，就在田赋上附加了四种税收，即：（1）军事特别捐：每纳银一两附加大洋二元二角，（2）军鞋捐：每纳银一两附加大洋三角，（3）军械捐：每纳银一两附加大洋一元，（4）建筑军营捐：每纳银一两附加大洋一元八角；四项合计，其附加额已超过正税四倍[④]。预征正税的如直系军阀萧耀南在1924年曾令湖北财政厅，转饬各系，限期征解1925、1926两年的地丁税[⑤]。另一个直系军阀张英华1926年在河南时，即预征1926—1929三年的田赋丁漕1400万元[⑥]。另一种是创立新税名目进行勒索，这些新税的名目千奇百怪，几难令人置信，如张宗昌在山东创立了人捐（按人抽捐），狗捐（每只狗捐大洋五角，否则枪杀），牛捐（每头出口牛

① 《旧中国的公值统计表二》，北洋军阀政府时期（《旧中国公债史资料》，页366—369）。

② 《财政部无确实抵押内债务各表计算总说明》（《旧中国公债史资料》，页103）。

③ 巨缘：《北京政府之财政破产与军阀之阴谋》（《向导周报》第22期，1923年4月25日）。

④ S生：《张昌宗治下的山东》（《向导周报》第131期，1925年9月25日）。

⑤ 若愚：《吴佩孚铁蹄下之湖北》（《向导周报》第92期，1924年11月19日）。

⑥ 守愚：《直系军阀余孽对河南民众之剥削》（《向导周报》第186期，1927年1月31日）。

捐洋十元半）[①]。张英华在河南开封立房捐，每房一间，大街的缴捐一元，后街的缴捐五角，只开封一地一次即征20万元；又规定将全省各县田地新旧契报验，验费每百元抽二元，全省可征1500余万元以上[②]。萧耀南在湖北时也增收汉口码头挑夫捐等等[③]。这种例子，不胜枚举。人民对于这些苛捐杂税的负担日益沉重了，即以1926年河南人民在一年中所缴捐税就有：（1）正杂税经常收入为1100万元（其中包括田赋丁漕880万元，契税100万元，百货厘金160万元，牙税、屠宰各杂税50万元），（2）非法税如食户捐，引岸管理局新设盐务督消处每年增收约600万元，（3）纸烟特税300万元，（4）1927—1929年田赋丁漕预征约1400万元，共达3400万元，再加上滥发纸币、驻兵供给等等在内将达1亿元，河南人民不论老幼男女每人每年负担要在3元以上。[④]人民在军队千方百计的榨取下，已经陷入于精枯髓竭的地步了！

三、滥发纸币

滥发纸币是军阀掠取民财最简便有效的办法。这种滥发的纸币包括北京政府和地方政府所发行的纸币和军阀军队滥发的军用票，其中以军用票为尤滥。当时，没有一个军阀不在这方面下手的。根据1928年的调查，由于张宗昌滥发纸币的结果，山东有跌落至二三折的1000万元新的军阀票和2300余万元不兑现的省银行券[⑤]。河南省强行在1925年时也有不兑现的纸币将近2000万元流通于河南省和京津两地[⑥]。奉系军阀张作霖在东三省发行的奉票数字甚为庞大，根据一种统计，1925年发行额是511723000元[⑦]。另一种统计则说1925年发行额是497868000元[⑧]。统计数字的不一致，正说明滥发纸币已达难以精确统计的地步了。军阀滥发的这些纸币，本没有什么切实基金的支持，因而市面流通信用也必然不佳，不

① S生：张昌宗治下的山东（《向导周报》第131期，1925，9，25）。

② 守愚：直系军阀余孽对河南民众之剥削（《向导周报》第186期，1927，1，31）。

③ 若愚：吴佩孚铁蹄下之湖北（《向导周报》第92期，1924，11，19）。

④ 守愚：直系军阀余孽对河南民众之剥削（《向导周报》第186期，1927，1，31）。

⑤ 罗从豫：我国今日不兑换纸币问题（《银行月刊》八卷一号）。

⑥ 河南省银行纸币之近况（《银行月刊》五卷二号）。

⑦ 超麟：奉票跌价与奉系军阀的前途（《向导周报》第170期，1926，9，10）。

⑧ 关于维持奉票之汇志（《银行月刊》八卷二号），此数字系据日人调查。

得不靠武力在其统治区域内强迫使用。张宗昌、李景林合组的直鲁联军，在京津直隶一带曾强迫使用军用票，凡商人拒绝，即遭惨杀；在青岛、济南方面，也强迫使用至多值到票面价格四五折的军用票、金库券等类的废纸。吴佩孚在河南郑州开封等处，也强迫使用只值二折的省钞[①]。一旦发行纸币的军阀势力在该地区失败，则纸币因失去武力支持而形同废纸，囤积于商民手中，军阀则一转手之间，榨取人民财富而阑入私囊，席卷而去。

四、栽卖鸦片

栽卖鸦片是北洋军阀搜刮资财最恶毒而无耻的一种办法。陕西即以勒迫人民种烟作为扩充军队实力的唯一经济来源。陕西自陆建章统治时期开放烟禁后，便迫使人民每年广种烟苗。在陈树藩、刘镇华统治时期，均借烟税扩充军队。军阀们更无耻地用禁烟之名，行种烟之实。他们把直接迫民种烟的机关称作“禁烟局”，把派到各县去查勘烟亩的委员称为“禁烟委员”，把栽种烟苗所派之款称作“烟亩变价”，把贩运鸦片所税之款称作“土药罚款”，军阀们即在这种巧立的名目之下勒取了大量的烟税，陕西省的烟税比田赋尚多三四倍。即如刘镇华统治时期，全省由其管辖者不过十数县，但每年烟税总收入1500万元以上，超过全省田赋一倍有余[②]。其他各地军队亦多如此，如湖北烟税年额2000万元，占全年收入的一半；四川省更将鸦片税与盐税同样定了3000万元岁收的预算[③]。军阀们勒种烟苗的结果，造成烟毒泛滥，农田面积削减，对于整个社会农业生产的发展，人民身体和经济生活都遭到了极大的危害。

五、摊派兵差

北洋军阀在混战中从各地拉夫拉车，强派役差来为战争服务，这就是所谓

---

① 秋白：《五卅周年中的中国政事》（《向导周报》第155期，1926年5月30日）。

② 武陵：《反奉战争期间陕西各方面之情况》（《向导周报》第145期，1926年2月10日）。

③ 知识真治：《军阀》。

“兵差”。除了这种力役以外，他们更以“兵差”为名，强行摊派，向人民勒索财物，作为其搜刮的一种方式。这种勒索是由军阀的爪牙使用种种办法来实现的。这些爪牙并在征用兵差过程中，从中自肥。他们在接受兵差任务后，往往先折价派征，将人民缴纳代替兵差的费用，私入腰包，然后再在沿途强拉供应，实际上使人民既要交钱，又要服役，遭到双重的剥削。有时他们把一次兵差分几次征收，辗转加派，如渭南原定征收军麦10000石。该县县长张公辅先后分四次征收，征了11000石，呈报7000石，省府勒令补足3000石，于是再下乡征收，又征4千—5千石，呈报410石，还是不足额，但是，就此为止，额外征收军麦已在8000石以上。他们有时更和商人勾结，当军粮的额数已经派定，而人民还未缴纳时，他们便和商人商量一个折价，譬如市价每石20元的，折价定为40元或50元，军粮先由商人垫缴，以后人民按照折价缴与商人，这市价和折价的差额，便被他们和商人明分公吞。他们又用增大应摊数目的办法来进行额外征收。如该派白面2斤的，派2.5斤；派谷草3斤的，派6斤；派麦1两的，派1斤；派车4辆的，派16辆；骡子每头原定折价50元的，折100元；原派夫60名的，征90名；原派款25元的，征119元。[①]这些额外负担都比原来派定的大好几倍。货币、实物的苛征比比皆是。民初古文家吴闿生所写的《河北蠡县县长毛君墓碑》中有记：

> 民国以来……武人干政。凡拥兵数千，号为师旅长者，皆得盘踞县邑，以为采地。大或连城数十，恣肆其间。兵力所至，闾里为墟。征刍秣，索供帐，非分诛求，动辄数百大万。[②]

至于力役兵差所造成的后果更为悲惨，有一篇调查报道中描述惨状说：

> 民国以来，内战迭起。军队调动，则拉夫充输卒；小农佃农罹其中者，实繁有徒。家人凄恋，泣下沾襟，一去不还者，比比然也。[③]

人民负担兵差已感精疲力尽，再加额外勒索，则人民势将奄奄待毙了！

北洋军阀利用这些方式搜刮了大批资财，一方面用以从事内战，这种内战或者是北洋军阀内部派系之间的战争，或者是北洋与非北洋军阀集团之间的战争。这种内战在北洋军阀统治时期内曾连年不断地发生。根据1923年8月《孤军》杂

① 以上引自陈翰笙：《兵差与农民》（《中国农村经济论》，页374）。
② 贾思绂等：民国《南宫县志》卷二四（1936年刊）。
③ 张介侯：《淮北农民之生活状况》（《东方杂志》二十四卷十六号）。

志的统计，1912—1922年共有内战179次。当然，这是一种最低的估计。这种军阀集团或派系之间的持续不断的战争，构成了“半殖民地中国的特征之一”①。另一方面，北洋军阀就用搜刮来的资财，扩大自己的私产。他们都毫无例外地霸占了大量土地从事农业剥削。袁世凯在河南彰德占有全县1/3的土地②。奉系军阀吴俊陞任黑龙江省长时，在1924年至1925年一年之间，其攫得的土地不仅几遍于黑龙江省，另外在洮南尚有田地2万亩③。安徽督军倪嗣冲在安徽阜阳霸占土地7万—8万亩，湖南督军张敬尧在安徽霍邱也有七八万亩以上的土地④。他们又在各种企业中进行投资，并利用政治权势，排斥正当经营者，如山东中兴煤矿是北洋军阀徐世昌、朱启钤等人用私人名义创办的。中兴出产的煤，每吨税捐只有0.2元，占成本的10%，而另一家民族资本创办的山西保晋公司的煤，每吨税捐却高达1.731元，占成本的86%⑤。皖系军阀倪嗣冲在安徽搜刮金钱后，即包办煤矿铁矿，不许旁人插手。奉系军阀张作霖在奉天也因要扩张自己的银号，而把别家银行挤到纷纷破产的地步⑥。他们又都拥有大量的现金动产，如倪嗣冲死后遗产有8000万元，湖北督军王占元在去任时有现银5000万—6000万元，河南督军赵倜卸任时有私产3000万元，江西督军陈光远在任时以江西省岁入2000万元的八成，阑入私囊⑦。直隶省长曹锐在任六年，敛财4000万元之多⑧。张作霖在郭松龄倒戈前，存款于日本银行计有2000万日金，张宗昌有四五百万日金，孙传芳有1300余万日金⑨。其余有数百数十万元者，几不可胜数。

北洋军阀尽性搜刮的结果，必然迫使人民陷于“债务丛集”、“叫苦不迭”的绝境。

原载于《史学月刊》1957年第3期

---

① 毛泽东：《中国红色政权为什么能够存在？》

② 农村复兴委员会：《河南农村调查》。

③ 陈翰笙：《现代中国的土地问题》（冯和法编：《中国农村经济论》）。

④ 知识真治：《军阀》。

⑤ 严中平等辑：《中国近代经济史统计资料选辑》，页167。

⑥ 《每周评论》第18号。

⑦ 知识真治：《军阀》。

⑧ 《旅沪军人同志会请全国军界讨曹书》（寒霄：《六月十三日》下编）。

⑨ 吴承禧：《中国的银行》。

论吴佩孚开府洛阳

吴佩孚是北洋军阀集团中具有强烈政治野心的少壮派人物，他不仅时刻抓紧兵权，扩大兵权，而且日夜梦想“武力统一”，以攫夺最高的政治权力。直皖战争胜利后，他就曾连续倡议召开“国民大会”和“庐山国是会议”，其目的就是要以此取消当时的南北两政府，尝试着另组一掌握政治极峰的政府。然而那时他的军事实力还未能达到一呼百应的程度，而且还有在北洋军阀集团中鼎足而立的奉系势力在障碍着他实现梦想。因此，他的种种政治企图都失败了。1922年第一次直奉战争以直胜奉败而告终后，直系势力迅速扩大，直接和间接占据着直隶、河南、湖北、江苏、江西、山东、安徽、福建、山西、热河、察哈尔、绥远等省区，直系军阀的政治军事实力进入到一个全盛时期。作为直系军阀中的第二号人物和实力派的吴佩孚，由于在这次直奉战争中的战功，其威望与声誉也随之增高，从而使他再度萌发组建能为他所左右的政府的野心。他扶植亲信，遥控中央，操纵政局，更集中力量经营洛阳，力求把洛阳造就成实际上的北洋政府中心。

吴佩孚在北洋军阀集团中并不是一个头脑简单的赳赳武夫，而是自命为“儒将”，颇有心计。为避免自己的政治图谋遭直系军阀内部诸将的嫉视和全国舆论的谴责，他于1922年6月30日故作姿态地通电全国称：“佩孚二十载从戎，夙守军人不与闻政治之义……今者中枢已定，正统攸归，南北豪俊，行将握手一堂。夙昔所望，兹已克偿。谨以月之一日，反辔回洛，奉职治军。政治问题责在内阁，我大总统宽厚仁明，启迪于上，必有以竟兹全功。立法问题权在国会，我议员诸公历经艰困，必能牺牲成见，以定百年大计。”[①]实际上，吴佩孚“反辔回

① 《晨报》1922年7月2日。

洛”是为了摆脱在津、保地区曹锟左右的掣肘，在洛阳建立基地，培养实力，以架空津、保，号令全国。

在洛阳，他把经营的重点放在“招贤纳士”、筹饷练兵两方面。

他很懂得收纳一批能够襄赞帷幄的策士幕僚的重要性，也希望借“招贤纳士”的举措来博取社会上的赞誉。他崛起初期时的一批幕宾，如李济臣、张其锽、蒋百里、江天铎等，当时已都成为他的股肱之士，为他丰满羽翼做出过很多贡献。直奉战争后，随着其势力的膨胀，更张大其事地招揽人才来装点自己。他聘请了当时颇具盛名的名流学者，如保皇派康有为、国学大师章太炎、实业家逊清状元张謇、遗老郑孝胥和旧军人江朝宗等，都在巡阅副使署挂上顾问、咨议等虚职，领取干薪，只要求他们“揄扬以高其身价，而为建功立业之助”[①]。吴佩孚还做出拔贤士于众人之中的姿态，当时汉冶萍公司有一名叫许铁峰的小职员将所著《兵器学》投寄给吴佩孚，吴佩孚便以兵学家目之，派人赍资邀其入幕。于是一般希荣攀附者之流，如蚁附膻，纷至沓来。当时虚拥顾问、咨议、帮办、营务、副官、差遣等名目的，就高达千人以上。但是，这些只是吴佩孚沽名钓誉的做派，在他幕下掌握实权的仍是他的亲信私党，如巡阅副使署的交通处长张伯龄是其妻兄，侨务局副总裁赵尊贤和军需处长刘绍曾是其大小连襟，甚至鸦片烟鬼、他的早年同僚郭绪栋也竟然高踞巡署的最高顾问兼秘书长。由此，洛阳巡署成为实际办事的少，坐吃俸禄的人员多的衙门。其巡阅副使署的机构臃肿重复，极其庞大。巡阅副使署下设秘书长和最高顾问，秘书长下设咨议厅和参谋、军需、执法、军械、政务、教育、交际、副官等八大处，另有植林局、养鸡场、试农场、蚕桑局、航空所、无线电所、制冰场、汽车房、继光楼、花卉处、病院、兽医院、电气处等后勤服务机构。咨议厅是安置顾问、咨议、帮办、营务、副官、差遣等虚职人员的议事机构。参谋处下设参谋、海军、交通、印刷、河川等课。政务处下设机要、外交、财政、法律、通信等课。军需处下设粮服、会计、铁道三课。副官处又称承启处。诚可谓一微型北京政府。[②]

由于吴佩孚已逐渐成为北方最大的实力派，洛阳的动静在全国颇有举足轻重之势，俨然成为各方所仰望的中心，于是形形色色的中外人士络绎不绝地来访问洛阳。从1922年7月到1924年9月，来访的国内人士有：国务总理4人，各部总长16人，各部次长13人，全权公使级3人，幕僚13人，各省督军省长6人，各省代表

---

① 《吴佩孚先生集》，第260页。

② 有关洛阳吴佩孚直鲁豫巡阅副使署的机构组织情况，见《吴佩孚先生集》第312页。

6人，蒙古王公1人，名流文人5人，政客5人，名门望族4人，工程师1人。有些省份还派有常驻洛阳的代表，如江苏齐燮元的代表田文渠、福建孙传芳的代表王金钰、陕西刘镇华的代表孙恒卿、四川杨森的代表刘泗英等。这些各方来客和常驻代表所抱目的和任务各有不同，有希望得到吴佩孚支持的，如国务总理孙宝琦和四川督军杨森等；有的是为谋邀私利的，如康有为、江朝宗等；有的则是一般性的礼节交往，如孙中山的代表徐绍桢；而各省的常驻代表则是经常性地探询各种有关信息向本省汇报。当时到洛阳的还有一位值得注意的特殊人物，那就是共产党人李大钊。早在直奉战争前，吴李之间就经由吴佩孚的幕僚、李大钊的同学白坚武的中介而有所交往。吴佩孚开府洛阳后，李大钊曾于1922年9、10月间两度莅洛与吴佩孚会晤，主要目的是为推动“孙（中山）吴（佩孚）联合”以实现南北统一。这些活动在白坚武日记中有较详记载。近来有人研究认为李大钊“两次洛阳之行，与其说是继续做吴佩孚的工作，不如说是为联合孙中山，促进国共合作的统一战线的建立，而铺平或曰扫清道路”[①]。外国的访客主要是英、美、日等国的军官、使节、商人、名流等，其中以日本人居多，两年中共达47人次。在这些外来访客中有不少重要人物，如日本遣外第一舰队司令官野村吉三郎少将、日本天津驻屯军司令官铃木一马少将、日本参谋本部第二部部长伊丹松雄少将、日本驻汉口领事林久治郎，美军司令官刚拿少将、美国前驻华公使斯坦因，英国驻华公使麦玛利等等。他们都有一个共同的目的，那就是把吴佩孚拉到自己怀抱内，借助吴佩孚攫取新的更多的对华权益。例如：1923年3月4日日本天津驻屯军司令官铃木一马访洛，即要求吴佩孚聘用日籍顾问；而在此以前，日本参谋本部第二部部长伊丹松雄已在中日军界亲善的诡诈言辞掩饰下，要求吴佩孚任用日本军官训练中国军队。1924年1月4日，英国驻华公使麦玛利偕随员三人亲至洛阳面见吴佩孚，主要是向吴佩孚声明不同意中国收回焦作和门头沟两煤矿的权益，竟然被吴接受。1924年3月，美国前驻华公使斯坦因亲赴洛阳，则为说服吴佩孚亲美反日。勾结外力，寻求外力的支持，成为开府洛阳的重要支柱。

吴佩孚开府洛阳的另一重大举措，就是大兴土木，扩建权力中心。1920年9月间，吴佩孚开始建基洛阳，即曾把直鲁豫巡阅副使署设在袁世凯所建的离宫里。离宫是袁世凯帝制自为时，耗资170万银两，历时一年所建的中西合璧式建筑，位于洛阳城西，北邙山南麓，伊水北岸，中经几度战乱，已失修废置，吴佩

① 董宝瑞：《李大钊与吴佩孚的交往》，《文史精华》2002年第9期。

孚加以修葺，用作使署宾舍，时称西营。第一次直奉战争以后，吴佩孚成为中外瞩目的风云人物，中外访客川流不息，幕僚策士日渐冗多，西营住所已难应接，吴佩孚的权利欲也日渐膨胀。为了显示洛阳的政治、经济中心地位，他决定兴建总部，在西营东西两侧，分别修建五十余间房屋，作为参谋本部和私宅，用以延揽幕僚策士；在西营之南，耗巨资营建一座西式琉璃瓦楼房，并为标榜其仰慕明代名将戚继光的作为而将其命名为“继光楼”。继光楼辟室十余间，装修壮丽，设备齐全，专供接待中外重要访客。

吴佩孚为了张大其事，骗取民心，还举办若干公益事业，如修筑铁路、整顿运河、设立电台、开垦荒地、植树造林等，其中洛阳无线电台颇具规模，其通话范围北及北京、库伦，南至大庾岭。他还准备修建从洛阳至长沙的铁路等等。日人所著《吴佩孚》曾揭其用心：“吴佩孚胸怀以洛阳为根据地，中兴中国功业之志。一切建设以洛阳为中心计划，不仅是无线电台，他如铁道、运河、汽车、公路等交通，均以洛阳为中心设计，使之成为统一治理国家的动脉。”[①]显然，吴佩孚是在积极经营洛阳，努力使之成为北京政府的灵魂和指挥者。

吴佩孚开府洛阳的另一最重要的措施就是练兵筹饷。北洋军阀集团的军阀们，从自己切身体验中，深知有兵斯有权。直系军阀在直皖战争，特别是在第一次直奉战争中先后获胜后，更进一步加深了这种认识，其军事力量得以迅速膨胀。1922年前，直系军阀在直、鲁、豫及热、察、绥等六省区的兵力只有15万人，而到1924年激增至25万人[②]，其中吴佩孚所占份额最多，规模最大，颇为引人注目。

1920年9月吴佩孚担任直鲁豫副巡阅使时，便开始揭橥“武力统一”的旗号，在洛阳整军经武，操练兵马。他从1921年援鄂战争胜利后，就十分相信“武力毕竟万能”[③]。在第一次直奉战争胜利后，他完全痴迷于“武力统一”，积极部署武力统一的整体规划，并迅即付诸实施。他从政治与军事两方面双管齐下：在政治上，策动“恢复法统”，使当时的南北两政府都失去法理根据；在军事上，他做出几项规定，即：（1）加强洛阳防区；（2）巩固既得地盘；（3）插手西南政局；（4）防备奉张复仇。[④]为了实现他的“武力统一”梦想，在直奉

① ［日］冈野增次郎：《吴佩孚》，第118、354页。

② 丁文江：《民国军事近纪》上编，第27页。

③ 《晨报》1922年1月10日。

④ 《中华民国五大总统大事记》，第155—156页。

议和后，他立即反辔洛阳，积极筹饷练兵，一意建成一支供其驱使的直属精锐部队。

吴佩孚洛阳练兵的内容是多种多样的，他开始确立“兵在精而不在多”的宗旨，淘汰老弱，精简冗额，又遴派专人赴各地招募身健力强的青年补充缺额。如1922年6月他派副官到山东夏津、武城、清平等县招兵5000人；10月间又派专人到山东曹州、兖州、莱阳等地招兵万余人等[①]。继而，他在洛阳设立讲武堂、军官讲习所，以培养士兵和军官的作战技能和指挥本领，并在原有的兵种外又增设铁甲车队、炸弹队等，以增强军队的战斗力，应付新的战争环境。他还特地招考青年学生组成幼年兵团和学兵团，亲自训练调教。他曾抽调步兵第十三团，仿照成吉思汗的“怯薛制”（亲兵制度），严加整顿，充实设备和给养。他扩大兵额达1.2万人，部队军制以班为单位，每班十二人，拥有步、骑、炮、工、辎重、铁道、航空等兵种。为加强战斗力，他积极筹建空军，成立航空队，派十数人去法国留学，学习航空技术。

吴佩孚并不以此为满足，为了进而控制整个直系军队，他模仿袁世凯建“模范团”、段祺瑞建“边防军”的做法，以胡景翼、靳云鹗所部两师两旅加上自己所辖的第三师，组成“模范军”，由他直接指挥。在洛阳练兵期间，他还命令直系各军，每师出兵一营，每旅出兵一连，连番在洛阳集训，训练完毕后，仍回原师旅，借此通过这些人对非嫡系军队进行渗透。吴佩孚的所有军械来源，国内的多来自上海、汉口及河南巩县的兵工厂，国外的则靠各帝国主义的支持。

经过两年的苦心经营，吴佩孚在河南的直属部队已增至五师一旅，共10余万人，月饷达80余万元。这些直属部队的分布情况是：

第三师　师长吴佩孚　驻洛阳

第八师　师长王汝勤　驻宜昌

第十四师　师长靳云鹗　驻郑州

第二十师　师长阎治堂　驻潼关

第二十五师　师长杨清臣　驻开封

第二十六混成旅　旅长田惟勤

第四师　师长胡景翼（非正规军）

第三十六师　师长阚玉琨（非正规军）[②]

---

① 《民国日报》1922年6月4日；《大公报》1922年10月23日。

② 《吴佩孚先生集》，第311、315页。

这支人数众多的军队，如按月饷80万元计，年需近千万元，因此筹饷成为吴佩孚面临的大问题。他从两种渠道去寻求饷源：一是向北京政府索取巨额军费；二是在辖区中向人民巧取豪夺，敲骨吸髓。向北京政府索取，主要通过他在政府中窃据要津的亲信，如董康和高恩洪即分任财政、交通总长。高恩洪在任交通总长半年中，从1922年6月至11月就向洛阳转拨军费大约400万元。其详细清单[①]如下：

日期	金额（元）	经拨机关
六月八日	5万	京奉
十四日	5万	津浦
二十四日	16万	京汉
二十六日	33万	京汉
三十日	1万1千	京汉
八月十七日	30万1千	京汉
三十一日	41万	京汉及部拨
九月十八日	24万3千	京汉及部拨
二十四日	1万5千	京汉及部拨
十月十三日	18万	南满铁路株式会社及四洮路借款项下
二十四日	90万	京汉
十一月八日	4万5千	京汉
十七日	11万4千	京汉及汉口电局
二十日	80万	京汉
二十日	140万	比国营业公司即京绥借款

向人民搜刮则是通过增加捐税、出卖省权、发行公债、滥印货币等手段。河南是他的直辖区，湖北则是他声称“借用五年”[②]的外府，因此，两省人民所受的盘剥之苦最甚。据1923年的统计，河南军费占全省收入的84%，湖北更高达

① 《申报》1922年12月8日。

② 《大公报》1922年12月26日。

94%[①]。这一比例，在民国史上是罕见的，以致引起两省民众的极大反感。河南人民曾痛斥吴佩孚说："分军遍驻郑、许各要隘，凡豫省司法、行政，无事不出而干预，迭次截留各县丁粮，勒捐商民巨款，有至十万者，有至二十万者；有限三日者，有限五日者。稍一不缴，枪毙随之。待官吏如奴隶，视人民如牛马。"[②]

湖北公民团在抨击吴佩孚的通告中，揭露了吴佩孚摧残湖北人民，搜刮财政的种种罪行：

> （一）将汉滠地亩押借八百万，解洛充作军饷。（二）将象鼻山铁矿押借五百万解洛。（三）将发行四百万湖北省公债。（四）筹设联省银行钞票一千万，已在湖北发行。（五）拍卖毡呢厂六十万解洛。（六）拍卖武建营二十万解洛……（九）驻鄂客军计达八师以上，月之垫饷以外，而每月份须认解洛阳军费百余万。（十）湖北旧有官票已发行12700余万，将此基金提充军费。（十一）财厅百货税，已押款供应洛之军需。（十二）财厅将消耗生产两税增加年得百余万解洛……（十八）吴佩孚由洛移营郑州，电索湖北搬家费二十万……（二十）各县公款概行提解洛阳，充作军饷。[③]

不仅如此，吴佩孚还把他的贪婪之手伸向其他省区，如1922年9月，他决定在湖北、河南、山西、山东、安徽五省发行五省通用官票四千万串（合银元3000万），全部充作军饷。这些钱票、官票，一般都没有切实的基金保证，处于兵荒马乱之际，时有失去货币价值之虞。最终，这些无头亏损都转嫁到人民身上。

对外吴佩孚又接受帝国主义特别是英美帝国主义的扶植和支援。英美帝国主义则认为直系军阀"是他们的驻华武官十年以来栽培维持的产物，中国的内乱与割据正是他们永远需要的时机"[④]。因此英美帝国主义尽力支援和资助吴佩孚。据不完全统计，1922—1924年间，美国供给吴佩孚的军火价达328万美元，美商卖给吴佩孚步枪1万支、子弹2000万发、机关枪250挺，美国人博治亚到洛阳帮助吴佩孚训练飞行员和兴建飞行机械厂；英福公司与吴佩孚订立了道济路借款

① 陈翰笙：《中国农民担负的赋税》，见王仲鸣《中国农民问题与农民运动》第132页。

② 《民国日报》1922年5月12日。

③ 《大公报》1922年10月26日。

④ 振宇：《外交团劝告裁兵》，见《向导周报》第4期。

150万英镑[1]；意大利则售给吴佩孚步枪1万支、手枪1500支、机关枪250挺、子弹1020万发，数量不可谓不大[2]。这样大宗的武力装备增强了吴佩孚的军事实力，“武力统一”的野心也随之日益膨胀。

吴佩孚在各个方面的畅行无阻使他踌躇满志，自以为“武力统一”指日可待，中枢政权也将俯首听命。利令智昏使他看不到不仅直系内部裂痕日剧，保、洛对峙人所共见，而且全国民众也已日渐清楚其用心。吴佩孚正循着盛极必衰的常规走向衰落，第二次直奉战争的失败给了吴佩孚一个无法避免的裁决！

原载于《江海学刊》2003年第1期

---

① 高兴亚：《冯玉祥将军》，第49页；《中国共产党第三次对时局宣言》，见《向导周报》第82期。

② 陈独秀：《帝国主义者援助军阀之又一证据》，见《向导周报》第78期。

北洋军阀史研究的“小有”之年

过去的一年，对北洋军阀及其统治时期历史的研究，虽然不如近代史其他研究领域那样活跃兴旺，但若从它本身发展历程来看，是有了一定的进展，称得上是个“小有”之年。学者们对某些历史人物和历史事件进行了研究和评述，提出了一些新颖的见解，同时又采集了口碑，整理了文献，并且写出了一批专著、论文和回忆录，刊行了一些从未公之于世的函电文献稿。这些都为繁荣学术作出了一定的贡献。

一

评论历史人物是历史研究工作中的一个重要课题，而北洋军阀史中，更有可资研究的纷杂人物。它既有军阀、政客、立宪派、帮闲文人和帝国主义分子等站在军阀一边的人物，也有资产阶级民主革命派、小资产阶级知识分子、人民反抗斗争的领袖和无产阶级革命家等反军阀人物。其中有些人物早有传统成说，有些人物则被蒙上一层传奇色彩，有些则以往或未涉及。对这些人物的历史地位和作用进行实事求是的分析，给予恰如其分的评论，的确是北洋军阀史研究中值得拓展的重要领域。过去一年中，不仅有一些论文评论了某些人物，而且还有如《黄兴与中国革命》、《蔡元培年谱》、《孙中山》和《张作霖》等传记性的专著。

《黄兴与中国革命》是美籍华裔学者薛君度教授于1961年所撰成。西方学者把这部书视作西方研究辛亥革命史进入第二阶段的一个标志，指明这本有关黄兴的著作旨在说明孙中山并不是辛亥革命的唯一领导人，还有同孙一样重要的领导人。（〔美〕保罗·阿·科恩：《美国的中国近代史研究》，见《历史研究》

1980年第2期）1980年初，杨慎之同志中译本的问世（湖南人民出版社，1980年1月出版），为中国读者提供了研究黄兴的重要资料。这本书第七章以后有不少地方论及黄兴与北洋军阀种种关系间的地位和作用。薛君度教授在原序中论定了黄兴是“一个被其无畏精神和个人勇气的力量所支配的知识分子”。认为在反袁的“二次革命”中，“虽然黄兴曾一度主张和平反抗，但他为了应付可能爆发的战争仍然作了一定的军事准备”（页154）。又说：“黄兴至少已向国人宣示他已竭尽全力避免流血。纵然他的苦心不为当时的人们所谅察，也应该为尔后的历史学家所理解。”（页159）在第十一章《黄兴的政治思想评价》专章中，作者就过去论断黄兴的某些旧说，如“对袁世凯的妥协问题”、“宋教仁被刺后应否马上举兵讨袁问题”和“中华革命党改组问题”等作了解释和论辩。国内的学者在有关论文中也对黄兴有所论述。胡绳武、金冲及二位同志的《孙中山在临时政府时期的斗争》（《历史研究》1980年第2期）一文曾评论黄兴说：“黄兴对孙中山很尊重。他积极参加孙中山所领导的历次武装起义，多次亲临前线，英勇战斗，他在关键时刻能挺身出来维护孙中山的威信和同盟会的团结，不愧为一个具有高尚品格的革命党人。……在临时政府中有举足轻重的地位。但是，自武汉保卫战以来，在袁世凯的和议引诱和立宪派党人的包围影响下，思想却开趋妥协。”其原因乃是“他受立宪党人的拉拢、影响，政见‘日以右倾’”。何泽福同志所写的《宋教仁与袁世凯》一文（《上海师范大学学报》1980年第3期）则把黄兴作为与袁世凯妥协的那种势力的代表人物。

孙中山是建国以来研究较多的一个历史人物。马庆忠等同志所写的《建国以来孙中山研究中几个问题的概述》（《近代史研究》1980年第2期）一文的三、四两节中，概述了建国以来有关孙中山对袁世凯让权问题的不同评价和孙中山与黄兴、宋教仁、章太炎的关系等。邵传烈同志的《孙中山》（上海人民出版社，1980年10月出版）一书中的《让位袁世凯》、《二次革命》和《护法运动的前前后后》等几个专题也论述了孙中山在“二次革命”、反洪宪帝制和护法运动等重大历史事件中的反北洋军阀活动。胡绳武和金冲及二同志在《孙中山在临时政府时期的斗争》一文中比较详细地论述了孙中山与袁世凯之间的关系。他们认为武昌起义后，孙中山“希望尽早结束战争，既免引起列强的干涉，又可减少战争带来的损失与痛苦，他对于袁世凯存在着幻想。……因此，他主观上并不反对通过议和，利用袁世凯迫使清帝退位，来达到‘建立民国’这一目标”。作者认为孙中山对于军阀本质的认识是不足的，“他把反对清朝统治者的斗争，停留在反满和政权形式的更易上，没有把汉族的军阀、官僚、豪绅、地主当作革命的对象，甚至还有害地把他们当作可以争取的同盟者”。这种认识铸成了孙中山后来依靠一个军阀反对另一个军阀的错误。尚明轩同志的《孙中山建立新型军队的努力》（《人文杂志》1980年第2期）一文就评论这一点说：“倒袁以后，虽然改变了过去单纯军事冒险的不正确做法，但又走上了另一条错误的道路——把军阀武装当作依靠的力量，幻想利用一个军事独裁者反对另一个军事独裁者，以取得革命的胜利。”而护法运动就是一个明显的事例。胡绳武、金冲及二同志在论文中承认孙中山对袁世凯妥协有认识上弱点的内因，“但起决定作用的还是力量之间的对比，即革命力量过于弱小，反革命力量过于强大所决定的。……孙中山拱手把大总统的位置让予袁世凯，实际上乃是客观形势发展的必然结局，是不以孙中山的个人意志为转移的”。而且“在妥协潮流不可逆转的形势下，孙中山并不甘心，仍然尽可能地进行了斗争”（《孙中山在临时政府时期的斗争》）。徐梁泊同志的《应该重新评价“孙中山让位”》（《社会科学战线》1980年第4期）一文也持类似的观点，认为“让位”在当时特定的历史条件下是不可避免的，不能由孙中山个人负责。文章还指出，在当时资产阶级革命派力量还十分弱小的情况下，通过“议和”，以“让位”为条件促使袁世凯胁迫清帝退位，从而顺利地“推翻帝制”，同时通过“让位”第一次实践资产阶级共和国的选举原则，体现了孙中山忠于资产阶级民主原则的崇高精神风貌，都具有深远的历史意义。孙中山的错误不在于“让位”，而在于对袁世凯的过分轻信，过于天真。张磊同志的文章认为北洋军阀反动统治是促进孙中山树立彻底反封建思想和争取民权的原因，他在论文中分析说，“为宋案的枪声所惊醒的孙中山把批判的矛头指向窃国大盗袁世凯，他痛切地阐明当前形势的严重性——‘军府艰难缔造之共和，以是坏灭无余’。同时还揭穿了袁记政权背誓乱常，妄希非分，假中央集权之名，行奸雄窃国之实”的罪恶行径。作者认为，社会政治生活的可悲景象迫使孙中山作出了北洋政府比满清政府更坏的论断，并把北洋政权视作官僚、军阀、阴谋政客的“三专制政治”。客观形势“促使孙中山作出了必须再度为民权主义的真正实现而奋斗的结论”（《论孙中山的民权主义》，见《历史研究》1980年第1期）。

蔡元培是民初有影响的资产阶级知识分子的代表人物，是一位教育家和政治活动家。1980年初，为了纪念他逝世四十周年而出版的《蔡元培年谱》（高平叔著，中华书局，1980年2月出版）提供了若干与北洋军阀及其统治时期史实有关的情况和资料，如1912年12月所记袁世凯制造的北京兵变，1913年所记的“二次革命”，1923年1月所记“金佛郎案”和1926年5月所记为皖苏浙三省联合会起草招待新闻记者演说词中，阐述该会反对北洋军阀态度等多处引述了谱主的原始记述及有关资料。谱中对北洋军阀统治时期的教育问题关涉尤多。

宋教仁是民初政治舞台上的风云人物。他的议会政治、政党内阁等等主张及与袁世凯的关系等等问题一直为研究工作者所瞩目。何泽福同志的《宋教仁与袁世凯》一文（《上海师大学报》1980年第3期）从宋教仁同袁世凯的关系和袁世凯谋杀宋教仁的原因两个方面对宋教仁进行了分析，给予了肯定的评论，论断了“宋教仁有一种思想，就是新的中央政府的领导权一定要掌握在革命党人手中”。作者认为：宋教仁对当时的妥协势力是有所抵制的，文章又从资产阶级的软弱本性方面，分析了宋教仁的弱点是：“没有看到而且也不可能看到人民群众的力量，因而对帝国主义的武装干涉总是心惊胆颤。他害怕长时间的战乱会影响帝国主义在中国所得利益，热切地希望早成立一个中央政府来恢复秩序，求得世界各国的承认，以保证中国革命的成功”，所以宋教仁对袁世凯的妥协是“无可奈何”的，“让步是有条件的”。宋教仁“不愿意把中央政府的大权拱手送给袁世凯”，因此，“坚持采用法国式的内阁制”以“遏止袁世凯的野心”。至于宋教仁主张建都北京，那是因为“恐怕定都南京会给日俄的侵略提供方便”，而“决不是出于对袁世凯的迁就”。作者评价宋教仁在湘鄂苏浙赣等地发表演说的活动是“公然摆出了与独夫民贼袁世凯势不两立的阵势”，由于宋教仁推行政党内阁计划和国民党议席的占多数，使得袁世凯“要杀害宋教仁的决心就越发坚定，其行动的速度也大大加快了”。何泽福同志认为宋袁之争的性质，“实际上是辛亥革命时期中国资产阶级同地主买办阶级斗争的一个缩影”，宋教仁的思想与行动“反映了中国资产阶级的迫切愿望”。“宋教仁的被杀同辛亥革命的夭折一样，都说明了中国民族资产阶级的软弱性”，但是宋教仁所播下的“资产阶级民主与宪政的种子，对后来的反帝反封建斗争曾起过积极的作用，这是不应该抹煞的”。《孙中山》一书的作者邵传烈同志也持类似的观点，认为“宋教仁是一位有头脑的政治家，他竭力主张在中国实行资产阶级的多党制政治。他提议实行责任内阁制，准备用资产阶级的民主政治来限制袁世凯的权力”。（第95页，上海人民出版社，1980年10月出版）

张作霖是1980年论及较多的一个军阀人物。常城同志在年初先发表了《张作霖是怎样在东北称王称霸的》一文（《吉林师大学报》1980年第1期）。接着，9

月间由常城同志主编的《张作霖》（辽宁人民出版社，1980年9月出版）一书又问世，全面地论述了张作霖的一生。这本书对张作霖的总看法是：“既不能称之为‘豪杰之士’，也不能看作为反日的‘英雄’”，是一个“反动的军阀”，但又和“死心塌地的汉奸不同”，有些事“他从维护自己的统治出发”，或者“为自己的升发”，但“在客观上有利于祖国的”，作者“也加以必要的叙述而不一笔抹煞”（书的《前言》）。潘喜廷同志的《张作霖与日本的关系》（《学习与探索》1980年第2期）一文主要分析了二者之间“有勾结和利用的一面，也存在着冲突和矛盾的一面”。作者作了五点分析，即：张作霖成为军阀是日本侵略“满蒙”政策的产物，张作霖投靠日本是为了实现其政治野心，日本扶植张作霖是为了加深对“满蒙”的侵略；张作霖与日本的关系由利用勾结到矛盾加深，张作霖与日本关系破裂，被炸死于皇姑屯。田胡甫同志的《张作霖传略》（《辽宁大学学报》1980年第3—4期）一文对张作霖就四个方面进行了研究，即他为什么居然能爬到东北最高统治者的高位，为什么能多次入关操纵北京政权，为什么又被炸死以及怎样评价这个人物等。作者认为“张作霖是个封建军阀，一生干了大量坏事……但对他也不能不分青红皂白，一概加以鞭挞痛骂”。如入关后拒绝日本的侵略要求，不论其动机如何，“在客观上是符合中国人民要求的”。1925年以来的东北铁路计划，“是想摆脱日本控制和干涉的倾向，而皇姑屯炸车事件就是张作霖与日本军国主义分子之间矛盾激化的必然结果”。沈自敏同志所译美国学者包华德主编的《民国名人传记辞典》第二分册（《中华民国史资料丛稿》译稿第八辑）也有张作霖的专条，在专条中指出1924年9月张作霖与苏联签订的《沈阳苏联协定》，为“1932年满洲国宣布独立打下了基础”，《辞典》的作者认为“张作霖统治满洲的时候，国内军阀混乱时的物力损毁，农业上、经济上的瘫痪，人力摧折这些现象并未在满洲出现”。但是，“矛盾的是：张作霖的所作所为又往往促成了二十世纪中国的政治统一运动。……他为东三省最终从政治上、经济上统一于全国开拓了道路”。在这本《辞典》中对张宗昌、章宗祥等人也都有专条。如评论张宗昌说：“可以把他看作是这样一个人：他的一生是靠实用、强权、暴力和欺诈求得生存和发迹的。在他的早年生活，没有任何力量可以使他对人类产生感情；在他后期的生涯中，没有任何力量可以改变他的信念，那就是人生最重要的是权力。对张宗昌来说，社会的权力就是基于个人握有地盘、金钱和军队。私人的权利就是握有财产和人。”在奉系军阀集团内和张作霖的矛盾发展到兵戎相见尖锐程度的郭松龄，在常城同志主编的《张作霖》一书中，得

到了很高的评价，说："郭松龄堪称为一位爱国的接近民众的将领，像这样的将领，在北洋军阀营垒中是少见的。"（第142页）

还有一些论文涉及某些地方军阀，如涂鸣皋同志的《关于四川军阀割据混战的几个问题》（《西南师范学院学报》1980年第1期）、莫杰同志的《陆荣廷军阀政权的出现和覆灭》（《学术论坛》1980年第4期）等文就论述了四川二刘、广西陆荣廷等人。

对于民初的政客兼学者梁启超，董方奎同志的《一九一一年至一九一四年间的梁启超与进步党》（《文史哲》1980年第1期）一文分析了这一段时间内梁启超的政治态度与实践，围绕着梁启超当时所推行的"和袁慰革，逼满服汉"的八字方针而展开了论述，指斥"梁启超的'八字方针'，充分暴露他不自量力的狂妄野心和反对民主革命阴险卑劣的鬼蜮伎俩"。而夏光辅同志的《护国运动的领导问题》（《昆明师院学报》1980年第5期）一文认为"梁启超不是护国运动的发动者和领导者"。

二

老一辈无产阶级革命家早期革命思想与反军阀斗争实践之间的关系是过去较少触及的研究课题。1980年则有了明显的进展，在有关论述董必武、瞿秋白、方志敏、李大钊及刘少奇等同志的文章中都有程度不同的涉及，而突出地表现在研究毛泽东同志早期革命思想的论文中。汪澍白等同志所写《青年毛泽东世界观的转变》（《历史研究》1980年第2期）一文论证了反军阀斗争的实践对毛泽东同志世界观的转变起着重要的作用。论文中说："五四运动以后，毛泽东积极参与了湖南的驱张（敬尧）运动与自治运动。认真总结两个运动的经验教训，对毛泽东掌握马克思主义的理论和策略，实现世界观的转变，有很重要的作用"；"通过驱张运动和自治运动的'痛苦经验'中学来的东西，正是推动毛泽东接受无产阶级专政理论和实现世界观转变的极为重要的动因"。尚金锁同志在所写《关于毛泽东同志转变为马克思主义者的时间》（《南开学报》1980年第3期）一文中也论述了这一观点，并认为毛泽东同志完成世界观的转变是在1920年，"这个转变的根本标志是对'温和革命'的批判，彻底抛弃无政府主义，坚决主张暴力革命和无产阶级专政"。

白石同志的《彭湃早期革命思想初探》（《学术研究》1980年第3期）一文胪述了彭湃同志在海陆丰参加当地青年学生的进步团体“群进社”进行反当地军阀的斗争，1916年夏的反对“二十一条”，1918年5月反对《中日陆军共同防敌军事协定》和1919年在日本召开“五七”国耻纪念大会等行动的具体史实，论证这些实践使彭湃同志由激进的民主主义者向马克思主义者过渡。

在有些论文中还介绍了无产阶级革命家的反军阀言论，李义彬同志的《少年中国学会内部的斗争》（《近代史研究》1980年第2期）一文中就介绍了周恩来同志在一篇署名伍豪、题为《革命救国论》的文章中，曾指出帝国主义之所以能在中国这样张牙舞爪，肆无忌惮，是因为中国的封建势力为了维护自己的反动统治而甘心媚外卖国，与其狼狈为奸。周恩来同志在文章中说：“袁世凯若不急图帝制，‘二十一条’何致签成。段祺瑞若非志在卖国，中国人民的肩上何致压上一笔巨大的参战借款。曹锟、吴佩孚若不是一志在总统，一志在武力统一，维持什么北洋正统，又何致开门揖盗，自华盛顿会议席上迎来些自家承认的太上政府。”文章还指出军阀混战和人民苦难“全是国际帝国主义者从中作祟”，因此，帝国主义及其走狗是“我们共同的敌人”。李义彬同志还介绍了周恩来同志的另一篇题为《救国运动与爱国主义》的文章，在这篇文章中，周恩来同志提出了中国“果想将军阀打倒，国际帝国主义打倒，我们也非与全世界被压迫阶级联合一致来打此共同敌人不可”。郑健民等同志的《旅欧期间周恩来同志建立革命统一战线的重大贡献》一文（《南开学报》1980年第2期）也作了类似的介绍与论述。这些论述对研究军阀统治的性质具有重要的指导意义。

三

对于北洋军阀及其统治时期的历史，彭明同志所写的《北洋军阀（研究提纲）》（《教学与研究》1980年第5—6期）一文，是一篇比较系统的概述。研究提纲提出了三个问题，即：（1）北洋军阀产生的社会基础；（2）北洋军阀的兴起和衰亡；（3）北洋军阀统治的若干特点。作者认为“中国社会的半殖民地性和半封建性，是中国近代封建军阀及其混战产生的根源”。他把北洋军阀的兴亡分为三个大的阶段：第一阶段，从1895年袁世凯的小站练兵到1916年袁世凯死去。这一阶段的特点，是北洋军阀的兴起和扩大。第二阶段，从1916年袁死去，到1926年北伐前夕。这一阶段的特点，是北洋军阀派系斗争和混战的剧烈化。第三阶段，从1926年7月北伐出师到1928年张作霖退出关外，是北洋军阀的衰亡阶段。并对每个阶段的重要历史事件作了综合叙述。文章又分析了北洋军阀统治的三个主要特点，即：一是军阀们各有一支为自己争权夺利而服务的军队，二是军阀们各有一块可以任意搜刮和统治的地盘，三是军阀们大都是帝国主义在中国进行统治的工具，每一派军阀都有帝国主义作为他们的靠山。除此之外，论文大多是专就某一历史事件进行的研究和论述。

关于北洋军阀的兴起问题，章开沅同志主编的《辛亥革命史》（人民出版社，1980年3月出版）上册第二章第二节特立《袁世凯与北洋军阀》专目，对之作了较详细的叙述。书中着重分析了袁世凯的崛起原因："首先是袁世凯以其奸诈权变，善于钻营迎逢的伎俩，获得那拉氏的宠幸和荣禄、奕劻等当权贵族的信赖，从而打通了走向揽权树势的道路"；其次"是同帝国主义的支持分不开的"；再次，"是袁世凯确实编练和控制了一支比旧军队更具战斗力的新式武装，并通过拉关系、搞宗派、结死党等等方式，繁衍成为一个以北洋新军为基干的军阀集团，形成了满族宗贵既心存猜忌，又不能不加以倚重的势力"。乔志强同志的《清末"新军"与辛亥革命》（《山西大学学报》1980年第3期）一文指出清末编练的"北洋新军"是"以后北洋军阀的渊源"。而"北洋军阀统治时期的重要人物及其派系演变、制度推移、军政活动无不与清末'北洋新军'有密切关系"。其中叙及袁世凯从新建陆军到北洋六镇的发展过程，并指明这支军阀势力在各个阶段所起的恶劣作用，终于成为"袁世凯篡夺辛亥革命果实的工具"，"成为以后北洋军阀统治的反动支柱，北洋军阀多渊源于此，直系、皖系军阀即直接由它分化而来，给中国人民带来巨大灾害"。

关于南京临时政府问题，在1979年"孙中山和辛亥革命讨论会"上，已对过去把这段历史写成单纯妥协退让的历史表示了异议，并进行了积极的评价。1980年初胡绳武、金冲及二同志的《孙中山在临时政府时期的斗争》一文中，对临时政府加以评论说："从形式上看，各部总长名额的分配，是革命派、立宪派与旧官僚三种势力的联合。但实际上，临时政府的实权，却是通过'部长取名，次长取实'的办法，主要掌握在革命党人手中，它是一个以资产阶级革命派为主体的政权。"又说："它的成立，却是中国近代史上具有重大意义的历史事件，它宣判了清王朝和延续二千多年的君主专制制度的死亡，使民主共和国的观念深入人心。在中国人民近代革命史上依然是一块重要的里程碑。"

关于“二次革命”和“护国战争”问题，曾业英同志的《民元前后的江亢虎和中国社会党》（《历史研究》1980年第6期）一文认为，“二次革命是以孙中山为首的资产阶级革命派为了挽救革命和进行自卫”而决定发动实行的武装讨袁行动。涂鸣皋同志《关于四川军阀割据混战的几个问题》一文评价说：“‘癸丑讨袁’、‘护国之役’，在于反对袁世凯破坏共和，复辟帝制，是有革命意义的，不能视为军阀混战。”而夏光辅同志的《护国运动的领导问题》（《昆明师院学报》1980年第5期）一文则着重分析了护国运动的领导权问题。作者对革命党、进步党、人民群众等参加护国运动的三种力量进行了分析，批驳了“进步党人（或梁启超）领导护国运动”的看法，其结论为：（1）护国运动是中华革命党人吕志伊和云南反袁军人发动的，由唐继尧、蔡锷、李烈钧等人组成领导集团。还没有蜕变为军阀的资产阶级革命党人唐继尧，担任了护国运动的全面领导。蔡锷不代表进步党势力，也不受梁启超的指挥，他领导护国第一军在“护国战争”的主要战场作战，作出了杰出的贡献。李烈钧不代表欧事研究会，他指挥第二军在两广战场作战，建立了显著功绩。（2）梁启超不是护国运动的发动者和领导者，他只在军务院时期参与短期领导，而且居于次要地位。他想争夺领导权，但没有得逞。所谓梁启超指挥蔡锷发动护国起义、领导“护国战争”的观点是没有根据的。（3）中华革命党是护国运动中一支积极的坚定力量，为护国运动作出了可贵的贡献。但它不是运动的领导者，不应缩小或夸大它在护国运动中的地位和作用。作者还分析了领导问题，估价了参加护国运动各种力量的实际作用，从而得出了“护国运动捍卫了辛亥革命的成果，具有进步意义，但甚有限”的结论。

民初各种政治势力的分合变化，在各种历史事件中起着不同的作用。因此，民初政党问题也就成为研究北洋军阀及其统治时期历史的一个重要组成部分。国民党是当时属于袁世凯势力对立面的一个大党，也是宋教仁推行政党内阁的凭借，据何泽福同志的《宋教仁与袁世凯》一文说，它的组建是宋教仁“为了与支持袁世凯的共和党对抗”，经过孙中山和黄兴的同意，“将同盟会与统一共和党、国民共进会、共和实进会、国民公党等小党合并，组成国民党”。而“由于有了国民党这个所谓全国第一大党作后盾”，宋教仁“对袁世凯的态度又强硬起来了”。那个始而被袁世凯用来对付国民党，继而又成为袁世凯反对派的进步党，是民初政治舞台上翻云覆雨的政党。董方奎同志的《一九一一年至一九一四年间的梁启超与进步党》一文对进步党前期，即拥袁前期的历史进行了比较全面的论述。认为：进步党是一个“以民族资产阶级上层、原立宪派为主体的，包括地主、官僚和军阀，以反对国民党为职志的一个品类丛杂的临时结合体”，“是为适应袁世凯巩固和加强其反动统治的需要而产生的”，它为袁世凯的种种反动活动起到了“为虎作伥”的恶劣作用，因而在“二次革命”后，得到了组织进步党内阁的奖赏。作者指出，这个在当时号称为“第一流人才内阁”，寿命虽不很长，但在它当政的半年里，“对外跟着袁世凯出卖国家主权，对内帮助袁世凯镇压农民起义和打击资产阶级革命派，破坏民主制度，为专制制度中兴，奠基搭桥，这就是进步党‘人才内阁’第一流的历史‘功绩’”。夏光辅同志的《护国运动的领导问题》（《昆明师院学报》1980年第5期）一文则对进步党的后期即由拥袁走向反袁，参加护国运动这段历史加以论述，认为：“由汤化龙、梁启超等官僚政客为首组成的进步党，本来是袁世凯的走卒和帮凶，袁世凯把进步党作为假民主的工具，用它在国会中与国民党对抗。进步党把袁世凯作为获取政治权利的靠山。……可是袁世凯要当皇帝，连假民主的遮盖布也要撕掉，他解散国会，取消内阁，把进步党的政治基础打碎，于是进步党对袁世凯开始不满……为谋取倒袁后的政治前途，进步党摇身一变，由拥袁变为反袁。”董、夏二文大体上连成一气地评述了进步党的全部历史。

在辛亥革命前后，中国的大地上出现了一个宣布自己为社会主义者的政党，那就是由江亢虎发起、组织和领导的中国社会党。由于这个问题有某些现实意义，今年曾发表了两篇专门性的论文。一篇是夏良才同志的《试论民国初年的中国社会党》（《历史教学》1980年第4期），另一篇是曾业英同志的《民元前后的江亢虎和中国社会党》（《历史研究》1980年第6期）。二文都申明了自己的研究目的与意义。夏文说：“剖析一下中国社会党的‘社会主义’演变史，对我们分清什么是真社会主义和假社会主义，还是有一定意义的。”曾文说：“解剖一下它的历史，将有功于我们了解中国社会主义运动所走过的曲折的道路。”二文都对中国社会党从1911年11月至1913年8月间的组成演变、成员政纲及与袁世凯等反动势力的关系等进行了分析和论述。夏文认为中国社会党“一开始也基本上是一个无政府主义者的结社”，后来“在中央和地方军阀的扶植下发展起来的已成了袁世凯反动统治的御用政党”，而它所标榜的“社会主义”也“最终堕落为日本法西斯主义”。曾业英同志的文章从江亢虎的所谓“社会主义”思想的形成及其特点、中国社会党的成立和初期活动、江亢虎与袁世凯的专制统治、“二次革命”爆发和中国社会党的解散等四方面作了比较详尽的论述。作者认为中国社会党“是一个以资产阶级、小资产阶级为主，有小资本家、小商人、小手工业者和其他劳动群众参加的资产阶级政党”。它所标榜的“社会主义”，是“中国封建主义、西方资产阶级改良主义、国际社会主义运动中‘左’的无政府主义和右倾机会主义的大杂烩”。作者认为对中国社会党的历史作用应作前后期的不同估价：前期的主张和行动“对资产阶级民主革命起过一定推动和促进作用”，而后期则“成了袁世凯破坏资产阶级共和国，巩固专制统治的御用工具”。作者着重谈到中国社会党的实践，证明江亢虎的“社会主义”是不能救中国的；但五四运动之后，马克思主义所以得到广泛传播和前一时期中国社会党的无出路结局有一定的关联。另外，李义彬同志的《少年中国学会内部的斗争》一文对五四时期这个由一些对现状不满，主张社会改造的先进知识青年所组织的进步社团，进行了全面的论述。它除了主要涉及少年中国学会的缘起、主张、组织和内部斗争分裂情况外，还提到以少年中国学会中的右翼分子为核心的、以反苏反共反革命为职志的反动党派青年党的正式形成。作者概括地评论民初的资产阶级政党说：“资产阶级革命派首领孙中山及其领导的党，辛亥后一直举着讨袁、护法的旗帜，坚持革命；但由于脱离人民、对军阀存有幻想，因之斗争一直遭受挫折，陷入绝望之中。至于资产阶级改良派以及他们的政治代表进步党、研究系则完全成了袁世凯、北洋军阀的御用工具。”

关于帝国主义与军阀关系的问题，赵金钰同志的《辛亥革命前后日本的大陆浪人》（《中国社会科学》1980年第2期）一文采取了具体解剖一个方面的方法取得了一定的成效。作者根据大量资料，并在日本学者提供修改意见的帮助下，分析了辛亥革命前后大陆浪人对中国的各方面的主张与活动后评论说：“辛亥革命前后，许多日本的大陆浪人希望他们的政府在某种程度上控制中国。……日本政府最终方案的抉择常是犹豫不决的，所以对日本政府来说需要各种各样角色。日本政府常常在他们的启示与帮助下，实施某种重大的决策。日本的这种活动方式，在当时是为西方列强所不及的。”另外俞辛焞同志的《华盛顿会议》（《历史教学》1980年第2期）和王明中同志的《一九一九年巴黎和会上的“山东问题”》（《南京大学学报》1980年第3期）二文也都就某个历史事件分析了北洋军阀政府与帝国主义间的关系。

关于地方军阀问题，以西南地方军阀的研究比较突出。西南地区成立的西南军阀研究会推动了这项研究工作。莫杰同志先后发表了《陆荣廷上台和旧桂系军阀的特点》（《学术论坛》1980年第1期）和《陆荣廷军阀政权的出现和覆灭》二文，对旧桂系军阀进行了分析研究。前一篇文章分析了以陆荣廷为首的旧桂系军阀的三个特点："它是一个地方性的封建军事政治集团"；"它的政治色彩，封建性多于买办性"；"它是一个由拜把关系和裙带关系结成的封建宗法性小集团"。后一篇文章则是鉴于"剖析陆荣廷军阀政权的出现、演化和覆灭，在西南军阀史研究中具有典型意义"而写，他分析了广西军阀兴起的阶级基础和进行军阀统治的社会条件，记述了陆荣廷与袁世凯之间勾结和矛盾的过程。涂鸣皋同志的《关于四川军阀割据混战的几个问题》一文论证了"四川军阀是在辛亥革命以后逐步形成的"，是"四川近代历史上出现的一个封建军事集团"，是"中国半殖民地半封建社会的产物，起了阻碍四川社会历史前进的作用"。文章较详细地剖析了四川军阀与北洋军阀、滇黔军阀及国民党新军阀之间的关系。至于北洋军阀系统内的争夺问题，则以郭松龄的倒戈反奉引起了研究者的注意。常城同志主编的《张作霖》评述这一事件认为，"郭松龄倒戈反奉，不仅是奉系军阀史上的重大事件，而且对当时的中国政治形势也有较大的影响，因为它在中国革命发展的高潮中，给当时的最大军阀以致命的打击"（第128页），并批驳了过去认为郭的倒戈反奉仅是因为"功高不赏"的看法。

四

这一年在发掘整理和纂辑文献资料方面也取得一定的好成绩。它主要体现在两个方面。

一方面，许多专著和论文引用了国内外的档案和资料来作论述和辩驳。如《黄兴与中国革命》一书原作引证繁博，作者还在中译本中曾"根据从未发表过的一九一四年孙、黄在日本关于'二次革命'和中华革命党问题的来往信件，作了唯一重要的修改补充"。赵金钰同志的《辛亥革命前后日本的大陆浪人》和俞辛焞同志的《华盛顿会议》等文章都引用了日本外务省的文书档案。胡绳武、金冲及二同志的《孙中山在临时政府时期的斗争》一文引用了大量的文史资料和回忆录。尤其值得注意的是利用新发现的资料来补证新问题，如黄征同志的《严复参与辛亥革命南北和议的补证》（《南京大学学报》1980年第3期）一文，对从未载入严复传记、年谱、墓志铭中的严复参与南北和议一事进行了新的补证。作者根据新公布的严复《辛亥日记》（《中国历史博物馆馆刊》1979年第1期）和有关书札加以排比参证和探索，证实了1911年12月间严复曾以福建代表身份参加北方代表团去汉口进行和议谈判，看来，“1911年前后的严复，根本没有退出历史舞台，而且是一个比较活跃的人物”，“严复从辛亥南北和议中向袁世凯献计献策，到一九一五年参与发起筹安之会，是一脉相承的两件事。如果说前者是严复政治上依靠袁世凯的第一步，那么后者就是第二步”。这样，就使严复为什么充当“筹安会”发起人的历史悬案的研究深入了一步。曾业英、徐辉琪二同志的《朱德寄自护国讨袁前线的一封信》（《近代史研究》1980年第3期）中介绍了云南档案馆所藏朱德1916年4月15日在四川泸州护国讨袁前线写给唐继尧的一封信，这是现有朱德同志最早的手札，从这一手札可以证实朱德同志由护国第一军第三梯团第六支队长改任第三支队长的史实，是因三支队处于不利情势下，而改由朱德同志领导后，就成为“勇敢锐利，势不稍衰，实所罕有”的劲旅，这说明朱德同志在“护国战争”中的地位和作用；其次，信中说明在袁取消帝制要求停战时，朱德同志仍采取“攻势防御主义”，不放松对新兵的教育；第三，信中说：“自德以达蜀地，无不箪食而迎”，证明朱军深受群众欢迎。蔡鸿源等同志在国家第二历史档案馆发现的《孙中山复蔡元培的信》（《群众论丛》1980年第4期），信中论及临时政府的组阁人事原则，信中说：“康氏至今犹反对民国之旨……倘合一炉而冶之，恐不足以服人心，且招天下之反对。至于太炎君等则不过偶于友谊小嫌，决不能与反对民国者作比例。尊隆之道，在所必讲，弟无世俗睚眦之见也。”“内阁之设备及其组织用人之道”“唯才能是称，不问其党与省也。”此信对研究临时政府时期的斗争十分有助。

另一方面是整理和编印资料。天津历史博物馆董效舒等同志编辑的馆藏《吴景濂函电存稿》作为《近代史资料》总第42号专册出版（中华书局，1980年8月出版）是篇幅较大的资料汇编。这份资料共310件，主要是1919年南北议和时期的南方文电资料。从这些函电中“可以看到南北双方对议和的基本态度，看到南方各派系军阀政客的内部矛盾斗争，同时，这些函电也暴露了南方滇桂系军阀假借护法与议和的名义勾结北方军阀，企图扩充实力的种种阴谋诡计”。如果把这册专集和1962年出版的《一九一九年南北议和资料》中的北京政府文电结合起来，就为研究这段历史提供了较全面的史料。《吴景濂函电存稿》后面的人名录和字号索引等两个附录给学者提供了一份简要的工具书，也为文献资料的编纂开启了好的风尚。

与文献资料有相辅作用的口碑资料，主要通过回忆录的形式。《李宗仁回忆录》（广西政协文史资料研究委员会出版，1980年6月）是篇幅较大、涉及内容丰富的一种。它的第三至第五编，多与北洋军阀和西南地方军阀的活动有关。广西的《学术论坛》还以《我与中国》为题连载了记述陆荣廷在护国护法战争中地位作用的片断。中央和各地出版的文史资料也都不断发表北洋时期人物的回忆录。如《天津文史资料选辑》第八辑（天津人民出版社，1980年4月出版）的《张作霖处理郭松龄反奉事件的经过》和第十一辑（1980年7月出版）的《黎元洪事略》、《官僚军阀祸国殃民见闻杂录》等都有可资参证的地方。

不论是文献资料，还是口碑回忆，都对北洋军阀及其统治时期历史的研究提供了一定的资料依据，对推进这一领域的研究工作起到了重要的作用。

五

过去一年的研究概况由于闻见所囿，必定有很多疏漏，但还应该提到的是：有些论著虽然尚未正式问世，却已在印刷或即将付印，如《孙中山年谱》是在1977年内部发行《中华民国史资料丛稿》特辑《孙中山年谱》基础上增删修改，并定在1980年由中华书局正式出版、公开发行的。从所见到的清样看，这是参考前此各谱，又广泛搜集资料（文献与口碑），反复征求意见后而纂成的一部篇幅较富的专著。又如《章太炎选集》已由上海人民出版社编定而即将付排。这些专著都有可供研究北洋军阀参考之处。另有些专著和论文，或接近完成，或正在积极进行，如《中国近代史资料丛刊》的一种《北洋军阀》正在纂辑，《北洋军阀书目》已编有成稿，《北洋军阀史略》正在增订，吴景濂、朱启钤等人的年谱传记也有人在研究编写，各地有些学者在为辛亥革命七十周年纪念所撰论文中也有涉及北洋军阀及其统治时期历史的专篇。所有这些，似乎都应算作1980年研究工作中的一部分成绩。

从北洋军阀史一年来的研究成果看，只能说是“小有”，而应在此基础上更有效地跨进一步。经过对若干论著草草浏览后，我想就论文专著的编写和资料的搜集纂辑两方面提点浅见和同志们商榷：

在资料的搜集和纂辑方面，主要包括文字与口头两个方面。过去的一年绝大部分论著都运用了比较丰富的资料，这是新的进展。但就北洋军阀史这一研究领域来说，整编文字资料，记录口头资料，尤为燃眉之急。有关北洋军阀的文字资料，除了国家第二历史档案馆在大力整理编纂外，有的保藏单位也做了相应的工作。但数量比重还不够大。据说有些博物馆中保存了北洋人物的函电稿、契约文据，甚有参考价值，由于缺乏人力，迟迟不能提供研究使用，有些地方档案馆收藏某一机关社团档案，甚为完备，虽早已成为历史文献，但仍限于规定，不能得到查阅公布的便利。这就无异乎“货弃于地”。如果在新的一年能够解放思想，屏除私念，组织人力，或作资料长编，或作分类汇编，或作资料索引，整理发布，不仅对研究工作提供了“能源”，而且本身也是一种学术贡献。在汇编资料工作中，能像天津历史博物馆编辑《吴景濂函电存稿》那样，附编一、二种工具书尤有必要，而单独编成专用工具书对研究工作来说是“人增寿”的好事，1979年徐景星同志等内部编印的《北洋军阀人物索引》，如果再修订增补，公开出版就很方便使用。另外，北洋军阀统治时期，社团市坊刊印的小册子有相当数量，如《洪宪惨史》、《贿选记》、《六月十三》、《段氏卖国记》、《甲子内乱始末纪实》等等，其中虽质量不一，鱼龙混杂，但目前已流传较少，如果加以选择，经过整理校注，也是重要的文献资料。至于外国文献在现代图书应用技术发达条件下，大可利用复印、胶片等等办法。日本外交文书资料就是利用这种技术手段取得的；同时再组织人力，翻译类编，则可以大大开拓资料的门路。口头资料则是一个抢救问题，因为目前健在的北洋时期人物多已是风烛之年，如果不及时抢录，日后将无法挽回补救。即使人力不足，也应先录存磁带，再逐步整理。据了解，中央和地方的文史资料机构都积存一些有关北洋史实的文稿和回忆录，或因内容尚需核实，文字犹待整理而贮之于箧，这些不妨加快从各方面核实修整发表。对这些口头资料可做些审慎的加工，一种办法是围绕一个主题发表不同人从不同角度所写的文稿或回忆录，则既可互为补益订误，又可由几个侧面，合成一个类似的全面，上海的《文史资料选辑》似用此法；另一种办法是加注释，因为这种口头资料中的别号、俗语、各方微妙关系、与文字记载的出入等等，如不及时了解注明，则日后势必莫名其妙，增加困难，但希望尽可能不对原话以意臆测，信笔乱改。文字与口头资料的大量提供将促进研究工作大幅度地开展。

在论文专著编写方面，过去虽然取得了一些成果，但在论文撰著方面还存在两点不足之处：一点是北洋军阀史事往往只在其他专门论文中述及，如在辛亥革命、孙中山、五四运动、第一次国内革命战争等专题中时有论述，而缺乏更多的以北洋军阀及其统治时期历史为中心论题的专门论文。另一点是研究课题中还有一些薄弱和空缺部门。如北洋军阀内部的混战、北洋军阀和其他地方军阀间的混战，其具体情况以及各方面纵横捭阖的关系就研究较少；反军阀斗争问题，对资产阶级政党活动的研究较多，对人民群众的活动则研究较少，而事实又并非如此，有不少地方志中记载了抗捐、抗暴政的群众斗争活动，只是缺乏钩辑论述。又如对军阀人物生平的研究虽已有了个开头，但还很不够，如吴佩孚、段祺瑞等人都可以写成专传，揭露他们残民媚外的罪恶，映现他们统治时代的社会面貌，探索他们之间的倾轧混战。这不仅使人们对这一混乱时期能得到明晰的轮廓，而且也为撰述一部通史性的著作做些必要的准备。

有了丰富的资料，有了专精的论著，就为深入全面的研究工作提供了良好的先决条件。如果再能责成专人，组织人力，那么在三五年内像章开沅同志等编写的《辛亥革命史》那样，对北洋军阀及其统治时期历史进行全面研究，写出一部多卷本的学术性研究著作是可以实现的。衷心祝愿在新的一年里，我们在北洋军阀史的研究领域中获得新的进展。

原载于《文稿与资料》1981年第1期

近年来北洋军阀和地方军阀史的研究*

北洋军阀是中国近代史上的一个政治军事集团。它经历了辛亥革命前后共三十四年的历史进程，是1912年至1928年中华民国的统治者。在这一时期的历史舞台上，既有北洋军阀的内部斗争，又有北洋军阀与地方军阀的斗争和地方军阀之间的斗争，以及人民群众反军阀的斗争等等，从而交织成一幅错综复杂、光怪陆离的画面。过去对这一段历史的研究与其他专题领域相比，其深度与广度远远不能反映这段历史的真实面貌，从而成为中国近代史领域中有待进一步开拓的园地。近年来，由于学术研究气氛的日益浓厚，以前被目为不宜过多涉及的禁区与半禁区在逐渐受到应有的重视，因而这段被看作历史进程反面背景的领域便有了更多的研究者和略为丰富的成果。学者们对这一历史进程中的某些历史人物和历史事件作了较多的研究与评述，提出了一些新颖的见解，同时又采集了口碑，整理了文献，写出了专著与论文。特别是近年来刊布的过去未公之于世的函电文稿，为北洋军阀史的研究工作提供了较大的方便。

本文即从评述历史人物、探讨历史事件、整理历史文献等方面，对近年来北洋军阀和地方军阀史的研究作一概述。

一

评论历史人物是历史研究工作中的一个重要课题，而在北洋军阀和地方军阀史研究中尤为如此。因为处在中国的旧民主主义革命和新民主主义革命相间的这

* 本文发表时署名焦静宜、来新夏。

一历史时期，在历史舞台上有着形形色色的纷杂人物。对这些历史人物进行实事求是的分析，给予恰如其分的评论，便成为北洋军阀和地方军阀史研究工作中的重要课题之一了。

首先是对于军阀人物的研究，近年来有了较多的成果，这是打破了过去的种种框框，使学术研究逐渐繁荣的一个可喜的现象。李宗一所撰《袁世凯传》是近年来论述反面人物有一定质量的传记性专著，它以比较丰富的资料论述了袁世凯的一生，并对这个近代中国历史上大地主大买办阶级的代表人物进行了剖析，沿着这一历史线索，也可使人们看到北洋军阀的兴起、发展到逐渐衰落的过程；作者还从政治经济等方面进行了分析，力求通过这一具有代表性的人物反映出当时的历史面貌，使中国近代史上出现这一特殊历史现象的原因得到比较合理的说明。胡柏立的《袁世凯独裁统治的建立及其覆灭》（《学习与探索》1981年第三期）对袁世凯从建立北洋军阀统治到自毙止的全部历史过程也做了较完备的综括性叙述。

张作霖是个在复杂的历史进程中带有一层传奇性色彩的军阀人物，近年来学术界对他的评价问题给予了一定的关注，而且大部分同志认为对其评价应尊重客观，实事求是。1980年第一期《吉林师大学报》发表了常城同志《张作霖是怎样在东北称王称霸的》一文。接着，9月间由常城同志主编的《张作霖》（辽宁人民出版社1980年9月版）一书又问世，全面地论述了张作霖的一生。这本书对张作霖的总看法是："既不能称之为'豪杰之士'，又不能看作为反日的'英雄'"，而是一个"反动的军阀"。潘喜廷同志的《张作霖与日本的关系》（《学习与探索》1980年第二期）和田胡甫同志的《张作霖传略》（《辽宁大学学报》1980年第三至四期）两篇文章都认为张与日本的关系既有互相利用的一面，又有矛盾和冲突的另一面。沈自敏同志译美国学者包华德主编的《民国名人传记辞典》第二分册（《中华民国史资料丛稿》译稿第八辑）也有张作霖的专条，在专条中指出1924年9月张作霖与苏联签订的《沈阳苏联协定》，为"一九三二年满洲国宣布独立打下了基础"，《民国名人传记辞典》的作者认为"张作霖统治满洲的时候，国内军阀混战时的物力损毁，农业上、经济上的瘫痪，人力摧折这些现象并未在满洲出现"。但是，"矛盾的是：张作霖的所作所为又往往促成了二十世纪中国的政治统一运动。……他为东三省最终从政治上、经济上统一于全国开拓了道路"。另外，对一时曾与张作霖角逐争霸的直系军阀吴佩孚目前的研究和全面评价还较少，除见章君谷所撰《吴佩孚传》外，其他仅在某些地方史的研究中有所提及，如阮知同志的《北洋军阀的勒索和湖北官钱局的倒闭》（《江汉论坛》1982年第三期）一文就向我们提供了1921年7月的“湘鄂战争”和1924年第二次直奉战争中吴佩孚为筹措军费勒索地方的情况。

还有一些论著涉及其他地方军阀人物。如山西省政协文史资料研究委员会编撰的《阎锡山统治山西史实》（山西人民出版社1981年3月版）一书从三方面（即一为亲身参加过阎锡山种种内幕活动与了解重要问题的有关人士的笔述和口述；二为有关人士的日记或抄件；三为有关文献和报刊的记载）搜集了丰富的资料，对晋系军阀阎锡山的一生进行了较详尽的论述。涂鸣皋的《关于四川军阀割据混战的几个问题》（《山西师范学院学报》1980年第一期）、莫杰的《陆荣廷军阀政权的出现和覆灭》（《学术论坛》1980年第四期）等文论述了四川二刘和广西陆荣廷等人。谢本书的《论唐继尧》（《近代史资料》1981年第二期）一文对西南军阀唐继尧的一生作了全面的评论，指出唐继尧从一个不好的同盟会员，参与辛亥革命却血腥镇压革命党人、参加护国运动却又利用护国之名进行扩张，最后堕落为封建的地方军阀，外而勾结帝国主义，内而残民以逞的一生过程。沈自敏同志译《民国名人传记辞典》中对张宗昌、章宗祥等人也都有专条。在奉系军阀中和张作霖的矛盾发展到兵戎相见尖锐程度的郭松龄，在常城同志主编的《张作霖》一书中得到了很高的评价，说：“郭松龄堪称为一位爱国的接近民众的将领；像这样的将领，在北洋军阀营垒中是少见的。”

在反军阀人物中，为人注目的是孙中山、黄兴和宋教仁等。其中对孙中山的研究近年来得到了较深入的发展。对于黄兴的评价问题，近年来学术界颇为关注，并相继有论著问世。薛君度著《黄兴与中国革命》（杨慎之译，湖南人民出版社1980年1月版）、毛注青著《黄兴年谱》（湖南人民出版社1980年10月版）都为研究和重新认识黄兴提供了重要史料；胡绳武、金冲及的《孙中山在临时政府时期的斗争》（《历史研究》1980年第二期）、李慎之的《试论黄兴》（《求索》1981年第四期）都对黄兴作了较全面的评价，认为就其主流来说仍可称之为资产阶级革命家中杰出的领袖人物，反驳了过去认为黄兴是“右派”、“妥协派”等说法；但在何泽福所写《宋教仁与袁世凯》（《上海师范大学学报》1980年第三期）一文中则把黄兴作为向袁世凯妥协的那种势力的代表人物。近年来对宋教仁的议会政治、政党内阁等主张一直为研究者所瞩目，并越来越给予了更多的肯定，对宋袁关系也在原来的基础上进了一步，如何泽福的《宋教仁与袁世凯》、李益然的《宋教仁力主责任内阁制及其失败》（《史学月刊》1981年第三期）及《文汇报》1980年12月16日载王涵同志文章《试论宋教仁之死》等。

过去一直享有反洪宪帝制英雄称号的蔡锷则是争议较多的一个人物。谢本书、杨维骏同志的文章分别代表了两种不同意见（分别见1981年1月29日和2月28日《云南日报》）。谢本书同志认为蔡锷是杰出的资产阶级革命家和军事家，其理由是：（1）评价作为政治家的蔡锷，主要的不是考察他的思想，而应该看他的行动及其产生的客观效果，蔡锷虽然思想前后有矛盾，但领导云南辛亥起义和反袁护国战争，在当时条件下是进步的；（2）考察一个历史人物，要看主流，蔡锷对袁有过幻想，反对过孙中山领导的“二次革命”，但这只是蔡一生的支流；（3）不能苛求于前人，蔡锷在“护国战争”中的功绩，确乎是“比他的前辈提供了新的东西”（列宁语），这就应当加以充分的肯定。而杨维骏同志认为，“新发现的大量史料说明蔡锷抵滇前数月，滇军中以中华革命党为核心的广大爱国军官就已形成了强大的革命力量，迫使唐继尧同意反袁”。“当然，蔡锷和梁启超终于从拥袁转变为反袁，这对于孙中山领导反袁斗争是有很大帮助。他们参加反袁的目的与革命党人有所不同……蔡锷虽在云南辛亥起义，尤其是在护国战争中起了积极作用，但他长期同改良派一道支持封建复辟势力，敌视和反对革命派，这样的人物，怎样称之为杰出的资产阶级革命家！”

台湾学者近年来也有一批北洋军阀人物传记问世，如章君谷撰《袁世凯传》、《段祺瑞传》、《黎元洪传》和《吴佩孚传》等，都可供参考。

二

对于北洋军阀及其统治时期这段历史，彭明所写的《北洋军阀（研究提纲）》（《教学与研究》1980年第五至六期）作了比较系统的概述，并把北洋军阀的兴亡过程分为三个大的阶段，还分析了北洋军阀统治的三个主要特点，即：一是军阀们各有一支为自己争权夺利而服务的军队；二是军阀们各有一块可以任意搜刮和统治的地盘；三是军阀们大都是帝国主义在中国进行统治的工具，每一派军阀都有帝国主义作为他们的靠山。加拿大华人学者陈志让的《军绅政权》是一部研究北洋军阀史的论纲性的专著。作者认为辛亥革命以后到解放前，中国的政权形态是军绅政权。全书分析了军绅政权的形成和它在中国政治、军事、经济和社会各方面的影响，对研究北洋军阀统治时期的中国有一定的参考价值。

来新夏等所写的《略论北洋军阀史研究中的几个问题》（《学术月刊》1982年第四期）一文对北洋军阀史与北洋军阀统治时期史两个概念的不同内涵、北洋军阀史的划分阶段问题以及北洋军阀的诸特点等均有所论述，可与彭文相互补充与商讨。

关于北洋军阀的兴起问题，章开沅同志主编的《辛亥革命史》（人民出版社1980年3月版）上册第二章第二节特立《袁世凯与北洋军阀》专目，对之作了较详细的叙述。乔志强同志的《清末“新军”与辛亥革命》（《山西大学学报》1980年第三期）一文指出清末编练的“北洋新军”是“以后北洋军阀的渊源”，而“北洋军阀统治时期的重要人物及其派系演变、制度推移、军政活动无不与清末‘北洋新军’有密切关系”。其中叙及袁世凯从新建陆军到北洋六镇的发展过程，并指明这支军阀势力在各个阶段所起的恶劣作用，终于成为“袁世凯篡夺辛亥革命果实的工具”，“成为以后北洋军阀统治的反动支柱。北洋军阀多渊源于此，直系、皖系军阀即直接由它分化而来，给中国人民带来巨大灾害”。

北洋军阀统治的社会基础和经济基础问题，是中国半封建半殖民地社会的特殊历史条件下值得研究的问题。《经济研究》刊载吴慧敏同志文章《辛亥革命后军阀地主的形成及其特征》提出辛亥革命后的军阀地主的形成问题，并论述了其特征，认为军阀地主“不只享有土地所有权，还直接掌握司法、审判权。在这里，地权与政权合一了。就这一方面说，它是一种变相的领土，是一股强化土地关系中封建因素的反动势力。这一反动势力，导致了我国土地关系和发展趋势的逆转”。“他们的兴起意味着帝国主义侵略的加深和腐朽封建势力的再度强化”。辛亥革命后的军阀地主是一种新的提法，值得研究和注意。

关于反北洋军阀的斗争。曾业英同志的《民元前后的江亢虎和中国社会党》（《历史研究》1980年第六期）一文认为“二次革命”是以孙中山为首的资产阶级革命派为了挽救革命和进行自立而决定发动实行的武装讨袁行动。赵矢元的《辛亥革命与“二次革命”之间的孙中山》（《东北师大学报》1981年第三期）一文更进而充分肯定了“二次革命”的性质与地位说：“这是保卫辛亥革命的成果，抵抗北洋军阀反革命暴力镇压的义战。”“二次革命是辛亥革命的继续……又是辛亥革命的终结。”朱宗震的《“二次革命”时的南京之战》（《群众论坛》1981年第五期）一文较详细地记述了8月11日何海鸣宣布南京第三次独立后至9月2日南京被陷的过程，推崇“南京之战是这次革命中绝无仅有的一场英勇顽强的浴血战斗”。涂鸣皋的《关于四川军阀割据混战的几个问题》（《西南师范

学院学报》1980年第一期）一文中评价说："'癸丑讨袁'、'护国之役'，在于反对袁世凯破坏共和，复辟帝制，是有革命意义的，不能视为军阀混战。"而夏光辅的《护国运动的领导问题》（《昆明师院学报》1980年第五期）一文则着重分析了护国运动的领导权问题。作者对革命党、进步党、人民群众等参加护国运动的三种力量进行了分析，批驳了"进步党人（或梁启超）领导护国运动"的看法，其结论为：（1）护国运动是中华革命党人吕志伊和云南反袁军人发动的，由唐继尧、蔡锷、李烈钧等人组成领导集团，还没有蜕变为军阀的资产阶级革命党人唐继尧担任了护国运动的全面领导。蔡锷不代表进步党势力，也不受梁启超的指挥，他领导护国第一军在护国战争的主要战场作战，作出了杰出的贡献。李烈钧不代表欧事研究会，他指挥第二军在两广战场作战，建立了显著功绩。（2）梁启超不是护国运动的发动者和领导者，他只在军务院时期参与短期领导，而且居于次要地位。他想争夺领导权，但没有得逞。所谓梁启超指挥蔡锷发动护国起义，领导"护国战争"的观点是没有根据的。（3）中华革命党是护国运动中一支积极的坚定力量，为护国运动作出了可贵的贡献。但它不是运动的领导者，不应缩小或夸大它在护国运动中的地位和作用。作者还从分析领导问题估价了参加护国运动各种力量的实际作用，从而得出了"护国运动捍卫了辛亥革命的成果，具有进步意义，但甚有限"的结论。何斯强的《护国战争时期的军务院》（《思想战线》1982年第一期）对"护国战争"时期军务院的作用与地位作出了评论说："护国战争后期，南方各独立省的护国军领导人组织了一个军务院，作为全国反对袁世凯复辟帝制的领导机构，即全国性的临时革命政府。""它对推动全国反袁斗争，粉碎袁氏复辟帝制起了积极的作用。它的历史作用是应当充分肯定的。"对于"护国战争"的善后情况，过去一般很少谈及，谢本书同志在《护国战争的结束及其善后处理》（《思想战线》1982年第三期）一文论述了这一问题。认为"护国战争"是得以善终的，同时也谈到"护国战争"后期西南军阀的扩张活动及其过早地撤销军务院，对"护国战争"的善后也产生了某些消极作用。曾立人、张行的《护国运动中陕西的反袁逐陆斗争》（《西北大学学报》1981年第三期）中记述了陕西虽进行了反袁逐陆的斗争，但胜利成果最终仍落于军阀陈树藩之手。

关于处于北洋军阀统治后期的中国共产党领导的反军阀斗争，在一些论著中也有涉及，其中有《西北大学学报》1982年第一期刊载的赵晓天、龚大德的文章《北伐战争时期冯玉祥率领的国民军》一文。1926年7月开始的北伐战争是在中国共产党的正确领导、推动和组织下进行的，参加这次战争的两支主要力量，一支是从南方北上的国民革命军，一支是在五原誓师出发的国民军。过去在谈及北伐问题时注意后者较少，此文除介绍了国民军参加北伐战争的过程外，还涉及了中国共产党对国民军的影响和推动、冯玉祥的思想变化，以及国民军与直、奉军阀的关系等问题，由此可使我们了解到横跨北洋军阀覆灭到新军阀产生这一历史时期的一个侧面。

作为人民群众反北洋军阀斗争中最大的一次农民起义——白朗起义，历来多有论述，但多囿于起义的具体事实。近年来关于白朗起义问题仍受到各地史学工作者的注意，而且正把注意力转向对农民起义的理论研究方面，王善中同志的《如何理解白朗起义》（《中州学刊》1982年第二期）一文可为代表。此文论证了白朗起义是资产阶级革命的一部分，认为："事实证明，在资产阶级革命时期，任何反对封建地主阶级的农民革命必然会带有资产阶级的革命性质，甚至会转化成为资产阶级革命，这是历史的潮流……白朗起义发生于辛亥之年，活跃于二次革命之前、之中、之后，从时间上说是否属于辛亥革命范畴尚待研究，但说它是二次革命的一部分，是资产阶级革命的一部分，是一点也不会过分的。"同时又指出白朗起义的性质也有一个由农民革命到资产阶级民主革命的转化过程。诚然，由于历史条件的限制，白朗起义未能走完"转化"的全程，但是"转化"本身却是客观存在的，也正是值得我们注意和加以研究的。

民初政党问题是研究民初军阀史的一个重要方面。李义彬的《少年中国学会内部的斗争》（《近代史研究》1980年第二期）一文概括地评论了民初政党说："资产阶级革命派首领孙中山及其领导的党，辛亥后一直举着讨袁、护国的旗帜，坚持革命，但由于脱离人民，对军阀存有幻想，因之斗争一直遭受挫折，陷入绝望之中，至于资产阶级改良派以及他们的政治代表进步党、研究系则完全成了袁世凯、北洋军阀的御用工具。"进步党是民初政治舞台上翻云覆雨的政党。董方奎的《一九一一年至一九一四年间的梁启超与进步党》一文对进步党前期拥袁的历史进行了比较全面的论述，夏光辅的《护国运动的领导问题》（《昆明师院学报》1980年第五期）则论述了进步党后期，即由拥袁走向反袁、参加护国运动这段历史。作者认为其转变的原因是"为谋取倒袁后的政治前途"。董、夏二文大体上连成一气地评述了进步党的全部历史。夏良才的《论民国初年的中国社会党》（《历史教学》1980年第四期）和曾业英的《民元前后的江亢虎和中国社会党》二文都对民初在中国大地上出现的自我宣布为社会主义者的政党——中国社会党从1911年11月到1913年8月间的组成演变、成员政纲及与袁世凯等反动势力的关系等进行了剖析与论述。

在帝国主义与军阀关系的研究中，较多文章论及日奉关系，如“满蒙铁路交涉问题”（主要指“满蒙五路”与“满蒙新五路”）是当时纠缠很久、较复杂的问题，任松同志的文章《张作霖与日本“满蒙铁路交涉问题”考略》（《辽宁大学学报》1982年第三期）利用地方档案、日本外务省档案及《满铁史资料》等多种资料介绍了奉张与日本帝国主义的勾结过程，较有参考价值。对后期奉系军阀与日本帝国主义关系的变化，邢安臣同志在《皇姑屯事件始末》（《历史教学》1982年第六期）一文中介绍了日本帝国主义策划这一事件的目的和详细布置的经过，指出：“皇姑屯事件是日本帝国主义独占‘满蒙’、‘最高国策’的产物。一九三一年九月十八日的‘柳条湖事件’的继续和发展，从而达到独占东三省的罪恶目的。”另外，俞辛焞同志的《华盛顿会议》（《历史教学》1980年第二期）和王明中同志的《一九一九年巴黎和会上的“山东问题”》（《南京大学学报》1980年第三期）二文也都就某个历史事件分析了北洋军阀政府与帝国主义之间的关系。

关于地方军阀问题，以西南地方军阀的研究比较突出。西南地区成立的西南军阀史研究会推动了这项研究工作。莫杰同志先后发表了《陆荣廷上台和旧桂系军阀的特点》（《学术论坛》1980年第一期）和《陆荣廷军阀政权的出现和覆灭》二文，对旧桂系军阀进行了分析研究。前一篇文章分析了以陆荣廷为首的旧桂系军阀的三个特点：“它是一个地方性的封建军事政治集团”；“它的政治色彩，封建性多于买办性”；“它是一个由拜把关系和裙带关系结成的封建宗法性小集团”。后一篇文章则是鉴于“剖析陆荣廷军阀政权的出现、演化和覆灭，在西南军阀史研究中具有典型意义”而成，他分析了广西军阀兴起的阶级基础和进行军阀统治的社会条件，记述了陆荣廷与袁世凯之间勾结和矛盾的过程。涂鸣皋同志的《关于四川军阀割据混战的几个问题》一文论证了“四川军阀是在辛亥革命以后逐步形成的”，是“四川近代历史上出现的一个封建军事集团”，是“中国半殖民地半封建社会的产物，起了阻碍四川社会历史前进的作用”。文章较详细地剖析了四川军阀与北洋军阀、滇黔军阀及国民党新军阀之间的关系。至于北洋军阀系统内的争夺问题，则以郭松龄的倒戈反奉引起了研究者的注意。常城同志主编的《张作霖》评述这一事件认为，“郭松龄倒戈反奉，不仅是奉系军阀史上的重大事件，而且对当时的中国政治形势也有较大的影响，因为它在中国革命发展的高潮中，给当时的最大军阀以致命的打击”，并批驳了过去认为郭的倒戈反奉仅仅是因为“功高不赏”的看法。毛履平、王关兴同志的文章也具体地指出了这次事变的性质和失败的原因（《郭松龄事变的性质及其失败的原因》，《学术月刊》1982年第五期），认为其进步性质为“它触及了日本帝国主义在东北的权益，动摇了日本帝国主义的走狗张作霖在东北的统治，有力地配合了全国的反奉倒段运动”。同时又明确指出了其失败的根本原因是由于日本帝国主义的武装干涉。

三

近年来，北洋军阀史文献资料的发掘整理和纂辑等方面也有所进展，主要有两个方面。

一方面，许多专著和论文引用了国内外的档案和资料来作论述和辩驳，如《黄兴与中国革命》一书原作引征繁博，作者还在中译本中曾“根据从未发表过的一九一四年孙、黄在日本关于‘二次革命’和中华革命党问题的来往信件，作了唯一重要的修改补充”。赵金钰同志的《辛亥革命前后日本的大陆浪人》和俞辛焞同志的《华盛顿会议》等文章都引用了日本外务省的文书档案。胡绳武、金冲及二同志的《孙中山在临时政府时期的斗争》一文引用了大量的文史资料和回忆录。尤其值得注意的是利用新发现的资料来补证新问题，如黄征同志的《严复参与辛亥革命南北和议的补证》（《南京大学学报》1980年第三期）一文对从未载入严复传记、年谱、墓志铭中的严复参加南北和议一事进行了新的补证，使严复为什么充当“筹安会”发起人的历史悬案的研究深入了一步。曾业英、徐辉琪二同志的《朱德寄自护国讨袁前线的一封信》（《近代史研究》1980年第三期）中介绍了云南档案馆所藏朱德1916年4月15日在四川泸州护国讨袁前线写给唐继尧的一封信，这是现有朱德同志最早的手札，从这一手札可以证实朱德同志由护国第一军第三梯团第六支队长改任第三支队长的史实，是因三支队处于不利情势下，而改由朱德同志领导后，就成为“勇敢锐利，势不稍衰，实所罕有”的劲旅，这说明朱德同志在“护国战争”中的地位和作用；其次，信中说明在袁取消帝制要求停战时，朱德同志仍采取“攻势防御主义”，不放松对新兵的教育；第三，信中说：“自德以达蜀地，无不箪食而迎”，证明朱军深受群众欢迎。由中国第一、第二历史档案馆主办出版的《历史档案》杂志在公布档案，整理档案，提供研究报告等方面，为北洋军阀史的研究提供了大量足资征信的参考资料。如1981年第二期陈鸣钟的《段祺瑞卖国投日和五四爱国运动爆发》一文根据《五四爱国运动档案资料》论述了段祺瑞的卖国投日过程；胡菊蓉选编的《临城劫车案文电一组》辑录文电十九件，反映了临城劫车案的处理过程及北洋政府的态度；1981年第四期张克明的《民国初期新闻战线上的反袁斗争》以档案资料说明新闻战线上的反袁斗争事实；丁恩泽、陈长河的《一九一三年赣宁之役档案史料选》辑入文电四十七则，反映了北洋政府对革命党人的镇压；邹明德的《护国运动期间唐继尧等文电一组》选辑文电十四则，主要反映了护国军政府对内对外的政治主张；1982年第一期方庆秋的《关于北洋军阀统治时期兵变的几个问题》一文根据馆藏档案统计，1912至1927年各省区大小兵变三百二十五起，并分类作了综述；张克明的《黄远庸是否帝制派》、金声的《第二次直奉战争中冯王密议倒直的时和地》和魏振民的《冯国璋生年考》等文均据切实可据的档案材料对若干具体问题进行了考辨，订正了旧说。另外，地方志也正在成为北洋军阀史研究工作的一个重要资料来源，唐上喜同志所著《清末民初四川州县捐税激增之一斑》（《四川师院学报》1982年第二期）就利用《新修三台县志》、《荣县志》、《苍溪县志》、《续修大足县志》、《名山县新志》、《遂宁县志》列举了大量原始资料，有说服力地反映了北洋军阀殃害百姓的情况。所有这些，对推动和加深北洋军阀史的研究起到了重要作用。

另一方面是整理和编印资料。天津历史博物馆所编《吴景濂函电存稿》（《近代史资料》总第四十二号，1980年第二期）收入资料三百一十件，主要是1919年南北议和时期的南方文电资料。从这些函电中“可以看到南北双方对议和的基本态度，看到南方各派系军阀政客的内部矛盾斗争，同时，这些函电中也暴露了南方滇桂系军阀假借护法与议和的名义勾结北方军阀，企图扩充实力的种种阴谋诡计”。这份资料汇编后面所附人名录和字号索引给学者提供了一份简要的工具书，也为文献资料的编纂开启了新风尚。杜春和所编《白朗起义》（中国社会科学出版社1980年7月版）利用官方档案和个人记述，对北方军阀统治时期发源于河南的一次规模较大的农民起义提供了较丰富的原始资料。中国第二历史档案馆就馆藏档案选编的《直皖战争》（江苏人民出版社1980年11月版）是《中华民国史档案资料丛刊》的专题之一。它从战前直皖的倾轧、战争的爆发与皖军的失败、战后的政局、战区的兵灾等四个方面选编档案二百三十六题，三百七十一件，为研究直皖战争提供了有参考价值的第一手资料。中国社科院近代史所编纂的《近代史资料》也不断刊布有关北洋军阀史的未刊文献资料，如总第四十五号（1981年第二期）就刊有《袁克定致冯国璋函》、《西原借款资料选辑》等，均对研究北洋军阀史有重要参考价值。

与文献资料有相辅作用的口碑资料，比较集中地刊布在中央和各地方政协所编的《文史资料选辑》上，如《天津文史资料选辑》第八辑（1980年4月）的《张作霖处理郭松龄反奉事件的经过》和第十一辑（1980年7月）的《官僚军阀祸国殃民见闻杂录》等都有可资参证的地方。杜春和等选编的《北洋军阀史料选辑》上下册（中国社会科学出版社1981年6月版）选辑了回忆录三十四篇，这些回忆录主要出自经历者之手，所以比较具体生动，从各方面反映了北洋军阀的兴衰过程，在不同程度上暴露了北洋军阀祸国殃民的罪恶，具有一定的参考价值。

四

近年来北洋军阀的研究是取得了一些成绩，但从中国近代史领域的研究工作来看，尚亟待在已有基础上更有效地跨进一步，现只就论文专著的编写和资料的搜集、纂辑两方面提点浅见。

在资料的搜集和纂辑方面，主要包括文字和口头两个方面。但就北洋军阀史这一研究领域来说，整编文字资料、记录口头资料，尤为燃眉之急。有关北洋军阀的文字资料，除了中国第二历史档案馆在大力整理编纂外，有的保藏单位也做了相应的工作。但数量比重还不够大。有些博物馆中保存了北洋人物的函电稿、契约文据，甚有参考价值，由于缺乏人力，迟迟不能提供研究使用。有些地方档案馆收藏某一机关社团档案，甚为完备，虽早已成为历史文献，但仍限于规定，不能得到翻读公布的便利。如果能够组织人力或作资料长编，或作分类汇编，或作资料索引，并整理发布，不仅对研究工作提供了“能源”，而且本身也是一种学术贡献。另外，北洋军阀统治时期社团市坊刊印的小册子有相当数量，其中虽质量不一，鱼龙混杂，但目前已流传较少，如果加以选择，经过整理校注，也是重要的文献资料。同时，对于国外的有关资料如能组织人力，翻译类编，则可以大大开拓资料的门路。口头资料的抢救问题也正亟待解决，因为目前健在的北洋时期人物多已是风烛残年，如果不及时抢录，日后将无法挽回补救。文字与口头资料的大量提供将促进研究水平大幅度提升。

在论文专著编写方面，过去虽然取得了一些成果，但在论文撰著方面还存在两点不足之处：一点是北洋军阀史事往往只在其他专门论文中述及，如在辛亥革命、孙中山、五四运动、第一次国内革命战争等专题中时有论述，而缺乏更多的以北洋军阀及其统治时期为中心论题的专门论文。另一点是研究课题中还有一些薄弱和空缺部分。如北洋军阀内部的混战、北洋军阀和其他地方军阀间的混战，其具体情况以及各方面纵横捭阖的关系就研究较少；反军阀斗争问题，对资产阶级政党活动的研究较多，对人民群众的活动则研究较少，而事实又并非如此，有不少地方志中记载了抗捐、抗暴政的群众斗争活动，只是缺乏钩辑论述。又如对军阀人物生平的研究虽已有了个开头，但还很不够，如吴佩孚、段祺瑞及地方军阀等人都可以写成专传，揭露他们残民媚外的罪恶，映现他们统治时代的社会面貌，探索他们之间的倾轧混战。这不仅使人们对这一混乱时期能得到明晰的轮廓，而且也为撰述一部通史性的著作做些必要的准备。

原载于《西南军阀史研究丛刊》第二辑　西南军阀史研究会编　贵州人民出版社1983年版

关于军阀史的研究

这次应邀来滇参加西南军阀史讨论会，一方面为有机会向更多同志学习而感到快慰；另一方面又很惭愧，因为我从五十年代就开始接触北洋军阀史，但除了在当时写过一本小书《北洋军阀史略》外，这三十年来由于种种原因而无甚增进。今天，大会主持人要我作一个发言，我只能把我们对北洋军阀史的研究工作与天津地区这方面的研究情况向到会同志们汇报，以听取教益。

天津研究北洋军阀史主要是三个点：南开大学历史系有六个人，半数人已到会（即郭剑林、焦静宜和我）。我们是一些志同道合的同志。天津社科院有一部分同志，杨思慎、孙宝铭同志这次也到会，家里还有几位同志。另外就是天津历史博物馆，拥有一批北洋时期的资料，其中黎元洪的材料比较多，有几位同志在研究与整理。这三个点，我本职在南开；又是天津社科院历史所的兼职研究人员，历史博物馆的同志除有过去的学生外其他同志也比较熟，因此我妄自尊大地结合天津的情况，就军阀史的研究问题谈四点看法。

第一点，谈谈研究军阀史的意义。

军阀是历史上的一个客观实体，所谓军阀割据、军阀混战和军阀统治都是历史上的客观存在。它与当时的社会、经济、政治、军事、文化各个方面都有着明显的相互制约、相互联系的关系。它是历史进程的组成部分，而近代军阀，特别是民国以来的军阀，其地位更为重要。他们在一定的历史时期不可一世，播弄着历史，但又终于先后被无情的历史所嘲弄、所唾弃。这样一种风云变幻的历史现象，其间有无数可供后人来论定分析的问题。如果对此置而不问，那就看不到历史长河中滔滔洪波的漩涡，也难洞察其泛滥横流的病源所在。研究历史，重要问题在于用。研究军阀史也在于研究这一历史现象的病源。如果有人认为军阀史只是历史的反面而不屑一顾的话，那么历史上的正与反辩证发展的统一体将失去其一面，知其一面而不知其另一面，那将是历史研究中的一种严重缺陷。这些基本道理本来是容易讲清的，也是容易了解的。但在过去的某些年代里，军阀史的研究受到漠视，有些同志视之为“禁区”而不插手；有些同志甚至提出质疑，认为研究军阀史是舍正途而不游，是一种走偏锋的猎奇，是抢冷门，致使这方面的研究处于蠕动和爬行，学术研究成果不显著，形成一种“旧著难找，新著很少”的局面。近几年来，情况有了很大变化，各种有关的公私档册等资料开始整理印行。学术组织的建立和学术活动的开展，促使研究成果日趋繁盛，即以发表的论文专著及资料来说，粗略地估计一下，当比前三十年的总和要多出几倍。港台学者也有部分人从事这方面项目的研究，写出一些著作。海外学者也有一些人注意及此。这是军阀史研究领域的新局面。大家都感到欣慰与鼓舞，但这不等于说一无阻力了。听说还有人对开展军阀史研究持保留态度，认为历史领域中可研究的方面很广，何必一定要为军阀去树碑立传呢？我们认为：如果让从事军阀史研究的同志讲讲军阀史的意义和重要性，阐述一下该不该研究的道理，那是可以做到言而有据，毫不费难的。但我以为最重要的问题不在讲某些道理，而在于要有实际行动，要拿出真正的成果来做有力的回答。这才是对开展军阀史研究的一种真正的推动力。因此，我想讲点实际问题，讲讲军阀史研究的课题问题。

第二点，谈谈军阀史研究中的课题问题。

在近代军阀史的研究中，无论是对早期的湘淮军阀，还是后来的北洋、西南等军阀都有过一些专门性的论述。但是这些论文专著，无论在数量上和质量上，还都远远不能适应当前这一学术领域发展的要求，需要进行加深、订正和补定的工作。从发展学术研究的规律看，凡要发展本学科首要的工作在于选定课题。有了课题，研究工作才有着手处。军阀史的研究课题应该如何考虑呢？我认为，根据当前状况应从三方面来考虑。

1. 理论性的探讨。过去的军阀史研究属于搞清事实、评价人物、概括综述者居多，理论方面的探讨就比较少。其实，在近代军阀史中有不少涉及理论问题的内容，如对军阀性质特点，即其概念定义的探讨，就是一个需加解决的问题。这里必须申明一点，即搞清这个问题和编写某本书必须先搞清概念才能写是两回事，一定要分开。书尽管写，并不是要先把所有基本概念都搞清才动笔，那是因噎废食。但是作为整个领域的研究而言，这个问题又是必须搞清楚的。如果这个问题不搞清楚，其他问题的研究就多少受些牵涉。比如我们研究某个军阀人物，结果人家从理论根据上提出不同意见，甚至用“地方实力派”等等概念来代替，那就会使研究工作走弯路。去年10月间，民国史编纂工作十年的小型纪念讨论会上，涉及到这个问题，李新同志提了两条，一个是私兵，一个是地盘。有些不同的意见。前天，李新同志在这次会议的发言中又加了一条武治。由两条改为三条，是不是就可按此办理，我看还不急于定论。这个问题已是几十年来军阀史研究中的老问题了。早在民国初，梁启超作为参加过军阀政治活动的局内人，在分析军阀产生的原因与特点时就曾谈到过，以后无论在北洋军阀还是国民党新军阀统治时期都有人谈过，甚至连蒋介石本人还对军阀一词下过定义。近年来国内外学者对此也给予了一定的注意，如港台、美日就曾有人谈到两种政治结构结合的问题，即一个是官方政治机构，一个是地方绅权的政治机构。这或就是陈志让教授所谓的“军绅政权”吧！这已不只是一二个人的看法，有好几篇文章都论到这一点。总之，军阀的定义目前还是众说纷纭、莫衷一是，所以说，这个问题只是探讨的开始，而不是下结论统一概念的时候。我对这个问题的看法是，不要单纯地从军事角度去看，而应考虑到政治性的含义。私兵、地盘、武治等等条件多是从军事着眼。其实，武治也是政治，这是军阀政治中的一种统治形式；军阀混战也是军阀政治矛盾的最高爆发点。武治并不能把所有的军阀都概括进去，军阀也有文治，至少有文治成分。有不少军阀标榜文治，就如云南的唐继尧就有文治，他办了个东陆大学（云南大学的前身），办教育、提倡文化。军阀不都是用刺刀来统治的。我认为有一个问题值得考虑，那就是军阀政治的理论基础问题。军而成阀，总是成串成团，单独存在不能称阀。它上有源、下有根，上上下下自成系统。系统内下级要服从上级、效忠上级。这种从上到下究竟渗透着什么意识形态，有什么样的共同理论基础？我看是不是可以说，这是一种以儒家文化为中心，以封建伦常关系为纽带的统治，形成一种层叠性的宝塔式统治。长幼尊卑、上下隶属关系十分严格，自成系统。如果没有系统是不能称为阀的。过去梁启超在分析军阀产生问题也谈到过一种想法，他谈了向心力和离心力的问题，他认为辛亥以后原来对清王室的忠君观念瓦解了，而国家观念和革命大义又未能取而代之。因此国家失去了向心力，分离主义随之而起。这种分析也涉及意识形态的问题了。研究这个问题是否可把前人的研究和港台以及国外学者的研究综合考察，根据史实分析，提出一些见解。我们在研究北洋军阀史中也考虑过北洋军阀的形成问题，它是不是袁世凯的个人问题，它的地位和作用如何？我们认为它是历史进程中内因外因关系结合发展的一种结果。它的形成既有外在的条件，而更重要的是内在的依据。从当时的情况看，北洋军阀的出现，是历史的必然要求。清朝晚期已从它历次“内忧外患”中充分证明旧军的腐败不堪。因此在十九世纪末期以来就出现了“一时内外交章，争献练兵之策”以改革旧军制的潮流。这种改革要求是符合清朝统治者需要的，因为每个统治者都需要有一种保护力量来维持自己的统治，能否维持统治是统治阶级生死存亡的利益所在，所以不仅同意章奏，而且立即见之行动。从整个社会经济来看，由于外国的侵入，我国的社会经济变成半殖民地半封建了。自然经济有所触动，但封建势力仍然严重存在，只是在封建经济占优势的情况下也产生了一些资本主义的内容，特别是二十世纪初资本主义经济还有了一定程度的发展。洋务运动中的军事工业在物质上为新军的建立准备了装备基础。由于近代社会经济的变化，人民生活中也有了异动，农村由于破产而产生大批失去土地的农民，内地交通线改变，有十来万依靠这条运输线为生的人成为流民群。湘军兵源有不少来自流民群。北洋建军之初也是如此，北洋常备军第一镇就是由王士珍、王英楷等带着一百万大洋到河北省正定、大名、广平、赵州去招募六千人。这些人中后来有一些就上升为大大小小的军阀了。在思想意识上虽然存在着封建意识，但已不是过去“华夷之辨”的封建意识，而是“中体西用”的半封建半殖民地的意识形态了。袁世凯建军时的练兵方针就包含这两方面。他提出“训以固其心，练以精其技”，就是要以封建伦常关系来固结军心，以西方军械操典来精通军事技能。他认为“兵不训罔知忠义；兵不练罔知战阵”。这就是一种“中体西用”的形式。所以北洋军产生的条件，无论从当时清朝统治者的需要，还是社会经济和意识形态变化的影响，都已具备了新的军阀势力出现的条件。就在这个时候，国际帝国主义的侵华政策有所改变，由瓜分中国变为物色代理人的政策。这个外因通过上述的内因，就给北洋军阀势力的兴起提供了必要的条件。不过我们也注意到了袁世凯的个人作用。我们认为袁世凯为北洋军阀的兴起做了三件大事：一是组织人力，准备了北洋军的干部；二是制定了章则，包括建军思想、军队正规化的标准、行军作战的规章等；三是抓住了战机，一种势力在发展过程中要是不能洞察战机就不易成功。至于北洋军阀集团的地位和作用应该如何评定？我们认为：北洋军阀是维系晚清十余年统治的支柱，是辛亥革命时转移政权举足轻重的力量，是掌握民国十六年中央政权的统治者，是中华民国对外关系的代表人，是制造灾难、祸国殃民的罪魁，是一个从统一走向再统一的过渡，是平衡以后的不平衡而为再一次平衡的前奏。它的历史作用有一点值得肯定，那就是对旧军制的一次重大改革。马克思主义经典作家曾指出过，对历史的评价看它是否比前人增加了新东西，而北洋新军无论从建军思想、军械训练、战略战术各方面都不同于旧军，这是应给以一定历史地位的。它的另一个作用是十六年的纷争战乱做了一个历史上很好的反面教员。它的混战纷争现实唤醒了人民。北洋军阀统治时期既是最黑暗而反动的时期，也是人民群众反抗斗争最激烈的时期。五四爱国运动和新文化运动的兴起，中国共产党的酝酿与建立都在这一时期。就是孙中山也被北洋军阀统治现实所觉醒，认清了民初以来军阀、官僚、政客三位一体的统治，而向新三民主义转变。北洋军阀还有一点反面作用是为新军阀提供了干部。桂系、晋系、国民军系等等都是从北洋军阀系统与其他地方军阀系统中演变而来的，就是说旧军阀为新军阀的产生创造了条件。北洋军阀间的纷争火并结果，逐渐经过大吃小而最后为新军阀的再次统一扫除阻力提供了条件。

在军阀史研究中还有一个阶级基础的问题值得探讨。关于北洋军阀的阶级基础有几种说法：一种说法是大地主大买办。大地主问题事实俱在，它也代表了大地主阶级的利益，但称之为买办是指它代表了帝国主义利益。这是一个政治概念，而划定阶级地位主要是以经济为标准，我们只能说北洋军阀是帝国主义在华的政治买办，而不能说它建基于买办阶级之上。另一种说法是地主资产阶级，说北洋军阀的阶级属性含有资产阶级性质这一点是可以被接受的，但要注意时间和阶段的问题。北洋军阀之含有资产阶级性质并非开始即有，而是发生在后期，大体说来是在第一次世界大战后期才开始的，所以二者不能并列，而且连年混战对资产阶级利益是有所伤害，有所触动的。资产阶级不喜欢混战。商品被扣、到处勒索、市面不稳、币制混乱，都不是资产阶级所欢迎的。我们没有采用二者并列的说法，而是认为北洋军阀是以封建地主阶级为主要社会基础，它的某些部分在一定时期进入了资产阶级行列而具备了资产阶级特色，大致时间在1914—1925年之间。在这个期间，据天津的调查资料，天津新建工厂26家，其中北洋军阀投资的11家，占26家的42.3%。这11家工厂的资本总额共有1572万元，占26家总资本额2926万元的53.7%。这就使某些北洋军阀带上了一定程度的资产阶级性质。我们在这个问题上的想法是不要搞简单公式而要具体研究分析，因此我们在《北洋军阀史稿》一书中就说“北洋军阀是以地主阶级为它的主要社会基础，而在一定时期带有资产阶级性质”。正因为它的主要社会基础是封建地主阶级，所以北洋军阀的封建性意识比较严重。它开始以封建伦理观念作为建军思想，要求忠君爱

国，进而要求忠于北洋团体，再进而要求忠于袁宫保。它还接受了传统的中国儒家的大一统思想，所以北洋军阀统治时期，无论哪一派、哪一个人实际上割据混战，但总以统一为幌子。掌握雄厚实力时，就进行“武力统一”；如果羽毛未丰，力量尚弱时，就宣传“和平统一”。总之，虽在行割据之实，但无不唱统一调子。这一情况与中国传统大一统思想的凝聚力有关。可是，由于它还有一些资产阶级性质，故它跟中国历史上的军阀，甚至跟湘淮军阀相比又有了某些特性，主要表现在北洋军阀主持政局时，它经常运用一些被扭曲了的西方资产阶级制度，这就是为什么封建军阀当政时还要动用政党、议会、选举等等所谓“民主制度”的原因之一。

2. 史的研究。军阀史事在我国有故老相传、口书笔录的情况。年岁大的同志对军阀混战的灾祸、军阀人物的遗闻琐事多有耳闻目睹，并不生疏。问题在于这些史实的准确程度、完备程度、可靠程度怎样。我们研究史事的基点是：一是深入探讨，二是填补空白。有些问题似乎人们已很熟悉，但不一定完整而需进一步探讨。如大家比较熟悉，且又作过一些研究的联省自治问题，过去的评论有点简单化，前不久邹小孟同志写的一篇《联省自治浅析》曾着重分析了联省自治思潮与联省自治运动的联系和区别，使这个问题的研究深入了一步。我们组的郭剑林同志这次带到大会的论文《论联省自治的潮流》，对联省自治作了评论，认为其中有一定的进步性和合理性。又如“张勋复辟”，大家都很熟悉，一般认为这是有封建顽固思想的张勋乘黎段交讧的府院之争而制造的一出丑剧，过去这方面文章寥寥无几。但如从它所继承的思想资料、适应的社会思潮、各种社会势力的纠合，帝国主义的播弄等方面看都还有研究余地。我们组的焦静宜同志就选择了这一余地写了一篇《论张勋复辟》，也带到会上来求教。又如两次直奉战争，为什么直系先胜后败？按理说，直系在第一次直奉战争中战胜奉系后，掌握了全国政权，居于优势地位，而第二次直奉战争反而败于奉系呢？过去有许多分析与解释，如说吴佩孚的反动真面目暴露，失去了人们原有的盲目“信仰”，曹锟贿选闹得直系声名狼藉；连年内战，民不堪命；直系内部兵骄将悍，分赃不均；而最为人所乐道的是冯玉祥反戈一击的“北京兵变”，决定了直系的溃不成军。这些都是理由，但总感到还需要找一找其他更具体的原因。我的研究生娄向喆选了一个《直系军阀的财政危机》的课题，搜集了大量资料，研究结果得出了直系在“二次战争”中已处于“外债无源、内债难举”的财政崩溃状态。这就引起我们回想到辛亥以后张謇以财政卡孙中山，迫使让位的史事，感到这种财政危机应是第二次直奉战争直败的一个重要原因了。

在北洋军阀的研究中，政治军事方面较多，而经济方面就较少。天津社科院的郝庆元同志近几年来着重在研究北洋的经济问题，研究经济机构、经济人物，如周学熙这个人物就很有研究余地。他已搜集和整理了一些资料，写了文章，也准备写专著。我们南大经济所有几位同志研究开滦、启新、华新等企业，搞了不少资料，也有论著。经济方面的研究看来余地很大。至于文化方面更需要填补。

在史事研究上还有些值得考虑的课题，如北洋军阀各派系的特点、北洋军阀与西南军阀的异同，为什么西南偏处一隅，而历次反北洋斗争都插了手；为什么北洋掌握全国政权却较早地覆灭，而西南一直岿然不动，直到解放，连蒋介石都不得不抚慰一下。又如军阀与帝国主义关系问题，我看这方面大有余地。不能简单地搞各有归属，如直系与英美、皖奉与日本；而要探讨其间错综复杂的关系。有些说法是推理出来的，缺乏确实的史料依据；有些材料是从政论性文章中转引，而非原始来源；有些找到买卖军火的事实就断定为彼此勾结，证据似嫌薄弱，因为也有可能是与军火商做买卖，勾结要看是否是以出卖主权来换取；有些材料形式上是原始，但内容并不可靠，我们曾从第二历史档案馆找到过一张反吴佩孚的传单，说吴卖给英美几条铁路主权得到四亿美元，署名有八团体，但我们找不到吴佩孚出卖了哪几条铁路的旁证材料。这是急需填补空白的课题。

人物研究也是一个重要方面，这方面有难度，有两种障碍，一是人们对一些有名的军阀人物有传统看法，如对吴佩孚与段祺瑞看法就不同，吴佩孚在人们心目中似乎好点；另一点是有些人物有传奇色彩，如对张作霖的红胡子出身，枪法如何神奇，如何对付日本人等等。这些都需有大量确切资料去认真评述。近年来这方面研究颇有进展，东北在开展对张作霖的研究，常城同志写了本《张作霖》，其他同志有论文，有译著。辽宁档案馆还专题整理了张作霖的重要电稿，已有油印本。西南地区对唐继尧、陆荣廷的研究也有成果。在北洋史方面，比较多地集中到吴佩孚。这个人物已引起北洋史研究者的兴趣。台湾出了一本《吴佩孚传》，在史料运用和人物论定方面都有可商榷之处，有重新研究的余地。我们组也注意到这个问题，内部也有不同的意见。我对组内学术见解分歧认为应像蔡元培那样兼收并蓄，让诸说并存，相互讨论。我们有位同志对吴评价很高，我不太同意，就各讲各的。我比较保守，认为吴佩孚是以一个爱国军人面貌崛起，利用皖系的失人心，他以两种手段夺取两个人心，一个是反对皖系的武力统一来赢得人民渴望和平之心，另一个是反对皖系的媚日卖国来赢得人民爱国救亡之心。

得人心者昌，吴佩孚利用它骗取了人心，使许多人在一定时期寄希望于吴佩孚。吴佩孚在此基础之上，又自我标榜。这种标榜也反映了半殖民地半封建的社会形态。他一方面以儒将自命，崇尚关岳，“维护”华夏尊严，以适合封建主义守旧口味；另一方面聘请洋顾问，改革军事操练，以适合资产阶级维新要求。中体西用，二者结合，自我塑造了一个学贯中西的基本形象。在此情况下，他又高唱救国爱民、劳工神圣，以允许共产党人的活动等等伪装来提高威信，同时也争取到英美帝国主义鼓吹他的长处与才干，造成非吴不能救中国的“感觉”。这些都是吴佩孚为夺取更大权力所使用的权术。吴佩孚的真正意图和思想要求并非如此。他只是由于处在十月革命、五四运动新思潮的形势下不得不如此做作一番。我们不能像有人说吴佩孚是五四运动的助动力，相反地，五四运动对吴多少产生了点推动力。吴佩孚是个头脑比较灵活的军阀，他为适应基础的需要接受点新事物，采取某些装点自己的做法而已，不能估计过高。一旦气候变化就面目全非了：“二七”屠杀工人，为曹锟贿选尽力，与奉张结成反赤联盟，对抗北伐等等，尤其是1921年发表的《循分新书》更露骨地主张：“遵循孔教以达圣人境界，共和显示了社会道德的衰微，而振衰起敝唯一之道是复兴儒家文化。”这足以说明他的思想主流和行为目的。

在理论探讨和史实研究的基础上写一部专著，看来应提到军阀史研究日程上来了。这一当务之急被西南军阀史研究会抓住了，如果说前一阶段，我们三人写了一部《北洋军阀史稿》的话，那比之于《西南军阀史》的气魄、规划，真是自愧弗如了。我看了《西南军阀史》的提纲，这种备配集结人力的做法和真诚团结的精神使我们深受教育。

3. 动态的综述分析。这是一个重要而被忽视的问题。这是一种社会偏见，写一本书或一篇论文会受到社会的重视，如果只写一个动态综述就认为只是把资料综合一起，作用不大。我看这是不明内情的偏见。我认为动态综述与分析应放在科研课题的高度来对待。动态综述与分析应是社科情报的重要内容。我国社科情报比较迟缓，在当前知识爆炸年代是不适应的。一个人要把本领域的文献看完或绝大部分看完，是有困难的，因此就需要有一些搞动态情报的服务性工作。我们由于不注意动态分析，许多课题往往落在后面，甚至重复劳动。台湾学者近几年做了一些这方面的工作，如张玉法编了一部《中国现代史论集》丛书，这部丛书有十辑，收集了评介论文和专著的主要论文，其中第四、第五两辑是1912年到1928年，即我们所说的北洋军阀统治时期。他虽是编动态资料，但也有观点，他的第四辑包括1912年至1916年的袁世凯时期，标题是《民初政局》，以表示不承认袁世凯是军阀，其中包括政党政治、“二次革命”、“洪宪帝制”等专题，第五辑包括1916年至1928年，标为《军阀政治》，其中包括一般解释、历史叙述、军阀政治、军事派系、联省自治五部分，其选文二十二篇。这些文章使我们了解到过去一些了解不够的东西。当然，他所收集的也不完全。我们在这方面比较薄弱。据粗略了解，1980年到1982年民国史方面论文日文有50篇、英文有30篇。但除个别外，所知尚少。去年贵州会议上，我们写了一篇军阀史研究的动态综述，现已收在《西南军阀史研究丛刊》第二辑，但因见闻有限，多有疏漏。我对此有两点建议：第一，我们应像辛亥革命史研究会那样，除已出丛刊外，还应有通讯，把军阀史研究的动态和趋势的预测都在通讯上发表，其中应包括港台学者和国外学者的情况。第二，我们研究军阀史的人是否能够改变过去对综述动态的传统偏见，把这类成品视作研究课题成果。史学会的《史学情报》有许多专题动态综述，对大家都有用处，很受史学界欢迎。许多同志看了后感到对当前学术研究的“行情”就成竹在胸了。这是节省人力资源的好办法。我常说这是人增添寿命的大功德，不可不做。

第三点，谈谈军阀史的研究资料问题。

研究资料是研究工作的基础，发掘资料是开展研究工作的前提。我们对资料工作主要从九个方面着眼，即：（1）历史档案，（2）传记，（3）专集，（4）地方志，（5）笔记杂著，（6）近人论著，（7）资料汇编，（8）报刊，（9）外人著述。

我们对这九类资料大体上摸了一下底，现据所知简要介绍一下：

（1）历史档案：档案主要在中国第二历史档案馆和各地档案馆及博物馆收藏。他们分别编了一些档案集。它的前身南京史料整理处油印过一套《中国现代史料汇编》第一辑20册，起了很大的作用。二史馆所编印正式出版的《直皖战争》、《北洋军阀统治时期的兵变》以及最近编辑油印的《张勋复辟》，都集中了本专题的主要档案。杜春和同志编的《白朗起义》除档案外，还编入一部分未刊和已刊著作的节录。辽宁档案馆编辑油印了《张作霖文电》四册。天津档案馆保存1903年到1949年比较完整的一套商会档案，据说内容相当丰富，天津历史研究所组织专门班子进行整理，现已完成了1903到1911年部分，正着手北洋时期档案的整理。

（2）传记：这类书包括专传、年谱、行状、墓志等等。我过去曾把北洋军阀人物的年谱编为《北洋军阀人物年谱知见录》发表在天津民盟文史资料上，后来收入拙作《近三百年人物年谱知见录》中。解放前是有些传记，但有不少含有敌意宣传，史料不全可靠，使用时要甄别。台湾学者写了许多套北洋人物传，如吴佩孚、段祺瑞、徐世昌等，但在史料运用上尚欠谨严。墓志、行状之类的传记文字散在各处，像冯国璋、张勋等墓志都有拓片，如果能有人搜集这些人物的碑传编一部《民国碑传集》将大有利于运用。过去听说有人下过功夫，但始终未见成书。解放后新写的传记有李宗一的《袁世凯传》、常城的《张作霖》等都可供参阅。《顾维钧回忆录》也属于传记性质，全书有五百余万字，天津社科院的杨思慎同志等三十余人正从事翻译，第一册已出版，内容很丰富。

（3）专集：现在从专集中整理资料还不多。原因是专集比较少。过去常用的《养寿园奏议辑要》是以袁世凯军事奏议为主的专集，虽名为辑要，但辑得很好，基本上已得其要；不过天津图书馆有《养寿园奏议》抄本，天津历史所有同志加以整理，准备出版，比《养寿园奏议辑要》更完善些。他如黄远庸的《远生遗著》和梁启超的《盾鼻集》等都是有用的专集。天津历史博物馆收藏黎元洪资料较多，他们编定了《黎元洪集》，但至今尚未出版。台湾还编印了《吴佩孚全集》，其他还有一些当时不知名人士的专集，也尚有可供采择者。

（4）地方志：近来有些论文喜欢引用地方志资料，但仔细考察一下不是从方志中有系统地整理出来，而是翻检一两条用上去，这样会遗漏许多有用资料。今春在洛阳召开的全国地方志六五规划会议已列入旧志整理这一课题，而搜检军阀史料也是整理提纲之一项，如此三数年后将有可资利用的地方志资料。

（5）笔记杂著：这部分材料比较分散，但内容多生动具体，有参证价值，如有刊印本的《梦蕉亭杂记》、《世载堂杂忆》和《一士谈荟》、《石屋余沈》等都可供参考。日记可以说是杂著。天津有一部《徐世昌日记》，比较完整，从1885年记起，共有六函，现后四函已整理出来，据参加整理的孙宝铭同志说，有些可供参考的资料。又南开大学藏有一部《王家瑞日记》稿本，自1908至1948年（中有缺年）。其中有一部分北洋军阀的史料，还可订正一些论述中的失误。这尚有待整理。

（6）近人论著：解放前有些旧的论著，如《民国军事近记》、《最近三十年中国军事史》，另外还有《×××卖国史》、《××秘史》则多揭露性、抨击性内容，目前寻求也已不易，有些质量已不适应当前所需，有些经过筛选，还可重印复制。台湾印过一些。我们的《近代史资料》上也曾不断地发过一些。

（7）资料汇编：汇编资料是在资料浩繁情况下所进行的一项有意义的工作。较早的有1914年出版的《民国经世文编》。“中国近代史资料丛刊”的最后一种《北洋军阀》已进行较长期编辑工作，它将是一套篇幅较大、内容丰富的汇编。杜春和等选编部分回忆录为《北洋军阀史料选辑》二册，也可供翻检。西南地方也有资料汇编为《四川军阀史料》。而更值得注意的还有两个库藏：一是从全国到省、市、区政协所编的《文史资料选辑》；另一是中国社科院近代史所民国史研究室编的《中华民国史资料丛刊》。这两方面资料估计将达亿万字，大有甄选采择的余地。

（8）报刊：从清末以来的《政治官报》到民国的《政府公报》等多种官报刊有法令规章、函电文告等等。《东方杂志》、《人文月刊》、《向导》等刊物与《申报》、《民国日报》、《大公报》等报纸都有当时史事的论述与报道。解放后的《历史研究》、《近代史资料》及《近代史研究》等刊物也都有专题研究和整理的新成果。

（9）外人著述：近年比较为人熟知的有加拿大华人学者陈志让的《军绅政权》，论述了1912—1928年间的政权性质及其对各方面的影响。这是一本论纲性的著作。他如美国马士、宓亨利的《远东国际关系史》和日本东亚同文会的《对华回忆录》等都有可供参证者。

如果把这九方面的资料很好搜集整理并在正确理论指导下加以利用，那军阀史的研究将会有一个新局面。有些人指责我们对“军阀政治”这一课题“探讨尚少”，那我们就以新成果回击他们吧！

第四点，谈谈工具书问题。

在资料浩繁、问题众多的研究领域中，工具书的需用十分迫切，而军阀史研究中对这方面没有足够的重视。过去陈垣先生曾慨叹说：“此事甚细，智者不为。”这是针对现实而发的，有才华有学识的人多不屑为此，但陈先生下面还有一句重要的话，即“不为终不能得其用也”。所以他老先生亲手做了一部《二十史朔闰表》，直到今天仍为人所用。我想呼吁大家都来重视工具书，制作工具书。北洋军阀统治时期的政府首脑人物（包括西南地区的人物）递代频繁，若不是刘寿林同志编了《辛亥以后十七年职官年表》一书，不知使多少人要花费多少时间重复地去寻求。刘寿林同志虽然只留下这部遗作，但确是对学术界的重要贡

献。天津市民盟的徐景星同志和其他二位老人合编了《北洋人物志》，我们的《北洋军阀史稿》承徐君惠允我们改编收作《附录》，虽不完备，但尚可一用。天津社科院的孙宝铭等九位同志也编印了《北洋人物志》，人数有所增加，已收印在《天津历史资料》中。这次会上听到二史馆邹明达同志在整档过程中也编了《人名录》（西南方面），这个副产品很宝贵。我看了稿子很有用，希望先油印一下公诸同道。

台湾方面也有点工具书，如刘绍唐的《民国史事日志》，编得比较详细。中国社科院近代史所民国史研究室也编有《大事记》，在陆续出版。

研究军阀史时，还需要有个书目。荣孟源同志主编《北洋军阀资料丛刊》即拟在后面附一参考书目。天津社科院的孙宝铭等同志根据原来积累的书目卡片，又增收删订，编制《北洋军阀时期图书目录》，准备作丛刊的附目。虽然还有补充的余地，但印出来后对大家的研究工作提供了很大方便。

北洋时期有大大小小的军政系统、立法系统、司法系统的各种统治机构，这些机构都有自己的组织程序、法令条规等等，问题复杂，资料分散，很难掌握。上海有位已故的工具书专家钱实甫先生曾先后编制过《清代职官制》、《清代重要职官年表》和《清代的外交机关》等有裨学术和嘉惠后学的专著。他就有一部遗作《北洋政府时期的统治机构》，是从成著、报刊、文件、法规各方面搜集了大量资料，并有简要说明和出处。全书共分上下编十八章及附载四种。这部遗稿，中华书局曾征求我的看法，我认为后学为前辈遗作做点整修工作应是一种义不容辞的社会职责，便不揣固陋，贸然承担，略作修订，写了前言，建议出版，听说中华书局也已发排。这对我们军阀史的研究无疑是一种很大的便利。

有工具书用固然好，但更重要的是呼吁大家都能编工具书。根据我的肤浅看法，如果为做工具书而专做工具书往往费力难成，而在研究资料工作中随手做来自己用，久之增订完善即可应世，二史馆邹明德同志的做法就是一个好经验，整理档案过程中把这时期的军事人员编出来，我看了他的底稿，感到很有用，如果他单为编这么一份人名录不见得能成。我自己有点这方面的经验和体会。大家都动手，一便于自己用，二基本完善后大家有得用，利己利人，何乐不为。而编工具书往往是熟悉资料的好办法，希望在军阀史研究领域中不断出现新的工具书。

我这次来参加会主要是学习，能读点文章，与新知旧交交谈交谈，没有什么准备，临时命题，仓促作答，谈以上四点想法，请同志们批评。

【说明】本文系据来新夏同志一九八三年九月二十五日下午在西南军阀史第三次学术讨论会上的发言录音整理而成，由李景煜、焦静宜二同志整理。

原载于《西南军阀史研究丛刊》第三辑　西南军阀史研究会编　云南人民出版社1985年版

北洋军阀史研究四十年

北洋军阀史的研究一直未能像历史研究领域中其他课题那样掀起过热潮，受到更多人的青睐。这当然归根于它的先天缺陷：一则它的研究对象主要是一些反面人物，只不过有程度不同而已。他们所制造的历史现象也多是黑暗反动，祸国殃民。为什么放着英雄人物和光明宏伟的业绩不去研究，而沉浸于历史进展的反面，这至少反映了研究者避免接触阴暗的心态；二则它也确是头绪纷繁，错综复杂，不怎么易于评说指画；三则既乏旧著，又少新作，史源犹待开发，无米少米巧妇难以为炊。于是自然而然使这一课题成为禁区或是“闲人莫入”之地。经过粗略估计，建国以来至1989年，有关北洋军阀史研究的论文600余篇，而1980年前的三十年仅为130余篇。专著除陶菊隐著《北洋军阀统治时期史话》6册外，只有我那本微不足道的拙作《北洋军阀史略》才免去这一领域“一无所有”的讽诮。田园荒芜亟待耕耘！

一

北洋军阀在中国近代历史舞台上确是一个怪胎。它既兴起于封建专制政权之中，又卵翼于帝国主义势力之下，却以“共和国”的形式掌权。这样麇集诸种矛盾的历史现象又怎能不吸引探索者去突破禁区，特别是80年代以来，肥土沃壤发挥地力，探索者队伍日益扩大，研究成果相继问世，北洋军阀史的研究领域显现出一种新的面貌。

北洋军阀作为一种历史现象，它有自身兴衰起落的历史，它又是辛亥革命后主宰社会命运、支配政局达16年之久的政治集团。当然，这绝非偶然而有其必然的根脉。从理论上加以探讨寻求当是突破禁区的要务。

北洋军阀集团的成因，长期以来都把它纳入近代半殖民地半封建社会产物的框架之中而缺乏具体的分析。直到1985年来新夏和任恒俊才分别在自己的论文中作了比较具体的分析，提出了比较接近的观点。他们认为：北洋军阀集团的成因，首先是由于鸦片战争后清朝的衰朽和旧军的腐败，迫使统治者为维持其政权的存在与延续而需要建立一支新式军队；其次是当时的社会思潮和资本主义的发展为建设一支新式军队提供了思想和物质基础；再次是列强侵华策略改为通过支持代理人而物色了袁世凯这类人物；而袁世凯在掌握一定权势后，又善于运用权术，抓住时机，使这支武装力量日益发展壮大，终而形成为一个政治军事集团①。

那么，这个政治军事集团，其阶级属性是什么呢？过去一般都以其为地主阶级利益的政治代表，但从80年代以来比较多的人认为这一集团不仅是地主阶级的代表，而且在某一阶段某些方面已带有资产阶级的色彩②。更有人认为这个集团的一部分人基本上已与封建生产关系相脱离或转化，而他们所拥有的私人资本已"属于民族资本"③。而对于军阀割据的社会基础问题，则有人认为：清政府被推翻后，在社会面临权力、财产和土地重新分配的过程中，旧地主逐渐被新兴的军阀官僚所取代，所以很难说他们是军阀割据的拥护者和支持者，而真正的社会基础是破产农民和无业游民，因为"这是旧中国社会病态的反映"④。

北洋军阀集团在辛亥革命前后各16年共近三分之一世纪活动的历史作用，在相当一段时间里，曾简单地贬之为反动，这就该集团的本质来说是不错的，但它对这近三分之一世纪的历史难道竟毫无作用吗？我看若作些微观的考察，也还能提出几点估计，即：（1）北洋军阀集团是维系晚清十余年统治的一个支柱；（2）北洋军阀集团是辛亥革命时期转移政权的主要军事力量；（3）北洋军阀集团所把持的北洋政府是辛亥革命后统治中华民国的政权代表（含对外的国家代表）；（4）北洋军阀集团是为由统一走向再统一的过渡作了铺路工作；（5）北

---

① 来新夏：《北洋军阀史研究三题》，《民国档案》1985年第2期；任恒俊：《北洋军阀成因浅探》，《河北师院学报》1985年第4期。

② 彭明：《北洋军阀（研究提纲）》，《教学与研究》1980年第1期；来新夏：《北洋军阀史研究中的几个问题》，《学术月刊》1982年第4期。

③ 魏明：《论北洋军阀官僚的私人资本主义经济活动》，《近代史研究》1988年第2期。

④ 唐学锋：《试论军阀割据的社会基础》，《西南民族学院学报》1990年第4期。

洋军阀集团使中国的军制摆脱了旧有的落后陈旧的状态。[①]这些估计按过去的观点似有涂脂抹粉之嫌，但它却是现实的存在。

北洋军阀受帝国主义卵翼是毫无疑义的，但它却非各有固定隶属关系，如日本支持奉皖，而直系则是英美走狗。其间关系也是错综变幻的。有的军阀派系确是卖国求荣，甘奉一个主子的，如段祺瑞与日本帝国主义的勾结则有大量确凿的史料给以有力的证实[②]。但也不能不看到，军阀有需要向帝国主义投靠求助的一面，又有利害矛盾的一面，笼而统之地称为帝国主义“走狗”、“工具”，不一定合乎实际情况，其间关系往往是随时随地而有极多变化和复杂的内容[③]。有的论文的具体史料支持和证实了这一论点[④]。北洋军阀与帝国主义的关系问题是北洋军阀史研究中的一个具有特殊意义的课题，可惜目前由于成果较少，资料不足，而难以准确地说明两者之间的关系。

二

历史需要史实的编织，史实又贵在翔实，五六十年代虽然有些论证，但进展却较缓慢。十年动乱几成死角。近十年来，成果显著，旧问题逐步取得一致，新问题不断提出，禁区开始打破，空白次递填补。

北洋军阀源起于1895年袁世凯小站练兵，专著论文已无异说；但其形成年代则有1905年北洋六镇之练成及袁世凯窃国之时等不同划定。意见不一，关键不在定于何时，而在衡量政治军事集团的标准为何，标准统一则形成时间自可迎刃而解。

直、皖、奉三系是北洋军阀集团的三大主要派系，但尚无系统完整的研究成果。皖系虽有多篇论文介绍概况，而无阐述基本发展线索的专作。奉系研究依托地方史研究的庇荫，略有成就，常城主编《张作霖》一书虽为评论人物之作，但从中可见奉系发展轨迹，其论文又多偏于后期，如郭松龄倒戈、枪毙杨常事件等等。直系则有蒋自强等编《吴佩孚》、公孙訇编《直系军阀始末》及一些论文，

---

① 来新夏：《北洋军阀史研究三题》，《民国档案》1985年第2期。

② 裴长洪：《“西原借款”与中国军阀的派系斗争》，《河北学刊》1980年第4期；章伯锋：《皖系军阀与帝国主义的关系》，《历史研究》1982年第6期。

③ 孙思白：《论北洋军阀史研究及相关的几个问题》，《贵州社会科学》1982年第6期。

④ 俞辛焞：《日本对直奉战争的双重外交》，《南开学报》1982年第4期。

可得直系的一般梗概。

“张勋复辟”是为人熟知而又论述不够准确的老问题，60年代初，章开沅等曾有过较全面的评述[①]。80年代初，焦静宜又旧题新作，认为这次复辟活动既有张勋本身顽固的封建观念，也有当时社会上封建势力的基础与影响，以及各派军阀间的争斗和帝国主义怂恿等方面的因素。在这种背景下的“张勋复辟”就不再是历史给予这一介武夫的偶然机遇，而是使人由此而透视到辛亥革命后的社会面貌[②]。

“北京政变”是北洋军阀走向衰落的标志之一，一直是热门题目，但往往随着政治气候的变化而有忽高忽低的评价。从近五年的几篇论文看，观点正在趋于一致，认为这次政变既不是一次革命，又不是反革命的，而是具有进步意义的武装政变，其历史作用应予肯定[③]。但也有独树一帜的创见，认为冯玉祥发动政变的原因既不是不满于曹锟、吴佩孚所实行的“大政方针”，也不是不满于军阀割据混战给中国社会带来的巨大危害，更不是受孙中山影响和革命形势推动而发动政变，而是与曹锟、吴佩孚因权势利益分配不均产生矛盾而导致的必然结果，而第二次直奉战争前各种势力的联合反直及战争本身都给冯玉祥提供了发动政变的条件和机会。“那种把北京政变说成是冯玉祥受孙中山和国民革命影响和推动的一场推翻直系的进步运动的说法超越了一定的历史范围，不符合历史的真实。”[④]从冯玉祥思想发展的全过程和北京政变时的历史条件看，这种看法有它一定的合理性。

军阀混战是派系斗争的必然结果，也是斗争的最高形式，直皖战争和两次直奉战争代表着北洋军阀集团分裂后各派系力量的消长过程，而其中引人瞩目的问题则是战争中军阀与帝国主义的关系。事实证明，每一次军阀战争几乎都有帝国主义的插手，并直接影响战争的结局，如直皖战争中因日本态度的变化而使直系取胜，在两次直奉战争中也由于先后对奉系的不同态度而出现两种不同的后果[⑤]。另外近年对江浙战争、援鄂战争、浙奉战争、国奉战争等也开始进行考察

① 章开沅：《民国初年清朝遗老的复辟活动》，《江汉学报》1964年第6期。

② 焦静宜：《论“张勋复辟”》，《学术月刊》1984年第6期。

③ 王宗华：《试论一九二四年北京政变》，《武汉大学学报》1983年第6期。

④ 王红勇：《北京政变性质与原因新探》，《学术月刊》1986年第7期。

⑤ 章伯锋：《直皖战争与日本》，《近代史研究》1987年第6期；俞辛焞：《日本对直奉战争的双重外交》，《南开学报》1982年第4期。

和研究[①]。

北洋军阀史在一定意义上说是一部军事史。建国前，蒋方震的《中国五十年来军事变迁史》、丁文江的《民国军事近纪》和文公直的《最近三十年中国军事史》等专著，对军阀混战等纷乱的军事现象和民国以来的军队状况进行了较多叙述；建国后，张玉田等所著《中国近代军事史》、军事科学院编写的《中国近代战争史》和解放军出版社正陆续出版的《中国军事史》都是研究中国近代包括北洋军阀在内的军事史，但由于体例所限，北洋军阀史不能自成系统，独立成史。国外学者却能以北洋军阀兴亡为起讫，从军事角度进行考察撰述，如美国的拉尔夫·尔·鲍威尔所著《1898—1912年中国军事力量的兴起》、加拿大陈志让的《军绅政权》、日本波多野善大所著《中国近代军阀研究》等等，而中国学者则有陶菊隐的《北洋军阀统治时期史话》、来新夏等的《北洋军阀史稿》和丁中江的《北洋军阀史话》等可以聊为北洋军阀的军事通史略备一格。

三

人物是历史长卷中的重要角色，作为北洋军阀集团首脑的袁世凯无疑是浓墨重彩的凝聚点，可是70年代以前，袁世凯一直在“窃国大盗”的帽子下晃动，直至80年代初，李宗一的《袁世凯传》才以一本人物传记正式问世，虽然作者尚未完全摆脱传统成说，但终究以史料来传述一个历史人物。继起者有侯宜杰的《袁世凯一生》和谢本书的《袁世凯与北洋军阀》等，对袁世凯的研究奠定了基础。论文成果也较多，对袁世凯不同历史阶段的重要问题和细微末节进行了具体的论述和缜密的考证，但对袁世凯的评价仍属一致。直至1986年，袁世凯的历史评价发生了某些变化。韩明在所写《孙中山让位于袁世凯原因新议》一文中认为袁世凯与孙中山、张謇一样，同属于中国资产阶级的范畴，只是在半殖民地半封建的社会条件下“转变成资产者”的道路不同。作者的根据是“他们有共同的时代背景——外国资本主义侵略造成的民族危机；他们有共同的追求目标——救亡图存，使中国富强。这就使他们互相之间存在着或粗或细的共同利益纽带。但他们

① 吴首天：《浅谈江浙战争的爆发》，《江海学刊》1983年第5期；邓野：《援鄂战争之史的考察》，《近代史研究》1984年第2期；张友庆：《浙奉战争浅探》，《武汉大学学报》1985年第5期；张友庆：《浅析奉国战争》，《武汉大学学报》1986年第5期。

向资产阶级转化的程度和时序迥然各异，各自的社会地位也千差万别，使他们走上互有冲突的政治道路。这是资产阶级内部各层次的矛盾的运动基础"[①]。这一看法尚无多人响应与支持，因为如果说北洋军阀时期在历史舞台上的争斗只是资产阶级自身的矛盾运动，那么半殖民地半封建社会的中国在这一时期的革命力量和对象又将是什么呢？袁世凯不仅为国内学者所注目，国外学者对此亦饶有兴趣，如美国学者杰罗妞著《袁世凯传》、欧内斯廷·朗德著《袁世凯任总统期间：早期共和国的自由与专制》和斯蒂芬·麦金农著《中国帝制晚期的权力与政治——袁世凯在北京和天津：1901—1908》等，可惜我目前尚未见到译本出版。

段祺瑞是袁世凯以次的二号角色，他几乎与北洋军阀的兴亡相终始，其人专横骄纵，祸国媚外，"是继袁世凯之后的中国反动统治者，是日本帝国主义在华代理人"[②]。这是为多数人所承认的评论。近年除有文章对皖系军阀控制中央政权的原因及其政权的特点进行分析外[③]，大多以"西原借款"和"三造共和"作为议论段祺瑞的两大焦点。由于日本外交文书的公布和若干论文的研究，段祺瑞在"西原借款"活动中确已充当了日本帝国主义侵华政策由武装侵略逐渐转变为政治拉拢和经济渗透的得力走卒[④]。至于"三造共和"则众说纷纭，难衷一是。有一种前所未有的新看法，即认为段祺瑞几次"能够在关键时刻主张共和、反对帝制，我们应当肯定，对他在当时所产生的影响，也应当承认；否则，是不公允的"，并认为他在清末民初主张共和、反对帝制以及不参与"洪宪帝制"、反对张勋复辟等等不是一种侥幸，而是有一定思想基础的[⑤]。与此相反，也有人认为"三造共和"是段祺瑞的自吹自擂，其共和思想和行动也"无非是段祺瑞在清末民初为个人的权势和独裁而采取的政治手段，毫无真正拥护共和可言"[⑥]。看来，"三造共和"尚有待评说。

张作霖是富于传奇色彩的人物，在东北地方史研究中居于重要题材地位。70年代以前，看法基础一致，常城的《张作霖》一书中认为：张作霖为了实现自己

① 见《历史研究》1986年第5期。

② 庄鸿铸：《试论段祺瑞与日本帝国主义的勾结》，《新疆大学学报》1983年第4期。

③ 周俊祺：《试论皖系军阀控制中央政权的原因及其政权特点》，《安徽史学》1989年第3期。

④ 裴长洪：《西原借款与寺内内阁的对华策略》，《历史研究》1982年第5期；《西原借款与中国军阀的派系斗争》，《河北学刊》1983年第4期。

⑤ 单宝：《段祺瑞三造共和平议》，《安徽史学》1984年第5期。

⑥ 徐卫东：《段祺瑞三造共和之真象》，《复旦学报》1987年第3期。

的政治野心，投靠日本帝国主义，大搞军阀混战，给中国人民带来深重的灾难，因此，是一个“反动的军阀”。另有人以具体史实来证实此一论点[①]。80年代，方有人提出张作霖与日本帝国主义有勾结利用的一面，又有矛盾冲突的一面[②]。更有人认为张作霖在镇压“宗社党”复辟、统一东北方面有所贡献，而与日本帝国主义关系则并非甘心当汉奸出卖东北，他之不容于日本帝国主义而被炸死“是应该得到人们谅解的”[③]。张作霖崛起草莽，早期历史形成空白，潘喜廷根据地方档案与方志资料，比较系统地论列张氏自1899至1911年间经营辽西十几年的概况[④]，在开发史源上有所启发。另外，关于张作霖皇姑屯被炸事件，近年有多篇文章提及，使这一历史疑案的真相逐渐大白于天下[⑤]。

在对奉系军阀研究逐渐深入的同时，近两年亦有涉及对张学良主政东北期间的评价，基本肯定“东北易帜”在中国现代史上的地位，认为此举在维护祖国团结统一的前提下维护了东北集团的利益，增强了张学良的权力地位[⑥]。

吴佩孚是北洋军阀集团的后起之秀，特别是20年代以后更是举足轻重的人物，不仅有蒋自强等撰《吴佩孚传》外，还有台湾学者章君谷所撰《吴佩孚传》和多篇论文，对吴佩孚与西南军阀、反奉联奉等详加论证其为达个人目的而不惜投靠各种反革命力量的真面目[⑦]。80年代以来，集中于吴佩孚晚节的争议，一种意见认为吴佩孚在日本劝降面前没有出山，这一表现是“难能可贵的，也是值得称赞并予肯定的”[⑧]，另一种意见认为吴佩孚是日本帝国主义中意的对象，他之最后死于日人之手，是因其讨价还价引起不满而被杀一儆百[⑨]。但两种意见都夹杂着主观的分析与推测成分，因为吴佩孚最终未当汉奸则是事实俱在。

---

① 任松：《张作霖与日本满蒙新五路交涉问题考略》，《辽宁大学学报》1982年第3期。

② 潘喜廷、田胡甫等：《张作霖与日本的关系》，《学习与探索》1980年第2期；陈崇桥：《关于张作霖的评价问题》，《社会科学战线》1988年第4期。

③ 丁雍年：《对张作霖的评价亦应实事求是》，《求是学刊》1982年第5期。

④ 潘喜廷：《张作霖在辽西的发迹》，《东北地方史研究》1985年第1期。

⑤ 魏祺祥：《日本天皇与炸死张作霖》，《东北地方史研究》1988年第1期。

⑥ 毕万闻：《对张学良研究的几点看法》，《蒲峪学刊》1988年第3期；杜连庆：《东北易帜：南北妥协与对日战争》，《辽宁师大学报》1989年第3期。

⑦ 谢本书：《吴佩孚与西南军阀的勾结》，《贵州社会科学》1983年第5期；宋镜明：《论吴佩孚的再造与直奉联合对国民军的进攻》，《武汉大学学报》1986年第1期。

⑧ 吴根樑：《日本土肥原机关的“吴佩孚工作”及其破产》，《近代史研究》1982年第3期。

⑨ 梁荣春：《吴佩孚拒当汉奸保晚节异议》，《学术论坛》1984年第2期。

冯玉祥是北洋军阀内向往进步而逐渐摆脱旧军阀营垒的人物，一直为史学界所注目；但是由于他有“民主将军”的美誉，更由于为贤者讳，就不愿对其早期历史多所涉及，甚至希望冯玉祥一开始就很进步，由旧营垒中杀出来成为一位“民主将军”，不但无损其光辉形象，反而更增加其光彩。陈景唐等整理出版的《冯玉祥日记》提供了一些资料，而刘敬宗的一篇文章则认为：在“北京政变”直至其后期相当长的一段时间内，冯并未完全摆脱军阀的范畴，直到南口大战时，在中国共产党帮助教育下，才发生了根本性的变化，即由单纯地维护本派系利益而发展为以国民革命为目的[①]。

其他二三流军阀如冯国璋、曹锟、郭松龄、吴俊陞、杨宇霆等也颇有零篇短章论及。

人物评论多重个体，近年始有群体研究之应世，杨大辛等编著《北洋政府总统与总理》一书为研究群体人物之创，该书共收总统7人、总理29人，其中袁世凯、冯国璋、曹锟、段祺瑞、张作霖等北洋军阀首脑均录于一编，所收相比互较之效。焦静宜所著《二十世纪初中国的遗老遗少》将段祺瑞、张勋、吴佩孚等置于清末民初的过渡时期予以论述而别富特色。

四

详细占有史料是史学研究的基础，北洋军阀史的首要史源是档案。中国第二历史档案馆所藏有关资料达10余万件。1957年，该馆编辑了内部油印发行的《中国现代政治资料汇编》，其后一度停顿，70年代以来又重新开始，目前正在整理编辑出版两套资料：一套题为《中华民国档案资料汇编》，自1979年起已正式出版发行第一辑《辛亥革命》、第二辑《南京临时政府》、第三辑《从广州军政府到南京国民党政府》等；另一套题为《中华民国史档案资料丛刊》，按不同专题陆续出版了《白朗起义》、《五四爱国运动档案资料》、《直皖战争》、《北洋军阀统治时期的兵变》等等。在《历史档案》及其以后的《民国档案》上陆续刊布一些有关文电。《近代史资料》上也不断发表一些私人档案，都极具参考价值。

《中国近代史资料丛刊》自1954年始已陆续出版了11套，在国内外产生了良好影响，惟并殿后一套《北洋军阀》历三十余年而犹有所待，直至近年始由来新

① 刘敬忠：《冯玉祥与南口大战》，《历史教学》1984年第3期。

夏承担编纂之任，该书5册350余万字。前4册依北洋军阀的兴亡历程分为四段，博采档案、传记、专集、杂著及报刊等资料，第5册为军阀人物传志、大事记、书目提要、论文摘要与附表等。不仅为《中国近代史资料丛刊》补成全貌，更为北洋军阀史之研究提供系统资料。章伯锋等也编辑出版了《北洋军阀》6册，以事为类，颇便翻检，资料丰富，亦称巨帙。

中国社会科学院近代史所为编纂《中华民国史》而编辑的《中华民国史资料丛稿》，其中涉及北洋军阀的资料颇多，还有些外人著述的译作。其单行别出的译著应以澳大利亚华人历史学家骆惠敏整理翻译出版的《清末民初政情内幕》为巨擘。这是当年袁世凯的政治顾问、英国《泰晤士报》驻北京记者乔·厄·莫理循的书信集，全书百余万字，涉及1895—1920年间北洋军阀活动的珍贵资料。他为日本外务省公布的外交文书尽管尚无完整的中译，但其中很多资料已逐渐引起重视并正被我国学者广泛利用。

除了资料汇集，工具书的编制也是一个常被忽视却很重要的问题。这方面虽数量尚少，但已有一定的收获。早期如刘寿林编纂的《辛亥以后十七年职官年表》是第一部检索北洋时期官制的工具书，久为研究者案头必备之书。1984年钱实甫所编《北洋政府时期的政治制度》一书的问世为工具书丰富了内容，这实际上也是一部研究北洋政府统治机构的著作。它记述了北洋军阀主持的北洋政府中央和地方行政、军政、司法等机关的机构和制度，并附录了有关资料目录和名词索引及简注等。它是资料完备、检索方便的一部佳作。

五

四十年岁月匆匆流逝，北洋军阀史的研究虽历经迂回曲折，甚至有断流的时刻，但总的趋势仍是向前发展，特别是最后十年显示出蓬勃向上的景象。展望前景，尚有广袤园地等待辛勤耕耘。

北洋军阀史的总体研究虽已有多种专著初奠基础，但仍有较大的回旋余地。北洋军阀既不同于古代的封建军阀，也不同于近代的湘淮军阀。它是一个曾掌握中央政权达十六年之久的政治军事集团。因此，既要从军事角度，更要从政治、经济、思想意识诸方面统一考察其发展脉络和对中国近现代历史进程的重要影响，以及所应得的历史地位。这种宏观的整体研究可以给人们一种完整系统的认识，但是，它还需要有若干微观研究来充实和支持。

北洋军阀集团主要以直、皖、奉三系为其主要支柱，而旁及地域性的军阀集团。因此，对各派系的单项研究将是非常必要的。近几年来，西南军阀的研究得到西南地区的重视，对川、滇、湘、黔、粤、桂等地的地方派系进行专门研究，并获有成果。东北地区对奉系军阀的研究不仅过去已见成效，近年来，更有新的发展趋势，而对直皖两系的研究则显得薄弱。直系从冯国璋中经曹锟而至吴佩孚，起源早，延续长，三次军阀混战都自居一方，与北洋军阀集团的兴亡相终始；皖系首脑段祺瑞为次于袁世凯的副魁，四任阁揆，一摄执政，对民初政坛影响甚巨，虽然在直皖战争后已难作为一个独立的派系与直、奉抗衡，但百足之虫，死而不僵，它仍时有所动。三大派系自身的发展和相互斗争不仅代表着北洋军阀集团势力的消长，也代表着这一时期政治、经济因素的变化，不仅影响及于其割据与牵涉的地区，也牵动北洋军阀集团统治的全局。因此，对于各派系的研究就亟待进一步发展。

对人物的评价应是今后北洋军阀史研究工作力求加强的方面。过去虽已有成就，但显然不够。就深度而言，多为一般评述，尚缺资料翔实的谱传；就广度而言，犹集中于少数几个首脑人物，应加评述或进行群体人物研究的工作仍有待开展。重要人物的别集，除1987年出版的《袁世凯奏议》收录了1898—1907年间袁氏奏片八百篇外，《袁世凯集》虽由专人进行编纂多年而中途告辍。吴佩孚有台湾出版全集，其他还有待创议组织。

开发史源是推动史学研究的重要前提，北洋军阀史的史料蕴藏极为丰富，可惜开发不足。史源不外二大端：一为抢救口碑，北洋当事人与有关人士虽凋落居多，然硕果犹有存者。这些人虽难于明了全局，而具体细节多有出于文字记载之外的，尤以人事变幻的错综复杂关系更有助理解事物之变化，只要能慎思明辨，去伪存真，当亟谋抢救，否则人亡史失不胜可惜。二为档案公布，一史馆所藏前期档案虽公布一定数量，但尚可罗掘，二史馆则为北洋档案之宝山，近年颇多编研刊布，但能全部开放，裸呈于研究者之前，深愿以档案的源头活水为北洋军阀史的研究展现出无尽江山。

四十年的辛劳，为北洋军阀史的研究奠定了初基，在此肥土沃壤之上，行见生出奇花异卉，在史学园圃之中吐艳争芳，在中国近代史领域中获得它应有的席位。

原载于《历史教学》1991年第8期

五十年来北洋军阀史研究述论*

北洋军阀是中国近代史上一个反动的军事政治集团，是近代中国半封建、半殖民地社会的产物。它以1895年小站练兵为契机而崭露头角，嗣后经过十五六年的精心经营得到发展，逐渐形成为一股重要的军事政治力量，攫取了足以左右政治局面的权力，终于乘辛亥革命之机占据了中国的统治地位。在此后的十六年时间里，虽然政潮迭起，派系纷争与更易剧烈而频繁，但北洋军阀集团却一直把持了全国的统治权（即使它不够完整和有力），从而出现了一个北洋军阀统治时期。因此，北洋军阀在中国历史，特别是近现代历史上无疑有其特殊而重要的地位。但与此不太相称的是，北洋军阀史的研究一直未能像历史研究领域中的其他课题那样掀起过热潮，受到更多人的青睐。这当然得归根于它的先天缺陷：一则它的研究对象主要是一些反面人物，他们所制造的历史现象也多属黑暗反动，祸国殃民。为什么放着正面人物和光明宏伟的业绩不去研究，而沉浸于历史进展的反面，这至少反映了研究者避免接触阴暗面禁区的心态。二则它也确是头绪纷繁，错综复杂，不怎么易于评说指画。三则既乏旧著，又鲜新作，史源犹待开发，无米、少米，巧妇难以为炊。于是自然而然使这一课题一度成为“禁区”，很少有人问津。据粗略统计，建国以来至1999年，有关北洋军阀史研究的论文为1000余篇，而1980年前的三十年仅为130篇；专著更是少得可怜，只有陶菊隐著《北洋军阀统治时期史话》和来新夏著《北洋军阀史略》二种，才免去这一领域“一无所有”的讥诮。田园荒芜亟待耕耘！令人欣喜的是，改革开放以来，随着人们思想观念的不断解放和学术研究气氛的日趋宽松，北洋军阀史这一往日的“禁区”吸引了众多的探索者，研究成果接踵问世，学术水平逐步提高，显现出异彩纷呈、生机勃勃的新景象。

---

* 本文发表时署名来新夏、莫建来。

一

北洋军阀在中国近现代历史舞台上确是一个怪胎。它既兴起于封建专制政权之中，又卵翼于帝国主义势力之下，更以“共和国”的形式执掌统治大权。这一历史现象看起来虽有着诸多矛盾，但其发生、发展以至最后归于消亡，则绝非偶然。从理论上探寻北洋军阀兴衰起落的必然根脉，并对它的性质、特点和历史作用等给予实事求是的分析与评价，在整个北洋军阀史研究中无疑具有打破坚冰、开通航道的重要作用。

关于北洋军阀集团形成的原因问题，长期以来都认为它是近代中国半封建半殖民地社会的产物。彭明认为，“帝国主义划分势力范围的分裂剥削政策，加上地方的农业经济（不是统一的资本主义），就成为中国近代各派军阀及其混战产生的原因”[①]。李新的观点与此大致相同，认为北洋军阀的产生是与中国这个老大封建国家殖民地的程度日益加深分不开的，同时也与封建势力依然存在密切相关[②]。不难看出，这种观点明显地受到了毛泽东在《中国的红色政权为什么能够存在》一文中论述军阀时所持观点的影响。这一论点从宏观上看无疑是可以被接受的，但缺乏深入具体的分析与说明。因为，中国自1840年第一次鸦片战争后就逐步沦为半封建半殖民地社会，为什么直至19世纪末才孕育北洋军阀这一怪胎呢？可见，仅仅从近代中国半封建半殖民地社会性质的角度去揭示北洋军阀产生的原因，既显得笼统，也有些苍白。1985年，来新夏和任恒俊分别在自己的论文中对此问题作了比较具体的分析，提出了较为接近的观点。他们认为：北洋军阀集团的成因，首先是由于鸦片战争后清朝的衰朽和旧军的腐败，迫使统治者为维持其政权的存在与延续而需要建立一支新式军队；其次是当时的社会思潮和资本主义的发展为建设一支新式军队提供了思想和物质基础；再次是列强侵华策略改为通过支持代理人而物色了袁世凯这类人物；而袁世凯在掌握一定权势后，又善于运用权术，抓住时机，使这支武装力量日益发展壮大，终于形成为一个政治军事集团[③]。这一论述较之以前在这一问题上的观点显然更具体、更丰满，也更具说服力。近年来，不少人又从政治、文化、社会等层面或角度，对军阀和军阀割

① 彭明：《北洋军阀（研究提纲）》，《教学与研究》1980年第5期。

② 李新：《北洋军阀的兴亡》，《史学月刊》1985年第3期。

③ 来新夏：《北洋军阀史研究札记三题》，《民国档案》1985年第2期；任恒俊：《北洋军阀成因浅探》，《河北师院学报》1985年第4期。

据产生的原因问题作了各自的分析与诠释[①]。任恒俊也在《新军差异与南北军阀的形成》一文中，通过对南北新军在建立时间、装备训练、官兵成分、控制防范、思想倾向、政治态度、与帝国主义的联系等方面差异的比较研究，对南北军阀形成的原因及其大致过程作了进一步的阐发与描述[②]。这些从不同角度所进行的探索与论述，无疑丰富了人们对北洋军阀形成原因的认识。

关于北洋军阀的社会基础和阶级属性，过去一般都认为它是以封建地主阶级为其阶级基础，在政治上充当了地主阶级政治代表的角色。彭明在《北洋军阀（研究提纲）》一文中明确提出，“从阶级关系上看，北洋军阀是地主阶级的代理人，是最落后和最反动的生产关系的代表，它极力维护和巩固地主阶级对农民阶级的封建统治秩序。北洋军阀不仅是地主阶级的代理人，而且他们本身就常常是大地主阶级中的一员。不管他们的出身如何复杂（三教九流都有），但当成为军阀之后，他们大多数都成了大地主”[③]。吴慧敏则从北洋军阀依仗政治上、军事上的权势大肆掠夺土地，成为新兴地主阶级，并由此兼有军阀和地主双重身份的角度，提出了“军阀地主”的命题[④]。80年代以来，有关这一问题的研究在原来的基础上有所发展。有的论者对军阀割据的社会基础是地主阶级的观点提出了质疑，认为这忽视了对近代中国社会结构演变的认识，指出：19世纪末20世纪初，由于中国社会的大动荡，导致了土地所有权的演变，特别是辛亥革命后土地逐渐转移到一批以军事起家的新兴的军阀官僚手中，传统的封建地主阶级日趋没落，因此，军阀割据的真正的社会基础并不是封建地主阶级，而是破产农民和无业游民，“这是旧中国社会病态的反映”[⑤]。而比较多的人则认为北洋军阀集团不仅是地主阶级的代表，而且在某一阶段某些方面已带有资产阶级的色彩[⑥]。有的论者更从北洋军阀和其他近代军阀带有近代化特质的角度立论，认为他们不仅是封建权势的代表，同时又是帝国主义势力的代表[⑦]。也有的论者通过对若干军

① 刘晓：《近代军阀政治的起源》，《学术研究》1990年第6期；唐学锋：《试论军阀割据的社会基础》，《西南民族学院学报》（哲社版）1990年第4期；刘江船：《试论民初军阀割据的文化原因》，《争鸣》1994年第2期。

② 任恒俊：《新军差异与南北军阀的形成》，《文史哲》1990年第4期。

③ 彭明：《北洋军阀（研究提纲）》，《教学与研究》1980年第5期。

④ 吴慧敏：《辛亥革命后军阀地主的形成及其特征》，《经济研究》1980年第9期。

⑤ 唐学锋：《试论军阀割据的社会基础》，《西南民族学院学报》（哲社版）1990年第4期。

⑥ 来新夏：《北洋军阀史研究中的几个问题》，《学术月刊》1982年第4期。

⑦ 李新：《北洋军阀的兴亡》，《史学月刊》1985年第3期。

阀官僚私人资本主义经济活动的考察来说明北洋军阀统治集团的性质，认为这个集团的一部分基本上已与封建生产关系相脱离或转化，他们所拥有的私人资本已“属于民族资本”[①]。还有人则从北洋政府的政府行为这一层面的一个特定角度，即经济法制建设情况，对北洋军阀的阶级属性给予了具体说明。认为北洋政府所推行的经济法制建设呈现出如下特点：“首先，所颁法规种类比较齐全，内容比较详尽，初步形成了资本主义经济法制体系。其次，中西结合，广采众议，具有较高的科学性。第三，较多地体现了资产阶级的利益。”[②]由于大家立论的角度不同，因而看法上尚不尽一致，而且有的观点容或还有失偏颇，如有的论者提出的部分军阀官僚所拥有的私人资本已属于民族资本的观点，似乎就值得商榷，起码有作进一步论证的必要，因为，如果这一观点成立，则这一部分军阀官僚的身份是否也会发生变化而可将他们划入“民族资产阶级”行列呢？显然，这是一个有待深入研究而尚不能遽下定论的问题。由于社会基础和阶级属性问题涉及当时社会的经济基础和上层建筑诸方面，不仅需要以马克思主义基本理论为指导，还需要有大量的历史事实为根据。因此，这个问题的研究进展还有赖于整个北洋军阀史研究工作的深入。

关于北洋军阀的特点问题，不少学者从多种视角阐发了自己的观点。彭明认为北洋军阀的特点有三：一是军阀们各有一支为自己争权夺利而服务的军队；二是各有一块可以随意搜刮和统治的地盘；三是军阀大都是帝国主义在中国进行统治的工具[③]。李新认为北洋军阀的特点是：（1）采用外国兵制；（2）财政来源已不完全依靠封建经济、举借外债；（3）实行募兵制，兵源主要依靠招收破产农民或其他劳苦群众；（4）不断分裂，乃至发展为各成一派，各据一方，连年混战[④]。来新夏等则认为可以从以下几个特点来认识北洋军阀集团：第一，它以封建地主阶级为其主要的社会基础；第二，割据称雄，拥兵自卫；第三，各树派系，荣损与俱；第四，纵横捭阖，制造政潮；第五，卖国媚外，残民以逞。[⑤]不难看出，学者们在这一问题上的看法在很大程度上是相近的。但在进而如何给军阀下定义、立界说的问题上，意见分歧还比较大。李新在专门论述军阀定义的一篇文章中对军阀作了这样的诠释：军阀是一种特殊的军事集团，它拥有以个人为

① 魏明：《论北洋军阀官僚的私人资本主义经济活动》，《近代史研究》1985年第2期。

② 虞和平：《民国初年经济法制建设述评》，《近代史研究》1992年第4期。

③ 彭明：《北洋军阀（研究提纲）》，《教学与研究》1980年第5期。

④ 李新：《北洋军阀的兴亡》，《史学月刊》1985年第3期。

⑤ 来新夏等：《北洋军阀史稿》，湖北人民出版社1983年11月版，第5—12页，第3页。

中心并由私人关系结合起来的一支军队。它通常据有一片固定的或比较固定的地盘，并在这块地盘上实行直接的军事统治。军阀政治是封建统治的一种特殊形式，凡实行这种形式的封建统治者，无论其大小乃至贵为天子的全国统治者，我们都可以称之为军阀[①]。这一关于军阀定义的论述可概括为私兵、地盘和武治（直接的军事统治）三条，其中是否实行武治是判别军阀与非军阀的最重要的标准。来新夏对此提出了疑议，他认为私兵、地盘、武治只是作军阀应具备的基本条件，而不是决定本质的东西。拿这三项和军阀特别是北洋军阀的现实情况相比量，往往有不相符合者。给军阀下定义固然应包含条件，但最终须取决于本质，而最能体现本质的是在一定思想指导下的行为，或说行动准则。基于这样的认识，他给军阀下了如下定义："以北洋军阀为代表的近代军阀是以一定军事力量为支柱，以一定地域为依托，在'中体西用'思想指导下，以封建关系为纽带，以帝国主义为奥援，参与各项政治、军事及社会活动，罔顾公义，而以只图私利为行使权力之目的之个人和集团。"[②]由于"军阀"这一称谓从其产生和使用情况看，只是用作贬义的政治性通俗名称，而非严格意义上的政治学概念，因此，要对它作科学的界定，殊属不易。但尽可能准确完整地表述它的含义，却是史学工作者义不容辞的责任。因为，它关系到人们对军阀本质的认识，更关系到诸多历史人物功过是非的评价。

对北洋军阀集团在辛亥革命前后各十六年活动的历史作用的评价问题，史学界曾经历了一个由简单地一概贬斥否定到对其中的某些方面给予适当肯定的发展过程。在建国后的相当一段时间里，对北洋军阀的认识与评判局限于阶级关系、阶级本质这一单一的角度，因此，"落后"、"腐朽"、"反动"也就成了该集团的代名词。在对北洋军阀反动本质的揭露方面，黄志仁所撰《北洋军阀对资产阶级民主制的摧残》和《北洋军阀破坏中国走现代化道路的史实》两篇文章有一定的代表性。他认为："北洋军阀摧毁资产阶级民主制，推行专制独裁统治，这是对历史发展的极大反动，给中国人民带来了无限的灾难"[③]。而北洋军阀破坏中国走上现代化道路、摧残社会生产力的罪行，主要表现在以下几个方面：（1）北洋军阀顽固地推行媚外政策，疯狂出卖国家权益，极大地阻碍了民

① 李新：《军阀论》，《史学月刊》1985年第1期。

② 来新夏：《论近代军阀的定义》，《社会科学战线》1993年第2期。

③ 黄志仁：《北洋军阀对资产阶级民主制的摧残》，《厦门大学学报》（哲社版）1979年第1期。

族经济的发展；（2）连年不息的军阀混战给国民经济带来了浩劫；（3）北洋军阀的横征暴敛，吞没了大量的社会财富，严重地破坏了工农业的再生产；（4）北洋军阀凭借反动政权竭力维护封建买办的生产关系，严重地束缚了社会生产力的发展[①]。就北洋军阀的本质而言，这些论述与评价应该说是切中了要害的。但如果不是从单一角度，而是尽可能全面地去审视该集团在近三分之一世纪的历史进程中所起的作用，则也很难说是一团漆黑，一无是处。80年代后，不少学者从多种视角对此问题进行了较为深入的研究，提出了一些令人耳目一新或富有启发性的见解。如吴兆清、邓亦兵分别在各自研究北洋建军问题的文章中，对袁世凯用西方资本主义的军事制度改革腐朽落后的封建主义军事制度的举措在近代军事发展史上应占有的地位给予了充分肯定[②]。虞和平通过对1912年至1921年间北洋政府所颁布的40多项经济法规的具体分析与综合考察，认为这些法规发挥了以下功能作用：第一，政府经济管理法制化和经济化；第二，企业和企业家法人化；第三，竞争的自由化和正规化；第四，融资渠道的社会化和国有化，并得出了“民初经济法制建设在中国经济近代化历程中具有不可忽视的意义和作用”的结论[③]。而袁继成、王海林两人则对中国参加第一次世界大战和巴黎和会这两个重大外交事件的是非得失进行了分析，并提出了与以往判然有别的观点，认为：冷静地把中国参加第一次世界大战和巴黎和会这两件事放到中国近代摆脱半殖民地半封建状态，争取国家独立、民主和社会进步斗争的长河里考察，就会觉得中国参战不是没有道理，中国在巴黎和会上是有失也有得[④]。这些论述反映了北洋军阀集团在一些具体事例或特定方面所起的不可抹煞的作用，那么，对这一集团在其整个兴衰存亡过程中所起的作用，究竟又该给予怎样的总体认识呢？来新夏对此提出了以下几点估计：（1）北洋军阀集团是维系晚清十余年统治的一个支柱；（2）北洋军阀集团是辛亥革命时期转移政权的主要军事力量；（3）北洋军阀集团所把持北洋政府是辛亥革命后统治中华民国的政权代表（含对外的国家代表）；（4）北洋军阀集团为由统一走向再统一的过渡做了铺路工作；（5）北洋

① 黄志仁：《北洋军阀破坏中国在走现代化道路的史实》，《中国经济问题》1980年第5期。

② 吴兆清：《袁世凯练新军改军制及其历史地位》，《历史档案》1987年第1期；邓亦兵：《论袁世凯的建军实践》，《北方论丛》1988年第3期。

③ 虞和平：《民国初年经济法制建设述评》，《近代史研究》1992年第4期。

④ 袁继成、王海林：《中国参加第一次世界大战和巴黎和会》，《近代史研究》1990年第6期。

军阀集团使中国的军制摆脱了旧有的落后陈旧的状态[①]。需要说明的是：第一，这些估计按过去的观点似有涂脂抹粉之嫌，但应该说是历史真实情况的反映；第二，从中国近代化的全过程来看，北洋军阀在中国近代政治舞台充当主要角色的三十二年，是不容忽视的重要时期。虽然由于研究所限，目前对北洋军阀在其中的具体作用尚不甚明了，但有一点是可以肯定的，即这一时期所以能在中国近代化全过程中占据重要地位，应该说与当时政治舞台的主角北洋军阀有着密不可分的关系。

北洋军阀与帝国主义的关系问题是北洋军阀史研究中具有特殊意义的课题，长期以来受到史学界的关注。过去对这一问题的研究，多从北洋军阀与帝国主义相互勾结、狼狈为奸的角度立论，而且具有明显的程式化倾向，以致对它们间的关系做了帝国主义是北洋军阀的靠山、后台，而北洋军阀则是帝国主义的工具、走狗之类的简单描述；有的论者甚至还把充当帝国主义在中国进行统治的工具视为北洋军阀的一大特点[②]。之后，随着研究的不断深入，这种有失简单化的方法和片面的结论逐渐得到扭转。不少论者注意到，卖国媚外并不是北洋军阀与帝国主义关系的全部内容，它们之间的关系是错综变幻的，不能采用一成不变的公式去硬套。有的军阀派系确是卖国求荣、甘奉帝国主义为自己主子的，如段祺瑞皖系军阀与日本帝国主义的关系即属于此种类型，不少论者曾专门撰书立说，以大量确凿可信的事实给予有力的论证[③]。但也不能不看到，军阀有需要向帝国主义投靠求助的一面，又有利害矛盾的一面，笼而统之地称为帝国主义“走狗”、“工具”，不一定完全合乎实际情况，“其间关系往往是随时随地而有极多变化和复杂的内容”[④]。不少论者从具体史实的研究方面支持和证实了这一观点。如俞辛焞在《日本对直奉战争的双重外交》一文中，具体分析了日本外务省和军部对直奉战争采取不同态度的原因及其后果，提出了“实际上这是一种双重外交，或二元外交”，“外务省和军部互相配合，执行侵略政策”的观点，从而从一个侧面揭露了帝国主义侵华手段的诡诈多变[⑤]。车维汉《张作霖与郑家屯事件》一

① 来新夏：《北洋军阀史研究札记三题》，《民国档案》1985年第2期。

② 彭明：《北洋军阀（研究提纲）》，《教学与研究》1980年第5期。

③ 章伯锋：《皖系军阀与日本帝国主义的关系》，《历史研究》1982年第6期；裴长洪：《西原借款与中国军阀的派系斗争》，《河北学刊》1983年第4期；庄鸿铸：《试论段祺瑞与日本帝国主义的勾结》，《新疆大学学报》1983年第4期；章伯锋：《皖系军阀与日本》，四川人民出版社1988年版。

④ 孙思白：《论军阀史研究及相关的几个问题》，《贵州社会科学》1982年第6期。

⑤ 俞辛焞：《日本对直奉战争的双重外交》，《南开学报》1982年第4期。

文评价了张作霖在郑家屯事件交涉中对日本的侵略行径所进行的抵制和斗争，并分析张在该事件交涉中所以对日采取强硬态度的原因："其一，随着张作霖地位的不断提高，逐渐滋生了维护统治权威，摆脱日本控制的自主欲。其二，受全国反日声势的震慑和影响。第三，与同日本统治集团反对派的矛盾有关。"[①]而娄向哲《直系军阀政权与英美关系初探》一文则从财政、军火等的支持与援助几个方面，对1922年5月至1924年10月直系军阀把持北京政府期间与英美帝国主义的关系作了初步考察，得出了英美对直系的支持并不明显的结论[②]。这一观点与英美是直系后台、直系是英美代理人的传统看法有着较大区别。北洋军阀与帝国主义这种既密切勾结、沆瀣一气、各怀鬼胎、时起争斗的关系，贯穿了北洋军阀兴衰起落的全过程，并在当时政治、军事、外交等各个方面都有各种不同形式的表现。但由于这一问题本身的复杂性，加上资料挖掘不够充分，研究成果又相对较少，且多拘于某一问题、某一片断、某一方面，因此，目前尚难于说清两者关系的全貌。

二

历史需要史实的编织，而史实又贵在翔实可靠。由于北洋军阀时期特殊的历史条件，使得流传下来的可资利用的各种资料极为丰富。但这些资料一方面比较分散，涉及历史档案、传记、专集、地方志、笔记杂著、资料汇编和报刊等诸多方面；同时在记载、反映某些基本史实时，各种资料又常常存有异说。这种情况无疑给研究工作带来了一定困难，但更重要的是也为广大研究工作者提供了广阔的驱策驰骋的天地。同时，利用方方面面的资料，对一系列个案问题进行专题研究，以澄清某些基本史实的真相，也就成为北洋军阀史研究成果最为丰硕的一个方面。

就专题研究的进展而言，五六十年代虽然有些具体的论述文章，但数量有限，论题范围也不广。"文革"期间北洋军阀史实际上成为革命史的陪衬，有关研究几成死角。80年代后随着北洋军阀史在史学研究领域中独立地位的确立，专题研究的进展明显加快，成果明显增多，旧问题逐步取得一致，新问题不断提

---

① 车维汉：《张作霖与郑家屯事件》，《近代史研究》1992年第5期。

② 娄向哲：《直系军阀政权与英美关系初探》，《天津师范大学学报》1986年第1期。

出，禁区逐个打破，空白次递填补。兹以北洋军阀集团的兴衰起落的线索，对一些争议相对较大或在北洋军阀史上占有重要地位的专题的研究情况，简述如下：

（一）北洋军阀的兴起、发展和形成时期

从1895年袁世凯小站练兵至1912年他出任临时大总统，是北洋军阀逐步奠定军事、政治基础，并最终成为军事政治集团的重要时期。对这一段历史的研究，成果不是很多，分歧则主要集中在以下两个问题上：（1）北洋军阀兴起与形成的时间问题。关于北洋军阀的兴起，大家比较一致的意见认为其发源应从1895年袁世凯小站练兵算起，如乔志强《清末新军与“辛亥革命”》一文[①]等；另外章开沅主编的《辛亥革命》和来新夏主编的《北洋军阀史稿》也都持此观点，并专门叙述了其发生的原因和发展的过程。但对北洋军阀的形成时间却存有三说：来新夏等认为应以袁世凯窃国为标志，理由是：北洋军阀正是以辛亥革命为契机夺取了对全国的统治权，从而由一个军事集团一跃而为统治全国的政治军事集团[②]。任恒俊认为从1895年小站练兵开始到1905年练成北洋新军六镇，北洋军阀集团遂告形成[③]。李新则认为从武昌起义至清帝退位，继而袁世凯出任临时大总统这一时期，是北洋军阀的形成阶段[④]。意见不一的关键不在于时间的早晚，而在于应该用什么样的标准来进行衡量，标准确定则形成时间问题自可迎刃而解。（2）北洋建军过程及其评价问题。来新夏认为北洋建军过程大致经历了新建陆军、武卫右军、北洋常备军和北洋六镇四个阶段[⑤]。而邓亦兵认为袁世凯的建军实践分三个时期：第一是新建陆军时期；第二是武卫右军及其先锋队时期；第三是北洋陆军时期。[⑥]北洋建军过程的不同时期表现出不同的特点，对它的时期划分不能仅仅依据部队名称的变化，而主要应体现北洋军由一支一般意义上的清末新军（当时南方有自强军）而一步步发展成为军事集团的阶段性特点。对北洋建军的评价，学者们已突破了以往将北洋军阀的反动性与当时的军制改革混为一谈的认识局限，对两者作了理性的区分，给予了不同的评价。如吴兆清提出：不能

① 乔志强：《清末新军与“辛亥革命”》，《山西大学学报》1980年第3期。

② 来新夏等：《北洋军阀史稿》，湖北人民出版社1983年11月版，第5—12页，第3页。

③ 任恒俊：《北洋军阀成因浅探》，《河北学刊》1985年第4期。

④ 李新：《北洋军阀的兴亡》，《史学月刊》1985年第3期。

⑤ 来新夏：《北洋军阀的来历》，《文史知识》1983年第1期。

⑥ 邓亦兵：《论袁世凯的建军实践》，《北方论丛》1988年第3期。

将北洋新军的军制改革与北洋军阀祸国殃民的罪行混为一谈，不能以北洋新军的罪恶来认定以资本主义军事制度代替封建主义军事制度的进步意义；而承认北洋新军的军制改革在我国军事发展史上应有的地位，也并不否定北洋新军的反动性质和它在历史上的反动作用。[①]邓亦兵、姜廷玉等人对此也基本持相同的观点[②]。

（二）北洋军阀的全盛时期

从1912年袁世凯以大总统身份执掌对全国的统治权至1916年他因帝制自为而在全国一片反对声中自毙，是北洋军阀集团达到权力最高峰的大发展时期。对这一段，来新夏主编的《北洋军阀史稿》，李新、李宗一主编的《中华民国史》（第二编第二卷）以及李宗一《袁世凯传》、侯宜杰《袁世凯一生》与《袁世凯评传》、谢本书《袁世凯与北洋军阀》等专著均给予了较为全面、系统的介绍，反映了学术界对这一时期历史研究的总体水平，这方面的论文，以往由于思想认识上的局限主要集中在辛亥革命、“二次革命”、白朗起义和“护国运动”等几个方面；近年来则呈现出以下两方面特点：一是研究视野不断扩大。不少论者对一些以往未曾涉及或涉及不深的问题，如袁世凯统治时期的盐务和“盐务改革”、政治制度以及袁与帝国主义的关系、与议会的关系等进行了探讨[③]，揭示了这一时期诸多历史问题的真相。二是观点上有所创新。如对袁世凯代替孙中山出任临时大总统问题，过去一直以“窃国”骂名相加；90年代以来，有不少论者通过充分挖掘材料，并经对当时中外多种政治力量、主客观多方面因素的综合考察与分析，提出了与之截然不同的观点。如常宗虎认为袁世凯所以能登上临时大总统宝座，是因为：（1）南京临时政府从筹备组建就期盼着袁的反正归来；（2）资产阶级共和国性质的临时政府是一个根本不可能存在下去的政权，袁完全有能力将它置于死地，而无需“窃取”；（3）资产阶级和帝国主义这两个当时中国社会发展的主要因素选择了袁作为新政权的核心。由此他得出结论：袁世凯的临时大总统职位并非窃夺而来，而是历史机遇所赐，是资产阶级拱手让

① 吴兆清：《袁世凯练新军改军制及其历史地位》，《历史档案》1987年第1期。

② 姜廷玉：《略述袁世凯的军事教育思想及实践》，《历史教学》1990年第11期。

③ 王仲：《袁世凯统治时期的盐务和“盐务改革”》，《近代史研究》1987年第4期；贺渊：《袁世凯时期的政治制度》，《中国行政管理》1991年第3期；庄鸿铸：《袁世凯与日本帝国主义的关系及其实质》，《新疆大学学报》1982年第4期；张华腾：《袁世凯与民初议会》，《殷都学刊》1996年第2期。

与的结果[①]。周彦则从孙中山在南北议和中活动的角度对这一问题进行了探讨，提出了“孙中山主动让位于袁世凯”的观点，并认为这是孙中山为了适应客观历史条件而采取的灵活斗争的策略，是其整个民主革命斗争的重要组成部分[②]。孙中山去位与袁世凯掌权实际上是一个问题（政权嬗递问题）的两个方面，不难看出，从这两方面对该问题所进行的研究，虽角度不同，但观点上有越来越接近的趋向。

（三）北洋军阀衰落时期

从1916年袁世凯自毙至1926年7月国民革命军开始北伐，是北洋军阀集团由统一走向分裂、由极盛走向衰落的时期。揭示这一时期直、皖、奉等主要军阀派系各自的基本发展线索，并对它们之间及其各自内部所经常发生的矛盾冲突、纷争混战进行具体分析，是准确把握这一段复杂多变的历史的关键，也是学术界研究这一段历史的重点所在。

皖系军阀在北洋各派军阀中资格最老、势力最大，并率先登场执掌对全国的统治权，因此，有关它的研究在各派军阀中是比较受关注的。关于皖系军阀的基本情况，黄征等人编著的《段祺瑞与皖系军阀》一书给予了比较完整的专门介绍；另外，单宝、莫建来、胡晓等人的文章也对皖系军阀的形成、发展、衰亡及其特点等问题进行了探讨[③]，勾勒出了这一军阀派系历史演进的基本轮廓。由于皖系军阀的历史与日本有着不解之缘，因此，弄清其与日本帝国主义关系的真相，是皖系军阀研究中碍难回避的一个重要问题。章伯锋《皖系军阀与日本》一书以及有关这一问题的多篇论文，对此作了比较全面、深入的论述，基本理清了日皖关系的纷乱头绪。直系军阀作为北洋军阀集团中的后起之秀，其在政局发展中的作用与影响主要表现在直皖战争以后；直皖战争以前则由于高层领导不太得力以及阵营不甚稳固等原因而少有重要事迹可寻。这一特点决定了有关这一军阀派系的研究出现了前期历史研究相对薄弱、后期历史研究较为集中的不平衡状

① 常宗虎：《试论袁世凯取得临时大总统职位的是非》，《人文杂志》1992年第1期。

② 周彦：《南北议和与孙中山让位问题之我见》，《学习与探索》1991年第5期。

③ 单宝：《皖系军阀的兴衰和特点》，《历史教学》1984年第4期；莫建来：《试论皖系军阀的形成》，《民国档案》1992年第1期，《段祺瑞攫取统治权与皖系军阀的发展》，《江海学刊》1990年第3期，《皖系军阀的特点及其评价》，《江海学刊》1992年第1期；胡晓：《论北洋皖系集团的形成、发展与衰亡》，《合肥教育学院学报》1997年第2期。

况。对冯国璋和吴佩孚这两位直系重要人物研究中所出现的畸轻畸重现象，即说明了这一点。近年来，随着有关资料的进一步发掘，对直系的研究特别是对其前期历史的研究有一定进展。陆续面世的公孙訇编《直系军阀始末》和吕伟俊、王德刚编著《冯国璋和直系军阀》等专著及一些论文，介绍了直系的一般梗概，从中可得这一重要军阀派系发展的大致脉络。奉系研究依托东北地方史研究的荫庇，成果令人注目。对奉系的研究往往与对其首领张作霖的研究连在一起，如常城主编《张作霖》、陈崇桥主编《从草莽英雄到大元帅——张作霖》两书虽为评述人物之作，但从中可见奉系军阀产生和发展的基本轨迹。其论文则多偏于后期，且集中在以下两个方面：一是奉系内部矛盾，如对郭松龄倒戈，枪毙杨、常事件等，均有不少文章从不同角度予以论述[①]；二是奉系与日本的关系，如潘喜廷、韩信夫、郑敏、刁五一等人的文章[②]，对奉系与日本既勾结又争斗的关系作了较为深入的分析与研究。

对直、皖、奉各派军阀之间及其各自内部纷争混战问题的研究，是这一时期专题研究的重点，其中“张勋复辟”、直皖战争、两次直奉战争和“北京政变”等对北洋军阀集团的历史演进产生了重要影响的重大事件，尤为研究者所关注。

“张勋复辟”是一个为人熟知而又论述不够准确的老问题。60年代初章开沅等曾进行过较全面的评述[③]。80年代初焦静宜又旧题新作，对复辟的诸种原因进行了分析，认为这次复辟活动既有张勋本身顽固的封建观念，也有当时社会上封建势力的基础影响，以及各派军阀的争斗和帝国主义怂恿等方面的因素。在这种背景下的“张勋复辟”，就不再是历史给予这一介武夫的偶然机遇，而是使人由此透视到辛亥革命后的社会面貌。[④]

---

① 毛履平：《郭松龄事变的性质及其失败原因》，《学术月刊）1982年第5期；高红霞：《郭松龄倒戈失败剖析》，《学术月刊》1987年第12期；常城：《略论“东北易帜”与枪毙杨常》，《社会科学战线》1982年第3期；陈崇桥：《试论“杨常事件”》，《近代史研究》1986年第2期。

② 潘喜廷：《张作霖与日本的关系》，《学术研究丛刊》1980年第2期；韩信夫：《张作霖皇姑屯被炸与张学良东北“易帜”》，《人民日报》1982年10月1日；郑敏：《略论日本干涉郭奉战争的原因》，《学术研究丛刊》1991年第3期；刁五一：《“满蒙铁路交涉”与日奉矛盾激化》，《近代史研究》1982年第5期。

③ 章开沅、刘望龄：《民国初年清朝“遗老”的复辟活动》，《江汉学报》1964年第4期；刘望龄：《张勋与“丁巳复辟”》，《历史教学》1964年第6期；章开沅、刘望龄：《论张勋复辟的历史机缘和失败的必然性》，《新建设》1965年第3期。

④ 焦静宜：《论“张勋复辟”》，《学术月刊》1984年第6期。

直皖战争是北洋军阀分裂后第一次大规模的军阀混战。这次战争“冷战”长达二三年，而“热战”不过五天时间，便以直胜皖败的结局而告终。这一戏剧性的结果引起了研究者的关注。王华斌从直皖人心向背和战略技术得失两个方面，具体分析了直系大胜、皖系大败的原因。①而章伯锋认为造成皖系在战争中一败涂地的主要原因，是由于日本因迫于英美的压力而未公开支持皖系。②莫建来则从奉系军阀的角度对战争爆发原因与结局进行了论述，认为直皖战争虽是直皖两派军阀长期存在并日趋激化的矛盾和纷争的必然结果，但奉系军阀的居中挑拨、推波助澜以及直接出兵参战，对战争的发生及其结果无疑产生了相当大的影响。③至于这次战争的性质及其产生的社会后果，多数论者认为这是一场争权夺利的不义之战，战争给当时的中国社会带来了较大的经济损失，在政治上和军事上削弱了北洋军阀控制中国的大一统局面，外交上则沉重地打击了日本对华的侵略政策，客观上一定程度地有利于中国社会的独立和进步。④这种分析应该说是符合客观实际的。需要补充说明的是，直皖战争使北洋军阀内部各派系之间，尤其是直皖两系间的力量消长发生了明显的变化，它标志了北洋军阀史上的一个时期即段祺瑞皖系军阀统治时期的基本结束。

发生于1922年的第一次直奉战争和1924年的第二次直奉战争，虽同为直系军阀与奉系军阀的军事较量，但战争结局却大不一样。不少论者对这两次直奉战争出现不同结局的原因进行了探讨。如苏有全从人心向背、军队素质、战略战术和外交背景四个方面，对第一次直奉战争出现直胜奉败结局的原因进行了论述。⑤而李军、娄向哲、郁慕湛等人则分别对第二次直奉战争中直系的败因问题作了具体分析⑥。其中李军的文章有一定的代表性，他认为直系军阀在第二次直奉战争中惨遭失败，既有深刻的内在根源：（1）内部激烈的矛盾斗争与分化，（2）严重的财政危机，（3）武力统一政策的破产造成了有利于反直力量的客观形势；又有复杂的外部原因：（1）直系军阀残酷镇压人民运动和曹锟贿选等丑恶行径

① 王华斌：《试论直皖战争直胜皖败的原因及其后果》，《学术月刊》1986年第1期。

② 章伯锋：《直皖战争与日本》，《近代史研究》1987年第6期。

③ 莫建来：《奉系军阀与直皖战争》，《学术月刊》1989年第9期。

④ 王华斌：《试论直皖战争直胜皖败的原因及其后果》，《学术月刊》1986年第1期。

⑤ 苏有全：《论第一次直奉战争直胜奉败的原因》，《社会科学战线》1994年第5期。

⑥ 李军：《第二次直奉战争直系失败的原因》，《近代史研究》1985年第2期；娄向哲：《论第二次直奉战争》，《史林》1987年第4期；郁慕湛：《第二次直奉战争直系失败的政治原因》，《河北学刊》1987年第2期。

使其成为全国各界人民反对的最主要的敌人，（2）反直同盟的形成，（3）国际背景方面又处于不利地位。值得注意的是，有学者对这两次直奉战争进行了比较研究。如俞辛焞在《日本对直奉战争的双重外交》一文中，具体分析了日本军部和外务省在两次直奉战争中的不同态度与表现，由此对奉系军阀在两次战争中的不同结局作了颇具说服力的诠释。①而丛曙光《两次直奉战争结果迥异之剖析》一文，则对直、奉两大军阀在两次直奉战争中的政治得失、军事形势（包括战前准备、士兵士气、武器装备及军事部署等）、财政经济状况和国际环境等决定战争胜负的因素作了对比分析，得出了两次直奉战争不同结局的出现绝非偶然的结论②。同一交战双方两度交手，而结果迥异，这本身就是一个颇具研究价值的课题。这方面研究的深入，无疑有助于人们加深对军阀混战爆发原因、结局及特点等的认识。

“北京政变”是北洋军阀走向衰落的标志之一，一直是热门题目，但往往随政治气候的变化而有忽高忽低的评价。关于这次政变的性质，主要有以下三种分歧意见：（1）“首都革命”说。这是早期研究这次政变的一般观点。（2）武装政变说。这是80年代以后比较一致的看法，其中可以王宗华、赵晓天两人的文章为代表。王宗华认为从政变中冯玉祥提出的政治主张和实际行动来考察，这次政变既不是一次革命，又不是反革命的，而是具有进步意义的改良性质的武装政变。③赵晓天对这一观点作了进一步的引申，认为第二次直奉战争中冯玉祥班师回京的活动，既有倾向国民革命、采取激进行动的一面，也有软弱动摇和持有改良主张的一面，因此，其性质“应该说是一次带有民主主义色彩的改良性质的军事政变”④。（3）直系军阀内部权力斗争说。如有论者认为冯玉祥发动政变的原因既不是不满于曹锟、吴佩孚所实行的“大政方针”，也不是不满于军阀割据混战给中国社会带来的巨大危害，更不是受孙中山影响和革命形势推动而发动的，而是与曹、吴因权势利益分配不均产生矛盾而导致的必然结果，而第二次直奉战争前各种势力的联合反直及战争本身都给冯提供了发动政变的条件和机会。“那种把北京政变说成是冯玉祥受孙中山和国民革命影响和推动的一场推翻直系

① 俞辛焞：《日本对直奉战争的双重外交》，《南开学报》1982年第4期。

② 丛曙光：《两次直奉战争结果迥异之剖析》，《辽宁大学学报》1994年第4期。

③ 王宗华：《试论一九二四年北京政变》，《武汉大学学报》1983年第6期。

④ 赵晓天：《冯玉祥北京政变新探》，《西北大学学报》（哲社）1988年第3期。

的进步运动的说法超越了一定的历史范围，不符合历史的真实”[1]。这一观点虽应者寥寥，但从冯玉祥思想发展和活动的全过程以及北京政变的历史条件来看，应该说有它一定的合理成分。关于北京政变的历史作用，多数论者给予了较高的肯定性评价，认为政变给当时最强大的直系军阀以沉重打击，削弱了根深蒂固的北洋军阀势力，造成了有利于革命的客观形势，对北方革命运动的发展以及日后的北伐战争起到了积极的推动作用，而驱逐溥仪出宫，则从根本上铲除了复辟祸根，使封建顽固分子的复辟梦想最终破灭[2]。但也有不尽一致的意见，如有论者在对冯玉祥武力驱逐溥仪出宫事件的评价上，就对“这一行动铲除了复辟祸根，打击了封建残余势力”的观点提出了疑义，认为“这个评价不仅过高，而且完全忽视了这一事件所产生的恶果，即客观上为日本帝国主义提供了拉拢、利用溥仪的机会”。能否把溥仪后来投靠、依附于日本归咎于北京政变，显然还有进一步研究论证的必要，但文章提出“当时中国的复辟祸根不仅表现在小朝廷的存在和仍居紫禁城中，更主要的是封建专制主义的旧思想还深存于人们的头脑中，这是复辟祸根的思想基础”，因此，“不能认为驱逐溥仪出宫就等于铲除了复辟的祸根”[3]，这一观点还是符合历史实际的。

（四）北洋军阀的覆灭时期

从1926年7月北伐开始至1928年12月张学良宣布“东北易帜”，是北洋军阀集团的覆灭时期。关于北洋军阀覆亡的历史，一直没有一部专著予以全面、系统的阐述；间或有著作涉及这一段历史，亦多为叙述国民革命军之北伐而连带叙及北洋军阀的失败与灭亡。论文方面则有一些零散的成果，多少弥补了有关北洋军阀覆亡史研究几成空白的缺憾。韩信夫《二次北伐与东北易帜（上、下）》一文对这一时期的历史作了简要而系统的叙述，从中可得北洋军阀覆亡的梗概[4]。习五一《论一九二七年奉吴河南战争》一文通过对1927年春奉吴河南战争的具体研究，提出了值得重视的观点，认为这场战争虽然仍属军阀之间争权夺利的不义之战，但从全国战场上综合考察，仍有一定的历史作用，即它牵制了直鲁联军，

---

① 王红勇：《北京政变性质与原因新探》，《学术月刊》1986年第7期。

② 刘敬忠：《冯玉祥北京政变初探》，《河北大学学报》1986年第3期；王宗华、赵晓天也基本持相同观点。

③ 喻大华：《重评1924年冯玉祥驱逐溥仪出宫事件》，《学术月刊》1993年第11期。

④ 韩信夫：《二次北伐与东北易帜（上、下）》，《东北地方史研究》1990年第1期。

使其不能全力以赴地支援孙传芳与北伐军在江浙战场的决战，减轻了当时北伐军主要战场上的军事压力，更重要的是它加速了北洋军阀的最后崩溃[①]。而刘曼容《北伐时期的国民军北方战场》一文则把北伐战争分为南北两个战场，即从广州誓师出发的国民革命军在东南沿海和长江流域进行作战的南方战场与冯玉祥国民军在西北地区和黄河流域进行作战的北方战场，并具体分析了国民军北方战场的发展进程及其在与南方战场呼应配合、推动北伐战争胜利进行方面的巨大作用，从而为研究国民革命军胜利进军或北洋军阀迅速崩溃提供了更开阔、更合理的思路。[②]1928年12月29日张学良宣布"东北易帜"标志着北洋军阀集团的最后覆灭，学术界基本肯定"易帜"在中国现代史上的地位，认为此举结束了奉系军阀武装割据的局面，使中国由南京政府统一起来，这对中国历史发展起到了良好的影响和进步作用。[③]也有论者认为此举在维护祖国统一的前提下维护了东北集团的利益，增强了张学良的权力地位。[④]

三

人物是历史长卷中的重要角色，也是历史研究中浓墨重彩的凝聚点之一。北洋军阀人物虽然大多在近现代政治舞台上只不过扮演了让世人唾骂的角色，但由于他们曾一度居于历史制造者与拨弄者的地位，因此，在整个北洋军阀史研究中，北洋军阀人物的研究也是格外引人注目。

对北洋军阀创始人和总头目袁世凯的研究，曾经历了一个曲折发展的过程。80年代以前，袁世凯一直在"窃国大盗"的帽子下晃动。1980年李宗一的《袁世凯传》面世，虽然作者尚未完全摆脱传统成说，称袁是"近代中国历史上大地主大买办阶级的一个极其重要的代表人物，一个伪装维新的封建专制主义者"，但该书注重史料的发掘与运用，可谓是以基本史实研究、传述袁氏一生历史的开山之作。最后，又有胡柏立《袁世凯称帝及其灭亡》、谢本书《袁世凯与北洋军阀》等著作相继出版，为袁世凯的研究奠定了厚实的基础。这一时期的论文成果

① 习五一：《论一九二七年奉吴河南战争》，《历史档案》1988年第4期。

② 刘曼容：《北伐时期的国民军北方战场》，《近代史研究》1989年第6期。

③ 潘喜廷：《张学良将军与东北易帜》，《社会科学辑刊》1979年第1期。

④ 杜连庆：《东北易帜：南北妥协与对日战争》，《辽宁师范大学学报》1983年第3期。

也较多，且呈现出以下两方面特点：一是论题范围广，举凡袁世凯不同历史阶段的重要问题和细微末节均有专文予以具体论述和缜密考证，而且文章所探讨的问题已不再局限于政治、军事等方面，不少论者开始将研究视野扩展到财政、经济、交通等重要领域，并有一定突破。[①]二是对袁世凯的评价有一定变化。不少论者对袁世凯在内政方面的建树，如在晚清新政及民初政治、经济等方面的作用给予了某种程度上的肯定[②]，对其外交上的“卖国”行为，如与日本签订丧权辱国的“二十一条”等，也试图从“弱国无外交”的角度，给予合乎情理的解释。[③]如前所述，有论者对袁世凯“窃国”这一早已盖棺论定的问题重新进行了审视，并以大量事实为袁摘了帽，表明对袁的评价在思想上有较大突破。值得注意的是，还有论者对袁世凯的阶级归属问题提出了全新的看法，如韩明在《孙中山让位于袁世凯原因新议》一文中认为，袁世凯与孙中山、张謇一样，同属于中国资产阶级的范畴，只是在半殖民地半封建的社会条件下，“转变成资产者”的道路不同。其根据是：“他们有共同的时代背景——外国资本主义侵略造成的民族危机；他们有共同的追求目标——救亡图存，使中国富强。这就使他们互相之间存在着或粗或细的共同利益纽带。但他们向资产阶级转化的程度和时序迥然各异，各自的社会地位也千差万别，使他们走上互相冲突的政治道路。这是资产阶级内部各层次的矛盾的运动基础。”[④]这一观点尚无多少人响应与支持，因为如果说北洋军阀时期历史舞台上的争斗只是资产阶级自身的矛盾运动，那么半殖民地半封建社会的中国在这一时期的革命力量和对象又将是什么呢？

段祺瑞是北洋军阀集团中仅次于袁世凯的二号角色，也是一位颇有争议的人物。其人专横独断，刚愎自用，特别是在祸国媚外方面较其他军阀尤为明目张胆。不少论者对段祺瑞执政期间与日本的关系问题作了较为深入的研究，并取得了基本一致的意见，认为段是“日本帝国主义在华代理人”，充当了日本帝国主

① 沈家五：《从农商部注册看北洋时期民族资本主义的发展》，《历史档案》1984年第4期；刘桂五：《“交通系”概述》，《社会科学战线》1982年第3期；张学继：《论袁世凯政府的工商业政策》，《中国经济史研究》1991年第1期；朱宗震：《袁世凯的币制改革》，《近代史研究》1989年第2期。

② 侯宜杰、任恒俊：《袁世凯“新政”评议》，《河北师院学报》1986年第3期、1987年第1期；参阅沈家五、刘桂五、张学继、朱宗震等人的文章。

③ 张神根：《对国内外袁世凯研究的分析与思考》，《史学月刊》1993年第3期。

④ 韩明：《孙中山让位于袁世凯原因新议》，《历史研究》1986年第5期。

义侵华政策由武装侵略逐渐转变为政治拉拢和经济渗透的得力走卒。[①]近年来对段祺瑞的研究有进一步深化的趋势，新问题不断有人提出与涉及，老问题也每每有新的认识与评断。如对段祺瑞奠定了一生事业基础的参与北洋建军问题，过去没有专门文章予以探讨，莫建来《试论段祺瑞在北洋建军中的作用》一文对段在北洋建军中三个方面的主要活动，即督练北洋新军，主持各类军事学堂和厘定，编译各种练兵章制、操法、兵书等作了具体的论述，并给予了较为客观的评价，认为“如就中国的军制因此摆脱了过去落后而陈旧的状态而言，段祺瑞这三方面的活动的作用及其在北洋建军史上的地位，诚然应予肯定。但如就主要因军队的私有化所造成的民初政治的动荡和社会的阢陧不安而言，段祺瑞也实难辞其咎”[②]。对段祺瑞“三造共和”的评价问题，是常引起争议的焦点。单宝认为段祺瑞几次“能够在关键时刻主张共和、反对帝制，我们应当肯定，对他在当时所产生的影响，也应当承认，否则，是不公允的”；并认为他在清末民初主张共和、反对帝制以及不参与“洪宪帝制”、反对“张勋复辟”等等，并非出于侥幸，而有其一定的思想基础。[③]丁贤俊对此也基本持肯定态度[④]。而李开弟、徐卫东等人则提出了相反的意见，认为“三造共和”不过是段祺瑞的自我吹嘘与标榜，是他“在清末民初为个人的权势和独裁而采取的政治手段，毫无真正拥护共和而言”[⑤]。意见不一的关键在于双方采用了不同的价值尺度，不同的评判标准，即一方重主观动机，一方重客观效果。其实，历史是错综复杂的，历史人物也并非可简单地用一种标准来进行准确地把握的。全面辩证地分析段祺瑞在辛亥革命、“洪宪帝制”和“张勋复辟”这三个与“共和制”命运攸关的重要事件中的活动表现，则评价所得可能会更客观、更真实。对段祺瑞执政时期所积极推行的参战问题，过去曾简单地将它归结为“府院之争”而未能给予应有的重视，近年来有论者对此作了专门研究并提出了新的看法，认为“中国对德绝交和宣战是

---

① 庄鸿铸：《试论段祺瑞与日本帝国主义的勾结》，《新疆大学学报》1983年第4期；裴长洪：《西原借款与寺内内阁的对华政策》，《历史研究》1982年第5期。

② 莫建来：《试论段祺瑞在北洋建军中的作用》，《历史档案》1991年第1期。

③ 单宝：《段祺瑞“三造共和”平议》，《安徽史学》1984年第5期。

④ 丁贤俊：《论段祺瑞三定共和》，《历史档案》1988年第3期。

⑤ 李开弟：《段祺瑞“三造共和”评述》，《安徽史学》1986年第1期；徐卫东：《段祺瑞“三造共和”之真象》，《复旦学报》1957年第3期。

有理有利的”[①]，是顺应当时历史潮流，“出于现实和长远经济、政治利益”考虑而作出的“唯一必要的选择”[②]。史学界目前对段祺瑞的评价尚有较多分歧说明研究正在进一步深入。

张作霖是富于传奇色彩的人物。在东北地方史研究中居于重要地位。80年代以前，看法基本一致，认为张作霖为了实现自己的政治野心，投靠日本帝国主义，大搞军阀混战，给中国人民带来深重灾难，因此，是一个“反动的军阀”[③]。80年代后，随着有关研究的深入，对张作霖的评价较以前有所提高。如对张作霖与日本的关系问题，就有人对张一味投靠日本帝国主义的观点提出不同看法，认为双方关系的真实情况是既有勾结利用的一面，又有矛盾冲突的一面[④]。更有论者认为张作霖在郑家屯事件交涉中对日本提出的侵害我国东北主权的要求采取抵制与抗争态度，不论其主观动机如何，“这一行动在客观上却是有利于中国人民反抗侵略的正义事业的”，对于他这种维护国家主权的表现，不应因人废事，而应“予以肯定的评价”[⑤]。另有论者认为张作霖不仅在镇压“宗社党”复辟、统一东北方面作出了贡献，而且在与日本关系问题上亦不是甘心当汉奸出卖东北，而往往采取拖延的办法，表面敷衍，因而引起日本的不满，他之不见容于日本侵略者而被害，“是应该得到人们谅解的”[⑥]。从张作霖后期与日本尖锐激烈的矛盾冲突情况来看，这一观点较之以往张是因失去利用价值而为日本抛弃的看法[⑦]，似更为接近历史的真实。张作霖早年寄迹草莽，这一经历对其一生发展以及特有的军阀个性的形成有着极大关系。潘喜廷根据地方档案资料与方志资料，比较系统地论列了张氏1899年至1911年间经营辽西十几年的概况，从而弥补了以往对张作霖早期历史发掘较为薄弱的不足[⑧]。

吴佩孚是北洋军阀集团的后起之秀，特别是20年代以后更是举足轻重的人物。对他的研究，除蒋自强等编《吴佩孚》一书外，尚有多篇文章给予了专门介

---

① 袁继成、王海林：《中国参加第一次世界大战和巴黎和会问题》，《近代史研究》1990年第6期。

② 吕茂兵：《中国参加“一战”缘由新探》，《争鸣》1991年第1期。

③ 常城：《张作霖》，辽宁人民出版社1980年版。

④ 潘喜廷：《张作霖与日本的关系》，《学术与探索》1980年第2期。

⑤ 车维汉：《张作霖与郑家屯事件》，《近代史研究》1992年第5期。

⑥ 丁雍年：《对张作霖的评价应实事求是》，《求是学刊》1982年第5期。

⑦ 常城：《张作霖》，辽宁人民出版社1980年版。

⑧ 潘喜廷：《张作霖在辽西的发迹》，《东北地方史研究》1985年第1期。

绍或论述，谢本书《吴佩孚与西南军阀的勾结》一文对吴佩孚由北洋军的一员悍将而一变为西南军阀的“盟友”这一转变过程进行了研究，文章根据1919年吴与西南军阀签订的军事密约及对1900年西南军阀“联直制皖”策略的考察，认为吴提出“救国同盟条件”这一军事密约的目的，是要“北以共同对付皖系军阀，南以排斥孙中山，镇压革命”①。这一方面反映了吴佩孚的政治本质与政治野心，同时也说明他后来能成为“八方风雨会中州”的重要人物绝非偶然。蒋自强《从第一次直奉战争看吴佩孚的军事谋略》一文对吴佩孚在第一次直奉战争中的排兵布阵、指挥作战等作了专门研究，从一个侧面反映了吴颇著声名的军事谋略才能的一般情况②。而宋镜明《论吴佩孚的再起与直奉联合对国民军的进攻》一文则具体分析了吴佩孚在第二次直奉战争后乘机再起的情况。当时控制北京政权的奉系已成为北方反动势力的大本营，因而遭到全国人民的一致反对，而吴佩孚再起后立即由联孙（传芳）反奉转向联奉反冯（玉祥），在英、日帝国主义策动下结成直奉军阀的反革命联盟，并以“讨赤”为名，联合发动了对国民军的进攻，致使国民军在河南、山东溃败③。这一段史实清楚地暴露了吴佩孚为达其目的而不惜投靠各种反革命力量的面目。在对吴佩孚的研究中，有关其晚节的评价曾一度引起争议。一种意见认为吴佩孚在日本的劝降面前没有出山，这一表现是“难能可贵的，也是值得称赞并应予肯定的”④。另一种意见则不同意吴佩孚“拒当汉奸保晚节”之说，认为吴是日本中意的对象，他之最后死于日本人之手，是因其讨价还价引起不满而被杀一儆百⑤。由于当时日本与吴佩孚间的接触都是在秘密状态下进行的，这就为弄清个中真相并给予恰当评价带来了一定困难，这是在此问题上出现意见分歧的主要原因所在。我们认为，对吴佩孚的晚节问题应注意以下两点：（1）吴最后没当汉奸事实俱在，这应是评价其晚节的立足点。（2）吴受忠、孝、节、义等封建纲常伦理思想熏染至深，晚年更是醉心于《循分新书》、《正一道诠》、《明德讲义》等书稿的著述，试图以封建伦理道德挽救世

---

① 谢本书：《吴佩孚与西南军阀的勾结》，《贵州社会科学》1983年第5期。

② 蒋自强：《从第一次直奉战争看吴佩孚的军事谋略》，《军事历史研究》1987年第4期。

③ 宋镜明：《论吴佩孚的再起与直奉联合对国民军的进攻》，《武汉大学学报》1986年第1期。

④ 吴根樑：《日本土肥原机关的“吴佩孚工作”及其破产》，《近代史研究》1982年第3期。

⑤ 梁荣春：《“吴佩孚拒当汉奸保晚节”异议》，《学术论坛》1984年第2期。

道人心，这一思想认识基础在考察其晚节问题时应给以一定重视。

冯玉祥是北洋军阀内向往进步而逐渐摆脱旧营垒的人物，一直为史学界所注目；但在以往的研究中，由于冯有“民主将军”的美誉，更由于为贤者讳，因而对其早期历史不愿多所涉及，甚至希望他从一开始就很进步。其实，承认冯是由旧营垒杀出来而成为一位“民主将军”的事实，不但无损于其光辉形象，反而会使他在人们心目中变得更崇高、更伟大。目前学术界对冯玉祥一生的总体评价，意见基本一致，认为他“是一生不断追求进步的爱国将领”，“也是同我们党长期合作的朋友”[①]；但在对其思想转化过程的认识上，尚存在一定分歧。1924年冯玉祥发动“北京政变”，将所属部队改称国民军，正式从北洋军阀集团中分化出来，但同北洋军阀的决裂并不意味着他已完成从军阀到革命将领的根本性转变。有论者认为1925年发生的“五卅”惨案是冯玉祥政治思想发生根本性变化的转折点，他开始由一位军阀营垒中的爱国将领转变为革命将领[②]。另有论者认为，“北京政变”直至其后相当长的一段时间内，冯玉祥并未完全跳出军阀的范畴，直到1926年南口战役时，在中国共产党的帮助教育下，才发生了根本性的变化，即由单纯地维护本派系利益而发展为以国民革命为目的[③]。还有论者认为1926年9月冯玉祥在五原誓师，“是在曲折奋斗中发生的第一次重大的革命转变，即由一个北洋军阀中分化出来的将领，转而公开正式参加国共合作的国民革命”[④]。其实，冯玉祥政治思想的转变并非一朝一夕就实现的，而有一个逐步转变、不断提高的渐变过程。在相当长的一个时期里，两种矛盾的思想即救国救民思想和封建军阀思想在冯玉祥身上交织在一起，并交替对他产生影响，这也是他在政治上走过了一条呈“之”字形轨迹的曲折道路的主要原因所在。

除上述重要军阀外，对其他二三流军阀如冯国璋、曹锟、张勋、徐树铮、阎锡山、孙传芳、郭松龄、张宗昌、吴俊陞、杨宇霆等，也或多或少、或深或浅进行了一些研究，表明北洋军阀人物研究的整体水平有不断提高的趋势。

人物评论多重个体，80年代后期起始有群体研究之成果应世。辛培林编著

---

① 《人民日报》1982年9月11日、9月15日。

② 高德福：《冯玉祥与国民军》，《南开学报》1982年第2期；熊建华：《从〈民报〉看冯玉祥对“五卅”运动的态度》，《近代史研究》1986年第5期；海振忠：《从基督将军到三民主义信徒——冯玉祥在大革命时期的历史转变》，《北方论丛》1989年第1期。

③ 刘敬忠：《冯玉祥与南口大战》，《历史教学》1984年第3期。

④ 刘曼容：《试论冯玉祥由北洋军阀参加国民革命的转变》，《武汉大学学报》1988年第2期。

《军阀列传》编列了袁世凯、冯国璋、段祺瑞、张作霖、曹锟、吴佩孚、张勋、孙传芳、张宗昌、吴俊陞等十位北洋军阀重要人物的传记，虽然各传独自成篇，但可收相互比较、以军阀人物个人成败窥知北洋军阀兴衰全貌的功效。杨大辛等编著《北洋政府总统与总理》[①]系北洋政府历届总统与总理的评传之作，书中在详尽评述北洋时期七位总统、二十九位总理生平事迹的同时，也真实地再现了那个时期政争激烈、阁潮迭起、政权频频易手的政治景象。焦静宜所著《二十世纪初中国的遗老遗少》[②]将段祺瑞、张勋、吴佩孚等置于清末民初的过渡时期予以论述而别赋特色。

需要特别指出的是，近年来在北洋军阀人物的研究中出现了一种为个别劣迹昭彰但也有一些善举的军阀如袁世凯、吴佩孚等人招魂翻案的风气。诚然，学术贵在创新，没有创新，学术就会失去生命力，但创新并不是刻意地去立异。因为一个真诚致力于学术的人是不能背离求真求实这一学术的根本宗旨的。学术如失去真实，也就不成其为学术了。就北洋军阀人物的评价而言，不顾事实地随意夸大他们的功德或掩饰他们的罪责，与过去极左年代所盛行的全盘否认、一棍打死的治学风气一样，也是对历史的一种不负责任的扭曲。对此，李文海、梁溪人等人曾专门撰文提出了尖锐而中肯的批评意见[③]，值得引起重视。

四

五十年岁月匆匆流逝，北洋军阀史的研究虽历经迂回曲折，甚至有断流的时刻，但总的趋势仍是向前发展，特别是最后二十年显示出蓬勃向上的景象。展望前景，尚有广袤园地等待辛勤耕耘。

北洋军阀史的总体研究虽已有多种专著初奠基础，但仍有较大的回旋余地。北洋军阀既不同于古代的封建军阀，也不同于近代的湘淮军阀。它是一个曾掌握中央政权达十六年之久的政治军事集团。因此，既要从军事角度，更要从政治、经济、思想意识诸方面统一考察其发展脉络和对中国近现代历史进程的重要影

---

① 杨大辛主编：《北洋政府总统与总理》，南开大学出版社1989年版。

② 焦静宜：《二十世纪初中国的遗老遗少》，科学出版社1989年版。

③ 李文海：《从“扬袁抑孙”想到学术创新》，《人民日报》1995年7月28日；梁溪人：《徐世昌怎样成了“推翻旧时代的先行者”》，《高校理论战线》1996年第7期。

响，以及所应得的历史地位。这种宏观的整体研究可以给人们一种完整系统的认识，但是，它还需要有若干微观研究来充实和支持。

北洋军阀集团主要以直、皖、奉三系为其主要支柱，而旁及地域性的军阀集团。因此，对各派系的单项研究将是非常必要的。东北地区对奉系军阀的研究不仅过去已见成效，近年来更有新的发展趋势。相比较而言，对直皖两系的研究则显得薄弱。直系从冯国璋中经曹锟而吴佩孚，起源早，延续长，三次大规模的军阀混战都自居一方，与北洋军阀集团的兴亡相终始；皖系首脑段祺瑞为次于袁世凯的副魁，四任阁揆，一摄执政，对民初政坛影响甚巨，虽然在直皖战争后已难作为一个独立的派系与直、奉抗衡，但百足之虫，死而不僵，它仍时有动作。三大派系自身的发展和相互斗争，不仅代表着北洋军阀集团势力的消长，也代表着这一时期政治、经济因素的变化，不仅影响及于其割据与牵涉的地区，也牵动北洋军阀集团统治的全局。因此，对于各派系的研究亟待进一步发展。

对人物的评述应是今后北洋军阀史研究工作力求加强的方面。过去虽已有成就，但显然不够。就深度而言，多为一般评述，尚缺资料翔实的谱传；就广度而言，犹集中于少数几个首脑人物，应加评述或进行群体人物研究的工作仍有待开展。重要人物的别集，除1987年出版的《袁世凯奏议》收录了1898—1907年间袁氏奏片800篇外，《袁世凯集》虽由专人进行编纂多年而中途告辍。吴佩孚有台湾出版的全集，其他还有待创议组织。

开发史源是推动史学研究的重要前提，北洋军阀史的史料蕴藏极为丰富，可惜开发不足。史源不外二大端：一为抢救口碑，北洋当事人与有关人士虽凋落居多，然硕果犹有存者。这些人虽难于明了全局，而具体细节多有出于文字记载之外的，尤以人事变幻的错综复杂关系更有助理解事物之变化，应该能慎思明辨，去伪存真，尽快亟谋抢救，否则人亡史失不胜可惜。二为档案公布，一史馆所藏前期档案虽公布一定数量，但尚可罗掘，二史馆则为北洋档案之宝山，近年颇多编研刊布，但能全部开放，裸呈于研究者之前，深愿以档案的源头活水为北洋军阀史的研究展现出无尽江山。

关于资料汇编工作，80年代以来，就已受到应有的重视，中国第二历史档案馆陆续以专书形式公布所藏档案；该馆所办《民国档案》杂志也不时发表有关资料，对推动北洋军阀史研究起到重要的作用。90年代前后由来新夏主编的《北洋军阀》五卷（上海人民出版社1988—1993年版）汇集1895—1928年的有关资料，陆续出版，成为《中国近代史资料丛刊》的最后一种。接着，由章伯锋主编的《北洋军阀》六卷（武汉出版社1990年版）汇集了1912—1928年的有关资料出版。这些都为北洋军阀史的研究提供了基础资料。但是，北洋军阀资料数量既多，散置又广，还须以更大力量从事纂辑。

五十年的辛劳，为北洋军阀史的研究奠定了基础，在此肥土沃壤之上，行见生长奇花异卉，在史学园圃之中吐艳争芳，在中国近代史领域中获得它应有的席位。

原载于《社会科学战线》1999年第5期

北洋军阀与日本：20 世纪末中国学者的研究

北洋军阀是跨越中国近现代历史时期的一个政治军事集团。它不仅以军事割据与统治对当时中国社会产生重要影响，而且由于它有十六年时间掌握着当时中国的中央政权——北京政府的实际权力而成为国家命运的主宰者。北洋军阀集团是中国半封建半殖民地社会的特殊现象。因此，它必然以封建势力与帝国主义列强为其依靠，即它除了努力强化其带有浓厚封建色彩的军事力量外，还需要求助于外国势力的支持。直、皖、奉三个主要派系都与英、美、日等国，或明或暗地进行不同形式和程度的勾结，而列强为了最大限度地攫取在华利益，维护其势力范围也以经济援助和政治干预等不同手段与北洋军阀各派系进行交易。由于历史的和地理的原因以及第一次世界大战西方列强无力东顾所留出的空档，致使北洋军阀集团与日本的关系尤为密切，而日本从各方面对中国政局的操纵与影响，也极为明显。

近二十年来中国史学界对“北洋军阀”课题的研究，取得了相当的进展。其中“北洋军阀集团与日本关系”的研究，便是一个引人注目的课题，以20世纪最后五年的粗略统计，这一专题研究的重要论文已有20余篇。当时，我正在完成《北洋军阀史》一书的撰写工作，随手积累了这方面的许多资料。

一、日本对华政策与北洋军阀

北洋军阀建基于1895年的小站练兵，即正当列强角逐中国激烈之际，“日本通过1894年中日甲午战争和1904年的日俄战争，把侵略势力扩张到中国东北地区。此后，日本历届内阁均把确保其既得的侵略利益和伺机向中国内地伸展侵略势力作为基本国策”。1908年日本内阁制定的《对外政策方针文件》中有关《对清国政策》、1911年辛亥革命爆发后不久日本内阁所作出的关于对清政策的决议等档案资料，以及其后通过北洋军阀集团干涉中国内政的种种事实都为日本的基本国策作了论证。[①]

当时，日本作为后起的帝国主义国家尚难与英、美侵略势力相抗衡，因此采取了在华物色代理人的政策，袁世凯首当其选，被认为是最佳对象。袁世凯作为北洋军阀的创始人和首脑，在辛亥革命前夜已深得清廷倚重，在中枢具有举足轻重的作用。因此日本军方乃以“在上层以实力培植亲日势力”为“对华政策的百年大计”，并上门游说，敦促袁世凯招聘日本顾问及派遣留学生，专门成立中国留学生的预备学校——振武学堂。同时还向袁世凯提供新式装备武器以供练兵之需[②]。日本之所以如此尽力地予以支持，目的是期望他为日本所用。

辛亥革命后，在袁世凯统治时期，正值日本大隈内阁执政。大隈对中国主要采取了“以军事恫吓、外交讹诈为主的策略”[③]。而袁世凯却能逆来顺受，并以向日贷款作为表态。他为了实现“洪宪帝制”，更不惜出卖领土主权，接受日本提出的“二十一条”。可是，日本虽然从袁世凯手中攫取到种种权益，却以袁世凯依靠英、美胜于日本，而不予充分信任。所以，当“洪宪帝制”难以实现时，日本内阁遂于1916年3月7日秘密决定：“去掉袁世凯，而重选更有利于日本帝国的人选”。而且为了贯彻这一方针，“在日本陆军参谋本部与外务省直接策划下，他们以巨额金钱支持东北地区宗社党，组织复辟武装，进行暴乱，并援助南方反袁势力，企图搞垮袁世凯的统治，扶植一个更便于操纵的政权”。由此可见，日本与北洋军阀集团关系的基点，是以能否为日本帝国主义利益效劳来衡量的[④]。

1916年10月，日本大隈内阁倒台，寺内正毅继任。寺内内阁鉴于帝国主义国家之间矛盾的日益尖锐和中国人民反帝爱国运动的蓬勃发展，乃修正其对华政策，采取较为隐蔽的侵略手段，即以经济渗透为先导，逐步地把中国控制在日本手中。寺内内阁的智囊人物藏相胜田主计所著《菊分根》中所提出“欲谋求我国（日本）经济独立之基础，当求助地大物博之中国”的说法，便是寺内内阁侵华政策的主导思想。寺内内阁以“尊重并拥护中国的独立和领土完整”和“对中国

① 参见章伯锋：《皖系军阀与日本帝国主义的关系》，《历史研究》1982年第6期。

② 任恒俊：《北洋军阀成因浅探》，《河北师范学院学报》1985年第4期。

③ 裴长洪：《西原借款与中国军阀的派系斗争》，《河北学刊》1983年第4期。

④ 参见章伯锋：《皖系军阀与日本帝国主义的关系》，《历史研究》1982年第6期。

任何政党或派系均保持不偏不倚的态度”来标榜所谓的“不干涉主义”，以示与大限内阁的不同[①]。实际上寺内内阁利用亲日的皖系军阀控制下的北京政府，已实现了掠夺中国权益的计划。就在这一时期，高达1.45亿日元的《西原借款》和《中日陆军共同防敌军事协定》、《中日海军共同防敌军事协定》的签订都是明证，而皖系军阀势力则因此骤然膨胀，导致了直皖战争的爆发，在中国的京畿地区燃起了荼毒生灵的战火。

当时第一次世界大战正在进行，西方列强无力东顾，而当政的皖系军阀正是北洋军阀集团中与日本关系最亲密的派系，因此使日本能乘隙取得最大限度的权益。至第一次世界大战结束，日本帝国主义已居于独霸中国的优越地位。它表现在不仅“东京对皖系军阀段祺瑞控制的北京政府有很大的影响力”，而且经济方面，“在战时垄断对华借款权的基础上，1919年日本在中国的投资总额达到了14.39亿日元，比战前增加了两倍。对华贸易总额达11.424亿日元，较战前增长2.6倍”[②]。可以说，寺内内阁所制定的经济侵华政策，虽然在中国人民反对下未能得到完全实现，但皖系军阀亦步亦趋、唯命是听地屈从于寺内内阁，“从而造成了北洋时期空前倒向日本的局面”[③]，则是事实。

第一次世界大战后，日本第一届政党内阁原敬内阁及其后的高桥是清内阁先后上台，当时国际背景已发生变化，日本面临着英、美在华势力的再起，“华盛顿体系”的形成和中国“五四运动”的勃兴等新形势。因此，它不得不采取以“退”为进的手法，把全面侵华转为重点加强对“满蒙”的扩张。1920年7月，直皖战争爆发，日本政府在战前虽然给予了皖系一定的支持，甚至在这年的2月，还向皖系控制下的北京政府提供900万日元借款，以应皖系备战之需。但当直皖战争中皖系败绩明显时，它却重施当年弃袁故伎，拒绝给段祺瑞以政治上和军事上的支持，反而采取默许关东军支持奉军入关的策略，以致皖系军阀遭到一蹶不振的惨败。日本所以突然采取“弃皖支奉”的政策，其原因一是日本国内发生了战后最为严重的政治恐慌，已经自顾不暇；二是鉴于“五四运动”的狂飙倏起，中国民众的反日情绪空前高涨，日本政府不能不有所顾忌；三是臭名昭著的段祺瑞已经失去其维护日本在华权益的利用价值，日本必须选择新的侵华代理

① 参见章伯锋：《皖系军阀与日本帝国主义的关系》，《历史研究》1982年第6期。

② 沈予：《第一次世界大战后美、英与日本在华新角逐和日本侵华策略的演变》，《近代史研究》1988年第1期。

③ 娄向哲：《日本寺内内阁与段祺瑞》，《学术月刊》1987年第7期。

人；四是久踞东北且对中央有觊觎野心的奉系军阀张作霖的势力方兴未艾，正是可备选用作扩张“满蒙”的最佳工具[①]。

1927年4月，日本军阀巨头田中义一组阁，他“代表最反动的军事集团和新兴财阀的利益”[②]。6月间，田中内阁在东京召开的“东方会议”上制定的“满蒙积极政策”，即其基本国策。其出发点是把“满蒙”“从中国肢解出去，置于日本武力防护”之下。这一政策是企图利用奉系军阀达到分割中国领土的欲望，是日本政府侵华政策的延续与发展。但是东北地区是奉系军阀张作霖的巢穴与发祥地，何容他人染指！因此日本的“满蒙积极政策”必然与奉系的根本利益发生直接矛盾，所以，日奉之间始终处于一种既勾结又矛盾的复杂状态中。第二次直奉战争后，奉系由于战胜而志得意满，日本又急于实现“满蒙积极政策”，双方矛盾日趋激化。1927年，北伐进军，节节胜利，奉系控制下的北京政府岌岌可危，日本认为有机可乘，便向张作霖索取“满蒙”权益，除迫使张作霖在出卖铁路主权的密约——《满蒙新五路条约》上签字外，还进而提出“解决满蒙诸悬案”问题，都遭到张作霖的断然拒绝。故张作霖已显然成为日本少壮军人所认为的“日本在满洲成立新国家的障碍”[③]，遂采取极为卑鄙的手段，当张作霖退归东北时，在皇姑屯将其炸死。但张作霖之死，并没有使日本收到预期的效果，反而促使其子张学良的“易帜”。北伐胜利，北洋军阀集团的统治告终，中国出现了日本未曾料到的“统一”局面。

二、直、皖、奉三派军阀与日本

北洋军阀集团至袁世凯取得中华民国政权而达到顶峰。1916年袁世凯以“洪宪帝制”失败而自毙，北洋军阀集团骤然失去了凝聚中心，集团内部分裂成以冯国璋（后为曹锟、吴佩孚）为首的直系，以段祺瑞为首的皖系和以张作霖为首的奉系等三个主要派系。随着三派实力的消长，它们曾先后掌握和控制过中央政权。它们既依恃外国势力的奥援，又甘为帝国主义列强所利用。因此，可以说

① 沈予：《第一次世界大战后美英与日本在华新角逐和日本侵华策略的演变》，《近代史研究》1988年第1期。

② 参见任松：《张作霖与日本满蒙铁路交涉问题考略》，《辽宁大学学报》1982年第3期。

③ 陈崇桥、胡玉海：《张作霖与日本》，《日本研究》1990年第1期。

直、皖、奉三派军阀无一例外地都与日本有过联系。

直系军阀无论在冯国璋时期，还是后来以曹、吴为首的时期，主要是与英、美帝国主义关系比较密切，因为直系所占据的长江流域一带是英、美在华的势力范围，具有共同的利害关系，所以当日本势力向中国腹地伸张时，曾遭到以英、美为后盾的直系军阀的抵制。这就形成一种相因已久的看法，即认为“在中国各派军阀的斗争中，英、美帝国主义是直系的支持者，日本帝国主义则是皖系的支持者”[①]。实际上，并不尽然。日本对直系军阀之所以采取审慎态度，主要是顾及与英、美的关系，也不愿把直系军阀完全推向自己的对立面。直至1922年第一次直奉战争前夕，日本方面尚认为：吴佩孚虽然和英、美方面有联系，但还应力争曹、吴，甚至应“尽量避免因援张而可能明显地挑起他反感的行动”[②]。直系军阀也不时在谋求日本的支持，如第二次直奉战争伊始，直系即聘请日本顾问。但从总的方面看，直系与英、美的关系是相对稳定的，而对日本则是暂时的权宜之计。

在北洋军阀集团中，皖系与日本的关系至为密切，一种有代表性的看法是：“皖系军阀是日本一手扶植的亲日势力，在皖系控制下的北京政府（1916年6月—1920年7月），其对内对外政策完全服从于日本帝国主义的需要……段祺瑞为首的皖系军阀以各种形式出卖国家主权利益，使日本在中国攫取了大量政治上、经济上的侵略特权，故而支持皖系，也一直是日本从寺内内阁直至原敬内阁一贯的对华方针。”[③]在皖系军阀掌握北京政府实际权力期间，皖日之间在政治、经济、军事诸方面，进行了多次大宗交易。据日方已公布的材料，寺内时期已成立的全部对华借款总额为3.8645亿日元[④]，仅轰动一时的“西原借款”即先后达1.45亿日元之多。这些巨额借款成为段祺瑞实现其“武力统一”迷梦的强有力的经济后盾，也从而确立了皖系军阀死心塌地投靠日本帝国主义的依附关系。段祺瑞从日本手中得到的实际“援助”，使他充当北洋军阀总首脑的欲望更加强烈。他不惜对西南地区的异己势力穷兵黩武，在1917年的半年中便发动了三次战

① 李军：《第二次直奉战争中直系失败的原因》，《近代史研究》1985年第2期。实际上，20世纪50年代胡绳所著《帝国主义与中国政治》一书中已持此说。其后，以此说为据的著述和论文为数不少。

② 俞辛焞：《日本对直奉战争的双重外交》，《南开学报》1982年第4期。

③ 章伯锋：《直皖战争与日本》，《近代史研究》1987年第6期。

④ 参见裴长洪：《西原借款与中国军阀的派系斗争》，《河北学刊》1983年第4期。

争；他对北洋军阀内部的矛盾也以兵戎相见。因此把中国社会推向空前的动荡局面。日本方面则乘机达到其政治、经济上的目的，如促使段祺瑞所控制的北京政府对德宣战，以便攫取德国在华权益。段祺瑞为了加强皖系独断专行的统治局面，还肆无忌惮地与日本签订出卖中国军事主权的军事协定，允许日本在华驻军，并享有指挥中国军队的权力。1919年，巴黎和会召开，皖系控制下的北京政府，对包括日本在内的列强采取了妥协政策，遭到中国人民激烈反对而引发了“五四”爱国运动。至此，皖系军阀已经声名狼藉，为人唾骂。以吴佩孚为实际首脑的直系军阀遂乘时而起，利用民气，把矛头直指皖系军阀，终至爆发了直皖战争，开北洋军阀内部混战之端。日本见皖系军阀败势已成，将无使用价值，遂不再给以任何实际“援助”，致使皖系军阀在直皖战争中以失败而告终。

奉系在北洋军阀集团中是后起别出的一个主要派系，它与日本的关系是历史与地理条件所造成。直皖战争后，奉系军阀已在东北蓄积了相当的实力。从日本方面看，原敬内阁于1921年5月召开的东方会议上，即认定“满蒙”与日本“领土（指被日本侵占的朝鲜）”接壤，对日本国防和国民经济的发展，具有极其重要的作用。而且日本一旦从西伯利亚撤兵，无论在经营“满蒙”或者统治朝鲜以及防卫日苏边境，都需要借助张作霖。奉系军阀在日本既定方针支持下，在物质上，无论是借款，还是供应武器，都得到了实惠；在军事上，又乘直皖战争之隙，在日本的默契下，将势力伸入关内。第一次直奉战争，奉系军阀失败后，又利用日本的“援助”整军备战，再次酝酿与直系军阀进行新的较量。奉系军阀终于在第二次直奉战争中击败直系，实现了掌握北京政府的欲望。直至1925年奉系内部发生分裂，日本又以武装干涉手段，帮助张作霖扑灭郭松龄的“倒戈”。这是日奉关系的一个方面；另一方面，是日本势力自山东退出后，即着力于加强对整个东北地区的“经营”，其主要手段是大力攫取路权，企图利用修筑“满蒙新五路”（洮南—齐齐哈尔、开原—朝阳、通辽—开鲁、长春—扶余、吉林—会宁），把势力扩展到北满。这是1924年1月清浦奎吾内阁制定的《对华政策纲领》的重要内容[①]。1925年9月，南满铁路公司又制定了一个野心勃勃的“满蒙铁路网”计划。此计划如得到实现，则奉系军阀的巢穴便将全部落入日本帝国主义的控制下。张作霖深知日奉双方利害冲突的严重性，但为了在军阀纷争中取胜，他一方面以出卖主权作为交易的筹码，另一方面为了维护其在东北的既得利益，

① 沈予：《第一次世界大战后英美与日本在华新角逐和日本侵华策略的演变》，《近代史研究》1988年第1期。

又在某些方面对日本的贪欲进行了抵制。1928年4月，北伐顺利进军，矛头直指奉系军阀，北京政府已面临覆灭的命运，当张作霖拟退居东北自守之际，日方提出种种乘人之危的要求，甚至田中首相还妄想利用张作霖在东北地区实现南北分治，从而把"满蒙"从中国分割出去[①]。这些无理要求都未能获得满足，奉日矛盾极为尖锐。日本为了搬掉张作霖这个障碍，制造了皇姑屯事件，炸死了张作霖，奉日关系至此告终。

三、军阀混战与日本

北洋军阀统治时期，中国社会动荡不安，其原因主要有二：一是军阀之间为争夺中央政权的控制权，翻云覆雨，时或兵戎相见；二是帝国主义列强为了争夺在华权益，插手干涉，扩大事态，唯恐中国不乱。在北洋军阀集团统治中华民国的16年中，几乎连年征战，兵燹不断。其中规模较大的战争有三次，即直皖战争和两次直奉战争。日本作为与英、美列强在华角逐的一股重要力量，对这三次战争都进行了直接参与和干涉，而且日本帝国主义的倾向性往往对每次战争的结局都产生了重要影响。

（一）直皖战争

皖系军阀以大举外债、签订密约等卖国行径，向日本帝国主义换取经济与军事"援助"，而扩展了派系实力，并在袁世凯死后的一段时间内称霸于北京中央政权。尤其在段祺瑞以"参战"为借口组成"参战军"（欧战后改为"边防军"）后，自认为具备了"武力统一"的条件。"参战军"共有三个师，是日本财阀三井、大仓组成的"泰平组合公司"向皖系军阀贷款2242万日元装备起来的，以2000万元的参战借款作为经费，并经由坂西利八郎少将为首的日本军官训练而成的皖系军队。参战军既是亲日派段祺瑞所控制的北京政府的支柱，又是日本保持在中国政治上、军事上发言权的依托实力。段祺瑞则自恃凭借这张王牌，便可以击败与之匹敌的直系军阀，并制服桀骜不驯的吴佩孚。1920年5—7月，皖直矛盾不断升级，大有一触即发之势，可是日本却没有积极的反应，甚至当皖系

① 陈崇桥、胡玉海：《张作霖与日本》，《日本研究》1990年第1期。

军阀已向日本使馆请求“援助”时，日方也没有明确的表态[①]。相反地直系军阀则在英、美帝国主义的支持下，利用舆论，败坏皖系名声，博取民众对直系的同情，于是许多团体包括西南各省，也纷纷通电申讨段祺瑞、徐树铮和安福系人物的罪行，支持直系起兵讨段。7月14日，直皖战争爆发，日本仅以护路为名出动一支部队使京津铁路上的直系军队撤往杨村二里地外之地区。虽然在客观上有为皖军东路扫除障碍的作用，但不能算作有力的支援，只是应付而已。而当奉军以“军事调停”名义派兵入关，将使皖军腹背受敌的危急时刻，日本不但没有直接援皖，反而默许关东军支持奉军入关的行动，致使直皖战争仅经三日，皖系军阀便一败涂地。直皖战争之所以如此结局，一方面是直系利用了当时民众对皖系军阀统治的强烈不满和五四运动后全国民众反日爱国运动蓬勃发展的有力政治情势；另一方面是皖系军阀在战前意外地失去了日本的有力“支持”。那么，日本方面为什么又产生这种一改初衷而不尽力支持皖系军阀的变化呢？有人认为有两点：一是战后英、美的咄咄逼人之势与日本在华展开争夺，迫使日本的对华政策不得不采取与各国协同一致的方针。远东的国际形势已不允许日本像欧战期间那样毫无顾忌地左右中国的政局。日本在华活动，处处受到英、美等国的牵制和干预。二是“自1919年‘五四’爱国运动爆发以来，中国人民反对日本帝国主义侵略的群众斗争，犹如涌动的春潮，一浪高过一浪，席卷全国各地。这也迫使日本不敢公开露骨地支持声名狼藉的皖系军阀”[②]。也有人认为策动遣散“参战军”和在直皖战争中摧垮皖系军阀势力是英、美为压制日本的在华势力而采取的攻势之一。因此，在直皖战争前后，英、美在舆论上给了直系有力的配合和军事上的支持，所以说“直皖战争的结局，标识着英、美在同日本的角逐中，又取得一次胜利”[③]。

（二）第一次直奉战争

直皖战争后，直系军阀掌握了北京中央政权。直系势力在英、美的扶植下有了显著发展。日本则因皖系军阀的失势而失去了在中央政权的代理人。1922年后形成的“华盛顿体系”使日本在外交上更陷于孤立地位。于是日本选择了奉系军

① 沈予：《第一次世界大战后美英与日本在华角逐和日本侵华策略的演变》，《近代史研究》1988年第1期。

② 章伯锋：《直皖战争与日本》，《近代史研究》1987年第6期。

③ 沈予：《第一次世界大战后美英与日本在华角逐和日本侵华策略的演变》，《近代史研究》1988年第1期。

阀首脑张作霖作为新的代理人，而张作霖也正极力谋求借助日本的支持向关内扩张，双方一拍即合。但在1922年4月爆发的第一次直奉战争中，日本却没有对张作霖采取积极援助与公开合作的态度，因为当时华盛顿会议刚刚结束，日本受到欧美列强和《九国公约》的制约，不能为所欲为地插手中国事务，更主要的原因是日本方面对张作霖的看法尚不一致：外务省认为，对张作霖的援助应留有余地，而对直系的吴佩孚尚抱有幻想；日本军方则主张积极援助张作霖，利用张作霖击败吴佩孚，并付之于实际行动。由于存在着这种严重分歧，尽管张作霖多次表示亲日的意愿，但日本在第一次直奉战争中，并没有公开地直接援张。当时张作霖曾多次派人向日本政府要求提供武器弹药，如1922年1月曾派于冲汉向日本要求步枪1万支、弹药1000万粒、炮弹10万枚、机枪一二百挺、子弹500万粒，并未得允。4月21日日本外务省还起草了《帝国政府对直奉战争引起的中国局势的方针》，要求张作霖的日本军事顾问“采取慎重的态度”，以使吴佩孚“谅解我国公正不倚的态度”。这就是当时日本对华所采取的“双重外交”。这种外交方式，虽然没有积极扶植其物色的新代理人——奉系军阀，但却避开了英、美的锋芒，以免其在“满蒙”权益受损失。

（三）第二次直奉战争

第一次直奉战争的失败，使奉系军阀更大程度地倒向日本。奉张自战败退兵关外，并宣布东北独立与自治的行动，则与日本重点经营“满蒙”的对华侵略政策，有某些相合之处，因而得到日本的支持。战前日本军方对张作霖的整军备战，有过暗中的支持；战后为了扶植张作霖东山再起更加紧援助，据《申报》揭露：1922年10月，日本将存于海参崴的2万支步枪和炮弹、炸弹、飞机等价值100万元的军械卖给张作霖。1923年2月，又将从意大利购买的13000支步枪、800颗炸弹、12尊大炮转卖给张作霖。同年8月，还协助奉系军阀建立兵工厂，由日本技术人员设计和提供机器，大仓洋行承包施工。1924年9月，第二次直奉战争爆发后，张作霖的日本军事顾问松井七夫大佐直接参与指挥作战，并向参战的奉军部队分别派遣是永中佐、仪我中佐、滨本少佐、荒木少尉等军事顾问，又聘请日本空军军官协助奉系的空军。更值得注意的是，日本为了确保奉张的获胜，曾积极劝说张作霖出资100万元，诱使冯玉祥倒戈。冯玉祥发动的“北京政变”，使吴佩孚腹背受敌，猝不及防，大败南遁。“冯的倒戈虽然不是日军的直接行动，但日本军部借冯猛击了直军。因此，这事实上是日军本部的变相的军事行动，对中国内战的公然干涉”[①]。也有人通过对第二次直奉战争背景及经过的考察、分析后认为，第一次直奉战争后，日本的在华势力已优于英、美。第二次直奉战争，奉系之所以取胜，主要仰仗日本的支持，这一结果标识着日本帝国主义在华势力“战胜英、美帝国主义”[②]。

四、北洋军阀集团首脑人物与日本

袁世凯是北洋军阀集团总头目，有关他与日本的关系主要集中于“二十一条”和“洪宪帝制”问题上。1915年1月18日，日本方面向中国政府提出对华“二十一条”要求，是中日关系史上的重大事件。中日双方围绕这个问题进行过多次交涉，但却由于日本方面坚持其侵略要求而不得解决，成为恶化中日关系的一大悬案。其严重性质在于，“如果说，在这以前日本的大陆政策所追求的目标，是与西方列强共同瓜分中国，那么，在这以后，日本所追求的就是建立日本在中国的优势，独霸中国，变中国为其独占殖民地”。“二十一条”是“日本企图灭亡中国的纲领”，虽然5月25日日本帝国主义以武力威胁强迫北京政府，在《民四条约》及换文上正式签约画押，但“也是袁世凯违背中国人民意愿，向日本妥协投降的结果”[③]，因为袁世凯当时正由于筹备“洪宪帝制”而遭到国内舆论强烈反对。再者如实行帝制也需要国际承认。于是“为了换取一姓尊崇，他不惜出卖国家主权和民族利益”[④]，以获得日本的支持。另外日本方面对“洪宪帝制”表现得异常狡狯，始而闪烁其辞地暗示支持，而当帝制公开活动后，它又转而联合英、法、意、俄等国进行警告，以蒙骗国际舆论并向袁世凯胁取更多的权益。当袁世凯准备派人赴日，再次出卖主权来换取其支持帝制时，只因消息走漏，引起西方列强的不满而作罢。[⑤]可见，袁世凯对日本基本上是采取卖国态度，是以出卖国家民族利益来换取个人私利的。

袁世凯因帝制失败而死之后，北洋军阀集团分裂为直、皖、奉三个主要派

---

① 俞辛焞：《日本对直奉战争的双重外交》，《南开学报》1982年第4期。

② 李军：《第二次直奉战争中直系失败的原因》，《近代史研究》1985年第2期。

③ 郎维成：《日本的大陆政策和二十一条要求》，《东北师大学报》1984年第6期。

④ 侯宜杰：《袁世凯》，见《北洋政府总统与总理》，南开大学出版社1989年版，第31页。

⑤ 来新夏：《北洋军阀史稿》，湖北人民出版社1983年版，第158—162页。

系。他们各有其首脑人物，如皖系的段祺瑞，直系的冯国璋、吴佩孚和奉系的张作霖等。他们与日本帝国主义都有着各种不同形式和不同程度的关系。这种关系一般都由各自所属的派系利害来确定。当然其中也包含某些个人的私欲要求。

皖系军阀段祺瑞是“继袁世凯之后的中国反动统治者，是日本帝国主义的在华代理人”。段祺瑞投靠日本的后果有三：一是使中国主权进一步丧失，日本在华势力剧增；二是段祺瑞得以强化其独裁统治，使中国人民遭到空前的灾难；三是加剧了日本和英、美之间在华的矛盾，终于导致了直皖战争的爆发。段祺瑞步其前辈袁世凯的后尘，终被日本所遗弃。直到后来，当日本帝国主义侵占华北，抗日战争尚未爆发前，北洋军阀集团的若干残渣余孽已蠢蠢欲动准备为虎作伥时，段祺瑞更为日方所瞩目，而段祺瑞则毫无所动。1933年，南京国民政府迎段南下，移居上海，并委任其为国民政府委员。段祺瑞虽未就职，但也没有卖国求荣的意向。1936年11月，段祺瑞卒于上海。所以说，他“在晚年还是表现了一定的民族气节”[①]。

张作霖是一个比较复杂的人物，其所作所为，既有屈辱妥协的言行，又有维护国家主权的表现。在对日关系方面，既有勾结投靠的一面，又有矛盾冲突的一面[②]。对于张作霖的死，评论也不尽相同，大致有三种意见：第一种意见认为，“日本支持张作霖充当‘东北王’，但不让他过问关内政事。张作霖手握东三省军政重权，野心膨胀，不听劝告，主政北京，并同美国勾结，日张关系时常发生龃龉，最后矛盾达到不可调和地步”[③]；第二种意见认为，“张作霖直到临死之前，基本上仍然依靠日本帝国主义。最后他之所以为日本军国主义分子所谋杀成为皇姑屯的炸死鬼，主要是因为日本帝国主义认为穷途末路的张作霖已经不堪利用”[④]；第三种意见则认为，“张作霖在东北与日本互相利用者有之，但张不是甘心当汉奸，出卖东北的。对日本的压迫，他往往采取拖延的办法，表面敷衍，因而引起日本的不满”。其不容于日本帝国主义而被害，“是应该得到人们谅解的”[⑤]。从实际情况考察，似乎第三种意见比较公允和接近历史的真实。

① 焦静宜：《段祺瑞》，见《北洋政府总统与总理》，南开大学出版社1989年版，第168页。

② 参见潘喜廷：《张作霖与日本的关系》，《学习与探索》1980年第2期；田胡甫：《张作霖传略》，《辽宁大学学报》1980年第3—4期。

③ 韩信夫：《张作霖皇姑屯被炸与张学良东北易帜》，《人民日报》1982年10月11日。

④ 常城：《张作霖》，辽宁人民出版社1980年出版。

⑤ 丁雍年：《对张作霖的评价亦应实事求是》，《求实学刊》1982年第5期。

吴佩孚是北洋军阀集团中的后起之秀，也是曹锟执掌直系军阀大权时的实际首脑。他在与皖、奉两派斗争中，一直标榜“爱国”。他对皖、奉两派的卖国行径，也进行过尖锐的揭露和政治性声讨，因而颇能迷惑一时，获得声誉，而为西方列强所青睐，所以当日本支持皖、奉，抵制直吴时，往往怀有投鼠忌器之虞，以致长期以来日本对吴佩孚是颇存戒心的。但至20世纪30年代日本大举侵华时，为了维持其在华北地区的统治局面，日本土肥原特务机关曾根据日本政府对华新方针，对隐退在北京的吴佩孚进行过劝降活动，促其出山，维持局面。这项被称为“吴佩孚工作”的活动，从1938年下半年开始，进行了一年多，耗费了巨大的人力物力，据东京远东国际军事法庭证据3743号中称约达100万元之巨，但吴佩孚在事实上始终未允出山。对吴佩孚这一表现曾有两种截然不同的分析：一种看法是“吴佩孚虽然曾经是北洋军阀直系首领，一生罪孽深重，给中华民族带来过分裂和灾难，但是在他的晚年，当日本入侵，中华民族处在生死存亡的紧要关头时，他能够以国家和民族的利益为重，没有出山充当汉奸总头目，使日本侵略者的政治诱降活动遭到一次挫败，这是难能可贵的，也是值得称赞并予以肯定的”[①]。另一种看法认为，日本人不惜以大量人力、物力促吴出山，是因其自投入反革命阵营与曹锟搭档，就先后投靠过英、美、日等帝国主义，充当它们的代理人，处处与人民为敌，深得帝国主义宠爱；吴佩孚滞留已沦落日人之手的北平，是吴曾想借日人势力，重振往日威风，但因要价太高，引起日人不满，才要杀一儆百，使吴死于日人之手[②]。历史的论断应以事实为据，而不能以疑似之词或主观揣测来评人论世，吴既没有使日人的诱降活动得逞，也没有充当汉奸，那就必须对其晚节给以接近事实和比较公允的评论。所以，对吴的晚节评论，似以前一种看法为近理。

原载于《学术月刊》2004年第8期

---

① 吴根樑：《日本土肥原机关“吴佩孚工作”及其破产》，《近代史研究》1982年第3期。

② 参见梁荣春：《“吴佩孚拒当汉奸保晚节”异议》，《学术论坛》1984年第2期。

北洋军阀史文献述略

北洋军阀史的文献，由于研究工作开展较缓，资料储存比较分散，致使搜求与使用有一定困难，给教学与研究工作带来了许多不便。我在研究北洋军阀史的过程中曾接触了一部分文献资料，大体可分历史档案、传记、专集、地方志、笔记杂著、中外论著、资料汇编和报刊等八个方面。现述其大略，或可备参考。

一、历史档案

档案是历史的记录，它形成于机关、部队、学校、工厂、企业和某些个人的活动记录中。历史档案属于档案的重要部分。它具有涉及面比较广泛，内容比较罕见、新颖，而在一定程度上又比较可信。

北洋军阀史的国内档案主要集存在中国第二历史档案馆。它所藏档案数量浩繁，号称十万余件，包括有北洋时期的政治、经济、军事、外交、文教、群众运动、重要历史事件与人物等各个方面。早在1957年，该馆就编印了内部油印发行的《中国现代政治史资料汇编》，为北洋军阀史的研究工作打开了方便之门。其后一度停顿，直至七十年代后期又重新开始。现正整理编辑并陆续出版与北洋军阀史有关的档案资料有两套：

一套题为《中华民国史档案资料汇编》，共分五辑，自1979年起分辑出版。第一辑为《辛亥革命》（1911年）、第二辑为《南京临时政府》（1912年）、第四辑为《从广州军政府至武汉国民政府》（1917—1927），第三辑、第五辑分别按北洋政府、南京国民政府两个时期的政治、经济、军事、外交、文教、群众运动等大类分为若干册。另一套题为《中华民国史档案资料丛刊》，按重要历史事件、历史问题、历史人物和企事业机构等分专题编辑出版。现已出版的有《白朗起义》、《五四爱国运动档案资料》、《直皖战争》、《善后会议》、《北洋军阀统治时期的兵变》等等。

散藏在各地档案馆、博物馆的北洋军阀史资料也为数不少，如天津档案馆所藏商会档案从清末到解放保存得完整无缺，其中有与北洋军阀有关的资料，现已整理分册出版。天津历史博物馆藏有相当数量的北洋档案，如经过整理发表的《吴景濂函电存稿》①，是关于南北议和的南方文件，共367件，从中可看到南北双方对议和的基本态度，南北各派军阀、政客的内部斗争，滇桂军阀与北方军阀的勾结等等内容，尤以所附《人名录》、《字号索引》将函电和文件中的人名、字号都作了索引，对研究者使用所辑资料提供了方便。还有《秘笈录存》②一书是该馆所藏徐世昌时期的译电稿，为五四运动、华盛顿会议的有关资料。近年来更选编了《北洋军阀天津档案史料选编》，正式出版。其他如黎元洪等人尚有若干待整理的资料。

国外也有不少有关北洋军阀的档案，如日本外务省专设的外交史料馆所保存的档案资料是研究北洋军阀史的重要宝藏，他如美国外交文书以及英、俄等国的档案已为不少学者所利用。特别值得注意的是美国哥伦比亚大学图书馆所藏的口述资料中有一些与北洋军阀史有关人物的口述档案，虽需经甄考后才能确定其真正的史料价值；但是，它无疑为北洋军阀史的研究开辟了重要史源。

二、传记

与北洋军阀集团有关的人物传记既是北洋军阀史的重点研究内容，也为全史的研究和撰写提供较多而集中的文献资料。过去有陶菊隐的《六君子传》、《吴佩孚将军传》、《蒋百里传》和坊间流行的《袁世凯》、《张作霖全传》等等。它们或失之粗略，或偏重于逸闻，而且现在也较难搜求。解放后，撰写传记工作有所进展，李宗一的《袁世凯传》、常城的《张作霖》、蒋自强的《吴佩孚》等等，都提供了一些资料，但尚缺一些与某些人物行事相称的大传；台湾学者虽然撰写了徐世昌、吴佩孚、段祺瑞等人物篇幅较大的传记，可惜对所引用的史料缺

① 《近代史资料》1980年第二期。

② 《秘笈录存》，中华书局1984年8月出版。

乏详细的注记，以致降低了应有的征信程度。海外学者的传记著述，如已出版的陈志让所著《袁世凯传》、加文·麦科马克所著《张作霖在东北》、薛礼敦所著《中国军阀——冯玉祥的一生》等都可备参考。中外学者的传记著作虽已有一定的成绩，但从北洋军阀史的研究领域看，还很不够，有不少应有传记而无传记的人物犹待填补，或者已有传记而欠充实准确的则尚需增订提高。

当事人回忆录是当事人对自己亲身经历见闻的回忆，有相当高的史料价值。这方面比较重要的有溥仪撰的《我的前半生》、冯玉祥撰的《我的生活》、顾维钧撰的《顾维钧回忆录》、曹汝霖撰的《梦的七十年》、芮恩施撰的《一个美国外交官使华记》等等。他如《近代史资料》和各地的《文史资料选辑》也收录了不少有关人物的回忆录，均有一定的参考价值。

作为传记另一种形式的年谱，过去数量比专传多，而且有些颇有文献价值，如由袁世凯幕客沈祖宪、吴闿生所编的《容庵弟子记》[①]是为袁世凯所编的年谱，记袁世凯练军经过甚详，可供研究北洋军阀集团起源、形成等问题之参考。北京图书馆所藏，由贺培新所编的《水竹村人年谱稿》[②]钞本二卷，系为徐世昌所编，其下卷记有民初政局、“洪宪帝制”、对德宣战、军阀混战及阁潮等事。另有一种由李文汉编的《蔡邵阳年谱》是为蔡锷编的，其中记云南反袁战争的决策经过为它书所不及。它明确记载对云南起义最后决策起主导作用的是中下级军官，这些人曾多次研究对待唐继尧的态度，后来唐继尧赞成起义方被拥戴为护国军总司令，而蔡锷是后来赶到的。其他如吴廷燮为段祺瑞撰的《合肥执政年谱初稿》、李根源自撰的《雪生年录》及叶恭绰门生故吏所编的《叶遐庵先生年谱》都颇有参考价值，特别是凤冈及门弟子所编《三水梁燕孙先生年谱》更为研究北洋军阀史所必需。梁士诒是与北洋军阀集团相终始而参与机密的重要内幕人物，各种重大历史事件和重要历史人物均在谱内有所记及，而记事之下，胪列资料甚丰，更便翻检使用。有些虽非重要人物或与北洋军阀集团无何关联的人物年谱中，也因生活于此时而记及北洋史事的。如天津图书馆所藏何葆麟所撰《悔庵自订年谱》稿本中即记有赣宁之役冯国璋军进入南京后的劫掠行为。

近年以来，年谱一体颇称兴盛，如《梁启超年谱长编》、《孙中山年谱长编》、《章太炎先生年谱长编》、《黄兴年谱》、《黄膺白先生年谱长编》等均

---

① 容庵是袁世凯的书斋名。沈、吴自承是袁世凯的门下，所以将他们记录袁世凯言行的书题作《容庵弟子记》。

② 水竹村人是徐世昌的别署。此书为钞本，北京图书馆藏。

有涉及北洋军阀史事者。

三、专集

著名人物的重要论著与撰述多汇集于专集中，成为研究工作中所当采择的重要文献之一。袁世凯的《养寿园奏议》清钞本原藏天津图书馆，是袁世凯编练新军的文件汇编，是研究北洋军阀集团兴起、发展与形成的重要文献资料，现已经人整理，题名《袁世凯奏议》，由天津古籍出版社正式出版，为研究北洋军阀史第一阶段提供了方便。这一奏稿早年曾刊行过一部《养寿园奏议辑要》，虽不如《奏议》完整，但因当时承担编辑者颇有才识，所以均能辑得其要，仍不失为一部有用的参考资料。名记者黄远庸的《远生遗著》有记民初政局及抨击袁世凯帝制自为的专论多篇；学者梁启超的《盾鼻集》内容与“护国战争”多有关，而所收《异哉所谓国体问题者》尤为脍炙人口的名篇，对反袁运动起过一定的作用。黄梁二人为民初颇负文名者，所撰各文均条鬯可读，论述详晰，均为重要参考文献。袁世凯幕友张一麐久居袁幕，参与机密，并与各派军阀有所交往，所著《心太平室集》有《故代理大总统冯公事状》及记述直皖战争之作，足资参证。其他散见一般专集中的史料尚所在多有，可惜目前对民初专集底数尚未能全部了然。

近年以来，在北京政府曾任要职或在当时有重大影响的人物之专集正陆续整理出版，如《孙中山全集》、《宋教仁集》、《黄兴集》、《章太炎集》、《蔡松坡集》、《张謇存稿》、《邵飘萍选集》、《熊希龄集》、《伍廷芳集》等均有与北洋军阀集团史事相关之内容。前者，河南有人整理编次《袁世凯全集》，后因故中辍搁置。台湾对专集工作也有所启动，如赵恒惕主持编辑的《吴佩孚先生集》。

四、地方志

地方志为一方之史，记事记人，详具始末，因覆盖面广、数量大而具有一定的史料价值。据初步统计，河南从民初至1949年前共续修方志78部，山西在民国年间先后编修了43种，山东在1929年至1937年间共修志84种。在这些民国志中往往记录了其他文献中所未涉及或语焉不详的史料。如河南、陕西等地的民国志，对民初白朗起义的资料多有记载，为这次史料较少的起义活动提供了若干情况。袁世凯实行帝制时，各地成立经界局，丈量土地以勒征捐税，河北省曾掀起过反经界斗争，易县山北村为反对袁世凯丈量土地、勒征捐税而发起组织了一个“山北社”，领导反抗斗争，得到冀中十几个县的响应。其具体行动经过即载于民国二十五年重修的《涿县志》第一编第二卷《正纪》中。又如河南《确山县志》记1927年4月马尚德（杨靖宇）领导当地农民武装起义，消灭驻军，活捉县长，解放县城，建立政权的史事。这次起义是当时一件有纲领、有领导、有群众基础的反军阀斗争的典型事例。地方志是颇有开发价值而有待大力开发的文献领域。

五、笔记杂著

笔记杂著所记人与事，颇有可资参证者，有些经过鉴别印证，还具有较大的史料价值，有的记载还较为详细具体。陈夔龙是清末与袁世凯关系密切的大官僚，曾任直隶总督，对袁世凯创建新建陆军知之较多，所著《梦蕉亭杂记》中对袁世凯编练新军的记载是论述北洋军阀由来的资料，其余所写朝野故事也可作背景资料参考。刘成禺参加过辛亥革命活动，对清末民初政情知之较多，特别是辛亥革命后至北伐前，因旧识多为政要，闻见颇广，所著《世载堂杂忆》即记其亲历见闻之作，颇有参考价值。他如徐一士的《一士谈荟》与《一士类稿》、柴萼的《梵天庐杂录》以及近年出版的申君所撰《清末民初云烟录》等虽都是以零篇短什记述旧闻杂谈，但对北洋军阀这样一个错综复杂，朝变暮幻，五光十色的历史现象，确有助于思考，不得以笔记杂著为小道摒而不采。

六、中外论著

关于北洋军阀通史的论著，迄今未见。解放前，在若干种中华民国史中都有所记述，如《中华民国史》、《民国史》、《民国政治史》、《民国十周年纪事本末》等等；但都叙述比较粗略，史料也欠准确而难以利用。其唯一可用的是李剑农所著《最近三十年中国政治史》[①]。这是一部首尾完整，资料丰富，条理清楚的重要论著。它对民初的政党分合、军阀混战等头绪纷繁的问题都叙述得比较明晰，足资参考。他如丁文江的《民国军事近纪》、文公直的《最近三十年中国军事史》，对军阀混战的历史现象和民国以来的兵力状况都采录了较丰富的资料，进行了系统的叙述。吴虬的《北洋派的起源及其崩溃》，简括地叙述了北洋军阀集团的兴亡。谢彬的《民国政党史》，综括了民初政党分合变幻，五光十色的特殊历史现象。张一麐的《直皖秘史》记述了北洋军阀的由来、发展以及分裂成直皖两派的情况。贾保彦的《善后会议史》是把由段祺瑞导演、用来欺骗民众的"善后会议"从开始筹备到最后闭幕的原始文献汇编成书的资料性论述。白蕉的《袁世凯与中华民国》则是汇集当时报纸资料来叙述袁世凯的政治生涯。这些论著都是较有价值的参考用书。另外，还有一些当时坊间流行的既类似宣传品，又具有揭露性质的专题论述，如《洪宪惨史》、《袁氏盗国记》、《段氏卖国记》、《六月十三》、《贿选记》、《甲子内乱始末纪实》、《复辟详志》、《癸亥政变纪略》等等。数量较多，内中也还有些材料；但有不少是用来作派系斗争工具的，而且编次凌乱，印刷粗陋，质量不一，鱼龙混杂，使用时必须精心选择，旁征校验。这类书已有一些经过整理校注，收入《稗海》，则可用作参考。

近四十年来，通史性的北洋军阀史著作有三部：一是陶菊隐的《北洋军阀统治时期史话》；二是来新夏的《北洋军阀史略》；三是台湾学者丁中江的《北洋军阀史话》。陶、丁之作属于史话性质；来作则是一部史书，该书于六十年代后期已由日本学者岩崎富久男教授译为日文，于1969年由桃源社正式出版，1989年由光风社再版。1983年，《北洋军阀史略》又重写为《北洋军阀史稿》。另外在一些中国近现代史著作和通俗小丛书中也对北洋军阀史有所涉及。至于专题性著作，为数也不算太多。现已出版的如《直系军阀始末》、《北洋军阀军事经济史》等等。

西方学者偏重于撰写专题性论著，其对中国影响较大的是陈志让的《军绅政权》。他分析了1912—1928年间"军绅政权"的性质以及这一政权对中国政治、军事、经济和社会各方面的影响。这是有关北洋军阀统治时期史的一本论纲性的著作。他如派伊（Lucian Wilmant Pey）的《军阀政治：民国时期军阀的纵横捭

① 此书于解放后经原作者修改，易名为《戊戌变法以后三十年中国政治史》，由中华书局1965年7月出版。

阖》，分析了各军阀派系间的关系和军阀派系之争对整个社会的影响。齐锡生的《1916—1918年中国的军阀政治》讨论了北洋军阀的实质，南北对峙局面的出现，各派军阀的作风和影响等问题。

日本学者对北洋军阀史的研究论著较多。他们很重视对袁世凯的研究，如渡边惇所撰《袁世凯政权的经济基础》、《袁世凯的新政》；贵志俊彦的《袁世凯政权对内蒙地区支配体制之形成》等论文。其次，他们也很重视与中国东北有关的问题，专著有西村存雄的《中国近代东北地域研究》、水野明的《东北军阀政权の研究》。最有影响的一部专著是波多野善大的《中国近代军阀研究》，其内容虽超出“北洋”系统，但其侧重点仍在北洋军阀集团，论述其产生背景、形成过程、没落和演变，而人物则涉及袁世凯、段祺瑞、冯国璋和张作霖等众多军阀首脑。

这些中外论述只是作为举例，其研究成果应被广泛地加以吸取。

七、资料汇编

较早的是1914年初出版的《民国经世文编》，它汇集了民初有关政治、经济、军事、社会各方面的论述文章，为研究民初政局提供了若干有用的文献。孙曜的《中华民国史料》虽分量不大，但颇便利用。

近四十年，资料汇编工作是有成绩的，主要有四个方面：

一是1959年周恩来总理在全国政协会议上号召把近代亲身经历，所见所闻，丰富多彩的历史资料实事求是地记下来以后，于是从全国到各省、市、区政协都设文史资料研究会，分政治、经济、军事、文教等方面，广泛地征集史料，并从中选辑出版文史资料刊物，提供了大量口述性的文献资料，如全国政协的《文史资料选辑》中有《北洋军阀的建立》、《西原借款内幕》、《直皖战后直系势力的扩充》、《曹锟贿选总统始末》等等；天津的《文史资料选辑》中有《张作霖处理郭松龄反奉事件的经过》、《官僚军阀祸国殃民见闻杂录》等等。其他各省、市、区也编印了类似的出版物，收录了许多内容丰富的篇什。这些大都属于回忆性的资料，在使用时应与文字记录资料相互参证考辨。

二是中国社会科学院近代史所为编纂《中华民国史》而编辑的《中华民国史资料丛稿》。它包括大事记、人物志、专题资料三种，现已以不同形式出版数十种，有撰稿、有译稿。每种资料都比较完整可用，如专题资料中的译稿《1895—1912年中国军事力量的兴起》和撰稿《清末新军编练沿革》等二种，对于了解北洋军阀从兴起到形成的历史，颇有裨益。

三是中国第二历史档案馆从其极为丰富的馆藏中精选有史料价值的档案，编纂民国时期的各种档案汇编，其中如在本文论档案部分提到的1980年问世的《直皖战争》一书分四个方面即：战前的直皖倾轧关系、战争爆发和皖军失败、战争区域的兵灾和战后政局等，共选入263个专题，371件档案，对研究直皖战争及其背景、后果都提供了第一手资料。他如《北洋军阀统治时期的兵变》也是一种足资参考的文献汇编。

四是个人编纂北洋军阀史的资料汇编。《中国近代史资料丛刊》从鸦片战争起到辛亥革命止，已陆续出版了11套，在国内外产生了良好的影响，惟其殿后的一套《北洋军阀》历时三十余年，几经周折而犹有所待，直至1987年，始由上海人民出版社邀约来新夏承担编纂之任，现已完成，分五册出版，近四百万字。该书前四册依北洋军阀的兴亡历程分为四段，博采档案、传记、专集、杂著及报刊等资料；第五册为军阀人物传志、大事记、书目提要、论文摘要和附表等。这不仅为《中国近代史资料丛刊》补成全豹，更为北洋军阀史的教学与研究提供了系统资料。章伯锋等也编辑出版了《北洋军阀》六册[①]，以事为类，可备翻检。另外，张侠等编《北洋陆军史料》[②]以及杜春和等从一些回忆录中甄选编辑的《北洋军阀史料选辑》二册[③]，也都便于参考。其个人译述的资料汇编有澳大利亚籍华人历史学家骆惠敏整理、翻译、出版的《清末民初政情内幕》两巨册[④]。这是当年袁世凯的政治顾问、英国《泰晤士报》驻北京记者乔·厄·莫里循的书信集。全书达百余万字，是涉及1895—1920年间北洋军阀集团活动的珍贵资料。

这些资料合起来数量相当可观，可以称得是研究北洋军阀史不可忽视的文献库藏。

---

① 武汉出版社1990年6月出版。

② 天津人民出版社1987年10月出版。

③ 中国社会科学出版社1981年6月出版。

④ 世界知识出版社1986年11月出版。

八、报刊

近代以来中国报刊事业逐渐发展，清末至民国，尤见兴盛，其中颇多与北洋军阀史事有关者，如官办报刊就有《政治官报》、《君宪纪实》、《内阁官报》和《临时政府公报》、《政府公报》等，刊印法令规章、函电文告、军政动态和人事任免等。民办报刊如刊物有《东方杂志》、《人文月刊》、《新青年》、《独立评论》和《响导》等；报纸有《申报》、《时报》、《晨报》、《民国日报》《益世报》和《大公报》等。它们所登载的论述和报道都反映了当时的若干历史现象。这些报纸有一些近年来已影印发行，给北洋军阀史的研究提供了一个重要的资料来源。

近四十年来，历史方面的专业性刊物如《历史研究》、《近代史研究》、《近代史资料》等多发表与北洋军阀史有关的论文和资料。其中《近代史资料》刊出的有关赣宁之役、南北议和、“张勋复辟”、军阀与帝国主义关系、北洋军阀的私产状况等资料都甚有参考价值，如《一九一九年南北议和资料》、《徐树铮电稿》、《夏寿康往来电稿》、《冯国璋往来函电》、《张勋藏札》、《沈曾植电稿》、《吴景濂函电存稿》等函电稿以及《郑孝胥丙丁日记》、《退庐笺牍》、《憩园存稿》等私人笔记杂著。特别值得重视的是自1981年创刊的《历史档案》和后来出版的《民国档案》乃是专门公布中国第一、二历史档案馆藏档的专业性刊物，如《一九一二年袁世凯被炸案》、《“二十一条”签订经过的史料一组》、《张敬尧在吴佩孚撤防北归期间致北洋政府的电报》、《杨宇霆破坏曹锟贿选与各方来往信函》等等都为北洋军阀史的研究增添了丰富的史料。

报刊资料比较分散，需要时可通过《中国近现代史论著目录》去检用。

九、工具书

这是一个常被忽视却很重要的问题。工具书目前数量尚少，但已开始引起学者们的重视。早期的如刘寿林编的《辛亥以后十七年职官年表》[1]便是一部检索

① 中华书局1966年3月出版，后经修订补充成为《民国职官年表上编》仍由中华书局出版。

北洋时期官制的好工具书，久为研究者案头所必备。八十年代钱实甫所编《北洋政府时期的政治制度》[①]一书的问世为这一领域提供了一部重要的工具书。这部书实际上也是一部研究北洋时期统治机构的著作。它记述了北洋军阀集团控制北京政府时的中央和地方行政、军政、司法等机关的机构和制度，并附录了有关资料目录、名词索引和简注等。这是一部资料完备、检索方便的佳作。

年表和大事记是查阅重大事件和年次的工具书。二三十年代时出版的《中山出世后中国六十年大事记》，虽比较简略，但内容可靠便用。中国社会科学院近代史研究所民国史研究室所编《中华民国史丛刊》中的多册大事记，北洋时期已编印完成，分册出版，内容比较详细，是极便研究者使用的工具书。台湾传记家刘绍唐所编《民国史事日志》二册内容较丰富，可备参考。一些有关北洋军阀史的著作和资料汇编中也多附有大事记或年表。

人物方面的检索工具不多，来新夏编著的《近三百年人物年谱知见录》卷六记卒于民国之人物，颇多与北洋军阀有关的人物，对谱主事略、史料价值均有简要题录，便于使用。另有徐景星等曾编《北洋军阀人物索引》，由内部印行流传，收录1927年前曾任混成旅长及镇守使以上职务者四百余人，著录姓名、职务、所属派系和简历等，后经改订增补，收入《北洋军阀史稿》附录二，基本上解决了北洋人物的检索问题。

上述九个方面是极为简略的概述，仅向研究者提供一些线索，而远远不是对有关北洋军阀史的文献所作的较全面的介绍。

原载于《民国档案》1995年第4期

---

① 中华书局1984年5月出版。

读北洋军政要员信札

2004年6月4日《文汇读书周报》（以下简称《周报》）有一篇报道，标题是《山西发现八十余封北洋军政要员信札》，这对历史研究人员很有吸引力，尤其是对从事北洋军阀史研究的人来说，更想一睹为快。正在这时，《周报》记者寄来全部信札的复印件，希望我发表点看法。

《周报》这篇报道要点如下：（1）这批信件共81封，是47位北洋名人所写。（2）这批信件在山西浑源县被民间收藏家发现。（3）“这批信札对一系列军政重大历史事件多有涉及，极具史料和文献价值。”（4）列举了一些写信人的人名，并特别标举出庆亲王的“亲笔信”。（5）初步考证了一些写信人的简况。（6）报道用了较多文字，具体记述了信札涉及的一系列“重大历史事件”（具体例子从略，可参读原报道）。（7）报道最后的结论是：“这批信札，大多可取可信，可作史料钩沉。为研究近代北洋军阀时期历史，提供了又一实物佐证。”

但反复通读这批信札后，使我原有的热度降下来，虽然不能全部否定其价值，但终究感到对报道内容期望值过高了。这里我把自己的一些评估看法提供给读者。

1. 报道把写信的47人都冠以“北洋军政要员”和“北洋名人名流”，但实际上，写信人能称得起要员和名人的也不过四分之一，即报道中提到的十几人而已。他们的简历是：李兆珍，字星冶，福建长乐人，河南内务司长、安徽省长、参政院院长、参议院议员；陈钰，字震之，山西繁峙人，山西民政长、巡按使、参政院参政；吴焘，字子明，云南保山人，奉天提法使兼提学使、直隶内务司长；田文烈，字焕亭，湖北汉阳人，山东民政长、河南民政长兼都督、农商总长、内务总长；蔡成勋，字虎臣，天津人，绥远都统、江西省长、陆军总长；王怀庆，字懋宣，直隶宁晋人，多伦镇守使、步军统领、京畿卫戍总司令、热察绥巡阅使；徐树铮，字又铮，江苏萧县人，陆军部次长、国务院秘书长；曾毓隽，字云霈，福建闽侯人，交通次长、总长、安福俱乐部成员；姜桂题，字翰卿，安徽亳县人，热河都统；言敦源，字仲远，江苏常熟人，内务部次长、参政院参政；倪嗣冲，字丹臣，安徽阜阳人，安徽省督军。

称得上“政要”和“名人”的，大抵如此。其他多为同乡、部属、结拜弟兄、求职者等等。即使算作政要和名人的这些人，也多是二三流角色。能称一流者，不过徐树铮、曾毓隽、王怀庆、田文烈、倪嗣冲数人而已。所以不能说，这47封信“都是北洋名人所写”。

2. 报道说这些名人中“有段祺瑞执政时期的皖、闽两派代表人物徐树铮、曾毓隽”。徐、曾二人都是皖系中重要人物。徐是段的灵魂，为段运筹帷幄；曾是段的智囊，为段组织安福俱乐部，助段走向顶峰。曾虽是福建人，但北洋军阀系统从无“闽派”之说，若按地域分徐是江苏人，应称“苏派”，所以称徐、曾都是皖派的代表人物。段祺瑞执政时期在1924年以后，而徐、曾早在1916年皖系统治时期时，已是重要人物。所以不能把徐、曾二人划在执政时期。

3. 报道特别标举庆亲王的亲笔信，经查验该信原件，为端楷骈文，内容是对收信人的赠礼表示答谢。这种文体、字体与内容，一般多出自幕府师爷之手，绝非庆亲王亲笔。既无史料价值，也无文物价值。

4. 报道“据初步考证，此批信札收件人，为民初曾任多伦镇守使、察哈尔都统的福建人王懋澄”。这一考证并不全确切。收信人的信件上款是“赞清”，经我查考，收信人名“黄懋澄”，而非王懋澄。黄懋澄，字赞清，福建平和县人。1914年9月15日至1915年2月27日任多伦镇守使，而遍查民元至十七年改省前任察哈尔都统者，并无黄懋澄其人。

5. 所有来信的基本内容不外以下几方面，一是颂扬收信人对蒙事及地方治安应付维持的功绩，二是亲友的问候起居，三是向收信人推荐人员要求安置，四是部属汇报情况，五是写信人求职和要求提拔照顾。所述也并不深入具体，可供采择者不多。

6. 报道既选用徐树铮一函作插图，显然是以其人与信函内容均有价值。徐树铮为北洋军政要员和名人，毋庸置疑。但信的内容并无可采，因插图照片难辨，所以特录原信文如下：

赞清仁兄执事：

日前奉命于役张垣，渥荷款接关垂，纫感无似。执别后，于十六日晚间抵京。次日谒见大总统。回部视事，接阅济南靳将军、徐州张巡阅使等处来电，遣散军队列车已平安过境，并派员妥送回籍。知关远注，特以缕陈。

专布鸣谢，敬颂

台绥

贵属同人乞道意

弟徐树铮启

这封信用的是陆军部用笺，署名下钤一“总务厅笺”小方章。这封信对收信人的尊称用“仁兄执事”，是旧尺牍中一种客气而不亲近的用法。信的内容只说徐的行止。至于“遣散军队”一事，也只是一语带过，并无情节，所以没有太大史料价值；但徐树铮是个近代名人，其手札可能在文物市场上能有一定价格。

七、这81封信中略有史料价值的有以下数例：

1. 多伦镇守使署参谋处编制：“查多防参谋处，在镇守使署东边，系用多伦协马号改修。内设参谋长一员，二三等参谋二员，副官一员（薪无多），弁目一名，马弁六名，护目一名，护兵十二名，夫二名，书记一员，司书一二名，出入骑官马，每日门首有兵站岗。”（旧属孙振烈致函）

2. 攻击前任多伦镇守使王怀庆用人不当，反映军阀间矛盾：“上年王使铺张扬厉，所放统领皆系其私人，或雉（剃）发匠，或一只腿，或目不识丁之大老粗，大不符众望。以某文人不能打仗，竟欲月给百金，令充随办营务处，置之闲曹。是以某毅然决然，不待其发表，先行辞差。”（旧属孙振烈致函）

3. 张家口兵变的具体损失：“该处被焚劫者二百七八十家，损失约百万元。经拿办二百余名，足为效尤者戒。”（结拜兄弟李兆珍致函）

4. 议裁撤口外练军事：“顷闻口北练军有酌裁之议，果尔，其不可有三：欧洲战起，牵及中华。乱党土匪，乘机思动。各属之保护外人，保护国民，惟就近之练军是赖。军裁则少，少则缓急不能周，一也。口北十属所在，岩疆险隘歧路，向难控制，独练军熟于往来，进退抄袭，了如指掌。当此用军之际，反裁有用之军，未免可惜，二也。前者练军征蒙，风沙冰雪，剧受辛劳。无故酌裁，则全军疑虑。况口北裁一练军，则各属多一游民。即不流为土匪，恐为乱党所利用，三也。”（署怀来县知事杨谷成致函）

5. 民初白狼起兵："白狼图返老巢，已有零股阑入豫界，幸军队搜擒，扼要堵击。鲁山、宝丰一带，屡有捷获，小股亦多击散，稍遏凶锋。惟狼匪诡谲万分，间有改装为农，意图别窜之说。该饬严密侦查，毋任漏网，未知能否弋获耳？"（河南都督田文烈致函）

6. 随铁良赴日考察："现随铁大臣赴东洋看操，九月初三日由津起程。""弟于小阳之初，返自东洋。得见彼都规制，大率知兵尚武，兴利生财。国无旷土游民，人尽图强竞富。至其实事求是，精益求精，井井有条，头头是道，尤为出众。中土民智，不逊于人，使有以振奋之，安见不如夷狄哉！迩来变更军制，咸与维新，兵政既修，国势斯振，或者亦转机也。"（北洋第四镇统制吴凤岭致函）

以上勉举数例，若论这批手札的史料价值，与报道实有距离。新史料之发现并及时报道，应是研究者的福音。但甚望能于发表前有一基本评估，不过事夸张，以求实际。不过这些手札多为亲笔，尚有一定文物价值。希望有专人或专门机关收藏，以免散失为幸！

原载于《历史档案》2007年第4期

溥仪出宫

故宫沧桑

故宫是明清两代政治中心的象征，旧称紫禁城。辛亥革命前的几百年，它是维系亿万生民的精神支柱。一旦改朝换代，亦以宫禁谁主浮沉而定法统。辛亥革命后，虽然清王朝倾覆，但“逊帝”仍留在内廷，继续翻云覆雨地不断卷起政治旋风，而引起遗老遗少们的眷恋和遐思。直至1924年溥仪被逐离开，故宫才开始了为民众所拥有的新纪元。

北京是辽、金、元、明、清五朝京都，但如今的故宫规模，则营造修缮于明、清。明永乐四年（1406年）明成祖下诏在北平筹建宫殿，分遣人员采集木材在元大都宫殿废墟上筹建。在新宫殿未建成以前，先将原燕王府略加整修，作为临时驻跸之地。永乐十八年（1420年）完成主要建筑。其主要蓝图仿临濠（明中都凤阳）明宫规模，占地72万平方米，围墙高10米，周围护城河宽50米；南北长960米，东西宽760米，呈长方形，中间有长达近二华里的中轴线，若干殿堂、楼阁、亭台等都循此组成。前门是端门，正门是午门，北门名神武门，东称东华门，西称西华门。整个宫城由外朝与内廷组成。外朝在太和门内一片开阔的广场后面。在中轴线上，前后排列太和、中和、保和三大殿，左右有文华殿与武英殿；保和殿以北是内廷，有乾清宫、交泰殿、坤宁宫，直通御花园，在这三宫左右各有六宫，彼此格局相同，即俗称的“三宫六院”。这一大型宫殿群是封建王朝至尊无上的权力标识。

1911年中国的资产阶级民主革命爆发，次年清室“逊位”，紫禁城的外朝部分为民国政府所有，而内廷部分仍由清朝的末代皇帝溥仪等一套人马居住，过着一种无发号施令职能，但仍是称孤道寡的封建小朝廷生活。民谚所说“关门当皇上”，是对这一现象再贴切不过的一种刻画。

中国历代封建王朝的末代皇帝，结局无不悲惨。远的不说，就说宋、元、明三朝。北宋的徽、钦二帝，成为金的俘虏，受尽凌辱。南宋帝昺被元军追杀，大臣陆秀夫负之蹈海而死。元顺帝被明军追杀，逃亡于大漠。明崇祯帝自缢景山，下场更惨。唯独清末帝溥仪以童稚之年，未经任何灾难，和平交接，逊位于民国，不仅仍然能安居故宫内廷，而且还受到种种优待，不能不说是历代末帝中的幸运儿。

这座宫城在1924年溥仪出宫后就翻开了新的篇章。当时以黄郛为首的摄政内阁决定成立“清室善后委员会”，会同清室近支人员，协同清理公私产业。经过善后委员会各级人员十个多月不辞辛劳的努力，按照严格的规章制度，对故宫的珍宝文物进行清点和整理，又冲破种种阻力，筹建故宫博物院，终于在1925年10月10日开院，向社会开放，盛况可称空前。中间虽历经几个不同历史时期的风雨艰险，藏品有所迁移流散，但仍能较完整地保存下来，也是中华传统文化的幸事。它既保留了世界名宫之一的雄姿，又在宫殿中展现了中华瑰宝。

安享尊荣

1912年2月12日，清廷宣布皇帝退位，逊帝在内廷依然保持一个微型小朝廷，使当时的京城既有在紫禁城内廷的清朝小皇帝，又有在中南海的中华民国大总统。而且这个小朝廷依然称孤道寡，封官赐谥，仍保持帝王气派，与民国政府分庭抗礼。

溥仪在小朝廷中无所事事，大部分时间花在吃喝玩乐上。他的玩法是土洋结合，除传统的骄奢享乐外，还引进若干洋玩意，并用重价购买玩具和小太监们玩。在饮食上非常讲究，甚至超过慈禧当年的排场。平日菜肴两桌，冬天加一桌火锅，还有各种点心、米饭、粥品三桌和咸菜一小桌，一共大小七桌。据一份晚膳的菜单记录，就有菜肴二十余品，蒸食十余种。另外还设有吃西餐的地方。在衣着方面，毫无限制，据一份旧账单所记，溥仪在某年十月至十一月间的一个月内就做了皮袄十一件，皮袍褂六件，皮紧身二件，棉衣裤和紧身三十件，共计五十余件。本身工料不说，只计算贴边、兜布、子母扣和针线等零星物品，就花费了2100多元。

溥仪在宫中不仅享受着各种各样的荣华富贵，还随着各种新事物的传入，开辟新的虚糜耗费的途径，任性胡为。他为了学骑自行车，让人锯掉有碍进出的门槛。建福宫遭火灾后，他把废墟辟为打网球的球场。他听了英国教师庄士敦送给他的音乐唱片，顿生弹钢琴的念头。于是命人买来钢琴，放在养心殿，并请了专门的音乐教师，开始还可以听到琴声叮咚，据说他还自己谱过歌曲“腰横秋水雁翎刀”，不久便被弃置一旁了。他看到外国画报上的洋绅士们牵着狗，便一下子养了一百多只。他最心爱的两条狗，都是重金从国外买来的，其中一只叫佛格的狗，就是在柏林受过训练的黑色警犬。后来他到长春当伪满洲国执政时，还把佛格带在身边，寸步不离。

1922年12月，溥仪与婉容大婚，虽然是下台皇帝，但婚礼因有优待条件的保证，仍然办得隆重豪华，专门成立一个“大婚礼筹备处”操办婚事。婚礼的当天，紫禁城内旌旗招展，鼓乐喧天；紫禁城外，迎亲所经街道都临时戒严，民国政府还派步骑兵2000人作为仪仗队，以壮声威。婚礼的卤簿仪仗十分完备，除伞棍旗牌、金瓜钺斧和节扇外，还增添了牛角和大鼓各一百对。仪仗后面是一顶三十二人抬的金顶凤舆。在这顶凤舆的大金顶正中，有一只很大的金凤凰，凤背上有个小金顶，周围有九只小金鸾，嘴里都衔着长长的黄金穗子。轿围以鹅黄缎子作底，上绣蓝色凤凰抱着红色的双喜字图案。这顶华丽极顶的凤舆，在一路红黄两色的喜庆气氛中，把婉容抬进乾清宫西暖阁，和身穿龙袍在等候的溥仪成婚。至于对待宾客，更是极尽奢侈，仅第三天“受贺礼”，就在景运门外搭了两座大棚，棚内一百多张大圆桌，摆满山珍海味。婚礼的费用达40万元，如以当时二元一袋的市价计，可购面粉20万袋，足供十万户三口之家一个月的口粮。

这次大婚，溥仪又从旧朝遗老和民国新贵那里收受了大量可资挥霍的财宝。如黎元洪送了如意、金瓶和银壶，曹锟送了如意和衣料，吴佩孚送了衣料和7000元现洋，冯玉祥送了如意金表和金银器皿，张作霖送了如意和衣料，徐世昌送了成套的新式家具，王怀庆送了九柄金如意，张勋送了银元一万元。其他各色人等也都争先奉献，如康有为送了摩色玉屏、摩色金屏还有拿破仑婚礼时用的硝石碟，原直隶总督陈夔龙送了钻石珠翠。上海犹太巨商哈同和香港爵士何东也都馈赠珍贵的礼物，真是争奇斗艳，目不暇给。

鼠窃狗偷

小朝廷如此浩繁的消费，又不事生产，民国政府的400万元“优待费”虽数目巨大，但经常不能按时到账，宫内入不敷出，缺额较多，其唯一的生财之道，只有“盗运”典卖内廷的珍宝文物。所采用的主要方式：一是将历朝积存的珍宝玉册，向中外银行——如汇丰银行、盐业银行等处抵押贷款。仅在盐业银行一家，连本带利计达一百数十万元。这些稀世珍宝的抵押品往往因无力回赎，只得任银行自行处理，致使当时大量珍贵的玉器、瓷器以低价卖给洋人，从而流落海内外。更为可惜的是一些做工精美的金器落在商人手中，竟被熔化销毁。二是以赏赐或借用之名，明目张胆地盗运珍品出宫。日后经清室善后委员会查核，被公然盗出的文物，仅在清理时发现的一张赏单中，就记有宋元明版善本书二百多种和唐宋元明清五朝字画千余件，令人惊异。随之而来的是，上有好者，下必有甚焉者。溥仪开了个坏头，于是宗室、大臣、执事人员、侍卫、太监等各色人等都趁火打劫，偷盗之风日炽。

从1922年起，社会上不满清室久踞内廷和肆意偷盗的舆论日盛，流传也广，清内廷当然也有所闻，于是更为加紧活动。溥仪就以赏赐为名，将宫内收藏的珍本古籍、历朝的名人字画等珍贵文物让伴读的溥杰、溥佳一批一批地带出宫去，这些东西后来装了七八十个大木箱，托昔日旧臣、时任全国税务督办的孙宝琦办了一张免验、免税的护照，偷偷地把这些稀世珍宝运到天津。正是有了这批财宝，才使日后溥仪逃亡生活的挥霍和建立伪满洲国的某些用费具备了经济后盾。

宫内人员也几乎无人不偷，只是大偷与小偷之分而已，偷的方法也很巧妙。在我少年时，曾奉父命，每年要到一位旗籍老文士家拜年。他是我祖父的诗友，他家驻防杭州时，与我祖父同年考中秀才。他曾在小朝廷任过高官，后移居天津，过着寓公生活，收藏颇富。我每次去老人处，他总让我看些古董和珍善本书籍。有一年，因为谈得投机，老人兴致勃勃地从屋角一个小麻袋中翻出一份来姓的殿试大卷送给我（后毁于“文革”）。我对古董兴趣不大，但很喜欢看善本书，常发现他的善本书很多都不完整而困惑不解。我曾冒昧地问过老人，他不但不以为忤，反而呵呵地笑道：“时过境迁，说给你听听！当年，我在宫里当值时，早上入宫，总用包袱皮包着一件马褂，门上也看见我夹着个小包进宫，等到下午散值时，就将马褂穿上，乘人不备，从书架或条案上，随手拿几本书和小摆设，也不管全不全，对不对，卷在包里带出宫去。门上看我夹着的还是早上那个包，也不查问，就混出宫去。那份大卷就是有一次清扫内廷时，乘乱混在废纸堆中捎出来的。后来大家都拿，彼此彼此，也就不再顾忌了。每天都捎点小玩意出来，日久天长，也就攒了这些东西。”老人非常坦然地述说了这段往事，但都用的是“拿”、“捎”、“攒”等轻松字眼。看来，他们对这些鼠窃狗偷的行为，早已司空见惯，习以为常了。由于宫内上上下下的明拿暗偷，有些收藏珍宝的地方，几乎已被偷盗得掩盖不住了。那些偷盗者担心露出马脚，索性一把火烧掉建福宫花园灭迹，其损失实难以估计。然而，溥仪却毫不在意，反而在其废墟上修建网球场，供自己游乐。

复辟巢穴

这个小朝廷，不单是清室安享尊荣的居所，还是与民主共和为敌的复辟思潮与行动的基地。内廷散布流传的复辟言论姑不置论，有些人更幻想将思想付诸实践，恢复他们失去的天堂，其中最著名的事件是“洪宪帝制”与“张勋复辟”。

洪宪帝制是袁世凯一手制作的政治丑剧。民国四年（1915年），共和国仅仅走过短短两年多一点，身为中华民国大总统的袁世凯公然违背自己信誓旦旦的诺言，在复辟潮流的背景下，重建个人帝业的梦想，时时蠢蠢欲动。经过利用各种手段，大造舆论，准备实力，又曲折扭捏，伪装作态，袁世凯终于在1915年12月12日正式承认“帝制”，公开设立“大典筹备处”，由朱启钤率领一帮人马为袁世凯的登上皇帝宝座极尽其悖谬荒诞之能事。其实从11月开始，内务部早已通知各省将军、巡按使及镇守使，宣称袁氏登基将融贯中外，成一朝之盛典。各省文电也改称袁世凯为“大皇帝陛下”，原来自称的官职也改称臣了。大典筹备处公开后，袁氏首先对手下的得力亲信49人封爵，申明这些受封的人“或屡建殊功，或力戡叛乱，或防守边塞，或保护地方”。总之，这些人都为北洋军阀集团的统治建立过“劳绩”，是这个集团的骨干力量，先受其嘉奖，今后当更会为其效犬马之劳。11月22日，又申令革除太监名目，内廷供役改用女官，中华门改称新华门，中和殿改名礼元殿。其他年号、国旗、朝服和册立皇后、储君典礼，以及皇帝临事的一切仪仗，都在紧张进行。12月31日大典筹备处又通告各部，自1916年1月1日起所有奏咨一切文牍只署“洪宪元年某月某日”。

典礼的筹备规格极为奢侈，如御用冠服，宫内铺陈，极求美备。御座早经招工雕镌，12月中旬完竣，值40万元；袜一双值80元；金质御宝五颗，价60万元；玉质国玺一方，价12万元；御用銮仪借自清室，仅修理添置之费，亦在数万元以上，均由财政部支付。关于“洪宪帝制”的总费用，据后来护国军开列的媾和条款所列，约在6000万元，其有账可查的有3000万元。其中付“筹安会”运动费约二三百万，用于收买报馆、收买名士文章、各代表的恩给金以及个别复辟重要分子的酬金、秘密用费等，已难得其详。这样一笔浩大费用的来源，有对外借款，有救国储金，有各种税款及鸦片专卖款之类。当时正任全国税务督办的梁士诒更亲自为帝制筹款，他以禁烟为名征收港沪关栈所没收的烟土6000箱，每箱值4500元，售得巨款2000余万元，用作帝制经费，由此亦可见帝制之龌龊肮脏了。

正在袁世凯雄心勃勃地进行帝制的时候，全国各地反帝制的运动亦在逐渐高涨，在1915年12月25日终于酿成以云南护国军为旗帜的护国运动。面对云南起义，袁世凯不得不起而应付，一面罗列制造蔡锷、唐继尧等起义者的罪名，一面又积极进行军事部署。12月31日，袁世凯悍然下令，改次年为洪宪元年，准备正式登基。但是由于帝制的倒行逆施，北洋军的胡作非为，北洋军阀内部的各有怀抱，特别是以日本为主的列强对帝制表示不支持和爱莫能助的态度，使袁世凯已陷于四面楚歌之中了。云南起义的影响日益扩大，全国人民的反帝制浪潮和列强的冷漠使帝制无法进行下去。1916年2月23日，袁世凯诡诈而无奈地宣布帝制从缓办理。3月22日，正式公布取消帝制之命令，废除“洪宪”年号，仍用民国五年，自己则改称大总统，焚毁帝制文件八百余件。

袁世凯虽然竭尽最大的“智慧”，用遍他所独具的各种政治“机智”，但是反帝制的洪流，锐不可当，一切挣扎，终归无效。1916年6月6日，八十三天的“洪宪帝制”这场政治丑剧也随之告终。

“洪宪帝制”的失败，不仅没有使那些复辟分子醒悟，反而让他们错误地认为：因为袁世凯不是帝胄王孙，“洪宪帝制”形同篡夺，所以失败。只有龙子龙孙才有资格恢复大位，于是一群军阀、政客和遗老遗少，都把贪婪的目光齐聚在宣统复辟这块蛋糕上。其应运而生的主要人物就是张勋。

张勋是江西奉新人，是一个粗通文墨的赳赳武夫，靠杀戮民众和效忠清室与袁世凯而擢升高位。辛亥革命后，他继续做中华民国的官，但又自命为“先朝旧臣”。他和他的部队都“不剪发易服”，人们称这支军队为“辫子军”，而张勋则被戏称为“辫帅”。张勋和辫子军自然地成为了各类复辟分子孤注一掷的赌注。这群丑类紧锣密鼓地怂恿和推动复辟运动，在等待有利的时机。

1917年5月，总统黎元洪与国务总理段祺瑞因参战问题交恶，形成僵局，一直在窥测时机的张勋，放出愿意居间调停的试探性气球。黎元洪像溺水者捞到一根救命稻草那样，于6月1日正式发布请张勋进京“调停国事”的总统令。张勋没有想到时机来得如此之快，事态发展又如此迅速，不禁怦然心喜，似乎已经看到新朝的重光，立即命令整装待发。6月7日，张勋率领辫子军步炮兵10营4300余人，由徐州登上火车进京，进行假调停真复辟的活动。各类复辟势力纷纷聚集北京蛊惑煽动，促使复辟的实现。经过一段策划密谋，复辟帷幕终于在7月1日揭开。他们在城内布置了军力，请出年仅十二岁的逊帝溥仪接受成批的遗老、遗少们的觐见、请安、谢恩，颁布了九道上谕，将1917年7月1日恢复为宣统九年农历五月十三日，设置了成套的封建官员，并宣布一切对外条约合同等一律有效。

溥仪登基后，死气沉沉的紫禁城一时热闹非凡。新旧军阀官僚、洪宪余孽和一些地方官吏都群魔乱舞。福建督军李厚基拨款五千大洋，赶制黄龙旗千面，分发悬挂，以示拥护。更可笑的是北京街头的景观，那些早已被用作装殓死尸的朝冠朝靴、绣衣蟒袍成了紧俏货，每套从20元涨到120元，并被“新贵”们抢购一空。做戏装道具生意的，也不再冷落，纷纷来人出高价央求用马尾制作假发辫，街上又出现了背后挂着辫子、头戴红顶花翎的人招摇过市。

张勋的倒行逆施遭到了全国民众的强烈反对，北京的十几家报纸，一律停刊，以示抗议，还有冒着生命危险，当街扯碎龙旗者。连江西张勋的族人也斥其为“不肖子孙”。孙中山在上海发表《讨逆宣言》，准备兴师北伐。原来表示支持复辟的德、日等列强，也袖手旁观。于是段祺瑞就乘机出来争夺权力。自7月6日起，段祺瑞组织的讨逆军与张勋的辫子军先后在廊坊、丰台、北京接战，直至12日，辫子军溃不成军，鸟兽四散。在战场上遗留的，除了死尸和军器外，就是大量为求逃命而仓促剪掉的辫子。

“张勋复辟”失败后，他顾不及他的幼主，自己狼狈逃生，仓皇地躲进东交民巷的荷兰使馆。紫禁城里刚刚坐了十二天龙椅的溥仪，只得黯然下台。一场复辟闹剧到此匆匆闭幕。

驱逐出宫

经过“洪宪帝制”与“张勋复辟”两次重大的政治变故，民众对小朝廷的危害逐渐有所认识，只在等待适当的时机和适当的人物来了结这一时代变革中的遗留问题。又经历了七年的苍茫岁月，这个小朝廷终于走到尽头——溥仪被逐出宫。

1924年10月23日，正值第二次直奉战争，直奉两军激战于山海关之际，冯玉祥与胡景翼、孙岳联合发动“北京政变”，接管了北京全城防务，囚禁直系总统曹锟。宫中也传说有人向冯玉祥司令部控告溥仪盗卖宫中古物等事。庄士敦和郑孝胥又分别从英、日使馆得到消息说，冯玉祥要派兵入宫，逮捕溥仪，并没收王公们的财产。溥仪等如临灭顶之灾，只能整日唉声叹气，束手等待命运的安排。

“北京政变”成功后，冯玉祥做了一件轰动国内外而又名垂青史的大事——他向当时任摄政的黄郛提出：驱逐溥仪出宫。经内阁讨论，通过“修改”后的《优待清室条件》，并筹组“清室善后委员会”。修改后的优待条件是：永远废除宣统尊号，溥仪与公民在法律上享有同等权利。政府年补助清室家用50万元。特支200万元开办北京贫民工厂，解决旗籍贫民就业。溥仪即日出宫，可自由选择住处。一切私产归清室，公产归政府。

驱逐溥仪出宫，由北京警备司令鹿钟麟、警察总监张璧与社会名流代表李煜瀛执行。11月5日上午9时，鹿钟麟等三人率军警20余人，持黄郛指令，乘载有军警的两辆卡车，直趋神武门。先将故宫守卫警察缴械，继将清室卫队警察400余人缴械，听候改编。将清室护军统领毓逖监视于军机处；传知宫内全体文武人员，不得自由行动。随即传见内务府大臣绍英等，限两小时内接受条件，废去尊号，移出故宫，点交公私物品。最后溥仪按照鹿钟麟等提出的要求，交出两颗印玺，一颗为“皇帝之宝”，另一颗是“宣统之宝”，并且“同意”接受改动较大的《清室优待条件》。

当日下午，溥仪带领后妃亲属离开紫禁城，移居什刹海甘石桥醇亲王府。接受民国政府的监管。随后鹿钟麟命令警卫部队开进故宫，负责守卫。李煜瀛等也率工作人员入宫执行接收工作。至此，苟延十三年的小朝廷正式宣告结束。这得到广大民众的欢迎。转天，北京城内各处悬挂五色旗以示庆祝。这不仅连根拔除几千年中国封建帝制的象征，铲除了复辟的祸根，也完成了辛亥革命的未竟之功。孙中山为此特致信冯玉祥称："前清皇室全体退出旧皇城，自由择居，并将溥仪帝号革除。此举实在大快人心，无任佩慰。复辟祸根既除，共和基础自固，可为民国前途贺。"

溥仪面对这样的民情大势，也不得不做出一番冠冕堂皇的表态。他在与鹿钟麟的对话中，表示愿意废除尊号，做民国平民，只望住在北京，多读些书，有可能时出国深造而已。但他的宗室、旧臣，却如丧考妣，惶惶如丧家之犬，因为他们原来还可寄生于后宫，现在失去了把持皇帝、运动复辟的根据地，于是不遗余力地奔走于段祺瑞、张作霖之门，甚至求助于日本帝国主义，以求改变溥仪的处境。

11月24日段祺瑞组成执政府的当天，即解除了对溥仪的监视，28日，又撤除对醇王府的守卫，使溥仪完全处于一种自由行动的状况下。第二天，他就住进东交民巷的德国医院（今北京医院），旋即转入日本使馆，一直住到转年的（1925年）2月24日，那天正是旧历二月初二日，俗称"龙抬头"，溥仪选择这一个"吉祥"的日子，在日本军国主义者的庇护下，由日本使馆潜往天津日租界，暂住于大和饭店。

张园幻梦

溥仪到天津后急觅栖身之处，乃由朱汝珍经手，租得了一幢漂亮的花园洋房——张园。房子的主人张彪原任前清陆军第八镇统制，是镇守武汉的主将，武昌起义时弃军出逃，随日本兵舰至日本，因这层关系，所以时局平定后又来到天津，以巨资在日本租界购地建房，遂名之为"张园"。这个在辛亥革命中带头逃命的将军，如今成了旧日主子的房东。

张园位于日本租界的宫岛街（现鞍山道），毗邻日本总领事馆，使溥仪能在心理上获得被庇护的安全感。他刚在张园住定，就公开挂出了"清室驻津办事处"的牌子。于是，一大群濒临绝望的遗老旧臣又蜂拥而至。他们把溥仪出宫称为"皇上蒙尘"，故而张园便成为皇上的临时"行在"了。他们拼凑了庞大的办事机构，遗老、遗少，甚至是遗孙们都被拉来成了办事人员。可笑的是，溥仪还经常在张园发出"谕旨"，给活人任命官职，对死者颁赐谥号，而且沿用宣统年号继续着本已不存在的宣统十四年、十五年、十六年……张园里的人们照例侍奉

“皇上”、“皇后”，溥仪照样唯我独尊，颐指气使。

虽然溥仪表面上维持着“皇帝”的尊严，时时在梦想着倒退回封建王朝的时代，但他却无比贪婪地享受一切舒适的现代物质文明。

首先是他生活的环境发生了变化。舒适明亮的楼房代替了沉重阴暗的宫室，松软的沙发代替了雕花的木椅，席梦思床代替了又窄又硬的睡炕，冬天室内的暖气代替了令人讨厌的熏炉，还有随时可以使用的沐浴设备，干净方便的抽水马桶等等。溥仪对张园如此豪华的陈设仍不满意，又按他的旨意作了一系列更新：所用西式家具从海外按英国国王使用的规格照样订购，所有的房间都铺上名贵的地毯，室内摆设着意大利钢琴，桌上放着新式的收音机、钟表，甚至每一幅窗帘、每一块台布都有种种考究。

对溥仪更有吸引力的是时尚的娱乐方式，他可以带上“皇后”婉容出去吃冷食、逛商场，偶尔去看戏、听音乐，甚至还去参加舞会。溥仪的衣着打扮也开始更新。皇帝的龙袍已经不再适用，长袍马褂也有些过时，随着社交活动的增加，溥仪总要宜时宜事地穿上西式礼服、西式戎装、燕尾服、日本和服及时髦的猎装、运动服等。他平时总爱用进口的发蜡，将头发抹得整齐光亮，身上散发着法国香水的浓郁气味，腕上的手表、口袋里的怀表经常更换。这样的时髦打扮再加上一副近视墨镜，走上街巷可能谁也想不到这是曾穿龙袍、坐龙椅的宣统皇帝。

对于传统的宫廷菜肴，溥仪已感到食之无味，张园的御膳房内聘有中西两班厨师，中餐要按照粤、浙、鲁、川几大菜系随时调换，西餐更要具法式、英式、俄式等不同风味，即使如此，溥仪仍常感到难以满足他的胃口，高兴时还要带上婉容到外国人开设的著名餐馆吃上一顿正宗西餐，享受一次异国风情。

溥仪恣意挥霍的经济来源，除民国政府提供的经费以外，其他主要是依靠事先陆续从宫内秘密携带出来的大批古物。溥仪当初选择天津作为临时居留之所，是因为津京近在咫尺，又有各国势力所在的租界庇护，便于窥测外面的政治风云变幻。他已经预感到民主浪潮对他的威胁，只是不愿承认即将来临的事实罢了。

1928年，国民党军阀孙殿英盗挖乾隆和慈禧陵墓的“东陵事件”震动全国，更强烈地震动了张园。爱新觉罗氏的子孙和前清的遗老遗少们闻讯后，肝肠痛断，悲愤填膺，成群结队地到张园“行在”来祭祀“受辱”的死人。溥仪更认为这是亘古未有的奇耻大辱，是可忍，孰不可忍！他在张园摆出了乾隆皇帝和慈禧太后的灵位，每日亲自三行跪拜之礼，他捶胸顿足，号啕大哭，声言此仇不报誓不为人。他还有几日席地而眠，似乎真的要学越王勾践“卧薪尝胆”，以雪旧耻，但事过不久，又一切如常了。

堕落噩运

张园生活表面的虚华掩盖着不安的阴影。遗老遗少们匆匆出入，为复辟而密谋策划，因争宠而明争暗斗。郑孝胥、罗振玉、陈宝琛又网罗援引了一大批各色人物，充塞遗老的行列，使阴谋复辟的气氛更加浓厚。与此同时，驻津日、英、美、法、意等国的领事馆也把溥仪视为猎物，千方百计地与其接近，日本方面尤其主动。每逢重大节庆之日，日本驻军和使馆要员都要亲自登门求见问安。这些现象都使溥仪对复辟力量作了过高的估计，使他终日沉浸在恢复大清基业的冥想之中。

张园里的其他人都在无可奈何地消磨着前景渺茫的日子，只有溥仪常常表现得烦躁不安，他的情绪随着复辟形势的变化而急骤地波动着。他终日沉迷在恢复旧日天堂的梦幻中，经过仔细观察和反复权衡，溥仪终于认定，只有投靠日本，才能使复辟的梦想得以实现。他在封建遗老们的包围下，时而听信了他们的谗言诡计，便兴奋起来，跃跃欲试；时而出现了不利的形势，又灰心丧气，怨天尤人。甚至对他的生身父亲载沣，也因其对复辟活动疑虑重重，而被溥仪认为懦弱无能，懒于与其父共商“大计”。所以，他在1929年7月迁入安福系政客陆宗舆的房子后，把原名“乾园”改为“静园”，意在“静观变化，静待时机”。

1931年夏天，在日本读书的溥杰回国度假，带来了日方的消息，经与驻津日本特务机关联络，策划了出走东北的阴谋。为此，天津日本驻屯军高级参谋土肥原贤二专门导演了一场便衣队武装暴乱。他们通过汉奸、地痞搜罗了一批亡命之徒，发给枪支，每天从日租界出发流窜到居民区骚扰，以此转移中国军警和保安队的注意力。1931年11月10日傍晚，在便衣队的暴乱声中，溥仪被藏在一辆敞篷汽车的后箱里离开了静园。在离大门不远的地方，日本驻屯军的通译官吉田忠太郎已经坐在另一辆汽车上等着，一见溥仪的汽车出了大门，便立即随后开过来。载有溥仪的这辆汽车每经过路口遇到日本兵阻拦时，后面的吉田一打招呼，便可以立刻通过。汽车顺利地达到预定的地点——敷岛料理店，下车后，早已等候在那里的日本军官立即拿出一套日本军大衣和军帽，经过一番化装以后，溥仪又坐上日军司令部的汽车。汽车飞也似的在白河岸边疾驶，一直开到一个码头才停下来，日军司令部运输部的一艘名叫“比治山丸”的汽船停在岸边。溥仪满怀着复辟大清基业的憧憬，只身踏上了“比治山丸”号。至此，溥仪结束了在天津七年的寓公生活，他自投罗网，成为被人唾弃的日本侵华的傀儡。

原载于《紫禁城》2009年第7、8、9、11、12期，2010年第1、2期

程克日记摘抄

【说明】 1956年从程克在天津的家属所捐出的函电文档中，发现程克的日记三册。第一册封面标“甲子冬”、“自十一月六日至十二月八日”等字样；第二册封面标“甲子年底乙丑年初日记”、“中国十四年”、“仲渔”等字样；第三册封面标“乙丑年日记”、“四月一日起”等字样。

日记系在廿行红条格毛边纸上用毛笔记的。

根据日记内容，作以下几点说明：

（1）这三本日记是从民国十三年（甲子，1924年）十一月六日起到十五年阳历元旦止。中间有间断处。纪时系用阳历。

（2）日记中所记是第二次直奉战争以后，直、皖、奉、国民军各系间的复杂关系。程克是当时接近直系军阀的一个政客，他由于关心个人的遭遇而颇留心观察和记录了当时某些动态。这些略有助于了解北洋军阀间之关系和北京政变后京津一带的情况。这里辑录的是有关的一部分，略去了程克私生活中的一些琐节。辑录部分都是原文。

（3）日记所涉及的重要人物，尽量就所知注出，不知者不注。其有关之重要事件也择要说明。

（4）程克日记三册现存天津历史博物馆。

民国十三年，甲子，1924年

十一月六日　……廿三日政变[①]之后，此为第二日通车，人多车破，颇不畅适；惟途中并无军队检查，可为喜耳。

十一月八日　早起为炮声惊醒，正八时。街上传说奉军与冯军在新站[②]开战，恐法国桥[③]又将高悬，速派人自学堂将大二小女接回，云："街人极杂乱，纷纷逃入租界。"九时，炮声止，派常培德[④]往探，知军械车失慎。看报，知秦皇岛军火车亦出事云云。……行严[⑤]住伏见街二号，晤面云："合肥[⑥]出来，各省当有办法。"

十一月九日　派人持片拜行严，约明日十一时见面。钮元伯[⑦]来拜，昨日自沪北上，与许静仁同船。仰吾来，说行严有为合肥秘书长之说；又说上海违禁药品管理局陆某有作弊之说，告以速查办，如果违法，最妙送检厅。又云："元伯之意，请介绍于焕章[⑧]及薛子良[⑨]。"许之。

---

① 1924年9月，第二次直奉战争发生。10月中旬，直军渐失利，纷纷后退，直系军阀吴佩孚正拟派军往援时，所部冯玉祥于10月23日突由前线回师北京，与孙岳、胡景翼共组国民军，对吴佩孚倒戈相向。日记中所谓"廿三日政变"即系指此。又因发生于北京，故亦称"北京政变"。

② 指天津总站。

③ 即今天津之解放桥。

④ 系程克之差弁。

⑤ 章士钊字行严，段祺瑞执政时任司法总长，旋兼任教育总长。

⑥ 段祺瑞安徽合肥人。

⑦ 钮传善字元伯，曾任陕西财政厅长，为陕督陈树藩经理财务。

⑧ 冯玉祥字焕章。

⑨ 薛笃弼字子良，冯玉祥系，1924年初曾在北京政府代理司法部部务。

河南省长发表孙玉行[①]，派胡丽生[②]办理善后，督理缺已裁。

十一月十日 早十时后，访行严于日界伏见街，门外洋车颇多。行严云："焕章始欲大权独缆（揽），近或有觉悟矣。"问以中山，合肥等等之所谓元老者，何以有合作之可能性。行云："不能合也。"行主张前事不提，根本另图建设之点。与余同访钮元伯于佛照楼，并晤其令弟。胡子毅自京电话说：李达三[③]来津，来津之前与果民[④]见面，到津请一接洽。电话仍不通，故用军事特别电话也。……

十一月十一日 早起看报，北京命令：九年七月廿九日起，十三年十一月二日止，所有因政治行为褫夺官勋及通缉者，一律取消云云。……晚饭后，吴兄闻自吴用九，王孝伯[⑤]已逃，张雨亭[⑥]要遣散廿三师，并惩办王孝伯之故也。如此，恐范围甚广，不止孝伯而已也。

十一月十二日 常培德云："昨无车，故未走。"在街上闻奉军

---

① 孙岳字禹行，日记之玉行疑为禹行之音讹。孙岳于第二次直奉战争发生时任京师警备副司令，冯玉祥回师北京，孙为内应，与冯共组国民军，孙任副司令兼第三军军长。1924年11月孙由黄郛摄阁任为河南省长，及段祺瑞为"临时执政"，复任孙为豫陕甘剿匪司令。1925年3月胡（景翼）阚（玉琨）之战起，孙入豫助胡攻阚。

② 胡景翼字丽生，与冯玉祥、孙岳共组国民军，任副司令兼第二军军长。1924年11月由黄郛摄阁任命为豫督，率国民军第二军入豫，消灭吴佩孚在豫残部，同时，陕军阚玉琨也奉命入豫攻吴佩孚，1925年2月间发生胡阚之争。3月间，陕军刘镇华助阚，国民军孙岳助胡，战争益剧，结果阚败。4月10日胡景翼病死。

③ 李寿金字达三，袁世凯手下的特务爪牙。"北京政变"前后任北京警察队长、侦缉队长、勤务督察长，后曾任京师警察总监。

④ 此人在日记中曾屡见，为程克奔走于京津之间，似为程克之门客。

⑤ 王承斌字孝伯，直系军阀，第二次直奉战争时任讨逆军副司令，直奉战争失败后，王复以直督地位在天津收编吴佩孚残部，成立第23师，自任师长。十一月间，奉军李景林到津，王被迫辞去直督，避居天津英租界，所部第23师也被李景林缴械。

⑥ 张作霖字雨亭。

解散廿三师，王孝伯逃。刻省署卫队均为奉军矣。又张雨亭说冯玉祥为雇工，无会议资格。又段芝泉[1]出山三条件，奉军出关，张为东三省巡阅使；冯仍为检阅使。又冯已为奉军监视矣等语。除王逃为事实外，余均不像，盖谣言耳。十时后车通，令其速回京。……胡丽生赴豫邀河南人，俟军事得手后，豫事均交豫人治之，但须此时一同出发，豫人以老同盟会为限云云。……

十一月十六日 ……午后，程治平来谈云："午后一时，车尚停在新站。"程云："世人均不直冯，杨村奉军掘战壕，而奉军昨今多在北仓下车，开赴杨村一带，均住民房，民人又无所归矣。"……各报多载齐福万[2]等通电，不承认北京政府而拥合肥维持治安。吴子玉[3]已由南京赴汉口矣。

十一月十七日 各报均载时局有紧张之说，恐战事更不免矣。吾民何罪，遭此浩劫，不知何时重见升平也。……《京报》云：薛子良辞代部。日文《夕刊》则云：黄代阁[4]为张、冯[5]所不满，故薛已消极云。……

十一月十八日 ……昨夜果民电话，黄辑五被财政厅扣留，何以朋友之中竟如此多故耶？……

十一月廿日 ……《泰晤士报》载吴子玉致焕章一书，又社论大

---

① 段祺瑞字芝泉。

② 齐燮元字抚万，日记讹为福万。

③ 吴佩孚字子玉，与曹锟同为直系军阀首脑，世称"曹吴"。1920年直皖战争后，即左右北洋军阀政府的政局，为英美帝国主义的代理人。1924年第二次直奉战争中失败，失却北京政权。1926年，在英、日帝国主义撮合下，与张作霖联合，出现奉直反革命联合的局面。及北伐战争起，吴佩孚方被打倒。

④ "北京政变"后，冯玉祥等于十一月二十五日改组内阁，黄郛于三十一日为代理内阁总理。

⑤ 张作霖与冯玉祥。

骂焕章。昨日《泰晤士报》载吴子玉发表护宪军政府[①]，今日各报载护宪军政府组织条例，似亦为委员制。当今之事，余以为无论南北，何者能运用数头委员，使之团结，归何者胜利。然中国事绝非会议制可以成一事业，又须独负责，独出力，且运用多数，真不易易也。

十一月廿一日 早在后院看报，顾巨六[②]来问时局如何，告以不谈，数次欲谈政治，均未答一语。问护宪政府如何，余曰：当日大权在手尚不能运用，今日更不易易矣。伊云：张雨亭有怨段合肥之语云，不是合肥主缓和，奉军已到南京矣云云。

……大哥由盐业银行听来，有李彦青[③]在司令部供称，德债一案[④]，伊受四十万，各阁员均受四十万云云，德债一案除王、顾不易知外，阁员中余不信有受贿之事，势逼至此不得不赞成，何必有给钱之势，况数十万耶？……

十一月廿二日 富巡官来说：合肥九时专车入京。晚日文报云：焕章十一时入京。

十一月廿三日 士湘[⑤]云："合肥对东海[⑥]犹不释然。"问余此次时局之观察，余曰："恐不易收拾。"士湘亦以中山来，过激气味

---

① 第二次直奉战争后，吴佩孚南下，初拟在山东登陆，被阻，即更南趋经吴淞口溯江而上至南京，与齐燮元会晤后，复上驶至汉口。吴佩孚抵汉口后，即以齐燮元的名义领衔由汉口发出十省及海陆军将领20余人联名通电，提议在武昌组织"护宪军政府"，以拥曹为本旨。

② 顾鳌字巨六，"洪宪帝制"中的积极参与者，曾任大典筹备委员兼国民代表会议事务局长。1916年7月以帝制案被通缉。1918年3月得特赦。

③ 曹锟的嬖人，"北京政变"后被枪毙。

④ 1924年5月，曹锟政府的国务总理孙宝琦主张将德国庚子赔款余额担保发行公债案提交国会，与财长王克敏意见冲突，孙辞职。是年10月7日后经大总统核准用德国庚子赔款拨付四年特种公债及五年公债利息之余剩款项为担保，发行库券420万元，其所得款项悉数充中央政府急需行政经费及维持京畿治安之用。

⑤ 吴笈孙字世湘，日记音讹作士湘。历任袁世凯政事堂事务所所长和印铸局局长。

⑥ 徐世昌，字菊人，别号东海，直隶天津县人。

大浓，外交上恐生问题。问余护宪政府，余曰：“不易成。”伊云：“吴子玉最能将军队，拿来就用，即合肥亦深佩之。”

十一月廿四日 ……午后三时，秋舫[1]电约谈话，赴之。伊云：“李景林[2]在省会演说时，指冯为降将。”又云：“奉天交冯之款，由朝鲜正金[3]分别汇交，段为经手人。”又闻奉天秘书谈话，始奉天以为受冯之骗，故已豫备赴大连矣。又云：“冯称张为大帅，自称玉祥。”云云。后又谈谣言，李彦青供德债一案有阁员受贿之说，伊亦怀疑。前者大兄闻自银行中人谈及，余亦颇以为疑，今秋舫如此，余觉此事为风说而已。

十一月廿五日 ……黄明新自京来，晤之，语气之间，似国会中一部人暗中有所活动。又云：“宣南民社前三日曾有奉军进去要饭吃，见厨下萧条，为买大饼数斤而去。”如此，则所谓纪律者，亦不过尔尔！……

十一月廿六日 钮元伯来，前日电约，误为大生银行，伊住大业银行。谈晤张雨亭则谩骂犹昔。李景林督直为刘任三[4]、张直卿[5]、边守静[6]之主动。刘有一亲戚在奉军为骑兵团团长，为之联索，此说确也。伊又云：“合肥之意，齐福万恐不能幸免，合肥认为此次发动，动自江浙，故以齐为祸首。”云云。

---

① 吴毓麟字秋舫，1923年1月任直系北京政府交通总长，1924年10月第二次直奉战争中直系失败后去职。

② 李景林字芳辰，奉系军阀，东北陆军第一师师长，第二次直奉战争后，任直隶督军。

③ 均系日资银行。

④ 刘彭寿字壬三，任三系壬三之音讹。进步党政客，曾任国会议员，并参与过曹锟贿选。

⑤ 张廷谔字直卿，曾任国务院秘书长，抗战前后曾两度任天津市长。

⑥ 边守靖字洁清，守静系守靖之音讹。后以字行。曾任直隶省议会议长，为曹锟贿选的主持人之一。后在天津经营恒源纺纱厂。

胡经武[①]自熙来饭店电话云："刻自湖南来，明日将往北京，问此次之事，君在局外乎？"告以余完全局外，甚不欲闻也。伊云："后会不奉访矣。"

十一月廿八日 ……田中[②]云："冯果少迟返京，则奉天败矣。"又云："伊与奉天顾问町野[③]为朋友。"……

十一月廿九日 ……此次政变，张玉衡[④]曾奔走冯、孙、胡三者之间，冯已入西山，玉衡又下台。

十一月卅日 ……晚请田中、吉田[⑤]、钮元伯、红怡谈至九时，吉田云："日本人近来颇知当日反对洪宪为大错，并以现在余不出为贤明。"云云。……

十二月一日 ……收果民快信，佛冬家被检察官检查，查出烟土一包，将其侄带厅，又保释。行严到法部惟一新政，令检厅检察贿选议[员]。黄胖子家被封之说。晚，任照鲁、王凤岑来访，知礼拜受检查之处，知好之中有周俊卿、王搏沙[⑥]、黄絜云、王伊文、郭伯庸、薄伯英[⑦]等。任、王步行出西南角城门，骑驴到丰台，适火车到，即上车矣。报载曹剑亭[⑧]死于协和医院，死因虽说系糖尿，而实际则为服毒，

---

① 胡瑛字经武，辛亥革命前在湖北从事革命运动，先后参加过科学补习所、文学社等革命组织。武昌光复后任军政府外交部长，民国元年二月在烟台任山东都督。及袁世凯阴谋称帝时，胡瑛在政治上堕落为筹安会重要分子之一，为世所不齿。

② 系日人。

③ 系日人。

④ 张璧字玉衡，保定武备学堂毕业，往来于各系军阀之间，进行特务活动。后投靠日本帝国主义为特务。

⑤ 系日人。

⑥ 王搏沙曾任河南省议会议员。

⑦ 蒲伯英名殿俊，曾参与四川保路运动。历任四川都督，众议院议长，北京晨报馆经理。日记作薄系蒲之音讹。

⑧ 曹锐字健亭，剑亭系音讹。曹锟之弟，曾任直隶省长，北京政变后服毒自杀。

怆然久之。

十二月二日 果民电话云："张作霖已赴津，形势不佳，不知何时发生事故。汝南明日来津。木箱中公文已看过一遍。"无须保存者告以均焚之可也。又云："检查议员事件似已作罢。"晚洗澡。红怡来，托其与日本人设法押京寓事。果民快信云："浙苏直奉议员请惩顾、颜二阁阁员。"……

十二月四日 ……王吉功[①]来见，云："此次并未加入战斗，殷镇守使已入京请执政改编矣。"问以现在兵士之心理如何？云："兵士有沦于乞丐者，对吴乃崇拜，对冯均不直，若非冯之倒戈，早到奉天矣。"

赵朴华来，不知何意，见之，云与奉张有事，来见奉张者。……赵又云："奉张已接眷来津，一时恐无回奉之意。"

佛冬、汝南来，伊之所以匆匆来津者，仍为检察议员，据云尚未了。仍将继续进行。佛冬本望焕章成功之心实为自己希望一事。

十二月五日 报载顾少川[②]住宅充孙中山行辕，又陆锦[③]宅有警察查出军火。

陈正甫自京来谈数事：1.“贿选案”[④]前者检察之处，有得证据者，如支票、签字等等，均豫备出拘票。2.松泉嘱余勿外出，犹（尤）不可上华界，问其所以，伊亦不知。3.达三令松泉接侦缉队，松泉问余之意见为何。

---

① 王吉功曾在天津担任过侦缉队长。

② 顾维钧字少川，1922年8月任北京政府外交总长，11月卸职，次年3月再任外交总长，1924年10月第二次直奉战争后去职，1926年10月到1927年6月曾一度代理国务总理。北洋军阀统治结束后，投靠蒋介石，历任驻英、美等国使节。

③ 陆锦字绣山，1924年1月任曹锟北京政府陆军总长，同年10月，第二次直奉战争后去职。

④ 1923年6月13日直系军阀驱走黎元洪。10月间，曹锟即大规模地进行贿买国会议员的活动，以五千元至万元不等的票价，贿买议员五百人，把曹锟选作大总统。直系军阀在第二次直奉战争失败后，反直系即追查这一问题称“贿选案”。

十二月六日 要京寓电话与果民说话，云："情形不佳，胡子毅已回京。"……

十二月七日 黄明新来说，执政命令：曹锟贿选窃位，殃民祸国，交内务、陆军两部监视，以待审判云云。看执政近来举动与前此之表示又大矛盾矣。报应循还何时已乎。黄又云："王兰亭[①]已到津，住英界洋灰桥左近，日与高五[②]等打牌。"黄夜来电话云："刻得京电，已出拘票者有吴莲伯[③]，王孝伯、边洁清，吴已上船。"

奉张通电：军人不干政，服从中央。吴佩孚四号下野。均《益世报》也。

十二月十三日 报载：英界吴景濂宅，有检察厅协同副捕头前往检察。而日界则拒绝拘票之签字焉。……

十二月十五日 ……果民信云："安福"[④]不但报复，且尽全国人才云云。又北京《晨报》均载：在津传捕贿选之名，余亦在内，不知何故。

大哥晤工部局，谈及检厅传人在义界内者共三人，初为王毓芝，次为吴毓麟，今日又传刘彭寿，均已分别拒绝。王曾在义界，今早已迁居，吴外出久不归，刘虽在，然政治犯与非政治犯不能认定也。……

十二月十六日 ……黄辑五来，谈其在京被财政厅两次看押情形。又闻公望说："冯、胡、孙又有联合，似为合肥。"余以为不可信也。……

---

① 王毓芝字兰亭，曹锟任大总统时之府秘书长。

② 高凌霨字泽畬，排行第五，均称高五。

③ 吴景濂字莲伯，曾任北京政府众议院议长，南方非常国会时期的众议院议长。1921年国会召集时复任议长，对曹锟之贿选总统及公布"贿选宪法"出力甚多。

④ 皖系政客曾在北京组织"安福俱乐部"，为段祺瑞进行政治活动。一般称皖系政客为安福系。

十二月十九日　……赞庭[①]信云：贿选已查出支票五百余张，丝毫无关系云云。……

十二月廿二日　《晨报》云：有自署联省自治协进[会]呈执政府请容吴秋舫、袁绍明[②]及余者云云。

十二月廿三日　……昨日北京报载：吴三已为奉军宪兵在球房捕去，不知何事。

十二月廿八日　果民云：魏子丹[③]、许微尘查薛之珩[④]帐内有程记一笔七千元云云。告知果民特别注意，设法查明，遍想姓程的无多，一、王怀庆[⑤]之程道元；二、李彦青曾荐程某为市政公所专办；又想起迟程九。果民之意，薛之科长现在警厅看押，当可考证也。张展云来，奉方因祝[⑥]对租界交涉特别注意，故换令人。……

十二月三十一日　……今日孙中山入京。

民国十四年，乙丑，1925 年

一月六日　各报均载：吴子玉到汉口，拟往岳州，执政令阻其赴川、湘。萧[⑦]与杜勋臣劝赴下游，吴要上汉口至西山云云。

---

① 赞庭在程克日记另条中曾记其姓邢，程克曾为其函介于章行严，拟在司法界谋职。

② 袁乃宽字绍明，袁世凯族侄和亲信之一。与程克有亲戚关系。

③ 魏子丹，北京银号商人。

④ 薛之珩于直系军阀统治北京政府时任北京警察总监，曾参与逼迫黎元洪出京的“六月十三”事件。

⑤ 王怀庆字懋宣，直系军阀，初任第13师师长，1919年任京师步兵统领，1920年直皖战争后任京畿卫戍总司令，第一次直奉战争后任热察绥巡阅使兼热河都统，1924年第二次直奉战争时任第二路总司令，直系军阀失败后移居天津。

⑥ 祝惺元字砚溪，历任驻美使馆一等秘书，外交部秘书，交通部秘书，外交部特派直隶交涉员，日记所说办租界交涉之祝，疑即指祝惺元。

⑦ 萧指萧耀南，时任两湖巡阅使，湖北督军。

一月二十七日 ……晚报，中山死于协和[1]，回忆东京时相过从，及项城命余往迎于上海各情况，如梦境矣。……

二月一日 ……正甫谈云："北京有人说，中山死去，国民党首领推冯焕章。致于焕章与国民党发生关系，为余介绍。"真不可思议之谣言也。……

二月九日 杨仲远来，见大兄声泪俱下，无锡城外一片焦土，失儿亡女者，不知若许，共焚抢八次，吁！伤哉！伤哉！

二月十九日 早收达三自奉天来快信云：已将予之人才意见面陈帅座，甚以为然，速来奉面谈云云。决计赴奉一行。询船行知明日"长平丸"开，与大兄说不加一字之可否，又与商买老头票，亦不加一字之可否，对于一切未尝问一句，告以预备钱，但云可以拿三百，家中再说。至晚，并未下楼一问，余甚不解，对于泛泛一友亦未尝如此冷淡也。……

二月廿日 下午二时，上"长平丸"，遇黄凤池。二时开，傍晚到塘沽，船与土岸冲突，因停一夜。

二月廿三日 晨起，与达三谈话。伊云："张玉衡将潘燕生[2]同来，为联冯张。"

二月廿四日 ……一时赴张宅，人称大帅府，在小南门内，门外像一衙门，尚觉静闲，有汽车数辆，先到传宣处，候约十分钟，即到客厅。山石处见张自写之匾，在客室坐约十五分钟，请见面，少一周旋，伊即开口畅谈时局，曰："段与我并无关系，捧之上台与卢[3]三方有契约，不准用安福，不料其上台后，为肖小左右所弄，卖官纳贿，令余之若大牺牲为无味矣。"谈胡景翼，张乃大怒曰："土匪不如，杀人放火，河南人来哭诉者甚多。"又曰："袁绍明之子袁英，竟用火烤人，惨无人理。"对绍明亦不佳。对冯焕章亦颇知其为人，而于其布置，则曰："伊有枪手？"达三云："伊已将铜元制造厂改为枪

---

① 中山病逝在3月12日，此为谣传，但也可以反映当时北方军阀嫉孙中山之甚而期其速死。

② 潘毓桂字燕生，日伪时曾任伪北京市长。

③ 卢指卢永祥，1919年8月起至1924年9月间任浙江督军。

炮厂矣！”张云：“余以三千万元之资本，三年之力，有三口岸可以输入，尚且如此，伊如何耶？”谈及联冯制胡，张似为然。又曰：“我决无野心，亦无所图，若有好办法，余绝不装嬲，但得一具体办法，我捧谁均可，联络几个同志。”云云。谈至约三时而别。此人头脑明白，说话直爽，亦非如冯河间[①]、李秀山[②]信口胡说者。又云：“吴光新[③]到申，弄得卢子嘉[④]无办法，卢如下野，我亦下野。”云云。达三认为此席谈话极满足，令我拟一办法，余曰：“各方情势未弄清以前，不能开方，须赴京一行再说。”决定明晨南下。……

二月二十七日 周宗泽来谈，晤之，谈话之间，伊云：“奉天不知如何主张。”云云。余甚以为怪。又云：“李斐筠现为奉天秘书长，郑谦[⑤]之荐，郑为李九时代之国务院秘书。”

二月二十八日 赞庭与朱伯渊[⑥]接洽，朱云：“平日与当局谈话，未闻对仲渔[⑦]有恶感者，不过作过事的人总不免有仇人，能不令登报为妙，纵有事，余必先知。”云云。赞庭与之说话极负责，可感也。

玉书之观察，吴子玉仍为中国人望，不可不与有联络，伊但知冯经营西北，不知其联奉之事也。

松泉过视玉衡，并偏重国民军方面。

---

① 冯国璋字华甫，河北省河间人。

② 李纯字秀山，直隶天津县人，曾任第六镇第十一协协统，1913年至1917年任江西督军，1917年至1920年任江苏督军。后自杀。

③ 吴光新字志堂，段祺瑞执政后任陆军总长，1925年冬去职。

④ 卢永祥字子嘉，1919年任浙江督军，1924年9月江浙战争中失败后出走，及段祺瑞出任执政时，被任命为苏皖宣抚使及江苏军事善后督办。

⑤ 郑谦字鸣之。1920年任吉林省长公署秘书长。1923年任东三省保安司令部秘书长。1925年初代表张作霖出席善后会议，旋任江苏省长，6月兼署淞沪市区督办，7月护理江苏军务善后事宜，11月去职。

⑥ 据程克日记民国十四年一月三十日条云：“李达三调市政会办，特任朱伯渊为警察总监。”朱深字博渊，日记音讹作伯渊。

⑦ 程克字仲渔。

玉衡由奉天回津与敬舆[①]见面，故主张恢约法。

三月十六日　……张季鸾[②]来，多年不见，畅谈，伊云："胡景毅[③]俟军事结束之后，有整顿吏治之决心，约半年可以收效。"又云："津中河南人民反对胡，请奉军入豫，乃王月波[④]、王搏沙、胡石青之主动。"云云。然则胡与余自奉同车，果不出余之所料也。

三月十七日　电季鸾来谈，问其"国民军"与奉能再冲突否？曰："国民军方面，无开衅之意。"又问："能合作否？"曰："甚难。"季鸾又曰："国民军已自认失败。"又曰："飘萍[⑤]介绍，与叔鲁[⑥]见一面。"

三月廿四日　访达三，知张命其与张璧一谈，张联冯之意切耶？拟借此令达三来津耶？

王揖堂[⑦]想组阁，曾访冯焕章。王主张令冯经营西北，令张统一中

① 张绍曾字敬舆，1921年8月以后曾连任唐绍仪、王宠惠、汪大燮三阁之陆军总长。1923年张任国务总理兼陆军总长，后因直系军阀倒黎，乃请假赴津。

② 张炽章字季鸾，后以字行，民初为于右任《民立报》撰文，1915年冬创《民信日报》，1926年起任天津《大公报》主笔。

③ 疑为胡景翼之讹。

④ 王印川字月波，历任河南高等学堂教务长、众议院议员、参政院参政、众议院秘书长。1920年2月至7月曾任河南省长。

⑤ 邵飘萍即邵振青，《京报》总编辑，是当时一位有正义感的记者。1926年4月26日在北京被奉系军阀张宗昌枪杀。

⑥ 王克敏字叔鲁，1917年12月到1918年3月任王士珍内阁财政总长。1923年起，先后任张绍曾、孙宝琦、颜惠庆内阁的财政总长。1924年第二次直奉战争后，即避居天津。敌伪时曾投靠日本帝国主义做汉奸。

⑦ 王揖唐（日记讹作堂），原名赓，后以字行。皖系政客，曾主持安福俱乐部，1919年为南北和议之北方代表。1920年，皖系失败后亡命日本。第二次直奉战争后，段祺瑞任临时政府执政时，被任为安徽省长兼军务善后事宜督办。1925年6月直系入关后，王去职避居天津。敌伪时曾投靠日本帝国主义为汉奸。

原。张本定过其生日后来津。王永江[1]开帐示之，此次之战，奉天用去三千余万，故张又中止云云。故余之观察，曹之失败，败于财政，果财政足用，则冯、胡或不出此态度，冯心中第一不满军费与地盘而已。胡则尤甚甚矣！当今之世，经济之势力也。

张璧赴河南，约十日前后始归。

三月廿七日 午后访士湘，云："伊此次遭事，共用去七万余元，除破家外，尚负债若干，而东海不出一文。"闻孙子涵[2]同王兰亭东渡。又段香岩[3]之死为气死，合肥决令赴皖，并嘱物色军务、政务两厅。及皖督发表则王揖堂也。许伊青岛督办，实亦未得结果。伊自京回，在某处打牌，归来梦与合肥打架，革命党忽来，伊呼号而醒，与家人言之，少时死矣。士湘云："香岩之死与中山同时。"又云："张国干[4]亦在津"。又云："张远伯[5]为奉天顾问，薪俸数万，故现对张为遇赦不赦。"云云。士湘此次之事，梁众异[6]力说坏话。

四月二日 ……晚请徐选楼、朱锡龄、尹尧莘吃饭，又临时约守

---

① 王永江字岷源，1916年任奉天警务处长兼省会警察厅长。1917年5月任财政厅长。1929年6月任奉天省长。第二次直奉战争后，黄郛组摄政内阁，任王为内政总长，未就职。

② 孙润宇字子涵，历任内务部警政司长，众议院议员，国务院法制局长、秘书长。

③ 段芝贵字香岩。安徽合肥人，1914年2月至1915年8月任湖北督军。1915年8月至1916年4月任奉天督军。1917年12月至1919年12月任陆军总长。

④ 张国淦（日记讹作干）字乾若。历任北京政府国务院秘书长、内务总长、参政院参政、教育总长、农商总长、司法总长、平政院院长等职。

⑤ 张志谭字远伯，1917年任内务次长，1918年任段祺瑞内阁的国务院秘书长。直皖战争时任陆军次长，保持中立态度。皖系军阀失败后，任靳云鹏内阁内务总长，1921年任交通总长，1923年任内国公债局总理。1924年兼任财政整理委员会副会长。1926年再任交通总长至1927年初去职。

⑥ 梁鸿志字众异，曾任参议院秘书长，段祺瑞执政府秘书长，为皖系八祸首之一。敌伪时曾投日为汉奸。

瑕[1]，守瑕即来畅谈，至十一时去。守瑕云："廊坊又有军事行动之说，未知如何。"又云："善后会议副议长，合肥亲笔函致俊人[2]，主张林宗孟[3]，临时段君亮[4]去运动，结果则为斐予[5]，玉书则主张黄膺白[6]，国民军之意也。"尧莘云："有为善后会议集联云'虽有善者，其无后乎'。"派人差片周旋李达三，少迟电话云："函如缮妥，伊不日离津。"

昨各报均载"金佛郎"[7]已签，以余之见，虽不即签，然必不久，将来总改头换面签字朋分无疑。当[时]段为反对最力之人，翻云覆雨，噫！中国之政治道德尚可言耶？

四月三日 昨日达三电话云："不日离津。"今日看报，张璧来津，想冯、张联络更进一步耶？余思前与达三所谈，作意见书交张，实研究不出妙法。且张、冯联合，话更不好说矣，拟不与之，惟对达三须有番说辞。

中山送葬，有说四万人者，有说十万者。

---

① 邓镕字守瑕，众议院议员，政治会议议员，约法会议议员，参政院参政。

② 许世英字俊人，1922年11月署北京政府司法总长。1924年为段祺瑞执政府秘书长。

③ 林长民字宗孟，1917年任司法总长，曾反对曹锟贿选。

④ 段宏业字君亮，段祺瑞之长子，后为山东正丰煤矿经理。

⑤ 杨漪字斐予，参议院议员，1920年任广东政务会议参议。1923年曾拥黎元洪为总统。1925年任段祺瑞善后会议议长。

⑥ 黄郛字膺白，1923年始任外交总长、教育总长。第二次直奉战争后，曾代理国务总理组阁摄行政务，称摄政内阁。

⑦ 1922年6月22日，法国向中国要求庚款法国部分，照辛丑年电汇市价，改用金币计算（欧战后法之金佛郎价格超过纸佛郎三倍）。如此，我国损失将达八千万元以上。事为国会所反对，迁延停顿。总税务司乃将关饷盐饷扣留。1925年，段祺瑞起而执政，欲得总税务司所扣之关饷盐饷，又秘密进行金佛郎之交涉。四月十二日签字换文，正式成立中法协定，其中中国承认法国部分之庚子赔款余数，以后不汇兑佛郎，而改汇兑美金，此款逐年借与中法实业银行，作为该行发行五厘美金公债之担保。此事遭到全国的反对。当时称此为"金佛郎案"。

去年阁议席上，忽有中山已死之说，少川报告后，余主张如果确实，应国葬。泽余、秀山[①]均反对，旋即置之。

四月四日 ……黄明新以来，谈伊近来奔走京、沪。据云吴莲伯仍在天津，王芳庭[②]在申为敬舆接洽，云："恢复黄陂[③]敬舆之说，焕章初亦赞成，近又犹豫。孙行远[④]对议员表示好意。"又云："黄陂在津曾请议员联络。"

访达三于新居，谈约一时，问其玉衡来，有无具体办法。伊云："并无。"问其复约法，黎氏再出之说。伊云："张略一提。"

四月十六日 ……邓守瑕来谈，闻张鲁泉[⑤]云："吴子玉在岳有二师，萧为豫备大炮。"云云。……

四月十九日 ……张桂秋云："李赞侯[⑥]下台之说颇胜，有梁燕荪[⑦]上台，黄膺白、屈文六[⑧]入阁之说。"少迟，俊卿来云：岳阳子玉派代表与张宗昌[⑨]、李景林之代表议数条：1. 议员、旧会自由行使职权。2. 举张雨亭为总统，副座以待有功。3. 吴子玉练国军。4. 准曹

---

① 高凌霨，字泽畲，陆锦字绣山，与程克为内阁同僚。日记称同在阁议，故泽畲、秀山似指高、陆。泽余疑泽畲之讹，秀山疑绣山之讹。

② 王典型字芳庭，日本士官学校毕业，与张绍曾为师生。韩复榘统治山东时曾任教育厅长。

③ 黎元洪湖北黄陂人。

④ 孙传芳字馨远，日记作孙行远，疑为音讹。孙于直皖战争以后，继吴光新为长江上游总司令。1923年3月任福建都督，1924年5月任闽粤边防督办。江浙战争发生后，移师攻浙，称闽赣联军总司令，入浙与苏齐联合攻上海，称闽浙巡阅使。第二次直奉战争后与齐燮元共组江浙联军拒卢永祥南下，后段祺瑞任之为浙江军事善后督办。

⑤ 张鲁泉，山东参议院议员。

⑥ 李思浩字赞侯，段祺瑞执政府之财政总长。

⑦ 梁士诒字燕荪。1921年底曾组阁，第一次直奉战争后亡命日本。1924年归国任财政善后委员长，交通银行经理。

⑧ 屈映光字文六，1913年9月至1916年7月任浙江省长。

⑨ 张宗昌字效坤，奉系军阀。1925年4月起任山东督军。

辞职。5. 俟总统选出之后，召集新国会。张鲁泉等要在义界办一报，专攻老段，黄佩兰问我愿帮忙否。余与俊卿谈，报纸攻段为无效。如上各条，冯则如何。俊卿又闻吴曾派人与大头接洽。又云：有人在上海见吴秋舫，坚不肯谈时局。

四月廿一日 周黄来云：李景林自奉天来电，查抄高、吴、王、刘、陆[①]之家产。晚间又闻并有王孝伯。周见吴大头[②]，吴云：程二[③]不知作何事。……

四月二十三日 昨日外交部公布金佛郎段祺瑞之通电[④]极丑，末云："宣尼一以贯之，孟子此一时也云。"可笑之至。沈燕裔[⑤]此次何以肯负此责，其中不无缘故。

《益世报》有南门内陆锦宅被抄。

五月十日 佛冬之兄来晤大兄云："刘雪亚[⑥]昨日到津，住张馨庵[⑦]家，托为觅居。刘之来乃李芳辰[⑧]派车接来者。"伊云："刘之败在内哄，阚[⑨]死似为刘所杀，刘之在陕，政令朝发夕改，如此妄人在陕

---

① 指高凌霨、吴毓麟、王毓芝、刘彭寿、陆锦五人。

② 吴景濂绰号吴大头。

③ 程克行二，故称程二。

④ 段祺瑞承认金佛郎原电见陈曾亮《金佛郎案痛史》页68—70。

⑤ 沈瑞麟字砚裔（日记讹作燕裔）。1922年后历任颜惠庆、顾维钧、王正廷、黄郛等任之外交次长。1924年11月任段祺瑞执政府代理外交总长。1925年2月实任，12月去职。

⑥ 刘镇华字雪亚，1918年3月起至1925年5月任陕西省长。而自1922年5月起至1925年5月又代理陕西督军。

⑦ 张馨庵河南人。

⑧ 李景林字芳辰。

⑨ 阚指阚玉琨而言。"北京政变"后，胡景翼率国民军第二军入豫，同时段又密令陕督刘镇华派队入豫。刘即派阚玉琨师东下。胡、阚在豫冲突。1925年2月下旬，孙岳率队入豫助胡。刘镇华也离陕入豫助阚。3月间，刘、阚失败，刘退山西辞陕督去津。阚则自杀，一说为刘所杀。

西已数年，国事焉得不坏。”又云：“张伯英[①]为前方总指挥，被俘时困一铁车中，现虽自由，而家产尽矣！冯、方、鹿、张[②]暗中布防，而又派人赴奉解释，伊在京时闻之其弟佛冬说也。”

五月十二日 ……（金荫图）云：“李景林查抄直系八人财产，于事无济。”云云。不知其说话之意何在。

五月廿九日 （黄絜云）云：“张雨亭有指出三，一为梁燕荪，一为张敬舆，一为黄膺白，请段任指一人组阁。”说甚新也。

五月三十日 早起警察整队而过，知为张已到津矣。报载其夜二时到津。……

六月二日 报上姜登选[③]之秘书长为杨度[④]，总参议为陆宗舆[⑤]。一叹！

六月三日 昨晚达三电约，明日下午一时去张处，届时赴之，同往曹家花园，警备森严，其承宣官赵古斋、刘容川持片去，少时云：“昨夜五时始睡，改为后日如何？”达三又云：“后日请余自往，嘱赵，刘照应。”达三仍消极。松泉派人送一信云：“可与达三常见为妙。”信为果民所写，即复一信云下午与达三见。

行严来访，谈经过伊之观察云：“张雨亭尚不至即时直接行动，不过操纵老段耳！至于段受不受张操纵到何程度，大是问题。”又问直派如何动作，告以无动作，无所谓直派，不过一吴子玉耳！问其当局诸人对我如何，云：“决无恶感。”余云：“然则余拟赴京一游。”行云：“甚佳，如此局可以延长，君如愿作事似亦可以也。”伊之观察如张与吴合作，则天下当成分割之局。……

---

① 张钫字伯英，1917年任陕西讨逆军司令，1918年任靖国军副总司令等职。

② 指冯玉祥、方振武、鹿锺麟、张之江四人。

③ 姜登选字超六，奉系军阀，第二次直奉战争时任奉军第一路司令。1925年8月至11月间一度任安徽督军。

④ 杨度字晳子，湖南湘潭县人，是洪宪帝制中筹安会的首脑。

⑤ 陆宗舆字润生，1918年任币制局总裁。五四运动时与曹汝霖、章宗祥并称国贼。

六月四日 访行严于国民饭店，谈约一时，行云："德学者及工人对于此思潮极端反对，而赞成复辟，中国欲根本上除此思潮，则非提倡科学不可。"余曰："现在为救火问题，君言远水也，现在一方面定一根本上设法，如提倡科学；现在宜定一定根本上防止赤化计划以示英政府。至于此次交涉[①]非英政府让步不可。"行以为然。……

六月五日 午后访张雨亭于曹家花园，少迟上楼晤张，谈不多时，余兴辞，张云："我此次来，什么事都没有，先尚拟看看段之左右，后来想人家孩子，偺能管好么？"张云："河南事如何？"余云："水深火热，尚祈有以救之，新近有人见段，段说在劫难逃，你看像话不像话。"谈到沪潮[②]，张云："太不成话矣。"今日，余并未多发议论，别后留片与杨临阁而去。傍晚访达三，告以晤张之情形，有津浦路警申某在坐，问达三知其将接津浦警察也。达三云："俟名义一层办到，余了一心事矣。"……

六月六日 ……张信初，见大兄，前闻其赴长沙，其实赴奉为张之秘书。闻余见张，来谈至夜，云："张幕中秘书共七人，奉天者一人，秘书任震采乃项城荐给赵次山[③]者。"信初云："张致段电，如不以为然，余率全军出关而已，冯之恭顺乃无比。张重吴约之来，吴函以待来年。"云云。……

六月十三、十四、十五日 连日不出门，外面除沪案之外亦不闻甚事，沪案则四方风动。

十四日 英界陈大炮，并宣言云：如群众入租界即开炮。军队在街口劝阻，故未入租界。……

六月十六、十七、十八、十九日 ……张信初来先与大兄谈，杨临阁[④]云："程仲渔为曹三之人，近颇倾向奉方，得无不大佳否？"信

① 指五卅反帝爱国运动。

② 指五卅反帝爱国运动。

③ 赵尔巽字次珊（日记讹作次山）。清末任奉天总督。1912年1月至11月连任奉天都督。后被袁世凯聘任为清史馆馆长。

④ 杨宇霆字麟阁（日记音讹作临阁），奉系军阀。第二次直奉战争后入关。1925年8月至11月间曾一度任江苏督军。

初[云]：“仲渔为项城人非曹派也，如曹派何以中道而离。”……连日会议，形势似紧急云云。又云：“已派田中玉[①]与王聘卿[②]议救曹，实注意吴也。”……

七月一日 公望来谈，知阎庭瑞[③]长直颇生枝节，警厅已委丁宏全[④]，秘书长张小岱[⑤]云云。……

七月十一日 ……各报均载奉张赞成参政院，杨麟阁电梁鸿志允派人。张此次之来，除主张梁阁之外，亦无主张，其不足与谋也矣。

原载于《近代史资料》1958年第3期总20号

---

① 田中玉字蕴山。1916年至1917年任察哈尔都统，1917年至1918年任吉林督军，1919年至1923年任山东督军。第二次直奉战争后任军事善后委员会副委员长。

② 王士珍字聘卿，1915年5月至1916年4月任袁世凯政府之陆军总长。1917年6月至12月任段祺瑞内阁之陆军总长。1917年11月至1918年1月一度任国务总理。

③ 为曹锐任直隶省长时之财政厅长。

④ 丁宏全字振芝，历任天津警察厅侦探长，督察长，保安警察队长，直隶全省警务处长兼天津警察厅长。

⑤ 张弧之子张同礼号小岱。